BELIN–RECLUS Géographie Universelle

ベラン 世界地理大系 9

西部・中部アフリカ

【監訳】
田辺　裕　竹内信夫

【編訳】
末松　壽　野澤秀樹

朝倉書店

GÉOGRAPHIE UNIVERSELLE
SOUS LA DIRECTION DE ROGER BRUNET

Les Afriques
au sud du Sahara

ALAIN DUBRESSON

JEAN-YVES MARCHAL

JEAN-PIERRE RAISON

Les Afriques au sud du Sahara ©Belin/Reclus · Paris, 1994
This Japanese edition is published by arrangements with Éditions Belin, Paris, France.

シリーズ編集委員一覧

監修者：ロジェ・ブリュネ Roger Brunet

編集委員：

ブノワ・アントーム Benoît Antheaume (Orstom)，アントワーヌ・バイイ Antoine Bailly (université de Genève)，クロード・バタイヨン Claude Bataillon (CNRS Toulouse)，ジョエル・ボンヌメゾン Joël Bonnemaison (Orstom)，ミシェル・ブリュノー Michel Bruneau (CNRS Bordeaux)，ロジェ・ブリュネ Roger Brunet (CNSR Montpellier)，ジャン＝ポール・ドゥレール Jean-Paul Deler (CNRS Bordeaux)，オリヴィエ・ドルフュス Olivier Dollfus (université de Paris VII)，ジェラール・ドレル Gérard Dorel (université de Paris I)，アラン・デュブレッソン Alain Dubresson (université de Paris X)，フランソワ・デュラン＝ダステス François Durand-Dastès (université de Paris VII)，ロベール・フェラス Robert Ferras (université de Montpellier III)，ピエール・ジャンテル Pierre Gentelle (CNRS Paris)，ジャン＝イーヴ・マルシャル Jean-Yves Marchal (Orstom)，ジャン＝ピエール・マルシャン Jean-Pierre Marchand (université de Haute-Bretagne, Rennes II)，ジョルジュ・ミュタン Georges Mutin (université de Lyon II)，フィリップ・ペルティエ Philippe Pelletier (université de Lyon II)，ドゥニーズ・ピュマン Denise Pumain (université de Paris I)，ジャン＝ベルナール・ラシーヌ Jean-Bernard Racine (université de Lausanne)，ジャン＝ピエール・レゾン Jean-Pierre Raison (université de Paris X)，ヴィオレット・レイ Violette Rey (École normale supérieure de Fontenay-Saint-Cloud)，ピエール・リケ Pierre Riquet (université de Paris I)，テレーズ・サン＝ジュリヤン Thérèse Saint-Julien (université de Paris I)，クリスティヤン・タイヤール Christian Taillard (CNRS Paris)，エルヴェ・テリ Hervé Théry (CNRS Montpellier)，ポール・ヴィルヌーヴ Paul Villeneuve (université Laval, Québec).

協力：

フランク・オーリヤック Franck Auriac (université d'Avignon)，オギュスタン・ベルク Augustin Berque (EHESS)，ジャン＝ポール・フェリエ Jean-Paul Ferrier (université d'Aix-Marseille)，レミ・クナフ Rémy Knafou (université de Paris VII)，ジル・ソテール Gilles Sautter (université de Paris I).

第9巻責任編集：

アラン・デュブレッソン Alain Dubresson (professeur à l'université de Paris X)，ジャン＝イーヴ・マルシャル Jean-Yves Marchal (directeur de recherche à l'Orstom)，ジャン＝ピエール・レゾン Jean-Pierre Raison (professeur à l'université de Paris X)

第9巻著者：

編集者以外に，Edmond Bernus (Orstom), Jacques Champaud (Orstom), Georges Courade (Orstom), Alain Gascon (université de Paris XII), Philippe Gervais-Lambony (université de Paris X), Emmanuel Grégoire (CNRS), Christine Messiant (CNRS), Anne-Marie Pillet-Schwartz (CNRS), Yveline Poncet (Orstom), Roland Pourtier (université de Paris I), Gérard Prunier (CNRS).

　地図の原図，イラストの選択と注釈は著者による

原著編集事務局長：Régine Vanduick (CNRS Montpellier)
作図責任者：Violette Brustlein (CNRS Montpellier)
写真収集：Christine de Bissy
原著版組・校正：Maison de la Géographie (Régine Vanduick, Roger Brunet, Janine Kurka, Marie-Madeleine Usselmann)

監訳者

田辺　裕　　東京大学名誉教授

竹内信夫　　東京大学名誉教授

編訳者

末松　壽　　九州大学名誉教授
（フランス語編訳担当）

野澤秀樹　　九州大学名誉教授
（地理編訳担当）

翻訳者

末松　壽　　九州大学名誉教授
（序文，第1～4章）

大峰真理　　千葉大学
（第5～8章，第13～15章）

溝口大助　　日本学術振興会ナイロビ研究連絡センター
（第9章～第12章）

中川裕二　　北九州市立大学・下関市立大学（非常勤）
（第16章～第20章）

（翻訳順，カッコ内は翻訳担当箇所）

監訳者まえがき

　本叢書 Géographie Universelle（世界地理大系）は，現代のフランス地理学界が総力をあげて取り組んだ地理学者による世界の見取り図である．私が参加した1978年にソルボンヌ大学で開かれた編集会議では，各国のフランコフォンの地理学者に執筆を委託してはどうかという議論があった．たとえば私が日本の部分を執筆するというのである．私は「フランス人が世界をどのようにとらえているのかを明らかにすることが本書の役割であって，単なるフランス語による世界地誌ではなく，ひとつのフランス的文明観に統一される必要がある」とだけ発言した．これは執筆依頼を逃げたわけではない．実際その後，フランスで出版された Dictionnnaire Géopolitique（Yves Lacoste 編，Flammarion，1993）では日本関係の項目を田辺が執筆した．

　Géographie Universelle のタイトルは，いわばフランスの地理学界の登録商標である．なぜなら本書に先立ってすでに2回，同名の叢書が公刊されているからである．最初の Géographie Universelle はアナーキストとしても有名な Elisée Reclus（1830-1905）が1876-94年に公刊した全19巻である．彼は，ベルリン大学で K. Ritter（1779-1859）に地理学を学び，Jules Vernes（1828-1905）の文学に多大な影響を与えた地理学者でもある．ただ，その政治的立場からベルギーに亡命し，ブリュッセル大学で教鞭をとったため，フランスの地理学者を直接育てることはなかった．2005年7月，南フランスで，彼の没後100年および Paul Vidal de la Blache（1845-1918）の生誕160年記念シンポジウムが開かれた．そのシンポジウムでは，地誌を重視するフランス地理学の伝統は彼がうち立てたという意味で，彼はフランス地理学界の先駆者であり，父であるとしていた．

　もちろん Géographie Universelle については，Malte Conrad Brun（デンマーク生まれ，フランスでは通称 Malte-Brun，1775-1826）が Reclus 以前に出版した「世界全域に関する数理地理，自然地理，政治地理」（Géographie mathématique, physique et politique de toutes les parties du monde, 1803-07）や「世界地理概要」（Précis de géographie universelle, 1820-29）をもってその嚆矢とする説もあるが，ここでは後述の Vidal の故地で開かれた国際シンポジウムに従って Malte-Brun をはずした．その書物がフランスにおいてフランス語で出版されたにもかかわらず，また彼がパリ地理学会の創立者の一人であり，かつ初代の事務局長であるにもかかわらず，多くの参会者は彼をデンマークの地理学者として扱っていた．3日間のシンポジウムで彼の業績に言及する発表がまったくなかったのは，フランス人のプライドを傷つけないようにするためであったからか，ショパンやマリー・キュリーを常にポーランド人といっている単なる慣習なのかはわからない．

　その Reclus と Vidal を結びつけた理由が Géographie Universelle である．Vidal は，K. Ritter や A. von Humboldt（1769-1859）の影響を受け，また F. von Richthofen, O. Peschel, F. Ratzel など近代地理学史に連なるドイツの地理学者たちと交流し，ソルボンヌ大学地理学講座の初代教授となった．

　彼は普仏戦争（1870-71）におけるフランスの敗戦の一因として，特にドイツにおける地理学の発達があったとして，フランスナショナリズムに対して地理学の重要性を主張したとのことである．第二次世界大戦時に日本が急遽中国や東南アジア，南洋群島の地誌的研究調査に手を付けた経緯を彷彿とさせる．彼の最晩年の弟子であった A. Meynier によれば，彼は一般に Ratzel の環境決定論に対して環境可能論を説いたと説明されるが，その最高の魅力は生き生きとした地誌の描写であって，弟子たちに地誌の講義を通して自然と人間とが同じ場に存在するときに生み出す地域性，人々の生活様式への関心をかき立

たせたという．彼は生前，第二の Géographie Universelle の計画を提示し，弟子たちに地誌研究を課した．地誌がフランス地理学の伝統となり，弟子の多くが必ず専門の地域をもっているのも，それに由来する．第二の Géographie Universelle 全 15 巻は，彼の死後，高弟の L. Gallois (1851-1941) によってまとめられ 1927-48 年に刊行されたが，これを彼との共同監修としているのはそのためである．こうして多くの地理学者を育てたので，彼はフランス地理学界の母とよばれるのである．

　しかし，20 世紀後半から地理学は自然地理学や人文地理学のさらに細分化された一般地理学（系統地理学）の諸分野に専門化し，情報技術の発達もあって，諸地域に関する情報は，簡単に手に入るようになると，地理学者の間では地誌が次第に二次的存在になってきた．それぞれの地域の自然は，自然地理学者が研究して地域の社会や文化は視野の外に置くような，他方，人文地理学者は自然を扱わなくてよいような風潮が若い地理学者の中で生まれてきた．だが地誌では，その地域の自然と文化や社会とは同じ場にあるという点で密接にかかわりあっており，その地域の個性，地域性を統一的にどのようにとらえているかが，たとえば環境破壊や文明の衝突という人類が直面している重大な問題を理解するうえで重要になってきた．

　Roger Brunet (1931-) の監修になるこの第三の Géographie Universelle 全 10 巻（日本語版では全 20 巻に編成）は，フランスの地誌重視の伝統と近年における地理学の専門化との折り合いを，分担執筆させないという基本方針で示している．担当地域を専門とする 1 人の地理学者が，地域に見られる自然現象，文化現象，社会現象を全面的に扱うこととしたのである．それによってその筆者の地域感が総合的に現れてくるからである．

　私が監修した朝倉書店の世界地誌は，本叢書をもって 3 部作を完成する．第一の『図説大百科　世界の地理』（全 24 巻．1996-2000) の原著はイギリス発刊で，世界地誌に関心をもつ一般の人たちに向けて，多くの写真や図表によって諸地域を示している．第二の『世界地理大百科事典』（全 6 巻．1998-2002) はアメリカ発刊で，国際連合，大国から微小の国々までを詳細に記載した事典で，ビジネスに旅行に必要な諸地域の情報を簡潔に網羅的に示している．第三の本書はフランスの地理学者が自分の専門とする地域をどのようにとらえているのかを示した専門書である．この大部の叢書を訳出することは現在の日本の地理学者には不可能と思われたが，幸い竹内先生をはじめ多くのフランス語フランス文学関係の友人や先生方がご助力下さった．率直にいって，このような地理学叢書の翻訳はもう二度と刊行できないだろうと感じた．参加して下さった先生方と担当の朝倉書店の編集の方々に心から感謝する．

　2007 年 7 月

監訳者を代表して　　田辺　裕

[注記] 本文中の [　] は訳注である．地名の呼称は原則として Cohen 編 The Columbian Gazetteer of the World, 1998 に準拠した．また原著には巻数が付けられていない．したがって，付されている巻数は日本語版独自の構成である．
本シリーズの標題 Belin を「ベラン」とした理由は，すでにさまざまな分野で，ブランではなくベランとして紹介されているからである．

目　　次

I　黒い大陸

1. 危機に瀕した50カ国………………………… **4**
災害宣言 4／ 数百万の難民 5／ 都市の爆発的発展 7／ 失われた市場 8／ 危機のアフリカ的システム 9／ 蔓延する違反 12

2. 奴隷貿易と分割………………………… **13**
知られざる大陸 13／ 坩堝 14／ 黄金と人間 15／ 酵母にして毒素なる外国人 16／ 奴隷貿易による荒廃 17／ 属地国家 18／ 政治にかかわる商人たち 18／ 神政と階層性 20／ 植民地貿易 20／ 奪いとるべきアフリカ 21／ 切開されて 22／「駐在所」「商館」および「宣教団」 23／「首長」と「司令官」 24／ 資本にとっての2つのアフリカ 25／ 整備の遅さ 25／ ヨーロッパの裏庭 26／ 栄光のさなかでの死 27

3. 数の挑戦………………………… **29**
低地アフリカ，高地アフリカ 30／ 湿ったアフリカ，乾いたアフリカ 32／ サヴァナからステップへ 33／ 植民と環境との離反 34／「和平」の人口空間 36／ 都市の遍在 39／ 黄金時代の思い出 41／ 成長の現実と偏流 41／ 成長の忘れもの 43／ ひび割れた大陸 44／ 独立の思いがけぬ不都合 45／ 人口の躍進は空間の新たな持ち札か 46／ 都市政策を求めて 48／ アフリカにおける植民 49／ 都市化は帰らざる道ではない 50

4. 今なお農村の大陸………………………… **52**
生き残るか生産するか 52／ 主な植物 53／ 多すぎるリスクに多すぎる労働 55／ 集約とは何か 56／ 火，灰そして肥沃さ 57／ 敵としての草 58／ 植物と同盟し，侵食と妥協する 60／ 結合栽培の畑 61／ 牧畜のリスクを受け止める 62／ ダイナミズムの管理 63／ 家族と移動 65／ 問い直し 66／ 不動産問題の発生 68／ 硬直した空間へ 69

II　サヘル地域

5. 危機に瀕した地域………………………… **72**
飢饉と気候上の不測の異変 72／ 夏の雨 73／ サヘルを保護する 76／ モーリタニア南部のトラルザ 76／ シンのセレール族 77／ ブルキナファソのモシ族 78／ ニジェールの牧畜民 79

6. 再編中の領土………………………… **82**
南部の現金を目指して 82／ 移住の経路 83／ 緩やかなサヘルの変化 84／ 都市への定着 86／ 大規模工事の空間 88／「非政府機関」という選択肢 89／ 米の育つ緑の流域 89／ ダムへの情熱 90／ 大きな事務所 91／ 研究，援助そして悪しき開発 93

7. ニジェール川大湾曲部の飛び地………………………… **94**
ニジェール：村落のための水 94／ ニジェールとナイジェリアのはざまで 96／ ブルキナファソ：「清廉潔白な人々の国」，そして専門家たち 97／ 諸地方の寄せ集

目　　　次

め 99 ／ マリ：サヴァナから砂漠へ 100 ／ 網の目の
マリ 101

8.　海に面したサヘル………………………………**103**
落花生に囚われたセネガル 103 ／ カザマンスおよびセ
ネガル川流域の更新 104 ／ 野心満々の沿岸地方 105

／ ガンビア：果実に巣くう虫 107 ／ モーリタニア：
海辺のテント群 108 ／ 鉄に続く海 109 ／ 砂を領土
化する 110 ／ カーボヴェルデ：海に生きる 38 万のサ
ヘル人 110 ／ 15 番目の島 112 ／ 空間, すなわち諸々
の困難を管理する 113

III　ギニア湾沿岸地方

9.　商館から国家へ……………………………………**116**
略奪の海岸 116 ／ 森林の人々 117 ／ イネ, ヤムイ
モ, ヤシ 119 ／ 商人のダイナミズム 120 ／ 国境と
細長い帯 121 ／ 国家を建設する 122 ／ システムと
しての村落プランテーション 124 ／ 農産地から農産物
食品産業へ 125 ／ 鉄とボーキサイト 126 ／ 都市化
の風 128 ／ 南部における促進 128 ／ 交換の共働作
用 129

10.　南部河川地帯………………………………………**130**
ギニアビサウ：川と海との間で 130 ／ 作り直すべきギ
ニア 131 ／ 鉱山の宝庫 133 ／ いくつものギニア
133 ／ 国民を再建する 135 ／ 2 つの自由共和国の夢
は消えた 136 ／ 放ったらかしの農村 137 ／ 競売に
付された国シエラレオネ 139 ／ 鉄鋼業の道が発展に導
かないリベリア 140

11.　コートティヴワールとガーナ：牡羊と贖主………**141**
ガーナ：農業に抗う官僚主義 141 ／ コートティヴワー
ル：国家と蓄積 143 ／ プランテーション経営者とコー
トティヴワールの開発前線 144 ／ 森林の征服 145 ／
中部と北部：均衡の回復は不可能か 146 ／ アビジャン：
都市成長の強迫観念 148 ／ カカオのガーナ 149 ／
巨大なヴォルタ湖 151 ／ いくつも首都のあるガーナ
152

12.　トーゴとベナン：2 つの大国のあいだで…………**154**
ロメ：こわばった微笑 154 ／ 入植の 2 つの核 155 ／
食糧の方程式 156 ／ 常軌を逸した支出と「ベンツの女」

157 ／ アイデンティティを求めるベナン 159 ／ 抵抗
と日和見 160 ／ 革命そして農民による生産 161 ／
解散か民営化か 162

13.　ナイジェリア：数のアフリカ……………………**164**
三極の空間 164 ／ 国の単一性を保証するいくつかの小
数派 166 ／ 無秩序を運営する 167 ／ 権力の複数の
所在 169 ／ 都市と農村間の暗黙の了解 171 ／ ナイ
ジェリアの都市民とは 172 ／ 大都市ラゴス, 混雑と不
衛生 172 ／ 括弧つきの石油 173 ／ 動きのとれない
巨人 174

14.　ナイジェリアの 3 つの中心地……………………**176**
南西部：第 2 の活力を求めて 176 ／ 危機のプランテー
ション経済 177 ／ まず都市民として 177 ／「世界は
しばしば崩壊した」(キヌア・アシェベ) 178 ／ アジア
的な人口密度 180 ／ ハウサ族の郷 180 ／ 周縁部の
「平民」たち 182 ／ 落花生と綿花 183 ／ 中心部：「新
しい境界 184 ／ ヌペ族とティヴ族のエコ博物館 184
／ ぼやけた国境 185

15.　ナイジェリア：予測できない道のり……………**186**
食糧の依存 186 ／ アフリカで試されるインド式モデル
188 ／ とらえがたい土地 189 ／ ドラゴンかそれとも
中継地か 189 ／ 空間を生み出す交渉 190 ／ 内部の
受益者たち 192 ／ 繁栄する交易 193 ／ 数の切札
195 ／ 亜大陸 196 ／ 予測できないこと 197

目　次

IV　中部アフリカ

16.　カメルーン：アフリカの断面図 ………………**200**
民族諸集団から国家へ　200 ／　農業は誇示される　203
／　田舎の動員　204 ／　石油は何の役に立つのか　205
／　南部の先行　206 ／　競合するふたつの都市　207 ／
自由主義と計画　208 ／　Out of Nigeria　209

17.　ティベスティからウバンギ川まで－海岸から離れて　211
引き裂かれたチャド　212 ／　いかなる領土を組織するか
213 ／　戦争にもかかわらず生き残る　214 ／　不均斉な
中央アフリカ　216 ／　いまなお植民地的なのか　218 ／
肉，狩猟，ダイヤモンド　219 ／　2つの地方と1つの都
市　220

18.　コンゴをめぐる旅 …………………………**221**
コンゴの神話　221 ／　水が領土を構造化する　224 ／

コンゴ盆地　224 ／　仕切られる赤道林　226 ／　カルチャ
ーショック　228 ／　籠のアフリカ　229 ／　過疎の影響
231 ／　目印としての都市　232 ／　天引きか開発か　233

19.　ザイール：膨大な可能性 ……………………**234**
隔たりを突破する　234 ／　あて外れの農業　236 ／　換
金作物　237 ／　鉱山の支配　238 ／　僻地開発，脱飛び
地化　240 ／　インガの伝説　242 ／　キンシャサの住人
とそれ以外の人々　243

20.　森林に覆われたコンゴ川と大西洋の間 …………**246**
オクメの国　247 ／　ガボン横断鉄道叙事詩　248 ／　海
岸部の飛び地赤道ギニア，カカオの諸島サントメ　249 ／
コンゴ：困難な調整　250 ／　村落中心と森林の血脈
252 ／　二極の空間　252

編訳者あとがき ………………………………………………254
参考文献 ………………………………………………………256
出典一覧 ………………………………………………………258
索　引 …………………………………………………………259

目　次

図 版 一 覧

I.1 絶え間なき歩み　2
I.2 国民総生産と幼児死亡率　6
I.3 マルサスの亡霊　7
I.4 負債の重さ　8
I.5 政変と抗争　9
I.6 潟（ラグーン）のスラム街　10
I.7 アフリカ　11
2.1 西アフリカにおける国家の拠点と交易　14
2.2 砂漠のはずれの商業広場ジェンネ　15
2.3 大西洋奴隷貿易　17
2.4 ザンジバル島の商業支配　18
2.5 武器の駕籠　19
2.6 コーラの道　21
2.7 19 世紀の西アフリカにおけるヨーロッパの参入と
　　アフリカの諸国家　22
2.8 黒人アフリカにおけるイスラム　23
2.9 植民地時代末期の鉄道　25
2.10 ドバデネにおける司令官の農場　26
2.11 規制された脱植民地化　27
3.1 低地アフリカ，高地アフリカ　30
3.2 地形構造の組立て　31
3.3 乾燥した環境のなかでの充満　35
3.4 アフリカの気候類型　37
3.5 降雨量　38
3.6 植物群系　38
3.7 赤道地帯の砂漠（衛星写真）　39
3.8 アフリカの人口分布　42
3.9 急増する大都市　45
3.10 連帯の井戸　47
3.11 可能的なアフリカ，現実のアフリカ　49
3.12 発展のイロハ　50
4.1 農村人口はなお過半数を占めている　53
4.2 主食作物　54
4.3 腕の力だけで　55
4.4 高度に築かれた農耕地　57
4.5 トリパノソーマ症と牛の飼育　58
4.6 秩序ある焼き畑　59
4.7 風景のプロフィール　60
4.8 文明の標識としてのアブラヤシ　61
4.9 ヤムイモとそのほかの作物　62
4.10 ストックを保存し管理する　63
4.11 養樹林（パーク）　64
4.12 階層農業　65
4.13 河への歩み　66
4.14 人的過重負担　67

II.1 奇跡の樹　70
5.1 西アフリカにおける降水量の変化　73
5.2 サヘルにおける降雨不足　74
5.3 季節風の初期と最盛期　75
5.4 セレール族による農産地：モデルと変化　75
5.5 事件としての旱魃とその誇張　77
5.6 充満した空間へ　78
5.7 砂漠の入口に広がる分流群　79
5.8 中央ニジェールの遊牧空間　80
6.1 熱狂的な活動と交易　82
6.2 南部を埋めつくす移民　83
6.3 都市の突出部　85
6.4 ダカール都市圏　86
6.5 論争の的になっている整備　87
6.6 セネガル・セレール地方のバオバブの樹　90
6.7 街中の野菜　91
6.8 ニジェール公社　92
7.1 サハラ砂漠への前哨地ガオ　94

7.2 アルリットのウラン，古くからニジェールに与え
　　られた天与の恵み　97
7.3 サヘルの脆弱さ　98
7.4 スーダン地帯の「白い金」　98
7.5 デルタの川舟　99
7.6 ワガドゥグー：変貌した中心街　101
7.7 サヘルの人口　102
8.1 トゥバ：ムリッド教団の権勢　103
8.2 セネガル川流域の整備　104
8.3 セネガンビアの空間　106
8.4 水田の国　107
8.5 ヌアクショット，衛兵所からキャンプ地へ　109
8.6 周辺的存在，モーリタニア　110
8.7 水を得るための風　111
8.8 ダカールに向かう魚　111
8.9 カーボヴェルデ諸島　112

III.1 ヤシの浜辺　114
9.1 湿潤の地塊　118
9.2 オメガ形の大河　119
9.3 北部からの侵入　120
9.4 植民地時代以前の沿岸諸国家　121
9.5 食料の基盤　122
9.6 バウレ族の住む「V字形地帯」のモザイク　123
9.7 植民地時代以前の商業のダイナミズム　123
9.8 ギニア湾岸の空間構造　126
9.9 ナイジェリアの大都市における渋滞　127
10.1 ボーキサイト：豊かさと依存　131
10.2 沿岸の稲作システム　132
10.3 いくつものギニア　134
10.4 ダイヤモンド：不滅の密売　135
10.5 リベリアの鉱山システム　137
10.6 コナクリ　138
10.7 戦争の大立者たち　139
10.8 パラゴムの樹液採取者たち　139
11.1 コートティヴォワール空間の入植状況　142
11.2 コートティヴォワールの国土整備　143
11.3 クワメ・ンクルマの大計画：アコソンボ　145
11.4 アビジャン　146
11.5 アビジャン，高層ビル群の側　147
11.6 コートティヴォワールの空間モデル　148
11.7 コートティヴォワールの「褐色の金」　150
11.8 ガーナ　150
11.9 アクラ　151
11.10 ヤムスクロ：村のバジリカ聖堂　153
12.1 蝕まれた道路（トーゴ）　155
12.2 トーゴの人口密度　157
12.3 トーゴの空間　158
12.4 ベナン　158
12.5 裕福なベンツの女　159
12.6 伝統の身振り　161
12.7 国境を越えて　162
12.8 ひよわな丸木舟，手強い浅瀬　163
13.1 ナイジェリアにおける民族分布の3つの極　165
13.2 一大帝国の名残　166
13.3 仮面の下の権力　167
13.4 イスラム教と諸民族　168
13.5 道路網の優位　169
13.6 連邦主義と分裂増殖　170
13.7 ラゴス　171
13.8 ヨルバ族家屋の崩壊　172
13.9 石油を産出するデルタ地帯　174
13.10 森の中の石油　175
14.1 ナイジェリアの南西部　178

14.2 ナイジェリア南東部　179
14.3 ナイジェリア北部　179
14.4 都市の文明　181
14.5 農業の伝統　182
14.6 中央ナイジェリア　182
14.7 職人の伝統　183
15.1 人間の鎖　186
15.2 ナイジェリアにおける支配的な栽培作物　187
15.3 操業中の基幹工場　190
15.4 石油の王者たち　191
15.5 土地の逼迫　192
15.6 ナイジェリア工業　192
15.7 ナイジェリアにおける地域間の不均衡　193
15.8 ナイジェリア空間の組織　194
15.9 ナイジェリアのブラジリア　195

IV.1 渡る，それは商売することである　198
16.1 赤道上のボカージュ［畑や農家が生垣や樹木に囲
　　まれている田園のこと］　201
16.2 カメルーンの人口　202
16.3 カメルーンの農業開発　202
16.4 年老いたカカオ地方　203
16.5 カメルーンの都市網　205
16.6 肥沃な岩塊　206
16.7 取り囲まれたフラニ族　207
16.8 カメルーンの空間組織　208
16.9 ドゥアラ：高層建築のない都心　209
16.10 ドゥアラ　210
17.1 ハイフンとしての河　211
17.2 アフリカ中北部の交通　213
17.3 チャド　214
17.4 バルダイ，神話から現実へ　215
17.5 灌漑のために汲みあげる　217
17.6 中央アフリカ共和国　218
17.7 中央アフリカの動物保護区：スポーツと密猟
　　219
18.1 中部アフリカの空間　222
18.2 急流という障害　223
18.3 コンゴ川での重い貨物の輸送　225
18.4 コンゴ諸地方の人口　226
18.5 ピグミー　227
18.6 1970 年のガボンにおける住民の配置　229
18.7 何もかもすべき女性　230
18.8 緑の塊を開く　231
19.1 キンシャサ，その中心街　235
19.2 ザイールにおける組織網の永続性と可動性　236
19.3 ザイールの輸送網　237
19.4 ザイール - ザンビア間の銅生産の三日月地帯
　　238
19.5 高地ザイール　239
19.6 インガのダムサイト　240
19.7 インガ，ザイールの「ホワイト・ゴールド」　241
19.8 キンシャサ（a）　キンシャサ（b）　242
19.9 銅鉱のクレーター　243
19.10 銅の時代　244
19.11 宗派の力　245
20.1 ガボンにおける鉱山開発と運輸政策　246
20.2 ガボン横断鉄道　247
20.3 豪奢な建築物　248
20.4 ギニア湾の奥に　249
20.5 果てしなきコンゴ　250
20.6 2 番目の都市ブラザヴィル　251
20.7 大河を流れる森林　253

アフリカ

第 9 巻「西部・中部アフリカ」，第 10 巻「東部・南部アフリカ」の序文

> 「アフリカは，どれほど歴史をさかのぼるとしても，
> 世界の他の部分と関係することなく閉じられていた.
> これは自閉した黄金郷であり，
> 意識もつ歴史の光の彼方で夜の暗黒につつまれた幼年期の国である.」
> （ゲオルク＝ウィルヘルム＝フリードリッヒ・ヘーゲル）

> 「太古の時代からアフリカ人たちは，エジプト以外の地においても，
> 家畜の飼育者もしくは土地の耕作者として人類による自然界征服に参加してきた.」
> （エリゼ・ルクリュ）

　熱帯アフリカは呪われた大陸なのであろうか. 古典的な経済基準によれば，その競争力は世界でもっとも弱くその脱落は規定の事実であり，その世界貿易に占める割合は絶えず後退しつつある. じっさいそれは 1970 年には 40 分の 1 をしめていたのに，今やそれは 100 分の 1 となっている. カカオやコーヒーの販売価格は劇的に暴落した. 鉱石に恵まれてはいるものの，黒人アフリカ［l' Afrique noire.「黒いアフリカ」とも訳す］が供給するのは世界の金属生産のほぼ 20 分の 1 にすぎない. 南アフリカをのぞけば，探査も投資も停滞したままである. ところで，熱帯アフリカはとりわけ原料を売るのみであって，国際的な産業の再編においてオフサイドにとどまっている. この背景をなす沈滞から浮びあがる国はまったくない. ナイジェリアは石油の高騰から立直ってはいない. 国際的なボイコットの効果が厳しかった南アフリカでは，人種差別政策の撤廃の後に，困難な経営が続いている.

　この経済的破綻には人口問題の二重の脅威がともなっている. 黒人アフリカは依然として出生率の高い土地であって，その自然な人口増加は年 3％に近い. このリズムでいけば，5 億の住人をもつ黒い大陸［le continent noir.「黒人の大陸」とも表記する］は 2025 年にはほぼ 12 億人を抱えこみ，21 世紀末には世界人口の 20 ないし 25％を数えることになるだろう. もっともこの生命の躍動はさまざまの病気の勃発によって断ち切られるかもしれない. 古くからある風土病，例えばマラリアは依然として増加しているし，それに恐るべき進展がいまなお把握しがたいエイズ……. 都市化は驚くべき速さで進行しているけれども，このような予想に変化をもたらすことはほとんどない. 都市民は全人口の 3 分の 1 を占めているのだが，その出生率は田舎の住民のそれと大して変わらず，衛生状態の悪化による被害もそれほど少ないわけではない.

　統計の暗示する災厄に対処するために，「国際通貨基金」および「世界銀行」は国々に点滴治療を施した. つまりあらゆる国家を構造改革の計画にしたがわせ，公営部門や生活保護システムや再配分の諸形態を解体しつつ，公共財政の建て直しをめざす通貨優先政策（マネタリズム）を採用させたのである. アフリカは「情勢」に対処すべく「調整され」てきた. けれども 10 年間の通貨優先主義の特効薬は何も癒すことはなかった. 逆にそれは不平等を都市においても農村においても深刻なものにした.

　ひとつの不幸の理論が，熱帯世界の中でも例外的な多様性に富む大陸で一律に通用しているように思われる. サヘル地帯［アルジェリアやチュニジアの沿岸地帯をさすとともに，今日ではとくにサハラ砂漠と多湿の熱帯地方との中間に位置する乾燥した地域を意味する］の乾燥したステップと同様に赤道地帯の緑なす森林も，西アフリカの単調な平面と同様に東アフリカの火山性高地も，これに逆らうことはない. スーダン南部の水浸しで人気のない地域と同様に，ルワンダ丘陵の人口過多の農産地でも事情はかわらない. カメルーンのコーヒー園と同様にザンビアの産銅地帯（カッパーベルト）もまたこれに冒されている.

　この現象は一般的であるために，「アフロ・ペシミズム」といったものが育まれていて，これは，30 年以上前から実施されているさまざまの援助と協力の政策が空しいという感情によって強められている. ヨーロッパとアフリカの間の連帯に関する，すなわち歴史上のいくつかの期間を共有した二つの隣

接しあう大陸の間の友情や親密さに関する強調的な発言を否認して，人々は，熱病に蝕まれた白人の墓となった神秘的な大陸のイメージへと，近代世界の恵みにあがらう予見できない特別な人類のイメージへと立ちもどっているのである．1994年における「アフリカ財政金融共同体」（CFA）フランの粗暴な平価切り下げは，フランス語圏のアフリカ人たちには遺棄として体験された．これまでの暗黙の了解がまやかしであったために，幻滅感はさらに強まっている．「もしアフリカが発展をこばむとしたら？」この疑問は単に外国人たちによって問われているのではない．今日，アフリカの多くの若い知識人たちの口にのぼる問いなのである．

アフリカの危機を理解するためには，遠い過去まで遡らなければならないのではないか．古代以来ヨーロッパと共通の歴史をもった地中海沿岸の南で，サハラ砂漠は，しばしば人を寄せつけない海岸とか急流がさえぎる大河を有する一つの広大な全体を隔離している．15世紀このかた，ヨーロッパ人たちはそこに近づきはしたものの，アジアの豊かな富とか真新しいアメリカ大陸に想像された黄金郷（いわゆるエルドラド）のためにこれを軽んじ，ガーナの黄金も「ジャン司祭」［中世ヨーロッパの伝説は，回教世界の後背地とりわけエチオピアにキリスト教国家の存在を伝え，そこの君主をこの名で呼んでいた］の名高い王国のことも忘れた．その中でもっとも粘り強いポルトガル人たちは，「蟹海岸」のようないくつかの岸辺にしがみついたけれども，力も野心もたいしたことはなかった．彼らのいわゆる「ポムベイロス」［文字通りには探索者，追跡者の義］による南部アフリカの旅は，ブラジルの「バンデイランテス」［主にサンパウロの冒険者たちの起こした南米中央部への軍事遠征党「バンデイラ」の隊員．先住民を捕えて沿岸の大農園に奴隷として売り，17世紀にはパラグアイのイエズス会の植民地を攻撃した］の騎馬遠征に匹敵するものではなかった．彼らはさかんな混血によって生きのびたにすぎない．オランダ人植民者たちの子孫は，民衆にとけこむことはなかったが自らアフリカ化してしまった．

ヴァラドリッドの論争［1550-1551年，ドミニコ会士ラス・カサスと神学者J. G. デ・セプルヴェダとの間で行われたスペインによるアメリカ大陸およびインディアン支配の正当性をめぐる論争］に際して，バルトロメオ・デ＝ラス・カサスがアメリカ・インディアンは人間であることを認めさせていた頃，アフリカの黒人たちは奴隷状態に運命づけられ人間以下の地位に格下げされていた．キリスト教ヨーロッパはイスラム世界に合流して異教徒の国を「ブラッド・エス・スーダン」［Blad es Soudan. アラビアの地理学者たちがサハラ以南に広がる全地帯に与えていた名称で「黒人の国」を意味し，「白人の国」（Blad es Beiden）に対比される］つまり奴隷労働力の貯蔵所としたのだった．どうしてこれらの敵意ある地帯を占有する必要があるだろうか．黒人たちは海岸にやってきて，アメリカ両大陸を開拓するはずの有色の兄弟姉妹を引き渡しているではないか．奴隷貿易による人口の荒廃には，生きた政治構造体やさらには壮大な帝国の破壊や衰退が重なっていた．こうして慢性化した不安定のために，空間に人を住まわせこれを整備し組織することのできる文明の出現はさまたげられたのである．

アフリカ大陸を寸断する決意はおそかったが，その分だけ実行は素早かった．それは，アフリカの抵抗力がきわめて弱いと見えたがゆえに，それだけ臆面もなしに行われた．正当化できない国境をもつといわれる多くの領土のパズルが作られた．独立国家群のバルカン化［幾多の戦争の結果バルカン半島がそうなったように，政治的に単一であった空間が群小の国家に断片化されるプロセス］が準備された．ある人々はそこに現在の不幸の原因のひとつを見ている．けれども，昔の奴隷供給地は繁殖力が弱いこともわかった．「黒人たちを作る」ことに努力がはらわれた．というのも，人々が若干の恵まれた鉱山用地以外には投資することを拒むこの大陸では，労働力こそが唯一の資源であったからである．しかしこの努力はむなしかった．

熱帯アフリカが「発見」されたのはある意味で第二次世界大戦直後になってからである．弱体化した入植者たちは，時あたかも独立の風が吹き始めているというのに，そこに彼らの強大国としてのステイタスにとっての最後の保証を見出したのである．もっとも独立の風はあまりにも遅くなって立ちはじめたために，大陸は「大成長」の気流を起こすにはいたらなかった．援助や協力はその貧弱な代替物にす

ぎず，フランス中心的な「四角の牧場」［占有地や縄張りを意味する隠喩．ここではフランスに併合すべき領土の義］のヴィジョンによって想像される規模の大きさを取りえなかった．後に戦略上の陣地となって，超大国は目立たない形でだがそこで敵対しあった．とはいえ熱帯アフリカは，合衆国がアジア諸国に対して同意した援助や協力に匹敵するものをそれらの列強から引き出すことはまったくなかった．熱帯アフリカは世界のいわば将棋盤上であまり重要でない歩でしかなかった．

　そのことは現在の危機の本性や規模の大きさを十分に説明するであろうか．歴史学によるこの概括的［グローバル］なアプローチにはいささかの色合いをつける必要があろう．それはペシミズムもしくはどこでも通用する解決法という幻想以外のものに導くであろうか．すなわち，この大陸はとりわけ国際的な連携が短期間に不十分にしかなされなかったがために苦しんでいるという想定のもとに，もっと精力的な手段を用いてこれを世界経済のなかに統合しようとする幻想である．むしろ次のように考えるべきではないだろうか．この大陸は独特のやり方で危機を体験しつつあるのであって，その歴史の中で格別に暗いこの時期は，「クリーズ」という語のもうひとつの意味［変化とか急変の義］において，また近代性への格別の接近のときでもある，と．たとえばごく最近の民主化要求の力強さはその証拠ではないだろうか．

　今日の黒いアフリカの地理学は，同時に，危機に関する調査でもあり，空間の利用や整備や組織の形態におけるアフリカらしい変更方法の探求でもなければならない．アフリカの長期にわたるさまざまの特殊性を分析し，かつ現代におけるそれらの変化に特別の注意を払うことが必要である．概括的なアプローチでは不十分である．それはいくつかの局地的な成功から楽観的すぎる結論を性急に引きだすのと同じように，極端な崩壊のケースを性急に一般化するおそれがある．黒いアフリカは，そこに注がれた眼差しに劣らず多様なのである．英語圏の著者たちが東アフリカについて練りあげた説明の鍵は，西部のフランス語圏アフリカを解釈するうえで無駄ではないし，その逆も正しい．

　黒いアフリカ？　その通り．もちろん諸国家の境界も北回帰線も「ブラッド・エス・ベイデン」と「ブラッド・エス・スーダン」とを正確に分かつことはない．モーリタニアを「黒い」全体のなかに位置づけることは，その多数の市民たちにとって挑発と見えるかもしれない．けれどもそこには，黒人性を自分たちのものとして主張する人々も住んでいるのである．スーダンはエジプトのエキゾティックな属領であった．しかし住民の過半数はイスラム教徒でもあれば黒人でもある．回帰線にまたがる広大な砂漠は，堅く閉ざす障壁ではけっしてなかったとはいえ，それでも二通りの人類を顕著に分かつことに変わりはない．もう一方の先端では南部アフリカの空間が，少数派の白人たちによって彼らの利益のためにまた彼らの規範にしたがって組織された．しかしその将来は，多数をしめる黒人たちがその内部で白人たちとともに新しい合法的な国家形態を見出す能力にかかっている．

　我々が優先させる分析の尺度は国家という尺度である．これは陳腐な選択によるのでもなければ，百科事典のたぐいに特別の敬意をはらうからでもない．もちろんこの選択はいくらか逆説的であるかもしれない．国民－国家の考え方はひどく評判が悪くて嘲笑されているし，黒いアフリカの空間組織の尺度のうちでもっとも異論にさらされ最も弱くなった考え方であって，変化の根源やそのたどる道を分析するうえで適切な枠組みなのであろうか．現在の政治上の区分はあと数十年後でもなお意味をもっているであろうか．我々はひとつの賭けをした．現在の異議申し立ての波のなかで，国民－国家はめったに問題化されていないし，問題にされるとしてもそれは予想外の場所においてなのである．つまり，その歴史的な奥行きにもかかわらずエチオピアにおいて，あるいは文明の共通性にもかかわらずソマリアにおいてなのである……．現在の政治上の区分を容認することは，パートナーである諸外国によって認められた枠のなかに単に便宜主義的に滑りこむことではないし，近代性のメッキの下で部族諸分派がおそらく包囲しようと努めている領域に境界線を引くことでもない．これらの単位の大部分は現実性を獲得しているのであって，住民たちが拠り所とするひとつの歴史を，すなわち一定のアイデンティティを作り上げてきたのである．それは要するに，地理学上の組織された存在となっているのである．とはいえ我々

の選択は，当の市民たちがそれをどうするかについて何らかの憶測をするものでは決してない．

アフリカ空間の分析は尺度の変化に頼らなければならない．いわゆる「地方」，小耕区あるいは農耕地（テルワール）のような小空間の研究は，フランスにおけるアフリカ研究のひとつの専門分野であった．［地理学の用語としての « pays » は古典的地理学が対象とした生活単位としての地理的統一体を，« quartiers ruraux » は同質的特徴をもつ農村の基本的な構造上の単位空間を，« terroirs ruraux » は斜面，段丘，湿地など自然的同質性を基礎とする耕作地を意味する．］これらの慎ましいレヴェルでこそ変化の諸要因はもっともよく目にとまる．これらの小空間は，いくつかの大きなまとまり—それらは自然がいくつかの大きな塊に切断した大陸の表面に「堅い核」やまた時にはその周辺部をみせて出現する—のなかに確固たる位置を占めているのである．

こうした単位の一つに，フランス人にとっては誤ってアフリカの原形となっている西アフリカがある．すなわち，広大な平坦地，北回帰線に平行する帯状の生態システムおよび植民のみせる図式的な配置，スーダン人牧畜民と農耕民との対面，そして北から南へとむかう交流と交易システムの中でのスーダン人農耕民と森林プランテーション経営者との対面を示す単位である．これらの特徴は圧倒的であり，この地方を独特のものとしている．しかしそこにもサヘル地帯とギニア・アフリカとを区別しなければならないし，双方が接触する周辺部つまり人口の多いダイナミックなまさしくスーダンの帯状地帯を強調しなければならないのである．メディアや民間組織（NGO）の力もあって，フランスから見たアフリカとはまずサヘルである．そしてそこでは生態系に関する極端な悲観論のために経済上の災害神経症は悪化している．それゆえなおさら真っ先にこの問題を取りあげ，旱魃を総点検し，「進行しつつある砂漠」というイメージを脱神話化し，現実の諸問題にたいして提出された解答の有効性を評価しなければならないのである．結局のところサヘルは，一時その罹災者（りさい）たちのためにあれほど人目を引いたのだが，今日コーヒー豆，カカオ，鉄や石油の流通価格の不安定に直面しているギニア・アフリカに比べてはるかにずっと運が悪いのであろうか．

中央アフリカはザイール川を中心とするほとんど無人の森林地帯であって，人口は少ないが可能性に富むもうひとつの単位である．そこにはカメルーンやチャド，そして中央アフリカ共和国がふくまれる．もちろん，フェルナンド・ポオ［島］からティベスティにかけて溶岩の噴出が点在する地殻構造の大変動によって明確な障壁が形成されているわけではないけれども，バントゥ族の世界が始まるのはそこからである．この世界はそこを出発点として喜望峰の近くまで広がっている．結節点をなすこの地帯は近東諸国人の流入の限界を画してもいる．というのもカメルーンのディアマレ平野において，プル族［les Peul. もしくはプール族．この民のウォロフ族による呼称に従ってフランスで用いられる名称．民自身はフルベ（Fulbe）と自称．アングロ・サクソン人はハウサ族に従ってフラニ（Fulani）と呼ぶ］の西から東への移動が，ナイル流域から来た「アラブ人たち」の逆方向の進行に衝突しているのである．さらに，植民地時代の歴史の偶然によって補足的な連帯関係がつくられた．すなわちフランス領「赤道アフリカ」の思い出のおかげで，一方でチャド人たちとコンゴ人たちとが，他方では中央アフリカ人たちとガボン人たちとが接近する．彼らはカメルーン人たちをふくめて共通の財務機構を維持しているのである．

東アフリカでは，ジブチからザンベジ川流域に走る地溝や高い起伏の巨大な切り傷のために，西アフリカとはほぼ正反対の風景が出現している．時には氷河のきらめく高い山頂や斧で切りこまれたごとき盆地にある深い沼湖とが，単調な平地という月並みのイメージをこわしているのである．等降水量線の成帯的な［zonal(e)．緯度に沿って帯状をなす性質］配置も消え，それは起伏と同じように北-南配置の傾向をしめす．いくつかの広大な生物地理学的単位に生態システムのモザイクがとって代わる．「フランス語圏」の国であるルワンダおよびブルンディはここに属している．スーダンは，その組織は異なるものの，ナイル流域の大きな子午線の軸によってここに結びついている．地溝のアフリカと南部の平面高地のアフリカとの界面（インターフェイス）であるタンザニアもまた東アフリカに属する．無理な

経済自由化の拘束のために，この国はふたたびケニアおよびモンバサの商業網に結合されたのである．

　さまざまの鉱石，投資そして白人による植民地化を特徴とする南部アフリカは独特である．もちろんそこにも輪郭のぼやける縁はある．例えばアンゴラ．その北部はバコンゴ族の文明に属していてキンシャサを向いているし，その石油鉱床はガボンやコンゴのそれをもっと大規模に引き継いでいる．しかしこの国は，南アフリカの政治の影響を十分に受けているため，南部アフリカ世界から分離することはできない．

　残るのはインド洋の南西部である．これは東アフリカの最先端なのであろうか，それともアジアの前哨地帯なのであろうか．そこの島々は，住民や生産技術や組織形態からして雑種である．けれどもそこにはやはりアフリカ的な危機の形がみられる．モーリシャスはおそらく例外であろう．それは住民の大多数がインド人の小島であり，また大した衝突もなしに経済的な進歩と政治とを結びつけていると見える唯一の国だからである．

　アフリカに絶望しなければならないであろうか．それとも変化を外から期待しなければならないのだろうか．アフリカ大陸は苦痛，不幸，抗争のさなかにあったさまざまの深い変化を生きている．悪に対する驚嘆すべき抵抗力をもって，貧者に特有の巧妙さを発揮しながら自己流に変動を導いている．アフリカ大陸は多忙である．男たちは驚くべき荷物の山を積んだ自転車やバイクを押している．女たちは頭の上に重い荷物をのせ胸をはって歩いてゆく．狭い曲がりくねった道をたどって，彼らはどこへ向かっているのか．あまりにも遅いリズムかもしれない．けれどもそれが彼らの歩みのリズムなのである．

ベラン 世界地理大系 9

西部・中部アフリカ

【監訳】

田辺　裕　竹内信夫

【編訳】

末松　壽　野澤秀樹

朝倉書店

I 黒い大陸

　我々が考察しなければならないのは複数のアフリカ（des Afriques）である．熱帯アフリカとその現代における諸問題の認識や理解は包括的なアプローチの被害を被ってきた．このアプローチを，一方では多くのアフリカ人リーダーが呪いのように唱える一体主義的な声が，他方では大陸をいわゆるフランス語圏アフリカへと縮小し，さらにはフランス語圏アフリカをサヘル地帯へと還元するフランス中心主義とが増長させてきた．あまりにも一般的な接近は，大陸における生態系の異常なまでの多様性を無視することになるのみならず，傲慢でもあり不毛でもある．傲慢であるというのは，それはアフリカ人たちが長い歴史の間に練りあげてきた多様な空間の使用や組織の様態を蔑ろにするからである．またその技術的，文化的あるいは社会的創造物の多様性よりは，むしろ不幸なもしくは呪われた黒い人類の単一性を多かれ少なかれ意識的に前面に押し出すからである．不毛であるというのは，抽象的な経済万能主義や大雑把なエコロジー主義に閉じこもることによって，それが具体的な状況の複雑さを覆い隠すからである．そしてこの複雑な状況のうちにこそ現代の危機は位置しさまざまの色合いを帯びているのであり，またそこでこそ乗りこえられる，と我々は希望してもいるのである．

　だからといって，個別的な専門研究の素描を次々にならべることで満足するわけにはゆくまい．お決まりの指標に従えば，熱帯アフリカは全体として最低の安楽度のレベルに位置している．大陸全体が，枠組みとなる構造とりわけ国家組織の激変を体験しつつある．これはお決まりの指標の不適切さ，すなわちあまりにも最近の植民地の歴史をうけついで構築された理論の人為的な性格の結果であろうか．歴史学的な分析によれば事実はもっと複雑であることが分かる．実際，沿岸地域での長期にわたる対面に続いた短期間の植民地のエピソードは，基礎をすえる事件ではなかった．それはアフリカの歴史の目立つ時期ではあるものの，根本をなすものではない．アフリカは植民地化を被りはしたが，それを固有の構造やその過去との関連で屈折させたのである．どの程度までアフリカは，今後の進展のための決定的な推進力を植民地化に負っているのか．これは検討すべき点として残る．

　長期にわたって人口が少なく過疎化の道をたどってさえきた大陸，ある人々によれば「うまく住みつけない」大陸——そこでは資源と人口密度との間の符合はそれほど大雑把なのである——，熱帯アフリカは今日では世界で最も人口増加の大きい部分である．この増加は「人口推移」のモデルに背いているし，衛生条件の劣化のために直面せざるをえない由々しい脅威を現在に至るまでものともしない勢いなのである．増大していく数の重みは，確かにアフリカ人たちが立ち向かわなければならない最大の挑戦のひとつである．それは住民の強い移動性を伴っていて，地帯間の古い均衡を問い直させているがゆえに，いっそう大きな問題である．

　都市が，社会の破裂を避けようと腐心している統治者たちの注意を引いたとしても，エネルギーと投資とを呑み込んだとしても，農村を窒息させたり見放したりした都市はごく少ない．アフリカは根本的に農村のままとどまっている大陸であって，農民は驚くべき工夫の才能をみせ，生態系の多様な面や複雑な活力と折合いをつける注目すべき能力を発揮し続けている．農民の知恵は，資産を食いつぶす頑迷な開墾者という月並みのイメージの対蹠点にあるのだが，それでも技術システムの脆弱さを克服するには至っていない．このシステムは生態系の危機を確実に制限することも人的労働の生産性を高めることもできなかった．進歩を拒んだからではない．むしろ適切な反応の欠如によってである．あるいは技術的・経済的な枠組みを欠いたために適切な反応を実現することができなかったのである．これは農村世界に特有の状況ではない．いたるところで変動は現れてきている．けれどもいかなるメカニズムによってそれが制御されうるのかはまだ見えないのである．

I.1　絶え間なき歩み

長い距離を歩むアフリカの女性たちは頭には薪や水や食料品を，背には大陸の将来である幼児を絶えず載せてはこぶ．変化は女性たちから起こるのであろうか（マリ）．

1

危機に瀕した50カ国

あらゆる大陸の中でサハラ以南のアフリカは，今日最も貧しく最も脅威にさらされているように見える．生態系の危機，並外れた人口増加，農業生産の沈滞，新たな輸出諸国との競争，それに全能ではないとしても全知をもって自任していた国家機構の機能不全，以上の理由によって地球上のこの部分はますます周辺に追いやられていくように見える．では絶望すべきであろうか．それとも危機は災禍である分だけまた変化なのであろうか．総点検が必要である．

みんなと同じように，考え違いをし，計算違いをし，酔っ払い，物事を忘れる貧者というものがいる．しかし，事実がそれ自身を語っている……これほど追いつめられた人々は怠惰や愚鈍さを自分に許すことはできない．彼らは働かなければならない．それができるときにはいつでも，できるやり方で猛烈に働かなければならない．怠惰で愚鈍な貧者たちの多くは死んでしまった．（ロバート・チェンバーズ）

第3世界の大陸のうちで，熱帯アフリカは貧者のなかの継子のように見える．南アフリカを除けば，その全収入はベルギー一国のそれを上回ることはない．最もありふれた経済学指標に従えば，多くの事実が明々白々になる．すなわちアフリカの熱帯諸国は，住人1人当たりの収入も食糧生産高もエネルギー消費量もいずれも最低であり，住民数に比べての医者の割合は最も小さく，そして結局のところ平均余命は最も短いのである．状況は，もしさまざまの傾向をも考慮に入れるならばさらに深刻になると思われる．例えば，最近20年間の国民1人当たりの収入減のほぼすべてのケースは熱帯アフリカで記録されている．対照的に，これまたきわめて低いところから出発した熱帯アジアは，インドシナを別にすればめざましい成果を収めているのである．結局ラテン・アメリカの最も貧しい国々（ボリビア，パラグアイ，ハイチ）のみが相似た状況にあることになろう．

この衰退，停滞，よく言っても凡庸な成長には負債が伴っている．メキシコやブラジルほどではないかもしれない．けれども甚だ脆弱な経済にとって，国民総生産のほぼ平均90％にあたる負債は背負いきれない重圧である．ザンビアの場合はその2倍を超える．アフリカの大部分の国々が恩恵に浴している北方のいくつかの国々との特別な政治的・経済的関係のおかげで，貸付けの条件や返済期限はもちろん相対的に有利である．その

おかげで負債の返済のために保留すべき額はまだしも我慢できると思われるかもしれない．けれどもそれは輸出収入に比べて大きすぎる．これは，少ししか売らず，おそらくますます売り物が減少していく国々にとって由々しい事態である．返済の延期は期限を遅らせるにすぎない．そしておそらく財政危機の極点にはまだ達していないのである．

災害宣言

これら会計上のデータにはいくらかの留保が必要である．アフリカ諸国の実際の資源について何が分かっているだろうか．生産高の見積もりは何に根拠をおいているのか．自家消費の割合が著しく高いアフリカ諸国について得られた数字を，ラテン・アメリカ諸国のそれと比較することができるのだろうか．後者ははるかにもっと市場経済，大規模開拓，農民にも都市民にも及ぶ賃金制度の影響下にあるのである．ほんのわずかの部分しか公式の流通経路に乗らない農業生産の何が分かるというのか．かなりの部分が密貿易の形で国境を越えていく輸出の何が．統計という道具の低い価値，さらにはその悪化は枠組みの危機のもうひとつの兆候である．例えば赤道ギニアはしばらくの間は「後発発展途上国」（仏PMA，英LDC）とは見なされていなかった．国民総生産（仏PNB，英GNP）の算定をすることができないという理由でだった！　ある種の信頼できる兆候とか風景に見られる特徴とかはまず欺くことはない．例えば，破損した道路，生産を開始する前から閉鎖された工場，設備を欠く病院……などである．アフリカの「公式に」算定できる危機つまり諸国家の危機は，空間の活用や組織や管理それに多数の住民の日常生活に深刻な影響を与えている．

1. 危機に瀕した50カ国

この危機は情勢に左右される一時的な性質のものではない．世界経済の動揺の影響がいくつかの特殊事情によってまたもっと長期の諸傾向によって拡大されているのである．第1の事情とは，第3世界のほかのいかなる大陸におけるよりももっと著しい人口増加であって，これはまだいささかも息切れの傾向をみせていない．1980年代の初め以来，女性1人当たりの子供の数は，アジアにおいてはそれほどでもないが，ラテン・アメリカにおいては急激に減少しつつあるというのに，ここではそのような兆候はまったくない．ルワンダやブルンディにおいてのような耕作可能な土地の逼迫も，コンゴやコートディヴワールにおいてのようにすでに高い都市化率も，人口増加には反映していない．ガボンは例外で，人口過疎のために困惑している．かつて奴隷貿易によって膏血をしぼられた大陸は，その生命力のうちに境遇に対する復讐のごときものを見出している感がある．最も妥当な予測に従えば，ラテン・アメリカは2050年頃には12億の人口で落ち着くと見られているのに対して，アフリカの人口が26億人程度で安定するのは2100年より前ではあるまい．とりわけフランス語圏アフリカでそうなのだが，長きにわたって出産奨励政策を採ってきた諸々の政府は，今日では人口の急激な爆発に危険を推測している．たとえこの点について世論に敏感な政府が，その行為を言葉に一致させることはできないにしても，もしくは一致させることを望んでいないにしても．

それというのも，長期にわたる人口増加は見かけに反して矛盾しない2つのいずれも質の悪い効果を生み出すからである．一方では，急激に膨張した労働者群に雇用とか土地とかを与えなければならないことであり，他方では，労働の生産性が近代的な部門においてさえ低い大陸で，労働人口が若年層の数に比べて少なくなることである．人口の絶対的な豊かさと労働力の相対的な乏しさとは，人口という万力のもつ2つの鋏なのであって，その中に，アフリカはほかのいかなる熱帯大陸よりもっとがっしりと，それも長期にわたってはさまれているのである．もっとももしかして……．ある人口学者たちは衛生状態の急激な劣化を恐れて，将来を予測することをためらっている．マラリアは，常用される薬品への抗体を獲得した原虫に対する効能をもつ薬品が欠乏しているために，もはや制圧されなくなっている．生殖や幼児死亡率へのその影響には議論の余地はない．それについに語らざるをえないエイズ．これはとりわけ動きの激しいアフリカ，交易と都市のアフリカで憂慮すべき広がりを見せている……．中世ヨーロッパにおいてのように，戦争や住民の大移動とか治安の悪さによって，また農村および都市における不十分な統率のために引き起こされる新たな「黒ペスト」や数々のおぞましい禍の再来を恐れなければならないのであろうか．

第2の特徴的な事実とは，1960年以来，大西洋から紅海に至るサヘル地帯を，また違ったあり方で東南アフリカを襲ってきた一連の旱魃である．この継起する凶年は単にありふれた気候の変化にすぎないのか，またその場合には短期の，もしくは中期のあるいは長期の傾向なのか，それとも少なくとも地方によっては人的行為——例えばコートディヴワールの森林伐採で，これはギニア湾において森林の覆いが最も深く抉りこんでいたまさにその場所でほとんど限界まで進められた——の結果がかかわっていないのかどうか．これを判定することはまったくできないのである．極端な悲観主義に陥って，砂漠の前進のリズムが早くなっていると想像してはならないとしても，アフリカの広範な部分は，世界経済の危機が始まりつつあったまさにその時に惨憺たる凶作の年を経験したという事実は認めざるをえない．被害の総括を行うことは困難である．というのも生態系の破壊が甚だしく進んだケース，つまり植被がぎりぎりのところまで貧弱になって，いったんは安定した砂丘の動きをもはや制御できなくなった地方があるかと思えば，また逆に空間を再び占領する植生の驚くべき力の認められる生息地もあるからである．もっと長期のスパーンではどうなのであろうか．終末の接近を思い出させるわけではないが，少なくとも次のように考えるのが賢明であろう．すなわち大陸は，いつまでとと限定することはできないけれども，気象の不安定な時期に入ったのであって，その影響は農業および牧畜の進展によって深刻なものになりかねない，ということである．

数百万の難民

気象現象の効果に対する住民たちの行為の責任はどれほどのものであろうか．そしてこの点においてアフリカの特殊性とは何であろうか．ある人々は，ブラジル北東部，ペルー沿岸そして半乾燥のインドもまた最近に恐るべき旱魃を経験したが，結局のところもっとうまく切り抜けた，と指摘せずにはおかない．だがこういう比較を試みるならば，アフリカには分がないことになろう．というのもアフリカはその技術の状態からしてもその組織の状態からしても，備えがもっと乏しいからである．確かに，アフリカ農業における水力制御度の低さとか，会社がある程度の広さをもつ灌漑区画を自ら造成し活用し管理する能力をもたないこととかは，手痛い重度のハンディキャップになっている．ピエール・グルー［P. Gourou, 1900-1999年．フランスの地理学者．コレージュ・ド・フランス教授．なお巻末の「文献目録」参照］は夢想せずにはおかなかった．もしニジェール川の中央デルタに，そこに乾燥期のとりわけすばらしい牧草地を見出したプル族が優勢ではなく，その代わりに，トンキンの稲栽培者たちが住んでいたならばどうなっていただろうか，と．けれども，ギニア沿岸の稲栽培者たちのきわめて古くからもっていた技術能力に言及するまでもなく，多くの経験によって分かっているように，アフリカの農民は収益の良い条件のもとでは，少なくとも小さな区画でなら灌漑農業をすばやく採用する素質を完全に備えている．しかし灌漑地や「水利会社」を「作

Ⅰ. 黒い大陸

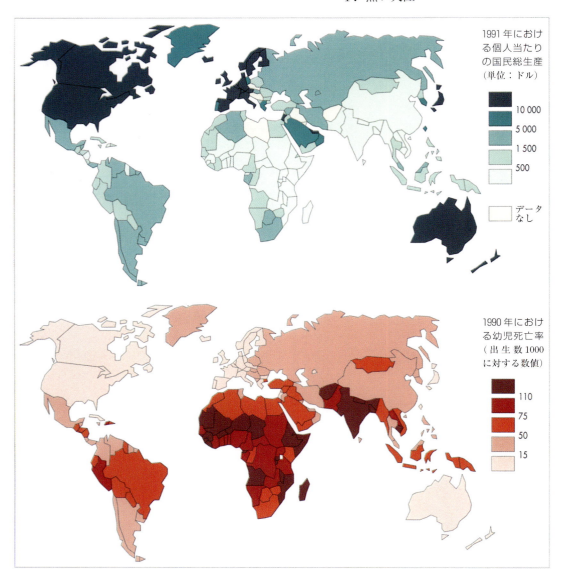

1.2 国民総生産と幼児死亡率
熱帯アフリカは、アジアの大部分とともに最も貧しい大陸の1つである。しかしその状況は、きわめて啓示的な指標である幼児死亡率を考慮するならば、さらにずっと深刻であることが分かる。

る」ためには時間がかかる。生産する術を知るよりは経営することを学ぶほうにより多くの時間がかかる……。また基盤施設や組織の脆弱さのために気候の不順さの与える影響が際立ってくることも事実である。それに対して、インドは相対的に密な交通路とか古くからある穀物のストックや流通の長い伝統を利用できるのである。しかしブラジルは、罹災した農民の大群を南部への道に投入せずして北東部の旱魃を解決できたであろうか。もっともこれらの農民は一時的には役立ったけれども、今日では国の経済的中心地の発展を阻害するものとなっている。このような比較はもう1つ、気候がこれほど不確かな地帯にこれほど人が集中したサヘルのごとき部分は世界中どこにもほかにはないという事実を無視している。領土区分とか国家の規模、それに資源の少なさも考慮に入れなければなるまい。

危機の性格を方向づけ深刻にしている以上の中・長期に及ぶ事態に、一時的な事情に左右されるかと見える要因が結びつく。もっとも実際にはこれらの要因はしばしば長い時間に連接しているし、長引きはしないかと危惧される状況に由来している。すなわち公然の国内的もしくは国際的な抗争であって、もちろんそれには亡命や国外退去が伴っている。アフリカは難民の実数で世界第1位という情けない特権を有している。それに南部アフリカ、例えばアンゴラの難民の大部分のことは分かっていない。また、ナイジェリアを去らざるをえなかった数十万のガーナ人たちのように、国外退去させられた移民の群れはこの範疇に加えられていないのである。同様に、部族集団の連帯を頼って、経済的もしくは政治的理由で近隣諸国に退去して居つく移住民も数に入っていない。これらさまざまの原因をどのように識別しようか。アフリカ東南部における難民の移動の本質的な原因は長期にわたる内外の政治抗争にある。例えば、スーダンにおけるエリトリア人たち、ソマリアにおけるエチオピアのソマリア人たち、アンゴラおよびザンビアにおけるナミビア人たち、ジンバブエもしくはマラウイにおけるモザンビーク人たち、ルワンダにおけるブルンディ人たち、スーダンやケニアにおけるウガンダ人たちの場合である。反対に、西アフリカはむしろ経済危機に関連する国外追放を見ているように思われる。その典型はガーナ人たちのナイジェリアからの不本意な退去である。しかし、すでに久しいギニア人たちの国外移住は経済的でもあれば政治的でもある危機によっている。それにセネガルやモーリタニアの流血事件は、政治抗争という口実をまとって

1.3 マルサスの亡霊
人口増加，古風な農業，気候の不安定そして飢餓に対して，人道主義の介入によって最も急を要するケースに対する措置を講ずべく，人々は整列させられ均一化される（エチオピア，1985年）．

いるとしても，実際には経済危機への反応ないしそのはぐらかし，さらにはモーリタニア人による貿易の代わりにセネガル人によるそれを置き換えんとする企てと見える．

都市の爆発的発展

我々の時代の大がかりな集団的移動は，国家間の関係および諸国家と諸民族との関係における危機の現れなのであるが，移動に先立ちもしくはこれに伴う多くの人々の死もまた危機を深刻にする要因と見なすことができる．人的損失には経済的なコストが重なる．移出国は能力および労働力を失うからであり，受入国にとっては援助費がかかるからである．いくつかの国家，少なくともそのリーダーたちが難民への国際的な援助を財政上のマナ［旧約聖書に由来する隠喩で，思いがけない賜りものの義］としたことのほかにも，不本意な移住にはもっと精密な総括が必要である．それは入植の再組織，土地の利用，空間の組織という並外れた現象の一要因なのであって，危機はこれをいやましに亢進させている．しかしこの現象のとるもう1つの主要なかたちは都市の爆発的な発展である．独立の暁にはあまり

都市化されず，というよりわずかに都市化されていたにすぎないアフリカ諸国は，今日でもなおラテン・アメリカのそれよりは低いけれども，しかしすでに一般にアジアのそれを顕著に上回る都市化率を示している．もしさまざまの傾向を考慮に入れるならば，展望は異なってくる．というのは，最近20年間の尺度では，湾岸の石油産出諸国の特殊なケースを除けば，アフリカ諸国全体の都市成長はほかのどこよりも迅速であったからである．実際，過半数の国々が年当たり5％を超える（14年間で2倍となる）都市化率を示しているのである．唯一の重要な例外は南アフリカ共和国で，これはすでに強度の都市化を見せていた．1940年にコートディヴワールには都市民は3％しか数えなかったのに，1950年には15％，1975年には32％，そして今日では住民のおよそ半分は都市民なのである．タンザニアにおける「集村化」[villagisation．集団農場村を建設して農民の集合化を図る政策］は本質的な基盤施設を村民に供することによって大移動にブレーキをかけるはずであった．それでもやはりダルエスサラームは百万都市になってしまった．もちろん都市成長をもたらしたもの，それは主として農村よりは大きい余剰価値の結果である．それでも農村人口の流出は，アジアには見られないほど明らかなアフリカ大陸の特徴であり，い

I. 黒い大陸

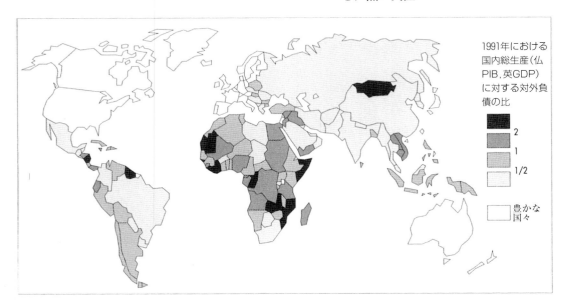

1.4 負債の重さ

アフリカ諸国の負債は，絶対値においては比較的に少ないものの，財源との関係においては莫大なものがある．南部アフリカにおいては，また相対的な保護を享受したフラン通貨圏においてもそれほど過酷ではない．

うまでもなく農村の諸活動に影響を与えている．

都市人口の増加は危機が都市においてあらわす様相の中心的な要素である．それは，産業の世界化からほぼ取り残された大陸が世界の加工生産の0.5％以下しか供給せず，「新興工業国」もないために，「公式の」都市経済はとるにたりない数の雇用しか提供しないがゆえに，いっそう重大なのである．しかし人口流出は大陸の境界を越えて，規則にかかわるある種の便宜とか黙認を生み出す古くからの政治的関係を利用して工業世界に到達した．サハラ砂漠の障壁を通過する可能性は増えているので人々はこれを利用するし，とりわけ東ヨーロッパ経由の思いがけない迂回路を活用する．フランスへの大衆的移住がセネガル川流域特有のものであった時代は，実は最近なのにすでに隔世の感がある．かつての植民地関係がまだこれら長距離の潮を方向づけるとしても，それはますます緩くなってきている．さまざまのアフリカのすべてが，ヨーロッパの増えていく国々の中に，またそれらをこえて現れている．この動きの総括はまだなされていないが，予想されるよりももっと複雑であろう．それは要するに単に国を捨てることにすぎないのか．工業世界にとっては，雇用や保健衛生上の危険にすぎないのか．それはまた技術および文化関係の強化，諸民族の間における経験の交流ではないのだろうか．

失われた市場

アフリカの危機のもうひとつの特徴は，目に見える経済活動において，原料それも植物性原料の占める圧倒的な重みに起因する．アラブ産油諸国とラテン・アメリカのアンデス諸国のみは，異なる条件のもとにではあるが，これに近いレベルに達している．この輸出の構造は脆弱さの格別の要因となっている．というのも大陸は最近20年間享受していた利権をもはや失ってしまったからである．それらを国際的分業によって活用するというのが，今日大陸経済のいわば憲兵である国際通貨基金（IMF）および世界銀行の政策の基本であったというのに．海運コストが低下したために，ヨーロッパの鉱石市場に対するアフリカの近さは空しいものとなった．鉱山の探査とか開発はこの不確かな大陸から遠ざかった．というのもそこでは鉱脈の開発は，オーストラリアとかカナダのような新しい「発展」国においてよりもはるかに大規模の投資を要するからであり，また企業の経営条件は，ブラジルのようなすでにより優れた設備をもつ第3世界のほかの諸国においてよりも困難だからである．アフリカの鉱脈にはもはや買い手はつかなくなった．それらは，リベリアのイエケパ鉄鉱山がその最近の例であるが，いきなり閉鎖されるかもしれない．多くの農産物についても見通しがもっと明るいとはいえない．工業諸国が，それら諸国の気候のもとで栽培できる代理作物（ヒマワリ，大豆，アブラナ，さらにはトウモロコシのような採油植物）を奨励したからでもあり，もっと競争力の強いほかの生産国が第3世界のほかの部分，特に東南アジア（マレーシアのカカオ，インドネシアのヤシ油）やラテン・アメリカ（コロンビアのコーヒー豆）に現れたからでもある．それに中国がその熱帯地方を十分に活用することになればいったいどうなるであろうか．1985年の木綿市場での最初の警報は前兆であった．目を見はるような生産増加は，産物の質の改良とか市場への介入能力を伴うことはめったになかっただけに，もはや繁栄を保証するものではない．コートディヴワールとそのカカオ豆の見た不運こそはこのうえない例証である．

アフリカは近代化を真に開始することなく危機に陥ったように思われる．確かにそれは脱植民地化このかた人々の育成は果たした．けれども生産の増加に生産手段の進化が並行的に伴うことはなかったように思われる．数年の世界的な繁栄の間もまたその後もである．つまり，農産物の増加は集約化によるよりはむしろ単一作物の栽培地の拡張によってなされたのである．さらに，工業企業は立ち遅れて状況が不利になったときに起こ

されたものが大部分で，資産を生むよりは借財を増やした．また近代的なサービス部門のもろさは支払いのバランスにとって重荷となり，そのため大陸は国際的売買人とその政略にしばられている．独立諸国家のサークルのなかに遅れて仲間入りした熱帯アフリカには，1960年代に世界経済の経験した例外的な繁栄を活用する力もしくは活用する知識はなかった．熱帯アフリカは，当然の権利であったご馳走のわずかな残りを投資するよりはむしろ食いつぶしてしまったかと思われる．

　植民地時代の最後の10年間——これは一般に経済の面で，そして農業については特に恵まれていた——に続いた10年間，ほかの諸国が量的でもあれば質的でもある変化を開始していたころ，アフリカ諸国はうまくそのまま勢いに乗っているだけであった．これはアフリカ特有の無能力のせいであろうか．それとも「政治的」拒否，つまり近代化しようとする国家と他方の民との間の離反に由来するものであろうか．近代化構想の考え方はしばしば問題にすべきではないであろうか．技術者や政治家たちの何でも知っているという前提に立った権威主義はあまりにも長きにわたって慣例となってきた．どれほど多くの計画が，要するに誤った技術的基礎に基づき，地域の組織形態や農民の知識に対する軽蔑に乗っかっていたために失敗したことか．どれだけのプロジェクトが経済的基盤からすれば正当化できないものであっただろうか．どれだけの工場が，あまりにも複雑なためにコストはかかるし故障しやすく，場合によっては当初から機能しなかったことか．どれだけの工場が，資材の調達とか市場を考慮することなく建設されたことか．そしてアフリカが援助をいかに活用し損なったかを力説する人々は忘れてはなるまい．援助はたっぷりと時には大半が，供給国および技術顧問たちを益したという事実を．それはおそらく独立直後10年間におけるアフリカ諸国の技術的・政治的自律性が脆弱であったためであろう．

危機のアフリカ的システム

　「危機のアフリカ的システム」を定義するために事実にこと欠くことはない．このシステムは政治的混乱を起こしている諸国家の危機とそれらの準信託統治状態（その有効性は問われなければならない）に最も顕著に現れている．いかなる国もこれを免れているとは思われない．コートディヴワール，カメルーン，ケニアの例を見れば次のことが分かる．すなわち，政治的な安定とか一定の経済的余裕，相対的に効力をもつ行政管理の確立といえども十分な保証にはならないという事実である．独立したアフリカにおいて国家の重みは例外的な重要性を有していただけに，国家の危機は地理上でいっそう深い影響を与えている．「国家こそすべて」というのは社会主義を標榜する政府の占有物ではなかった．経済の領域への権力の介入はモザンビークやアンゴラに劣らず，資本主義国のコートディヴワールや

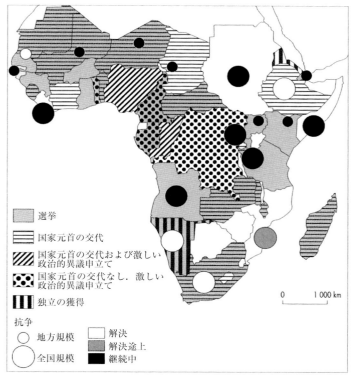

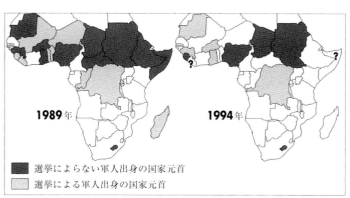

1.5　政変と抗争
大部分のフランス語圏諸国は選挙実施にふみきった．軍人大統領は少ない．しかし状況は西部アフリカよりは中部アフリカでもっと動揺している．ほかのところでは異議申立てや多党制のおかげで政変は少なかった．エチオピア−エリトリア，ナミビア，南アフリカ共和国では主な抗争は解決した．ポルトガル語圏アフリカでは未解決のままである．

ガボンにおいても強力であった．この国家主義の一般化について人々は長いあいだ問うてきた．その原因は，政府の管轄から独立した経済的エリートの不在にあったのか．もしくは例えばフランス語圏アフリカにおいては，一般に統制経済をしいた植民地の段階との強い連続性のためだったのか．さらには生産の組織者であった植民地以前の君主たちの根深い伝統が持続したためだったのか．あるいは自分の一族のために「世襲財産」を作り上げようとするリーダーたちの配慮のせいだったのか．それとも「開発」の専門家たちが，イデオロギーの区別なく経済計画および地方整備の会社設立を推奨していた時代の雰囲気の影響だったのか．

　ともあれ，国家の危機は空間組織の2つの特徴的な様相に対応している．まず第1は国家の管轄に属するサービス業務およ

Ⅰ. 黒い大陸

1.6 潟（ラグーン）のスラム街
コートディヴワールの効果的な計画によって造成され，「ラグーン中の真珠」といわれたアビジャンも危機を免れていない．
違法の仮住宅が広がっている．特に排水設備の確保されていない沿岸において衛生条件は劣悪化している．

び基盤設備が劣悪化することである．例えば行政管理に予算がなくなり，給料の低い官吏たちは2つに1つ，腐敗するか役立たないかのどちらかとなる．そして道路は壊れ，病院や診療所は手入れが悪く財源もなくなり，疫病がぶり返す．軍隊もまた，ザイールにおけるようにもはや危機を免れていない．首都においてすでに顕著なこの状況は，地方においてはことに最も貧しく最も孤立した地帯において激化する．地域間の不平等は，一方で外部からの援助を真っ先に享受する首都圏，再配分や交易に参加する首都近郊の農村および最も便利の良い地帯と，他方では野放しの密漁，略奪や襲撃の領域でないとすれば，自給自足もしくは少なくとも自己組織を余儀なくされる奥地アフリカとの間でドラマティックな規模を見せている．というのも，国家の危機とはとりもなおさず治安の悪化にほかならないからである．首都圏で激化した物騒な状態は農村にも達している．それはもはや周辺とか過疎の地域に特有の現象ではない．それは数の重みや組織の強固さが平和を保証すると思われていたいくつかの地方をすら蝕んでいるのである．

　第2に，政治権力の危機は直接に生産に跳ねかえってくる．どれほど多くの灌漑区画が，カメルーンのラ・サンリのように失敗ではなかった場合でも，見捨てられたことであろう．どれ

だけの開発が放棄され，工場が閉鎖され，銀行は資本を持たないままであることか．「開発」の考古学は豊富な資料を入手できるであろう．多くの国々が破産のあとの目録作成の状況にあって，最良の在庫品の買取り手をさがしている．けれども候補者は押しかけてこない．マダガスカルのように，粗暴な平価切下げのせいで取るに足りない給料で労働力を雇うことが確実にできる場合ですら，工業世界の商社はほとんど関心を示さない．たとえ高級官吏や大政治家たちが，前日まで国家の名において経営していたものを今日は自分のために買い上げているとしても，国内の企業家は多くない．現在いわゆる「社会主義の最終段階としての資本主義」を生きているのは一国にとどまらない．国際的な諸機関が奨励している万事にわたる民営化の文脈において，国家が生産活動のみならず国家機能の本質的要素まで放棄する危険は少なくない．今日ナイジェリアの諸都市において，

1.7 アフリカ
IGN（国土地理院．フランスにおける公式の地図を作成することを目的として1940年に創設された機関で，都市計画・住宅省の管轄下にある）の『世界政治地図』より抜粋．

l'Afrique
Extrait de la carte Monde politique de l'IGN.

ゴミの収集がすでに民営化されているのは妥当なことかどうか問うことができる．鉄道の運営を私企業にゆだねることについてはさらにもっと議論の余地がある．しかし実は危機にずっと先立って，警察や秩序維持のようなもっと基本的な権限が，例えばザンビアのカッパーベルトのような最重要の地帯で，時には私的な発意にゆだねられていたことも事実なのである．

蔓延する違反

この点においてアフリカの特殊性はどこにあるのだろうか．第3世界には，国内のいくつかの地域全体にわたってすらその主権を放棄している国家に事欠くことはない．例えばコロンビアとその麻薬カルテル，中国とビルマとの隣接地域である．だがアフリカは次の点において独特である．すなわち国家の諸活動が前もって肥大していること——それによって近代的な企業をまだ作り上げていない会社が庇護されている——，国家タイプの法律や規制が維持されていること，そのため危機的な状況になるや否や一挙に空白が引き起こされることである．そうなると二通りの反応が予想される．まず起こるのは後退であり，自給型経済への回帰であろう．しかしこのケースは頻繁ではない．大陸はあまりにも交易に参入しているからであるし，住人たちはあまりにも加工製品を欲しがっているからである．残るのは国家とは無関係に，さらには国家に対抗して自己組織することである．適用されない規制や商品化を担当する事務局の機能障害，診療所や獣医詰所における薬品の欠如，それに輸入割当て，これらへの反応として密売と密輸入が行われる．あたかももはや国家の存在理由は，違反すれば利益になるような規則を作り出すことにほかならないかのように．今日のアフリカで国境地帯での盛んな活動ほど驚くべきものはない．そこでは市場が，国境を接する国々の政策や状況の進展，そして為替レートの変動に応じて規則や場所を変えながら繁栄している．これら新しい交易の場の増加によって，住民たちは状況のもたらす前代未聞の利益を得たいために移動すべくうながされる．人口分布の新たな様相があらわれている．中心への集中に加えて，今日では周辺への集合も見られるのである．格好の例はナイジェリア，ニジェールおよびベナンの国境であるが，似た例はと

りわけフラン通貨圏諸国に接する地帯でいくらでも見られる．これら諸国は疲弊しているとはいえ，強くて人気のある通貨を今日まで用いてきた．1984年には，内乱状態にあったチャドの南部で，ナイジェリアのカドゥナで組み立てられたプジョーの車がパリでよりも安く購入できた．このような動きは，極度に悪い治安によって妨げられるどころか逆に煽られているように見える．最近まで，さまざまの輸入品のたっぷりあるすばらしく繁栄する市がスーダンやウガンダ，ザイール，中央アフリカ共和国の国境沿いに点在していた．まるでこれらの地域はひと昔前のアフリカの闇に戻ったかと想像されるほどであった．

違反のゲームにおいて勝者の数は多い．いくつかの地域全体が重大な危険とともに非合法取引で生活している．国境は究極的には「弱者」にとって幸運をもたらすものと思われかねない．そこに，この種の周辺部をもたないマダガスカルの深刻な危機は由来する．最も貧しくて弱い小心な人々はこのゲームに加わらないし，それに加わる人々の間でも運は不均等である．つまり，これらの市で何とか生きのびる人々もいれば，財をなす人々もいる．敗者のうちには最も貧しい人々とともに国家が入る．この遠心的な活動が関税および国税による収入をもたらさず，したがって国家は経済を統御する手段を失うからである．さらに，なんとか合法的な経済でなら立派に生きていける企業もまた負け組に入るかもしれない．例えばカメルーンのラ・サンリ社（La Semry）は生産の失敗のせいではなく，ナイジェリアへの米の密売のために滅びた．フランの獲得をねらう英語圏諸国の密売ダンピングのために，フランス語圏諸国の多くの新設産業はむなしいものとなった．逆に，不正取引が甚だしく大規模になって，一国のレベルで経済を養うこともある．例えばケニアは，マジェンドつまりわけてもウガンダおよびタンザニアで猛威をふるっている闇市の活動にその相対的な繁栄の一部を負っているのである．

危機とは単に闇に向かっての再転落なのであろうか．それとも生産システムや社会組織，伝統的もしくは近代的な枠組みを問いなおし，新たな世界への道をひらく深くて迅速な変化なのであろうか．世界の大きな変動のうちで，痙攣や苦痛なしになされたものはほとんどない．とはいえ，痙攣や苦痛こそが将来における進歩の保証であるというわけでは無論ない．そしてこれこそがアフリカにとって問われているのである．

2

奴隷貿易と分割

最後に植民地化された大陸である熱帯アフリカはしかし，15 世紀半ばからヨーロッパ人たちに知られていた．アジア人たちはもっとずっと前から頻繁にその沿岸を訪れていたのだが，5 世紀間をこえる対面とごく短期の植民地の期間をどのように総括すべきであろうか．植民地化は決定的な断絶であったのか．それとも単なる幕間（まくあい）であったのか．アフリカは今日，外部から押しつけられた図式に従って進展しているのか．それとも現代世界への独創的なアプローチのための要因をその過去から引き出しうるのか．

「白人の知性が低ければ低いほど，それだけいっそう彼には黒人が愚鈍に見える．」
（アンドレ・ジッド）

世界で最後に，基本的には 19 世紀になって植民地化された部分のひとつであり，それもほとんど知らず知らずのうちに征服されたアフリカは，しかしながらそれよりずっと以前から国際関係の内に参入していた．まれな例外を除けば植民地化が 1 世紀間をこえて長引くことはなかったのに対して，ヨーロッパとアフリカとの対面はそれに先立って 4 世紀間も続いたのだった．ヨーロッパ人の到来が結局のところ遅れて 15 世紀後半になったとすれば，それは風にさからって航海する技術を知らなかったため，キリスト教西欧は大西洋航路をとることができなかったからである．しかしそのずっと前から外国人たちは熱帯アフリカを頻繁に訪れた．エジプトのヌビアとの，そしてそこを越えてアフリカ奥地との接触は 3000 年以上もさかのぼる．ファラオであるネコ［古代エジプト第 26 王朝第 2 代の王．在位紀元前 609 〜 594 年］の治下，エジプト船団に仕えていたフェニキア人たちが紅海から出発してアフリカ周航を実現したことを，今日では是認できると思われる．ヴァスコ・ダ・ガマ［1469 頃 -1524］が逆方向に喜望峰をまわる 2100 年も前のことである．軍車用の道路は，キリスト紀元に何世紀も先だってサハラ砂漠を横断していた．それに，紀元 2 世紀にはアラブ人たちによる東アフリカ沿岸での入植が確認されている．それはバントゥ系の住民やインド人たちの到来よりおそらく前であった．

知られざる大陸

驚くべきことは，片やアフリカ人と片や一見してもっと力をもつ外国人との対面が大西洋沿岸およびサハラ砂漠の縁で長期にわたって展開されたのに，アフリカはほとんど閉じられたままであったという事実である．驚くべきことは，この長い時代の後，アフリカが 19 世紀における征服を前にしてあまりにももろかったという事実である．武器を目の当たりにして譲歩したというのではない．どうやらアフリカは社会的にも文化的にも抵抗の防波堤を築くことができなかったのである．いったん植民地化されると，それは植民者たちによる刻印を深く受けたために，例えば民族といった数多くの「真正の」と見える組織構造が，分析するならば，植民地化そのものによって引き起こされ少なくとも屈折させられたことが分かる．

我々は「昔の」アフリカを外国人の文書によってしかほとんど知ることはない．しかし外国人たちが観察できたのは外縁部，つまり，知らせてもよいと考えたことだけを知らせて自分たちに有利に交渉する巧みな才能を用いて，アフリカ人たちが交流のゲームを演じることを受け入れていた部分のみであった．今日人々は口伝を頼りにしている．これは確かに貴重ではあるけれども，慎重でなければならない．というのもいわゆる「伝承」は不偏不党ではないからである．それは現在との関連で過去を再構成するのであり，考古学や花粉学，それに技術の分析によって今なおごく限られた情報しか得られていない本質的な領域を脇におくからである．

内部への前進は一般に吸収され「アフリカ化」された．モロッコ人たちは 1591 年にはトンブクトゥを征服した．けれどもそのパシャ［地方長官］たちは自治権を獲得し，支配階級は「スルタン［回教的君主］化」した．ザンベジ川のプラゼロスは 17 世紀に定着したポルトガル人たちで一種の封建領主であったが，ポルトガル人らしいものとしては間もなくその名前だけになった．「後背」の奥地での交流が相対的に早くからかつ永続的にみられたのは，アンゴラやモザンビークを含む南部アフリカ（ケープタウンの植民地は 1652 年に創設された）においてのみである．それは二重の結果を招来した．ヨーロッパ系の

I. 黒い大陸

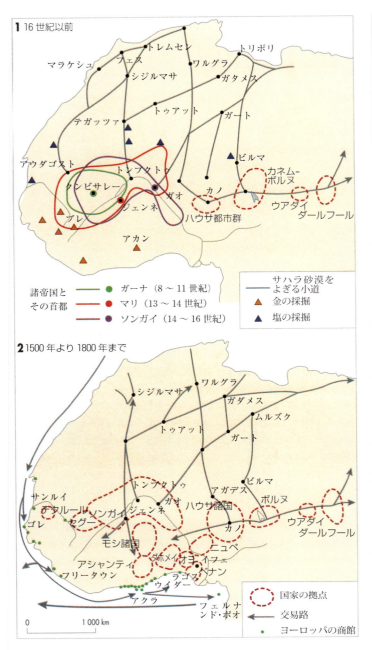

2.1 西アフリカにおける国家の拠点と交易

16世紀以前には大きな政治統一体は，サヘルに，サハラ砂漠を横断する道の出口に，そして南部の金と北部の塩との間に位置している．西から東へとのびる大きな道路がメッカへの道を示している．諸帝国はガーナからソンガイへと少しずつ東へ移っていく．ヨーロッパ人が沿岸に到来したことによって海への出口がひらかれ，そのおかげで国家拠点は南部にも現れることになる．『アフリカ歴史地図』(1988年) による．

住民は遅かれ早かれ混血して根づいたこと，アフリカ人諸集団はこれらのヨーロッパ人との接触で進化したこと，である．アフリカの大地への外国人の定住が人種差別政策 [アパルトヘイト] に帰着したという事実のために，この定住によって起こった諸々の変化を隠蔽してはならない．近い将来，この獲得物のおかげで南部アフリカは，大陸上で当然獲得すべき第1の地位を得ることになるかどうかが分かるだろう．ヨーロッパ人によるもうひとつの浸透点はエチオピアであった．そこには16世紀にはすでにポルトガル人たちが，次いでイエズス会士たちがいた．奇妙なことにエチオピアは1つの注目すべき「抵抗」の拠点になった．外国の影響によって国家の基盤が問い直されそ

うになるや否や，支配者たちはただちに外部との関係を絶ったのである．宣教師たちによる感化は，そこでは中国においてよりも少なかった．

考古学上の局地的な発掘や入植の歴史に関する人類学的調査の結果を別にすれば，最近5世紀間の大陸内部について我々が比較的よく知っているのは，外国起源の動物やとりわけ植物の導入と普及のことである．アジアから来たコブウシ [熱帯および亜熱帯にすむ背中に瘤のあるウシ属の動物] は紀元第2ミレニアムの間にナイル川流域に現れている．ほどなくケニア地溝 (リフトバレー) で確認され，次いで5世紀から8世紀の間にアフリカ南部に広がる．[時期にかかわる2つの表現「紀元第2ミレニアム」と「次いで5世紀から8世紀の間」の少なくとも一方は誤植であろうが，訳者には正確な年代を与えることができない] アジアの植物はもっと遅れてやってくる．バナナの木は——これにタロイモが続く——キリスト紀元の最初の数世紀にアフリカ大湖沼に見られる．ここが二次的多様化の中心となるに十分早い時期である．それは第1ミレニアムの終わりごろには西アフリカに達する．もっと遅いが，16世紀以来アメリカ大陸の植物類が伝播したこともまた驚くべきである．例えばトウモロコシ，落花生，マニオク [熱帯灌木で，その根は良質のタピオカを供する．南アメリカのマニホット．学名は *Manihot esculenta*．英語ではキャッサバ] や甘藷，それにある種のインゲン豆類は17世紀に，遅くとも18世紀にはいくつかの地帯の主食となる．それはルワンダやブルンディのようにもっと中央の地帯にまで及ぶ．

坩堝
るつぼ

このゲームでアフリカは得をしたかと思われる．というのもアフリカはその代わりにモロコシ [仏語ではソルゴ．イネ科の植物．学名：*Andropogon sorghum*]，オヒシバ [仏語ではエルジーヌ．熱帯産のイネ科植物で1m以上に達する一年草．キビに似た澱粉質の多数の実をむすぶ]，ヤムイモの類およびアブラヤシ [エレイス．実からパーム油を採取する] しか提供しないのであるから．たとえもっと生産性が高く，しかも多くが森林の生態システムによく適応していると判断される「外来」植物の帰化が植民の配分とか密度とかにおそらく影響したらしいとしても，残念ながらこれらの食料導入の結果を測定するすべはない．例えばベナン湾のいくつかの沿岸地域で，もしアメリカ起源の植物が採用されなかったとしたら，18世紀にあれほど人々が住むことはありえなかったであろうと推測することはできる．一般化していえば，おそらく大陸の全森林地帯がそれらの恩恵に浴したのである．同じように，プランタン・バナナ [バナナの一種．ふつうそれほど甘くない．果実は焼いて食用にするため料理用バナナとも呼ばれる] の木の栽培と高度に構造化された社会の発展との間の関係を認める仮説を立てることはできる．すなわち，バナナの木は人口の強度の密集を可能にし，わずかの労働と引き換えに人を養う．それゆえ栽培者を解放し，彼はほかの仕事，例えば戦争に従事することができる．逆に，バナナはそのサイクルが長いためにリスクなしに栽

14

2.2 砂漠のはずれの商業広場ジェンネ

あたかも大寺院の陰でのように市が開かれていた．サヘルではイスラムの拠点と交易の要衝とは結びついている．15世紀以来，ジェンネはマルカ族商人たちの組織網の中心点であった．今日ではそれはマリをはるかに超えて輝くひとつの活発な交易の拠点である．

培することはできない．それゆえ治安が保証されなければならない．この大胆な仮説はブガンダでは実証されるかもしれないが，カメルーンとかタンザニア南部では実証できない．

　農業の歴史を知ることによって，当時のアフリカ社会についていくらかのことが分かる．それは耕作や収穫条件の革新を採用したり作り上げたりする能力の高さを浮彫りにする．苦いマニオクの加工は簡単ではない．だがこの点でアフリカは革新を行ったのである．農業の歴史はまた，人口密度が低いと仮定される空間での迅速な技術伝播の可能性をも証言する．それは集団間の接触によるのでなければ理解できない．こうして細分化され孤立した植民の核によって形成されていたとされる昔のアフリカのイメージは損なわれる．例えばコンゴ盆地のほぼ無人の空間は，密度の高い流通の場だったのである．

　同様に驚くべきことだが，外来の植物はアフリカ起源の植物よりも広範囲に伝播したことを確認することができる．アフリカイネ（Oryza glaberrima）は西アフリカを離れることはなかったし，フォニオ［成長サイクルのごく短い微小なアワの一種．クスクスや粥に用いる］が西部の穀物であるように，オヒシバは東部の穀物であり続けた．アブラヤシはザイールからナイルにかけての分水嶺を越えなかったし，テフ［エチオピアの高度2000m辺りで栽培されるイネ科の植物．やや酸っぱいおいしいパンが作られる］もエンセーテ［バナナの木に似ていて擬似バナナとも呼ばれる．葉肉および麟茎からパルプ状の液をとり醗酵させ乾かして保存する］も源であるエチオピアの外に普及することはなかった．それらの生産性が芳しくないという説明はできない．エンセーテの収穫は多いしアブラヤシのもたらす利益は大きい．もっとも，移入された植物の魅力がどんなに大きかったにせよ，それらはいたるところで一様に受け入れられたわけではない．マニオクは東アフリカのモザンビーク北部を魅了することはなかったし，落花生もそこでは副次的でしかない．アジア起源のヤムイモは東部よりは西部により多く伝播したのに対して，アメリカ大陸起源のトウモロコシは，ケニアには19世紀末になってしか現れないとはいえ，東部沿岸でははるかに多く普及している．バナナの木はルシジ川から発してブルンディの丘また丘を登るのにおそらく5世紀間を要した．これらの選択の説明は困難であるとしても，少なくともアフリカ社会の無視できない多様性を推測させるのである．

黄金と人間

　この根本的な重要性をもつ推移はしかし，期待はずれに終わった奴隷貿易の副次的な効果にすぎない．金こそは真っ先にひきつけるものであった．それは紀元前第2ミレニアムにヌビアの束の間の財となり，のちにはスーダンの諸帝国，ガーナ，マリ，ソンガイに繁栄をもたらした．この金の取引をこそ，ヨーロッパ人たちはまさに「黄金の」と呼ばれた海岸を通じて獲得しようと欲したのである．意味深いことにこの海岸はその後またガーナとなる．彼らは，ソファラに帰着する貿易を横取りするために，モノモタパの金をザンベジ川経由で求めたのである．けれども彼らによる金鉱の支配は，1607年から18世紀半ばの間にますます虚しいものとなった．アフリカの金鉱は期待された黄金郷（エルドラド）ではなかった．では何を買うか．香辛料の追求は実をむすばなかった．輸送手段がないために，銅には，ましてや鉄にもあまり興味はなかった．残るは採集による一連の産物で，その重要性は文明と流行に左右されるものであった．すなわち象牙，サイの角，ダチョウの羽，香料，蜜蠟（みつろう），あるいはアラビアゴムである．それらはしかし周辺的な活動であった．アフリカの唯一の富はその人間たちであり，その主要な輸出品は奴隷であった．その結果，一般的な用語である"traite"（貿易）は「奴隷貿易」という特殊な意味を帯びることになった．

　このテーマについては詳しい研究が数多くなされたが，まだ決定的な結論に至ってはいない．いくつかの是認できる推算値に達してはいる．例えば，1450年から1900年の間に1200万

のアフリカ人が——その半数以上は18世紀に——大西洋奴隷貿易によって輸出された。サハラ砂漠の道を通っては550万ないし750万人が、先ずつとに紀元900年から1100年の間に最大値が、そして19世紀における再開によって強制的に送り出された。インド洋沿岸からは、紀元800年以降、そして3分の1以上は19世紀になってからであるが、500万の奴隷が輸出された。リズムは時代の動向に従ってさまざまであるし、いくつかのピークは次々に異なる地帯に痛手を与えつつ時間的に間隔をおいて並んでいる。この種の切除は、人口に対していかなる影響を与えたのであろうか。この点では見解はまちまちで、人口の実数と年齢構成とに基づいて測定されたデータを欠いているために、いずれも根拠に乏しい。また奴隷貿易の間接的な効果もできれば測る必要があろう。例えば、輸出される1人の奴隷に対して何人の死者がでたのか。どれだけの社会が損傷を受けもしくは破壊されたのか。アフリカ大陸上にはどれほどの奴隷がいたのか。「奴隷貿易による切除は、地域的には顕著に人口を減少させるよりはむしろ人口の爆発を停止させることに帰着した」(コクリ・ヴィドロヴィッチ、1985年)。この見方はアフリカにおける人口のダイナミズムを過大に評価し、奴隷貿易のもっと長期にわたる効果を無視するものである。というのも奴隷貿易は選択的であったからである。つまりそれは若い成人たちを——イスラム教徒による場合にはむしろ女性を、大西洋貿易の場合には大半は男性を——対象としたのであって、いずれにせよ住民の生殖を乱していた。それは最も丈夫な者たちを、最も有能な者たちを選んでいた。それは好んで、政治的に弱くて退行のプロセス(住民の逃亡、飢餓)に入っていた特定のいくつかの地帯を襲った。しかし反対に、最も活発な拠点はこの貿易から有り余る人口と活動とを引き出していた。多くの大奴隷貿易地帯(例えばベナン湾、バンバラ族の居住する地方、マラウイ)はまた現在の大陸で最も人口密度の高い部分に属しているのである。

外向性の極端なケースである奴隷貿易はしかし、内部の交易の動きに連動していた。奴隷はまず運搬人であって、格別の能力を示すならば運搬人のままにとどまって、コーラの実や塩、鉄、銅、綿織物、食料品の運搬を遂行していた。植民地になる前の大陸は決して不定形の空間などではなく、反対に、道筋や河川や海岸を利用する交易のネットワークによって大いに構造化されていた。16世紀にはウバンギ川やコンゴ川を通って、鉄、魚、植物塩、焼き物、加工されたマニオクが運ばれていた。ギニア湾沿岸のいくつかの臨海拠点、セネガンビア、ゴールドコースト、ニジェールデルタ地帯は、魚、塩、それに時には食料品類の交易で常に変わらぬ特別の盛況を呈していた。それでも、大陸西部では、大きな陸路がもっと活発でもっと構造化されていたと思われる。そこでは東西に帯状にのびる気候配置のおかげで、経線に沿う遠距離交易路の誕生が促進された。それによって反対に、東部空間がなぜ不活発であったかを理解することができる。そこでは気候は近距離間でも多くのコントラストを見せていて、隣接する民族集団間はもちろん、場合によっては同一集団内部でも相互補完が際立っている。交易の発展によってある種の富の格差が導入されたとすれば、交易は、例えばマラウイのケースのように強力に外世界と連接しているのでなければ、同じ程度に商人集団を支えることはなかった。マラウイにおいては交易はことに象牙や奴隷の取引によってヤオ族やマラウイ連邦と連接していたのである。とりわけ冶金活動を中心として交易路が四方八方にのびる主要な中心地を見出すためには、はるか南部へ、モノモタパとかシャバ[旧カタンガ]とかへと行かなければならない。

酵母にして毒素なる外国人

生産物を吸い上げるこれらのシステムは、強力な中心つまり国家という拠点の周りにしばしば連接されていた。しかし河川もしくは海岸の船乗りたちはおそらく例外としなければなるまい。例えばセネガンビアの沿岸では国家の建設は見られなかった。ニジェールデルタの東部地帯とて同様である。黄金海岸ではファンティ族の族長支配領域は公然とアシャンティ王国に逆らっていたし、コンゴ川では河川の航行はまずバテケ族の王国——その繁栄は人口の少なさや領土の貧しさを考慮するならば驚くべきである——が掌握していたのだが、19世紀にはこれは、もっぱら特定の活動にたずさわる領土なき「部族」の典型であるブバンギ族の専門家たちに譲渡された。しかし内陸では一般に国家と交易とは緊密に結合している。国家は、貢物もしくは略奪によって余剰生産物を吸い上げ、活動範囲が大幅に国境を越える少数の商人を媒介として交易の独占を確保していた。これは商業上の権力であったが、またきわめて頻繁に異国の権力ないし少なくともそういうものとして認められた権力であって、外国によって支えられていた。土着の王朝として自他ともに任ずる王朝はごくわずかであった。それはむしろ異国性を強調していたのである。時には自然界の諸力と同盟をむすんだ人物が外国人であるにすぎないこともあったが、しばしば完全に外国人であるという性格であって、それによって地域の社会的・物質的交換の枠組みをこえて、多様な集団をその多様性をたもちながら連合し統合することができたのである。これらの権力はほかの外国人たち、奴隷の集団やよそから来た商人たちに支えられていた。つまり土地に根づいていないがゆえに操作でき、その外的結合のネットワークのゆえに不可欠な人々であった。実際、「国民」商人の台頭がいかにまれであるか、君主たち、例えばアシャンティ王国の君主たちがそれを避けるべくいかに気を配っていたかは驚くほどである。

外来のものであって外国に従属している権力はいわば宙ぶらりんの状態にあった。領土の土台に乗ってはいても、その存在、その集中する力は大陸間貿易への連接に基づくところきわめて大であった。スーダン諸帝国はガーナからマリへ、次いでソンガイやハウサへと向かったのであるが、主としてこの移動は、地中海沿岸における商業的均衡の変化および南部におけるヨーロッパ商館の設置によって引き起こされた活動路線の転換に起因するように見える。これらの集合体は、さまざまの利害を武力によって和合させる君主の能力だけでまとまりその統一性を保っていた。権力が少しでも弱まると同盟関係は緩み、そうでなくとも周辺では常に不確定でぼやけた領土の土台はゆらぎ、完全に消滅することさえあった。

2. 奴隷貿易と分割

ところで権力は定期的にほとんど継承のたびごとに弱体化した．継承について明確な規則を作り上げることに成功した王朝はない．まず長男から末弟へ，次いで息子たちへという単一家系のなかでの権威の譲渡は，原則として頻繁に認められてはいるものの，個人的な権力の行使には適していなかった．それは一夫多妻制によって複雑化していた．一般的に権力は，正当な志願者であれ可能性をもつ志願者であれ，最終的には彼らを抹殺することによって掌握された．往々にして権力が不安定であったのは，結局は権力に対面して領土内に根をもち安定を望む仲介者集団——聖職者，法律家，商人——が欠けていたからではないだろうか．これらの集団はほかのところでは権力帰属の規則制定にあずかって重きを成し，王となることを望むことなく「王作り」の役を演じたのであったが．また自律的な生活手段を有する農民共同体の内には権力に対する根本的な不信があって，農民たちは権力を絶えず牽制しようと努めていたからではないだろうか．国家は前からあって国家の後にも生き残ることの多い地域諸集団の関係に重なっていたのである．

しかしただちに反対の例であるエチオピアが思い出される．それは政治的な安定の模範ではなかった．けれどもさまざまの殺人から簒奪，外敵の侵入から領主たちの戦争にかけて君主制の原則は維持され，ある連続性が作りあげられた．それは教会や特にいくつもの大修道院の保証するところであったし，民衆は搾取されながらも国家の歴史に参与する意識をもってこれを受け入れていた．ほかのところでは，ひとたび権威が弱まると，そこに包括されている諸々の社会はもっと限られた空間に閉じこもる傾向があった．すなわち族長の支配する領域とか婚姻交換のネットワークによって規定され互いにつながっているところの分節された小社会エリアにである．統合や恒常的な集団意識を可能にするものは何もなかった．というのも，分節のシステムは対立と関係とによってのみ規定されるのであり，人々はほかの集団との対比で集団的に生活しているのであるから．これらの体制には吸収する力はある——というのは親族関係をあらわす言語は操作可能である——ものの，安定的に一義的に広がる力はないからである．同質単位としての農産地［テルワール］の宗教は本質的に局地的であるし，親族関係は無際限に広がりはしない．あるいはそれは，遠ざかるならば知人を，したがって単一性よりはむしろ規則づけられた差異を表現するのである．

奴隷貿易による荒廃

外国との対面のせいで，どの程度まで国家構成体の不安定さは深刻になったであろうか．国家こそは，公然と戦うことで，あるいは文明の誕生を助長し広がったエリアへの共通の帰属意識を助長することによって，外国に抵抗しうる唯一のものであっただろうが．ただ一点のみがほぼ一般的であると思われる．すなわち，奴隷の外需は奴隷労働者の内需を増大させたという事実である．これらの人々の身分は，少しずつ同化されていった昔の捕虜の身分とはますます違うものとなった．国際的な奴隷貿易が衰退すると，彼らの実数はさらに増え，奴隷人口は相当

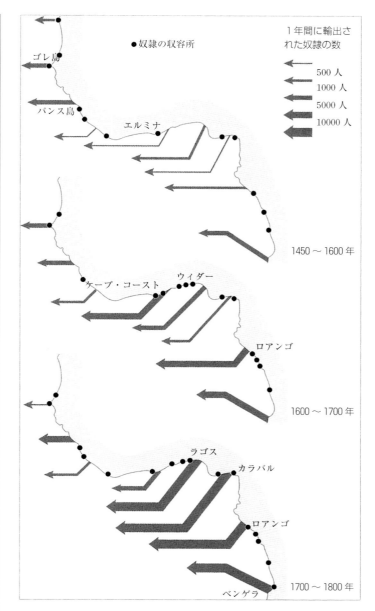

2.3 大西洋奴隷貿易
奴隷貿易の主な拠点は19世紀までは徐々に南へ移動し，アンゴラがその最後の中心地となる．ベナン湾は奴隷貿易の主要な場所であった．『アフリカ歴史地図』(1988年) による．

重要なものとなった．1795年にムンゴ・パークが，スーダンのサヘル地方の人口の4分の3は奴隷であると見積もったとき，彼はおそらく誇張していた．スーダン・アフリカについては30ないし50％，西アフリカ全体については25％というのがもっと妥当な比率であろう．メネリック帝［メネリック2世 (1844-1913) はエチオピアの皇帝．アディスアベバの建設をはじめとして，奴隷制度の廃止，教育の普及，ジブチ－アディスアベバ間鉄道の建設など近代化を推進］以前のエチオピア帝国は25～40％の奴隷を抱えていたようである．奴隷たちはきわめてさまざまの地位を占めていた．君主の顧問もいれば，軍隊の大部分を構成することもあったし，また多くは運搬人であった．実数が増えていくと農業生産にあてられた（例えばアボメー王国のアブラヤシ園の世話，ハウサ地方における木綿やインディゴ生産など）．19世紀にはダルフールに奴隷による真の農業植民地が設置された．最後に，奴隷労働力のかなりの部分は

手工業に従事させられた．生産技術の凡庸さと相まってこれほどの人間集団が使用可能であったことが，古風な経済制度のひとつの原因，したがって植民者の侵入に対してアフリカ社会の露呈した脆弱さのひとつの原因になったというのはどうやら本当らしい．それは土着の資本主義の発展をさまたげた．それを助長するはずもない植民地化が確立される前にである．また奴隷による生産は，カースト制と同様に技術革新を，さらには外国との接触が促したかもしれない新しい技術の借用をすら促進するものではなかったと考えることができる．

時として奴隷貿易は，かつては勢力を誇った政治体制を徐々に解体することもあった．例えば中央アフリカの大西洋沿岸地方では，さまざまな王国が崩壊し，略奪によって人間家畜を獲得する数多くの好戦的な族長支配体制に席を譲った．外国人との接触に巧みな「独立独歩の男たち」［原文英語：self-made men］の上昇が見られた．狩猟能力を特徴とし，外国製武器を調達して力を強めた新たな部族単位が出現した．例えば，もともとは蜜蠟採集者であり象狩り人であったチョクウェ族は，人狩り人となり，増大していく彼らの流れは19世紀にはルンダ族の帝国に浸透し，これを内部から解体した．奴隷貿易を行うほかの国家のなかには，反対に力をつけたものもある．例えばダホメ国とかアシャンティ国は植民地征服に対して組織的な抵抗を示した．これらは空間的な拡大ではなく，団結に賭けた小規模の国家である．それは，運送手段もなければ大国家の本質的な支えである文字も有しないがために，妥当な選択であった．また住民のかなりの部分を繁栄に参与させて，初期段階の国民を構築していたいくつかの国家である．最後に，奴隷貿易の衰退を見計らって「方針の転換」をはかり，ほかの資源，主として金やコーラやヤシ油に賭けたいくつかの国家もある．

属地国家

ほかの国家は反対に，基本的に奴隷貿易をしなかったがゆえに持続した．それらもまた周期的な継承の不安定になやみ，それに少なからず関連した収縮や拡張を見た．モシ族の諸王国すなわちルワンダ，ブルンディ，ブガンダに存続ないし拡張ができたのは，交易の大きな流れに参加することによってではなく，多様な住民を共通の原理のもとに連合させる能力によってであった．また農業を基礎とした特殊性を自らのものとする能力を発揮したからである．そしてこの特殊性は，祭儀をつうじてと同様にさまざまな具体的な実現によって支えられる．要するに，限られた中核のゆとりを周辺地域からの略奪によって確保しつつ，臣下たちを奴隷売買の不安から護りえたのである．

比較できるプロセスは，18世紀にアンドリアナムプイニメリナ［マダガスカル中央高地の住民で米を栽培するメリナ族は，15世紀末より王国を形成し大島を統一．アンドリアナムプイニメリナはその王（1740頃–1810）．ナムポイナとも呼ばれる］の梃入れによってマダガスカル中央部で見られた．それは大英帝国との同盟（1818年）によって促進された．メリナ族が国際的な奴隷貿易を放棄することと引換えにイギリスは君主国に技術援助をし，周辺部を服従させ，「合法的な」交易の基礎をきずくよう促したのである．だがこれはあまり成功しなかった．これらの王国は他方では大いに異なっているのだが，氏族・部族関係とは別の基礎の上に住民たちを統率する領土構造を強化したという一点では共通している．時にはこの属地システムは依然として親族関係に支えられていた．すなわち諸領土の筆頭に自分の親類縁者を据える主権者の親族関係，あるいは先任者の子孫たちのそれである．しかし最もよく練り上げられた事例においてはブガンダでもマダガスカルでも，首長の選択は別の基礎に基づいてなされた．人物の資質と君主による寵愛である．これによって君主は領土の真の集中的組織の土台を固めるのである．けれどもこれらの王国には経済的基盤が欠けていたために，試みは脆弱なままであった．大した余剰生産物がないために，国家機構を維持するのに貢物だけでは十分でなかった．国王や領主の領地は賦役もしくは奴隷労働によって開拓されたとはいえ，これまた十分ではなかった．国家は，大遠征の機会にその縁辺部で略奪をはたらくことによって生きるしかなかった．その近代的な外観とは裏腹に，メリナ国も例外ではなかった．寡頭支配を維持するために周辺の「属州」は定期的に搾り取られた．こうして属地国家は，技術的・経済的理由によって真の開発の基礎をすえることはなかった．

政治にかかわる商人たち

この最終期の対面はまた，新しいタイプの諸権力の出現を特徴としている．単純化していえば，3種類の論理によって定義される権力である．すなわち商業，宗教および軍事の論理である．［後二者については次節参照］第1の場合とは，商人たち

2.4 ザンジバル島の商業支配

ザンジバル島は大陸に広範な商業路網をひらいた．最も古く最も活発な道路は，タボラ経由でタンガニーカ湖やマラウイ（当時のニヤサ）に達している．ヨーロッパによる征服の前夜にはネットワークはコンゴ盆地の東端まで広がる．このシステムは北方ではそれほど堅固ではない．マサイ族の襲撃によって妨げられたのである．

2. 奴隷貿易と分割

2.5 武器の駕籠(かご)

ポルトガル人のアフリカへの到来．華やかな征服者（コンキスタドレス）でも大騎馬隊でもなく，しばしば徒歩による侵入．これ見よがしの優越を象徴するイメージである．駕籠かきたちはすぐにアフリカ人に変わることになる．［画面左下から右上にかけての記載は，Negros（ポルトガル語で「黒人たち」の意味），Paslanquin（駕籠），Roy（王．むしろ Boy なら黒人の下僕），Escravos（ポルトガル語で「奴隷」の意味）である．なお原著における標題の文字は"armes"（武器）であるが，"armées"（軍隊）の誤植かもしれない．ともあれ，この著作のほかの図版についてもしばしばいえることだが，資料の出典や年代などが明記されていないことが惜しまれる］

の断固とした政治分野への侵入である．まず極端な事例は，というのもそれは土着であるよりはむしろ外来のものであるからだが——それが生まれたスワヒリの世界はそれ自体アジア人とバントゥ族との混血世界であるとはいえ——，ザンジバル帝国，とりわけそれを継いだ諸国家のケースである．また，1840年に君主となるオマーンのスルタン，サイイド・サイードの到来によって再び活気を取り戻した群島は，チョウジの木の農園を拡大することによって「まっとうな」繁栄の基礎をかため，大陸の沿岸に直接的な権力をうち立てた．そこには奴隷たちが耕作する大農園（プランテーション）が広がり，国際貿易を育んだ．第3の要素は現実に領土をもたなかった．というのもそれは2つの大きな軸，バガモヨ-タンガニーカ湖およびキルワ-ニヤサ湖［マラウイ湖＝1964年マラウイ共和国の誕生とともに古い名前で呼ばれるようになった］の周りに組織されたところの，とりわけ象牙および奴隷の売買収益を吸い上げる地域であったから．そこでは入植はいくつかの部署，つまり倉庫とか場合によっては一時的な野営地（キャンプ）にかぎられていた．けれども19世紀になって新しく始まったことは，内部にザンジバル人たち（沿岸のアラブ人，混血者もしくはイスラム化したアフリカ人）が出現したことである．それまでは奴隷商人たちは，ニャムウェジ族やヤオ族，ベンバ族がみちびく隊商を沿岸地帯で待機していたのである．最初の「アラブ」商人たちは18世紀末にブガンダに到来し，1831年には今日のザンビアにあるカザンベ王国に達した．そして発芽のプロセスは作動を開始し，これは19世紀後半に成長し，大きな道筋のつくる枝々の先端に，帝国は輪郭の不明確な王国をいくつも生み出したのである．特に河川軸に沿って広がるこれら諸王国の唯一の存在理由は，野蛮で破壊的な奴隷売買であった．これらの束の間の君主の中でことに有名なのは，ムシリ王およびティップ・ティプ王である．前者はニャムウェジ族の出身で，1858年頃，現在のシャバの一部にイェケ国を創立し，後者は1870年より後にテテラ族の地方に支配権を樹立した．リヴィングストン［David Livingston, 1813-73．数回にわたって中・南アフリカを探検したイギリスの宣教師．地理学上の発見（『ザンベジ川探検報告』，1856年）のほか奴隷制と闘ったことでも知られる］をはじめとする宣教師たちによってヨーロッパ世界に証されたこれら奴隷商人たちの収奪ぶりはあまりにも酷いので，その反動として中央アフリカの征服を道徳的に正当化する理由となった．もっと極端ではあるが比較できる状況はスーダンやエジプトの勢力圏にも見られる．大商人たちは，ナイル川西部にそれぞれ自分の領地を切りとり詰所を点在させ，そこから略奪をしかけていたのである．これら新参の「回教君主たち」は植民地化するうえで利用できる権力者であると思われた．彼らはこうして20世紀初めの数十年の間ウバンギシャリ東部に間接的な行政管理の役職を保持し，——大奴隷商人ではあるものの——古いボルヌ帝国を変革したラバーよりはもっと幸運にめぐまれていた．

大陸の西面では商業国家はおそらくそれほど破壊的ではなかった．最初の早すぎた企ては束の間のコンゴ帝国であった．それはコーラの道の周辺に明らかに子午線に沿った配置をもち，ディウラ（イスラム化したマリンケ族の商人たち）のネットワークを基礎として建国された．しかし最も注目すべき例は（1870年から1875年の間に創建された）最初のサモリ帝国である．これはニジェール川およびセネガル川の上流地域とリヴィエール・ド・シュド沿岸との間の交易路を鋳型として創られた．この商業帝国はまた，当時まであらゆる政変に耐えてきた構造であるマンディング族による農民共同体の枠にも支えられていた．サモリ帝国の建設はこの共同体を新たな世界に適応させようとする，しかし遅すぎた試みであった．

神政と階層性

　第2の大きなモデルは，輸入され「帰化」した統合するイデオロギー，すなわちイスラム教そしてそれに結びついた諸々の知識および枠組みを統一の基礎として，広大な空間を構造化しようと試みた．このモデルはスーダン・サヘル地帯を特徴づけ，しばしば君主たちの権力濫用に対する民衆の反動を引き起こした．イスラム教と諸帝国との関係はあいまいさの刻印を受けていたからである．敬虔なメッカの巡礼者にして知的中心地トンブクトゥの建設者であるマンサ・ムサ［ムサ大王］によるマリ帝国は一種の例外である．17世紀には，異教徒であったウォロフ王国の君主たちは，隠者の信心会によって統率されていた民衆的なイスラムに対峙した．ソンガイ帝国の最初の君主たちは回教徒であったが，それでもこの宗教に対して不信感を抱いていた．ハウサ族の地方では，カノ［ナイジェリア北部のハウサ族の都］のスルタンは生温（なまぬる）いイスラム教徒にすぎなかったし，カツィナでは宗教は平民の事柄であった．1766年，セグー［現在マリ共和国の都市で，ニジェール川に面する］ではバンバラ族の帝国が公然とイスラム教に対抗して形成された．ところで，18世紀になっても西部にフータジャロン山地のプル族の「聖戦」（ジハード）とともに，そして1776年のフータトロ地方における原理主義の回教体制の成立とともに出現したイスラムの波は，19世紀の間にスーダン・サヘルの帯状地域全体を走査した．1804年から1808年にはハウサ族地方におけるプル人ウスマン・ダン・フォディオによる社会正義の理想——実際にはすぐに色褪せる——を掲げた聖戦．1816〜1817年にはニジェール内陸デルタにおけるアーマドゥ・ロッボの神権政治の企て．これはバンバラ族の権力に対する解放運動の様相を呈していたが，領土のすばらしく精密な組織化の出発点となった．それに続いて，しかし平等主義の精神をもつエル・ハジ・オマールの企て．彼は1852年から1864年にかけて，マンデ族の諸国の一部すなわちマシナ帝国，ニオロのサヘル地帯を糾合する雑多な要素からなる広大な国家を建設した．それまではむしろ政治と妥協するか，でなければ固有の構造を農村世界に形成することによってこれを密かに侵蝕してきたイスラムであったが，この政治の頂点への突入には明らかな領土拡大の動きが伴った．プル族の世界を，それまでこの世界を囲いこむと思われたスーダン生態系の限界を超えて，バウチ高原，ヌペ山地，ディアマレ平野，ベヌエ川流域，さらにはその彼方アダマワ山地へ向かって突き動かしたのである．

　外国起源でありながらすでに農民層のあちこちに強力に根を下ろし，証明済みの組織技術に支えられた統合するイデオロギー，元はといえば牧畜民であるが，定着し，さらには都市民となる能力もあり，必要とあらば土着民と折り合うこともできるプル族集団の拡大によって活気づいたこのイデオロギーの役割とは何であったのか．時間はかかった．それにまずイスラム自体が統一される必要があったであろう．その内部には，しばしばグループ間の対立を隠し持ついくつもの宗教的思潮が衝突しあっていたからである．これらの組織体は植民地征服には抵抗できなかったが，思い出以上のものを残した．すなわち地域における空間組織の指導者たち，植民者たちがその影響力を利用しようと試みることになる「首長たち」，コミュニケーション網，都市を中心とする影響の結節点などをである．それらは赤道以北のアフリカで，地帯間交易の経線上に東西方向の群線となって交差しているのである．

　発想が厳密に土着のものである第3のタイプの構築は南部アフリカに特有である．その源泉となったのはシャカ王によるズールー族の革命である．これは1818年から1826年の短い高揚した時期であったが，その影響は時間的にも空間的にもはるか彼方に広まった．シャカとともに，領土の征服に方向を定めた軍事国家の原型が明確なかたちをとるのだが，それはすでに18世紀末に，その先駆者ディンギスワヨが年齢階層をもって連隊形成の基礎としたときに始まっていた．行き過ぎのために亡びて運動は短命であった．というのはそれは滅亡の芽を内に含んでいたからである（兵士たちの独身が40歳台の終わりまで伸びるときに，いったいいかにしてズールー族国民の生物学的繁栄を確保するというのか）．けれども効果がなかったわけではない．実際それはズールー集団に例外的なまとまり，注目すべき領土への根づきをもたらした．他方ムフェカネつまりシャカ王に服従しない首長や戦士たちが移動したために，運動の影響は南部アフリカ全体に及んだ．彼らは，モザンビークのンゴニ族の地方に，ザンベジ川流域のンデベレ族のうちに，さらには現在のタンザニアにおいてすら，ほかの軍事権力を補強しもしくは創り出すことになるのである．

植民地貿易

　もし19世紀の間に突然の植民地征服，そしてベルリン会議に続いたいわゆる「クロスカントリー競争」がなかったとしたら，自ら生存する力をもつ政治機構がマダガスカルにも大陸にも存在し始めていたと考えるべきであろうか．アフリカ大陸は19世紀後半には好都合な人口・経済状況にあって技術も生産も進歩しつつあったのだし，植民地化はなんら避けえないものではなかった，と見ることができるであろうか．以上はイギリスの特別委員会（Select Committee）の意見であったように思われる．この委員会は，1865年にはシエラレオネを別にして王室のあらゆる植民地を廃止することを，また国家を形成したリベリアに倣ってアフリカ人に権力を返還することを1847年このかた奨励していた．しかしそれは時代の「超大国」に特有の見方ではなかっただろうか．当時この国には，領土の統率機構のための出費を支払うことなしに「自由」貿易からあらゆる利益を引き出すことも可能だったのである．それはまた西アフリカ沿岸に特有の性格の影響を受けた意見ではなかっただろうか．すなわちそこでは，アフリカとヨーロッパとのとりわけ古くからのかつ盛んな接触によって「クレオール化」［ヨーロッパ人と土着人との混合］のプロセスが起きていたし，教育を受けキリスト教化され商業に長けた沿岸のエリート層が形成され，あらゆる商業活動地帯に四散して広がっていて，ブルジョワジーの買い手［原文ポルトガル語：compradore］としてのま

2. 奴隷貿易と分割

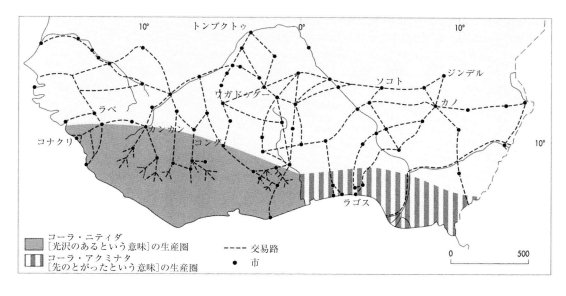

2.6 コーラの道
コーラは南部で生産され北部で消費される。これは保存のきかない産物であって，高度に組織された交易を維持する必要がある。一方には南北の道路網，他方には東から西へと3列にならんだ市の筋——産地，森林およびサヴァナの境界，そしてサヘル——がネットワークを形成している。

たキリスト教の伝播者としての役を演じることができると思われていた。同じ見方は東・中部アフリカについても有効であろうか。もちろんこの件に関しては，イスラムの進展に不安を抱いていた宣教師たちの証言は注意深く分析しなければならないが。最後に1860年以降における武器輸入の著しい増加が国内であたえた影響を見落とすべきであっただろうか。

19世紀末になるとアフリカ大陸はもっと魅力的になった。産業の進展によってヨーロッパの産物のコストは下がりつつある一方，熱帯の新たな物産には販路が現れ始めていたのである。例えばイギリスでのヤシ油の購買は，1820年の900tから1850年には2万2000tになった。アフリカ人たちは輸出収入を惜しみなく使って武器の購入を増やした。とりわけ大陸南部で鉱石ラッシュが広がっていた。1867年には南アフリカで金剛石が，1886年には黄金が発見されたのである。キニーネがマラリアの致命的な影響を制限するようになってこの方，アフリカのもてなしはそれほど悪くなくなっていたとしても，おそらく南部アフリカは別として，いったい領土を占有する必要があっただろうか。イギリスは長きにわたって領土の占有なしですますことを望んだのであって，大陸が占領されるに至ったのは大幅に外的な諸事件の結果であった。フランスの領土拡大においては，1870年の「屈辱」［ナポレオン3世治下における普仏戦争での敗北］のもった意味とか，フランスの視線を「ヴォージュの青線」から逸らしたがったビスマルクによる奨励の果たした役割はよく知られている。しかし首相自身，自らひきいる保守党員たちの支持を得るために植民地征服へと方向転換し，大陸分割の加速化に貢献した。こうなると，市場を失うことを恐れたイギリス人たちも，それまで抑制しようと努めてきた動きに乗らざるをえなくなった。妥協案として政治的「保護」を樹立することが唱えられ特許会社に占領と開発とを委託した。だがこれは十分の利益が望めず実行不可能と分かった。こうして領土の掌握は避けることができなくなった。

奪いとるべきアフリカ

ところで地域の権力による抵抗は，軍事力の比が明らかに不利ではないときですらごく限られていた。例えばメリナ族の国家ならば，エチオピアの場合と同様に，うまく組織されていなかったフランス軍の遠征に対して抵抗できたでもあろうに。結局のところ，植民列強が熱帯アフリカを死にかけていて「植民地化するに適している」と見なしたのは間違いではなかった。おそらく多くの地帯において奴隷貿易から直接・間接に有害な結果が生じていたのである。それに世紀末の数年間に大陸を直撃した生態系および衛生状態の危機をあげる必要はないであろうか。そのうえ，この危機は外的な侵入によるものとすべきではないだろうか。東アフリカを例にとれば，1890年代は実に暗澹たるものであった。1885～1896年の間，牛ペストはエリトリアからケープタウンにかけて大損害を与えた。それは大陸西部を襲い，マサイ族をはじめとする牧畜集団に酷い打撃となり，カラグウェ族のような牧畜「貴族階級」に支配される王国の基盤を崩し，空間占有に大きな空白をつくった。そしてそこにはツェツェバエ［アフリカ産の吸血性のハエで，睡眠病を媒介する］が増殖した。1893年からは天然痘がダルエスサラームから内陸へと広まった。スナノミ［蚤の一種で，その雌は人の皮下に侵入して膿瘍を起こす］とて同様で，これは住民を麻痺させた。旱魃の年にはこれにバッタの襲来が加わった。周期的な性格をもつ「天災」には，外国人とりわけヨーロッパ人とその従者たちの大陸内部での移動が増えるにつれて，それに結びついた病気が重なった。これらの災禍は西アフリカではそれほどの被害をもたらさなかったと思われる。けれどもそこでの征服はより困難であったというわけではない。「細菌ショック」は，ヨーロッパ人による勢力の拡張を時として好都合にしたことはあるにせよ，その本質的な要因でもなければその一義的な結果でもなかった。この衝撃は強制労働および増加した住民移動の効果として植民地体制下の最初の数十年続いた。けれども16世紀のラテン・アメリカや19世紀にメラネシアのいくつ

かの島で見られたような壊滅的な影響を引き起こすことはなかった．アフリカの長期にわたる外国との交渉のおかげで影響は緩和されたのである．損害がより著しかったのは，長い間直接的な交易から隔離されていた最も辺鄙な地帯であった．植民の地理が激変したわけではない．それはむしろ誇張され歪められた．というのは最も酷い被害をうけた地帯はまた最も人口の少ない地帯であり，そこでは住民たちはいくつかの限られた空間に集まりがちであったからである．

10年間たらずの期間に大陸のほぼ全体が植民地化されたために，アフリカの地図にはまったく新たな領土組織の網が描かれた．しばしば大雑把で誤ってさえいる資料に基づいて成されたこの性急な裁断（あらゆる国境線の69％は1885年から1909年の間に定められた）には，現在のさまざまの困難の主要な原因となった2つの欠陥があるとされている．ひとつは民族単位を人為的に分断したことであり，もうひとつはバルカン化であって，それは存続するには小さすぎる諸国家の形成へと帰着した．これらのいわゆる「証明済みの真実」には議論の余地がある．もちろん，とりわけ乾燥地帯で著しい単に天文学に従った線のすこぶる頻繁な利用（国境線の44％）に驚かないわけにはいかないし，その領土がいくつもの国家に分断された民族集団は187にのぼることも知られている．けれども反対に，ジャン・ギャレ（J. Gallais, 1982年）とともに次の点を指摘することもできる．すなわち，「植民者たちが理由もなしに最も有力な民族エリアに切りこみを入れることはめったになかった」こと，それに国境の分割は恣意的であったにせよ（しかしそうでない分割があり得るだろうか），根拠がないわけではないことである．国境は予想以上に，前からあった境界を支えにして作られたのである．砂漠地帯も例外ではない．直線のもつ異論の余地のない不条理は，もともとから国境線にあった恣意性の極端なかたちにほかならない．容器はついには内容を作り出すのである．恣意性はことに牧畜地帯の特徴となっているが，そこではいずれにしてもどんな境界も不適切である．領土は互いにひどく入り組んでいるし，時代や季節の経過に応じていくらでも移動するからである．

切開されて

　同じ民族性を主張する人々が国境によって分断されていることはいうまでもない．しかしそれは不条理なことであろうか．民族上の帰属と政治上の帰属とは必ずしも重なり合うわけではない．例えばニジェールとナイジェリアとの国境はハウサ集団を切断しているとはいえ，無鉄砲に立てられたものではない．それはソコト首長国から周辺にあるほかの首長国を引き離しているのである．また国境の画定によってそれまで明瞭な一単位を構成していなかった集団が民族として結集したケースもある．例えば120に及ぶ下位グループの集合であるエヴェ族がそうで，その第1の共通の規定は，言語を別にすれば彼らの捨てた諸国家を拒むということであった．ソマリア集団より見事な「国民」の例があるだろうか．言語，文化，宗教の単一性，それに大幅に認められる活動の単一性に照らせば，遊牧の経路を

2.7　19世紀の西アフリカにおけるヨーロッパの参入とアフリカの諸国家

ベルリン会議の前夜，ヨーロッパの勢力はあまり広がっていない（セネガル，シエラレオネ，ゴールドコースト）．その一方で，スーダン・アフリカおよび森林に隣接する地帯では戦闘的なイスラムに鼓舞された新しい権力が確立されていく．サハラの交通路はマグレブにおけるヨーロッパ人の存在によって弱体化し，明らかに東のほう（キレナイカ，エジプト）へと逸れている．それらをセヌシ信心会［1837年，ムハマド・イブン・アリ・エスーセヌシにより創立されたイスラム大兄弟会．1931年に衰微］が掌握しようとしている．『アフリカ歴史地図』（1988年）による．

断つ線的な分割は不条理に見える．これらさまざまの単一性は失地回復運動や拡張の意欲にとって根拠となっている．しかしソマリア人たちは政治的実体を構成していなかったのであって，彼らの「大ソマリア」の夢は第2次世界大戦後にイギリス人たちが練り上げた構想の写しなのである．民族的単一性の名において空間の分割を廃棄するのは，民族とは動いてやまぬ現実であるという事実を忘れることにほかならない．その文化的基盤が何であれ，民族は比較ないし対立によって自己を規定するのであるから，それは空間的に変化しうる幾何学に属する．それはまた，明白な断絶がめったにない諸集団の連鎖のなかの一時的な遮断のように，民族の区切り——それは時間的にも揺れ動く——に基づいて国境を定めようとするのは，諸領土の内部区分について植民者たちに非難されていたこととまさに同じことを外的限界について行うことであろう．すなわち不確実で，単一でなく事情に左右される識別に絶対的で一義的な意味を与えることであり，民族のうちに原国家（proto-États）を見ることである．しかし民族がそのようなものであることはめったになかった．南アフリカ共和国のみは，人種隔離政策（アパルトヘイト）を制度化することにより，民族をもって新たな諸国家の基盤としたかったのであるが……．

　他方，もし民族の観念をもっと考慮していたとしたら，植民者たちは彼らのうけた第2の非難をよりいっそう浴びたことであろう．つまりアフリカを「バルカン化」したという非難である．というのも国家となった領土はほとんど常に民族エリアや先行していた政治単位より大きく，それゆえ現在の諸国家は，国境についてよりはむしろその内容に関して苦汁を嘗めている

2. 奴隷貿易と分割

ことが明らかだからである.「もし今日国境が,とりわけ外因性の国境が問題であるとすれば,それは国境が切り分けるものによってよりはそれが統合するものによってなのである」(M.フーシェ,1988年).入植者たちは,アフリカを分かち合いながら未来の国家を定めることを意図していたのではなく,一定の経済的な重みのある経営可能な空間単位を構成しようと望んでいたのである.というのも植民地は自ら資金の調達をしなければならなかったからである.はじめ彼らはそれを大規模のまとまりに基づいて試みた.ただしギニア湾沿岸および紅海周辺は別である.前者では分断は奴隷貿易時代の遺産であるし,後者ではあらゆる列強がインド航路の寄港地を持ちたがっていたからである.そのうえ彼らは国際的決定を無視してまでこれらのまとまりを拡大しようと企てた.すなわちベルギーはルワンダウルンディの委任統治権を運営上でコンゴに併合したし,フランスもトーゴについてそれほど違ったやり方は採らなかった.大英帝国はタンガニーカをケニアおよびウガンダに再編しようと企てた.

未来の諸国家はいくつかの大きな集合体のうちにその場を見出していた.そこで人々は,経済的な合理性に基づいてそれぞれの領域に1つの機能を帰属させようとつとめた.ルワンダウルンディおよびオートヴォルタは労働力を供給すべきであった.前者はカタンガの鉱山に,後者はコートディヴワールの大農園(プランテーション)に,である.イギリスは第2次世界大戦直後,南北ローデシアとニヤサランド,それに東アフリカ経済共同体とをもって中部アフリカ連邦を構成したときに,相似た政策を採用した.独立前夜には実際,国家や大規模の経済組織体の形成を妨げるものは何もなかった.分割の選択は入植者たちのそれであるよりは,むしろある種のアフリカ人たち,ことに最も繁栄している領土のリーダーたちの選択であった.それに,今日ザイール,スーダンあるいはナイジェリアのような「巨大国家」が直面している数々の困難を見るとき,(仮に細分化がなされなかったとしたら)かくも広大な集合体はどうなっていただろうと問うてみることができる.というのは真の問題はおそらく,実現された領土の網の目の規模でもなければ,それが植民地時代以前のアフリカの現実に対して設けた分断でもなく,当時まで知られることのなかった空間の画一的な分割の原理そのものなのである.

「駐在所」「商館」および「宣教団」

しかし画一性を語ることができるであろうか.ヨーロッパ列強の植民地化の方式はさまざまだったのではないだろうか.とにかくあらゆる植民者たちが空間を仕切り,領土の限界と権威のそれとを対応させようと意図した.彼らは皆,領土には命令を発する場としての人口密集地帯が含まれるべきであって,都市間の序列は行政管理上のヒエラルキーを反映すると考えた.こうして彼らはさまざまのラディカルな改革を導入した.というのは昔の空間分割は多様であって,それぞれの権力タイプ,それぞれの関係タイプに一定の空間カテゴリーが対応していた.そこには空間的なヒエラルキーの観念はまだ一般的に通用していたとは思われないからである.

しかし,上の指摘には色合いをつけなければならない.領土の行政管理上の網の目には,両大戦間までは,民間の大きな払下げ地の便宜のために,ふつうもっと緩い網の目をもつ経済的な切分けが重なり,場合によってはこれにとって代わることさえあった.それはフランス領赤道アフリカ(AEF)で起こったことであるが,またベルギー領コンゴやモザンビーク,両ローデシアでも起こった.特に,もっと異論の余地のないことだが,イスラム教化された地帯の外では,植民地の行政管理はキリスト教宣教団の存在を優遇し,またそうでない場合でも少なくともそれらと折合いをつけたのだった.

ことに東部および南部アフリカ,例えばマダガスカルにおいて宣教団はしばしば征服に先行した.教化的な交流の仲間であ

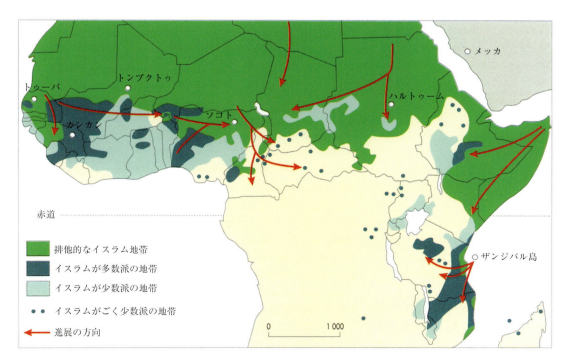

2.8 黒人アフリカにおけるイスラム

熱帯アフリカの主要な区分.サヘルとスーダンは回教国である.アフリカの角[インド洋にサイの角のように突き出た東端地域で,ソマリア共和国が位置する]もそうで,そこではアビシニアの砦だけが抵抗している.イスラムはシエラレオネおよびリベリアの混成(クレオル)沿岸の防波堤を迂回してギニア湾へと進行しつつある.東アフリカでは,タンザニアの場合を別にすれば,イスラム教徒はことに商人であって,はるかにもっと地味である.中・南部アフリカはさまざまのアニミズムとキリスト教諸派の領域となっている.

る『聖書』は，端的な意味での植民地化にとっての代替物と思われていた．宣教団の駐在地は設備のよいことが多く，例えばケープタウンの植民地内部あるいはニヤサランドのように，ネットワークではないにしても少なくとも拠点の軸となり得るものであった．それらは地域の事情に応じて貧しい人々，除け者たち，「部族を離れた者たち」を引きつけることもあったし，また時には教育や技術を，もっと広い意味ではヨーロッパ文明の長所を広める有力者たちを引きつけることもあった．初期には宣教団はしばしば地域の権力とヨーロッパ列強との仲介という政治上の役割を演じた．アフリカの残る部分では，諸教会は，沿岸地帯には存在していて「混成(クレオル)」社会の誕生に寄与したとはいうものの，むしろ征服者たちの後について進展した．

　最小限の費用で統率するためには，このさまざまの能力と献身の宝庫——そこでは愛国心は愛徳[信，望とともにキリスト教の教える対神徳の1つ]にいささかも引けを取らなかった——を利用しない手はなかった．レオン・ガンベッタ[L. Gambetta, 1838-82. フランスの政治家]の言回しを借りれば，反教権主義は「輸出品」ではなかったのである．もちろん行政官たちは，とりわけ宣教師たちが労役の濫用を非難するときに，彼らと牧歌的な関係を維持したわけではない．もちろん関係は規則的に維持されはしなかったし，明確でないこともあった．共和制で非宗教的で同化政策を採るフランスは，イギリスやなかんずくベルギーほど重要な役割を彼らに委ねることはなかった．ベルギーの場合には，コンゴにおいてカトリックの聖職者たちに教育のほとんど独占権を与えてためらうことはなかったのだが．それでもキリスト教諸教会はいたるところに階層化された固有のネットワークを形成した．空間的にそれが行政管理の網の目と一体化することはなかった．時には，退廃の巷なわち都会に対する漠然と広がった不信から，また地域に根ざした権力組織をもっと手本にしようという配慮によって，行政組織からラディカルに自己を区別することさえあった．それはいたるところで，特に教育および公衆衛生に関して代行者の役割を果たした．この役割は独立の後では強まる一方であった．国家の危機のために，外部との仲介者，奉仕の提供者，さらには異議申立て空間の創造者としての教会の機能がいっそう明確になっていったからである．宣教ネットワークは，空間および社会の組織にとって恒常的な一要素となった．それは時にはイスラム諸国についてすらいえる．これら諸国では，その役割は宣教団が生ぜしめるごくわずかの改宗によって測ることはできないのである．

「首長」と「司令官」

　他方，フランスを特徴づける直接的行政管理とイギリスの間接的行政管理との間の古典的な識別に特段の重要性を付与すべきであろうか．もし効力のあるものであったとしたら，この識別は諸国家の現在の地理上の組織に顕著な影響を与えているはずである．仔細に検討すればイメージはぼやける．イギリスの間接的行政管理のモデルとしてブガンダとかナイジェリア北部の回教君主統治領とか南部アフリカの保護領をあげることがで

きるとしても，イギリス人たちはアシャンティのような別の古い王国とか，ましてや国家構造が知られていなかったいくつかの地帯においてはそれほど明快に振舞ったわけではない．フランスも，マダガスカル西部やウバンギシャリ東部やカメルーン北部では，プル族のラミドス[プル族の支配に大きな力をもつ伝統的なイスラムの支配者]を用いて時には長期にわたって間接的行政管理をこころみた．これら進取の企てはもっと躊躇(ためら)いがちでもっと果敢ないものではあったが．

　実際にはすべての植民者にとって，ことに経済上の理由で「首長」は必要であった．行政管理の下級幹部で，地域の事柄を運営する使命をもつというよりはむしろ命令をつたえ税を徴収する役をおびる者たちである．首長が存在しないときにはそれを作り出さなければならなかった．しかしその場合にはこれに多くを期待することはできなかった．それゆえ各領土内部での行政管理方式には顕著な差異があった．この点で極端なケースはおそらくウガンダである．そこではブガンダ地方は特権を有していたのみならず，一時その模範を拡大して植民地をさらに「下位植民地化する」よう求められさえした．逆に罩しの現象はもっと頻繁にみられた．より「進化」していると判断された地帯はそれだけいっそう直接に管理され，その一方で周辺部においては慣習が規則であって，首長ないし君主は，時には軍人たちの家父長的な後見のもとで恩義にしばられた仲介者となった．英語の術語では，「植民地」(colony)と「保護領」(protectorate)とを対立させることによってこの事実をうまく表している．シエラレオネはこの内部区分の格好の例のひとつであるが，その痕跡はマダガスカルにおける一方の周辺部と他方のメリナ族およびベツィレオ族の占める中心部との対比に，あるいはカメルーンやチャドにおける南北の対比のうちに見出される．

　どれほどかすんでいるにせよ，それでも対立は存続している．実際，イギリスや異なるやり方ではベルギーも，フランスよりは多様な個別性を利用し，大幅に再構成された部族地図を基にして彼らの行政管理上の区割りを行い，また地域の言語による教育を促進した．両国はフランスほどには同化の長所を公言しなかった．しかしこのような政策の地理学上の効果は何であっただろうか．場合によっては（ケニア，ザンビア，ジムバブエ），イギリス方式は部族を自閉させ，前からあった空間および文化のダイナミズムを阻害し，由々しい土地問題を生じさせるに至った．間接的行政管理よりは，ヨーロッパ風の農業による植民地化，そこから帰結する空間の分離差別への傾向のほうが責任は大きい．間接的な行政管理は特権的民族に適用されるときには，これらの民族をその個別性のうちに閉じ込め，彼らをほかの集団に対立させていた抗争を増大させた．ウガンダのケースは典型的である．それほどではないにせよ，相似たことはプル族とキルディ（「異教徒」）とが対立するカメルーン北部にも見られる．間接的行政管理は歴史・技術・文化の伝統にかなった自立的な進化を助長したり（例えば部分的にはナイジェリア北部のケース），カメルーン西部におけるように近代主義的な革新に寄与することもあったが，逆に進化しつつある諸集団（例えばシエラレオネ内陸部の諸「部族」）の動きを抑制することもあった．ルワンダやブルンディにおける都市の不在をこの方

式のせいにすることもできるが，反対にハウサ地方における都市の優勢をそれで説明することもできる．間接的行政管理に特有の風景も組織形態もない．そのことは論理にかなっている．というのも，地域の進展はそれぞれの社会の特殊性とか活力のほうにもっと依存せざるをえないからである．結局のところ，この間接的行政管理方式の一般的ではないにしても少なくともごくありふれた特徴として，次のことだけは残る．すなわち基底部における設備の創造や生産物の商品化を目指すイニシアティヴの能力，それに地域委員会なり共同組合なり土地に密着した労働の習慣である．これらが同じ程度まで成熟することをフランスの植民地行政はその重圧によって妨げた．その反面，間接的行政管理は激しい民族抗争への傾向を生み出した．それでも，同じ原則に基づきながら多くの変異体（ヴァリエーション）が編み出されたこと，植民列強が各々のケースに抱いた興味は甚だ不均等であったことを考慮に入れなければならない．投資の程度が法的原則よりは優位を占めたのである．

資本にとっての2つのアフリカ

ところでこの観点よりすれば，アフリカは全体としてヨーロッパの投資家たちを大して魅惑せず，白人が勝ち誇っていたこの19世紀に地球の一部分が彼らに服従していないなどということは考えられないという理由で結局は征服されたように見えるとしても，大陸はきわめて不均等に注目された．イギリスによる植民地への投資が圧倒的に優勢であったこと，そしてその時期も相対的に早かったことは，明らかに大陸の南部つまり貴金属の，次いで銅のアフリカに対する格別の興味によって説明される．それはまさに南・北の対比であって，ヨーロッパ宗主諸国の間の態度の相違ではない．なるほど南部アフリカ以外へのイギリスの投資もフランスのそれよりは重要であった．後者の実業界は植民地に関して躊躇いがちであったし，とにかくインドシナやマグレブ［北アフリカ諸国の全体すなわちモロッコ，アルジェリア，チュニジアの全体をいう］にもっと大きな関心を寄せていた．大陸南部ではベルギーとかポルトガルの植民地はそれぞれ本国自体の重要性に比べて不釣合いな資本を受けとった．対比は明白である．つまり当時一方には採算のとれる実質的に鉱山のアフリカ，早くから開発されたアフリカがあった．そこでは国際的な利潤の論理に従って国境とは無関係に整備がなされていた．すなわちベルギー領コンゴの南部を含む南部アフリカである．他方にはこれに対立する熱帯アフリカの残る部分があった．そこでは努力はつましく節約され，植民地諸帝国の枠の中で厳格に運営された．交通路の地図はこの事実を見事に語っている．南部には両大洋の間を走る鉄路のシステムがランド，ローデシアのグランダイク，カッパーベルト，シャバといった鉱山拠点のまわりに組織され，それは南アフリカ共和国やポルトガル植民地の港湾へと通じていた．

大陸のこの部分に工業に劣らず農業に従事するヨーロッパ人入植者たちが居ついたために，上記の前進は強められる一方であった．アフリカ人たちの活動や移動も同じ国際的な空間の中で組織された．モザンビーク，ルワンダウルンディおよびタン

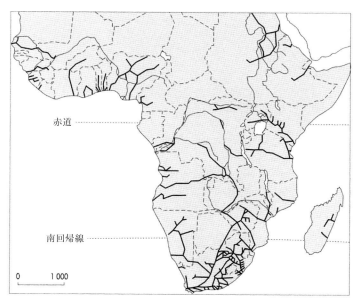

2.9 植民地時代末期の鉄道
大陸規模の鉄道網は存在しない．西アフリカにおいては，マダガスカルの場合と同じように内陸に入りこむ線が沿岸から出ている．中央部では短い線がコンゴ川の急流群を迂回している．真の鉄道網をもっているのは南部アフリカだけである．

ガニーカは南部アフリカの金属類の採掘に貢献した．そこでは農村社会の構造喪失，賃金制度の設置，プロレタリア化，新しい技術の獲得，組合組織の発見，時には教育そしてしばしばキリスト教化が，熱帯アフリカの残る部分に比べてより早くより強力に行われた．この対照は，第2次世界大戦に続いた植民地整備の一般的な波によって消されることはなかった．ただ南部アフリカを取り巻く「前線」上で，脱植民地化に伴う抗争や破壊によって修正され部分的に減少したにすぎない．基本的には，植民地化よりこの方，資本主義的工業開発の影響を不均等に受けた2つの熱帯アフリカが存在するのであり，両者が異なる運命を生きているとしても，それはおそらく偶然ではないのである．

整備の遅さ

南部アフリカを除けば，さまざまの植民領域への分割は整備の貧弱さによっていっそう際立つものとなる．鉄道および道路の地図は象徴的である．その戯画的な概要は知られている．すなわち一方には各々の領土において，沿岸にほぼ垂直の鉄路が港湾を内陸へと結合して交易の展開を助長している．他方しかし，異なる植民者たちによって設置された線と線との間にはいかなる接続（ジャンクション）もない．交易物が他国の港湾に向けて横取りされることがあってはならないからである．時にはこれらの鉄道はほとんど重複することもある．例えばコンゴ−大西洋線を建設する必要があったのだろうか．レオポルドヴィルからマタディに至るベルギー鉄道を利用することはできなかっただろうか．しかし融通の利かない縄張り主義であると性急に結論づけないように注意しよう．実際，中・西部アフリカにおけ

I. 黒い大陸

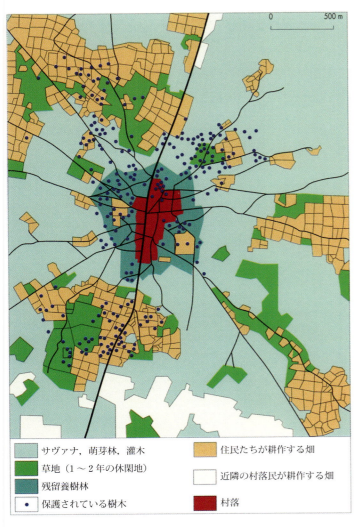

2.10 ドバデネにおける司令官の農場

「司令官の農場」は農耕地において永続した．25〜50 a の四辺形に木綿の栽培が義務づけられる「綱」の幾何学．これはドバデネ（チャド南部）におけるモデルである（J.-P. ジルグ著『農村研究』，1970年による）．そこでは，現金収入の源である木綿はモロコシやマニオク（キャッサバ）と結合されている．耕作区画は前線となって進み，シアバターの木［アカテツ科の木，丸いつるつるした実はバター状の物質を含む］を残しつつ村落から農耕地の限界へと移動し，また戻ってくる．村落周辺の残留養樹林（パーク）はもはやほとんど耕作されていない．

凡例：
- サヴァナ，萌芽林，灌木
- 草地（1〜2年の休閑地）
- 残留養樹林
- 保護されている樹木
- 住民たちが耕作する畑
- 近隣の村落民が耕作する畑
- 村落

る鉄路の配線はごくわずかであって，もし資本がもっと豊かであったならばどうなっていたかを推測することはできないのである．加えて，それらは南部アフリカにおいてより，さらには東アフリカにおいてよりもずっと緩慢に設置されたのである．ダカール-ニジェール間鉄道が完成したのは1923年になってからである．アビジャン-ニジェール間鉄道——その名に値しない——が，ボボデュラッソに到達したのは1934年である．他方，窮乏のために協調せざるをえないこともあった．例えばイギリスは，ルワンダウルンディの交易のためにベルギーにダルエスサラームにおける港湾の敷設およびタンガニーカ中央線の便宜を与えた．また満足すべき鉄道や道路がないために，ニジェール，カメルーン北部およびチャドは，鉄道によるにせよベヌエ川上の季節航行によるにせよ，ナイジェリア経由で物資の補給を受けていた．こうして止むを得ずしてとはいえ種々の協力が組まれた．こうして植民地の国境を越える絆は発展し維

持されたのである．

交通路の状態は最小限の開発の一側面にすぎない．1914年までに整備やさまざまの実験が早いリズムで実行されたドイツの領土の場合は例外として，植民地化の最初の30年間にはまだ貧弱な成果しか見られなかった．資本がないために，稀少な労働力を集約的に搾取せざるをえなかった．管理職も最小限の予算もないために，稀少な労働力を完全に用いることもできなかった．列強は征服地をどうしてよいかあまり分からなかった．そして手段がないために，領土の「開発」やさらには統率の責任をとかく民間企業に委託しがちであった．これすなわち間接的行政管理のもうひとつの形態である．それは時にはヨーロッパ風農業植民地のかたちをとることもあった．けれども最初の植民者たちは，行政におとらず資本を欠いていたし，行政以上に熱帯農業の知識を有してもいなかった．彼らは失敗を繰り返し借財を増やし，アフリカ人農業者たちから生産物の一部を奪いとることで満足するのでなければ，現地人の技術レベルに順応することによって生きのびたにすぎない．もうひとつの方式は［土地の払下げを受けた］特約会社のそれで，これはアンドレ・ジッド［André Gide, 1869-1951．フランスの作家．『コンゴ紀行』は1927年の作品．1947年ノーベル賞受賞］が告発する恐るべき濫用を伴った．世紀初頭のポルトガルのような機能障害に苦しむ植民国の場合を別にすれば，それが好んで人口の少ない国々で猛威をふるい，さらに人口の減少に拍車をかけたのは偶然であろうか．すなわちフランス領赤道アフリカ，ベルギー領コンゴそしてザンビアである．ザンビアでは1923年まで「イギリス南アフリカ会社」（British South Africa Company）が唯一の権威であった．人口密度の一定の限界値以下，一定の空間の組織度以下では，古典的な売買取引の誘発では十分ではなかったということではないだろうか．行政管理はその基礎を人口の空白部に見出すことはできなかったからではないだろうか．このような権力委任の地理学的効果を問うてみなければならない．人口レベルでのそのマイナス効果は明白である．経済的な反響のほうは採られた政策によってもっと変化する．

ヨーロッパの裏庭

1920年代初頭におびただしい数の特約会社が消えたのは偶然ではない．主な原因は人道主義的な抗議以上に植民地政策の進展であった．第1次世界大戦直後アフリカは経済再建に組みこまれた．投資を方向づけて宗主国の市場にとって有益な生産を発展させるために，フランスにおいてもイギリスにおいてもいくつかの計画が作成された．起工されていた鉄道は延長されたし，別の鉄道建設も企てられた．例えばコンゴ-大西洋間鉄道，マダガスカルのフィアナランツォア-マナカラ間鉄道，ウガンダ鉄道のナイル川までの延長である．いくつかの雄大な利水農業の整備が予定されていた．このうちニジェール国営公社はその目標に達するにはほど遠かったけれども，1926年に整備されたスーダンのゲジラ州［中央部に位置するこの地域で大規模な灌漑計画が実施された］の木綿栽培区画は成功した．そこではイギリス人の熟練者集団が形成された．国家は少なくと

も農業問題については起業者となり，これまでその権威を譲渡してきた空間を手中に取り戻すのである．ポルトガルの諸植民地においてすら同様であった．特約会社はすべて消え去ったわけではない．それはベルギー領コンゴでは主要な役割を保持してさえいた．けれども，特に遅れた地帯を除けば，特約会社は採集経済にもはや閉じこもらないという条件でしか持ちこたえることはできなかった．市場の魅力だけでは生産を増加させるには必ずしも十分ではなかった．遠隔地帯においては義務的な栽培，チャドとかウバンギシャリとかで有名な，農地に幾何学的な網の目を描いた「司令官の農場」に頼らなければならなかった．地域の多様な条件に応じて，作物の種類によって，また住民の実践能力についての考え方に従って，ヨーロッパ人の大農園もしくはアフリカ人による小規模の耕作地が奨励された．しかしこのダイナミックな政策は一時的なものであった．1930年代の危機は相場の暴落を引き起こし，植民地行政の財源は極度に切りつめられた．そして経済がかろうじて立ち直ろうとしていたその時に，第2次世界大戦が勃発したのである．

アフリカの農村の変化を，この時期の行政管理によって引き起こされもしくは押し付けられた改革のせいにすることはできないであろう．実際には自発的な運動が変化を推進し，ほとんど植民者たちの知らぬ間に迅速な成長を惹き起こしたのである．南部アフリカはごく早い時期からその道を開いていた．1830年代にはすでにケープ州［ケープタウンを州都とする州］のアフリカ人による開発地では犂が増えていた．牛につないだ犂による耕作を採用する動きは1870〜1880年代に南部アフリカで頂点に達した．それは，鉱山の開設とともに起こった労働者たちの流入がすこぶる実入りのよい市場を生み出していたからである．農村社会のさなかに経済的分化が起こった．この躍動によって早速ひきつけられたヨーロッパの農業者たちは，行政と結託してアフリカの商品経済を破壊するに至った．この時期に関しては思い出以上のものが残っている．というのも，そのおかげで首長候補ないし首長に任ぜられた者たちの周りに裕福な農場主たちの集団が形成されたからである．彼らはヨーロッパ人たちと大衆との間の仲介者となり，次いでしばしば政治的なリーダーとなった．

栄光のさなかでの死

同じような現象はもっと後にほかの場所でも起こった．例えば第1次世界大戦前からゴールドコースト［歴史的地名．現ガーナ］で始まったカカオの普及は，それほど植民地行政のおかげによるものではない．それは植民地化以前にヤシ（パーム）油取引の仲買人として富と才腕とを身につけ，財産を森林地に投資した諸々の集団の手柄であった．新しい土地で真の植民会社に組織された彼らは，大規模の開発地を切りとり，ためらうことなく道路や橋を建設して生産物を搬出した．しかし時代の植民地行政官たちは彼らの存在すら知らなかった．ほかのひとつは，ヨーロッパ人たちにもっと早くから知られた事例であるが，商業を目的とした耕作の拡大である．ウガンダ南部やまた特にブガンダにおけるまず綿花，次いでとりわけコーヒーであ

2.11 規制された脱植民地化
マダガスカルの国旗は再び女王の宮殿にたなびくであろう．ドゴール将軍がこれを告げたのである．しかしのちに大統領になるチラナナの背後には，すでにジャック・フォカール［J. Foccart．1913年生まれのフランスの探検家，実業家，行政官．1958年当時ドゴール内閣の技術顧問］をはじめとする後見人たちが見張っている．タナナリヴ，1958年．

る．1900年の「ウガンダ協定」——これはブガンダに大所有地システムを制度化しつつあった——の最初のヴァージョンによって可能になるはずの規模には達しなかったものの，有力者たちのプランテーションはすこぶる大きかった．もっと慎ましい規模では，タンガニーカではキリマンジャロのチャガ族は，そのコーヒー園をほとんど行政官たちの意向に反して拡大した．

この種の進展はフランス語圏アフリカでは遅れてあらわれた．例えばコートディヴワールのアフリカ人たちによるコーヒーおよびカカオの拡張運動はほとんど1930年代になってやっと始まったにすぎず，十分盛んになったのは1945年以降である．カメルーンやトーゴにおいても同様であった．これは行政管理のスタイルの違いによるものであろうか．それとも地理学的差異の結果なのであろうか．イギリスによる植民地化が幾多の事情に合わせてしごくさまざまなやり方をとったことは事実である．時には表明した原則にもかかわらず，ヨーロッパ人の農業植民は南ローデシアやケニアで，また西カメルーンでは会社のかたちで地方全体を自由に用いていたし，輸出作物に関しては事実上の専売権を有していた．時には反対に，ウガンダとかゴールドコーストでのように，アフリカ人住民が自ら市場用に生産する能力があると判断された場合には，ヨーロッパ人による大規模の開発は排除されたのである．フランスの植民地においては，ヨーロッパ系大農園とアフリカ系の開発地は隣接していて，なかんずく労働者の募集に関して対等でない競争のライバルとなった．この戦いはいずれの陣営にとっても有害であった．アフリカ人側は多数の行政管理上の措置によって足枷

をはめられたし，ヨーロッパ人側は必要な安い労働力を現地で容易に調達することができなかったからである．

それというのも，商業向けの耕作は，年中継続する耕作の場合でも作業にそれほど手はかからず，また土地への資本繰込みを可能にはするのだが，それを拡大するためには多数の労働者を集めることが必要だったからである．それゆえチャガ族の地方のように人口の多い地帯が，かつその場合には家族の所有する狭い土地が好まれ，もしくは容易に労働者をひきつけうる地帯が選ばれた．例えばルワンダ人やブルンディ人の移入民を有するブガンダとか，優れてリベラルな税制によってフランスの諸植民地から農民たちを引き寄せていたゴールドコーストである．それに対してコートディヴワールにおいては，フランスの行政はヨーロッパ系大農園での作業員の募集キャンペーンを行わなければならなかった．それは生まれつつあったアフリカ人「大農園主」集団の敵愾心を買うことになり，これらの人々はナショナリズムの運動を推進することになった．こうして商業目的の耕作が中部アフリカの人口過疎の諸国にはなかったことも理解できる．植民政策だけがその原因ではなかった．ベルギー人たちがアフリカ人たちに自分で自分のために交換経済に入っていく能力を認めたがらなかったのも事実であるが．そこで

は労働力は少なすぎ高くつきすぎたのである．雇用のプールをもつまれな地帯（特にキヴ地方）においては，ヨーロッパ人入植者とカタンガや北ローデシアの鉱夫，そしてブガンダの農園主たちの間の競争が激しかった．

それゆえすでに両大戦の間の時期から，経済危機によるブレーキにもかかわらずアフリカの地図は活気づき，アフリカ人たちに特有のダイナミズムがしばしば現れる活動拠点が点在した．条件の許す所では，またそれらの条件がヨーロッパ人たちの特権によって制約を受けない所では，とりわけすでに最も活動的であった地域においてアフリカ人たちのイニシアティヴは生まれた．こうしてさまざまの地域差が浮彫りになった．これらの活動拠点のおかげで，中・南部アフリカの鉱山においてのように列強の熟慮に基づく意志によって，もしくはアフリカ人たちの進取の気性によって，政治的・行政的国境とは無関係な住民移動が起こった．例えば，ブガンダのコーヒーはルワンダ人たちに，ガーナのカカオはニジェール人たちやオートヴォルタ［現ブルキナファソ］人たちに，セネガルの落花生はフランス領スーダンおよびギニアの季節移動をする労働者たちに多くを負っている．このことは植民地の時期が人口に与えた複雑な効果を予測させる．

3

数の挑戦

人口の推移に抵抗する世界の砦である黒人アフリカでは，住民は急速に増えつつある．2025 年にはおそらく 10 億を超える人々がそこに住んでいることであろう．この爆発は大陸を苦しめている．そこではあまりにも乾燥するかあまりにも繁茂する自然界の「専横」，でなければ厳しさが主な拘束としてしばしば懸念されている．数の挑戦を受けて立つということは住民と領土とを組織することにほかならない．これこそ現在，農業開拓前線を目指している住民移動が，そして都市と農村との間の移動が意味するものである．都市市場にあてられる食品の栽培を基礎とする発展の動きがあって，それに由来する新しい持ち札のあり方が見えてきている．

「母親のソースよりおいしいものはないと言い張るのは旅をしたことのない子供である」（エヴェ族の諺）

エイズの人口に及ぼす効果はもちろん，さらには多くの国々で観察されている黄熱病やマラリアのぶり返しにかかわる未知の要因についてと同じように，統計資料の貧弱さとか疑わしい性格のために慎重でなければならないが，入手できるあらゆる指標は熱帯アフリカにおける人口の甚だしく急速な成長を証言している．1950 年代より増加の一途をたどっている年間 3 ％を超える世界最高のリズムでいけば，いわゆる「サハラ以南」のアフリカは，1991 年にはマダガスカルおよび近隣諸島を入れて 5 億 200 万の住人を数えていたのであるが，もし同じ傾向が続くならば 2000 年には 6 億 3500 万人を，2025 年には 12 億人近くを抱えこむ見通しとなり，人口の地球規模での均衡の変化に参与することになるであろう．こうして大陸全体は世界人口の 20 ％を，21 世紀末にはひょっとしたら 4 分の 1 を集めかねない．この増加は，第 3 世界の残る部分では人口動態の推移によって生まれたリズムの減速——もちろん不均等に配分されてはいるが，いたるところでさまざまの程度で確認されている——を見ているがゆえにいっそう際立つものがある．ところで，「英国貴族の庭」（ケニア）やヴェルド［High veld. 南アフリカ共和国トランスヴァール州南部からケープ州北部にかけて広がる高原で，農牧地帯］，またもっと小さなスケールでは南部アフリカの鉱山金庫といった例外的なケースを別にすれば，長い間夢想の対象であったアフリカの自然界は，しばしば荒々しく，貧しく厳しいものとして紹介されている．実際昔の従順な農耕文明にとってこれを操作する余地は限られていた

し，現在の諸政府もその力をもっと多く持っているとは思われない．

『旅行記雑誌』（*Journal des voyages*）とか『新世界地理』（*La Nouvelle Géographie universelle*）［1875 ～ 1894 年に刊行をみたエリゼ・ルクリュ著］全 19 巻］の図版やエッツェル叢書［Pierre-Jules Hetzel は青少年向けの図書を発行した出版業者］の挿絵，次いで 1930 年代の写真類は幼少時の思い出の中に点在し，今なお人心に刻印を残している．アフリカ，それは繁茂した下生えの上にそびえる巨大な樹木の森林である．そこに運搬人たちの隊列は通路をつけていく．でなければ砂丘を背景にシルエットを浮かび上がらせるヒトコブラクダの隊商である．映画もまたこの華々しいイメージをあまり訂正していない．それは森林環境での生活の途方もない困難さをつけ加えた．すなわち，川に沿った森林開発地の急流によって切断されたための孤立，波乱万丈の組み筏の流し，蚊帳を吊っていても人を殺すおびただしい数の昆虫，そして数人の白人たちの献身（『真夜中ですよシュヴァイツァー博士』），実物よりももっとリアルに表現される「恐るべきシムーン」（砂漠地帯で吹く熱風）のために道に迷う案内人たち，飛行機の墜落，そして渇き死に．テレヴィジョンの画像も，これら目印となっているコンゴ盆地とサハラ砂漠の間で人の住むアフリカを紹介するとしたら，ほとんどの場合またまた惨事を強調するためであった．すなわち荒廃したサヘル，乾いた沼，腹の膨らんだ子供たち，見捨てられた藁小屋，痩せさらばえたコブウシである．湿気がありすぎるかもしくは乾燥しすぎる黒人のアフリカは人間社会にとってそれほど「敵対的」なのであろうか．そのため人間社会は，アウストラロピテクス［南部アフリカで発見された初期の人類］や

I. 黒い大陸

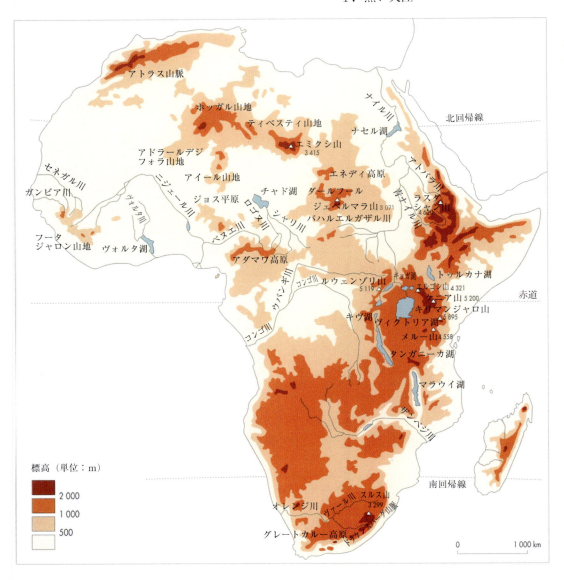

3.1 低地アフリカ，高地アフリカ
西・中アフリカと東・南アフリカとは力強いコントラストをもって対比される．前者はむしろ低く，平原および内陸盆地の水平性が支配的である．後者は高みにあって，時には地溝や大きな湖水によって断層を見せる高地の領域である．

ホモ・ハビリス――その化石は東アフリカの鮮新世から更新世の大地層に散らばっている――の歴史によればそこで生まれたにもかかわらず，結局は環境に蹂躙される宿命にあるのであろうか．いわゆる「アフリカ」を引合いに出すあまり人々は，そこを等質なものにしている要因である大陸性が同時に多様性と結合していることをうっかり忘れている．アフリカには1つではなくいくつもの自然界があること，人々と彼らの「環境」との間に織り上げられる関係は進化するのであって，無限に複雑であることを忘れがちである．数の挑戦とは単に量の問題ではなく，配分や空間組織の，またそれを活用する能力の問題なのである．

低地アフリカ，高地アフリカ

海岸線ではどっしりしていて切れこみの少ない熱帯アフリカは，特に水平性を特徴としている．アンデスとかヒマラヤとかの強大さに匹敵する山脈も高地もない．大陸の3分の1では，花崗岩と片麻岩からなる先カンブリア時代の基盤が露出している．その長期間の露出のおかげで，リベリア，コンゴ，南部アフリカのクラトン［地殻の比較的安定した部分］の例外的な安定と相俟って，あちこちに島状丘［乾燥盆地にできる小規模の丘陵．残丘］を散りばめた広大な平坦面が容易に形成された．なかんずく砂岩の長期にわたる削磨［溶解や水力による岩石などの消耗］の生成物が数々の広々とした盆地を満たしている．氷河による平坦化と土壌の硬盤化の作用によって基盤およびその堆積表土は連続した水平性を獲得する．これにはさらに第四紀に由来する大規模の砂の拡散が，そして内陸河川流域［大陸内部で海洋への出口を持たず内陸盆地に流入する河川の流域］の大盆地でからめとられた河川性の堆積が加わる．その例は侵食基準面にあるチャド盆地やオカヴァンゴ盆地であり，前者はシャリ川およびロゴヌ川の堆積を受止めるし，後者はアンゴラ平原に発して北ボツワナの沼地や湖へと消えていく河川のそれを受止める．山地の地形はしかし穏やかな水平面へと帰着するわけではない．とりわけ第三紀および第四紀の強烈な断層が古い土台を損傷した．それを証言するのは紅海，さまざまの地溝（リフトバレー），東アフリカの高地，マダガスカル東部の大きな断層崖，カメルーンからティベスティ高原に至る断層線に点在するいくつかの火山錐であり，これらは大陸の西部から中部にかけての主要な事変である．それに対し，ケープタウン地帯

3. 数の挑戦

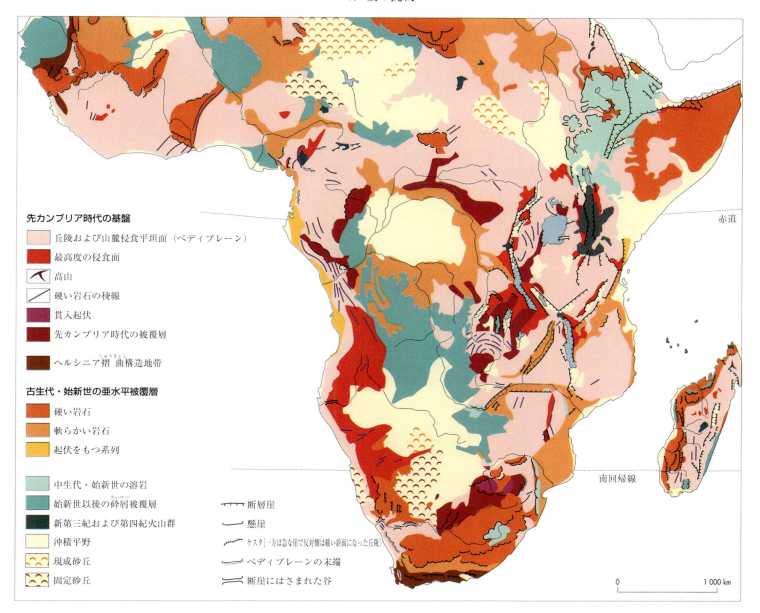

3.2 地形構造の組立て

堆積層に覆われているにせよ覆われていないにせよ，先カンブリア時代の基盤がアフリカ大陸を武装させている．長期にわたって露出し平坦になったこの基盤は，広大な盆地が分けているクラトン［地殻の比較的安定した部分］に釣合いよくゆったりと乗った膨らみによって反っている．第三紀に強烈な変動によって激しく押されて，アラビア－アフリカの楯状地は分断されたのだが，基盤は西部では南部やとりわけ東部においてよりはもっとよくもちこたえた．東部では地溝とか大火山機構とかが風景を特徴づけている．(P. ビロによる)

の褶曲した構造のせいで最南端は独特のものとなっている．

平原や大地が横たわっているのは西・中部アフリカである．カメルーン山だけは4000 mを超える．海抜500 mを超える土地はめったにない．コンゴのいわば水槽とチャドの盆地とを分かち，また後者とニジェール川とを分かつような高い地点も明確な分水嶺も存在しない．砂で覆われた大きな盆地やうねる平原，せいぜいいくつかの断層が縁どっているだけで力強さをもたない段状の高原がいたるところで優勢である．このような配置の中に，チャド湖盆地，それにセネガル川およびニジェール川の流域がくっきりと姿をみせている．それらを，北にはホッガル山地（3000 m）からコルドファン高原にかけて弓なりに曲がったサハラの山稜線が縁取り，南にはもっと低いギニアの山稜線および西アフリカの給水塔ともいうべきフータジャロン山地（1500 m）が隈取っている．数々の巨大な緩い傾斜地，砂地の広がり，「断崖」が縁取る砂岩質の台地（オンボリ，バンディアガラ，バンフォラ）がこれらの広大な構造盆地を特徴づけている．そこでは流水は不十分なこともあるとはいえ，内陸河川の罠は多く，沼をなす岸辺が広がっている．増水はゆったりと長期にわたり，時には下流において3カ月以上遅れることもある．枯渇した谷間，そして不足がちの一時的な流水，これがサヘル世界の特色である．あまり高くない円環状の弛みによって大西洋から隔離された森林の中心部はザイール（別名コンゴ）川によって排水されている．これは長さ（4374 km）において世界で第5位の，流水量（季節によって1秒間に2万9000 m^{3}から6万m^3）および流域面積では同じく第2位の大河である．ザイール川はしかしアマゾン川とは異なる．滝とか激流，そして傾斜の急変化［地形学上で勾配や方向が変わること］があって，そのためキサンガニからマレボ湖［ザイール川

31

中流にある湖状化した流域〕の間を除けば航行はできないし、大西洋への接近も塞がれているのである。

大陸東部では1本の山稜線がナイル川およびコンゴ川の流域に境界をつけている。他方南部ではカラハリ盆地が西アフリカの対応物を思い出させる。インド洋沿岸に並行して大規模の隆起が走っていて、これは世界で最も大きな起伏のうちに数えられる。マラウイ（別名ニヤサ）湖から紅海に至るほぼ5000 kmに及ぶ高い台地、湖の点在する陥没地溝および火山岩体においては、ルウェンゾリ山の雪や氷塊がケニア北部の酷熱の空間に荒々しいコントラストを見せて対立している。コンゴ盆地を囲んで広がる平原や光背状の水平部には深い地溝が続いている。例えばタンガニーカ湖の湖底は海面下650 mであるが、これらの地溝を縁どる断崖層は2000 mに達し、火山組織は5000 mを超えるのである。北部では、ソマリアの沿岸平原を見下ろすエチオピアの稜堡（りょうほ）の平均標高がまた3000 mである。さらに南には沿岸へと向かって階段状の移行がみられ、そこには例えばマサイ族の住む高原を海に結びつけるそれのような島状丘が乗っかっている。マラウイ湖からエチオピア山塊にかけて分岐する2つの巨大な断層が、ヴィクトリア湖を東西で迂回している。東地溝帯（リフトバレー）には一連の湖（エヤシ、ナトロン、ナクル、バリンゴ、トゥルカナ）が数珠つなぎに宿っている。そのうえにンゴロンゴロ山（2900 m）およびメネンガイ山（2300 m）が張り出している。もっと東には、キリマンジャロ山（5895 m）とケニア山（5203 m）とが離れてそびえている。他方、西地溝帯（リフトバレー）はカリシムビ山（4507 m）、ニーラゴンゴ山（3500 m）、ルウェンゾリ山（5119 m）が囲んでいて、それらの間にはヴィクトリア湖およびキョーガ湖の大量の水によって掩蔽（えんぺい）されたいわば幅の広い樋（とい）が広がっている。

南部アフリカの起伏は水平性と同時に大きな岩棚の性質をもっている。カラハリの広大な中央盆地は前者に属するが、この場合高度が大陸南部の特徴となっている。盆地の基底部がすでに900 mあって、これを帯状に取り巻く高原はしばしば1500 mを超える。例えば、アンゴラからマラウイの隣接地域へと2000 kmにわたって東西に走る高い地表面である。ザンベジ川、リムポポ川、オレンジ川の谷が風を通すこの帯状地帯は、一方では壮大な岩棚つまり東のドラケンスバーグ山脈（3500 m）と西のダマラ山塊（2900 m）によって平原やインド洋の沿岸を見下ろしつつ、他方ではカルー山地の山稜が南側全体を閉鎖している。

湿ったアフリカ，乾いたアフリカ

北緯37度から南緯34度の間に伸びているため、アフリカはあらゆる大陸の中で最も熱帯的である。たえず太陽の照射にさらされている厳密な意味での「熱帯」空間では、高地を別にすれば年間の平均温度は摂氏20度を超える。そしてそれぞれの

場所で年に2回太陽が天頂をよぎる。年較差〔1年で最も暑い月と最も寒い月の平均気温の差〕は、赤道地帯ではたいして顕著ではなく、北緯20度および南緯20度辺りでもっとはっきりしてくるが、日較差よりも小さい。けれども気温のコントラストがどれほどであるにせよ、主要な差異化は降雨の量とリズムとに由来する。

大陸規模では、赤道地帯が最も多湿で、赤道の両側で1500 mmとか2000 mmとかを超すことも多い年間雨量は、低緯度地方から両回帰線にかけて減少していく。西アフリカにおいては、まぎれもなく成帯的〔zonal(e)。気候や土壌などが標高やとりわけ緯度に従って変化するあり方をいう〕な移行に従って減少するが、これは世界に類を見ない。東部・南部アフリカにおいてはまず光背状に、次いで帯状に時として経線に従って減少していく。側面の非対称により多湿の西部赤道地帯と乾燥した東部赤道地帯とは対立する。ところが熱帯緯度においては、大陸の南と北での逆転が通例となっていて、降水量の多い面は南側では東部であるのに、北側では西部なのである。けれどもこれらの主要な特徴が単純であるという理由で、地帯規模での複雑さを見落としてはならない。東の面では赤道地帯よりも回帰線地帯において雨は多く、ガーナ－トーゴ沿岸は異常に乾燥し、そして多くの山岳地形の隆起部では局地的に雨量が多いのが特徴である。南端では雨は冬に降るのだが、そこはもはや熱帯世界には属さない。

基本的には降雨の配分は、全体的な大気の大循環および熱帯収束（CIT）帯の時間・空間内での揺れに起因する。熱帯緯度の地方を支配する高気圧の細胞から、つまりアゾレス諸島、サハラ、北アラビア、セントヘレナ島、南マスカレン諸島の高気圧から発生した貿易風は赤道に向かって集中し、そこで同様に温かいが湿度はさまざまの気団と出合う。この出合い——北では緯度に沿って帯状をなし、南では子午線に沿う大陸の配置を考慮するならば独特のものである——から、主要な不連続性を示す熱帯前線（FIT）が生まれて、アフリカ大陸を南から北へと通りぬける。北半球の夏には北回帰線へと上りながら決してそれに達することはなく、南半球の夏には南回帰線へと下る。こうして赤道地帯と回帰線地帯とは対比される。前者は常にではなくとも非常にしばしば温暖で多湿の気団である季節風の影響下にあって、その気団の中で雨は落ちる。後者では、北半球においては北の冬季に、南半球においては南の冬季にそれぞれ乾燥した気団が駆けめぐる。そこでは年間の一時期にしか、場合によってはたまにしか季節風の影響はない。年によってもひどく斑（むら）のあるこの揺れは、湿ったアフリカともっと乾いたアフリカとの差異化に寄与するだけではなく、それによって特に降雨のリズムが説明されるのである。

赤道エリアには、東部アフリカの赤道地帯のように雨量の少ないところでも4拍子のリズムが見られる。年間を通じて乾燥月のない場合には2つの最大期と2つの最小期であり、最小値が雨の消失に至るまで際立つときには2つの雨季と2つの乾燥

月である．少なくとも年間1500 mmの雨量があって2～3カ月の乾燥月があるだけで，土壌の条件がわずかでもそれを許すならば好湿性でかつ中温性［mesophile. 中等温度好生．生育の最適温度が20℃から40℃のものについていう］の密林が幅をきかせる．多湿の密林は，なかんずく西アフリカの南部エリアやコンゴ盆地に広がっていて，その地方の大部分の植生［ファシース．植物相］に共通する特徴を備えて独特である．すなわちその植物相の甚だしい多様性（ギニア・アフリカでは8000種を超える植物が登録された），そしてそれに劣らず甚だしい不均質性や無秩序ぶりである．森林開発にとって恐るべき問題となっている特別なケース（ザイールにおける *Gilbertio-dendron*［マメ科植物］の森）は例外である．植物の繁茂によって莫大な生物体量（バイオマス）が生み出される．ザイールの原生林では枯れた物質は1 ha当たり1000 tに達する．それに樹木の構造は温帯世界の木本植物のそれとは異なる．すなわち，土中の根は発達せず，幹は地表に露出したたくましい変形根（contreforts）から突出し，樹冠はすこぶる高いところで始まる．そして全体を蔓植物や花，着生植物［ほかの植物体の上で生活し，空気中から養分や水分をとる植物］，それに寄生植物が占領する．その結果，場合によってはもともとの支えであった樹木を隠したり枯らしたりする．この植物総体の層状構造については多くの議論や論争が行われた．特有の層が3つあろうと4つあろうと構わない．重要なことは，15ないし20 mの高さからの太陽光線の浸透という事実であり，地表をイネ科植物が覆うことはほとんどないという点である．それは生態系に重大な効果を及ぼす．実際多層化された生態システムということを考えなければならない．1つは葉叢の周りに位置する「上の」生態系であって，そこには樹木に棲む騒がしい動物相（フォーナ）——昆虫，小鳥，さらには葉や果実を採集する哺乳類——が見られる．もう1つは「下の」生態系，つまり開拓者たちにとっての薄明かり（いわゆる「暗い森」）のそれであって，草食動物はめったに生息しない．大猿は木にも登るし歩きもする．表面の腐葉土層には声を出さない捕食動物がやどっている．

　この階層性は動物相に影響するだけでなく，土壌に対する保全機能にも大いに作用する．地帯内に特有の土壌もある．例えばコンゴ，ウバンギ両河川の合流地の *Guibourtia* の生えた浸水しやすい森林や *Symphonia* の湿地性森林，もしくはヒルギ（*Rhizophora*）のマングローブ林などが覆っている黒いヴァーティソル［熱帯の粘土質の黒色土壌で，乾季には深い亀裂を生じる］，擬似グレイの液状土壌，塩分を含む土壌——これらは海辺の沼沢地に特徴的——などであるが，それらには流出の恐れはほとんどない．しかし鉄分とアルミナに富む土壌や熱帯のポドソル［水分を含む灰質土壌］の状況はまったく異なっている．ジャン・ドレッシュ［1905-94．フランスの地理学者，パリ大学教授］の巧みな表現に従えば，これらは熱帯の「風呂の温水」によって基盤から漂白され疲弊しているために，いったん木本植物の保護がなくなると深いところで傷つきやすいので

ある．実際雨水は，くっつき合った葉叢の篩にかけられて70～80％は滴り落ちる．下生えがなくて水滴が運動エネルギーを獲得するとしても，その落下速度は相対的に制御される．多湿森林での通常の土の消失はコートディヴワールの緩い傾斜面（7％）で年間1 ha当たり0.03 t，急な傾斜面（65％）で同じく1 tと見積もられている．ひとたび森林の覆いが破壊されると，計測される消失は年間1 haにつきそれぞれ138 t，570 tに達しうる．これに加えて木本植物が除去されると，安定した有機物質を含む落葉の供給は減少する．有機物質が消滅すると陽イオンはもはや固定されず，洗脱はさらに早まる．それゆえもし耕作の実践において保全の問題に留意しないならば，もろに脅かされるのは土壌の構造と構成なのである．

　しかし，木本植物の覆いにはたいていは植林された大農園（プランテーション）とか食料栽培地，休耕地とか新芽の森とかが取って代わる．それらは土壌の侵食をふせぐうえでしごく有効であることが多い．ガブリエル・ルージュリーはこのことを強調する（J.-F. Richard, 1990年による）．曰く「消滅した森林の跡地では，流出や侵食に対して，厚さほんの1 cmの敷藁が高さ40 mの森林と同じように効果的である」．水の循環（サイクル）に及ぼす開墾の影響については，地域的および局地的規模での土壌に対する諸々の措置に由来する降水量の変容に関して何らかの結論を引き出すことはできない．せいぜい指摘できるのは，対流による雲は少なくなる一方で，降雨の勢いは増すということだけである．

サヴァナからステップへ

　森林周縁地帯には多湿のサヴァナ（熱帯草原）と中温性の森林とが複雑なモザイク状で交じり合っている．前者には，パルミラヤシ［*Borassus æthiopum*. 熱帯産のヤシ科植物で，樹液から砂糖や酒を作る］が飾ることの多い低木の茂みが点在する．後者はカサイ地方南部，コンゴ川下流地帯，コートディヴワールのバウレ族居住V字型地帯（V baulé）に例を見る．いずれにも年間1200 mm以上の降雨があり，まず4～5カ月以上の乾燥季をもつことはなく，過渡的なエリアを特徴づける混合的な結合を示している．この地帯を越えると，乾燥した森林とサヴァナの世界が始まる．草と木のアフリカ，すなわち落葉樹の疎林とあらゆるタイプのサヴァナであって，5～7カ月間の一回の雨季に600から1200 mmの年間降雨がある．そこは赤道地帯の密林アフリカよりは風通しも見晴らしも良い．タンザニアの見事な疎林（ミオンボ）には，もっと混じり合ったモザイクの植生相が対比される．例えば北半球の *Isoberlinia* や南半球の *Brachystegia* のそれである．そしてロゴヌ川流域やバハルエルガザル川の *Hyparrhenia* の生えた浸水しやすいサヴァナ，南セネガルからナイル川にかけて走る小灌木サヴァナ，意図的に保存された木本植物しか残っていない「パーク」（養植林）な

どの多様な構成によって，緯度に沿った成帯的もしくは光背的な配置の見せる単調さは断ち切られる．

あらゆる植物群系の中で最も多くの解釈を惹き起こしているのは「サヴァナ」である．もちろんいくつかの共通の特徴を観察することはできる．例えば草性の植被が連続して地表を覆いつくしているとか，多年生のイネ科植物（*Imperata, Aristida, Pennisetum* など）の叢生は密着性をもたないとか，至って長く伸びる根が深いところから水分を吸収する，とかである．けれども低木の生えた覆いの密度は不均等であり，その局地性は驚くべきである．トランスヴァール州やオレンジ自由州［いずれも南アフリカ共和国］高原の草本群系の大草原（ヴェルト）を別にすれば，最も純粋な草本サヴァナはコンゴおよびザイールの赤道地方に見出される．それは気候条件の悪化によって生じたものではあるまい．一次性のサヴァナというものもあるだろうし，雨量が 500 mm を超えないナイル川流域のスーダンではおそらく極相的（climacique）段階にあるのであろうし，ラテライト性の土壌硬化のために木本植物の根のシステムが成長しない場合には確実に土壌によるものであり，コートディヴワールではおそらく第四紀の古気候を受けついだ残留構造である．現在の土壌生成は雨季と乾季の交代に結びつきながら継承にも関係している．鉄分を含む土壌は外殻皮形成ないし硬化傾向によって独特である．それは侵食によっても――侵食が残留物の層位を取り除いて堆積物の層位を露出させるとき――形成されるし，斜面上部（フータジャロン山地のボウェ）の相対的な堆積によっても，地形的な位置によっては斜面や帯水層によっても形成される．ところで硬盤の分布は複雑である．それは好雨性の森林にも見出される．だが数多くのサヴァナは硬結していない土壌を張りつめている．

森林による覆いがなくとも，もしくはそれがごく薄くても，侵食に対する土壌の保全は，サヴァナにおいては多湿密林においてよりもおそらくもっと効果がある．ブアケ（コートディヴワール）で測定された土の消失は，焼かれていない平坦な面の芝生では年間 1 ha 当たり 0.01 t 程度とされている．つまり好雨性森林の同じように平坦な斜面においてよりもやや少ないのである．焼かれた芝生の場合には年間 1 ha 当たり 0.2 t 程度である．露出した土壌の場合には年間 1 ha 当たり 18 ないし 30 t となる．それに樹木と草との結合は，たとえ不均等であってもサヴァナを育てる生態システムに一定の統一性を与えるのであって，そこに動物の食物連鎖は由来する．大きな草食動物はそこに特権的な領域を見出す．肉食の捕食動物についても同様である．肉食獣は，降雨に従って周期的に反復される季節ごとの移動の際に草食動物を追っていくからである．

年間雨量が 600 mm 以下で乾燥期が 6 ～ 7 カ月以上になると，植物群系の密度は低くなる．そして木本植物が形態学的に徐々に順応していく事実によって知覚される移行を経て，東アフリカにおいてはもっと明白な対照を見せるのだが，もう 1 つ別のアフリカに入る．棘のある植物が君臨する．アカシアの多

数の変種が支配する．エジプトバラノス（*Balanites aegyptiaca*）のとっつきにくい姿，バオバブ（*Adansonia digitata*）のもっとずんぐりしたシルエット，それに刺激性のクラムクラム（*Cenchrus biflorus*）が大西洋からスーダンに及ぶサヘル地帯の特徴となる．有刺植物や多肉の植物からなる低木地は，乾燥した長い対角線をもって東アフリカをつらぬく灌木ステップに変わる．カラハリ砂漠の小さな樹木やイバラの草原がナマカランドのステップ性低木林地帯を予告する．砂漠世界の周辺では，多年生イネ科植物にかわって季節ごとの植物が現れる．硬化しているにせよしていないにせよ，赤褐色の亜乾燥土壌がますますムキ出しになる．

この段階的な移行の連なり――その傾度は赤道の北側では顕著に緯度に沿った帯状を示しているが，南側ではより光背状であり，経線に符合してさえいる――は，水圏網の配置や大きな地形起伏によってしか乱されることはない．北半球の河川は，西から東へと伸びる生物地理の帯を横切る狭間を作り，それによってスーダン－サヘル地域のさなかに拠水林［サヴァナや草原の川に沿って帯状に分布する林］が容易に割りこむ．高地には独特の種類が生育している．すなわち，ギニア山稜の *Parinera excelsa*，南部アフリカの大断層崖の *Podocarpus*［スギナ科の針葉樹の一種］である．高度が上昇するにつれて階層構成が支配的になってくる．場合によってはポドカルプスや大きな杜松の生えた山岳の森林が 2300 から 2700 m まで上る山塊もあり，それには 2700 ないし 3200 m に達する上の段階――竹のそれ――がつくこともある．次いでいわゆる「アフリカ－アルプス」の階層が始まる．まずツツジ科のそれ，次に 3800 から 4000 m を超えると木本状キオンや巨大ロベリアの群系の階層となる．そのあとには草本植物の群系，次に蘚類や地衣類が来る．これは 4500 から 4700 m の間の積雪の限界を告げている．

植民と環境との離反

アジアにおける強度の人口圧に比べれば，アフリカにはまだ少ししか人は住んでいない．1 km² にかろうじて 20 人を超えるにすぎない平均密度は著しい不均等を隠している．自然環境と人の分布との間の相関関係はいささかも明瞭ではない．1990 年における人間大集団の配置では，およそ 40 ％の人口は西アフリカにあって，そこではナイジェリア一国の重さ（8800 万人）は相当なものである．東アフリカには 37 ％余り，中部アフリカには 15 ％足らず，そして島々を含む南部アフリカには 8 ％となっている．この配分と雨水を利用する農業にとって本質的な水資源との間には，緩い関係しかない．西アフリカには，西から東に伸びる，いくつかの「固い核」をちりばめた際立つ密度の数珠が 2 つある．1 つはサヘル－スーダンの緯度にもう 1 つは亜赤道帯沿岸の近くにであって，これらは大して人の住まない帯状地帯を挟んでいる．そして密度の勾配は降雨量のそれ

3.3 乾燥した環境のなかでの充満
ニジェール河岸のサヘル風村落の，砂の上においた数珠玉のように丸い穀倉と四角の小屋．つつましい穀物栽培区画での乾季における家族構造の俯瞰．ラベザンガ（マリ）．

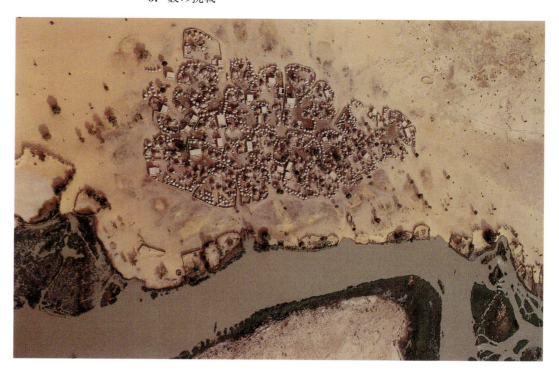

に重なってはいない．中部アフリカはいわば人の住む小島の散在するがらんとした空間であり続けている．人口沈下エリアを見下ろす東部の高地には，いたるところにではないが一般に人口は多い．南部アフリカに関しては，植民と鉱山機構と人種隔離の3つが不可分である．

長い間，多湿の森林はひどく入りにくく制御しにくい閉じられた世界として記述された．人々は，そこの不衛生さをもって人口密度の低さを説明する論拠とした．確かに病原複合体のリストは印象的である．すなわちさまざまの住血糸状虫症（フィラリアの類）に加えて，マラリア，ヒトのトリパノソーマ症［鞭毛虫症すなわちヒトや哺乳動物の血液に寄生して睡眠病を引き起こす伝染病］，黄熱病，ビルハルツ住血吸虫症［ヒトの血液および膀胱に寄生する．名称は発見者 T. M. Bilharz, 1825-62 に由来］である．その結果人の進出は一時的でしかありえず，ジル・ソテール［1920-98．フランスの地理学者，パリ大学教授］が強調したように，それは，構造的に高い死亡率をさらに周期的に高める特殊な局面の死亡率にいわば宙吊りになっている．けれども劣悪な衛生条件をもって，大陸の中心部である中央アフリカ盆地における広大な人口沈下エリアの存在を説明できるであろうか．そこでは密度は1 km^{2}当たり8人とか5人とかを超えることはめったにないのである．もし説明できるとしても，では現在のガーナおよびナイジェリアの南西部を特徴づける植民の核——それは植民地化のはるか以前にさかのぼる——，つまりアシャンティ族やヨルバ族の居住する地方をどのように説明すればよいのか．強大な森林の塊が植民を妨げなかっただけではない．そこには強力な政治構造体や独特の文化拠点が栄えたのである．もちろん中央大集水圏では交通の条件はそれほど容易ではない．けれどももっと優れた環境の制御が，多湿の森林で，外的な植民勢力の介入より前に，住民を統率する権力と結びついて実現されえたことは認めざるをえないのである．人口密度の境界値——それ以下では病気は集団全体を脅かし，逆にそれ以上では数の力によって制御される——の存在が証明しているように，高レベルの政治組織によって促進される人口増加が不衛生状態を後退させ得るとすれば，人口の少なさは不衛生状態の副産物であるよりはむしろ逆にその決定要因であるように見える．植民の諸事実を分からせてくれるのは，まず住民の定着の歴史であり，次いでアフリカの血を絞りとった奴隷貿易の，そして最後に現代における商品経済の普及の歴史である．古くからの決定論の魔物に対して距離をとるからといって，我々は自然環境の効果を否定するものではない．実際，世界の表象や潜在能力の知覚，多様な可能性のなかでの判定，「資源」の見積もり，これらは，技術の道具立てが初歩的であればあるほど，また耕作を実践するにあたって多くの空間を費やすことが前提となればなるほど，自然的な諸々の拘束に根を下ろしているのである．

しかし，環境への「適応」の例は，牛の飼育の場合のように水資源や牧草資源に敏感な領域ではことに多いとしても，人口密度の高さと土地の潜在力との相関関係は決して明白ではない．それは河川の流域の植民状況についていうことができる．ほかの土地に源を発する大河，例えばサヘルの広がりを貫くセネガル川，ニジェール川，ロゴヌ川，シャリ川，上ナイル川などの流域は往々にして高い密度の人口を抱えている．そして雨季の耕作と減水期の耕作との結合は，その近くの平原や高原での雨水農業に対して異論の余地なく有利である．逆に，西アフリカのスーダン川沖積土地帯には人口はずっと少なく，かつ不均等に散らばっている．けれども常にあるいはほとんど常にトリパノソーマ症についてまわる回旋糸状虫症（オンコセルカ症）と，昔からのあるいは現在の住民の地理的移動と，それを超え

れば人の生き残りが保証されるところの人口密度の境界値との関係がどんなものなのかはよく分からない．密度の高い地方が必ずしも農業資源と緊密に対応してはいない．スーダン－サヘル世界においては，降雨が最も豊かなところには人々はめったに集中していない．実際，ハウサ族－プル族の地方（ナイジェリア）やセレル族の地方（セネガル）では，1 km² 当たり 50 人とか 80 人以上を数えるのに，他方ナイジェリアの「ミドルベルト」（中央地帯）やサルム南部には住民ははるかに少ないのである．マダガスカルでは，東海岸および大断層崖が最も多い降雨を受けるのに，植民の堅い核をいくつも集めているのは高地なのである．モシ族の地方（ブルキナファソ）の痩せた土地は 1 km² 当たり 80 人の人口を擁している．ところが低カザマンス地方からシエラレオネに至るリヴィエール・ド・シュドの沿岸を縁どるマングローブ林を稲栽培の空間に変えるためには，執拗な労働と技術革新，そして塩水化に対する絶え間ない闘いが必要であった．トーゴ北部の起伏，マンダラ山地（カメルーン），バンディアガラの断崖（マリ）には，長い間周辺の低地によりも多くの人々が住んでいた．これらの地域における人口の低下は遅く始まったのであり，完全に低下したわけではない．反対に，「好都合」と見なされているいくつかの環境が相対的に過疎状態にある．例えばニジェール川の内陸デルタおよび海岸デルタ地域とか，ザンベジ川やルフィジ川のデルタ，南アフリカのヴェルド［高地草原．トランスヴァール州南部からケープ州北部にかけて広がる高原で，農牧地帯．なお veld はアフリカーンスより英語に入った語］である．

高地が衛生の砦と見なされていることに変わりはない．高度によって伝染病のリスクはまれになり，ついにはとり除かれるからである．こうして牛の睡眠病から解放された牧草地で牧畜民は繁栄することができる（ルワンダ，ブルンディ）．産地の段々畑のおかげで，耕作民は補足的な生産に賭けることもできる（エチオピア，タンザニアのキリマンジャロ山）．社会と自然環境との関係を極度に開いて，連続と不連続の例をいくらでもあげることができるだろう．同一の栽培植物をある時は高い人口密度に，ある時は疎らな居住状況に関連づけることができる．例えばイネの場合がそうで，それは西アフリカ沿岸のいくつかの核にも，リベリアの散在する住民にも結びつけることができる．ヤマノイモも同様である．その収穫量はイグボ族［イボ ibo とも呼ばれる］の地方（ナイジェリア）やセヌフォ族の地方（コートディヴワール）の甚だしく集中した住民をやしない得る一方，ロビ族（ブルキナファソ，コートディヴワール）の密度ははるかに低い．植民分布の根拠は歴史にこそ求めなければならないのである．

「和平」の人口空間

アフリカにおける植民地化は，いうまでもなく人口の減少とともに始まった．著しい移動の増加とか荷運びや肉体労働の過度の賦役とかは，そこそこのあるいはわずかの住人しかいない地方において，衛生上の由々しい結果を招かずにはおかなかった．賦役に従事する者たちは要求される過酷な努力で衰弱し，十分な食事をとらず，慣れない気候の土地に連れて行かれることもあって，ちょうどアフリカで戦った［ヨーロッパの］軍人とか後にはヨーロッパ大陸で戦った［アフリカの］軍人たちがそうであったように，さまざまな病気の犠牲になり，新しいウイルスの媒介者となった．伝染病は蔓延した．例えばマダガスカル高地のマラリア，ウガンダやケニアそれにブルンディやイムボ地溝の睡眠病である．そして戦争直後には，大部分の植民地においてスペイン風邪が流行した．

これらの困難な時期は植民の地理に対して至って顕著な影響を及ぼし，その後の植民地政策はしばしばそれを永続させることになった．昔からの植民の配分は，相対的に密な核と過疎の周辺との，すなわち膨張エリアと集団間の緩衝エリアとの対比を特徴としていたのであるが，この図式は衛生および生態系の危機の時期にさらに際立った．住民たちは，環境の制御がより良く保証されていたいくつかの拠点に集中した．そこでは衛生にかかわる最小限度の基礎施設は整えられた．だがその反面，彼らは周辺の空間に対する支配力を弱めた．もっと不健全なそれらの空間はいっそう人を寄せつけなくなった．この現象は，トリパノソーマ症の進展とともに東アフリカで顕著である．ところで行政管理も同じ方向に活動した．つまり疫病に対してまずそれが取った武器とは，不衛生な地帯の放棄にほかならず，統率の仕事を単純にする再編成に他ならなかったのである．衛生政策は，民族領土を固定化しかつ住民の生活区域を限定するより一般的な政策の一要素であった．それは南部アフリカやケニアにおいてのように，ヨーロッパ人による農業植民地のために空間を空ける配慮を動機とすることもあった．民族はその領土とともに明確なかたちをとったが，この領土は，ヨーロッパ人の土地にかかわる利害が問題になる場合には，当座の必要に限定され，善意からにせよ欺瞞によるにせよ，アフリカ人住民の固定化を目指して構想された．

このことはむろん移動の可能性を排除するものではなく，それを植民地の利害に応じて調整することを目標としていた．行政は「放浪」つまり住民の自発的な動きに対して敵意を抱いてはいたけれども，移動を必要としてもいた．遠距離に及ぶことの多い賦役労働の重要性が強調されてきた．しかしもっと包括的にみれば，経済は住民の移動を想定していたのである．最も明らかなのは南部アフリカの人を食らう鉱山（そこでの死亡率はむごく高かった）のケースである．そこでは，1930 年代以降のカタンガを別にすれば，住民が町の中央部に定着することは望ましくなかった．取締りにくくなる恐れがあったからである．最も扱いやすい鉱夫とはしたがって外国人であった．1970 年代の初めまで，南アフリカ共和国の諸鉱山におけるアフリカ人労働者の半数以上は外国人で構成されていた．いくつかの真

3. 数の挑戦

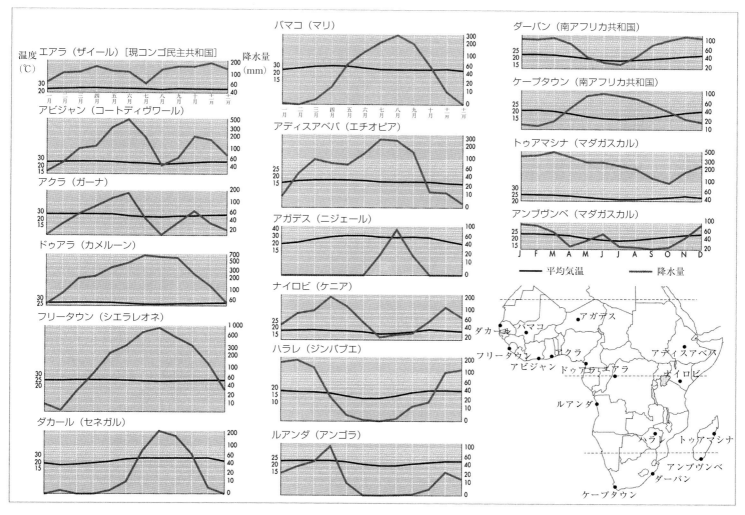

3.4 アフリカの気候類型
大気の大循環，大陸の形状——赤道の北側では成帯的［zonal(e)．緯度に沿って東西に帯状をなす現象］で南側ではもっと南北方向を示す——，風向きに対する起伏の配置，海岸線およびいくつもの海流などが相俟って，乾燥期のないきわめて多湿の赤道地帯気候から半乾燥気候へ，さらには沿岸の乾燥気候に至るさまざまなタイプの熱帯気候が生み出される．南端のみは低温雨季の領域に属している．

の雇用プールが姿を現した．そのうち最も組織的な利用を見たのは，ベイラの緯度にまで及ぶモザンビークのそれである．これはポルトガル政府との協定によって決まったのであり，ポルトガル政府は労働者たちの給料の主な部分を黄金で受けとり，彼らの家族には現地の貨幣で支払った．このような雇用プールの地帯では，男性労働力人口のかなりの部分，時には大半が出稼ぎに出ていて，そのことは人口や農業活動に著しい影響を与えた．行政による組織的な労働者募集のかたちはほかの植民地においても存在した．例えばコートディヴワールのためにオートヴォルタにおいて．しかし行政は契約の形態を規定するだけで，後は民間の勧誘員に任せることのほうがもっと頻繁であった．場合によっては，自発的な移動で人々がヨーロッパ人の採掘地へと向かっているときには，これを単に成り行きにまかせた．そこでは鉱夫にアフリカ人雇主ほどには給金を支払わないことが多かったとはいえ，それでも大して高くつかない多数の付随的な特典があり，彼らをうまく引きつけるのだった．すなわち食料生産のための小区画の授与，放牧権，またしばしば「白人」による保護である．ヨーロッパ人による大掛かりの採掘場は，人口密度の低い斑を作るはずであっただろうに，実は多かれ少なかれ不法移入した多くの住人たちの集中地点となりがちであった．

こうして，行政管理の目をくぐる住民移動は植民地時代の全期間を通じて盛んであった．すでに言及したアフリカ人による商業用農業地域への動きのほかに，スーダンのゲジラへの移入をあげよう．これはメッカへの道にあって，往来の旅程の途中そこで小休止をしたり住みついたりする巡礼たちを吸い寄せた．税金を払うために通貨を稼ぐのが彼らの目的だった．また時にはゴールドコーストにおいてのように税金の支払いを免れるためであった．また人口のひときわ過密な地帯から来た人々にとっては，出身地でよりはもっと広い土地を手に入れるためであった．ルワンダウルンディの所属民にとっては，ブガンダは単に繁栄しているのみならず過疎の国であると思われた．地帯の内部でも，賦役や税を逃れるために身を隠す必要からおびただしい移動が見られた．最も過酷な植民地の時代には，行政管理の圧力にもかかわらず，集落は分散し道路からはなれ，それどころか，ヴォルタ諸流［ブルキナファソとガーナを流れる白，黒，赤ヴォルタ川のこと］の峡谷のように，まだ樹木に覆われていて不衛生で接近困難なゾーンへと遠ざかることさえあっ

I. 黒い大陸

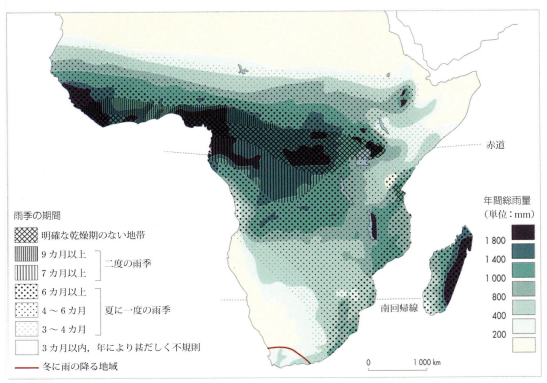

3.5 降雨量
コンゴ盆地からギニア湾の雨の多い沿岸へとのびる多湿の赤道地帯に，乾燥した東部が対比される．両回帰線に向かって雨はよりまれになり，リズムは変わる．推移は，赤道の北では成帯的なかたちをとるが，南では大陸の幅がより狭くなるためにもっと光背状になる．セネガル沿岸はアフリカの角［サイの角を思わせる大陸東部突端のソマリア半島］より湿度が高い．逆に南半球では「風にさらされる」大陸の東沿岸ならびにマダガスカルの東沿岸のほうが降雨ははるかに多い．

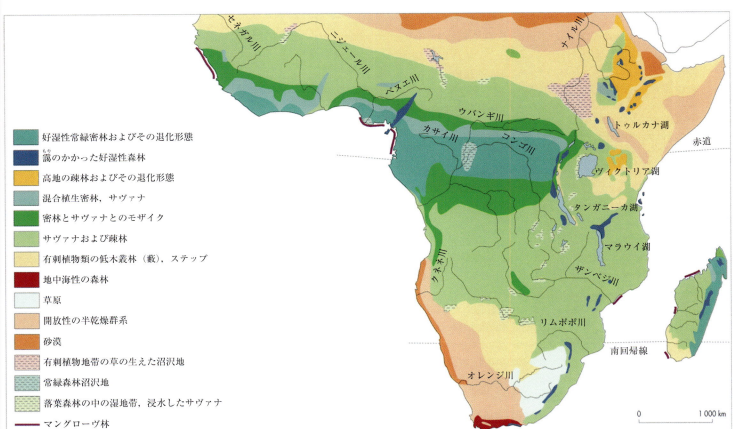

3.6 植物群系
常緑密林は，アフリカの最も見事な森林の領域であるコンゴ中央盆地でとりわけ発達しているが，乾燥する赤道アフリカでは孤立した斑点にすぎなくなる．樹木の覆いはしばしば劣化し，木と草との多様な結合であるサヴァナが進行する．しかし脱森林化は即砂漠化ではない．たとえ変質した植生の覆いでも侵食作用に対してきわめて有効であり得る．

3. 数の挑戦

3.7 赤道地帯の砂漠（衛星写真）
赤道直下，ウバンギ川とコンゴ川の合流点の北，中央アフリカ共和国とザイールとの国境で広大な一面の森林を遮断するのは，盛んに吻合した長い組紐状の水流だけである．耕作された区画は，コンゴ川周辺のムバンダカ市の近く（右下）を除けばごく少ない．たいていは河岸の隆起の上に位置しているこれらの耕作区画は，森林の植生から識別し難い．わずかに濃い赤い筋がそれらを示している．赤道地帯の人気(ひとけ)のない場所でいかに人の力が弱いかを見せるイメージである．

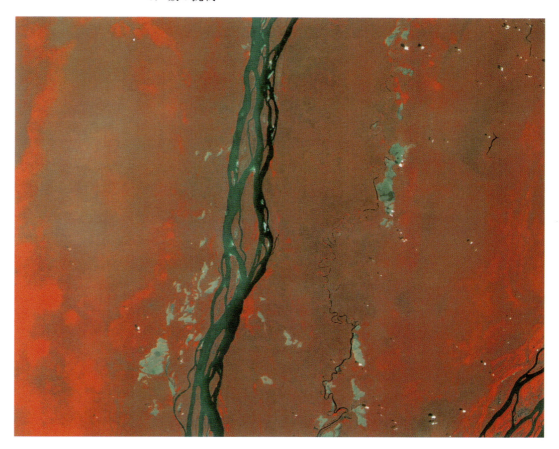

た．住民の一部は亡命するか，でなければ非合法状態に入った．反動から，行政は村落を維持しあるいは道筋——その手入れも必要だった——に間近いところに住民を再編するために絶えざる闘いを進めていた．この政策は特に中央アフリカ共和国で強力だった．そこでは人口密度が低いために，この政策は公共サービスの運営にとって不可欠であり，また住民たちはひっきりなしに当局の視線から遠ざかろうと努めていたからである．

農村における入植の地理はそれゆえ矛盾しあう諸力の作用に従っていた．植民地の活動に負うものとしては，19世紀末の悪い治安のもとで村落というものが偶然的な事実にすぎなかった地帯におけるその維持とか，そもそもそれが当時まで知られていなかったいくつかの地域におけるその建設とかがある．この政策は粗放農業［集約農業の反対の概念］への傾向を抑制したと考えることができる．「ヨーロッパ的平和」の確立とともに，この種の農業は人口のあまり多くない地帯で出現していてもおかしくはなかったのであるから．植民地政策のこのような効果はことに中央アフリカ共和国で顕著である．そこでは村落は典型的に道筋に近いところに位置していて，街路地方とまではいわないにしても街路村の形をとっているのである．しかしそれに対する反動で，住民が分散したり非合法状態に入ったことも指摘されている．これらの現象のために人口学的な現実の認識はしばしばきわめて不確実なのである．

都市の遍在

植民地化の主要な影響の1つは都市現象の大陸全体への波及であった．土着の都市も存在してはいた．それらは例えばサヘルとスーダンとの接触面を縁どり，ヨルバ族やアシャンティ族の諸地方，スワヒリ族の沿岸地帯，マダガスカルの「高地」などに散らばっていた．けれども都市は特に奴隷貿易や植民地支配の本質的な道具となった．そしてその網の目は行政管理のヒエラルキーを敷き写しにしていた．ただ数少ない重要な例外は，首都でない場合の港湾都市であり，それに鉱山都市——しばしば居留者が一時的に住む広い労働キャンプにすぎないものを都市と呼べるとすれば——であった．それでも植民地の全期間を通じて，第2次世界大戦前にはなおさらのこと，都市の成長は限られたものであった．

資料類によれば，1920年にはほとんど200万ないし400万の都市民しかいなかった．これは全人口の4％に満たない．その3分の1以上はナイジェリアのいくつかの都市に居住していた．大部分の都市圏は小さく，10万人以上を擁する都市はまれであった．首都にもまだ住民は少なかった．例えば1921年にダカールには3万5000人，ダルエスサラームには2万5000人，ルアンダ［Luanda. アンゴラの首都］には5万人であった．1930年には熱帯アフリカで10万以上の住人の住む都市は4カ所しかなかった．すなわちイバダン，アディスアベバ，ラゴス，

39

Ⅰ．黒い大陸

ハルトゥーム［スーダンの首都］である．当時際立っていたのは南アフリカ共和国だけであった．大陸の南部において，その外向的な経済体制の中で著名な都市は，採掘と加工の工業機構を有する港湾であり鉱山都市であった．たとえ不平等に営まれるにせよ，交易に基礎をおく商業システムにおいては，集荷，在庫保管，再配分などの活動は運搬網の資質に依存する．交易の要衝である都市は，植民者たちがさまざまに開発した——彼らの論理は必ずしも一様ではなかった——潜在力との関連で位置づけられた．行政官，土木工学技師，軍人，奴隷商人，零細卸売業者たちは都市について同じ考えを抱いてはいず，彼らはしばしば異なる位置を選択した．それゆえ，ボルドーやマルセイユの卸売業者たちは行政と戦って，セネガルやコートディヴワールの港湾であるリュフィスクやグランバッサムを守ろうとした．こうして彼らは行政筋の計画に対して立ちはだかったのである．

河川輸送業のおかげで存在した都市は，例としてはバンギ，キクウィット，ガルア，それにロッソからバケルにかけてセネガル川を区切る昔からのいくつかの「寄港地」があるものの，数は多くない．鉄道や小道のほうがずっと有効だったのである．そして鉄道の交点（例えばティエス），不可欠の停留地（ナイロビ），「終着点」（カンカン，パラク）によって都市活動の開花は助長された．なかんずく荷の積替え地は交易の促進をうながした．例えば鉄道－河川・湖（キサンガニ［旧スタンリーヴィル］，イレボ，キゴマ，カレミエ［旧アルバートヴィル］）やわけても鉄道－道路－沿岸の結節点である．このようにして海港は成長した．それが河口に位置することはめったになく，たとえその場合（ドゥアラ，リーブルヴィル，マタディ）でも，若干の水上の便がある以外にメリットはない．植民地化によって昔のナイジェリアの奴隷売買商館の所在地（例えばウィダー）は付随的なものとなり，反対に古い都市（カノ，ジンデル）は活気づいた．これらは新しい政治体制によって行政管理の中継地に指定されたからである．

行政管理機能には散在する都市間のヒエラルキーが対応する．都市のスケールは，碁盤目の配置の中でそれが占める地位によってほぼ決定される．けれどもこの機能は大規模の都市拠点を造り出すには十分ではない．ヤウンデとかカンパラは独立までは小都市のままにとどまった．そのことは行政管理の手段が限られていたこと，それが作り出す雇用の数も少なかったことによるのであるが，また植民者たちの都市に対するあいまいな態度にも起因している．権力の標としての都市は，究極的にはヨーロッパ的であり続けることが望ましかったであろう．しかしそれは，アフリカ人たちにとっての放埒の場と理解されがちであった．そこにおいて彼らは伝統を失い，権威に異議を申し立てることを許す「文明」のメッキを身につけるのである．つまり社会的・政治的拘束を免れることのできる場だというのであった．ベルギー人たちがコンゴで用いた「慣習外の中心地」という用語は意味深長である．都市に行くこと，それは慣習を

捨てることであった．だからといってそれだけ文明に行き着くわけではなかった．結局，善良なアフリカ人とは「司令官」および「首長」の二重の監督の下にある農村のアフリカ人だけであった．それゆえ，都市での定着を抑制するために頻繁にあらゆる方策が採られた．極端なケースはルワンダウルンディの場合である．そこでベルギー人たちはほとんど都市なしですませた．唯一の例外はコンゴ人およびスワヒリ族の都市アストリダ——後にブタレとなる——のみであった．同様にケニアにおいても，いわんや南アフリカ共和国においてもアフリカ人たちの都市への接近はきびしく規制され，第2次世界大戦直後まではほとんど男だけに限られたのである．

これに対してフランス領西アフリカでは，都市はあるときは同化の手段であり——例えばセネガルでは，市町村の地位を与えることによってアフリカ人の市民たる都市住民［citadins-citoyens．"Citadins" は単に都市の居住者を，それに対して "Citoyens" は共同体のメンバーを意味する．「市民運動」というときの「市民」で，「ニューヨーク市民」というときのそれではない．ルソーや大革命以来重要になったフランス的概念］の出現を助長した——，ある時は排除と人種隔離の道具であった．「熱病」の強迫観念にとらわれた衛生学者たちのいわゆる模範的な都市とは，分譲された空間をまず二分し，一方では立派な道路にさまざまの設備に特設水道網，次いで電気を備えた「ヨーロッパ人」地区と，他方のごく大雑把でかつ不平等な設備しかない「土着民」の村落とを対比するものであった．都市への統合政策が実施をみるのは実に1945年以後のことである．「進化した人々」に向けた社会福祉住宅が奨励され，漸進的な近代化の支えとされるいわゆる「文化的」分譲地のかたちでの不動産の提供が始まるのである．しかしこの政策をもってしても変則的な住みつきや非合法建築は増え続けた．行政は，暴力的な弾圧（破壊および強制的退去命令）か，でなければ共犯による放任（レッセ・フェール）によってそれに対応した．公認の隔離政策は南アフリカ共和国で勝ち誇ったのだが，それはアフリカーナー［南アフリカ共和国生まれのネザーランド人子孫］民族主義者たちが権力の座についた1948年に始まるものではない．移動の統制は1910年以来一律に実施されたし，アフリカ人たちの「一時的な訪問者」扱いは1923年にはすでに組織的な措置となっていた．人種排除の基盤は人種隔離政策（アパルトヘイト）のはるか前に据えられていたのである．

これらのケースは，行政当局の側の意向が文明の傾向に合致した国々において顕著である．東アフリカは，沿岸地方を別にすれば，集合的居住というものをほとんど知らなかった．発端となる核としての大きな村落がないために，都市ができあがることはなく，せいぜいサービスセンターのごときものができたにすぎない．人々はそこに行政管理や商業にとって必要な限りで住みついた．スーダン諸国には，都市やしばしば集団的な農村居住地の伝統があるために事情は異なっていた．大陸西側の沿岸地帯においても同様である．そこでは奴隷貿易によって都

市性を誘引するものが現れやすくなっていたからである．中央アフリカのいたって過疎のエリアにおいても都市は相対的により重要となったが，理由はそれほど明白ではない．限られた人口では制御することのできない自然界の人を寄せつけない性格のためなのか．ごく限られた数の人々にのしかかる賦役のあまりの重さのためであろうか．いずれにせよ，これらのほとんど人の住まない地方はいっそう空になり，その代わりに都市はそこでは他所よりも一段と早く大きくなり，急速に都市文明を作り上げた．

黄金時代の思い出

　第2次世界大戦直後に，熱帯アフリカは急激な変化を体験した．すなわち，経済成長および人口増加の加速化，アフリカ人たちの生活条件のめざましい改善である．宗主諸国は，海外投資や輸出可能な生産物の増産を自国の経済を再建するための一手段と考えた．また合衆国およびソビエト連邦が主な推進者であった反植民地運動の高まりのために，植民地を近代化し，強制労働を放棄すべく促された．戦時における一時休止のあとには，ついに医学の進歩，特に大風土病に対する闘いの進歩を蓄積することもできた．朝鮮戦争や国際的緊張によって，熱帯の生産物とか戦略にかかわる金属には高値が保証されていた．気候もこれに加担するかのように，このうえなく温順な10年間をサヘル諸国に与えた．これらすべてが相俟って，独立に先だつ数年間は熱帯アフリカの黄金時代となった．いくつかの点において以前の状況への回帰を招きかねない危機に関する言説を分析するにあたって，以上の事実を銘記しておく必要がある．

　きわめて頻繁に引きあいにだされる人口の急激な躍進は，若干の留保をつけて考察しなければならない．統計資料を信ずるならば，中央アフリカ方面におけるいくつかの不毛な地域の斑点を別にすれば，大陸全体は医科学の進歩の結果，1日にして高度成長の体制に移ったということになるだろう．しかし事態はもっと複雑であると考えることもできる．すなわち，数年の間いわゆる人口増加は大幅にまがいものであった．というのも，それまで知られていなかった住民たちが単に「発見」されたのである．強制労働とか植民地の最も過酷なかたちの拘束が消えたときになって姿を現したこれらの住民たちを，より充実した行政はもっとよく掌握することができたのである．

　第2の重要な事実は，宗主諸国の好景気および意図的な政策によって，経済成長が加速的に促進されたことである．アフリカは生産することができる，資本を注入しさえすればよい，と人々は考えたのである．この楽天主義は時には粗暴な形であらわれた．格好の例はイギリス人たちがナイジェリア，とりわけタンガニーカで企てた雄大な「落花生プラン」である．大失敗に終わったこの計画は，機械化農業は熱帯の文脈には順応できず高くつくという立派な戒めを残したのだが，実は大して教訓

にならなかった．今や人々は科学や技術を信じ，わずか以前からヨーロッパ諸企業の奉仕者としての地位を獲得していた熱帯農学を信じていたからである．それはアフリカの開発に対しても行動方針を与えてくれる，と人々は考えていた．1950年代には，進歩した農学はヨーロッパ人による農業植民地に取り入れられ，同時に行政が農民の間に農業の進化の観念を導入しようと企てるのが見られた．それは主としてヨーロッパ農業のたどってきた道筋から引き出された考え方である．それまではまさに「ジャック親方」［モリエールの喜劇『守銭奴』（1668年）に登場する下僕の名．転じて万屋を意味する］であった領土の行政官に，ほやほやの確信に支えられた技術者たちが加わったのである．その中には（例えばポルテール，シュリッペ，アランのように）傑出した人もいたとはいえ，アフリカ農業の論理を把握し活用しようと努める者は少なかった．

成長の現実と偏流

　農村世界でヨーロッパ人たちが取った新しい行動の形態はさまざまであった．地域の状況や力関係を捨象するわけにはいかなかったからである．いくつかの国では，ヨーロッパ人による企業を重要視する状態が続いた．驚くべき歴史感覚の欠如である．もちろん南部アフリカ諸国のケースがそれで，例えば南アフリカ共和国——そこでは今や民族主義政党が権力を握っていた——や南ローデシアである．ポルトガルの植民地，ことにアンゴラにおいては，ヨーロッパ人農民による植民地化の運動が大々的に組織され，それはアフリカの諸地方を決定的に母国に結びつけると思われた．またケニアもヨーロッパ人による植民地化の絶好の機会となった．それはマウマウの反乱［1952年に始まったキクユ族によるテロリズム活動で，ケニアのヨーロッパ人たちを襲って土地を奪いかえした．1956年末の最後の弾圧では，数百人のイギリス人の死に対して3000人の土着民が殺害された］の結果，アフリカの環境に商業向けの零細農業を生み出すことが奨励されるようになるまで続いた．同様にキヴにおいても，コーヒーのプランテーションはその最も豊かな時期を経験した．マダガスカルでは砂糖や米を生産する近代的な大企業がついに出現した．ヨーロッパ人にとっての大農園の夢は，政治情勢に従ってアジアからアフリカへと移りつつあったのである．

　しかし近代化の活動はもっと頻繁にアフリカ人による農業に向けられた．すこぶる大規模の整備計画が多かったというわけではない．かなりアジア的なマダガスカルを除けば，広い灌漑区域の時代はもはや去っていた．もしくはまだ来てはいなかった．強調されたのは，雨水を利用する耕作であり，耕作と牧畜との結合，犂を用いた耕作の普及，そして多年生作物の拡大であった．フランスはやや遅れをとった．落花生，木綿，さらには米を対象として集中的な近代化を見た若干の区画については

Ⅰ. 黒い大陸

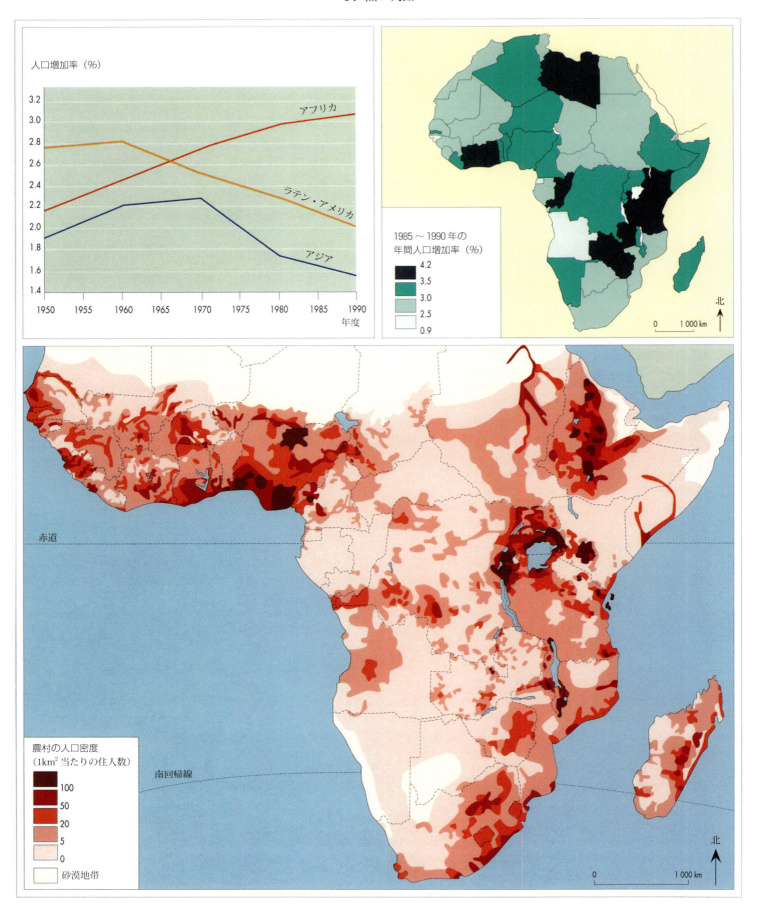

別として，広い普及活動のほうを強調し続けたのである．それはモデル開発の模範的な価値への確信に基づいていた．イギリスやベルギーのいくつかの植民地においてはそうではなかった．そこでは近代化の実験は地域規模で行われ，住民全体ではないにしても少なくとも重要な少数派を動かそうと試みたのである．ケニアで，マウマウの反乱の後にスインナートン計画が打ち出した農民の生産力強化の政策は，短期間でアフリカ人の土地のかなりの部分を整理統合するに至り，コーヒーの生産をヨーロッパ人プランテーションでの生産レベルにまで引き上げることに成功した．地域規模での活動のうちでは，タンザニアのスクマ地方の近代化プランをあげることができる．これは土壌の保護および木綿栽培の拡大を目指すものであったが，一連の例外的に多い規則を伴っていた．最も大規模でかつ組織的な実験は，ベルギー領コンゴの農民層のそれであった．そこでは一定数の村落にまとめられた住民全体が，犂の利用や輪作の導入，また起伏のある土地ではどこでも土壌の保護や修復などを基礎とする合理的な労働様式を採用しなければならなかった．

領土間のコントラストを説明し，これらの作戦の効果を測定することはできるのであろうか．ベルギーの植民地では家父長主義の重苦しいシステムが農民階級に適用されたことがはっきりと分かる．このシステムは，当時大陸で最も進んだ熱帯農学を支えにしていた．ベルギーの場合もそうだがイギリスの場合には，もっと間接的な行政管理の効果も現れている．それは地方の幹部，つまり族長の勢力や，より自律的であるゆえによりダイナミックな協同組合の幹部を利用してメッセージを伝えるやり方であった．その結果はもっとよかったであろうか．ベルギー領コンゴでは農民階級は独立の後まで生きのびることはなかった．（しかしそれは彼らの移住先であるルワンダおよびブルンディの顕著な特徴として存在し続けている）．農業の近代化はケニアでは大幅な賛同を得た．というのもそれは長い間支配したヨーロッパ式農業に対する巻き返しと思われたからである．けれどもタンガニーカでは，スクマ族に課された重苦しい規則やウルグル山地で採用が図られた土壌保全措置に対抗して示威運動がまき起こった．総合評価はしかしゼロというわけではない．提案された一連の技術の中から，アフリカ人たちは選

3.8 アフリカの人口分布

アフリカの人口はかなり少ないとしても，その密度は著しい差異を示している．西部と東部とは，スーダンからケープタウンに及ぶ1つの広大なほとんど空っぽの全体（1km²当たり5人未満）によって分割されている．とはいえ，そこにはいくつかのもっと人口の多い空間が際立っている．密度が5人以下に下がることのめったにない西部には，東西に走る2つの帯が識別される．1つはとりわけギニアの，またガーナからナイジェリアに及ぶ沿岸であり，もう1つはスーダン・サヘル諸国である．東部では高所に2つの主要な中心地がある．すなわちエチオピアの要塞とヴィクトリア湖周辺である．南部には，マダガスカルにおいてもそうだが，東部沿岸と高地とが並行的に2本の植民の帯を形成している．これらの密度は，人口増加が続いている現状では大いに高くなるであろう．大災害でもないかぎり，人口は25年足らずで2倍になるであろう（SCET（国際領域整備中央協会）-Inter，1984年による）．

択をし，粗放農業の方向で，報酬のよい労働で生産を高めることのできるような技術を自分たちのものにしたのである．結局のところさまざまの組織的な近代化の活動は，ほかのところで自発的に実行された近代化のたどった方向とかなり似通った道筋へと偏流した．

成長の忘れもの

それというのも生産は，努力してみる価値のある時には重苦しい技術的な枠組みがなくとも増加したのである．フランスの植民地における2つの最大の農業拡大の運動，すなわちセネガルにおける落花生前線およびコートディヴワールの森林地帯におけるコーヒーとカカオの前線がその証拠である．そこでは農村社会は自らその統率組織を決定した．労働者たちはさまざまのかたちの契約によって経営者に結びつけられたのである．セネガルの運動はムーリッド共同体［19世紀末にアマドゥ・バムバの創立になるセネガルのイスラム教派．1960年当時10万人の信徒を数える］によって導かれた．道士たちを取り巻く弟子たちのダーラがまず林間の広い空地を開墾し，彼らを中心として成人の信者たちはその周りに居を定めた．アブサンと呼ばれる分益小作契約を結んで，バウレ族とかアグニ族の農園主たちは労働者たちに収穫の一部の利益を与えることで，財布の紐を緩めることなく彼らを定着させることができた．植民地の制度が運動を助長するときには，人々はこれを援用することも辞さなかった．さまざまの新しい品種が採用された．苗は当局の種苗場で入手したけれども，開墾はほぼ完全に自律的な論理に従って速いリズムで行われた．牧畜地帯においても事情は変わらなかった．人々は予防接種を受け入れたし，新しい井戸の掘り方も利用した．けれども家畜数を減らす措置や放牧地の輪番利用（ローテーション）は拒絶された．彼らは，飼養数の増加こそは乾燥年の困難に対する唯一の確かな保証であると考え続けたのである．

この成長はもちろん一般的ではなく，多数の「死角」が残っていた．商業向け農業で早くから活気のあった地域はすでに，衰退ではないにしても少なくとも相対的な沈滞の状況にあった．その中にはすでに人口密度の高い地帯もあった．その一方では新たな「前線」が活発になりつつあった．コートディヴワールが目覚めつつあるときに，ゴールドコーストは没落の兆しを見せていた．タンガニーカのチャガ族の地方やその近くのウサンバラ山地は一種飽和状態に達していた．これらの地域のコーヒー園はほとんど更新されていなかったのである．フランスの植民地の中で，第2次世界大戦前夜における第1のコーヒー豆の産地であったマダガスカルの東部沿岸についても同様である．セネガルの落花生前線が広がっている一方で，古くからの落花生の地域は沈滞していた．あたかも，活用できる空間はいったん飽和状態になると，高い収益によって賛同を獲得し得る

ような生産強化のプロセスを据えつけることはできないかのようであった．この観点からするとケニア現象は注目すべき例外である．成長はまた社会的にも不均等であった．最もダイナミックな地帯に富裕な経営者たちの上昇が見られたのである．彼らはもっと刷新能力を備えていたし，ことに土地と労働力とを采配することに長けていた．彼らは農園主組合および共同組合を活発にし，これらを通じて非常にしばしば民族主義運動に参入していた．独立に先立つ数年の間，政治活動は都市民の占有物ではまったくなかったのである．

他方，都市は膨れあがったとしても，深いところで変化したであろうか．確かにその景観はかわった．建造物は増えたし，施設なかんずく港湾の基盤施設は進歩した．行政は充実して，多数の中級ないし下級の雇用を作り出し，多くのアフリカ人たちが職を得た．都市社会は成熟し安定した．そこにくる女性たちの数は増え，労働者たちは定着し，雇用の形態やレベルは多様化した．かつて特に男性労働者の単なる受入れ地であった都会は人口増加の拠点となった．しかしこれと並行して生産の諸機能は進化したのであろうか．

第2次世界大戦の間にやむをえず開始された工業化への動きは確かに拡大した．けれどもそれは不均衡な拡大であって，いくつかの港湾都市だけが恩恵を受けたのである．南アフリカを除けば例外はまれであって，それも容易に説明がつく．例外とはつまり重量のある生産物，例えば鉱石の一次加工の企業，いくらかの繊維産業である．あるいはまた，ことに相当な数のヨーロッパ人住民が構成する支払い能力のある市場が存在していたころには，もっと広範囲の最終消費財の産業であった．こうして次のことが理解できる．産業の中心地の萌芽は，植民者たちが領土間の役割分担に基づいて最も広い経済的・政治的再編の確立を試みたまさにその場所に現れたという事実である．それはまさしく，産業商社の最初の国際的伸展が現れつつあり，そして「開発」政策が輸出を目的とした一連の農工業関連会社の設置を採りいれつつあった――これは新しい現象である――ころなのである．

ひび割れた大陸

原則としては，大陸最古の連邦であるフランス領西アフリカ（AOF）およびフランス領赤道アフリカ（AEF）がこのケースになるはずであっただろう．それらには指揮系統があったし，フランスの監督のもとに通貨上の実体を構成してもいた．経済的な連帯は労働者の運動によって作られていたし，交換（スーダン諸国の牛類や穀物類と森林諸国のコーラとの）も行われ，また例えばあらゆる領土で無差別に奉仕することが期待される同じ学校の同窓生であるアフリカ人幹部の間には人間的な連帯も形成されていた．にもかかわらず，これら2つの大きな空間が経済的にまとまりを有する統一体を構成したとはいえまい．

それらは，サヘルから森林にかけて資源の違いに応じていくつかの相補的な単位によって形成されていたとはいえ，おそらくあまりにも膨大であったり（AOF），あるいはあまりにも輪郭があいまいであった（AEF）．それらには内部での交易を助長したでもあろう交通路の堅固な骨組みが欠けていた．とりわけ植民地の支配者たちにも被支配者たちにも政治的関心が欠けていた．1956年のドフェール法［G. Defferre は 1910 年生まれのフランスの政治家．第4共和制下のギ・モレ内閣の海外領土大臣として，1956 年 6 月フランス連合の諸領土の地位改革に関する基本法を作成］は各領土に政府を樹立したことで，当然のことながら統一の方向に向かってはいなかったし，そのうえ独立のではなく，宗主国を取り巻く広大な連邦の準備を目指していたのである．アフリカ側には理論的にはアフリカ民主連合（RDA）を通じてテリトリー全体を編成する政治上の単一構造があるにはあった．しかしこれは衝突の場ではないにしても，協議の場以上のものであっただろうか．

東部や中部アフリカの英語圏諸国においては事情は異なっていた．そこに英国は 1953 年に中央アフリカ連邦（両ローデシアおよびニヤサランド）を建設した．東アフリカでは同じことはできなかったので，英国はケニアとタンガニーカとウガンダを結集する1つの経済共同体を作った．そこでは諸領土間の相補関係がほかのところよりもっと明らかというわけではなかったが，これらの単位では，そのもっとつつましい規模とかもっと引き締まったかたち，それに運輸の基盤施設が組織されたおかげで，交流はより容易であった．特に単位の各々は，南ローデシアでもケニアでもヨーロッパ人住民を核としてその周りに組織されていて，この核は経済発展において主導的役割を演じるだろうし，かつ独立の接近に際しては政治上の駆引きにとって重みをもつことになると期待された．それは錯覚にすぎなかった．けれどもこの錯覚は，相補性の観点からすればいくつかの実現を引き起こした．例えばザンベジ川のカリバダムは，ヴィクトリア湖側のナイルの水源におけるヴィクトリア滝のダムと同じように近隣諸国の役に立つことになった．またウガンダにおけるジンジャの工業発展は東アフリカ規模での市場の存在がなければ理解できないであろう．

独立の要求が高まりつつあったころ，アフリカの「バルカン化」を強いるものは何もなかった．もちろんその堅固さは不均等であったとはいえ，さまざまの再編された構造は存在していた．現在の政治・経済地図とは別の地図ができることも可能であった．地方の独自性を強調し，50 ばかりの国家への分割に向けて導いたのは，まさしく 1950 年代の経済成長であり設備投資政策の進展ではなかったかどうか問うことができる．こうしてもっと顕著な不平等が出来した．コートディヴワールのようにダイナミックな地域は，より窮乏したほかの地域のために支払うことになるのではないかと心配した．後者は逆に，もっと繁栄する地帯の単なる労働力倉庫になることを恐れた．連邦の行政・政治上の中心となった地域に対する不信はいたるとこ

ろで現れた．例えばダカールやブラザヴィル，したがってセネガルやコンゴは資源を自国のために天引きしていると非難された．不信は，これらの中心地がそのうえ，英語圏諸国の場合のように少数の重要な白人民族を含んでいるときには敵愾心に変わった．同一領土の内部ですら，それが広大で多様で，そのために論理的には生存可能でも同時に文明の単一性を欠いているときには，独立を運営することは難しいと思われた．例えばチャドとかカメルーンである．もしくは，間接的行政によって，例えばシエラレオネ，ウガンダ，あるいはナイジェリアにおいてのように，個別的な身分規定が数多く作り出されている場合も，そして最後に，ベルギー領コンゴのように，「慣習」の維持が植民地状況を長引かせる以外の目的をもっていなかったときにも同様であった．これらのケースにおいては，リスクとは要するに分裂にほかならなかったのである．

それはしかしほぼ一般的なリスクではなかっただろうか．国家という均質な空間の概念およびそれに対応する規模の組織は生きられる現実となりえたであろうか．生きられる現実とは，あるいはより狭い地域（村落，氏族や民族集団の領土，植民地以前の昔の国家）であるとか，あるいはもっと広いとしても人の流動とかネットワークによって規定される地域，例えば幹線交易路，信心会の網の目，放牧の経路ではなかっただろうか．植民地化によってアフリカの民に遺贈されつつあった見せかけの均質的な空間の枠組みには，どんな現実が潜んでいたのであろうか．それは先立つ時代の残した遺産から明確に識別されるのか．現段階でこれらの疑問に答えるのは早すぎる．ただ地域研究だけが，最近年の経験にてらして我々に教えてくれるのであろう．それでもしかし，いくつかの仮説を述べ，探求のための道標を打つことはできる．

独立の思いがけぬ不都合

第1の仮説とは，外見に反して，植民地の段階とそれに先立つ諸段階とを根本的に分離することはできないのではないかということである．もちろん，ヨーロッパによる植民地化はさまざまの全面的な更新を導入した．けれどもそれは過去を「完全に一掃」したわけではない．たとえ植民地列強が領有地に独特の刻印を押し，それをほかの植民帝国から切断することによって自国によりよくつなぎ止めておこうとしたとしても，それはできなかった．古くからの人間関係の網や昔からの人の移動，前からあった連帯は維持されたし，それらが経済成長の論理に組みこまれたときには，さらに活性化されることもあった．最も目立つ所与である植民地間における教育や言語，法制度の相違は，必ずしも決定的ではない．植民地支配者たちの権威に基づく経済的な衝撃は，地域社会に固有のさまざまの活力より以上に大陸に刻印することはなかった．それら活力の多くは植民地時代以前の歴史を参照しなければ理解できないのであ

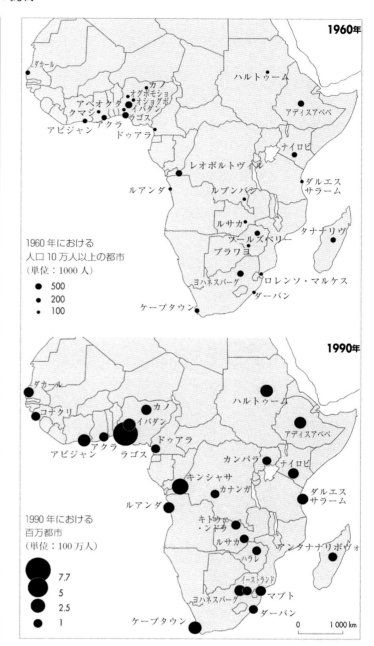

3.9 急増する大都市
大都市の30年間における驚くべき成長．それらの空間的分布には根本的な変化はない．それでもギニア湾沿岸および南部アフリカの都市化はいっそう明白である．〔レオポルトヴィルは現キンシャサ，ソールズベリーは現ハラレ，タナナリヴは現アンタナナリヴォ，ロレンソ・マルケスは現マプト〕

る．

独立は，少なくとも都市と同様に田舎における格別の経済的・社会的ダイナミズムの時期に，繁栄段階の終わりに到来した．独立は当時進化しつつあった状況をゆがめたし，ある意味で固定化した．我々が言いたいのは，それがあまりにも早く（もしくはあまりにも遅く）やって来たということではない．「歴史的最適の事態」（オプティマム）なるものはないのであって，独立は熟した果実のようにもぎ取るものではない．しかし，年代が諸事件の継起にとって重要な効果を及ぼしたことは確かである．成長によって惹起された新たな空間的・社会的不均衡の

進展は，独立の空間的な枠組みを確定するうえで寄与し，経済政策はこの動きを是正するかもしくはこれに同伴するかを選択せざるをえなかった．新しい諸国家は経済的楽天主義の風土の中で独立に至った．この風土は，世界的規模での成長の最高記録と「発展」に関する強力な理論化に特徴づけられた次の10年間にも続いた．しかしリーダーたちは同時に政治的には悲観主義を示し，これら新しい国家の分裂を恐れた．それゆえ彼らは国民の統一の達成を前面に押し出すとか，さらにはそれを経済発展に結びつけることを試み，意志的な行為によって世界的な成長のリズムについていく好機を逃すまいとしたのである．

　以上により次のことがよく分かる．すなわち古い時代と植民地時代との間には連続性を保つ重要な要素があるにもかかわらず，後者はごく短期間であった（せいぜい半世紀あまり，時にはそれ以下）とはいえ，決して付帯的な現象ではなかったということである．それは空間および社会に種々の深い刻印（基盤施設，生産物，教育，コミュニケーション）を残し，過大評価してはならないし無視してもならない数々の連帯を作りだした．もし，植民地を彫り上げた人々が古木の木目に沿って仕事をしなければならなかったとすれば，新しい職人たちのほうは既得物をこのうえなく多様に使用し解釈することができたのである．分析のための新たな道具はあったのか．彼らは受けた教育のおかげで，技術助手や研究所，学会，経済機関などの影響の下に，余所で練り上げられた多様な図式をふんだんに採用した．それらの図式は思想的に植民地時代と連続したりあるいは断絶したりしていたが，いずれにせよ常に植民地時代との関連で採用されたのである．彼らの成したことはそれだけだったのか．彼らはたいてい，とりわけ経済的で技術的なレベルの，いくつかの普遍的と判断された新しい価値を借用し，それらをアフリカ的と見なされる社会・文化的な諸価値と和解させようと試みた．ただいわゆるアフリカ的という価値の中に外的な再構成物とか外国との関係によって実現されたものを見分けることは怠った．しかし，これら二通りの現実を切り離すことはできるのだろうか．それらの間の相互関係を無視することはできるだろうか．それに実践においてそれは行われたのか．もしそうなら，いずれの現実が他方を支配したのか．

　独立はリズムの新たな激変にわずかだけ先行した．時にはこれに続いた．荒々しい人口増加の強烈な効果，長びく気候不順，世界経済の混乱，重大な技術の変化，周期的な要因と根本的な革新との恐るべき出会いなどに直面する前に，たかだか10年間しか残ってはいなかった．10年，備えるためには，いや意識するためにすら少なすぎる時間であった．

人口の躍進は空間の新たな持ち札か

　熱帯アフリカは出生率の減少に対して抵抗する世界で最後の砦のひとつであり続けている．他方，全体的な死亡率は後退した．つまり51歳という平均寿命はアジアや南米のそれよりは低いけれども，1950年代初めにはそれは36歳でしかなかったのである．逆にアフリカ人の多産性は例外的であって，女性1人当たりの平均子供数は6人から7人である．最高記録を作っているのはケニア（8人），ウガンダおよびコートディヴワール（7.4人）である．中央アフリカを特徴づける特殊な事例——そこには生殖不能を起こす性病による相対的な不妊の地域が存在する——を除けば，高い生殖水準が維持されているのだが，それは婚姻にかかわる慣行に由来する．若くして結婚するアフリカの女性（ギニアでは16歳と3〜4カ月［原文は十進法で「16.3」歳と表記している］で，モザンビークでは17歳と7カ月［同じく原文では17.6歳］で）は，結婚生活を長く続けるのである．それに寡婦になったり離婚したりすると，ほとんど規則的に再婚する．加えて女性たちはあまり産児制限をしないし，避妊手段を用いることはめったにない（大陸全体で6％）．都市に住む教育レベルの高い若い女性だけはわずかな例外である．南部アフリカでは変化が見られる（ボツワナでは平均婚姻年齢は26歳と5カ月足らず［原文では26.4歳］で，女性の3分の1は避妊を実行している）．大都市でも同じで，そこでの平均妊娠率は農村（カメルーンやスーダン）のそれを下回ることがある．一夫多妻制は，それによって婚姻状態での生存の確率が最大となるがゆえに，集団の妊娠率を増大させることに寄与している．けれども多産は家系をおびやかすまだ高い幼児死亡率への対応策でもある．第3世界全体の中で，熱帯アフリカは幼児死亡率が最も高く10.8％に及ぶ世界であって，これはラテン・アメリカ，中国およびインドの2倍であり東アジアの3倍にあたる．若干の国々，マリやシエラレオネやマラウイでは100人に15人の幼児が満1歳未満で死亡する．これが10％の水準に下がるのは13の国々においてのみである．総体的にみれば，若年層の死亡率が高い（女児の15.4％，男児の17.2％は5歳未満で死亡する）ために，全体の死亡率（東アジアやラテン・アメリカの7％に対して16％にのぼる）の後退にブレーキがかかるとともに，強度の多産性を維持することになる．それに多産は，社会や文化がどうであれ望まれてもいるのである．人口の躍進は，地球上で最も若い住民を抱えているこの大陸（アフリカ人の50％近くは20歳未満であり，60歳以上の人々は3％にすぎない）に強く作用して，その若返りを早める一方で短期の難問を増やしている．実際，今から［原著は1994年刊行］2000年にかけて，就労人口および初等学校就学人口はそれぞれ49％，58％の増加を見せることになるだろう．このリズムは1975年から1985年の期間においてよりもずっと早い．そして15歳から25歳の年齢層は2倍になっていることであろう．

　長期にわたって出産奨励主義をとり，多産を助長する放任主義を採用してきたアフリカ諸国の政府が，人口政策が必要だという考えを受け入れるのはひどく遅かった．態度が変わって最初の措置が現れるには，世界会議（ブカレスト，1974年；メ

3. 数の挑戦

3.10 連帯の井戸

管（ケーシング）付きの井戸がマリに設置された．若い野次馬の群れの中でその場限りの報道員たちが写真をとっている．ヨーロッパの寄付者たちに寄付の効果を見せるためである．

キシコ，1984年）の大きな衝撃やアルーシャ［タンザニアの都市］におけるアフリカ人口会議（1984年）の激しい討論が必要であった．もちろん1974年以前にも，非政府機関の組織する家族計画プログラムを支持する国々（例えばモーリシャス，ケニア，ジンバブエ，ベナン）もあった．しかし大部分の政府が人口政策にふみきったのは1970年代の終わりになってからにすぎない．6カ国（コートディヴワール，ジブティ，ガボン，赤道ギニア，モーリタニア，チャド）のみは人口増加の抑制を図る計画をまったくもたない．ダカール会議（1992年）は，自然増加を2000年には2.5％に，2010年には2％に引き下げるという目標を定めた．

アフリカの人口は1950年から2025年の間に6倍に増えるかと考えられる．いかなる国も無関係ではない．重い人口を抱えた拠点はすばやくもっと強大になりつつある．2000年に1億2800万人に接近すると見られるナイジェリアは，2025年の地平には2億1700万人を数え，世界で7位の席を占めることになるであろう．エチオピアは1億3000万人，ザイール，ケニア，ウガンダ，タンザニア，スーダン，そして南アフリカ共和国はおそらくそれぞれ5000万から1億の住人を有することになる．1890年代末の1 km² 当たり21.2人という平均密度はほぼ50人に達するはずである．これはしかしアジア（東アジアでは163人，南アジアでは385人が見込まれている）の人口密度よりはるかに低い．「人口過密」とか「人口の最適密度」といった考え方について議論しても切りがない．なぜならば例えば農業システムのもつ対応能力は生産技術とか農民層の社会組織のあり方に応じて甚だしく変わりうるからである．加えて，隘路（ネック）となっているのは，厳密な意味での食糧生産よりは，とりわけ都市におけるその流通と社会的な分配のほうなのである．例外もある．内戦のために地域のある種のシステムが完全に破壊された場所（スーダン，モザンビーク，アンゴラ，エチオピア，リベリア）とか，公権力の影がうすくなり食糧問題が深刻化した場所（ザイール），旱魃が長期的に猛威を振るっている場所である．もっとも西アフリカのサヘル地帯にある国々（ブルキナファソ，ニジェール）は，1970年代以来の住人1人当たりの食糧生産の進展に関してそれほど悪い状況にあるわけではない．しかし，国家規模では人口密度の増加によって持ち札は急速に変化するかもしれない．1990年には大陸の3つの国家（ルワンダ，ブルンディ，ナイジェリア）だけが，そして4つの島嶼国家（モーリシャス，コモロ諸島，サントメ・プリンシペ，それにセーシェル諸島）のみが1 km² 当たり平均100人以上を数えていた．2025年には18の国家が同じ事態にたち至るであろう．ルワンダはおそらく1 km² 当たり700人の住民を擁して，バングラデッシュとともに世界で最も密度の高い国となるであろう．ブルンディでは480人，ナイジェリアでは330人に達することになるだろう．このような条件の下では，一方では最後の空いている地帯へ向けての，そして他方では都市に向かう地理的移動が強調されざるをえない．

この動きは，現れかかってはいるものの，まだ完全に知覚されてはいない．主な先駆的地帯の中には，輸出向け栽培の進展の古典的な前線が，実はそれほど多くはないがまだ残っている．とはいえ，そこでも現地消費のための食料生産が排除されたわけではない．例えばコートディヴワールのカカオ前線，これは今ではリベリアへとはみ出している．落花生の前線，これは遠からずセネガルの辺境に達するであろう．ほかの地域では，木綿のような工業用作物と（主にトウモロコシのような）食料の栽培とを組み合わせていて，後者は例えばブルキナファソ南西部においては大幅に商品化されてもいる．しかしすでに基本的に食料栽培に基づく拡大の動きが現れていて，そこでは商品化

が自家消費をしのいでいる．この動きは，それほどまれなことではないが，人の住まない空間が消費の中心となる都市からあまり離れていない場合にとりわけ活発である．トーゴの中心部とか，ケニアはナイロビとモンバサの間の低地とかはその例である．そのうえ過疎地帯が，強い貨幣の存在のような「フォーマル」な性格の条件であれ，密売に都合のよい国境が近いといった「インフォーマル」なそれであれ，有利な経済条件にわずかでも恵まれている場合には，人口移動はよく知られていないだけにいっそう重要なものとなりうる．コンゴでザイール出身者たちが土着民より多数になる日はおそらく遠くない．ザイールの反対側の先端ではルワンダ人移入者が増えている．これらの移動の人口学上の効果はまだよく分かっていない．ただ，いくつかの伝統的な移出地帯，例えばトーゴのカビエ族の地方とかコートディヴワールのバウレ族の地方が人口の停滞を示していることは証明されている．ある種の衰退が始まるのであろう．そのような兆候は，ケニアのカンバ族の間でもルワンダでもまだ現れていない．移動の人口学的な総括は1ないし2世代のスパンをとらなければできないのだが，これは加速運動のさなかにあるアフリカにとっては長い期間である．農村に向けての移動こそが採るべき策である．それはもちろん都市への大流入の動きに釣り合う重みを今は持たないとはいえ，農民の地位が率直に再評価されるとしたら，もっと信じやすいものとなるのであろうが．

都市政策を求めて

熱帯アフリカは，1990年にほぼ3分の1の都市民を抱えていて相対的にあまり都市化されていない．けれどもまさにそこで，1960年代以降，年平均5％という世界で最もはやい都市化の速度が計測されているのである．確実ではないが，もしこのリズムが維持されるとすれば，都市民の百分比は2000年には40ないし45％に近づき，2010年から2020年の間には50％の水準を超すことになるだろう．こうして黒人アフリカの諸都市は1960年の3600万人に対して，5億人以上を集めるであろう．しかし不均衡には著しいものがある．というのも，南部アフリカ人口の半数以上はすでに都市民なのであり，都市化率は中央アフリカでは40％を超えるのに，西アフリカでは32％にすぎず，1990年代の初めに東アフリカでは22％に達していないのである．

都市成長のプロセスの速さには戸惑わざるをえない．1950年には黒人アフリカは5000人以上の都市を670数えていたのだが，1980年にはその数は2900となった．2010年にはおそらく8200以上となり，そのうち3分の1はナイジェリアに位置することになるだろう．都市の枠組み構造も変わりつつある．1950年には1都市のみが人口100万人を超えていて，31都市が10万人以上100万人以下を擁し，640の都市が10万人以下を数えていた．30年後には，100万人以上を抱える12の都市が都市人口の20％を，10万から100万人の161の都市が38％をひきよせ，10万人以下の都市は2700にのぼった．2010年の見通しでは，キンシャサおよびラゴスはいずれも1000万人を超えると思われる．アビジャンは500万以上を抱えるであろうし，ほかの71の都市（そのうち20はナイジェリア）は100万を超えそうであり，538の都市が10万から100万の住人を数えることになるであろう．これまでのところスケールはラテン・アメリカやアジアの巨大化にはほど遠いとはいうものの，アフリカは巨大都市（メガロポリス）を目指す集中的増加へと進んでいるのであろうか．未来を予測するいくつかの研究に従えば，アフリカで先頭に立つ47の都市は1980年には都市民のうち26％を抱えていたのに対して，2010年には28％を占めることになる，という．百万都市の上昇が最もめざましいと考えられるのはフランス語圏アフリカである（1980年には都市民の22％，2010年には48％）．けれどもなんら確実なものはない．というのも，むごい危機は都市住民を襲って彼らの振舞いを変化させているし，いくつかの大都市の成長のリズムは落ちた（アビジャンは1965年から1975年の間に年間にプラス11.2％から次の10年間にはプラス5.5％に下がった）し，複数都市間の人口流動は激しくまた複雑だからである．けれども都市の成長をいかに制御するかという問題は依然として問われている．

実際アフリカの諸国家は土地の規範と，きわめて頻繁にヨーロッパ宗主国のそれを敷き写しにした技術的規範とに基礎をおく植民政策（地所の個人的所有ないし使用，都市空間の機能に応じた分割，統一規格の分譲地造成，高性能の技術的規範，主導的構想や計画）を受け継いだのであるが，大多数の人々の住宅問題の解決には決して成功しなかった．都市の人種隔離政策を別にすれば，諸々の干渉主義国家の採用した大部分の措置は大半の都市民を合法的な都市空間からはじき出すことに力を貸した．すなわち，簡素なものであっても分譲地を造成するリズムは決して需要に応えなかったし，公社の建造する福祉住宅は中産階級の利益のために横流しされたからである．そのうえ，人々の所帯の規模とか日常の習慣とかは提供された建築スタイルと相容れるものではなかった．

事実上の排除には非合法空間の拡大が答えとなる．都市の宅地への接近は，並存する多様な不動産システムのおかげでアジアやラテン・アメリカにおいてよりももっとよく保証されてきた．それらのシステムは，慣習的な「首長支配体制」や土地ブローカーのおかげで，それにたとえ違法であっても「所有地」を持ちたい，もしくは土地や不動産の資産を作って地代を稼ぎたい元都市住人たちによって活況を呈していた．すぐに下請けが出現し，職人たちは多くの建築職種ごとに同業者たちを動員した．こうして住宅の自己生産は可能になった．住宅は間に合わせの材料ではなく，もっと頻繁に「堅材」（コンクリートブロックおよび板金の屋根）で建てられた．郊外の建築業者たちは，有益な賃貸住宅区域を造成し，近代的な建物をつくる能力をもっていることを証明して，文字どおり賭けをし，自分たち

3. 数の挑戦

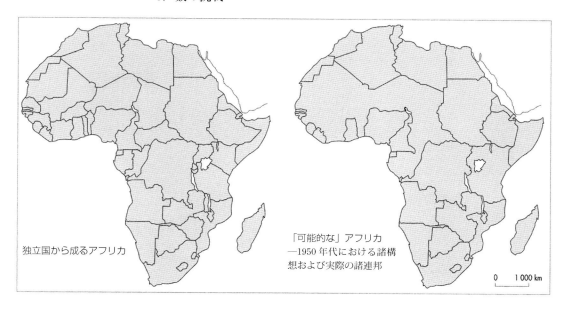

3.11 可能的なアフリカ，現実のアフリカ

「バルカン化」［第1次世界大戦前から第2次世界大戦にかけてバルカン半島が被ったような細分化のこと］は宿命ではなかった．25の国家から成る「可能的な」アフリカの地図は現実（フランスおよびイギリスによって設置された諸連邦）といくつかの構想（例えば「大ソマリア」）とを組合わせている．
これによれば，強度の細分地点はただリヴィエール・ド・シュドおよび南部アフリカにおける白人の古くからの浸透の遺産であったといえるだろう．

独立国から成るアフリカ

「可能的な」アフリカ
――1950年代における諸構想および実際の諸連邦

0　　1 000 km

アフリカにおける植民

　地理学の書物でなぜアフリカの植民のことを語るのか．フランスについてなら，それは余計なことだと思われるかもしれない．実際にはフランスでも，農村世界においてすら移動はきわめて長い間盛んだったのではあるが．しかしアフリカにおける空間の利用と組織の研究はまず「部族」« tribu »――これは「民族集団」« groupe ethnique »と命名し直されている――を基礎にして行われた．それを人々は，特定の身体的・言語学的・文化的性格を付与されて，しばしば最近の集団移動の結果住み着いたあるまとまりをもつ1つの集合体と考えた．行政官にとって便利なこの道具は，長期にわたって学術的な研究の基礎となった．ところで「民族［ethnie. 言語・文化などの後天的に形成された指標に基づく概念で，人種（races）とは異なる］には歴史がある」．それはゆれ動く現実，歴史的な構築物であって，その構成も形状も事情に応じて変わり得る．そして民族生成が起こるためには集団移動は必要ではない．
　そのうえ，住民移動の研究には科学的根拠が欠如している．身体的所与（データ）はまったく役に立たない．言語学はもっと堅固な基礎であると思われた．ところがこれは論争の領域であり続けている．例えば最近に出版されたユネスコの『アフリカの歴史』は，言語の分類について3章ももうけているのだが，それらがまたひどく矛盾し合うという次第である……さらに，ある移入民たちは言語を取り換えたし，少数派である征服民が自分たちの言語を強制した場合もある．考古学的研究には欠落部分が多すぎてあまり助けにならない．口頭伝承は現在のグループによる過去の解釈であって，確定された真実ではない．
　それゆえ若干の単純な事実に依拠しなければならない．アフリカは人類の発祥地である．それは旧石器時代に人間および技術の拡散の中心地であった．そこにはあらゆる人種タイプが起源から現れていた．2500年前，それらはいくつかの大きな集合に組織されつつあった．北東部では，おそらく牧畜を主とするクシュ族［un ensemble couchitique.「族」といえるかどうかは問題］の集団がはるか東アフリカにまで溢れだしていた．これは南の周辺部で蒙古系の住民（populations mongoloides）に接していた．蒙古系の住民の子孫は南アフリカのサン族であって，彼らは現在のケニアから喜望峰にかけて狩猟と採集を営んでいた．西部では，紀元前3000年以来甚だしく顕著になったサハラ地帯の乾燥のために，人種的に複合的な一集団が分裂した．そこに含まれていたのは「地中海人たち」および黒色人種で，彼らは一方ではマグレブ［アフリカ北西部で，現在のモロッコ，アルジェリア，チュニジアの地帯をいう．大マグレブとして，これにリビアとモーリタニアを加えることもある］に，他方ではスーダン‐サヘル地帯に集中した．後者――そこにアフリカの言語のうち80%は見出される――は黒人文明の坩堝となった．それに対して大森林山塊地帯には，生態系に順応する黒色人種（negroides）のパイオニアであるピグミー族の小集団しかいなかった．
　スーダン地帯は大移動の出発点となった．そのうちとびぬけて重要なのはバントゥ族の移動である．この言語的に均質の集団は，今日ではベヌエ川中流からグレートフィシュ川沿岸（南アフリカの南東）まで広がっているのだが，その起源はナイジェリアとカメルーンとの国境のあるベヌエ川流域にあるらしい．経路については（森林を迂回してザイール‐ナイルの稜線をたどったのか，森林を横切ったのか，あるいはこれらの双方を用いたのかについての）論争があるけれども，その移動は，鉄冶金の技術のおかげで，したがってまたより効果的な農業によって助けられた．それは紀元前500年頃に始まったであろう．そして紀元4世紀にはザンビアに，そして遅くとも10世紀にはナタール［le Natal. 南アフリカ共和国の旧州で1994年からクワズル‐ナタールと呼ばれる．アパルトヘイトの時代には黒人居住地区の1つであった］に達した．バントゥ族は大陸の東部でクシュ族と交渉をもち，さらに沿岸ではマライ‐ポリネシア族と接触し，彼らから幾多の文化的特徴を受けとった．次いでこの地帯はやや後に，特に牧畜を営むニロート族（groupes nilotiques）諸集団の移動によってもっと複雑になった．アフリカ大湖沼はそれゆえひどく錯綜した部分である．そこでは文化的および技術的交流が多く，個人もさらには集団もある集合から別の集合に頻繁に移ったのである．
　起源第2ミレニアムには，移動は結局のところそれほど重要なものではなかった．諸々の王国の誕生や死滅は集団移動を引き起こしはしなかったからである．プル族［民はフルベと自称するが，フランスではウォロフ語による呼び名でプル（Peul）と呼ぶ．なおアングロ・サクソン人はフラニと呼んでいる］の東部への移住は目を見張らせるものではあったけれども，その実数は限られていた．今日において移動は，農村からの流出という近代的なかたちで，また亡命者とか貧困に追われる農民の流れとして最も大きな規模をみせている．これは大陸における人々の配分を著しく変えることになりかねない．

49

3.12 発展のイロハ
教育は困難な征服である．すし詰めで床に座ってさえいるこの生徒たちは，何と丁寧に文字を書いていることか（エチオピアのゴンダール）．

の仕事を合法化すべきではないかという挑戦をつきつけるのである．彼らは皆がみな裕福な都市住人などではない．住宅の小規模な商業用生産の急速な発展に直面して，公権力は一方では組織的な破壊という「タカ派の」政策と他方では寛容や放任の態度との間で長い間ジグザグにうごいた．（前者の場合，強制立ち退きの措置は，「堅材」で建てられた非合法空間よりもむしろとりわけ最も不衛生な地帯，かりそめのスラム街に対して採られた）．後者つまり放任のほうがより好んで採用された．というのも皆が，非合法の市場のおかげで私的な貯蓄を使うことによってそれなりに住宅問題を部分的には解決していたからである．それでも，住宅は「居住」のすべてではないし，民間の小投資家たちには基礎工事や負担の重い衛生設備網を引き受けることはできないという問題は残る．それらの整備は降雨が多くなればなるほど不可欠となる．

1970年代以降弾圧的な処置は放棄されて，「世界銀行」および「人間的居住のための国際連合センター」(UNCHS)の推奨する「修正主義の」方針が選択された．いくつかの大きなスラム街（ナイロビのマザレヴァレー地区，ジブティのバルバラ地区）は階層化した交通路の建設および土地保有の合法化によって「再構成」されたし，いわゆる「自然発生」していたいくつかの古い地区（ドゥアラの「ナイロン地帯」）も造成され整備された．最もめざましい事業はワガドゥグーで実現を見た．非合法周辺部のほぼ全体が5年間で造成されたのである．合法的な土地提供がこれまで除外されていた住民の部分にも開始された（ダカール市における「衛生状態の改善された」組織整備された区画や切片，アビジャンの最小限の設備を備えた分譲地，アディスアベバの自己建築扶助協同組合計画など）．1980年代になると，市町村の経営管理（例えば単純化された土地台帳に基づく税制の組織化，脱集中化の道具として構想された領域自治体の設置など）は，公式の都市政策の支配的なテーマとなった．しかしそれは都市のいわば織物の広がりを食い止めるには至らなかった．そのために交通問題は深刻になり，公共サービス部門のコストは増えた．こうして都市，特に数百万都市の成長は，たとえその速度が落ちたとしても，公共権力で制御できない状態になっている．いかなる既知の都市計画モデルも有効ではない．ワガドゥグーで実験されている近隣サービス部門の共有管理とか，セネガルの諸都市における利用者協会の増設のような若干の刷新だけが，短期間でいくつかの問題を解決できているにすぎない．外国のモデルに盲従するのでもなく，いわゆる「民衆」の自発性を前にして恍惚となるのでもない．そうではなく都市計画をアフリカ化すること，これが依然として至上命令なのである．

都市化は帰らざる道ではない

1980年までは，大都市における人口の比重はほかの都市基盤を犠牲にして増大しつつあるという考え方が支配的であった．大陸全体として，100万人以上の人口密集地域に住む都市住民の百分率は1950年の16％から1980年にかけて30％に倍加したとされている．しかし一方では財源の減少，他方では多数の政治上の爆発によって分かる大多数の都市民における生活条件の悪化を考慮するならば，人口の成長はある限界に達しつつあるのではないかと問うことができる．農村からの移入は規模の大きさを失い，さらには消え，むしろ逆の動きが現れてさえいるのである．

一定期間に基づく推論を立てるためには，土台となる信用のおける統計を利用できることが必要である．けれども国々における「都市」の定義を検討するならば，実情はほど遠いことが

3. 数の挑戦

判明する．都市とは，アンゴラ，リベリア，ガボンでは2000人以上の集まりを，スーダン，ガーナ，ザンビアでは5000人以上の，セネガルでは1万人以上の集まりを意味する．さらに人口の限界値と活動のタイプとを組合せた混合的定義も見られるのであって，ザイールとコートディヴワールとの比較は不可能である．国勢調査の条件には議論の余地があるし，政治的な修正や読み直しは絶えることがない（1973年のナイジェリアでの調査は，あるクーデターの後に「無効」とされた！）のであるから，都市基盤の進展とか空間の形状，各々の都市の仮定されたサイズに従っての重要性などについて曇りのない判断を下すことの困難さは誰しも認めるであろう．

他方，首都に関する情報は矛盾しあう．アビジャンは1980年代の初めから成長の速度を落としているが，ナイロビは年間15％で記録破りの成長を見せているという．世界銀行によれば，国内最大の都市で生活する都市民の百分比は1960年から1980年の間に，カメルーン，マリ，コンゴでは減少したのだが，ウガンダ，ガーナ，セネガルでは増加している．このことから結論できるのは，一般化された巨頭症の図式に還元できない複数の都市アフリカが存在するということではないだろうか．現実を説明するとともに仮定的な進展を考察するうえで欠けているのは，集団移動についての深い認識である．それはひとえに都市と農村間の貨幣収入の格差に由来するわけではない．それにこの格差は危機によって緩和された．アビジャンへと移動するのはコートディヴワールの最も貧しい農民たちではない．またドゥアラにおいてバミレケ族の果たしている重要な役割は，カメルーンにおける経済的地域格差の問題にのみ関連づけることはできないのである．加えて，都市への同化のあり方はすこぶる多様である．ある場合には，移動の決定と都市での受入れは家族集団によって完全に統率されている（ダカールにおけるセレル族の場合）か，もしくは臨時の労働契約によって計画され組織化されている（レソトの場合）．別の場合には，移民二世は仕事を得るために親戚関係を利用するが，またそれとは別のネットワークに頼ることもある．最後に，都市での中継の仕方もさまざまである．例えば土地や文化を基盤にして構成される「出身者」の会，宗教団体（セネガル，ニジェール），ボツワナやガーナのこのうえなく有効な女性組織などである．危機の際における人々の振舞いについて我々は何を知っているであろうか．

まず，現役労働者の収入減少のせいで必要になった居住単位における人口規模の調整というケースがある．「荷重減らし」作戦である．こうしてアビジャンの子供たちは経済首都の外で就学する．初等教育をうける児童は費用の安い村落の学校に送られることが多い．就学もせず仕事もない都市の子供たちは出身村落へ「再配属」される．そこで彼らはきわめて頻繁に農作業に参加する．夫婦の別居は増えているし，多数のブルキナファソ人移民の既婚女性たちは幼児をつれてコートディヴワールの都市を去り故郷に戻ったという．また同居している親族がかなりの負担になっている家族構造の場合には，同居の期間が短縮され，新生児が誕生するにつれて同居人の数も減少する．これらの都市居住の仕方が可能であるためには，所帯にとって生き残ることを可能にする何らかの現金収入が続くこと，また毎日の食生活に必要な食料がやってくる出身地域との関係が緊密であることも必須の条件である．決して途絶えたことのない農村との関係の活性化は，そしてそれなくしては都市に住む多くの家族の生き残りは理解できまいが，ことに赤道地帯の多湿な諸国において交通網が効果を発揮することを前提としている．多数のザイール人都市住人が現在陥っている食糧事情の困窮を考えれば，人と生産物の流通条件が都市への供給にとってどれほど不可欠の役割を果たすかが理解できる．

荷重減らしのあらゆる方策を使い果たし，それでも就労が不確かになり不可能になったときには，成人はもしできることなら町を去るしか方法はない．でなければ不正取引や密輸入などの違法行為を繰り返すとか，さらには非行集団に合流するしかない．これらの集団は最近10年以来あらゆる収入の道を断たれた非就学者たちによって力を強めている．この種の「遡及移住」は，例えばケニアで観察されている循環移住の古典的なシステムとは異なる新しい現象なのであるが，ナイジェリアやガーナ，ベナンでその存在は突き止められている．尤もある種の「回帰」は著しく特異な移動タイプに属する．すなわち乾燥期の長いサヘル諸国では気候が不順な年には難民は第2クラスの都市に流れこんでいたのである．実際，1976年から1987年の間に，ガオの人口は3万1000人から5万5000人に変わったし，トンブクトゥでは1万9000人から3万2000人に増えた．しかし多数の一時的な移民は，あるいは農村へとあるいは首都バマコへと戻っていった．内乱状況以外で最も目立つ都市からの流出はおそらくシャバからのそれである．銅生産の弓形をなす主要都市，リカシ，コルウェジ，ルブムバシでは移入・移出人口の差はマイナスになっている．部分的には鉱山収益の危機の結果であるが，ルブムバシはわけても出血［酷い人口流出の隠喩］に見舞われている．これら3都市では，10人にたった1人の都市住人が土着民の出自である．労働力の供給地は広がっている．というのもここでは農村の人口密度は1km²当たり1.6ないし3.4人とごく低いからである．「回帰」というよりは農村への住み着き，植民ないし再植民の動きであって，かつて都市に住んだ人々が，ある者は都市近郊での農業に，ある者は木炭生産のための疎林伐採に，またある者はしばしば宣教団に統率された農耕村落の創建に身を投じているのである．どのようなケースが観察されるにせよ，これらの都市−農村間の移動は土地へのアクセスが可能であることを前提条件としている．中・西部アフリカにおいては依然としてそうなのであって，そこでは柔軟な土地所有制度によって，現在のところ移民たちの耕作権は保証されている．けれども東・南部アフリカにおいては土地の私有制および登記制度があるために，問題はまったく異なっている．それゆえ都市の危機に対する解決として農村に頼るという方策ははるかに不確実なのである．

4

今なお農村の大陸

ラテン・アメリカのそれに比較できる都市成長のリズムを見せているとはいえ，アフリカは今なお根本的に農村の大陸である．単に人口の配分によってではない．都市住民が農村との間に維持している関係のあり方からしてそうなのである．生態系の極度の多様性にもかかわらず，熱帯アフリカの諸々の農業には幾多の共通点が見出される．すなわちどの農業も特に水の制御ができないために脆弱なのである．すべての農業が，相対的に限られた数のかつ生産性の低いままの労働力で，急速に成長しつつある実数を養う必要に直面している．どのような才腕によってそれは，ふつうの年に，それでも人々を養うことができているのか．これらの技術的能力の限界はどのようなものなのか．そして近代化の条件とはいかなるものなのか．

「ムワリム・ニエレレの言うとおりだ．自称リーダーたちは農民に話すことで時間をつぶしている．農民の話を聴こうと思った者など1人もいない」（ロバート・チェンバーズの伝えるあるタンザニア人農業技術普及員の言葉）

サハラ以南のアフリカは，格別に速い都市成長のプロセスに引き込まれているとはいえ，根本的に農村大陸のままにとどまっている．都市化率は雄弁である．すなわちブルンディには6％の都市住人がいて，これは限界的なケースである．ジムバブエにはほんの28％にすぎず，ナイジェリアおよびベナンには35％余りとなっている．つまり著しく都市化された大部分の国々には人口は少なく，時には（コンゴ，ガボン，中央アフリカ共和国，ザンビアなど）ほとんど空っぽである．そこでは都市は虚弱な農民層によって養われている．コートディヴワールのみは例外で，そこでは都市成長は農業の強力なダイナミズムに結びついている．

アフリカ大陸を理解するうえで農業を知ることは重要だが，それはふつうに考えられているほど，それが国際貿易において高い地位を占めているという理由によってではない．この地位は，南部および中部アフリカでは1960年代の初めにはすでにささやかなものになっていたのだが，全般的に後退してきた．というのも大陸で目立つ事実は，専門家たちの考えるような意味での近代化が遅いということである．この一見して目立つ停滞は自閉ではない．ほとんどいたるところで本質的な事実は，若い諸都市内部での農村との絆の存続，2つの世界の間の関係の緊密さである．そのために今日でもなお，一方なくして他方

を把握することはできない．それゆえ，大陸の現状の研究において先に進むつもりならその前に，農業および牧畜についての考察を避けて通ることはできないのである．一般的世論も同じ方向を向いていて，それは旱魃や飢饉や1人当たりの食糧生産の低下を，いわゆるアフリカの全体的な危機と結びつけて考えている．この種の推論は一面的であったり不十分な情報に由来しがちなのではあるが，直観的な価値をまったく欠いているわけではない．

生き残るか生産するか

しかし以上のような分析に期待しすぎないようにしよう．農業活動の技術的・社会的・経済的条件は過去および現在のあまたの事実を明らかにし，将来の展望を開くことはできるけれども，すべてを説明することはできない．同様に生態系が農業状況の鍵を与えることはできないであろう．したがって，現在における住民の分布が農業資源の違いに起因すると信じるのはあまりにも単純すぎる考え方であろう．「潜在力」なるものがあるとすれば，それはひとえに状況において，与えられた文脈の中で，生産技術や歴史的条件，統率の技術とか経済条件などとの関連においてあるのだから．また農村の技術的および社会的遺産から現在のその脆弱さを簡単に説明できるなどと考えないようにしよう．アフリカ農業に呪縛などはない．しかし，おそらくアフリカ農業には長期にわたって持続する固有の特徴があって——そしてそれだけでも大変なことなのだが——，そのため

に独特の取扱いをせざるをえないのである．そしてそれらの特徴を知ることは，構想されている意味での近代化の緩慢さを理解するうえで参考になるのである．

アフリカの農業一般とか牧畜一般とかについて語ることはできるだろうか．実際，どれほどの多様性が少なくとも3つのタイプの変数，つまり生態系，人口密度，技術・文化上の獲得物との関連で整理されることか．次のような対比は，古典的で主要なものである．すなわち「ギニア」の諸地帯と「スーダン」の諸地帯，「赤道」地方と「熱帯」地方，多湿密林と疎林，サヴァナとステップとの対比である．一方には二度の耕作季節，さらには年中に及ぶ収穫であり，他方には回帰線に近づくにつれてますます短くなる高温多湿の一季節，手早く処理すべき作業，不確かな降水，長い端境期である．一方には目を見張らせる森林の開拓，他方には蔓延る雑草との戦いがあり，これはもっと地味だがもっと辛い．多湿の森林には複合的な植物の組合せがあって，根菜類や塊根類が支配しているが，それを小灌木，バナナやアブラヤシが見下ろしている．サヴァナでは穀類とマメ科植物類のもっと単純な結合が見られる．そこには自然的な植物群系のうち選別された樹木の生える「養殖林」（パーク）を別にすれば，多年生の作物はない．サヘル地帯には，またそれほど規則的ではないがスーダン地帯には，農業に結合されるにせよされないにせよ，家畜が存在する．しかし森林には睡眠病のために牛類はほとんどいない．時には補足的な変数として高度が介入することもある．それは最も乾燥した地域に雨の増加を引き起こすことによって生態系の大規模な変化を和らげ，より涼しい気候をもたらすことによって典型的に熱帯性ではない作物の栽培も可能になる．

グローバルな対比には根拠はあるものの，いくらかのニュアンスをつけることが適当である．スーダン型気候をもつ多くの国には家畜はいない．穀物類（モロコシ，トウモロコシ，コメ）とか，また落花生のようなある種のマメ科植物は森林生態系の諸地域で大いに栽培されているのに対し，マニオク［根の形も味もサツマイモに似た熱帯の食用植物で，タピオカの原料になる．英語では cassava（キャッサバ）という］は乾燥地域であるチャドにもセネガルにも達している．大陸の表面で際立つ対照を示し，また生態系にはまったく無関係と見える人口密度の差異は，農業活動の集中度に幅広い多様性をもたらしている．これら近距離での対比の例はいくらでもある．例えば一方のルングウェ山（タンザニア）に整備された斜面——そこではバナナ園が種々の植物の複合的な組合せを保護している——は，他方のキロンベロ川を見下ろす斜面でコメを栽培するへへ族による性急な焼き畑に対比される．バンディアガラの礫土でのドゴン族による園芸実践は，彼らがセノ平原で営むアワやモロコシの粗放栽培と対照的である．ワカラ族がその島で営んでいる畜産と結合した穀物の集約栽培（タンザニア北西部）の型との対比で，その隣人であるスクマ族の無造作な営みは際立つ．後者は綿花の粗放栽培を営みながら，家畜の餌となる低木叢林をた

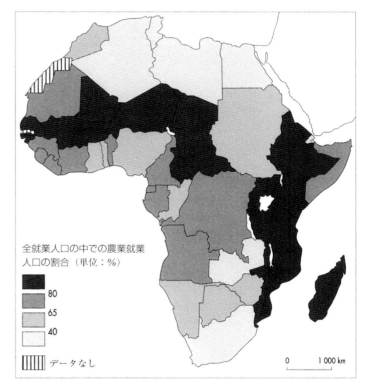

4.1 農村人口はなお過半数を占めている
端的な意味での熱帯アフリカは，大陸の北端および南端に対して際立っている．そこでは就業人口の過半数がまだ農業で生活している．このことは特にサヘル地帯と東アフリカについていえる．人口の最も少ない地帯が最も都市化された地帯（中央アフリカ）に見出される．

っぷりと残しているのである．これらのコントラストは異質の農業文明間の根本的な対立ではない．それに選択は決して決定的ではない．あらゆるアフリカ人集団が一般に幅広い技術や活動や植物を使いこなすのであって，それらを必要に応じて拡大しもしくは制限し（集約農業と粗放農業），さまざまの比率で実践しているのである．ジュール・ブラッシュ（J. Blache, 1893-1960．フランスの地理学者）はかつてこう指摘していた．すなわち，最も粗放なシステムにおいても「小屋の庭」は緻密な知識の隠れ場であって，人々はこの知識を部分的にはもっと広い畑に応用することができる，と．

主な植物

農業の主な中心地は大陸上に生まれ今なお存続している．それらを特徴づけるのは固有の手持ちの植物類，さらには独特の技術や道具である．例えば北西部のニジェール内陸デルタは，セネガンビア［セネガル，ガンビア（現ギニア）］の河川地帯に至るまでアワ，フォニオ［fonio．成長サイクルのごく短い穀物で，微粒の種子をつける．アワの類．クスクスなどに用いる］およびアフリカイネ（*Oryza glaberrima*）の地域である．エチオピア高原には，そこだけにだが，微小な粒の穀物であるテフ［tef．アワ（イネ科）の一種で，やや酸っぱい美味なパンが作

Ⅰ. 黒い大陸

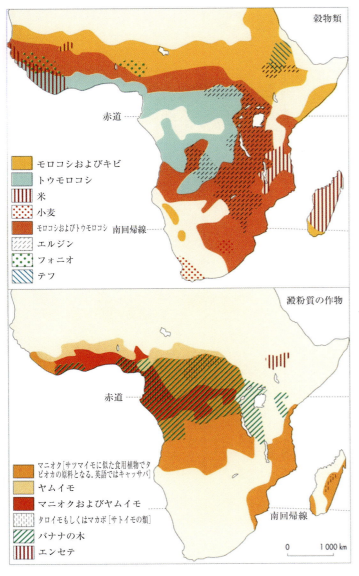

4.2 主食作物

中央アフリカでは塊根類およびバナナの木が支配的であるが、トウモロコシも進展した。東アフリカは広くバナナの木を活用していて、根菜類や塊根類は用いない。ギニア湾沿岸ではヤムイモに重要な地位を与えている。アフリカ起源の穀物類はトウモロコシの伝播に対してちぐはぐな抵抗を見せている。すなわち西部ではフォニオが、東部ではエルジンが没落しつつあるのに対して、キビはサヘルで存続している。エチオピアの砦はテフおよびエンセテ〔バナナの木に似た植物体からパルプ状の練り粉をとり、これを発酵させ乾かして保存し食用とする。擬似バナナ〕を手放さない。一方でマダガスカルとタンザニア、他方で西端の河川地帯はコメ栽培の拠点である。

られる〕および驚くべき量の果肉—ストックして、発酵させる—を生産するエンセテつまりバナナもどきの木がとどまっている。テフの国々はまた無輪犁の国であり、エンセテを植える土地は耕作用のドンゴラ（槍）で耕される。東部アフリカはエルジン〔éleusine. イネ科の植物で 1m 以上に達する一年生草。キビに似た澱粉質の多数の実をつける。飼料にもなる〕に結びついているが、早くからバナナを迎え入れた。耕作の（culturales）地帯と文化の（culturelles）地帯との間には、時には真の断層が描かれることもあった。例えば森林地帯であるコートデ

ィヴワールを、西部にコメの地方、東部にヤマノイモ文明と二分する断層である。この区別には今でも、単に料理の地理にとってのそれだけではない重要性を認めることができる。植物類の不均等な生産性、それらが作り出させもしくは余儀なくさせる耕作方法の差異、必要となる特定の土壌などが、空間の人口密度や開発や組織に影響する。けれども、栽培される植物が時にその象徴となっている社会文化複合体はゆったりしたリズムでしか進化しないとはいえ、昔からのイメージは少なくとも 16 世紀以来、人々の移動によっても外来植物の普及によっても乱れてしまった。いわゆる「伝統的な」農村風景、深く根づいた食料の使用方法は最近になって作り上げられたものでしかない場合もある。例えばマニオク（Manihot utilissima. 英キャッサバ）はコンゴ盆地やベナン沿岸を 16 世紀以降に征服したのである。これまたアメリカ大陸原産のトウモロコシは優れて大陸の東部および南部の穀物なのであるが、西アフリカをも征服しつつある。ごく少数の植物に偏った現代の農学の進歩とか周辺的状況に順応した品種の開発のために、作物の地図は急速に変化しつつあって、特産品は文明の味わいを与える遺物の趣をもつに至っている。

あまりにもしばしば、アフリカは変化に対して反逆すると指摘されるけれども、実際には、技術や植物の利用とか、さらには農業と牧畜の均衡とかに見られる変わりやすさないし脈動的なリズムこそが、この大陸の本質的な性格であるように見える。アフリカの農民はその生産論理の内部にさまざまの革新を導入することを常に知っていた。その結果、今日では主として移入された植物で生活しているほどである。しかしこの変化は、大陸の表面でほぼ一般的なある種の特徴に従って秩序づけられてきた。それらの趨勢はまずは欠陥として現れる。なかんずく 3 つは顕著である。すなわち第 1 に水を制御する技術の貧弱さないしその不在、ほとんど排他的な人的エネルギーの援用、そしてこの第 2 の点と緊密に結びついている農業と牧畜の連携の凡庸さないし不在である。

アフリカの農耕者たちは、流水であれ澱み水であれ、水を前にして甚だしく無力であるように思われる。マダガスカルはその技術の本質的な部分がアジア的であるので除くとすれば、谷は、特に巨大なものは一般に顧みられることはなく、ほとんど人が住んでいない。ブガンダのヴィクトリア湖を縁どる多数の谷間は湿地帯のままにとどまっていて、あたかもマダガスカル高地の風景の陰画のごときものである。ブルキナファソのヴォルタ峡谷——ここは整備されていないために往々にして不衛生な窪地がある——は嫌悪をそそる空き地である。そこには回旋糸状虫症〔オンコセルカ症〕（つまり河川性失明症）が蔓延していたのである。水浸しの地域に是が非でも住みつく必要のある場合には、その反応は不器用で、時にはひどく費用のかさむ仕事を要することになる。リクアラ（コンゴ北部）地方の巨大なそびえたつ畝がその例で、これはとりわけ水捌けの悪さを嫌うマニオクの栽培のために作られている。もっとましな場合に

54

4. 今なお農村の大陸

4.3 腕の力だけで
ヤムイモ栽培のための1haにつき1万個の盛り土．ダバ（刃幅の広い鍬）1本しかない者にとっては過酷な労働である．労働の生産性を高めること，これは本質的な問題である（中央ベナン）．

は，人々は先立つ増水と同じくらい不確かな減水期を利用して，逆のリズムで生活する．これに順応した野菜の選択をするのである．例えばニジェール内陸デルタにおいてのように，生産量の少ない浮きイネを栽培するのである．

多すぎるリスクに多すぎる労働

実のところ，産業革命前に谷間の適切な排水を確保することのできた文明はあまりない．そのためには幾何学者の観察眼が，それがアフリカには欠けたのだが，そしてとりわけその教えを実行する民衆が必要である．それでも相対的な有能さを示す民は存在した．ほとんどすべてのセネガンビア・ギニア地帯（ディオラ地方，バガ地方など）の住民である．起伏のはっきりした土地とか広さの限られた土地の場合には，灌漑はもっと容易である．例えば熱帯アフリカの特に東部はこれを案外よく知っていた．今日ではますます疎かにされているのだが，数多くの灌漑網がつきとめられている．この東西のコントラスト——これはまだ大して交流のない大陸の両側面のより全体的な対立のひとつの要因である——について問うてみることができる．バントゥ族の伸張に先立つアジア人たちの，もしくはクシュ族の寄与なのであろうか（昔の多くの灌漑網が現在の住民たちによって「引き継がれた」ように見える）．それとも単に東アフリカの山々は灌漑にとってより好都合な条件を提供するとか，そこでは灌漑は低地帯の乾燥のせいでもっと必要になる，ということであろうか．主要な事実は，いたるところで確認される雨への依存であり，したがって気候の異変による傷つきやすさである．もちろんサヘル地帯は格別に不安定なエリアであるけれども，東アフリカも赤道のレベルまではこれにほとんど引けをとらない．この点では熱帯アフリカ大陸はアジアによりはむしろラテン・アメリカに比肩できる．

治水の貧弱さからほかの重大な結果が生じる．排水と灌漑とは単に耕作可能な面積を広げてリスクを制限する効果をもたらすだけではない．それは地所への投資のプロセスにも寄与する．稲作地とは「作り上げる」べき1つの環境なのであって，そこを支配する生物学的活動のおかげで豊穣さを維持もするし増大させもするのである．谷間のイネ栽培者たちが安定しているのは，数世代の人々が耕作してきた土地に対する感情的な愛着よりも，これらの労働が体現している長期にわたる生産投資によって説明される．たとえ肥沃化が弱い場合でも収益を向上させ，次いでそれを高い水準で安定させているという事実によってである．この点では灌漑農業は雨水による農業とは異なる．後者においては田の安定のために積極的で規則的な肥沃化が不可欠である．この点においてもまた，アフリカの雨水による農業は，ことに道具類の欠如のために弱い立場にある．サハラ以南のアフリカは，地中海およびアジアの寄与の見られる孤島ともいうべきエチオピアの砦の一部を唯一の例外として，車輪を知らなかったように犂をも知らなかった．これはまずすこぶる多様な変種の見られる鍬類，そして副次的に，特に東部における耕作用槍と掘り棒とによる手仕事の世界なのである．真の技術的な革新としてはただ，サヘル地帯の効果的な除草道具であるイレール［iler. 先端の丸くなった金属の刃と両側面に翼のついた農機具で，長い柄をにぎって立ったまま用いる．耕作，播種，除草，落花生や粟の収穫など多くの用途がある］と，マダガスカルのアンガディ（angady）と呼ばれる土吐きシャベルがあるだけである．エチオピア高原の無輪犂もそうだが，犂は迅速に採用されることはなかった．南部アフリカは例外であるが，ここは熱帯地方の周辺ないし外部に位置する．根本的な拒否というよりは強い躊躇いというべきである．それは本質的に出費の多さに起因しない．というのも，犂の使用には議論の余地があるからである．それはある種の農耕地，例えば避難所であると同程度にしばしば鉱石資源に富む土壌地帯である岩石性の山塊には適さない．サヘルの赤色化した砂丘についても同様である．犂を用いた耕作は有機物質の分解を活発にしすぎるために組み合わせ農法にはなじみにくい．この農具は，それなしに作り上げられた生産システムの論理の中に簡単に入ってはいかな

55

いのである.

　長い間車輪が無視された事実はもっと驚くべきことである. サヘルの住人たちが車輪の存在を知らないはずはあり得なかった. 太古の時代に軍車の道はサハラ砂漠をよぎっていたのである. こうしてスーダン・サヘル地帯では, 馬や牛による牽引が確保された. ところが南部サハラの農業では, インドの影響下にあった東の周縁部においてすら荷車はまったく知られないままであった. マルク・ブロック [M. Bloch, 1886-1944. フランスの社会経済史学者, ストラスブール大学教授] が言うように, 農業開拓とはまず運搬の企てであるとすれば, 荷車は犂よりもさらに不可欠なものであるというのに……. それゆえ圧倒的多数のアフリカ人農民は自分の体力だけを当てにするほかはなく, 彼らの技術は基本的にこの事実に由来している. 土地の作業は極端にゆっくりしかできない (万能 [houe. 除草や土の掘り起こしに用いる刃幅の広い鍬. ホー] で1 haを耕すのに40日かかる) し, 肥料や作物は頭か肩に乗せて運ぶしかないため, 農民には2つに1つの選択しかない. 一定の面積から最大の生産をあげるように努めるごく限られた耕作地での集約労働か, もしくはこれまた限られざるをえないのだが, 住居から決してさほど離れていない土地で営む粗放農業である. これら2つの方法はそれほど相異なるわけではない. いずれも, たとえ人口密度の低い状況においても大きな過剰生産を保証することはないとしても, 逆に土地をめぐる激しい緊張を引き起こすこともないからである.

集約とは何か

　しかし, 集約システムと粗放システムとが対比されるのも故なしとはしない. 2つは風景で識別される. すなわち, マンダラ山地, ギニアの河川地帯あるいは東アフリカ山塊の入念に手入れされた農地は, 疎林や低木叢林からかろうじて切りとられ, またすぐそれへとかえってゆく田園とコントラストをなしている. 両者はまた目標においても対立する. 集約農業は人々を養い食料の安定を確実にするけれども, 貨幣収入を保証することはまずありえない. 粗放農業は1日の労働により良い報酬をもたらし, 生態系が制御されていないために偶然に左右されるとはいえ, 販売を可能にする. 土地制度の状態が流動的である限り, とりわけ治安の度合いに応じて2つの方法の間で往来することができる. 騒乱の時期には住居および耕作地の収縮そして集約, 安定の時期には農地の拡大や田園の分散, そして住居の拡張である. これら2つの傾向は, 農業革命前のフランスの農村においてと同じように, 蓄えられた技術の多様性と相俟って歴史に律動をつけてきた. 一定面積当たりの最大限の生産の探求と一定の労働単位での最高報酬の探求との間では, 人口密度や団結する必要とか生態系の条件とかが支障になるときは別として, ふつうには後の方策のほうが好まれる. より強度の労働

を免除する生物学の進歩 (より高性能の植物ないし品種) によるのでなければ, 一定面積当たりの生産増加は大して期待されないのである.

　本質的に降雨にたよるアフリカ農業では, 肥沃さの蓄積が往々にして乏しいが故に, これを維持しあるいは再構成しなければならない. そのために人々のとる手段の違いによって, 農業システムはおそらく最も相異なるものとなる. 大陸の多くの部分では肥沃化の手段として家畜を当てにすることはできない. 睡眠病の脅威のために, 密林性であれ疎林性であれ森林地帯から, 場合によっては樹木の生えたいくつかのサヴァナからさえも, 家畜は遠ざけられるからである. そこで可能なのは, 植物を利用することだけになる. すなわち休耕とそれに続く焼き畑, もしくは有機物の復元である. とはいえサヴァナとかステップの地帯, それに高地では家畜も肥沃化に参与することができる. この対比には含みをもたせなければならない. 実際, 農業と牧畜との関係は, 家畜が存在し得る諸地域においてすこぶる多様である. それは部分的には生態学上の理由に起因している. というのは, 開墾によってツェツェバエの巣が破壊されるスーダン地帯では, 家畜の群れは農耕地の近くで牧草を食むことになるのだが, サヘル地帯では2つの活動を空間的に分離することができるのである. しかし前者のケースにおいても2つの活動の単なる隣接から統合に至る多数の方式が存在する. この統合をセネガルのセレル族やタンザニアのワカラ族は十全に成し遂げていた.

　2つの活動の間の均衡は, 時間的にも空間的にも甚だしく不安定であった. 事実, 牧畜には盛衰があったし, それは農業に影響せずにはおかなかった. 例えば19世紀末の東南アフリカにおいて牛ペストの大流行に続いて起こったことがそれである. この疫病はほんの数年の間にエリトリアからケープタウンにかけて襲来し, 大量の家畜を殺し, ツェツェバエのその理想的な住処である疎林への伝播を準備した. これは農業地域の収縮を招きさえした. 旱魃による混乱はあったものの, 獣医学の進歩のおかげで畜群は復旧した. 牧畜は, 睡眠病による妨げがないかぎりスーダン地帯およびサヘル地帯のいたるところに普及した. 農業者たちは, ちょうどかつての西アフリカ遊牧民の農奴たちと同じようにこれに没頭している. 逆に, いわば内臓の奥まで遊牧民と見なされているどれほど多くの民が農業に慣れ, 時には最も生産的になり, 犂の利用についてもいたって柔軟な対応を示したことであろうか. ある遊牧民たち——モール人からボラン族, ムボロロ族からマサイ族まで——の評判に騙されてはならない. というのも, 大陸のほぼ全体で, 生態系が障害にならない場合には, 人々が数多くいて土地を耕し環境衛生を健全にしているまさにその場所に畜群も多いからである. 純粋に牧畜のみの地帯に動物が多いとすれば, それは人が少ないこととの対照によってそう見えるにすぎない.

　農業と牧畜とは統合されるよりはもっと頻繁に併置されていて, 時には競合することもある. 牛類に働かせることは, 犂や

荷車がないためにわずかに求められているにすぎない．動物の排泄物も，ヨーロッパ農学の規範に則って活用されるわけではない．寝藁（わら）もない．というのも藁には別の使い方があるからだし，運搬手段がないために草もそうだが貯蔵できないのである．そのうえ人々は「厩肥（きゅうひ）」をじかに用いないよう気をつけさえする．散布する前にそれを焼くのである．灰とか，また放牧時にもしくは［夜間に入れる］養牛場——その後これは耕作区画となる——で，土に交じり合った糞尿のほうが好まれる．この非常識とも見えるやり方は，2つの主要な事実によって正当化されうるであろう．まず生物学的に制御しにくい環境では，人々は植物の病気を伝染させがちな微生物の繁殖を警戒するということ，次に，実践されている肥沃化の方式は，重い肥しの辛くて不快な運搬を可能な限り制限する傾向にあるということ，である．それゆえ農業と牧畜との共存は，特定の肥沃化の形態を一般化するよりはむしろ，結果的に各活動に固有の役割を与えてより堅固な農地を組織することに役立っている．実際肥沃化は，いたるところで大幅に植生の助けを借りているのである．

火，灰そして肥沃さ

アジアの季節風地帯についてピエール・グルーが語るのとは別の意味で，アフリカに関しても植物の文明を語ることができよう．植物および灰が好んで頼りにされると言ったほうがよい．ただし慎重でなければならない．というのも，アフリカ人農業者を頑迷な放火狂とするのは，そして焼き畑の実践のうちにアフリカ農業の一から十までを見るのは行き過ぎだからである．アフリカ人農民の基本的な技は，植生の自然力学，肥沃さの形成および維持の必要性，そして最後にまれな労働力と限られた生産性の最大限の利用，これらの間に最良の妥協を実現することなのである．このように錯綜した関係の中での理想とは，例えばボース［パリ盆地南部の今や機械化された麦の産地］とかインドネシアの稲田がそうであるように，人間によって支配されて人工的なものに変えられた空間を作り出すことではありえないであろう．理想的なのはある複雑な農地システムであって，そこで自然と文化とは結合し，耕作されたものつまり文化的なものは自然的なものを模写するようなシステムである．アフリカの農業者は植生の力学と妥協してそこから利益を引き出す術（すべ）を心得ているのである．

パートナーにして敵でもある植物は抵抗もするが，大小さまざまの便宜も与える．疑いもなく最もしぶとい敵とは森林ではなく，むろん樹木でもない．反対に樹木はすばらしい味方になることが多い．開拓がどんなに困難であるとしても，森林はサヴァナよりは御（ぎょ）しやすい．なかんずく多湿の森林に隣接するひどく密生したサヴァナには，土中で入り組んだ恐るべき根，つまり匍匐枝［ストロン．蔓状に地上を這いながら節々から根を出して繁殖する茎］や根状茎［リゾーム．地下茎］などがある．

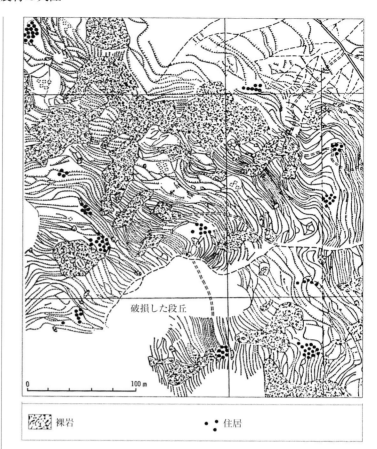

4.4 高度に築かれた農耕地
マファ族の地方（北カメルーンのマンダラ山地）における農耕地の強度の改善．石垣で強化した緩斜面の岩棚に散在する複数の丸い小屋からなる集落．多くの場所で岩が露出している．段丘の方式は若干の村民たちが降りてきたことによって崩れ始めている（J. ブーレ『農村研究』1970年より抜粋）．

草こそは，耕作サイクルの期間に栽培植物と競合するがゆえに農業者の最悪の敵であって，これに対しては絶え間なく戦い続けなければならない．実は19世紀の間までは，米国中西部［ミドル・ウエスト．東西をアレゲニー山脈とロッキー山脈にはさまれ，南はオハイオ川とミズーリおよびカンザス両州の南端にまで至る地域］とか南米の大草原［パンパ．特にアルゼンチンのそれ］においても事情は同じだった．これらの地域は犂の増強やなかんずくトラクターの利用のおかげでついに征服されたのである．しかし熱帯アフリカでは，トラクターの使用は経済の観点からも生態系のそれからしてもより困難である．

アフリカに限らず熱帯地方ならどこでもそうなのだが，アフリカのあらゆる生態環境において農業者の第1の味方は火である．すなわち可能ならば，大量の灰つまり鉱物性の栄養を野菜に十分に与えるに足る多量の植物を焼くのである．火に反対してどれだけのことが，しかもしばしばどれだけの法外なことがいわれたことであろう．もちろんそれが肥沃化の諸問題に対する理論的に最良の解決策であるなどと主張する者はいない．けれども，今日でもなおほかのどんな方策が大幅に実行できるというのか．非難する前にこの技術の利点と不都合とを明確にしなければならない．火は自然の植生を破壊するのだから，森林

を後退させ，植物群系を全体的に貧弱にするといわれる．後には好火性の品種しか残らないからである．ところで焼畑農法を信奉するアフリカの農業者にとって，ひこばえの植物量が減少することは決して得にならない．というのもそれが彼の手持ちの肥料なのであるから．逆に彼は生い茂りかつ容易に活用できる植物群系の再形成を助長することに気を配っている．それゆえ彼は，一次群系ほど堂々たるものでもなくそれほど秩序だってもいない二次森林を好むのである．そこにはもっと伐採したり焼いたりしやすい中規模の樹林や小灌木がより豊かだからである．先立つ伐採によって改善された二次群系の利用は，地所にかかわる明確な規則によって最初の開拓者に保障されている．そのうえ生態系が許すときには，土地作業の技術や火災防止の措置によって，そして若木を残すことによって，多湿森林とサヴァナとが接触する多くの地方において，森林は境界にある畑へと確実に前進できるのである．このことはバコンゴ族の地方においてもコートディヴワールのバウレ族の居住地においても指摘されている．

　火は土壌を不毛にし，鉄分を含む硬化土壌の形成を助長し，侵食を促進し，潜在的な肥沃さを破壊するとされている．この評価にはしかし微妙な留保をつけなければならない．うまく使えば，火は嫌悪すべき熱効果を生むことはない．埋もれ火による焼畑はある種の土壌構造を改良する要因となりさえする．硬化土壌については，それらの大部分は昔の気候の遺物であることが証明されている．火によって剝き出しになった土壌での侵食の危険はもっと現実的であるが，予防策がないわけではない．水の流出を抑制するために土のうえに木の幹をならべたり，群落帯を保存したり，盛り土や畝を立てたりすることができるからである．最後に，おそらく火は大量の窒素を煙にして浪費してしまうだろう．けれどもこの種の計算をするのは現実的であるだろうか．森林という空間を利用するために，ブルドーザーによる開墾を別にすれば——これはもっとずっと破壊的である——，いかなる別の打開策を提案できるだろうか．何度でも耕すことか．これにもリスクがないわけではない．化学製品の散布か．これは高くつく．現在の植物群系および技術的手段の状態においては，何はともあれ火こそは最も被害の少ない解決なのである．

　焼畑の形態は，生態系および人口の圧力によって決定される植生の状態に応じてさまざまである．極端な場合には，伐採もしくは単なる枝下ろしに続く森林の焼畑がある．その最も粗放な形はおそらく，ザンビアの疎林で行われているようなシティメネ（chitimene）である．そこでは1 ha当たりの植物体の密度は低く，土壌には貧弱な潜在力しかない．耕作面積をはるかに超える面積の下枝をおろす．枝を輪の状態に積みあげて燃やす．耕作は直接に灰の中で実行される．これは甚だしく貧しい環境にうまく適応する技術であるが，ごく限られた人口密度しか許容しない．古典的な焼畑はといえば，耕作面積にほぼ等しい面積でもっと密生した植物群系に対して用いられるため，一般に樹木の選択的な伐採を前提とする．燃えない幹は土のうえに残って侵食に対して一定の保護を保証し，分解することになれば徐々に有機物を提供することになる．区画は1〜2年後に放棄されるが，それは栽培によって疲弊したからではなく，雑草が侵入して除草が新たな伐採よりももっと骨の折れる状態になっているからである．耕作が再開されるのは，森林の植物相の構成に応じて7ないし20年後に灰による肥沃化が有効になるほど十分にひこばえが密生したときである．このような方式は脆弱に見える．しかしそれは自給農業において，1 km²当たり20人から50人の人口を不都合なしに養うことができるのである．これらのシステムにとっての脅威はむしろ，成長しつつある一次森林のなかで孤立へと導く人口密度の低下のほうである．それに，土壌利用の技術が焼畑に限られることはめったにない．土は栽培される植物の性質に応じてさまざまの程度に耕されるし，火を免れた多数の植物要素がそれに混入されるのである．一方の焼畑と他方の植物要素の土壌への混入——これはより複雑な再肥沃化の方法である——との間には，実際には断絶はない．

敵としての草

　森林の縁にそった草本性サヴァナにおいて必要なのは肥沃化することだけではない．草を根絶やしにしなければならないのである．そのためには火だけでなく，これを土作業と結びつけなければならない．それは埋もれ火による焼却という特別なか

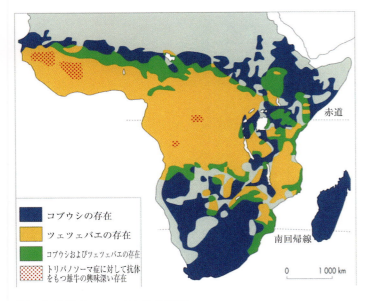

4.5　トリパノソーマ症と牛の飼育
トリパノソーマ症（睡眠病）を媒介するツェツェバエは，砂漠やサヘル地方や高地にはいないしマダガスカルでも知られていないが，赤道気候あるいはスーダン気候の諸地方を占めている．周縁部では飼育者たちは，移動牧畜によって，またツェツェバエの巣を除去する農業開拓をうまく利用することによって抵抗を試みている．

4. 今なお農村の大陸

4.6 秩序ある焼畑

ザイール川下流地域の農夫たちによる見事な火の抑制．彼らは，風の方向をたくみに利用して中間にある畑を傷つけないように気を配っている．近くの森林は防火帯［pare-feu．延焼防止のために伐採した地帯］によって護られている．

たちをとりうる．すなわち犂で土塊（つちくれ）を切りとり，これを山積みにし，埋もれ火で焼くのである．火はいたって高い温度に達して多年生のイネ科植物の土中の部分を破壊し，土壌の構造を変える．密生したサヴァナでの農業には，一般に複雑で細かく体系化された技術が備わっている．ピエール・ド・シュリッペ［P. de Schlippé, 1904-60. ロシア生まれの農業技術者にしてアフリカの専門家］の表現に従えば，異なる「タイプの畑」で，焼畑および土作業のこのうえなく精密な規則が，体系化された植物類の組み合わせに適用されているのである．それらの技術は，家畜が不在で同時に植物被覆が貧弱な場合に最高度の複雑さに達する．土をもっと深く掘り返すわけではない．というのも腐食に富む層は浅く，内部のそれは痩せているからである．盛り土や畝の役割は，限られた表面に腐食土をもっとも豊かに含む層位を集めて，ひこばえおよび耕作廃棄物のうちで有機物質をもたらしうるすべてのものを土壌に混ぜ込むことにある．ただしその場合，ひどく侵略的な雑草の再生を助長してはならない．これは複雑な作業であって，巧みな除草技法を前提とするし，時には苗に対する土寄せや土除（つちのけ）が伴う．こうして根の発育や枝分かれを促進し，水分保有力を改良するのである．

もっと高い人口密度と疲弊した土壌には，休耕地を含む利用面積当たりでのより多くの生産を目指して，より多くの労働を注ぎこむ（つ）農業が対応する．しかし植物被覆における疲弊の減少や，したがってまた除草時間の縮減の場合もそうだが，動物肥料を利用する時には，この図式には乱れが生じる．アフリカの堆肥にはあまり価値はない（また生物学的に害も少ない）といわれてきた．しかし堆肥は，家畜の群れが大きい時には肝心要（かなめ）の役割を果たす．ニジェールやマリのプル族（フラニ族）とかチャドのアラブ人たちのような農牧民の場合がそれに当た

る．彼らの農耕地では堆肥は運搬されず，その代わりに牧場が移動する．それは1年ないし数年後には，あまり広くはないがすこぶる生産的な畑となる．けれどもごくふつうに行われているのは，施肥契約に基づいて，収穫のあとで農耕者の家畜あるいは牧畜業者の畜群を季節ごとに牧養する方式である．この技術の効果は限られている．というのも畜群の滞在期間は短く，それも乾燥期に限られるからである．最もまれなのは，休牧地を輪作システムに含ませる方法である．唯一の古典的で例外的な事例としてセネガルのセレール族のそれが分析されている．例外的というのも，それは農耕地を組織するために土地利用にかかわる厳しい規律を前提とし，また休耕させている輪作地における十分な飼い葉の生産を必要とするからである．これを真に保証するのは奇跡的な樹木であるアカシア（Faidherbia albida）のみである．これは乾季に葉や莢（さや）を発育させ，根は空中窒素を固定するからである．

動物による施肥にはこうして多様な実践が加わる．例えば堆肥や家庭の廃棄物や炉の灰が利用される．ひときわ人口密度の高いところでは土壌の改良を行うし，さらにウカラ島においてのように緑肥の原料を栽培することさえある．これが控え目にしか，それも住居に近い場所でしかなされていない事実は驚くべきである．ルワンダのおびただしい人口を抱える農耕地では，必要な植物類はいくらでも手に入るのに，堆肥技術は住居から数百メートル以上離れたところでは用いられないのである．肥沃化を行えば雑草も成長する．したがってまた労働という入手し難いものの必要性も増加する．人々は家の近くで施肥をする．そこでの除草は空いた時間に「非公式に」なされる．時には繰り返し行き来することによって単に雑草を踏みつぶす．もしも徹底的に除草を組織しなければならなくなるくらいなら，むし

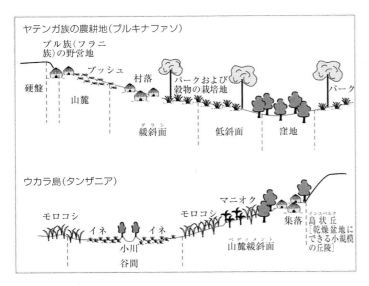

4.7 風景のプロフィール
農業は土壌の連続的要素（シークエンス）に従って組織されている．高い部分（残留起伏）は不毛である．ヤテンガ族では森林排水路の残っている窪地も山麓も利用しない．農業は緩斜面と低斜面とに集中している．ウカラ島では，住居の周りに役に立つ樹木を保存してほぼ全体的な利用を達成している．

ろ施肥はしないのである．雑草制圧の困難は，ほとんど規則となっているある事実を説明するうえで参考になる．すなわち近隣の畑でのみ実施される組織的な施肥は，散在する住居およびいたって高い人口密度にごく緊密に相関しているという事実である．これは，タンザニアにおいてのように，農業の集約化と集団住宅の推進とを結びつけたがったあらゆる人々があまりにも疎かにした教訓である．

植物と同盟し，侵食と妥協する

　土壌の肥沃さを大して増加させることのできない，もしくはあまりその気のないアフリカの農業，労働の生産性が低いために耕作面積を広げることのできないアフリカの農業はその効力と生産——これは工業化前のヨーロッパ農業の生産に劣らない——とを，植物に関する知識から，また言ってみれば植物類の結合から引き出している．大部分のアフリカの農業は栽培植物と「自然の」植物との間，つまり自然と文化との間に厳格な識別をもうけることを拒んでいる．最も明らかで，貨幣経済にあって最も重要な例はアブラヤシである．これは多湿森林の縁に自生し（しかし発育は悪い），開墾によって障碍物が除去されてはじめて逞しく育つ．大規模の交易を可能にし，その発酵酒および蒸留酒のゆえに評価されるエレイス［éléis. 学術ラテン語起源のフランス語でアブラヤシ（palmier à huile）のこと］のおかげで，ついに均質の植民集団が形成されるに至った．近代的な農学によって，この植物は選ばれた樹木の大農園（プランテーション）の段階に移され，採集の対象というその起源は隠されてしまった．たとえ選ばれたり移植されたりはしないと

しても，開拓に際して保存される樹木の「養樹林」（パーク）は，それほど整然としていないために容易には見分けられないが，より複雑でより「自然」に近いと見える．これは西・中アフリカのサヴァナや疎林の諸地帯において，さらに熱帯アフリカではおそらくもっと大幅に定番となっている．

　養樹林は複雑である．というのもさまざまの種類の要求を満たさなければならないからである．人々はそこから建築や道具類や暖房のための木材を，さらに繊維を引き出す．おそらくそれ以上に，例えばカリテ［シアバターの木．アカテツ科の樹木で，丸いつるつるした実がなる］，アブラヤシ，カイルセドラ［Caïlcédrat. 偽マホガニー．学名は *Khaya senegalensis*］などが供給する油脂類を採取するパークはまた，果物，薬味（バオバブ［幹の直径が8〜9mにもなる熱帯産の巨木．学名は *Adansonia digitata*］），ネレ［néré. ネムノキ科の木で，根および実は伝統医学で用いられる］，興奮剤［コーラ（cola）．西アフリカ産のアオギリ科の木で，種子は清涼飲料剤に用いる］，飲み物（アブラヤシ，パルミラヤシ［palmier rônier. ヤシ科植物でオウギヤシともいう．樹液から砂糖や酒をつくる．学名は *Borassus flabellifer*］も提供する．その食料としての役割は，例えばイチジクの果実やパルミラヤシの芽のおかげで飢饉に際しては必須のものとなり得る．最後に樹木類は，鉱物類（ミネラル）をとらえる罠ともいうべき根の作用によって，さまざまの程度で肥沃化に寄与する．なかでもある種の樹木，とりわけアカシアは特別の役割を果たしている．最小限の労働で，栽培植物の類（たぐい）に入っていない産物とか動物性の生産物に変わるものを提供する養樹林は，それゆえ農業文明の在り方ならびにその歴史との関連で大いに変化する．これらの一見したところ自然な植物群系は文化的な創造物であり，社会の状態を示す標識である．保存される樹木の種類とそれらの受ける取扱いは農産物に依存し，畜群の規模に依存する．そして耕作にかかわる諸活動は，この「自然的な」植生の活力とその保存の必要性とに結びついているのである．

　養樹林の風景は一般的に見られる現象の最も顕著な形態にほかならない．つまり農業活動において，植物の活力やあるいはもっと全体的に生態環境の活力を考慮に入れることである．こうして生産を増やし，労働および資本の最小のコストで安全を確保しようというのである．自然界を「支配する」とか，ましてや完全に人為的な農業システムをそれに置き換えることなどは問題にならない．反対に自然界と「遊ぶ」こと，その多様なメカニズムを把握しそれらに協調し，さらにはそれらを生産プログラム内で再現すること，これが必要なのである．そのために，植物類の活力やそれらの生態的地位への適応の仕方，またそれらが生態環境のほかの構成要素ととりむすぶ関係などを綿密に観察することが必要になるのである．この観察には，ある種の革新を無視したり拒んだりするのとは対照的に，多くの実験を加えなければならない．植物の管理においては革新的なアフリカ人農業者が，堆肥を信用せず，犂や荷車の採用をためら

4. 今なお農村の大陸

4.8 文明の標識としてのアブラヤシ
油および広く消費されるパーム酒を大量に提供するギニアアブラヤシ (*Elaeis guineensis*) は文明のエッセンスである．その成長は開墾に，その躍動は手入れの度合いに呼応する．このギニアビサウのヴァルラ近くのヤシ園は甚だ不均質であって，下には繁茂する草木の層が残っている．今若返りのさなかである．

い，規則的に火に頼る所以である．我々が進歩と見なしているものに対するこのように対照的な姿勢は，労働手段に恵まれないあらゆる農業にとっての根本的な原理に基づいている．すなわち，樹木あるいは灌木は条件つきで味方であり，生産者，再生装置そして保護者なのである．それに対して草は格別の敵であり，作物の競合者であり，せいぜい胡散臭い同盟者であって，その過剰な活力は制御しなければならないのである．その活力はある種の土作業とか肥沃化によって促進される．したがって，これらの活動を有効に行うには出費や労働の強化が必要になるであろう．

　侵食に対する姿勢もまた同じ自然界との協調の論理に属している．人々は侵食を無視するのでもなければ，それに立ち向かうのでもない．彼らはこれをうまく用いることすら知っている．侵食によって土壌が規則的に適度に若返ることができ，こうしてより良い構造や有用なミネラル類のより豊かな含有が可能になる場合である．その結果アフリカ農業は，土は豊かであるものの鍬にとっては重すぎる谷間を無視して，斜面とその若返った平らな土壌を好む．そこの脱飽和化された土は不確かで高くつく肥沃化を必要とするであろうに．そのうえ斜面の利用には，侵食との闘いの規範に対する徹底的に不遜な態度が見られる．最もあからさまな例は，大半の場合に行われていることだが，傾斜の方向にそって畝を立てることである．それというのも土壌の保護は別の規則に従って実践されているからである．つまり，剥離および堆積のメカニズムの観察に基づいて，多様な目的をもつ整備がなされているのである．実際5点型［賽子の5点型の見せる配置で，正方形の4隅とその中心に目をもつ形］の盛り土は同時に栽培の地形でもあれば雨食を断ち切る障害物でもある．人々は軽く整備した土地を，有効であり続けるに十分だけしか手入れしない．整備の目的は土地をそのまま維持することではなく，最良のではないにしても少なくとも最も害の少ない，あるいは最も容易に修復できるような変化を優遇することなのである．傾斜方向の畝は線状の侵食を助長する．けれども横向きに配置すれば，畝は水をため，こうして大量の地滑り現象を引き起こすことになりかねない．これを鍬と籠だけを用いて修復することは不可能である．経済性と労働の収益性の要請が優位を占める．そしてそれは不完全な技術の選択としてあらわれる．なぜならこの要請は，必ずしも最大限の生産とか可能な限り最良の保護とかを保証しない．けれども，農業実践の現実的な条件に応えるがゆえに，それこそが適正な技術なのである．ただ1つの行為によって最大のプラス効果をあげるからであって，ある一点における最良の効果をではない．ダイナミックな事物の見方である．

結合栽培の畑

　同じ原則は作物類の配置や組合せについても適用される．畑は非常にしばしば，温帯の農学者たちの作りあげた画一的な構成に基づくモデルの対蹠点にある．すなわち，完全に平坦にされ，等質化されて，一植物もしくは可能な限り生産的な一品種にとって理想的な「苗床」を準備するような土壌とは逆に，アフリカの畑は異質の諸要素から成る．それらを使いこなすことによって，限られた耕地で，ほとんど点的に特殊な生態環境の多様性に適した植物類，さまざまの相補的で連帯し合う一連の作物を生産するのである．この多様性は，例えばシロアリの巣のある土のように肥えた土を用いて，肥沃な土壌を必要とする植物類を栽培するときに維持される．多様性はまた作られることもある．盛り土とか畝とかをつくって，それら構築物の異な

I. 黒い大陸

4.9 ヤムイモとそのほかの作物
森林の縁にあるバウレ族の畑（コートディヴワール）. 盛り土に植わったヤムイモはトウモロコシの茎を支にしている. 地面には甘藷が這っている. マニオクはもっと長く畑にとどまるだろう.

にいろいろな有機物を混ぜこむこと. できるだけ長く区画における植被と生産とを維持すること. 害虫の活動を阻止すること. 相異なる欲求をもつ植物類の組み合わせによって不順な気候の影響を一定限度にくい止めること, などなどである. 選ばれる結合はすばらしく適切であると思われる. この点に関してなされたさまざまの研究は反駁の余地のない結論をくだしている. すなわち同じレベルの技術ならびに投資では, 結合栽培による畑の総生産は単純栽培の畑のそれに決して劣ることはなく, 組合された各植物の達成する生産高は, それらを単独で栽培した場合の生産高に勝ることが非常に多いというのである. 理想的な選択が行われているわけではない. それは生産の必要性とか労働の量を制限する必要, それに気候不順に対する保護の必要といった多様な要請の間の最良の妥協なのである. ヨーロッパ型の農業ならもっとうまくできるだろうか. できるだろう. けれども現状においては, これほど低いコストでそれを実現することはできないのである.

アフリカ式農業を理想化しないように注意しよう. 改良は可能であり必要でもある. けれどもそれは今日まで, 生き残りと最低限の安全とを少なくとも確保すべく, 技術的な拘束と生態系の文脈とに適切に応えてきた. 技術的な拘束はおそらく取り除くことができる. 労働の成果と施肥は増すことができる. 乗り越えるべきハンディキャップは部分的には生態環境の文脈そのものに由来する. それゆえ, ヨーロッパの第1次農業革命を支えた本質的な道具のいくつかはあまり効果がなく, 使用不可能であり危険でさえあった. アフリカ式農業は, 植民地化のほんの少し前に練り上げられた西欧式農学の諸原理にいささかも応えるものではなかった. ちなみにこれらの原理はヨーロッパの周辺地帯にまでは大して効果を及ぼしていない. 例えば南フランスでは, 北フランスに対する生産性の遅れを部分的にも取り戻すことができないでいる. 近代的な農業技術を生態環境の文脈に順応させれば, 前進は可能になるはずである. しかし, 順応は多様な現実に対する開かれたアプローチを前提とする. ところがそれは植民地の民族中心主義や技術者たちの誤った確信のせいであまりにも長きにわたって妨げられてきた.

牧畜のリスクを受け止める

牧畜者たちが出会っているのも結局のところ似た問題である. 最大の要請は, サヘル-スーダンの農業にとってと同じように安全性である. 実際, 旱魃や疫病は開拓資本を完全に失わせるほどの脅威を与えているのである. そうでなければ牧畜にかかわる大部分の振舞いは説明できない. 第1の最も議論の余地のある対応策は, 動物の実数をほとんど制御できなくなるほどに増加させることである. 次の危機によって畜群は低いレベルに戻ると予想されるからである. けれどもその結果, 一時的に過密放牧を招来することは避けられない. それは豊年が続き,

る部分に異なる作物を栽培するときである. すなわち盛り土の中心にヤムイモ, 脇腹にはトウモロコシ, トマト, オクラ, そして窪みにはバナナの木とかタロイモとかいった具合である. 究極的には, 区画はひとつの生態システムを模倣する雛形のごときものとなる. 例えばバナナ園は森林の小型版（ミニチュア）である. そこではバナナの木は多湿森林の上層部の役割を演ずる. それは影を落として蒸発を制限し, ごく微量の降雨を凝集して水を復元し, じめじめした空気をつくりだして有機物を再生させる. バナナの木の下ではコーヒーの木が小灌木の第2の層を形成し, その下にはトウモロコシが生え, その茎をつたって, 養い育てる蔓植物のようにインゲン豆が這いあがる. 最も低い所には野菜類, トウガラシやサツマイモが見られる. この構築された擬似森林の環境においては, それぞれの植物が明確なレベルの大気と一定層位の土壌とを活用するのである.

植物類の結合は, 生態環境を最大限に利用することのほかにも多くの目的を目指している. 土壌の多様な潜在力を最大限に活用すること, 例えばマメ科植物と穀物とを組合せることによって土壌を少しでも肥沃化することである. 土壌の復元のため

4. 今なお農村の大陸

4.10 ストックを保存し管理する
土で巧妙に造形された穀物倉は，簡素な日干し（de banco）煉瓦の住居よりもっと念入りに作られている．それは岩の上に立っていてシロアリの害を受けることはない．丸天井は円錐形の屋根で保護されている．被覆には木の枝でこと足りる（カメルーンのマンダラ山地）．

衛生状態が改善され繁殖が増大すれば，それだけいっそう危険なものになる．数が増えれば，生態システムを損なわない限りで放牧地の拡張が必要になる．それゆえ，遊牧地の周辺に「ゆとり」のあることが重要になる．畜群が過剰な時期を除けば，群れは粗放的に利用される空間でゆったりと草を食む．つまり飼育者が逆行と判断するような植物のダイナミズムが前進を始めない程度に，例えば藪化が再び始まらない程度にである．これは森林の粗放農業に並行する状況である．農民は休耕の期間が長すぎないように気をくばるのである．でなければ新たな開墾は厄介になりすぎるであろう．第2の戦略はリスクを分割することである．すなわち家畜をいくつもの群れに分けて親戚や友人に貸し与え，大量に死んだ彼らの家畜の再編成を援助するのである．いつの日か，自分も同じ援助を求めることになると信じているからである．こうして時には，放牧畜群が周期的に再構成されるとともに社会関係は維持され，隔たりのために疎遠になった連帯の絆が再び緊密になる．放牧のテリトリーやことに水源という基盤が明確な私有の対象であるとしても，これらの空間が閉じられているのは和解できない敵に対してのみである．ほかの人々に対しては，見返りがあるという条件で受け入れることが慣例となっている．それゆえ，原則として仕切られていながらある人々には開かれていて，必要に応じて柔軟になる放牧空間を，外部の観察者が把握するのは難しい．それは気候の変動に対処する可変幾何学の空間なのである．

畜群の周期的な再構成を予見するためには，群れの構造に関する選択も必要になる．まずは雌が珍重される．雌は乳でもって基礎的な食料の1つを供給するし，生き残った雌によって挽回も可能になるからである．もし最大限の食肉を生産したいのであれば，この選択はあまり合理的ではないだろう．実際，最も安定した生態環境でなら雄の比率が増加し，また牛類が支配

的になることが確認されている．周辺的な状況では，動物の種類の多様性がリスクを一定限度内に食い止めるもう1つの要因になり得る．ラクダ類，牛類，小型反芻類（貴重な運搬者であるロバはいうまでもなく）が飼育されるが，それらの占める割合は所有者の社会的なステイタスや生態系の条件に応じて変化する．けれども多様性こそが理想である点に変わりはない．各々の種類にとって必要なものはそれぞれ異なっているため，それらはしばしば別の場所で放牧される．こうすれば，災禍に見舞われても，それらがすべて同じ程度に打撃を受けることはあるまいということになる．より多産でコストの低い小型反芻類は，罹災した飼育者たちが新たに大型家畜を手に入れるための基盤を提供することになるのである．

ダイナミズムの管理

多様な畜群のおかげで植物の最も広いスペクトルを利用することもでき，こうして植物群系の不均衡が生じるのを避けることもできる．これは何よりも重要である．不均衡の果てには，牧草地の生産低下が待っているからである．実際飼育者たちは，その環境の利用において農業者たちとほぼ同じ問題に直面する．要するにいかにしてほとんど道具なしで，生産性を減少させることなく生態システムを利用し，可能ならばそれを改良するかという問題である．農業者たちと同じように彼らにできる唯一のことは，植物のダイナミズムに賭けて，さまざまの実践を通じてこれを最も好都合な方向に屈折させることである．二通りの危険を避けなければならない．1つは過度の開発である．これは草木の被いに取返しのつかない衰弱をもたらす．最良の用地に閉じこもってはならない．雨季にどんなに魅惑的であろ

I. 黒い大陸

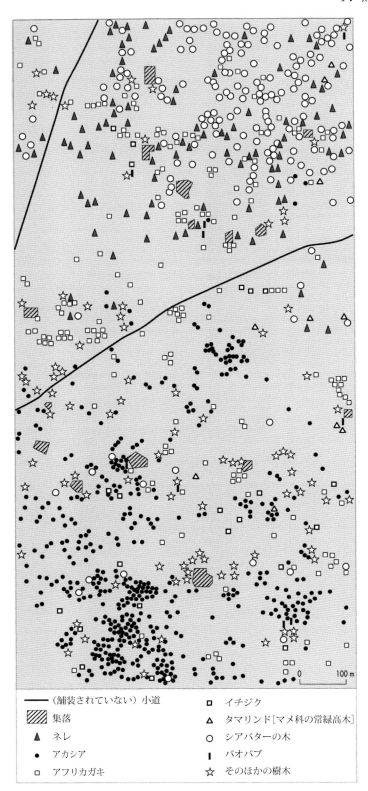

4.11 養樹林（パーク）
分散した住環境の中でのさまざまのタイプの「養樹林」．北には，住居から離れてとりわけ「藪地［低木叢林地］」にネレ［ネムノキ科の木で，根および実は主に伝統医学で用いられる］とシアバターの木［アフリカ産のアカテツ科の木で，丸いつるつるした実は食用になる脂肪質を含む］．南にはアカシアの「養樹林」が，人口増加と休耕地の縮減とに備えるべくもっと最近になって作られた．（「ブルキナファソのダガリ族地方」C.プラドー，『農村研究』1970年より抜粋）

うとも，人々はそこを離れて，短期の降雨の後でしか利用できない周辺の空間をえらぶ．見事な放牧地はもっと確実ではあるのだが，他に利用できる土地がないときに，つまりその生産性が最大でないときに利用する．永続的な水源——これなしに放牧地は「存在しない」——は，水量が最も少なくなって，けれどもそこだけが残っているときに役立つのである．

放牧空間の開発不足がもう1つの障害である．それはわけても動物の実数が少ない時期に恐るべきものとなる．それを証明する顕著な例は，牛ペストの大流行の直後に起こったところの疎林の前進およびツェツェバエの蔓延を特徴とした事態である．遊牧生活の本質的な原理である移動には，ひとつの安全地帯を構成するに足る広い空間を家畜の歯によって確実に維持する機能もある．動物の数が増えたときに備えて，いわば確実に土地を蓄えるのである．生態システムを利用可能な状態で維持するために十分な影響をこれに与えるのである．この課題にとっては，少なくとも多年生イネ科植物の生えるサヴァナにおいては自由通行の実践だけでは十分ではないだろう．ここでもまた火がお決まりの補佐となる．いかなる機械をもってしても除去できず使い物にならない茎のいわば「菰」は，乾季の終わりに火のおかげで消失する．灰によって肥沃化を「活気づける」ことで，植物は降雨に先立って芽生えることになる．火のおかげでダニやそのほかの害虫は絶滅する．最後に火によってもっと長期にわたって藪化が回避される．これは不完全な解決法ではある．それによって可能な限り最良の牧草地は得られないからである．しかし平凡な，単調でほとんど単一種からなることの多い好火性のイネ科植物群系は得られる．うまく火を用いるならば，例えば$1 km^2$で25頭の牛を養う牧草 *Heteropogon contortus* の被いをつくることができるのであって，これは確かに役立つ業である．

自然界のダイナミズムを利用することによって努力を倹約するわけであるが，同じ倹約は家畜群そのものとの関係のうちにも見出される．飼育者は援助をうけずに働く．群れについていくための馬はいないし，群れを集めたり守ったりできる犬もほとんどいない．規律が可能だとすれば，それはもっぱら家畜の社会的実践［群れとしての振舞い］を観察しこれを利用し，動物をうまくえらび，そして畜群から抜けでてくる「リーダー」に頼ることを通じてである．その注目すべき結果は，一群れの飼育者たちの移動についていくとか家畜の水飼いの模様を観察したことのある者にとっては一目瞭然である．あまりにも性急に人々が迷信的な「瞑想」と見なしたものから，実践知の一大遺産が由来している．飼育者はその実践において，農業者たち以上に，技術者が牧草地および畜群の合理的な経営と考えているものの対蹠点にいるのである．

家族と移動

　懐古趣味による感嘆がそこにまじりこんでいるとしても、移動についての無理解はさらにいっそう明白である。移動は不安を与える。国家もそうだが、技術者には定着した住民しか管理することはできないからである。移動が周辺的な空間にとって開発の条件ですらあることを彼らは忘れている。飼育者たちが好きこのんで移動することはめったにない。彼らは決して完全には自給自足ではなく（マサイ族ですら野菜を消費する），常に農業者たちと関係を保ちながら生活してきた。農業者たちを支配することもあって，その時には彼らは移動を制限する．また気候のサイクルが順調な場合にも定着する．こうして遊牧の衰退および農業者と飼育者との接近の現象があらわれてさまざまの局面を見せることになる．各々が部分的にもう一方の活動を採り入れるけれども，自分たちの活動とそれとを完全に組合せることはない．それはかつての飼育者グループの少なくとも一部を再び動員することになる次の危機──旱魃であれ植生地被の破壊であれ──の到来まで続く．アフリカ大陸は，牧畜空間と農業空間とのあらゆる接触地域において，これらの周期的な相互寄与を身につけている．こうして，遊牧の習慣をもつ集団は，彼らの実員の一部を農業に残して，最も丈夫な者あるいは最も頑固な者たちだけが再び大藪の道をたどるのである．

　実員は減少するが，それはおそらく意図的な戦略の結果ではあるまい．もちろん遊牧生活は低い人口密度を，畜群の増加および水資源と両立する程度の控え目な人口増加を前提とする．遊牧民の生殖力は農民のそれより決まって低いのだが，それはおそらく単に生活条件の厳しさによるものではなかろう．しかし一単位の遊牧民は人の数が少なすぎるときには生き残ることはできない．豊富な労働力が必要であって，それぞれの年齢グループや社会階層がそれなりに貢献することによって，小型の反芻動物，牛やラクダ，そして子牛を連れた雌牛をそれぞれの経路に従って導き，また簡素な設備の井戸から水を汲みあげるのである．植物性の食料を入手するために，これを捕虜につくらせる単位もあった．けれども東アフリカではそうではなかった．今日では以前よりももっと多くの家畜を交換するとか，畜群がひときわ広大なエリアを移動する季節には労働力の一部を分離する必要がある．遊牧生活は高い比率の若者を含む大家族集団という枠組みのなかでしか考えられない．より具体的には，動物の一部（ラクダの場合である）が不規則な道のりに従って甚だしく遠い距離を移動するときには，成りゆきまかせの過酷な生活に耐えうる牧人，若い独身者（年齢集団のシステムは結婚を遅らせる機能をもつことが多い）とか，マイナーの地位にある被保護者を使いこなすことすら必要になる．家父長制の家族もしくは階層社会こそがただ2つの可能な方式である．家畜ならびに労働力の管理者である家父長の優位を保証する社会システムに対する侵害は，牧畜生活を破綻させることになると思われる．大家畜群の時代は終わりつつある．飼育者は定着して，小反芻動物の群れとか野営地に近いところで動きまわる数頭の乳牛の管理に農業を結合しなければならない．そうでなければ，植生のより豊かな地域に行かなければならない．そこでは移動はそれほど必要ではない代わりに，農業者たちとの競合がもっと激しくなる．

　労働力の不足に対して農業者たちにより多くの備えがあったわけではない．しかし栽培技術はもちろん労働の組織や土地にかかわる戦略も，食料の安定と同じく労働力の充足という目的を目指していた．サヘル以上にこのことを例証する地帯はない．そこでは低い労働効果を伴う経済学が，量においてもリズムにおいても不規則でしかし常に期間は短くて貧弱な降水しかない領域に適用されている．そこでは作業のスケジュールは特に厳しい拘束となる．拡大された家族共同体の感覚，土地所有にかかる規律そして労働の組織は，神話や宗教やイデオロギーのうちに表現されているのだが，基本的に必要から生み出された産物である．依然として消滅していない大家族はもっともしばしば労働や管理の適切な単位であるように見える．人々は競争の効力，さらには太鼓の音にあわせたリズムのそれを褒めそやした．けれども要するに，協働のおかげで労働は最もうまく管理され，多様な作業は確実に絶好の時期に実行され，したがって年齢から生じる知識は容易に適用される，ただそれだけのことである．それはまた病気や例えば妊娠のように，個人の開拓地において労働力を周期的に制限するあらゆるものに対する補償でもある．同じように，備蓄品の管理がまた重要で，これは長老たちの権威によって，時には農閑期における欠乏は覚悟のうえで，労働力を維持するために必要な食糧を端境期や最も仕事の辛い時期のために保存することを目指している．最後に，治安への配慮は社会関係のセンスの大きさのうちに現れている．この感覚は，人々がアフリカ人社会の長所としてはばからない人生を肯定して楽しむ傾向をおそらく示すものであろうし，またその核として家族の安全を交際や縁組によって確保する欲求

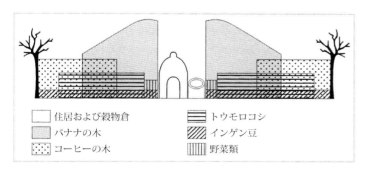

4.12　階層農業
「一般化された」といわれることのある農地システム．これはまるでミニチュアの森林であって，植物類をさまざまの層に配置して組合せている．集約度はバナナ園の下で最大で，そこでは家の近くに5つの階層を結合することがある．周辺にあるコーヒーの木はパイオニア栽培のごときものである（タンザニアのハヤ族の地方．ルーサンバーグによる）．

I．黒い大陸

4.13 河への歩み
ハルマッタン［サハラ砂漠や西アフリカで吹く熱く乾燥した東あるいは北東の風］の光．プル族の牛飼いがニジェール川へと家畜を追い立てている．獣たちは水だけでなく，乾季の貴重な牧草地で野生のコメ，そしてとりわけブルグ［例外的に高い生産性をもつ牧草の一種．学名：*Echinochola stignina*］にありつくことになろう．これら牧草地の使用には厳格な規定がある．
（ニジェール内陸デルタ．マリ）．

をあらわしてもいる．

問い直し

　このような形の権威と社交性はずっと前から異論にさらされてきた．社会組織はさまざまの妥協に刻印されている．最も典型的なのは，拡大家族の枠のなかで，垂直の権威関係を世代が特徴づける集団の水平的な連帯によってやわらげる妥協である．長老たちはこれら労働と娯楽のグループを自分たちの利益になるように利用してきた．グループはしかし年下の世代にとっては相対的に自律性を発揮できる領域である．厳格な社会構造は，有無を言わさぬ必要性という理由によってさらに強化されるのだが，修正をうけることもある．その最も明白な事例は，村落という単位の，存在にではないにしても内容に見られる進化のケースである．混乱の時期になると村落の存在は明確になる．例えば19世紀がそうだった．植民地建設者たちが発見したスーダン・アフリカは何ら永遠のものではなかった．別のもっと平穏な時期には住居は分散しえたのである．それでも土地開拓の合理的な単位としての拡大家族が問題視されたわけではなかった．これをゆるがすには別の力が必要であった．すなわち商業用栽培の発展そして金銭の魅力である．若者たちは長老による金銭の管理に異議を唱えたのである．

　必要であるにせよ欲せられたものであるにせよ，金銭は備蓄の代理物であり，グループにおける無償の労働力動員の代理物でもあると思われる．けれどもそれは社会が基礎をおいていた諸価値に真に溶けこんではいないのである．より一般的には，新しいかたちの経済が侵入したために，生き残りのために別の戦略が可能になった．つまり遠方での，大農園（プランテーション）地帯での賃金労働であり，さらには都市での職さがしである．こうして得られた金銭が以前の論理の中にはいる余地はまずなかった．コートディヴワールから移出したモシ族の若者たちは，そのわずかの稼ぎを女性の（したがって労働力の）獲得のためにも土地の入手のためにも利用することはできなかった．彼らには移住以外に解決はなかった．再びコートディヴワールに向かうか，あるいはモシ族の居住地域の周辺部へ向かうかである．こうして彼らはおそらく決定的に分散の傾向を強めるのである．貨幣経済の導入を先行する社会の枠組みの中で制御できた社会は数少ないと思われる．失敗の例はマダガスカルではもっと多く見出される．ことにその東沿岸では，若者たちは貯蓄した収入を大きな儀式の際に定期的に使い果たさなければならない．収入の貧弱さを考えると，この浪費は愚かしいと思われる．それによって社会秩序は維持できるとしても，安定と再生産を目指す富の管理という蓄財の目的そのものが犠牲になっているからである．

　この問題について厳密な相関性——それは生態学的な決定論に傾くかと思われる——を証明することはできないとしても，気候の拘束が緩むときには，したがって労働のスケジュールはそれほどの強制力をもたず，収穫の不安定さはそれほど顕著でなく保存もそれほど必要でないときには，労働にかかわる社会的拘束は緩くなるように見える．伝統的な開発の単位はそれほど強大でなくなり，集団農場での作業はよりまれになる．相互扶助には同じ厳格さはない．活動の幅の広がりは顕著に違ったものとなる．北部スーダンの諸地方では仕事は多様になり，これに呼応して専門化した集団が増えた．こうして農業者，飼育者，漁業者たちが共生と交換の関係をもちながら生活しているのである．森林生態系の地方ではむしろ性別による活動の配分が観察されている．男たちには森林の開墾や狩猟，部分的には

4. 今なお農村の大陸

4.14 人的過重負担

ヤテンガ族居住地のセイ（ブルキナファソ）．窒息直前の農耕地．1930年には不明確な一村落で，永続的な耕地と，その周囲には休閑地と交代する「藪畑」があって，耕作は土壌の連続的要素に順応していた．1970年，耕作を免れるのは硬盤と疲弊した地所のみである．永続的な耕作エリアは異常に発達し，家屋はことに永続的耕作地帯の周辺に分散している．

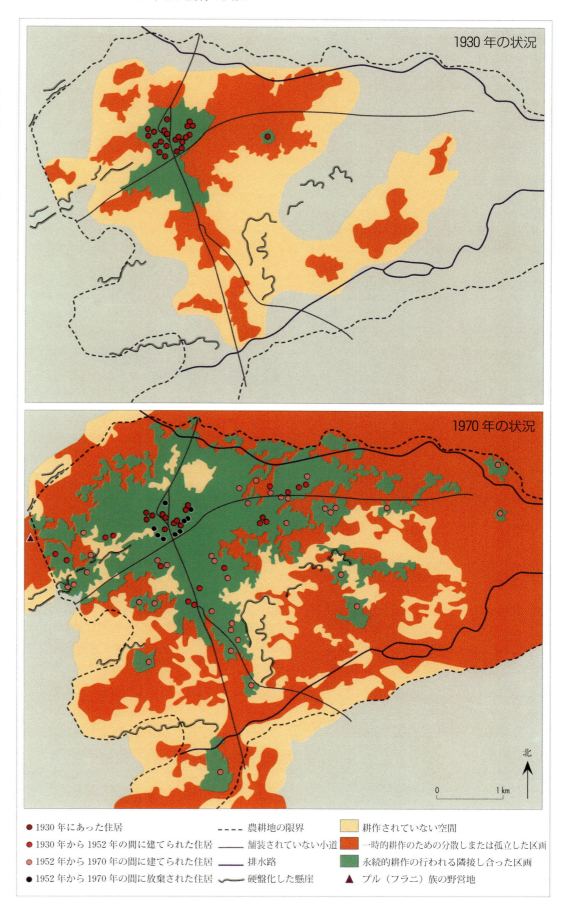

採集，そして集団の保護，女たちには農作業，それにしばしば漁労である．行政からの強制によって，もしくは商業化される作物の魅力のために，男たちも少しは農作業に従事したが，それでも男女間にはきわめて明白な不均衡が存続している．これはバントゥ文明に特有のものと考えられがちであったけれども，実際にはおそらくそれ以上にある種の生態系に，要するに森林およびそれを縁どるサヴァナを有するエリアに特徴的なのであろう．

　大陸が経験しつつある深い社会的な変化のゆえに，これらの組織原理の多くは問い直された．いたるところで生産の基本単位の細分化が確認されている．それはしばしば所帯のメンバー間での完全に個人別の小区画の配分にまで及んでいる．状況は昔から人々が外国に移住していた多くの地方（カビエ族，バウレ族，モシ族のそれぞれ居住する地方）とか，都市に近いいくつかの地帯（トーゴ南東部）とかにおいてはさらに由々しいものとなっている．新しい土地にまたは首都に移住する若い労働人口の比率が大きくなる一方で，村落には特に老人が，そして移出者たちの残した幼い子供たちが身を寄せるようになりつつあるからである．最近の旱魃のためにこの現象には「地帯的な」様相をおびる傾向がある．例えばスーダンやサヘルの村落には最も活動的な男たちはいなくなった．そしてこれは後戻りできないかもしれない．そのために労働力の管理の問題はいっそう切実なものとなっている．すこぶるさまざまの地方において，最も繁栄している開発地とは，驚くべきことに，多くの労働者たちを自由に使えるところにほかならないことを確認することができる．それは，開発にたずさわる所帯の群の中の小島のように，古い様式の家族であることもある．旧い家族が存続する事実は，ケース・バイ・ケースで年長者たちの柔軟な戦略とか，彼らの管理者としての能力とか，開発している土地の土質などによって説明される．開発の基本単位の内容はもっと頻繁に変化した．すなわち親族関係よりは保護・被保護の関係に近い構造が形成されたのである．別の手腕をもち，最小の出費で労働者たちを養い，少なくとも生存を保証してくれる在郷軍人や退職者，商人とか役人とかの周りに人々は参集しているのである．もっと以前から市場経済に参入しているコーヒーやカカオ地帯は，少なくとも部分的には永続的なもしくは一時的な賃金制度に移りつつある．

不動産問題の発生

　人的資源の管理は，大陸の大半の部分で土地所有への競争が加速されているせいで，それだけいっそう重要になっている．この競争を免れているのは，明らかに人口過疎で今なお住民が減りつつある地帯，つまり主として中央アフリカのかなりの部分だけである．商業用栽培のパイオニア地帯外での最近（ほぼ25年ほど）のこの現象は，収束しあう一連の要因によって説明される．まずそれは，旱魃のために乾燥した周縁部から突如として利用可能な空間が減少し，牧畜民と農民との競合が増加したことで触発されたように見える．別の事情もまた説明のうえで役立つ．例えば活動分子と非活動分子との間の関係の悪化に結びついた農業の粗放化の傾向，育ちゆく世代のために予備の土地を蓄えるよう仕向ける人口の増加，である．さらに不動産関係の法律の影響もある．法律は実際に開拓された空間に対する個人の権利を認める一方で，土地に及ぶ国家の卓越した権利を肯定する傾向にある．最後に，低い価格の輸入品のせいで少なくとも不当な競争が起こらない場合には，都市世界における需要の増加は，たかだか食糧生産のためにすぎないとしても不動産投資の理由になっているという事情である．要するに我々は，1950年代にいみじくもジャック・リシャール＝モラール［J. Richard-Molard, 1913-51. フランスの地理学者，アフリカニスト］が語っていた「境界神」［Dieu Terme. 元々は境界を支配し保護する古代ローマ人の神テルミヌスのこと］を探し求める氏族的な農民から，はるかに隔たった所にいるのである．しかしこのプロセスはまだ終わっていない．というのも，土地は未だありふれた財産ではなく，人々――生者たちと死者たち――の間の関係の支えであり，人々を超える諸力の支えであり続けているからである．この盟約の規則を尊重することは成功ないし生き残りの条件なのである．「土着民」たちの有するこの格別の機能は，征服に伴うさまざまの現象の後まで，そして移住の大運動の後まで生き残った．少なくとも周縁部の土地に関する限り，使用権はかなり気前よく与えられている．そして真の不動産市場を語ることのできるケースはごく少ない．数十万の「土地なき」人々が生活しているケニアのような国は，人種隔離政策が猛威をふるった国々を別にすれば，この大陸では例外的なケースなのである．

　土地に対する柔軟な態度は，たとえ意味は変わったとしても維持されてきた受入れ政策の条件だったからである．かつてアフリカ社会は，新たな参入者に対して，彼らが人と人との関係および人と自然界との関係の規則を遵守するという条件で，すばらしく開放的であった．捕虜たちの子孫もたいていは同化した．受入れ側の原則のうちには，哲学的な基礎のほかに実際的な理由もあった．つまり，低い人口密度や労働効率の悪さという全般的な文脈の中では，活動人口が多いことは環境を制御しかつ労働効果を維持するための要因なのである．ほかに手段がない場合には，空間を人間的にすることこそがよりよい集団衛生を保証するのである．致命的でないとしても衰弱をまねく風土病の媒介となるハマダラカ［マラリアの］，ツェツェバエ［睡眠病の］，ブヨ［ブユともいう．リーシュマニア症やフィラリアを媒介する］の巣を除去することによってである．

　疎らに樹木の生えた養樹林（パーク）の手入れや二次森林の保全もまた人口が一定の閾値に達しかつ維持されることを前提としている．受入れの戦略は不可欠ではなかったにしても少なくとも賢明な措置であった．しかもそれは，人口や政治の事情

に従って多かれ少なかれ気前よく，同じ農耕地の内部においても生態系の多様な面の示す希少性の度合いに応じて違った風に適用された．低木叢林地（ヤブ地）とか未開拓の森林とかの使用権を得るのは容易であったが，すでに部分的にさらには完全に人間化された空間については決してそうではなかった．これは土着民が土地や労働力をどれほど必要とするかにかかっていたし，また新参者たちの地域社会への同化の程度にも依存していた．この点では，ブルキナファソのブワ族の実施した区別がことに分かりやすい．彼らの農耕地ではニュムニと呼ばれる藪が，テューと呼ばれるシロアカシア（*Faidherbia arbida*）の生えるパークの永続的な菜園および畑のゾーンに対比されていて，前者では外来者の定着は容易であったが，後者では権利は村落社会にすでに同化した人々にしか与えられなかった．いずれにせよ前もって耕された土地の場合には使用は認められても，権利は労働の成果に及ばず土地に帰属するのである．例えば樹木は，それを植えた人または単にその手入れをした人のものなのである．

硬直した空間へ

このような受入れの戦略は，時期的にかなり早く，土地が単なる生存基盤でなくなるや否や意味を変えた．西アフリカの森林地帯における「大農園」（プランテーション）耕作の拡大の歴史がそれを十分に示している．土着の住民たちは，自分たちだけで森林を開墾し，コーヒーの木やカカオの木を植えることができないため，いわゆる分益小作契約によって移民をひきつけた．これは開拓ののちに，造成された大農園の一部分の使用を移入者たちに保証するものであった．土地が不動産資本になったとはいうまい．というのは土地の使用は，不十分な貨幣資本を代理する役割をまだ演じているにすぎないと思われるから

である．使用権のみが，労働の果実である小灌木の所有権とともに譲渡された．増大していく貨幣経済化および移入民たちの際立つ圧力の文脈の中で，土地の法的地位を明確に規定してみようとする者は誰もいない．けれども，大農園の改造作業にさいして土地所有の要求が出現する事実は，土地の決定的な譲渡という考え方には抵抗があるということを明らかに示している．例えばトーゴやベナンの南部のようないくつかの地帯についても，土地の賃貸契約が発展したからといって，それが土地私有制度への移行を明確に示す兆候であるとはいえない．賃借人は一般に多かれ少なかれ遠い親戚であって，昔からの使用権を口実にすることができないわけではないのである．

それでも現在は厳格な権利の方向に向かう傾向が強まっている．例えば土地の使用に無視できない柔軟さを保証し，需要の調整を可能にしていた貸付けのシステムは消えていく傾向にある．土地がまれになったからではない．むしろ貸し手たちが開拓の義務を規定する新しい不動産法によって土地を奪われるのではないかと恐れているからである．厳密な意味での私有地はすでに遠慮がちに出現している．それはまずローマ法タイプの法律の管轄にはいった空間，例えばかつての植民地租界に侵入し，今日ではそこから溢れ出ている．その結果，アフリカの農民たちはもはや明白な原則に基づいて土地が分配されるのを恐れるよりは，国家の卓越した法律およびその接収の特権という便法によって，少数の支配者たちの利益のために不当に分譲されることの方を恐れているのである．土地所有に対する態度は結局のところアフリカの農村社会のあいまいな，言ってみれば蟹股の進化を証言するものである．すなわち，生産手段の進化は貧弱で，地域社会の構造はうしなわれ，近代性への願望は肯定されるもののこれを満たす手立てはなく，多くの国家は理論的には強化されているのに実際には身体不随の状態にある．これらすべてが農村世界の変転のタブローをごちゃまぜに描いているのである．

II サヘル地帯

「乾季のまっさかりである．すべての緑は消えさった．この焼きつくされた絶望と灼熱の風景の中に葉をすっかり落とし，コンドルや白い胸飾りをつけた鴉が群がっているバオバブの木が，奇妙なシルエットを浮かびあがらせている．その枝は根が張りだしたような形をしている．森はさかさまになったのだろうか.」

テオドール・モノ（Théodore Monod）

　1984 年にジャン・ガレが「見捨てられた海の荒寥たる浜辺」と表現したように，サヘルは 1970 年代の旱魃のために突然熱い時事問題となった．この時期，ずっと忘れられていたいくつかの歴史的に永続しているものが再び明らかになった．つまり，生態系のもろさと生活環境の不安定さである．しかし，それまでひとつの気候帯に含まれていた領域の多様性もまた明らかになった．サヘルの諸地域は東西に長くのびていて，多くの等降水量線で区切られている．北の等降水量線は 100 〜 150 mm であり，南のそれは 500 〜 700 mm である．これらの土地は，自然条件の単一性に関するいくつかの問題を提示する．テオドール・モノは，独自のいくつかの特性を示す自立した生態領域だと考える．例えば，大して多くない雨は夏に集中している．それはせいぜい一連のにわか雨にすぎない．あるいは，年をまたぐ雨量には多様性があり，さらに乾燥した年と湿った年の交代があり，または一年生の草本植物が広がる平原の広大さがあって，それは，サハラのステップ気候帯や，多年生のイネ科植物の生えるスーダンのサヴァナ気候帯とは対照をなしている．

　サヘル地帯の境界は不確かである．ニジェールのアイール高地が，砂漠に浮かび出る「サヘルの」島といった様相を示す一方で，ある種の荒々しい砂丘や石ころだらけの斜面は，サハラ砂漠が近いことを予感させる．150 mm の等降水量線は，クラムクラム（*Cenchrus biflorus*）の出現と一致する．この植物はサヘルの最も明瞭な「標識」のひとつである．雨水耕作の限界地もまた明らかではない．この耕作形態に必要な降水量は，年間 400 mm だろうか，それとも 250 mm だろうか．中世のアラビア語文献では，サヒル（川辺，へり）とは，一方の砂漠と他方のブラド・エス・スダン（黒人の住む地域）の間の空間をさす．南限については，さまざまな著述家が広がったサヘルを念頭においている．つまり，カリテの北限の降水量 750 mm の地域まで，さらにはバマコとワガドゥグーのはるか南の地域までである．そこは降水量 1000 mm に達するスーダン気候帯である．北部の降水量 100 〜 150 mm の地域から，南部の降水量 600 mm の地域の間には，いわゆるサヘル諸国家で実際にサヘル的であるものはほとんどない．ニジェールの 50 ％はそうであるけれども，ほかの国ではサヘルの部分はもっと小さいのである．マリとモーリタニアの 40 ％，セネガルの 30 ％，そしてブルキナファソでは 10 ％以下にすぎないのである．

　「政治上の」サヘルは，1971 年に設立されたサヘル旱魃対策国際委員会（CILSS）に加盟した国々をさす．つまり，セネガル共和国，ガンビア共和国，モーリタニア・イスラム共和国，マリ共和国，ブルキナファソ，ニジェール共和国，チャド共和国，そしてこれらにカーボヴェルデとギニアビサウ共和国を加えた地域である．これらの国々全体が覆う面積は 500 万 km² 以上であり，住人はざっと 3600 万人である．このなかでも，最もサヘル的な地域が一番広く，全体で 480 万 km² を占めている．1 万 3300 km² の領土をもつガンビアとか 3 万 6000 km² のギニアビサウのように小さな二国家は，政治的な選択によってのみこのグループに属している．大部分のサヘル諸国家は，共通の宗教であるイスラムに加えて，歴史的遺産を共有している．それらは，古い時代に形成された国家を継承している．例えば，ワガドゥ（別名ガーナ），マリ，モシ，ソンガイ，カネム−ボルヌなどであり，これらの場所における都市現象は 10 世紀にさかのぼる．ここでいうサヘルは，東から西へとのびていて，ニジェールからセネガルへ，そしてカーボヴェルデに至る．そこには，西のギニアビサウと同様に東のチャドは含まれない．後者は，政治・経済的観点から見るならば，むしろ西アフリカとコンゴ川流域の間に広がる地帯に依存しているのである．

II.1　奇跡の樹
逆転した植物サイクルをもつシロアカシアの植樹パークは，農・牧業システムの本質的要素である．「雨季」には落葉の分解による肥沃化が，そして乾季には家畜の餌となる窒素の固定化がなされる．収穫は増え，畜群の固定化とその耕作作業への結合は保証される．「良き循環」〔cercle vertueux：悪循環と逆の意味をもつ造語〕は，農村の高い人口密度を可能にしている．（セネガル，セレール族の住む地方）

5

危機に瀕した地域

気候の不安定に直面して旱魃におびやかされるサヘルの諸々の社会は，この50年間に2倍の人口を抱えるようになり，もろい状況にある．人間と家畜の増加のせいで，傷つきやすい植被は劣化し，土壌を守る様々のやり方を混乱させた．柔軟性に基づいて構築された古くからの農村システムの変化は，いたるところで確認されている．急激な変化は強烈な地理的な移動を伴っている．

「平均降水量の貧弱さの背後に明らかにしなければならないのは，年から年にかけての降雨のドラマティックな不規則性であり，その配分の恐るべき不確実さである．」ポール・ペリシエ

1913年の不順な雨季［西アフリカではほぼ7月～9月］のあと最初の飢饉が発生した．この雨季は，セネガルから現スーダンの地域に生活する農民にとって惨憺たるものであった．死亡した人々に関する調査によれば，彼らはもはや税金を支払う能力もなかった．またこの時初めて降水量は測定され，西アフリカ北部地域の乾燥のことがより強く意識されるようになった．以後1940年代の終わりまで乾燥は問題にされなかった．それは，行政機関およびこのころから始まった研究の怠慢というべきであろうか．それとも常態への復帰なのだろうか．私たちは，数多くの科学的議論を引き起こすことになった乾燥プロセスの再来を機会に，気候の悪化および農業災害の現状を解明することができるだろうか．

サヘルは常に降雨の不規則性によって特徴づけられてきたという．それは人類学者によって収集された伝承がほのめかしていることであり，それを，地形学者，水理学者，花粉学者，植物学者たちの研究は確認している．サヘルのすべての社会は，その長い歴史の中で気候の悪条件に起因する食糧危機にさらされてきたというのである．しかし乾燥という用語を明確に定義する必要がある．1920年に降水量測定器がいたるところに設置されてから，私たちは次のことを知った．その年の季節の質を判定するためには，降水量全体よりも驟雨の配分に注目する必要があるということである．つまり，牧草地の状態とか穀物の収穫状況との関連で良し悪しを判断するのである．驟雨と驟雨の間隔や驟雨それ自体の規模を考慮することが，土壌の組成や構造を検討するのと同じく重要なのである．要するに「有益

な雨」という経験的概念を用いることがより適切なのである．砂を含む土壌にとって有益な雨とは，3mm以上で最長1週間の間隔をおいて再び降る雨のことであるけれども，小砂利質の土壌にとっては，最小限10mm以上で同じく7日の間隔で降る雨が有益な雨なのである．この降水量を下まわったり間隔が長かったりすると，乾燥が始まる可能性がある．それでも降雨の規模を見極める必要はある．

飢饉と気候上の不測の異変

地域全体では通常の降水量が観測されたにもかかわらず，局地的には水不足になることがある．1909年-1913年，1940年-1944年，1969年-1974年，1983年-1985年には，旱魃はいたるところでみられたが，他の顕著な旱魃は20世紀の初頭以来いくつかの地域をおそっただけである．例えばセネガルとブルキナファソとマリでは，1977年に乾燥の再来が記録されながら，ニジェール川中流域の牧草地は例外的に豊かだった．こうした地域間の格差は，降雨量が蒸発分より少なかったためであろうか．また生物が必要とする土壌水分が，地域による偏差を伴って不足したことによるのだろうか．さらに，帯水層の局地的な枯渇に起因するのだろうか．短期的で，かつしばしば不確かな統計学上の数値に基づく降水量および蒸発量の数学的平均値，いわゆる「通常値」，あるいは平均値に対する偏差や偏差の確率は，何を意味するのだろうか．ここでは「通常」とされることが，別の場所では異常なことになるような状況の中で，局地から地域全体にかけて，農業と牧畜にかかわるさまざまな生産活動が営まれる空間のダイナミズムもまた考慮されなければならない．

毎年，まもなく次の収穫期がおとずれるのに，穀物倉庫が空

5. 危機に瀕した地域

5.1 西アフリカにおける降水量の変化

等降水量線の南への移動によって，1960年から1985年までの降雨の不足がいかにひどかったかが分かる．その後降水量は増えた．しかし，それが一時的な小康状態を示すのか，それとも旱魃の終わりを示すのかは分からない．

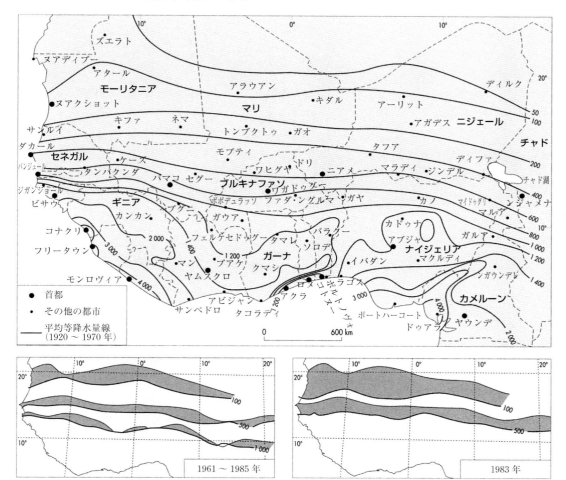

等降水量線の南への移動　　　1961〜1985年　　　1983年

になっている時期になると，いつも端境期（はざかいき）の需要を満たすことが問題になる．食料不足は一般に7月から9月の農繁期に生じる．人々は，欠乏の深刻さやその持続に従って，端境期における急場しのぎもしくは危機的状況に言及する．また危機の激しさの度合いに応じて，一面では表象システムに属する語を用いて食糧難あるいは飢饉を口に出す．サヘルの各地帯の歴史は，豊作と困難な端境期と生存の危機との交代の歴史である．植民地行政府も現在の諸政府も，この危機をくい止めることはできなかったし，今なおできていない．1908年にはブルキナファソ中央部で5万人が，1914年にはその北部で3万人が，さらに1931年にはニジェール西部で3万人が死亡したことが記録されている．

最近の乾燥が，以前のそれよりも長引く結果を引き起こしたように見えるとすれば，それは，地域による不均等な降水の影響が，人間の諸々の営みによってすでに脆くなっている環境により重くのしかかるからである．ところで，最近の50年間に人口は2倍以上に増加し家畜も増え，耕作地は牧草地を犠牲にして広げられた．同時にこの50年間には，気候条件の悪化に対する農民と牧畜民の適応能力は弱体化した．生産システムの安定と耕地面積の拡大を支えてきた家族の連帯網が崩れたからである．すべての研究は，樹木や小灌木や草からなる植生の劣化を結論している．また作物栽培の辺境への拡大や，耕地と放牧経路の飽和状態を指摘している．過剰放牧や樹木の乱伐やむ

き出しの地表は，「砂漠と化した」風景を広げている．農業および牧畜システムの悪化が始めたことを乾燥はいっそう深刻にしているのである．

夏の雨

厳密に降水量測定の観点からすれば，この1世紀間にはいかなる乾燥も観察されていない．反対に，1960年代以降，気候の不規則なブレはいくつかの短い期間に確認されている．また驟雨——これはいずれの雨季をも特徴づける「雨粒」であるが

乾燥によって生じた知られている飢饉（1830〜1945年）

東セネガル	中央ニジェール	北部ブルキナファソ
		1832-1839
1867-1869		
	1881	1879-1884
	1898-1903	1901
1905-1907		
1913-1915	1910-1914	1913-1914
1926-1928	1927	
1944-1946	1940-1944	

（典拠：Marchal 1980, Bernus 1981, Chastanet 1983）．［巻末の文献目録ではマルシャルの著書は1983年刊］

II．サヘル地帯

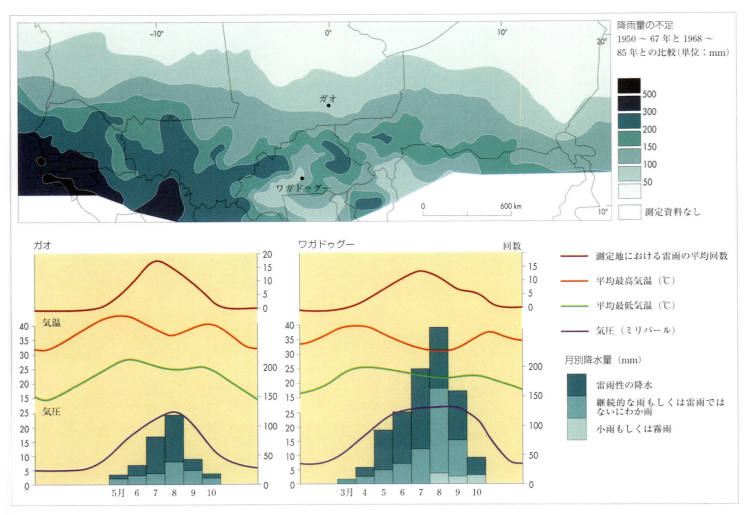

5.2 サヘルにおける降雨不足
サヘルにおける雨季は3つの不規則性によって特徴づけられる．第1は，降水量が年ごとに大きく変動すること．第2は，播種の時期を条件づける雨の開始日が不確かであること．第3は，雨季の間に降雨リズムがひどく変化しやすいことである．1968年から1985年までの降雨量はおおむね平均量よりも少なかった．そして1971～73年，1982～83年および1985年に深刻な乾燥にみまわれた．

――の不規則性は，最近数年間に顕著になったかもしれない．サヘル気候の機能の仕方についての様々な仮説は，地球全体にかかわる観察が必要であって［人々の活動］システムとさまざまな異変を考慮すべきことに言及しているが，それらは知られるには程遠く，まして予測することなどはできない．反対に，住民と畜群がサヘル環境に引き起こした変容は，認知することはできるものの，その度合いをはかることは難しい．それゆえ制御不可能な気候条件に直接に起因する劣化の部分と，住民による過度の土地開発に直接に起因する劣化のそれとを識別するのは早急すぎる．サヘルの住人と気候と環境との多様な関係は，ニュアンスを残さずに一般化されるような有意味の結論を引き出すことを許さないのである．

「正常な」年間降水量は，サヘル諸国の最も南の地域では，700から1000mmの幅がある．また厳密な意味でのサハラ地帯に接する場所では降水量は100mmである．この傾度は，北緯6度から7度の地域に対応し，距離にすれば南北に約700kmにわたって広がっている．また，等降水量線が250か

ら350mmの地域は天水耕作の限界と考えられている．雨は，緯度に従って，5月末から7月の初めの間に降り始め，9月半ばから10月末の間には降りやみ，8月には最も多くの雨が降る．南から北にかけて雨季の期間は短くなる．例えばバマコでは，雨季は通常6月に始まって10月に終わるので5カ月間にわたるが，トンブクトゥでは，雨は7月に始まり8月の終わりか9月の初めには終わって，2カ月以上続くことはない．

サヘルにおける大部分の植物の成長はこの湿った数カ月間を周期としているので，最初と最後の雨の期日および驟雨の量は植物の被覆に影響を与える．一年生の植物種が非常に多いために，緑の絨毯の敏感さには甚だしいものがある．はやくも最初の雨の時期から，草は時には目をみはる勢いで芽吹き，数週間前までは小砂利や砂で覆われていた大地をうめつくす．季節から季節にかけて，また1年ごとに，場所から場所にかけて植物の生育は多様である．雨量が少ない年には生成は減少し，あるいはまったくなくなる．また，ある年には繁茂した種が次の年には限られた結果しかみせず，場合によっては他の種にとって

5. 危機に瀕した地域

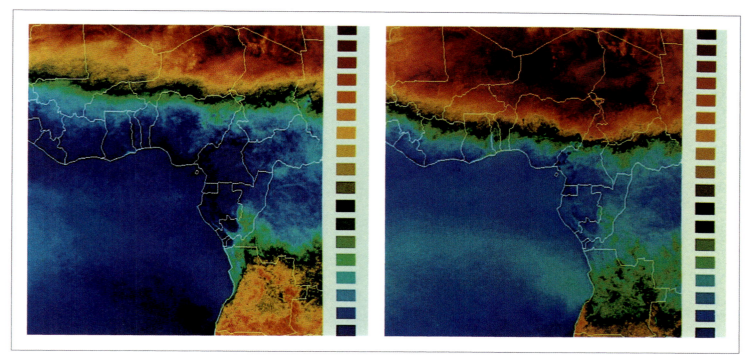

5.3 季節風の初期と最盛期
5月には「雨季」がすでにブルキナファソの南西部とマリの南部に居座っている．8月にはそれは最強度に達していて，温暖気流は最も北の位置を占めている．人工衛星は大地の放射熱を計測する．二つの写真は最高気温の月平均値を示している．色階には高温を示す濃い茶色から低温を示すウルトラマリンまでの幅がある．前線は黄色と緑色が接するところに位置している（1987年，メテオサットによる気温線移動の表示，Orstom Lannion）．

5.4 セレール族による農産地：モデルと変化
アワ―落花生―休閑という輪作は，光背状に村を取り囲む早生アワ栽培地の周辺で営まれている．このモデルは，人口の増加と家畜を利用した耕作法の進展によって一変した．アワと落花生が栽培される小さな畑のモザイクが休閑地を覆いつくし，牧養地は限られ，*Faidherbia albida*［シロアカシア］は脅かされている（P．ペリシエ，1966年およびA．ルリコレ『世界全図』1993年による）．

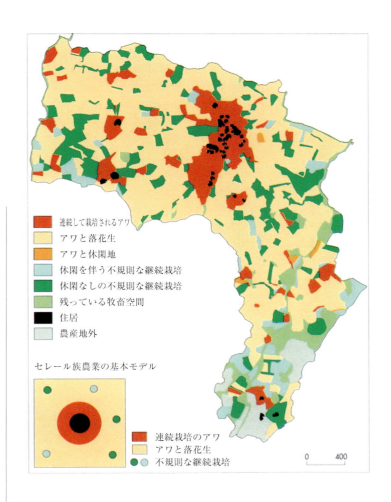

かわられることもある．その土壌における水の保有力や土壌の組成に応じて，植物の抵抗力や攻撃性によって決まるのである．

サヘルの経済は，おそらく原初的な植物生産に最も依存するものの1つである．つまり，まず農業と牧畜による資源があり，また採集による資源がある．道具と住居のために，そして特に家庭用燃料として木を利用する．こうして様々な社会は，放牧や収穫や採集のような先取り分の確保と資源の再生産との間に，彼らの技術に従って一定の均衡を保つよう常に配慮してきた．例えば，ある放牧地を季節ごとに，またより長期的に農産地の一区画を保護地としてとっておくのである．しかし人や家畜の数が増えるとともに，耕作や放牧のために利用される土地が増大し，備蓄の慣習は大きく変化した．不規則な雨季が到来すると，土地所有制度によって動かなくなったこのシステムは運営不可能となる．場所によって遅速はあるものの，牧畜民と農耕民とはこのプロセスを経験してきた．彼らが，時間の経過

にうまく順応させてきた空間の運営は，降水量の不規則さには あまり対応できない．農耕－牧畜システムの柔軟性というべき か，それとも脆弱さというべきか．1970 年代以降は脆弱さで あり断絶でもある．

サヘルを保護する

降雨不足の繰返しとそれに伴う植生の変化，さらにサハラ砂 漠が隣接している事実は，正しいかどうかは別にしてサヘル地 帯の砂漠化を恐れさせる．この砂漠化は，次のふたつの現象が 結びついた結果であるといわれる．第 1 は長期化した乾燥の周 期的な発生であり，第 2 は人間と動物による生態系バランスの 崩壊である．それは緑被の後退と土壌の侵食に関係しているが， 「真なる砂漠化」と混同してはならない．この用語は，実際に 砂漠の風景が乾燥地帯へと，しかし最近までその兆候を示すこ とのなかった地帯へと広がっていく事実を示すために用いられ る．水不足は，砂漠化の諸原因のうちのひとつでしかないであ ろう．それは原因連鎖——その終わりに至れば以前のもしくは 「正常な」水使用が可能になっても，環境の生産性をたてなお すことはできない——の時間的に最初にくることが多い．［こ れに加えて］開墾と休閑地の減少や消失，過密放牧と家畜によ る土地の踏み荒らし，木材消費のための伐採などが，多年生で あれ一年生であれ植物の種類および個体の量を減らすのであ る．マリ中央部では，6 万 km² の地域のうち，むき出しになっ た地表の割合は 1952 年の 4 ％から 1975 年の 26 ％に増えた． ブルキナファソ北部では同じ時期に，畑の面積は 12 ％に増え， むき出しの土は 30 ％になった．人間の活動による劣化の事例 はいくつもあげることができるだろう．降水の特徴がどうであ れ，砂漠化は進む．しかしそれは，降雨不足と結びついたとき には指数関数的に深刻になるのである．

こうした劣化は，南部地域サヴァナにおいて，人口密度が高 まり家畜が過密になった場合にはどこでも確認される．それは， 村や都市や道路沿いに「貧困化の汚点」という形であらわれる． 砂漠化は，乾燥した北の前線が青々とした南へ進むように規則 的に進んでいくものではない．いたるところで風景は 20 世紀 初頭から変化してきた．村と畑が増加するにつれて乾いた森は 消えた．降雨量が「通常に」戻ったとしても，それは以前の豊 かさが戻る保証にはならない．植物学者と森林監視員は，数年 間立ち入り禁止の実験区画を設けて，雨さえ降れば元に戻ると いうことを証明しようと試みている．農学者もまた彼らの真似 をして，生産システム全体のバランスを取り戻させる手段はあ ると繰返している．その手段とはすなわち，肥料の導入，農業 と牧畜との融合，輪作，再植林，侵食阻止の工事である．しか しそのように部分的な対応は，サヘル全体のスケールでは，実 用的ではなく空論でしかない．

サヘル北部では，人口密度およびそれに伴う先取り分は南部

ほど深刻ではなく，環境の劣化はより多く乾燥に起因している． 劣化は景観においていっそう明らかである．小灌木の群系は立 ち枯れし，砂丘はむき出しになり，住民と家畜はやせた土地を 離れていく．しかしもし旱魃の 2, 3 年後に十分な雨が降り， 牧畜民が複数の別の放牧ルートをたどるならば，切り株や枯れ 枝は再び砂をかきわけて，一年生草本の茂みを守り始める．つ まり新しい小灌木の発芽と成長をたすけるのである．確かに危 機的な環境ではあるが，もしいたわりさえすればそこはすばや く再生するのである．では，牧畜民と家畜がそこに一斉に戻っ てくるままにしていてよいのだろうか．

この数十年の間に，農地と牧畜のシステムは全体的に変化し た．しかし，もしそれぞれのシステムが常に隣人のそれと異な っているとしても，技術の相対的な停滞という状況の中で，人 口と家畜の増加は利用される空間の拡大をいたるところで招 き，多くの場合その悪化をもたらすであろう．そして旱魃が生 じると，それは敗走と生産の崩壊を引き起こし，別の場所へ移 動する移民のネットワークを拡大させる．人々はより南部の都 市や地方，そして外国へ向かうのである．「出身地域」と「居 住地域」との間に距離をおいて維持される社会・経済的な諸関 係こそは現在，国際的な食糧援助を別にすれば，危機に対する 唯一の保証であるようにみえる．議論を具体的に説明するため に，以下に 4 つの示唆的な事例を選ぶ．

モーリタニア南部のトラルザ

モーリタニア南部の砂丘地帯において，植民の網の目は，牧 畜遊牧民であるいくつかの部族［エスニック・グループ］によ って形成されている．それぞれのグループの各分派は，いくつ かのテントをもち，季節ごとに水場と牧草地と耕地の間を移動 する．それらはみな旧トラルザ首長国のモール人部族に所属し ている．住民のうち，奴隷の身分もしくは解放奴隷の身分のも のだけが，伝統的に農業を営み家畜の世話をする．毎年雨季に は農民（haratin）のいくつかの分派が，モロコシの種を，渓 谷に近い砂丘と砂丘の間の窪地や川の増水によって浸水したば かりの土地に蒔く．収穫物は乾季の初めに穀物倉庫に収められ， 集団に属する支配者と被支配者の全体をまかなう．同様の社会 的関係はゴム［アラビアゴムノキ Acasia senegal］生産の基盤 でもある．1989 年の大虐殺以前には，トラルザのモール人た ちは河を越えて，彼らの率いるヒトコブラクダの隊商は，シン ＝サルムの塩および落花生を生産者の村といくつかの仕分け地 との間で輸送していた．彼らは落花生生産地域の真中で小売業 を営み，こうして特に 1970 年代からモーリタニア南部の商業 網を強化した．当時，モーリタニア南部の落花生生産は，過密 牧畜とアラビアゴムの過剰生産によって衰退していたのであ る．加えて減水期の耕作地は十分な水を得ることができなかっ た．このような状況の中で，商業網は南部に向けて拡大し，セ

76

ネガルとの国境を越えるほどにもなったのである.

不確実な耕作をよしとするか,長距離交易をよしとするか.現在,様々な都市や村落で作られている社会の性格とは,どのようなものだろうか.貴族階級による土地や労働力の支配のうえに成立していた古い社会的関係は,今日ますます異論にさらされている.例えば浸水しやすいセネガル川流域の土地は,近代的な整備計画が約束されているため争いの対象になっている.また昔はトラルザ地方の長たちに属していた土地は,現在では灌漑区域として整備されているために,社会的動揺を際立たせている.長たちはその土地をはなれて商人になり,奉公人たちは土地に居残って自作農になりつつある.

シンのセレール族

1960年代初頭まで,落花生栽培を組込んだセレール族の農民は安定した農業活動を営むひとつの典型であった.しかしその一方で人口は急増し,その密度はサヘルのなかで最も高くなっていた.よく管理されたシロアカシアの植樹パークに覆われて,体系的に整備された村の農地のなかで,例外的な耕作と牧畜の統合がみられた.この制度は,長期的な休耕に頼らずに肥沃な土地を維持することを可能にした.それは,環境を最も効率的に利用することを保証しながら,さまざまな食糧生産物を供給した.このシステムを特徴づけるのは次の3つの構成要素である.第1に何よりも穀物栽培のための畑.第2は土地の肥沃さを維持しかつ飼料と木材を生産するための土地全体への植林.そして第3には乳製品と食肉を供給し,かつ畑に肥料を与える家畜,である.以上によって,セレール族はセネガルで最も「土地に根ざした」民族集団のひとつになった.農地の中心部分では,雑然とした住居を取り巻く空間に早生のアワとササゲ〔学名:*Vigna sinensis*〕が毎年栽培された.周辺部では,開墾によって長いサイクルのアワと落花生とが栽培され,その後で休閑地となりまた家畜を入れるために囲われた.このような土地の配置に加えて,粘土質で湿り気の多い窪地には綿花とモロコシの小さな囲い地が作られた.このような景観は1960年代に定着し,運営は軌道にのり,安定した生産システムが実践されていた.

行程を循環する経済は,アワ・落花生・休閑という3年輪作の採用によって以前から続けられていた.落花生は,アワの収穫と休閑との間で輪作システムの中に導入されていた.この共存は,人口増加が徐々に農地の飽和状態に至らなければ続いて行くはずであった.農地の飽和状態は犂の使用が普及するに従ってさらに悪化した.犂は賃金労働者1人当たりの耕作面積を広げ,休閑地を減少させる結果を招いた.1970年代になってセレール方式は変化する.急速に土地は不足し始め,休閑地はなくなり,家畜は年の半分以上も土地を離れるようになった.連続耕作のために土地はより広くなり,十分な施肥もなされず

5.5 事件としての旱魃とその誇張
1970年代に発生した旱魃を証言する1枚の真実の写真であるが,しかし誇張されてもいる.減水期のファギビーヌ湖(マリ共和国)は,いつでもこの涸れてむき出しになった広大な地平をみせるのである.

疲弊した.移住こそはつみ重なる困難に対する唯一の解決策と思われたが,それは東の空いた土地の前線へ向かって自発的に行なわれることはなかった.すでに1936年以降,ひとつの農業植民地化作戦が実施され,それはやむをえずセレール族の新たな中心的居住地域の造成に帰着していたのではあるが.これに続いて,第2の政策が1972年に実施されて,植民地化の新たな区域がタンバクンダ地方に開設された.しかしそれも「古い地方」の重荷を減らすことはなかった.

そしてここで,旱魃と相俟って始まったのが自発的な移住であった.東部へではない.都市へ,特にダカールに向けてである.それは大規模な現象となった.まず乾季の間の女性の移動が盛んになった.現在では,それは15歳から20歳の女性たちにとっては慣例となっている.男たちがこれに続いた.セレール族の生産システムはもはや維持されなくなった.土地の飽和状態に加えて,今ではシロアカシア植樹パークも老朽化している.セレール族地域の危機に移民の規模の大きさが対応している.村にとどまった人々は,あるいは新たな土地に移り住んだ親戚の収入に頼るか,あるいは季節的であれ恒常的であれ都市で仕事をみつけた家族メンバーの収入にたよって生活している.この生産システムの拡大は,——その根は常に農村にあると言うのはためらわれるが——,それだけでなおシンの人口増加を可能にしているのである.1 km^{2}当たりの人口は現在120人以上に達している.しかしかなりの住民が不在であることを考えれば,この数値は見せかけかもしれない.

Ⅱ．サヘル地帯

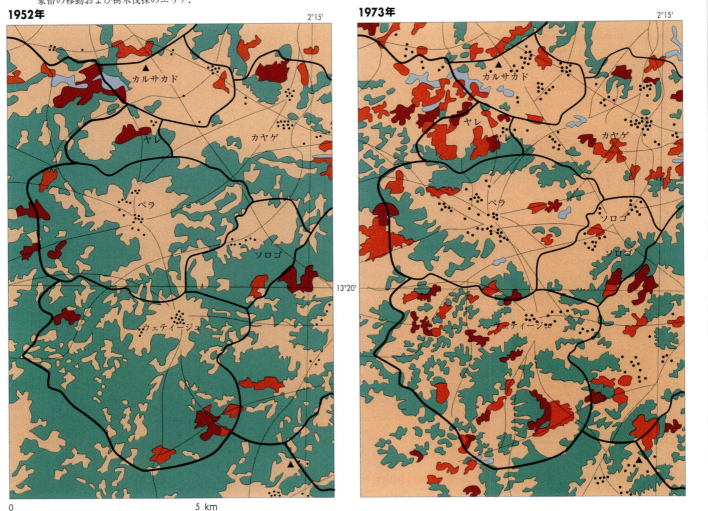

5.6 充満した空間へ
ブルキナファソ北部のワヒグヤに近いヤテンガにおける風景の変化．「フルベ族牧畜民たちは，もはや低木叢林［藪］がどんなものかを知らない．木の点在するあるいは小低木の生えるサヴァナはもはやここにはない．この緯度では，また同じ土壌でブルキナファソの東部もしくは西部には見られるというのに．自由に活用できる土地はいわば閉じられ，もはやなくなったとされている」（M．ブノワ，1982年）

ブルキナファソのモシ族

　もっと東のニジェール川大湾曲部に目を移してみよう．そこでは，風景は，定住地が斑点をつくっている放牧地から，徐々に牧畜民のテントが点在している耕作地へと変化していく．南へ行くほど定住性は明確になる．そこでは牧草地と耕作地はう

まくはまり合ってはいない．共通の計画をもたない複数のグループがひとつの土地で競い合っているのである．ブルキナファソ北部のヤテンガ地区では，移動牧畜はテントのまわりを移動するだけで「硬直して」いる．人口密度は1km²当たり70人から100人に高まり，定住民であるモシ族のグループが人口の90％を占めている．耕される土地には区画がなく，農地として機能する6月から10月にかけて，家畜の立入りは禁止されている．しかし収穫後は畑と放牧地の見分けはつかなくなる．

村人が土地を管理し，牧人を受け入れたり拒否したりしている．受入れ諾否の基準は，牧人が動物の所有者であるかどうかである．というのは，この地域では家畜は村人の財産であって，プル族の牧畜民は牧人でしかなく，重要ではないのである．あるいはもはや重要ではなくなったのである．なぜならば，取るに足りない数のフルベ族［プル集団の自称名］は，耕作されていない土地や，硬盤や小砂利の多い河間地域へと押しやられたからである．栽培地の占める割合は表面積の80％にのぼるが，しかしそのうちのほぼ40％は農学的観点からは副次的と見なされている．1世紀足らずで，人口の増加は，空間のますます粗放的になった開拓と相俟って，休閑期間の短縮，土地所有に関するもめ事の出現，土壌の疲弊や侵食の進行，そしてしたがって農業生産の低下を生じさせたのである．

　牧畜は，とりわけ共同放牧制によって耕作に結合されているために，動物性肥料は，恒常的な耕作地が増大しているのとは対照的に縮限されている．土壌の肥沃さは，不十分ながらも家庭から出る肥料によってまた休閑によって維持されている．だが休閑地は消滅しつつある．というのも開墾が村を取巻く周辺部まで進み，共同体による耕作圏は限界に達したからである．この状況でシステムの停滞は明らかになった．もはやほとんど休むことのなくなった土地は徐々にその肥沃さを失っていく．他の要因もまた農地区画の増加やその細分化を助長した．すなわち綿花や落花生を栽培するために耕作地の拡大を奨励した植民地時代の政策や，1930年代以降実施された同族不動産——その限界は村の地区の創設以来変えてはならないものだった——の細分化による土地制度の進展である．以前には共同体のものとされていた不動産は，まず同居集団の単位で，次にこの単位を構成している下位グループの単位で，そして最後に個人によって「所有され」かつ「個別化される」部分に細分化された．この社会的でもあり領域的でもある「各人のもの」の追求は，使える労働力の差異とともに土地の不均衡な占有を生じさせた．耕作空間が増えれば，労働者1人当たりの耕作面積は拡大する．最近の小さな生産単位では，耕作面積は以前の大きな単位の2倍に増えている．1人当たりの面積は，0.3〜0.4 haから0.7〜0.9 haになった．農業は土地を消費する者になり，次いでその略奪者になったのである．このような状況においては，住民は活力源として移動することになる．また壮健な働き手が不足するために，この移動は危機をそのまま維持することになる．地域内食糧生産のシステムが悪化するにつれて，このシステムは自らの生産力を放逐する．しかし，これらさまざまの変化はすべて連鎖しているとしても，それらは同じリズムでは進展しない．例えば1930年から1980年までに人口は2倍になったが，耕地面積は3倍になった．また，恒常的に利用される耕地は，一時的に利用される耕地の拡大の4倍の速さで増えた．だが食糧供給の不安定さは深刻になった．

ニジェールの牧畜民

　ナイジェリアの国境からアイール高地西側の平原までには，年間降水量は600 mmから100 mmまでの幅がある．そこには伝統的な牧畜を営む3つの牧畜民集団が生活し，それぞれ異なる環境経営の例を示している．トゥアレグ・ケル・ジェール族は200年前からこの南部に定着し，家畜を飼育しかつ同時に農耕も行ってきた．しかし彼らは，人口密度が高まったために牧畜の径路を拡大し，原住地域の外へと拡散した．乾季に家畜がハウサ集団に属する農耕地の畑と休閑地に直に肥料をまく．一方雨季になると，家畜はテジダ・ン・テセムトおよびテジダ・ン・タガイトの北部地域に塩水養生［塩分を含んだ牧草をはむこと］のために集まる．このことは，南部が耕作の時期に牧畜の重荷から解放されることを意味する．すなわち移牧である．牧人だけが移動する．ケル・ジェール集団の経済は，日々の食糧とな

5.7　砂漠の入口に広がる分流群
ニジェール内陸デルタは，自然がサヘル・アフリカにもたらす恵みである．そこでは，マリの牧畜民と農耕民と漁民とが出会う．この水路が網の目状に広がる地域で土地は仕切られ，激しい争いの種になっている．増水時の耕作（浮稲耕作）および貴重な牧草（ブルグー）の栽培がプル族の支配のもとに行われている．

る農産物の栽培，綿花や落花生の販売やナイジェリア諸都市の需要に応じて行う家畜取引，そして塩と穀物の隊商輸送に基盤をおいている．南部での定着および資源の多様性のおかげで彼らは，牧畜だけを営むほかの集団ほどには乾燥による被害をうけずにすんだ．ファチ塩田とビルマ塩田に向かう隊商は，荷鞍を背負う動物およびそれを養う飼料の不足のために何年間も中断されていたのだが，1986年に再開されて，盛んになっている．ケル・ジェールのそばには純粋な遊牧民であるほかのトゥアレグ族が住んでいて，砂漠とスーダンのサヴァナの間，あるいはアルジェリア国境とニジェール川流域の耕作地帯との間を行き来している．

遊牧民であるトゥアレグはいくつもの「連合」に参集している．それらの連合は複数の「部族」[エスニック・グループ]から構成されている．各グループは同一の名前のもとに集まった畜産者の集団であって，共通の祖先名を引合いに出しながら固有の空間で生活している．家族が構成するキャンプは，乾季の間，いくつかの水場をめぐっていくつもの渓谷を移動する．たいていは短距離の移動である．以上のことから，変化の少ないジグソーパズルが想起される．それぞれのグループが移動する場所がパズルの1ピースである．しかしこの図式は，遊牧の水理計画に従ってセメント補強された井戸が整備され，取水場が設置された1960年代から変化した．トゥアレグ族の大部分は，大型家畜（ラクダや牛）と，小型の反芻動物（羊や山羊類）と，日常的な輸送に用いるロバとの複合飼育を行っている．彼らはめったに隊商交易は行わない．家畜は彼らに基本的な食糧であるミルクを提供する．また穀物やそのほかの基本的消費商品を入手しなければならないときには交換商品になる．それゆえ，家畜の性別比率については雌の割合がとても高い．トゥアレグにとっては，ケル・ジェール集団にとってと同じように，テジダ・ン・テセムトとテジダ・ン・タガイト地方は，塩分補給のための夏の移動目的地である．これは，いくつかの集団が1年中利用する放牧テリトリーであるが，また他の多くの集団も，複数の生態系に共通しているこの特別のエリアからの距離に応じて数週間にわたってこれを利用する．9月末には大多数のグループが南へ向かって戻り始める．彼らは，まだ水の残っている渓谷の池の周囲にしばらく滞在したあとで，慣れ親しんだ水場にたどりつく．そこは，常緑樹と豊富な果実が茂る空間であって，草がすでに枯れてしまったあとでも家畜を養うことができる．以前はこの移動をトゥアレグ族のほとんど全体が行い，誰も取り残されることはなかった．しかし水利施設が整備されたおかげで，夏の遊牧は南のキャンプ地を起点にした移牧の形をとるようになった．つまり「塩水養生」は依然として行われる（家畜はそれを必要としている）が，それは各家族のうちの何人かあるいは牧人だけが移動するのである．こうして移動は多くの家族にとって著しく小規模なものになり，彼らはかつては乾季に利用した場所で1年中遊牧生活を営むようになった．

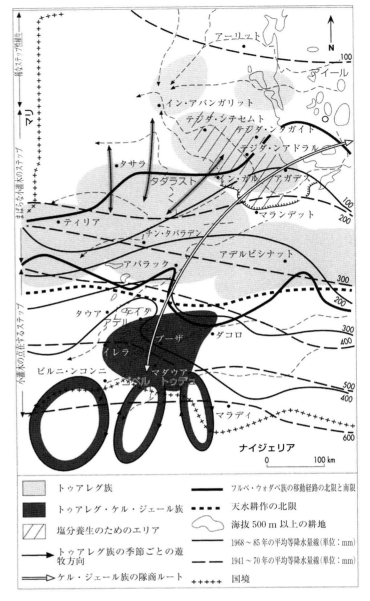

5.8 中央ニジェールの遊牧空間
アイール高地西側の平原からナイジェリアとの国境にかけては，完全に遊牧民であるトゥアレグ族，定住して耕作と牧畜に従事するトゥアレグ・ケル・ジェール族，そして南部から移ってきたフルベのウォダベ族が展開する．家畜は常に，アイール高地の周辺にある窪地に向かって移動する．夏の間の塩分養生[塩分を含んだ牧草を食ませること]のためである．しかし，移動牧畜が遊牧生活にとってかわり，乾燥は南への移動をひき起した．それはナイジェリアやカメルーンにまで及んでいる．

トゥアレグの勢力のもとにあるこの空間には，1940年代から，南部出身のフルベ族のウォダベ[Wodaabe]が，小さな家族グループで侵入してきた．彼らは，アイール高地西側の平原にあるサハラ砂漠の入口まで牛を連れてきた．この最近のフルベ集団の動きは，トゥアレグのそれとは逆方向である．ウォダベはハウサ地域（ニジェール南部およびナイジェリア北部）を捨てたのである．この地域では，耕地面積の拡大と遊牧民の移動経路の短縮が顕著になったからである．トゥアレグの放牧地域への侵入は「移動牧畜——移民」の手法に従って，断続的な前進の繰返しによって行われてきた．夏の牧草地は，次第に乾季の移動コースになり，毎年少しずつ北へ進んでいく．

5. 危機に瀕した地域

ウォダベは，トゥアレグのそばで生活しているが，両者に類似点はない．ウォダベ人たちの社会は小さな家族グループを基盤にしており，階級や階層は存在しない．今日では彼らはイスラム化していることもあるが，ほかの遊牧民のいずれとも異なるその振舞いと生活様式のせいで，その「異教徒」という評判は，依然として彼らを離れない．彼らはテントも小屋ももたない．その住居は「ヤブから奪いとった空間」であって，囲いはあるが屋根はなく，ただ何本かの枝によって辛うじて他の場所と区別されている．反対にトゥアレグ族では粗末ではあってもテントが婚姻や家族の標である．つまり最低限の生活空間ももたないということは，領域^{テリトリー}と社会関係の物質化をまったく拒否した標である．ウォダベの牧畜民としてのあり方が，彼らとその他の遊牧民とを区別している．牛は彼らの生活の中心である．しかし牛ならば何でも良いというわけではない．トゥアレグが，短い角が生え，様々の模様（葦毛，黒，白，ベージュ，ぶち）をもつ小型のコブウシ（アザワクと呼ばれる）を飼育するのに対して，ウォダベはきわめて長期にわたって選別された（ボロロヂなる名前の）コブウシを飼育する．それはリラの形をした巨大な角をもち，くすんだ赤褐色の毛色をしている．ウォダベは家畜をひとまとめにして飼育し，牛飼いなしで放すことは決してない（トゥアレグがアザワクを牧草地に放しておくのとは対照的である）．ボロロヂ牛はウォダベ社会の「標識」となっていて，それが変らない基準によって彼等を際立たせている．ウォダベは乾季には多数の水場に分散するが，雨が降り始めると，水の穴のあるところに移動し，それから毎年大集合することになっている沼地のまわりにやって来る．そこでは，新たに芽吹いた草のおかげで家畜は体力を回復する．これは，北の大渓谷群へ向かうせいぜい50kmほどの行程である．しかしそれは毎年繰返される．長期的にはこれは，少なくとも定期的な雨が緑被の再生を可能にしているときには，北部へ向かう継続的な移動となる．というのも年毎の移動は，突然方向や規模を変え通常の経路をはずれて，あわただしい逃亡の様相を呈することもあるからである．その理由に事欠くことはない．例えば抑圧的と感じられる行政指導があるし，それに特に1970年代以後，飼料になる草が突然減少したことである．これは迅速な対応を必要とするのだが，残念ながら対応は家畜の持久力に順応しないことが多い．

1984年と同じように1972年にも，いくつかのグループはナイジェリアあるいはカメルーンまで移動した．そのことは，ウォダベ族がトゥアレグ族よりも土地への愛着をもたないことを示している．あるいは，彼らはサヴァナのほとんどどこにおいてもほかのフルベたちと出会い，彼らとともに文化的近親性や牧畜のノウハウを分かちあえることを知っているのかもしれない．しかしこのような自由は危険をおかさざるをえないことでもある．1973年以降，ウォダベの多くの家族は，生き残るために，彼らの伝統的な牧畜様式からますます離れたいくつかの解決策をとらざるをえなくなった．つまり，男であれ女であれ家族の一部分は，季節ごとに沿岸地域の大都市に集団移動するのである．定住化もある．これにはついには野菜栽培に至る集約農業の採用が伴う．もはや自ら所有者ではない家畜の番もある．どんな代価をはらってでも飼育者であり続けたいと望む者は，この第3の道を選択する．しかし給料を受けとる牧人となった彼らは，次第にその技術を変化させ，牛乳生産にしか関心をいだかなくなる傾向にある．だがこの搾乳は彼らの収入にはなるものの，十分に間をおかない出産と早すぎる離乳のために家畜を傷めることになる．

社会集団の被る気象条件の悪化の程度に応じて，またそれぞれがもっている能力に応じて，新しい事態が現れる．もともと遊牧民であり戦士であった人々は50年前にはオアシスを襲撃していたのだが，今日では彼らが軽蔑している定住民の世界で店を構えている．ある幸運な農民たちは牧畜に投資する．彼らは，立って動く資産は農地で乾かす穀物よりも保護しやすいと考えるのである．反対に牧畜民のなかには，牧草地の微妙な選択に長けてはいるものの〔原文のrôdésはrodés:「長けた」「熟練した」の誤植〕，数カ月にしてすべての家畜を失い，彼らの従来の遊牧経路から1000km以上も離れた都市まで食をあさりに行く者もいる．さまざまな形の適応，生産システムの柔軟性，そして急激な変化には，激しい移動が伴う．サヘル人たちは移住し，しばしば都市民になり，時には遠くヨーロッパにまで移動することによって生きのびている．今日ではそれはアメリカ合衆国にまで及んでいる．

6

再編中の領土

ことに南部への移住は，不安定な食糧事情への対応策の1つとして速度をはやめた．サヘルの民の生活空間は二重になり，都市は格好の目的地になったのである．大規模な灌漑工事と非政府組織による多様な介入が「不良開発」に対抗するために連結され，国際援助は主要な解決策のひとつになった．しかしそれは，決して将来を保証することはない．

「開発は義務ではなく法でもない．それはさまざまな社会計画の中の1つにすぎない」
ジャン・ガレ

サヘル・アフリカとは，単に散在する村落や遊牧民たちの移動エリアではない．サヘルの諸社会は，危機をおそらく深刻化させた長期にわたる旱魃によってゆさぶられ，生きのびるための方法をその生活領域の外部に求めている．人々はもはや，例えばマリのドゴン族のように山をくだって平野部に住みつくことでは満足しない．またブルキナファソのモシ族のように，「古い土地」を離れてすぐ近くの空いた土地を手に入れても十分ではない．かつての牧畜民は都市に定住することもできるし，家族や家畜とともに国境を越えることもできるのである．原住地はひどい乾燥と貧困にみまわれ，そこでは人口密度が高いせいでなおさら生活必需品は不足する．つまり国内での移住（ブルキナファソでは南西部へ，マリでは南部へ）や，あるいは沿岸諸国の諸地方や諸都市へ向かう移住が生じているのである．大昔から常に行われてきた大規模な移住が，大西洋沿岸地域に向かう多くの方向からの人の流れから成る重なり合った扇の形を描くに至っている．

南部の現金を目指して

移住は新しい現象ではない．昔の隊商による商業はその交易網を森林地帯にまでのばしていた．商売の専門家たち（トゥアレグやヤルシやジュラなどの諸集団）は，定期的に移動しながら，南部のコーラの実と北部の塩を交換した．交換経済に伴う労働力の動きは，ブルキナファソのモシ族，マリ人，ギニア人，そしてセネガルのナヴェタンについては1910～20年代に始まった．その他の集団の大半は1950～60年代に移動を始めた．

20年前から移動は増加した．1970年代以前には，牧畜民は彼らの放牧エリアの外部への移動にはほとんど関心がなかった．しかし今日では，多数の牧畜民がアガデスやニアメやヌアクショットの周辺で確認できるし，おびただしい数のトゥアレグ族やベラ族がアクラやロメやアビジャンの港で見られる．マリやブルキナファソのプル［フルベ］族は，コートディヴワール北部のセヌフォ族やマリンケ族の居住地域で多く確認される．モシ族の住むブルキナファソ北部では，定住者人口の3％近くが出身地を離れて，3年間（1970～73年）で，この地方の南西部かコートディヴワールに移り住んでいる．植民地時代から，オートヴォルタ（現ブルキナファソ）の人々はコートディヴワールに移動していた．しかしこれは強制移住だった．行政上の制約からのがれた彼らは，またガーナのゴールド・コーストに移住し，賃金労働者もしくはカカオ農園の小作人になった．ニ

6.1 熱狂的な活動と交易
セネガルのバス発着所．奥地へ向かう輸送タクシー，小型バス，そして荷物を積みすぎた車が旅行者の移動を，それに合法非合法を問わず輸送会社の活動を保証している．これらは，都市－農村間の甚大な移動のおかげで繁栄している．

82

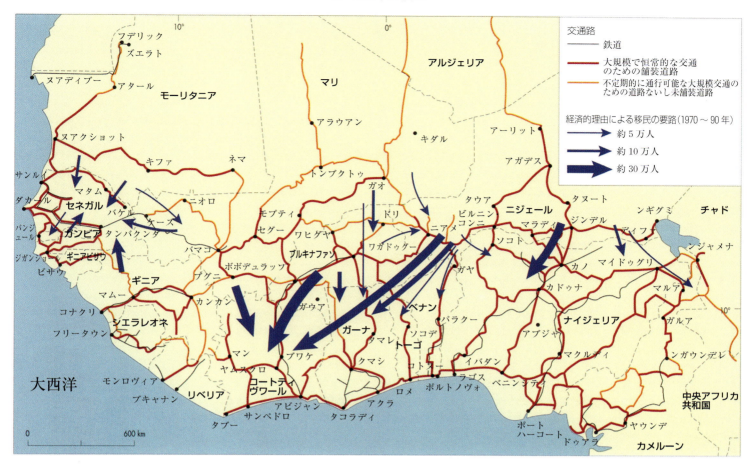

6.2 南部を埋めつくす移民
セネガルの落花生，ガーナのカカオ，コートディヴワールのコーヒーおよびカカオなど農業開拓前線が拡張し，また沿岸諸都市における貨幣の再分配が進んだことによって，大きな移動が始まりあるいは増大した．南部の森林地帯および交通の利便性が高いアビジャンやラゴスのような沿岸の大都市は，こうした移民の動きから利益を享受した．しかし現在では移動は危機のせいで問い直されている．

ジェール人の移住についても同様の変化が確認される．ガーナへの移動の後に，ラゴスやイバダンに向かう動きが続いたのである．ニジェール人の場合と同様に，ブルキナファソ人の場合も，経済発展の中心地となったナイジェリアやコートディヴワールに向かう方向の転換が確認されている．その要因はガーナの経済上の崩壊にある．ナイジェリアとコートディヴワールは，商品流通をひきつけて内陸諸地方の労働力を魅惑している．その勢いは現地の政権が危惧するほどである．

早魃に加えて，サヘル諸国の長引く経済的低迷が恒常的な移住の要因になった．移住は，税金や結婚持参金の支払い，生活必需品の購入，住居の改築，井戸の建設にとって必要な現金を獲得する手段である．移住者の支えがなかったならば，北緯15度の北に位置するどれほどの村々が見捨てられてしまっただろうか．しかし移住者の蓄えが新たな生産手段獲得のために投資されることはほとんどない．すべての研究は，貨幣の移動について，それがしばしば社会的投資（学校，無料診療所，モスク，井戸）に用いられるとしても，農業分野には例外的に投入されるにすぎない，と報告している．まるで生産技術の改善は政府の任務であって，開発政策の一環ででもあるかのように考えられているのである．しかしサヘルへ向かう貨幣移動の量には目をみはるものがある．それは1975年に関して，17億フ

ランス・フランにのぼると推計された．この金額は，実にトーゴ，ガーナ，コートディヴワール，リベリア，シエラレオネを合わせた輸出総額全体の8％にあたり，またニジェールの国家収入の30倍に相当する．さらに同じく1975年には，コートディヴワールに移住したブルキナファソ人たちは祖国に年間約7000万フランス・フランを送金した．サヘル地帯およびギニア湾沿岸の国々は，こうして国境を越える巨大な一つの貨幣流通圏を形成しているのである．その単一性は，部分的には大半のフランス語圏諸国の共通通貨であるCFA（アフリカ金融共同体）フランにもとづいている．

移住の経路

先人たちの経験と，とりわけさまざまな流れが合流する地域の受容能力とが移動の方向を決定する．当然のことながら移住者たちは，同じ地方や同じ村落の出身者たちの間にその居場所を見出そうとする．というのもまずそれは，米やイモの栽培や大規模農園で働くときに有効だからである．また，森林の工事場の作業班を形成したり，あるいは家の奉公人たちのネットワークのなかに入ることもできる．しばらくの間，彼らは前の世

代の縁者のまわりに形成された生産集団に身をおく. 旧世代は根づいて土地を獲得し, 時には受入れ国の国籍さえ取得している. こうしてサヘルの住民の生活空間は二重になっている. 若者たちが家族経営地を離れ, 外部世界への加入儀礼のように, 一, 二度だけ滞在して「税金相当額を持ち帰る」時代は終わったのである. それは地所にかかわる諸問題の発生によって土地の獲得が難しくなったからである. 変化はしばしば急激に起こる. 例えば, 1980 年に奴隷制度を廃止したモーリタニアでは, モール系ハラーティーンたちの移動が発生した. 彼らは土地を求めてセネガル川流域に移動した. 元の主人の支配から決定的に逃れるためである. 彼らは河を越えるか, もしくはマリに向かった. 彼らはそこで季節労働者の供給源となり, 人々が森林地帯に移るために見捨てた村々で賃金労働者となった. それぞれにとってそれぞれの南があるのである.

サヘルからの移住者たちは豊かな雨が定期的に降る地域へと向かう. そこでは綿花やコーヒーやカカオなどの栽培植物が, モロコシやアワよりもずっと豊かに収穫できる. しかし彼らはまた都市へも移動する. このような状況において, 増加しつつある活力をサヘルに引き止めることができるだろうか. 旅立ちは希望に満ちたものであろう. 労働者たちは, 南へ数百 km も離れたところでもっと恵まれた生活をおくり, 現金と食糧を故郷に送る. すでに 1961 年にはブルキナファソの中心部で 11 ％の男性が出身の村を離れていた. そして 15 歳から 39 歳までの年齢層はそのうちの 30 ％の不在率を示していた. 1973 年には, それらの割合はそれぞれ 25 ％と 50 ％に達した. また不在男性の半数は既婚者であって, 彼らの多くは妻子とともに故郷を離れている. セネガル川流域では, ウォロフ族の場合と同じようにトゥクルール族やソニンケ族の場合にも, 農家はそれぞれ 2, 3 名の不在者をかぞえる. 調査の場所によっては全体の 30 ～ 50 ％にあたる. 人口の損失だろうか. そのとおりだが, 経済的には得する損失である.

不在の期間と活動の類型, これら 2 つの基準は相互に関連している. 都市では移入者たちはあらゆる種類の, しばしば一時的な仕事に就く. けれどもうまくいけば商売を営むし職人にもなる. 農村ではより多くの選択肢がある. コートディヴワールやガーナで見られるように, 賃金労働者や大規模農園の小作人となる. また土地を購入したり, 労働の提供とひきかえに獲得したりして自己経営者になる. 賃金労働者としての滞在期間は 6 ～ 8 カ月である. その途中で, 家族総出の農作業のために村に帰ることもある. 分益小作人の場合には出稼ぎ先での滞在期間は 4 ～ 5 年で, 場合によっては 2 ～ 3 週間の短い帰省ができる. 経営者になった者の場合は, 新しい土地での滞在期間は 10 年から 15 年以上になり, もはや故郷には帰らないこともある.

どれだけの人々が出身地の外で生活しているだろうか. 算定は困難で, 信頼できる数値を得るのは不可能である. 1988 年にコートディヴワールで調査された外国人 300 万人のうち, 51 ％はブルキナファソ出身, 24 ％はマリ出身, そして残りは主にギニア, セネガル, ニジェールの出身であった. 今日では, 約 200 万人のブルキナファソ人がコートディヴワールに住んでいるだろう. ガーナでは 1970 年から 1975 年の間に, ブルキナファソ出身者の数は 16 万人から 17 万人の間で変動していた. このことは, 移入者たちが, 数十年前から定着したプランテーション経営者たちのような, 古くからの移民であることを示すと考えられる. 1975 年には 42 万のマリ人が外国で生活していた. すなわち, コートディヴワールに 35 万人, セネガルに 3 万人, ブルキナファソに 2 万 2000 人である. 移出国であるブルキナファソは, 移入者を受け入れてもいるのである. というのは, 相対性のたわむれによってこの国は, マリ人たちにとっては次第に魅力的にみえるのである. 同様のことはセネガルについても指摘できる. この国は 1980 年には 40 万人近くを受け入れた. 大半はマリとモーリタニア出身者であるが, しかしまたかつての政治亡命者であるギニア人とギニアビサウ人もいる. その一方ではしかし, 河川流域の住人たちは故郷を離れているのである.

緩やかなサヘルの変化

マリ南部地帯は, セネガル流域と同じように今もなおいくらかの季節労働者たちを引きよせてはいる. しかしこの流れは, 森林地帯のプランテーション経済が発揮している牽引力とは比べものにならない. また同様に, ニジェール川流域の灌漑地域は労働力を必要としているが, それは流域ないし近接する村々の住民によって完全にまかなわれている. つまりニジェール川流域は移入者を呼びよせることはないのである. 反対にブルキナファソでは, 1973 年以来, 回旋糸状虫症（オンコセルカ症）撲滅のための巨大プロジェクトの一環であるヴォルタ川流域整備公社（AVV）が, 外国への人口流出に対する国民規模の解決策として提起されている. しかしこの農業植民方式は, 40 万～ 50 万人以上の人々には影響を与えていない. なぜならばこの計画は 15 年から 20 年に及ぶ悠長なものだったからである. もしブルキナファソが, モシ族の居住する高い人口密度（1 km^2 当たり 70 人から 100 人）地帯のさ中でかつては過疎であったその諸流域の整備事業に成功するとしても, この作戦は人口の重荷を解決しないし, 国境を越えていく移出者たちに思いとどまらせることもできない. 1973 年から 1983 年の 10 年間に AVV が組織した住民数は, 流域の人口増加の 15 ％以上に達することはなかった. ブルキナファソには別の事例として南西部における自発的な植民がある. そこは雨量がもっと多いし, 空いた土地もあったからである. しかしこの動きは毎年中心地域から離れていく約 4 万人のうちの 10 ％以下にしか相当しない.

労働力の流失をくいとめるための諸政策は内発的な農業発展

計画を主軸にして進められているが，それでは十分ではない．ブルキナファソの国境地域におけるAVVの活動は，ニジェール公社がフランス領西アフリカ時代にいたるところで用いたもっと強制的な方法と同様に効果がない．このような状況では，諸々の国家はビザ発行という司法上の措置か，あるいは国境封鎖という治安維持政策を用いなければならないのだろうか（そんなことができるだろうか）．この疑問には，西アフリカ諸国が結んだ自由な往来と経済協力の協定が答えている．これらの協定は，サヘル諸国の政府にむしろ非介入という態度の選択をうながしている．そうしておいて，外国からの送金の一部を課税対象として天引きすればすむというのである．つまり，1981年にブルキナファソの国境地域では，景気の変化によって一時的にではあれ人の移動にブレーキがかかったことがあったが，サヘル諸国は，沿岸諸国と同様に移動者たちの流れを放任した．[流出元および流入先] 双方にとって財産と見なされているこのような流れに対しては，中立の立場をとるのが得策であると考えるのである．移住の構造的原因に働きかけるいかなる措置も，いかなる発展政策も有効で持続する成果をあげることはできないだろう．ゆうに1世紀も前から，サヘル地帯は他地域の開発へと動員される労働力の貯蔵タンクである．故郷を遠く離れても暮らすことのできる能力は，サヘル人のひとつの特質になった．セネガル流域出身のソニンケ族のネットワークはフランスにおいても広がっていて，この地のアフリカ黒人賃金労働者の約3分の2を占めている．今日ではザイールやアメリカ合衆国を遠望している．

サヘル人たちは彼らの出身地域内でも都市に定着する傾向がある．1920年には都市住民は1％以下にすぎなかったのに，2000年にはおそらく40％に達するだろう．セネガルがすでにその例である．迅速な都市化は，それが生産機構の進展と関連していないがゆえにいっそう大きな関心をひきつける．見かけ上はほとんど仕事がないのに，実際には新しい分野が古いネットワークの維持を保証し，特異な都市住民像の出現を可能にしている．10世紀以来はやくも，いくつかの町がサハラ砂漠の周縁に建設された．それはマグレブ地方から来るラクダの隊商が集中する地点であり，南方の森林地帯から北上してくる商業ネットワークの集合点でもあった．このような接触の地域に，17世紀初頭までに3つの大帝国が次々にあらわれた．ワガドゥ王国（ガーナ王国とも呼ばれる），マリ帝国，ソンガイ帝国

6.3 都市の突出部
土地のみでもしくは設備付きで販売される分譲区画は，また時には「建売り住宅」の集合体ともなり得る．それは国家の顧客である中産階級に提供される．その一例は，ダカール首都圏の東部市街区，リュフィスクへの道路沿いに建設された不動産セットである．

II. サヘル地帯

6.4 ダカール都市圏

セネガルの首都圏には150万人が生活している．都市の市街地化は東に向かって大きく広がった．分譲地が造成され，また非合法の私的活動が行われたからである．こうしていわゆる「不規則なピキン」[セネガルの都市名．ダカールの北東に位置する．人口は14万人．住宅地域であり，また木綿業の中心地でもある]は，ダカール市よりも人口の多い新興都市に変貌した．都市化の前線はマリカやリュフィスクへと進み，ニャイを征服しつつある．ニャイとは，砂丘の間の窪地であって，以前はもっぱら野菜栽培に充てられていた．

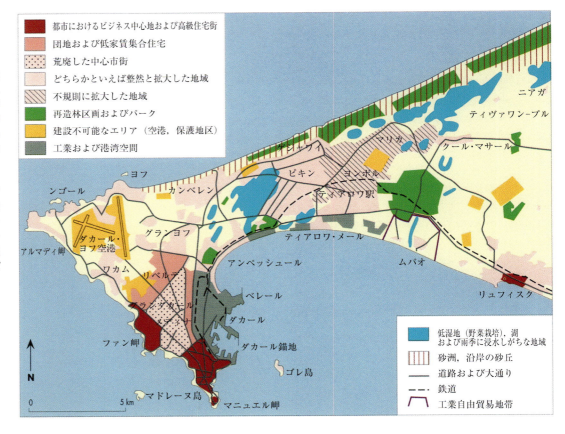

である．黄金と塩と奴隷と馬，そしてコーラの実を獲得する方法を握るこれらの諸帝国は，その商業都市を活用してサハラ縦断交易に参加した．モスクと王族の館にはさまざまの専門の機能をもつ地区がとり囲んでいた．タリック[アラビア語で歴史書・歴史記述を意味する]はそれらを引用しており，考古学はそれをよみがえらせている．アウダゴストは11世紀に栄え，（古ガーナ王国の）クンビ・サレは首都であると同時に宗教的都市となっていた．それは，マグレブの文人たちによって言及されている．15世紀初めには，イスラム化したマリ帝国は数十の村落といくつもの都市を擁していた．すなわちニアニ，ジェンネ，トンブクトゥ，ワラタなどである．これらは，ソンガイ帝国の覇権の時代にも，交易の重心が東のガオに移動して首都がそこに移されてからも存続した．次いで17世紀以降，内陸の大規模な国家は衰退する．いくつかの都市は残ったが，海上貿易が隊商貿易にとってかわり，沿岸にそって新たな都市が形成された．たとえば15世紀にポルトガルとの接触拠点になったアルガン，セネガル川河口に位置して1659年にフランスの拠点となったサンルイ，またのちにダカールがそこで発展することになるヴェール岬に面したゴレ島である．その他にも多くの都市ができたが，それらはすべて交易の場所であって，多くの会社が奴隷やアラビアゴムを求めて活動した．さらに積荷の種類を増やそうと努める商社が設立され，それらは新たな寄港地を流域に建設しながら，川をさかのぼって内陸へ侵入した．和平時には小要塞は行政管理の拠点や取引市場になった．鉄道網の拡張によって商人の活動はいっそう活発になり，主要な市場は増えた．例えば，ダカール－サンルイ路線は1885年に開通し，

ダカール－ケーズ路線は1923年に完成した．1934年にボボデュラッソまで鉄道はのびたが，ワガドゥグーには1954年になってようやく到着した．いくつかの都市，サンルイ，リュフィスク，ゴレおよびダカールは，土着民にフランスの市民権が与えられるという特権に浴している．進展していくにつれて，植民地の体制は，時には寄港地の以前からある苗床とかさなって，ジンデルやアガデスのような行政機能を備えたいくつかの古い都市に再び活力を与えている．

都市への定着

セネガルとマリは例外として，サヘル地帯のいずれの国にも，1920年の時点で1万人を超える都市拠点はなかった．1940年にはモーリタニアだけが依然同じ状態にとどまっていた．40年後に都市人口は，移住と都市特有の人口ダイナミズムによって10倍に増えていた．しかし古くからの地域の中心地や首都と，例えばモーリタニアのように1970年代以降の大規模な移入によって小さな都市レベルに達した小村とを区別するのは正しい．サヘルのさまざまなグループに属する外国人居留者は，都市で生きるために，多様な経済的，家族的そして住居にかかわる戦略を採用している．彼らは，もともと属していた社会がもつ機能の永続性を確保するために諸規則を定義しなおす．次の2つの事例がそのことをよくあらわすだろう．ニジェールの中規模都市マラディと，ダカール近郊で最も人口の多い都市ピキンの例である．

6. 再編中の領土

6.5 論争の的になっている整備
1986年に開始され、サンルイの北部に建設されたディアマダム．これは、乾季に海水がセネガル川の扇状地や下流域に流れ込むのを防ぐためであった．このダム建設は、マナンタリの場合とともに水利整備事業の代表的なものである．砂地の河岸に以前の川床がみえる．

19世紀にひとつのハウサ首長領の領地であったマラディは行政および交易の中心地になった．そこは落花生を集荷し、ヨーロッパの商社の輸入した物品を売っていた．1950年代までこの都市の発展は緩やかであったが、その後落花生交易の伸長とともに加速した．しかし1973年から1974年にかけて旱魃が発生すると、都市の発展は停滞した．というのも、飢饉を恐れるこの地方の農民たちは［地域内消費用の］食糧栽培につとめたからである．しかし都市の経済活動は悪影響を受けなかった．なぜならば、1967年にはすでに、ハウサの商人たちはナイジェリア北部との交易を活発化させていたからである．ニジェール政府が進める工業化計画が実行されたにもかかわらず、都市は隣国との交易および密貿易を続ける．それはナイジェリア通貨の下落と、すぐ近くにある国境が侵入しやすいという事情によっている．マラディの人口増加は、旱魃の時期に進行し（1970年に2万8500人だった人口は、1977年には4万5800人に増えた)、さらにそれは年7.5％という早いペースで続いてゆく．このうち4.1％が自然増加で、3.4％は移民による増加である．1986年には10万の大台を超え、現在のペースがそのまま続くとしたら、20世紀末には30万人に近づくと予測されている．

しかし居住地が変わっても、商業に関しては別としてこの都市が職を提供してくれることは少ないだけに、従来の活動が断絶することはない．都市と農村とは、対立するよりはむしろ相互に結びついている．近隣の村落と都市との絶え間ない往来がそのことを裏づけている．農繁期になると、若者たちは都市での大して専門資格を要しない仕事をやめて、村での農作業に参加する．都市がその食糧需要の4分の1近くをまかなっていることに驚いてはならない．まだ建物がたてられていない分譲地では耕作が行われているからである．また近隣の農村から来た多くの都市住人は地元に畑をもち続けていて、収穫物を都市に持ち込んでいるのである．これがサヘルの中規模都市における「都市風生活」なのである．

地方都市と同様に、サヘルの諸々の首都では地域の土地活用法がいとも簡単に公式の都市政策をさまたげたり、あるいは覆したりしている．新たな居住者の波は容易に制御することが困難だからである．例えばダカール近郊のピキンの場合がそうである．これは、首都の人口過密を解消し、庶民の居住地域を衛生的にするために、1952年このかたダカールの中心地から13kmの郊外に整備され、ティアロワとヤンブルという2つのレブ族の村を統合して建設された．ダカールは、1960年には3万人が住んでいたが、1976年にはそれは21万人に増え、1987年

87

には65万人に達した．ピキンは，もはやベッドタウンとしての大分譲地ではなく，1つの本物の都市になり県庁所在地になった．整備された道路網にそって高等学校，市場，映画館，産院がある．高級な邸宅と質素な住宅が隣り合っている．そこでは住民の25％を占める職人と小売業者が働いていて，作業員や下働き労務者のような単純労働にたずさわる賃金労働者，そしてヴェール岬の工場とかダカールの港で働く人々（住民の45％）が住んでいる．そこにはまた多くの失業者や定職のない都市民（住民の30％）が居住している．この［階層に応じて］分化した都市空間では，新たな移住者も昔からの土地の所有者たちも，彼らなりにセネガルの政治システムの矛盾をうまく利用しながら，都市の組織技術を使いこなしているのである．

　最初の分譲地の図面がひかれてから12年後の1964年には，セネガルの土地所有に関する法律が発布され，それによって，半島に住む漁師でこの地の伝統的な「所有者」であったレブ族から土地にかかわる権利が剥奪された．しかし建設用の土地に対する需要は大きく，最も小さな区画でさえも闇取引の対象になった．ピキンの住人と古い土地所有者たちとの間のこうした取引には，金銭と政治的要素とが複雑にからんでいた．こうしてゲジアワイやグランピキンといった官公庁街の創設とともに，レブ族と新たな居住者たちとの間で行われる土地の違法取引が確認される．それは，ティアロワ村やヤンブル村のすぐ近くや，あるいはすでに建築物が建っている土地のまわりで起こっている．というのも，造成地の周辺には自然発生的に家屋の建築が伸びていくからである．ピキンは，1988年には2つのタイプの空間編成を特徴としていた．1つは約12 km²の土地を覆う合法的な都市であって，規則的な骨組をもつ．もう1つは非合法な都市であり，前者よりも不均質で約13 km²の広さをもつ．一方は国家が計画し，分譲し，整備する．他方では，彼らなりに開発業者となったレブ族がかつての自分たちの所有地を細分し，各区画を販売する．その土地に新たな都市住人が家を建てるのである．その挙句，ダカールの入り口には首都と同じ規模の人口を抱える新たな都市が建設されたのである．

　動きつつあるこの社会において，都市住人になったときに村人は，経験したことのない規律に直面する．しかし彼らは，それに順応し，もしくはそれを調整する．各共同体はそれぞれ特色ある居住空間を編成している．例えばトゥックレール族はピキンの内部にもセネガル川流域の小さな村落の景観を再生している．同じように，水汲み場の整備，協会の形成や保健所の設置，あるいはモスクの設置など都市生活の拠点になるすべてのものが，政治的・伝統的・宗派的なあらゆる分派にとって関心の的になる．新たな都市住民は，彼らの空間を運営し，社会を構成し，彼らが元々属していた共同体の機構を都市に適応させるのである．

大規模工事の空間

　砂漠化と食糧不足に対する闘いは，巨大性と同毒療法（ホメオパシー）的な超微量性との間で，またコンクリートとバンコ［banco．アフリカで伝統的に用いられる建築資材．粘土質の土とわらを刻んだものとの混合物］との間で，さらには専門家が考えることと農民にできることとの間で揺れ動いている．1920年代から，「開発」をめぐる植民政策は灌漑を最優先させ，特に住民における，綿花と落花生の生産拡大および輸入商品のさらなる消費拡大のための努力をあてにしてきた．実験的な農場が創設され，最初の犂（すき）も配布された．

　耕作地を拡大し，収穫物と貯蔵状況の商品化を改良し，牧畜を発展させ，集団の利益にかなう工事を行うためにすべての地域で共済組合が創設された．生産物を搬出するためには道路を建設しなければならず，そのために村々で労働力が徴用された．こうして1930年代には，セネガル川流域とニジェール川流域で「大工事」が始まり，特にフランス領スーダンでは，ニジェール公社によって数十万ha を灌漑する計画が構想された．戦時には工業化のきざしが生まれ（セネガルにおける製油工場）たが，その後（1947年から1957年までの）10カ年計画が企てられた．港湾，道路，橋，空港，学校，診療所の建設に加えて，あちこちで最も大がかりな計画が実現されていった．たとえば一方ではセネガルにおいて，リチャード・トール方式による灌漑農業の整備と熱帯植物採油会社（CGOT）の活動が，新たに開発された土地で実施された．他方では，（現在のマリ共和国にあたる）スーダンで，ニジェール公社の進める一連の工事が遂行された．農業生産物の商品化は，1949年に創設されたフランス繊維製品開発会社（CFDT）の後押しで推進され，特に落花生と綿花について成功している．

　こうして承認された財政上の努力は，1950年代の経済発展の文脈のなかで成果をあげた．しかしこの時期サヘルには十分雨が降ったので，北部の牧草地でさえ青々と茂り，家畜の数も植民地政府が準備した獣医団の監視のもとに増加した．獣医たちはサヘルの各「サークル」において予防接種キャンペーンを行った．また彼らは，給水局と協力しながら牧畜地帯での水の使用容量を増やす運動にとりくんだ．これら専門家たちの活動によって家畜は増加した．牛類の数は，1940年の300万頭弱から1970年の1700万頭に増えたのである．しかしまさにこの時，牧畜は限界に行きあたったように見える．降水量が減少して，牧草も成長しにくくなったからである．

　1960年からサヘルの各国では商品流通が再編成された．国家機関が盛んに創設される．マリ農業生産物管理事務所（OPAM）や落花生商品化のためのニジェール商社（Sonara）やセネガルの農産物商品化事務所（OCA）などである．新たに誕生した諸々の国家は生産に対する支配力を強め，村落の共

同組合運動を推奨する．いたるところで家畜を犂につないで行う農法が広められ，肥料と抗真菌剤［かびや茸類を殺す］の使用が進められる．農村の信用貸しが次第に配置され，大規模の整備はもはや優先するとは考えられなくなり，牧畜にかかわる整備の努力は続く．牧畜地帯は「統合開発」と呼ばれる第1次計画の恩恵にあずかる．こうしてニジェールにおいては，法制度によって牧畜活動のために固有の土地を割り当て，これを耕作民の侵入から保護した．彼らは畑を北部へと開くことを止めず，家畜の移動を妨げていたからである．大牧場の計画も入念に作成された．すなわち水源が確保された広い囲い地の構想である．

「非政府機関」という選択肢

旱魃を機会に地域開発のために「何がなされうるかという調査」が増え，それはサヘル全体を覆いつくすほどであった．ほとんどは国際機関によって財政的に支えられたこれらの活動は，もはや「油の染み」のように浸透していく「ターゲットをしぼった開発」を目指すのではなく，「実物大」の現実に狙いを定める，と農学者たちは強調する．それゆえ，常に名誉ある地位にあった綿花や落花生の生産者のかたわらに，ついに高貴な者と見なされるに至った穀物栽培者たちがならぶ．彼らに初歩から教えこんで育成しなければならないのである．しかし問題は増え続ける．というのは雨が降らないからである．農民たちは，信用貸付けのおかげで選別された種子や殺菌剤，そしてロバや牛が引く小さな機器を手に入れた．だがすぐに支払いができなくなる．1980年代初めには援助の性質が変化した．一方で農民が代金を支払えなかった機器を返却しているとき，人々は経験に基づいて「科学技術一式」は不適応であるとの評価を下すのである．

諸計画の装備の重さおよびその欠陥についての非難に対して，1980年代初めには，「非政府組織」（NGO）がもう1つの可能な解決方法を示すと思われた．NGOは小規模の計画をすばやく実現する．それらは自国民であれ他国民であれ，意欲に満ちた人やボランティアが構成する動きやすい組織で実行される．彼らなりにサヘルに投資したこれらのNGOは，開発というものを土地に密着して実現しなければならない1つのプロセスと考えるのである．つまり，最小限の科学技術および投資額とともに開発のためのさまざまの手だてをもちこんで，牧畜民や耕作民の共同体を全体として援助するのである．小さなダムのそばには再造林地区が設けられ，村の近郊には野菜の栽培場が整備される．これがNGOによる成果の大部分を占める．NGOはまた牧畜民の協会を指導し，放牧地の運営にも配慮する．しかし小規模な機関が増加し散在することは，国のレベルで実施される諸事業の連携を阻害している．例えば1975年にアイールでは，政府による諸事業に加えて，6つの異なる

NGOによる7つの計画が数えられた．

今日のサヘルで，何らかの援助を受けていない村や牧畜民グループがあるだろうか．十分に援助をうけていないものもある．例えば太陽熱によるポンプが機能しなくなった再造林地区はすぐに放棄され，若木は山羊が食べている．いったいこれが援助といえるだろうか．間違いや怠慢も見られるとはいえ，季節はずれの栽培地は拡大し，街の人口をもっとよく養っている．家畜は増え多産になり，今日では山羊や羊が牛以上に飼育されている．そして惜しみなく援助するために，サヘルの都市とヨーロッパの都市との姉妹化が進んでいる．農業団体や学校組織は，人材をサヘルの村々に派遣し，そこには通信員がいる．交流は盛んになり，人々は次第に西洋式農業のノウハウとサヘル式農業のそれとの接合を話題にしている．

米の育つ緑の流域

すでに19世紀の初めにはセネガル川の利用が問題になっている．長さ600 km，幅10～20 kmに広がるセネガル川の沖積平野（バケルの下流では約100万haに達する）は，ずいぶん早くから注目されている．しかし調査・研究はようやく1910年になって始まった．川は変化が激しく流域の状況は均質ではない．バケルでの流量は，渇水期の6月には1秒当たり数十m³であるが，8月になるとそれは数千m³になる．増水の規模は上流域での降水量に左右される．したがって年平均の流量は，1秒当たり300 m³から1200 m³以上まで幅がある．最後に，大河はファレメ川との合流地点から河口まで蛇行するのだが，その縦方向の勾配はとるにたりない．というのも河口から800 kmの地点で，川床は海抜12 mしかないのである．耕地や放牧地や導水溝の開発状況は，年から年にかけて甚だしく異なっている．したがって研究は，水耕農業のための工事を行う可能性を結論づけてはいるが，コストが高くかかることと，解決すべき技術的な難問があることにも言及している．そのうえ，整備可能な土地にも人が住んでいるのである．そのため，1920年代初頭に提示されたひとつの計画は，上流にダムを建設することによって流量を一定化させようとするものであったが，それは採用されなかった．大規模な整備実現の意志は，ニジェール川の方に向けられる．それでもセネガルの食糧不足を解消するという限られた目的をもつセネガル開発特命事業団（MAS）が1936年に設立されてはいる．いくつかの小区画がリチャード・トール，ゲデ，ディオルビヴォルに整備されて，灌漑農業の技術が実験された．しかし困難はつきまとった．というのは，経営，給水網の管理，農民層の指導，生産コストなどの諸問題は決して解決されないからである．それらの問題は，例えばリチャード・トールにおいて1950年代に，国営開発方式を導入して地所を6000 haに広げて試行されたけれども，解決はできなかった．試される開発方式や使用される道具や給水

Ⅱ. サヘル地帯

6.6 セネガル・セレール地方のバオバブの樹
セレールの農民にとっては親しみ深い仲間であるバオバブの樹は, 食糧となる実をつけ, また様々な原材料も提供する. 葉や果肉やその種子——猿のパンと呼ばれる——は消費され, 樹皮はロープの原料になる.

網の広がりがどのようなものであれ, 稲作の実験をうまく運営するのは難しいことが判明する. こうして, 1970年にリチャード・トールは「セネガル砂糖会社」に譲渡された. それ以来, 砂糖生産は1974年の6000t以下から1982年の5万7000tに増加し, それ以後年間6万tから7万tの最高限度に達して, セネガルにおける消費のほとんど全体をまかなっている. 砂糖の農 - 工業は, 1930年以来企てられてきた一連の整備事業のただひとつの成功例ということになっただろう. もしも, セネガルの独立以降一貫して擁護されてきたテーマである消費用食糧の生産を推進するために, 新たな投資が開始されなかったとしたら.

1965年, デルタ地域整備開発公社 (SAED) が創設された. その任務は次の2つで, その第1は, 急速に消費が増えている米の生産に再び梃入れをすること. 第2は, 下流の整備地区に入植者を定住させること, であった. SAEDがデルタ中・上流地域の最も塩分の少ない土地をおおざっぱに整備している間に, 浸水を制御するために河にそって80kmにわたる堤防が建設され, デルタの中・上流地帯には新たな居住用地が設置された. 入植者は大きな共同組合に組み込まれ, 公社から機械的作業の割当てを受ける. また彼らはその生産物を国の精米所にわたすよう義務づけられたが, 結果はさんたんたるものだった. 給水網の技術改良および生産者グループのもっと小さな単位への再編が決定された. これを基礎として, SAEDの介入エリアはセネガル河岸全体に及んだ. ダガナとニアンガに小区画が設置され, それらは右岸のロッソ地区の整備にとって規範となった. なぜならば, 1976年にモーリタニア国有公社であるSonaderはSAEDを手本にして設立されたからである. 上流域では, マリが1980年代初頭にこれに続いてケーズに整備区画を建設する. セネガル側の河岸では「小さな村落地区」作戦が始まる. すなわち数ヘクタールの整備区画が河岸の近くに配置され, 水上に浮く容器に設置された自動ポンプが灌漑に利用された. 大きな地区とは違って低コストで整備される小区画では, 農民自身が少しの負担で直接開発にたずさわる. 以前の制度では2～3haの区域が割当てられていたのに対して, 10～20aの小区画となり, 耕作はついにもっと順調に行われ, 収穫高ははるかに増加し, 1年間に1ha当たり2.5～3tの収穫が可能になったのである. SAED創設この方約15年間に及ぶ試行錯誤を経て, ついに小規模開発の優位が承認された. セネガルでは1980年以後いかなる大規模開発も実行されていない. その一方で小規模開発は進展し続けている.

ダムへの情熱

1988年の末には, セネガル側のデルタ地帯および流域で整備された表面積は3万8300haに及び, そのうち7500haはリチャード・トール方式の農 - 工業区画であった. また1万1750haは大規模区画で, 1万9050haは小区画であった. モーリタニア側では, 開発地域は1万6900haに及び, そのうち約3000haは大区域で, 1万3900haは小規模に開発された. 上流のマリでは, 数百ヘクタールが開発されただけであるが, 稲作区画の面積は急増するに違いない. 灌漑される小区画造成のリズムは, 流域の3カ国全体で (1988～90年の間) 年平均およそ5000haとされている. 最も力強く灌漑が進められているのはモーリタニアであり, 1996年については6万haが予告されている.

また同時に大規模ダムの展望も具体化している. セネガル川開発機構 (OMVS) は, 1975年にセネガル, モーリタニア, マリ, ギニアの共同で設立された. これは, もし整備の原則が西欧風の少なくとも批判の余地のある技術万能主義思想にそれほど屈従するのでなければ, アフリカ的協力の模範になるはずだった. 巨大な「可能性」に依拠しながら, また (1920年と同様に) 川の流れを制御したいとのぞみながら, 流域全体の開発研究は今回は2つのダム建設に行きついた. 1つは河口から25kmの地点のディアマダムであって, 1986年に完成した. これは塩水の遡上を阻止する. もう1つはセネガル川のマリ領土内の一支流に建造されたマナンタリダムであって, 川の流量を一定化させる. 長さ200mのこのダムは1988年に完成した. ダム建設の目的は3つある. 第1は灌漑面積の更なる拡大, 第2は可能な航行路の整備, そして第3は電力の生産である. 整

6.7 街中の野菜

ニジェール川に近いこの場所では、掘られた井戸がセメントで固められていようといまいと、自動ポンプで常時水をくみ上げている。それが都市の専門化した農業の発展に寄与している（ニジェール、ニアメ）。

備され得る面積は37万5000 ha と見積もられている。

上流に位置するダムによって流量は調節されるが、減水期における耕作の終焉という事態をまねいたという。そのために環境は著く変貌し、農地と牧草地の運営習慣も激変し、土地所有に関する制度と力関係も変容したのである。逆説的だが、水へのアクセスはもっと困難になり、高いコストがかかるようになったという。新しい地形のもとでは、水面は、すでに整備されている水田のレベルの10 m 下を流れることになったというのである。もう1つ別に微妙な問題も生じている。それは、投資額を回収するために示唆されている二期作あるいは三期作の問題である。それまで流域では年1回の収穫しか決してできなかった。財政的な支えもなく、開発者が自由に使いこなせる労働力もないのに、どうやってこれほどとっぴなスケジュールや耕作方法を押し付けるというのか。そのため、流域の整備が避けられないと思われてくるにつれて、多くの対案が提起されている。それでもしかし灌漑農耕の収益性は依然として主要な問題である。1994年のCFAフランの50％切下げ以前には、東南アジア産の米が砕米の形でダカールの港に降ろされていた。この米の値段はセネガル川流域で生産される米の5分の1である。川の農業水利整備が重大な困難をはらみつつも安定した生産を保証しているにもかかわらず、輸入品はこれまでに実施された計画やこれからの予定に暗い影を落としている。セネガルにおいて輸入は、1982年から1985年までに年間35万tから36万tに増え、それは消費量全体の85％を占めているのである。

第1次世界大戦直後には、世界市場における綿花不足という文脈の中で、フランスの実業家および政治家たちは植民地スーダンに関心を示した。この地域は、大英帝国にとってインドやエジプトがそうであったように、衣料用繊維をフランスに供給することができたからである。灌漑農地は、ニエネバレとバギネダの小区画で実験された後で、外部から募集した農民に割り当てることが決定された。こうしてベリム技官は1919年にフランス領スーダンに派遣され、第1期工事（1929年）として96万ha の灌漑を構想する。そのうち51万ha は綿花栽培を、45万ha は米の栽培を目指していた。人口の多いスーダンとオートヴォルタ（現ブルキナファソ）地方出身の移民者30万人をここに送り込むというのであった。この計画を実施するために1932年ニジェール公社は創設された。

大きな事務所

サヘル運河は、初期の整備区画を灌漑するためにすでに1935年に掘られた。1947年にようやくセグーの下流にサンサンディングダムが完成し、同じくセグーから第2の放水路となるマシナ運河が建設され1951年に開通した。灌漑地区は徴用労働力を活用しながら、2つの放水路のそれぞれの側から整備された。1940年には1万5000 ha が整備され、1945年には2万5000 ha 余りに拡大した。栽培にはまず近くの村々の住民に声がかかった。次には人口の多いモシ族の居住地域に呼びかけられた。植民者は1930年の1200人から1936年の7000人以上に増えた。

植民者には、生活条件および労働条件の厳しさに加えて、立場のもろさがつきまとう。彼らに与えられた区画——家族の規模に応じて1つもしくは複数の耕作用地であり、そこでは綿花と米が栽培される——は、いつでも没収される可能性があるからである。それに対してニジェール公社は、居を定めた各家族に、（当時としては画期的な）家畜をつないだ耕作機具と種子

を渡し，また最初の収穫までの食料品を与えた．これらの条件のもとに植民者の数は1940年には1万5000人になり，1945年には2万3000人に達した．しかし生産はこれに伴わず，1943年に綿花はほんの2000 t，米は1万 t収穫されただけであった．そのため1945年には5年間の整備拡大の中断が決定され，すでに存在する地区の開発の改善と労働者徴用のペースダウンが図られた．1950年には新たな10カ年計画が定められた．すなわち綿花栽培用に10万5000 haおよび米栽培用に7万5000 haの合計18万 haの整備である．しかしもはや強制的に新たな植民者を徴集することは不可能なので，毎年2000ないし4000 haの整備済みの土地が空き地のまま残った．そしてニジェール公社は，1955年以降は補助金を受けることができず，深刻な財政危機に陥った．モシ族の徴用は1954年に終わり，サン，クティアラ，セグー，マシナなど近隣地区の住民だけに，整備地区に働きにいくよう行政側の圧力がかかった．

　1961年にニジェール公社は，マリに予定していた最初の5カ年計画として6万 haのみの灌漑と栽培作物の多様化を発表した．つまり米と綿花に加えて，小麦とサトウキビが，それにナツメヤシまでも含まれた．けれども新しい経営者たちは，整備地区を拡大するという野心を長くは抑えきれなかった．1962年のソヴィエト連邦との合意に続いて，クルナとニオノのセクターは拡大された．だが同じ原因には同じ結果が生じる．すなわち，運動は1965年に財政的理由からまたもや中断され，整備済みの土地での生産強化が再び優先されるのである．1970年代の初頭には，ニジェール公社はもはや5万3000 haだけを経営する一方，農民は生産協同組合に組織される．この体制を拒否する2000人のオートヴォルタ人は整備地区を去る．他方では経営陣は数百人の商人や公務員や有力者たちを「にせ農民」として解雇する．この年には人口は3万400人で，1961年よりも少なかったが，労働力不足は発生しなかった．というのは，1962年から1965年にかけての水田面積の増加は，1930年代に開発されその後疲弊のために次第に放棄されていた初期の用地の埋合せにすぎなかったからである．それに綿花栽培地の面積が排水の悪さのせいで43％減少していたからである．1970年には，灌漑地1 ha当たりの収穫高はもはや1 tにすぎず，シカソ地帯の農民が天水耕作で手にする量よりも少なかった．作物の多様化作戦は放棄された．米のほかには，中国の援助を受けるサトウキビだけが残った．1969年に協同組合は解散し，農業従事者たちは，収穫物を農繁期の初めに決められる価格でニジェール公社に売るよう強制された．彼らは米の栽培に関心を抱く．もはや綿花の栽培は強制的なものではなかったからである．耕作面積と収穫高は1975年までは増大し，1978年には10万1000 tの籾米が収穫され，収益は1 ha当たり2.7 tであった．それ以後生産は年平均6万 tに激減し，収益は1 ha当たり1.6 tになった．籾米の商品化は公式にはニジェール公社の管理下におかれてはいるのだが，同機関の取引する量は1977年の6万5000 tから1983年の2万5000 tへと減少している．生

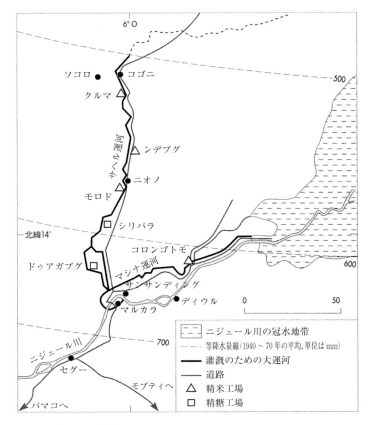

6.8　ニジェール公社
ニジェール公社は，植民地時代（1932年）に考案された組織であって，灌漑および周辺地域からの労働力の徴用によってフランスの工業界には綿花を，現地住民には米を供給することを目的とした．これは浪費の典型として存続することになる．独立後のマリは，この組織にサトウキビ，小麦，ナツメヤシの栽培を加えた．しかし無能な国家による経営のために，コストばかりかかる代物になってしまった．

産物は闇に横流しされているのである．

　1982年から1983年には，3万7000 haの灌漑地だけで耕作は行われ，そこで5500人の開発者が米を栽培したと推定されている．加えて，いわゆる「整備企画の外」での栽培がある．整備地区の周辺に，給水網から不法に用水路をひいて4000 haから1万 haの土地が規制をうけずに運用されているのである．そこでは特に米が栽培されている．サトウキビは3000 haの土地で栽培され，生産と加工は公営で，臨時採用の5000人の賃金労働者によって行われている．砂糖の純生産量は，1978年には1万9000 tの上限に達した．この活動によってこそニジェール公社による開発のバランスを取り戻すことができると大いに期待された．新たな失望が来た．1983年，生産は6400 tに激減したのである．今日では，増大していく財政的困難によってニジェール公社は苦しみ，給水網の維持と初歩的な管理すら，つまり農民への犂と肥料の不可欠な供与すらままならないのである．生産能力とはすなわち水利農業のための大がかりな下部構造にほかならないと専門家たちは一貫して見ているのだが，思い切って言ってしまえば，これを生かしているのは要するに度重なる国際的な資金援助なのである．

研究，援助そして悪しき開発

もっと最近，「牧草地と放牧の管理」と呼ばれる計画がニジェール中央部で実施された．南西のタウアから東北のアガデスに至るこの地域は，北ではほぼ年平均降水量 100 mm から南ではほぼ 350 mm のところに位置している．乾季にはこの地域には 22 万人が住み，この中には多くの家畜を連れた 13 万人の牧畜民が含まれていて，彼らは，1981 年から 1982 年には季節によって異なるが 30 万頭から 40 万頭の牛類，80 万頭から 110 万頭の小型の反芻動物，そして 7 万頭から 16 万頭のラクダを所有していた．ニジェール政府および合衆国国際開発庁（USAID）が定めた目標は，牧畜民をして移動コースに均衡をもたせ，それを自主管理させようというものであった．

1977 年から 1978 年にかけての 2 年間は，基本的な研究と報告と地図の作成に費やされた．続く 2 年間には「牧畜民協会」が設立された．各協会は 15 から 30 の家族，つまり 100 人から 200 人をまとめていた．このつつましい規模は，絞り込まれたテーマを効果的に処理するためには適当な大きさである．協会の規模は，ひとつのキャンプを形成し得る約 50 人の拡大家族と，1000 人に達することもあるリネジ［単系出身によって共通祖先から系譜上のつながりをたどり得る人々の構成する集団，系族，リニジとも］の一部との間に位置していた．その構成メンバーの選択は 2 つの基準，親族関係および地理的近接性に従っていた．各協会は，貸与金を管理する「事務局」を選出し，家畜の再編と安い価格での穀物の購入を行う．熟練した責任者たちは協会と保健・獣医諸機関との関係を確保していた．

これらの協会は，牧畜空間のネットワークを形成することによって，牧畜民における環境の管理への責任感の養成に貢献していた．約 10 の協会がひとつの「グループ」を形成して，協会間の協調および行政サービスを保証していた．土地は 8 つの地域に分割されていて，それぞれ「牧畜中心地」をもっていた．計画の要は，牧畜民協会が階層化された不平等な社会のなかに居場所を見出し首長による古い庇護体制から解放されて，放牧コースと水場の管理をひきうけることにあった．えられた経験は長期的に，1 世代もしくはそれ以上にわたって生かされるべきであった．こうして「融資者」の日程表にだけ従って「開発」するのではない，という意識が支配的になっていた．不幸にも，1983 年から 1984 年が示した最低降水量によって家畜が新たに失われ，実験は凍結された．1984 年にアガデスでは 4 mm の雨しか降らなかったのである．1951 年から 1980 年にかけての「通常」値は 147 mm である．牧畜民の大部分は政府の奨励に従って家畜とともに南へ移動した．現地に残った最も貧しい人々は季節外れの栽培を行って必要な食糧を確保し，より容易に食料援助を受けるために再びまとめられた．新たな基盤の上にたてられた計画は，優れた研究者たちによって配備されていたのである．この風土における牧畜でかつて見られなかった構想，たびかさなる旱魃に対抗するために着想されたこの構想は，あまりにももろいことが判明した．

同じテーマについて会議は相次ぎサヘルへの援助は拡大する．しかし「不良開発」も拡大し人口も増加する．2000 年の人口は 4700 万人になると見られる．人口抑制の問題を提示しなくてはならないのだろうか．なぜならば，穀物生産が仮死状態にあるからである．食糧を輸入すれば，危機の引き起こした欠乏は一時的には解決するけれども，国内での商業化の回路を台無しにしてしまう．崩壊しつつあるものを編成できるだろうか．トウモロコシや小麦や米が安い価格で港に陸揚げされるときに，穀物の生産者価格を引きあげることができるだろうか．新たに灌漑された土地が生産するのに苦労し，ひどくコストがかかる一方で乾いた大地は荒廃していく．牧畜は近代化されず家畜は過剰放牧される．1970 年以来人々は総括的な意味で「危機的な」状況を語り，サヘルで試みられるすべての事柄を批判している．危機に対する回答としての援助は適応しないといわれている．しかしそれでも諸々の社会の方は適応している．援助に，そして危機に，である．農村経済は自閉するのだろうか．いや，それは開かれつつある．すべては観察および観察スケールの問題なのである．

恒常ドルに換算すれば，サヘルへの援助は増加している．1974 年には 7 億 5500 万ドルであったが，1977 年には 10 億ドルに，そして 1985 年には 19 億ドルになった．1991 年には公的な援助だけで 18 億 2000 万流通ドルに達している．世界中に分配される国際援助の総額に比較してみると，サヘル人 1 人が受取る援助は，1975 年の 23 ドルから 1981 年の 44 ドルになった．同じ時期に第 3 世界の人々が受取る 1 人当たりの援助額は，9 ドルそして 12 ドルであった．これらの数字には異論があり得るが，しかしそれがある傾向を示すことに変りはない．また，消費用の食料栽培に新たな関心が向けられていることに注目しよう．融資の 4 分の 1 だけが農村の発展に向けられているにすぎないとはいえ，援助の目的が変化したということであろう．1973 年以降，諸政府はいわゆる「裕福な」国々に対して援助を拡大するよう要求し，これを絶えず更新している．これらの国々が生き残りのためにサヘルを援助しているのだが，そのうちまず半額については経済協力開発機構（OECD）に属する国々であり，続いて世界銀行やヨーロッパ開発基金（EDF）のような多国籍機構が 4 分の 1 を占め，最後に石油輸出国機構（OPEC．仏語では OPEP）（18 ％）や国連のエージェンシー（5 ％）や東欧諸国（2 ％）である．多くの援助は国家の運営のために行われていて，それがこれらの国々の依存の度合いを高めている．サヘル諸国への援助から農村の住人たちに直接に役立たない一切を排除せよというのは，ムリな願いというものであろう．というのは国家こそが主権者なのであるから．最後にひとつの疑問が残る．外部からの財政的支援を好んで当てにすることで発展した社会が，かつてあり得たであろうか．

7

ニジェール川大湾曲部の内陸国

ニジェール，ブルキナファソ，マリの3国は内陸国のために苦しんでいる．というのは，海岸線から遠く離れているこれらの国々は，沿岸サヘルやギニア湾沿岸のいくつかの隣国を介してでなければ海へ出ることはできないのである．旱魃の影響をさまざまに受け，また鉱山資源を不均等にもつこれら3国は，農村システムの急激な変化の影響下にあって，多湿な森林地帯や沿岸の諸都市，そしてヨーロッパへ向かう人々の出発地となっている．

「他人のむしろで眠るのは地面で眠るようなものである」．(モシ族の格言)

脆弱な経済を運営しつつ，サヘル諸国家は援助を受けながら生きのびている．そこでは地方の独自性は供給の危機の影響によって消滅しつつある．しかし，これら諸国のうちのいくつかは大西洋に面し，また別のいくつかは内陸国であって，まさにこの差異にこそ地域間の分配の問題のすべてはある．大洋にそして外部へと開かれたサヘルは，内陸で他国に囲まれた飛び地状の内陸国のサヘルに対立する．内陸サヘルでは，過密な住民には生活ぎりぎりの土地しかなく，そこで農産物は生み出される．それに対して半砂漠状態の渺茫たる広がりには，ほとんど人は住んでいない．サヘルの諸国家はその空間をなかなか運営できないでいて，国民を構成すると見なされているさまざまな社会がそれを引きうけている．ところでこれらの社会は，限りのない空間を基礎として自らの生産システムを着想したのである．それはモシ族の場合を例外として，人口過疎が長く続く間はそれでよかった．

人口増加と気候条件の予期せぬ事態との影響が重なって，生産システムは急速に変化した．空間はもはや「慣れ親しんだ」ものではなくなったことが明らかとなり，先祖代々の農耕地や遊牧の経路の枠組みはくずれた．いかなる政府が，これほど急激で開発計画上予測できなかった変化に対応できただろうか．いかにしてこの変化を国規模での成長の展望のうちに統合できるだろうか．

ニジェール：村落のための水

ニジェールには130万 km² の国土があり，擬似砂漠状態の平原と起伏地がその5分の4を占めている．人口密集地域は北緯15度より南の地域のみである．150 km から 200 km にわたるこの帯状地域に人口と農業生産は集中している．等降水量350 mm 線の南側に位置する人口密度の高い地域で，ソンガイ，ザルマ，ハウサの人々が住むいわゆる「有用」と呼ばれる農業国ニジェールを形成し，目をみはる勢いの国民人口の増加に立ち向かわなくてはならない．1920年，ニジェールには200万以下の人が住んでいた．それ以来人口は2倍に増え，現在のペースで進むなら，2000年には1000万人に達することになろう．

およそ85％のニジェール人が従事している天水農業は，年間降水量350 mm から 800 mm の地域で営まれている．気候が不順なため生産高は変動する．1970年代の終わり頃には，ニジェールは食糧の自給自足をほぼ達成していたが，1984年には穀物不足は50万 t 近くに達した．1985年にそれは3万5000 t に減少したものの，1987年には20万 t に近づいていた．食糧の自給自足という開発政策のスローガンは，灌漑技術のすばやい普及および落花生への依存農業からの脱却を前提として

7.1 サハラ砂漠への前哨地ガオ
ニジェール川の左岸に伸びるガオはマリ共和国第5位の都市であり，かつてはトンブクトゥのライバルであった．これは大河の氾濫地域——そこには若干の耕作区画がある——から離れた場所に建設された．旱魃時には避難所となるこの都市に近代的な整備はない．そこには，正方形や長方形の家屋，ソンガイ族の小屋が密集している．ガオは砂の侵略と戦っている．

いる.

　農村での水力利用すなわち掘削・井戸・灌漑区画の整備は優先的計画の中心になっている一方で，落花生栽培は崩壊する．1967年には19万2000tの落花生が商品化されたのに対して，1991年にそれは6万t以下になった．150万tといわれる「平均的な」穀物生産（1991年には230万tに達する例外的な収穫が得られた）を補うために，1万1000ha以上の土地がニジェール川に沿う流域および水の供給が保証されるその他の地域（砂丘間の窪地や，地表近くにある自由地下水の湧出口や，池の周り）に整備された．乾季の間にトウモロコシやサトウキビや野菜類を栽培するためであった．タウアのタマネギは沿岸諸都市の市場で売られるようになっている．国土の5分の1で生産される農作物の全体的増加のおかげで，南部の新たな土地開発が促進されている．こうして2000年までに，耕作可能な土地の80％は生産を開始すると見られ，1992年には60万近くの人が住むようになった首都ニアメの周辺には「緑地帯」の整備が予定されている．30万頭ほどのラクダ，1000万頭弱の羊や山羊類，200万頭近くの牛，以上が統計的に「通常」時の畜群である．これは輸出国としての豊かさを示しているが，旱魃にはきわめてもろい．しかしこれらの数字は媒介事項によって左右される．牛の群れは年によって200万頭から400万頭まで変動するし，またナイジェリアとの闇取引の規模によっても変動する．家畜の増加は，家畜総数－牧草地－水場という関係をどれだけうまく運営できるか，にかかっている．そしてそれを「ニジェールにおける牧草地および牧畜の経営」計画が実現しようとしているのである．

ニジェールと
ナイジェリアのはざまで

　ニジェールのトラックがロメ港やワガドゥグーに直接向かわない場合には，国際取引の一部は，コトヌーからやってくる列車の北の終着駅であるパラクー経由で営まれる．道路網は，首都を出発点とする南北と東西の2つの大動脈によって巧みにはりめぐらされている．すなわちウランの道であるニアメ－アルリット（南北）と，友好の道であるニアメ－チャド湖（東西）である．この道路網を用いて，家畜，皮革，原皮［なめす前の皮］，ニエベ，それにウラン酸塩が外国に輸出され，穀物類，化石燃料［石油や天然ガスなど］，整備用資材や工業製品が輸入される．ニジェールの経済表は，支配的な第1次産業や，特にニアメに集中する数十の企業に限られた手工業だけではごく貧弱だった．けれどもそれは1980年代初頭にウランの発見によって変わった．

　ウラン酸塩の鉱脈がアイール高地の西のはずれで発見されたことで，ニジェール国家には相当の富がもたらされた．1971年には早くも，190tを輸出できるような鉱脈を掘り当てたの

である．ソメールとコミナックという2つの企業は，1981年まで採掘量を増やし続け，この年その量は4369tに達した．また価格も上昇を続けた．ウラン1kgの価格は1975年には1万CFAフランであったが，1980年には2万4500CFAフランになった．1974年に140億CFAフランであったニジェールの国家予算は，1982年には930億CFAフランになった．豊かさを自覚した政府は，植民地時代も独立後も主要な財源であった人頭税を廃止した．また農業および牧畜にかかわる諸計画の実施を決め，首都および国全体を整備し，道路や学校や診療所を設置し，国費による小工業の発展計画を引受けた．しかし1983年以降，核エネルギーにかかわる整備計画が減速すると，ヨーロッパ市場は向きを変えた．ウランの生産は減少し，1987年には2950tにまで落ち込んだ．これ以後生産は停滞しさらには減少し，国家予算は下方修正せざるをえなくなった．1980年には国家収入の44％，国内総生産の13.5％を占めていたウランの販売高は，1986年にはそれぞれ10％と6.5％に低下した．依存という問題である．つまり国は，ウランという天からの授かりものによって国家の統一を完遂してはいないのに，「ウラン後」を運営しなければならなかったのである．しかもそれを一般化した「インフォーマル化」という状況の中で行うのである．世界銀行によれば，市場用生産の80％はいわゆる非公式［インフォーマル］な活動に由来するというのである．

　ニジェール人（nigérien）であるかもしくはナイジェリア人（nigerian）であるかということは，単語［いずれも同一の川の名に由来するが，前者は仏語系の，後者は英語系の語．2つの国名についても同じ］の問題ではなく国境の問題である．しかし国境には浸過性がある．ハウサ商人は，通貨——CFAフランとナイラ［ナイジェリアの通貨単位］——の変動に従いながら，国境の浸過性を利用している．ハウサ集団の家族と交易網はニジェールとナイジェリアに分布しているのである．こうしてマラディの貿易商人の巨大な財産はゆるぎないものになったし，交易は特に闇取引は盛んに行われた．国境の町々はそれで生きているのである．穀物や肥料や建設資材は，安い値段でニジェールに入ってくる．ロメやコトヌーから北上してきたほかの商品は，国内にとどまらず，輸出税を課されて再び輸出される．既得権となっているこの税は，非公式な算定によれば，1986年には100億CFAフランに達していて，国家予算の11％を占めている．

　ナイジェリアとの共生状態にあるハウサの居住エリアは，ニジェールに属するのだろうか．とっぴな質問とみえるかもしれない．しかしマラディからラゴス，ロメ，コトヌーに向けて広がる交易網，1983年までニアメにあって鉱物資源からの収入によって安泰だった総督たち，村落水利計画によって管理されるザルマとソンガイの農民，そして最近まで砂漠の主であり，黒人諸民族を武力で支配していたトゥアレグ族などの牧畜民，これらの間にいかなる共通点があるだろうか．ほぼハウサ集団によって管理されている交易を除けば，ウランのニジェール，

7. ニジェール川大湾曲部の内陸国

7.2 アルリットのウラン，古くからニジェールに与えられた天与の恵み
アガデスの北西275kmに位置するアルリットのウラン鉱山は，1971年から露天掘りされている．トラックは「ウランの道」をたどってコトヌーに到達できる．しかし鉱山による利益は昔ほど大きくない．

穀物のニジェール，そして遊牧民のニジェール，これらを国民的単一性にまとめあげるような強力な連合作用とか結節点を見分けることができるだろうか．実際，そのようなものはほとんどない．もしかしたらそれは，都市道路網や，空間を補完的な多くのエリアに編み上げることによって交易を機能的に成り立たせているさまざまな地域のうちに探す必要があるだろう．すべての人々に結局は重圧となっている国の借入金のことを別にすれば，統合への気運を見出すことは難しい．いったいどこからそれが立ち現れるというのか．植民地時代にもこの領土を正当化するものはただひとつ，ニジェール流域とチャド盆地の間に「位置を占める」こと以外には何もなかったのであるから．生き残るために外国からの援助にがんじがらめになった状況下で，国民国家の領土はどのようにして構築できるというのだろう．それにふたたび「トゥアレグ問題」が荒々しくたちはだかり，さらに住民の優に半分はナイジェリアとともに生活しているというのに．だが，まさにこの半分の人々から単一性の要因は出てくるのかもしれない．すなわち言語および宗教である．ニジェールは国家として存在することができるだろうか．生存の見込みはない．しかし国は生きのびている……．

ブルキナファソ：「清廉潔白な人々の国」，そして専門家たち

ブルキナファソの国境内には約950万人が住み，その9％だけが都市で生活している．人口は1960年には450万人にすぎなかったが，2000年にはおそらく1200万人に達するだろう．この旧フランス植民地は，1932年には生存の見込みはないとされて分割され，1947年にオートヴォルタの名で再編成された．住民たちの「戦争での努力」に感謝するためであった．波乱にみちた歴史の開始である．国民としての結集力には異論が多かった．1984年，トマ・サンカラの革命［軍事クーデターにより政権を樹立．外貨節約，食糧の自給自足，産業活性化を目指した改革を実施］から「清廉潔白な人々の国」という名のブルキナファソが誕生した．だからといって国は表情を変えただろうか．穀物生産が年平均ほぼ1％の割合で順調に増加していることを考慮に入れても，2年に1度は食糧不足が生じ，その量は「通常の」年でも5万tに達している．国が抱える執拗な貧しさについて訝らざるをえない．繰返されるクーデターもそれをまったく制御することはできなかった．他方，数百ものNGOがここを格好の土地として選んでいるのだが，事情はかわらない．

人口は1980年から1991年までは2.6％のペースで増えたが，現在その勢いは年3％である．生産との競争において勝っているのは人口増加の方であり，その結果，外部からの援助や移出住民をあてにせざるをえないのである．実際，200万人以上のブルキナファソ人がコートディヴワールで生活し，そこで最も大きな外国人共同体を形成している．生産強化が実現できるのか．この目標は数十年も前からあらゆる5カ年計画の中にあげられたし，生産技術向上のための努力は実際に進められた．困難が執拗に続くとしても，それは計画が欠けているからではない．この10年間で200のプロジェクトが報告されている．考えなければならないのは，食糧生産が本当に優先されているかどうかである．輸出品目の中で第1に来る綿花の生産は，特に国の南西部における耕作面積の拡大によって増加した．1961年には2万tの綿の実を収穫し，それは1979年に5万5000t

II. サヘル地帯

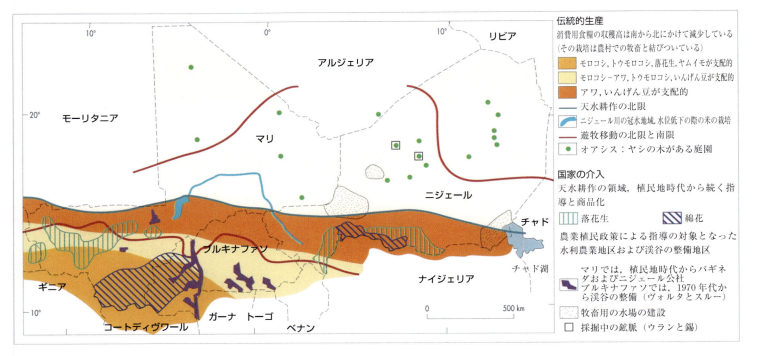

7.3 サヘルの脆弱さ
穀物栽培，落花生，綿花そして牛の飼育は気候の変動によって傷つきやすい．諸々の治水政策は，渓谷を整備し家畜のために水場を建設することによってこれを改善しようと努めている．しかし，飛び地の存在，鉱物資源やエネルギー資源の少なさ，そしてギニア湾諸国の魅力のために，サヘル経済は困窮している．

になり，1991 年には 19 万 t に達した．1973 年以降，バンフォラにおけるサトウキビの生産は国内消費（砂糖 3 万 5000 t）を十分にまかなっている．しかしクゥ川流域や黒ヴォルタ川流域では米が十分に生産されず，スル川流域では失敗が繰返されている．そこには，いわば小型版のニジェール公社が 2 万 4000 ha の灌漑地を整備したのだった．つまり綿花や米やモロコシや小麦の栽培は，しばらくの間は成功例になったけれども，生産コストが高すぎたために突然放棄されてしまったのである．

都市周辺に作られた小さな野菜栽培用地だけが，20 年来安定した生産を実現していて，収穫の一部はヨーロッパ経済共同体（EEC）諸国に輸出されている．もう 1 つ，それまで利用されていなかった土地を開発する大規模の計画がヴォルタ流域整備公社（AVV）によって 1974 年に企てられた．これは 1100 万 ha の土地を対象とし，そのうち 50 万 ha だけが栽培に割り当てられ，モロコシ－綿花という二大作物の組合せによって成功した．いくつもの植民村落が河川流域に建設され，今ではそこはトリパノソーマ症［睡眠病］からも回旋糸状虫症からも解放された．1983 年には 2200 家族がこの地に住み，1988 年にはそれはおそらく 3000 世帯に増えた．当初の計画では 20 年間に 7 万世帯が住むはずであった．しかしこの計画は，国の西部で生じた自然発生的な植民——モシ族の集中地から出た大規模な移民の結果である——を組織化することに比べれば，費用がかかりすぎる．西部では人口の 45 ％ が，耕作可能な土地のうち 30 ％ 足らず——しかもやせた土地——を利用している．ブルキナファソにおけるあらゆる農業開発を困難にしているのは住

7.4 スーダン地帯の「白い金」
綿花は落花生以上に昔からの穀物生産地を活気づけた．統率する会社の効果的な働きと信用システムの導入のおかげで，商品経済の普及が促進されている．ブルキナファソではソフィテックスの機構が南西部を活気づけ，この地域はモシ族による開拓前線の舞台となっている（フンデ）．

7.5 デルタの川舟

ニジェール川中流域では大型輸送はあまり重要ではなく，多数の川舟が軽快な河川輸送を活気づけている．これらの川舟は，きわめて効率的な小漁船団としてモプティ近郊のあらゆる場所に通ってくる．町は干し魚や燻製魚の沿岸諸都市に向けての一大出荷場である（マリ）．

民の移動性なのである．牧畜は輸出価額の 30％から 40％を供給している．すなわち牛類は歩いて，または列車で沿岸部の都市まで輸送され，そこで屠殺される．畜肉の一部はアビジャンで消費され，残りは輸出される．ところがその一方でブルキナファソには，アルゼンチン産のもっと安い肉が輸入されているのである．

諸地方の寄せ集め

まだほとんど開発されていない鉱山資源の可能性は，政府の大規模開発計画の中心的関心である．それらのプロジェクトは，国連開発計画 PNUD ［英語名は UNDP］や世界銀行，フランス援助協力基金 (Fonds d'Aide et de Coopération)，ヨーロッパの投資家たちによって支援されている．金の産出は，ボロモ・プーラ金鉱のおかげで年 2.5 t から 3 t に達している．1984 年に国営企業であるソレミブの管理のもとに再び活性化され，砂金採取が行われるようになったからである．南東部ではリン鉱石が産出されるが，成果は目覚ましいものではない．しかしマンガンと亜鉛にはまだ望みがある．北東部には，1959 年に発見されたタンバオのマンガン開発があって，1994 年の目標は次のように策定している．すなわち生産量は年 8 万 t から 9 万 t，2000 年以後には 14 万 t を目指すが，その半分は陸路でカヤ——ワガドゥグーから伸びてきた「サヘル鉄道」の最初の区間の終点——まで運ばれる．残りの半分はガーナのタコラディ方面へ輸送するというのである．1982 年にレオ近郊のサンギエ地方で発見された亜鉛の埋蔵量は 500 万 t と推定され，1993 年にはスウェーデン資本の援助のもとに予備調査が強化

された．しかし鉱石の処理を現地で行うにはエネルギー資源が不足している．外国の投資家たちは大規模な水力発電ダムの建設には慎重である．この種の 4 つの計画が——そのうち 2 つはコンピエンガとバグレのそれである——，現在までに出資を受けたにすぎない．このような状況下では，労働力人口の 0.5％だけを雇用しているにすぎない工業は農産物の加工に限られることになる．すなわち約 40 社の農産食品企業と，約 10 社の綿繰り工場，加えていくつかの農業用具製造所が，国で人口 3 万人以上をかぞえる 5 つの都市に分散している．その中に首都すなわち人口 60 万人を超えるワガドゥグーも含まれている．サンカラ派による革命的な都市計画の実施によってこの都市の様相は一変した．5 年間で郊外の分譲地（6 万 4000 区画，20 万の人口），設備とサービスの多様化，参加型経営への改革，中心街の刷新が実施されて，人口 32 万人のボボデュラッソとの間の序列をくつがえしたのである．こちらのほうは次第に投資家たちから見捨てられている．

ブルキナファソは，気候条件の深刻なハンディキャップにもかかわらず，1980 年代に人口 1 人当たりの生産量が実質的に増加したアフリカでは特異な国の 1 つである．しかしその成果は脆弱で，収支のバランスは，国際援助の規則的な提供やリビアのような「共鳴する」国々の流動的な支援，それにまた移出人口に由来する譲渡によってしか保たれていない．ほとんど何も輸出しないこの国はまた多くを輸入しない．しかし輸入額の輸出額によるカバー率は好転した．1970 年代にそれは 20％から 30％であったが，1990 年からは 40％以上に達したのである．ブルキナファソが労働力を供給するいわゆる「モシ族の国」の周辺に建国されて以来，コートディヴワールがこの国の将来にとって重荷になっている．早い時期から人々は，労働力市場

である森林の工事現場や低沿岸地域の大規模農園［プランテーション］に向かって移動した．過去と同様に今日でも，南の「兄」国がブルキナファソの経済生活のかぎを握っているのである．言ってみればアビジャンはブルキナファソの港なのであり，ワガドゥグーと沿岸地域を結ぶ道路や鉄道はブルキナファソ経済の不可欠の動脈なのである．アスファルトで舗装された主要道路はほぼ3000 kmに及び，コートディヴワールとガーナとトーゴの交通網に見事に連接されている．その結果，ブルキナファソは沿岸諸国家の郊外の様相を呈している．内陸部の差違によって北部と中部と南部とは確かに対比される．北部では小粒のアワと牛類が目立ち，中部はアワ−モロコシの二大栽培によって特徴づけられ，南部は複雑で，例えばロビ族が生産するヤムイモも，ボボ族の居住する地方のフォニオやゴマ，それにトゥルカ・グイン・セヌフォの各民族集団が産出する米と対照をなしている．一方南西部の先進的な地域はおしよせるモシ族の移民によって活気づき，綿花やトウモロコシの生産が浸透している．しかし，「様々の地方」の寄せ集めでは国家をなさないというのが支配的な考え方である．国家の財源は外部からの援助に依存しているのであるから．モシ族の活力は歴史的に継続していて，その南部への進展はめざましい．だがそれこそが現在の国土という枠組みの中で恐るべき死活問題を提起しているものでもある．

マリ：サヴァナから砂漠へ

マリ共和国は，マリ，ソンガイ，マシナという威光にみちた政治組織を思い出させる歴史的な土地である．国土は，北緯10度から25度の間に，スーダンのサヴァナおよび疎林地帯から砂漠に向かって広がっている．マリは，大きな湾曲を描いて内部に広いデルタ地帯を形成しているニジェール川の広大な水路網の恩恵を受けるのみならず，西側ではセネガル川のいくつかの支流からも恩恵を受けている．内陸国であるこの国は水資源の特権を持つ地域なのである．しかし国土のかなりの部分には人が住んでいない．サハラ砂漠から来る隊商や南からの農民，内陸デルタを支配するプル族集団の牧畜民，サヘルの商人たち，そしてニジェール川の漁民が出会うこの土地では，空間に対する多様な関係が今なお領土のあり方を特徴づけている．マリはマルクス主義型の体制からいわゆる自由主義体制へと移行し，その結果1984年にフラン圏に復帰したのだが，国民1人当たりの国民総生産の統計によればブルキナファソと同様に世界最貧国の1つである．1991年の1人当たりの生産量は280ドルだった．国内消費用の食糧生産の一部が国民経済計算に含まれないとしても，またコートディヴワールやセネガルやヨーロッパ諸国やアメリカ合衆国に出かけていった移民からの仕送りがあるにしても，国が貧しいことに変わりはなく，借金が重くのしかかっているのである．「社会主義」路線はバマコの特権階

級を生み出しただけで，これを代表する軍人たちは1991年に政権から排除された．

都市の力強い成長は旱魃によっていっそう進んだ．とはいえ都市住民は少なく，人口の5分の1程度であろう．労働力人口の73%の生活は現在でも農業−牧畜の混合活動のリズムに従っている．1984年から1985年はその一例だが，時に壊滅的な赤字が記録されるとしても，アワとモロコシとトウモロコシと米が生産面積の80%を占めている．つまり依然として消費用の食糧作物が優先されるのである．約600万頭と推定される牛類の数は，1979年の500万頭以下から1984年の650万頭へと著しく変化した．この進化が統計上の概算に由来するものか，現実の変化であるのかはよく分からない．しかし全体としては，農業と牧畜は国民生産高の約40%を占めるにすぎない．

工業の寄与は国民生産高の8%しか占めず，労働力人口の5%をわずかに超える人々だけがこれに従事している．独立以後に国家が創設し管理していた多くの手工業の工場組織は失くなり，もしくは1984年以降民営化された．それらのうちどれも「産業革命の先兵」にはなれなかったし，その結果も芳しくはない．モーリタニアやニジェールのような鉱山資源には恵まれていないが，その代わりにこの国は近い将来，1980年に完成した南西部のセリンゲのそれをはじめとするいくつものダムによる水力電気エネルギーを販売できるだろうと期待される．マナンタリの工場は，セネガル川流域開発機構（OMVS・英SADO）の整備計画の一環であって，1995年には生産を開始する予定になっている．また多数の整備可能な用地がニジェール川流域のガオ地方に認定されている．

南部にはクリコロやシカソの行政地域とならんで，工業と農業のいずれについてもより優れた潜在能力がある．そこには，金のようにすでに採掘されている鉱山資源や，鉄や銅やウランやボーキサイトのように確認されただけの鉱山資源の大部分が位置しているのである．ダム建設に適した用地も多い．年間降水量が1000 mmを超えるこの地域は，マリ国内で最も恵まれた場所なのである．穀物類および落花生，そして何よりも綿花はそこで最高の収益をあげている．1991年における27万tの綿花種子の大部分は同地域から産出され，それは輸出収入の半分を占めた．この相対的に豊かな状況とは反対に，ケーズ付近はセネガル東部を思わせる荒々しい様相を示していて，豊かさは感じられない．しかし，マリに住むソニンケ族の移住の拠点であるこの地域は，移民者の貯蓄に由来する投資の恩恵を受けている．この南西部に支えられた首都バマコは1990年には約70万人の人口を擁し，その市街地はニジェール川右岸まで大きく広がった．ここは鉄道の終着点であり，国内の道路網の最大結節点である．都市住民の2人に1人は今やバマコに住んでいる．

7.6 ワガドゥグー：変貌した中心街

新しい中央市場．国際的援助と数多くの開発機関の出現によって，近代的建築への投資は活発になった．ブルキナファソの首都中心街は，1980年代に大変貌を遂げた．

網の目のマリ

　ガオの行政地域にあたり，トンブクトゥの行政地域の大部分を占める乾燥した北東部は，いわゆる「ニジェール湾曲部」のマリである．両河岸には，村々と畑――そこでは米および減水期のモロコシが栽培される――の細長い帯が続く．この地域は川に依存している．帯を越えれば，左岸（「ハウサ」）にしろ，右岸（ブルキナファソとマリの間の放牧統合開発の研究対象となっている「グルマ」）にしろ，移動牧畜にあてられる砂漠性の空間である．わずかの距離でサハラ砂漠が始まる．マリの北東部は南西部とは正反対で，首都からは遠く，連絡網は貧弱で，小さな行政中心地の散在する空間である．この状況は多くの点で，かつてのセネガル川上流域とニジェール川流域における征服の最初の指令所を思い出させる．北東部は大して活気も変化もなく，あるとすれば旱魃のときに住民がいなくなる位のものにすぎない．ブーレムのリン鉱石およびタウデニの岩塩を除けば，豊かな鉱山資源もない．石油とウラン鉱が探索されているけれども，現在までのところ発見されていない．長期的観点からしてひとつだけ工業発展の支柱を予測することができる．すなわちガオのマグネシウム鉱脈をトサイおよびラベゼンガのダムと連動させることである．とはいえ，それは，いつの日かこれらのダムが建設されれば，である．歴史的都市については，トンブクトゥとガオは，モロッコ，ソンガイ，タマシェクの諸文化に属し，その住民はとかく南西部のバンバラ族の心性とは一線を画すことを好んでいる．遠く離れた北東部は多数の小規模な地域整備と並置され，あるいは対置される牧畜開発の大規模計画の対象となっている．誰もが，畜群の生産性を高めて牧畜民の境遇を改善しようと試みている．最近20年間そこに留っている間に牧畜民はとても貧しくなったのである．しかし現在では，多くの飼育者たちがニジェール西部やブルキナファソ北部や，それにトゥアレグ族の後方転進の基地であるアルジェリアへ「滑り」出ている．この集団は1990年に反乱を起こし，1992年に首長たちは，マリの北部に特別な地位規定を獲得するために交渉した．

　セグーとモプティの両行政地区およびトンブクトゥ行政地区の中央部には，とりわけニジェール内陸デルタが対応する．そこはボゾ族の漁民とソモノ族の丸木舟を操る人々，そしてプル族の牧畜民が水と草のサイクルのリズムで生活する複合した世界である．そこではまたバンバラ族のアワ栽培者たちが，冠水しがちな平野を避けて周縁の砂地に集まって生活している．またマルカ族の貿易商人が古くから広い交易網を形成していて，諸都市ディアやジェンネ，そしてとりわけモプティを拠点に活動している．モプティの交易網は国境をはるかに越えてコートディヴワールとガーナの沿岸部まで広がっている．どれほどの経済的困難に直面しているにせよ，どれほどの失望を体験しているにせよ，セグーとモプティの地域はマリ国の米とサトウキビと牛肉の生産に最適のエリアなのである．増水によって湿度が保たれるこの揺籠をこえて，いきなり乾燥した土地に入れば，フランス学派人類学の桃源郷であるバンディアガラ高地の「ドゴン族の国」を発見する．そこは，貧しいがダイナミックな土地ともいわれ，豊かだが堕落した土地ともいわれているのだが，評価の差は生産技術に注目するか，あるいは観光の侵入に注目するかによって生じるのである．

　強力な圧力団体であり，穀物流通の自由化の恩恵を受けて以

Ⅱ．サヘル地帯

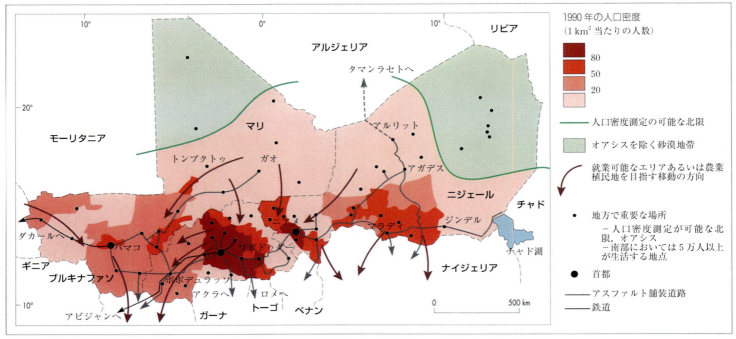

7.7　サヘルの人口
人口集中の地点は住民を吸引してきた古い政治構造の遺産である．それは，モシ族の居住地域のように困難な環境においても，非衛生的な地点においても同じである．例えば，あまり人が住んでいなかったニジェール内陸デルタや，不均等に活用されていたニジェール川流域である．これらの拠点が南の諸国へと向かう移民を養っている．地理的な移動はれっきとした一つの生き残り戦略になった．

前から活動的な民間の輸送業者たちは，交易を南沿岸へと向けた．ダカール－バマコを結ぶ鉄道は単線であって，過剰積載であまり実用的ではない．そのために独立後のマリは，ブルキナファソやニジェールと同じように，南へと，すなわち常時通行できる道路をとおってコートディヴワールへと，まっしぐらに輸送トラックを向けた．その輸送は，ブルキナファソ経由で，そこからボボデュラッソまで通じているアスファルト舗装の幹線道路を利用して行われる．そこから道路も鉄道も沿岸のアビジャンに達する．これはダカール以上にマリの港なのである．もっとも国内では連絡網はしばしば不確実であり，その状態はまだ長く続くと思われる．例外は，バマコ－ガオ間を西から東へ結ぶ道路だけである．この線は1986年に再整備されたモプティ－ガオ区画のおかげで利用できるのであるが，交通はクリ

コロとガオの間では二重になっている．というのはニジェール川の水上交通が盛んだからである．しかしそれは季節によって変わる．岩の多い川床が川の流れをせきとめ，ギニアおよびニジェールとの定期的な河川交通は，小船による以外は完全に遮断されるからである．

ニジェール公社の残した負の遺産は深刻であり，北東部ではもはや政治権力が安定していない．そのため，南部を除けばマリは，開発の見通しを立てることがほとんどできない．国は，外国からの援助によって，また地方規模で部分的には移民による支えで生きのびている．もしも労働力や商人たちのノウハウ，それに少しばかりの水力発電エネルギーがなかったならば，この国はアフリカ諸国間交易で何を提供することができるというのだろう．

8

海に面したサヘル

セネガンビアの空間は，セネガル川北部でモーリタニアの海浜砂漠に接し，沖に向かってはヴェール岬が突きだしている．その空間は常に政治的統一のもとにあったわけではない．ガンビアは，いわば英語圏の手袋の指のようにセネガルの領土に入り込み，カザマンス下流域を孤立させている．この「指」は国境での密貿易の廊下である．カザマンス下流域では分離運動が盛んである．他方セネガル川流域の整備は，モール人たちとアフリカ黒人たちとの激しい対立のために進んでいない．

「誠実とは今日では犯罪である」
サンベーヌ・ウスマーヌ

起伏のある平原は大西洋へ向かって緩やかに傾き，東には砂地に覆われた大地を突き刺すいくつかの頁岩と珪岩を浮き立たせている．これがセネガル川盆地の景観である．川の高水敷は時には幅20 kmにも及び，サハラ砂漠から来てダカールへ向かう人々を驚かす．低く，砂地で，出入りのない海岸は，貿易風とカナリア諸島からの海流にさらされている．さらに南には，サルム川から始まってリヴィエール・ド・シュドを予告する広い河口が海岸にくいこんでいる．北側の砂丘性の沿岸州に守られながら，いくつもの古い砂丘がニャイとよばれる小さなオアシスを守っている．そこは収穫された野菜をダカールの市場に供給している．この縁取りをこえれば，砂漠地帯の周縁部であることを示すぷっくりふくれたバオバブの木と曲がりくねった有刺灌木があらわれ，そこでは貿易風のさわやかな空気はもはや思い出でしかない．

1957年に発効した基幹法によって，セネガルからは最優良国としての役割が，ダカールからはフランス領西アフリカの首都の役割が剥奪されたとき，それぞれの領土は独自の行政権を獲得した．レオポルド・セダール・サンゴールはフランス語圏諸国による連邦創設を提言した．1959年1月にはセネガル，フランス領スーダン（現マリ），オートヴォルタ（現ブルキナファソ），ダオメ（現ベナン）の間で「マリ連邦」の設立が宣言された．1カ月後，ダオメ次いでオートヴォルタは連邦化計画の批准を拒否し，1960年8月には今度はスーダンとセネガルがこれから離脱し，それぞれ独立を宣言した．1967年以降セネガルはガンビアとの間に別のタイプの連合を模索している．しかしそのために，地方の独自性に敏感なカザマンス下流域とセネガルの残る部分との関係は阻害されることになった．セネガンビアの創設はこれまでのところ失敗に終わっている．2つの国家は互いにはまりこんだ形で共存している．

落花生に囚われたセネガル

現在20万 km^2 足らずの領土をもつセネガルは，19世紀末には小さないくつもの単位から成るモザイクの様相を呈していた．つまり中央部および北西部には，ウォロフ族とセレール族

8.1 トゥーバ：ムリッド教団の権勢
トゥーバの大モスクは，貧しくなったセネガルにおけるムリッド教団の権勢の象徴である．毎年信者（タリベ）100万人の巡礼（マガル）を受け入れている．この都市は飛び地をなしていて，支配者たちは事実上の治外法権を享受している．

103

II. サヘル地帯

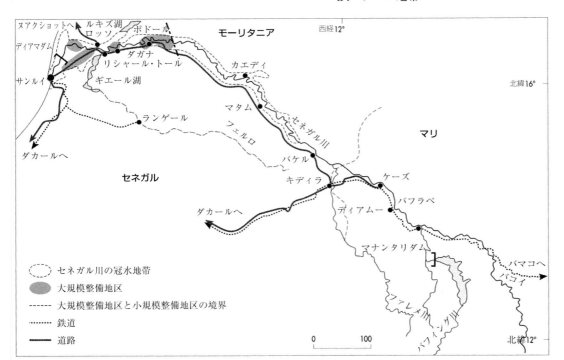

8.2 セネガル川流域の整備
デルタに建設された塩水流入防止用のディアマダムは、1986年に利用が始まり、マリのマナンタリダムは1988年に完成した。これらはセネガル川の流量を調節し、37万5000 ha、すなわちセネガルに24万 ha、モーリタニアに12万6000 ha、そしてマリに9000 haの灌漑を可能にするはずである。また年間8億キロワットの電力を生産し、さらにサンルイからケーズまで800 kmの航行を可能にすると見込まれている。しかし、植民地下に生まれたこの壮大な夢は、現在のところ6万 haの灌漑にとどまっていて、その半分は村落の小区画にあてられている。

の諸王国があり、また北部にはセネガル川にまたがって、プル族のいくつかの部族長領がトゥクロール族の居住地からフータジャロンにかけて数珠つなぎに並んでいた。東部ではマンディング族のエリアが終わり、南西部ではジョラ族の国およびリヴィエール・ド・シュドが始まっていた。このような混成した網の目の上に、イスラム教とウォロフ語を接着剤としてセネガルの国民単位は形成されたのである。ウォロフ族は、その他のプル［英語ではフルベ］族およびトゥクロール族（17％）、セレール族（16％）、マンディング族（9％）に対して多数派であり、人口の36％を占めている。しかしイスラム教がこれら諸グループの特殊性を覆い隠している。人口の90％はイスラム教徒であって、ティジャネおよびムリッドという強力な信徒団体によって統率されているのである。

はやくも16世紀から、サハラ砂漠の南ではセネガル川河口とヴェール岬、次いで南の沿岸が停泊地として機能した。サンルイ、ゴレ、リュフィスク、ポルテュダル、ジョアル、そしてジガンショールには商館がおかれて、大西洋奴隷貿易が組織された。19世紀末にこの貿易が中断されると、労働力は落花生栽培のために徴用された。積出し港では、この新たな賜りもの――落花生――はアラビアゴムにとって代わり、1890年には5000 tが、1911年には5万8000 tが輸出された。セネガルは以後長期にわたって落花生植民地になった。栽培面積は、鉄道のおかげで国の中西部に広がり、さらにムリッド教団の推進力によって内陸部へ進んだ。同教団は1930年代に新たな土地の開拓事業にのりだしたのである。

1898年から1908年の港湾整備と相俟って、1902年にはダカールがフランス領西アフリカの首都に定められてその優位を不動のものにした。1914年にはすでに2万人がこの都市に住んでいた。輸送のための基礎施設および組織機能を備えたことで、都市には首都とともに要衝としての役割が付与された。独立という転換期にダカールが管理すべき対象はもはやセネガルだけだった。そして領域が著しく縮小したために首都機能もおびやかされた。しかしその一方で、職を求める移民たちは首都に押しよせていた。移民は、自然増加と結びついてダカールの人口を急増させた。その勢いは1960年代初頭にはほぼ年10％の増加率に達した。その後1980年代には5％以下にまで落ちた。1984年に県および市町村の組織に編成された。ヴェール岬の全半島は、1988年には170万の住人を抱え、以後急速な都市成長をみている。例えば、ダカールの都市部には、1991年時点で73万人が住んでいるが、ピキンよりも人口は少ない。ピキンは、郊外であるもののセネガル第1の都市であって、74万人が住んでいる。これら二大都市に続いて、住民数ははるかに少ない。ティエス、リュフィスク、カオラック、そしてサンルイがくる。サンルイは失墜した古い首都であって、その住民数は20万から10万の間で変動している。力強い都市成長（人口の43％は都市住民）は、農業の相対的比重の低下に相関している。それは1991年には国民総生産の17％しか満たしていない。サヘル地帯で最も都市化されたこの国家は、その田野を見捨て、必要物は外部からの支援に頼り、外国からの援助に完全に依存している。西暦2000年のセネガルはこのような姿をみせるのだろうか。

カザマンスおよびセネガル川流域の更新

上の問いに対する解答は、部分的には落花生栽培の行われる河川流域に見出すことができる。そこは拡大し続ける農業生産の一大エリアである。穀物栽培システムに組込まれた落花生は

中西部の砂質の平野全域に広がり，さらに東部のラテライト性の外殻に覆われた高地にまで達している．そこは，農学的潜在力の低いと考えられる場所である．役所が絶えず明言している生産多様化の意志にもかかわらず，落花生栽培は依然として支配的である．なぜならばそれは，世界市場での価格よりも高く買い取られるからである．国家権力にとっては，生産者への政治的な援助の額を取り戻すために，米を輸入してそれを3倍の，それでもセネガル川流域における生産コストよりは安い値段で売る方が好ましいのである．外国産の米が太った都市人口を養う一方で，差益は落花生の買取りに利用される．これは経済的な綱渡りであって，国民の消費用食糧の生産にもっと高い報酬を払うために役立つという条件でしか正当化されないだろう．

落花生の仕分けと購入のセンターがつくるネットワークは，道路と鉄道によって張りめぐらされ，供給される生産物の量がどうであれ（年平均50万tから120万tまで変動する），ここ10年来国の活力ある骨組みになっている．世界的な相場は漸次的に下落してはいるものの，それは何の影響も及ぼしていない．せいぜい，輸出品から付加価値を引き出すために製油工場の整備が行われた程度である．結局，二者択一の問題が提示されたとき優先されたのは，国レベルで不足している穀物生産ではなく，綿花生産の方であった．もちろん綿花は紡績−製織にとって有益ではある．1974年以降，雨水を利用する綿花栽培はソデフィテックス［セネガルの繊維開発公社］によって組織され，カザマンス上流域と東セネガルに広く普及した．その地域の1000mmを超える年間降水量は綿繰り工場の設立に適している．これは国の繊維関連産業の第一の環を形成している．

カザマンスは長期にわたって排他的な落花生栽培地ではなかったために，高い潜在能力をもつ農業エリアである．［他の地域・時期は］乾燥が支配的なため専門家たちは，5月から10月におよぶ1000mmの雨はこのサヘルの国にとって命綱であると認めた．そこで多数の開発計画が立てられた．カザマンス下流域のジョラ族たちが入念に築きあげた冠水式の水田耕作の援護に加えて，努力は上流域の高原における耕作に向けられた．下流域での水田はマングローブを駆除して作られたものであったが，塩分の増加によって重大な危機にひんしていたのである．上流域では，隣国ガンビアの場合と同じくアワ，トウモロコシ，落花生が栽培された．カシューナッツ園も増加することになっている．セネガルが経験している食糧危機の状況に鑑みて，ダカールからはあまりに疎遠なカザマンス流域は，もっと国民的な努力に参加するよう「促され」ている．そのことで，中央権力との古くからの緊張が再び高まっている．

セネガル川流域はカザマンス下流域と同じように特異な空間である．この古くからの穀倉は落花生のめざましい拡大に伴って周縁的存在となった．人口密度は比較的高く，ポドルとバケルとの間では1km²当たり20人から50人に達していて，移出者の大供給地の1つとなっている．この人々はまずセネガルの諸都市に移り，その後フランスに富を求める．植民地化この方

灌漑こそは地域発展の鍵と考えられているけれども，多くの水利農業整備の事業のために，土地をめぐる抗争が表面化し激化している．他方では耕作可能な土地の価格は上昇し，欲望をそそり，ダカールの利権屋たちをひきつけていて，中流域と同じような軋轢がデルタ地帯でも生じているのである．またダムと灌漑区画の建設は，生態系および実践されてきた耕作法，そして古い文化的伝統を傷つけるものとして告発されている．しかし整備にまつわる賭けはなされたのである．ディアマとマナンタリのダムは建設されて過渡的な技術上の解決法が練り上げられた．例えば，小規模な自然増水に対処する人工的な水量調整である．これは新たな灌漑区画での生産を無理なく可能にするためではあろう．しかし根本的なコストの問題は残っている．つまりセネガル側で灌漑可能な24万haに及ぶ土地（1991年の時点で，あらゆる区画を合わせて4万haが灌漑されている）は，輸入米と競って，これにうち勝つことはできるのだろうか．食糧の自給自足を確保するためには流域を保護しなければならないのだろうか．それもどれだけの費用をかけて．

落花生と米のことにあまり気をとられて，牧畜をわすれてはならない．セネガルはしかし無視できない数の家畜を有している．250万頭の牛類と優にそれにまさる小型の反芻動物である．牧畜経済はセネガル東部とカザマンス上流域に広がるフェルロ地域で支配的である．そこにこそ移牧の民プル族およびトゥクロール族の富はある．1950年代以降フェルロ地域では深い井戸の掘削計画が進められ，河川へ向かう移動牧畜を鈍らせてきた．この計画は，30kmごとに水場を設置して牧畜民をそこにとどめ，生産物の都市市場に向けての商品化を容易にすることを目的としていた．河川流域に家畜が少ないほうが水耕農業の発展プロジェクトにとっても好ましいからである．

1960年以降，セネガル全土の規模でいくつかの大規模な開発計画が決定された．それらは国際援助によって支えられ指導された．いずれも収益性と生産性の向上を目ざしていた．わずかな期間に犂を牛につないだ耕作方法が一般的になったが，商品化される生産物は増えていない．市場にでまわる量が顕著に増えたのは，予備の土地をもっていて，犂によるより広い空間の活用が可能になった地方においてのみなのである．お定まりとなった確認であるが，それはここでは由々しい状況を見せることにかわりはない．というのも，国内で生産されるアワは需要の50％から60％しかまかなっていないからである．

野心満々の沿岸地方

救いの道は工業にあるのだろうか．輸出され利益をもたらす採掘鉱物資源は，タイバで年間14万t産出される石灰リン鉱石，パロの24万5000tのアルミナ，そして西アフリカ諸国に輸出されているカオラックの塩14万tだけである．東セネガルの鉄鉱石と大規模な石油化学プロジェクトが，立案者たちの

Ⅱ．サヘル地帯

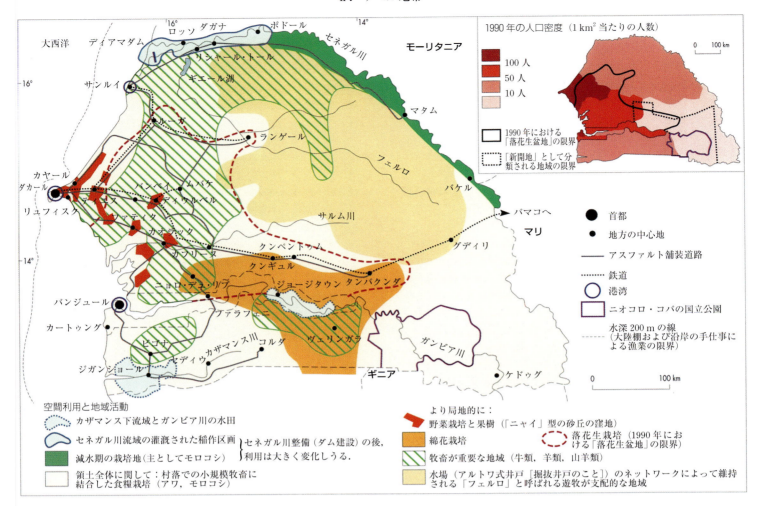

8.3 セネガンビアの空間
人口密度は北部とカザマンス下流域において高い．セネガル川流域の落花生地帯は長い間地方組織を構造化してきた．しかし首都ダカールの繁栄が状況を変えた．セネガル-ガンビアの連邦が実現していないために，バンジュールを拠点にした闇取引がはびこっている．

野心をかきたてた時代はすでにすぎさったのである．主にヴェール岬に位置する手工業は，国内市場の狭さと停滞の被害を受けている．農産物加工業企業だけがほぼ正常に活動している．1970年のダカール-リュフィスク間の自由貿易地域の発展をあてにしていた希望は期待を裏切られた．当初2000人と見積もられた従業員は実際には500人にとどまり，空間の整備は計画の10分の1に満たないところで中断された．

反対に有望になったのは海洋漁業である．それは降水量の変化に左右されず，またこれまでのところ世界的な流通市場の変動にも左右されていない．500 kmに及ぶ海岸線があるし，道路網のおかげで都市市場にすばやく供給することもできる．セネガルは魚の一大消費地であり，1人当たりの年間消費量は45 kgに達する．1965年まで年平均10万tだった漁業生産物は国内消費にあてられていて，輸出総額の5％を占めるにすぎなかった．しかし1983年にそれは25％になった．見積もり総生産量34万tのうちの9万2000tに相当する．その中では伝統的漁業（海洋カヌーは4000隻以上）が捕獲量の60％を占めている．1985年以降，漁業生産物は第2位の輸出部門となっている．その年に40万t以上が捕獲され，そのうち16万5000tはアフリカ諸国やヨーロッパ経済共同体そして日本に輸出された．

海に出て行くのはカザマンスからサンルイまでの沿岸や河口の村々の丸木舟だけではない．ダカールは，大西洋中東部で操業する外国船の艤装基地としての役割を強め，またセネガル政府は諸国との漁業協定の恩恵をうけ，国の排他的経済水域で操業する船は税を支払うのである．今日セネガルは自国漁業・加工船団の増大を奨励している．例えばトロール船やマグロ漁船や引き網のイワシ漁船などである．しかしなかでもマグロ漁船のコストは国にとって重荷になっている．1991年以降，全漁獲高は30万tを超えることがなく，缶詰工場はコートディヴワールに移された．漁労資源に加えて観光資源があり，その収入は米の輸入総額のおよそ3倍に達している．観光整備は1970年以降沿岸にそって盛んに行われた．宿泊施設は特にダカールで集中的に整備されているが，それはまたヴェール岬南のプティト・コートにそっても数珠つなぎに並び，急速にカザマンス川へと伸びている．

国の規模では，外部からの投資と技術援助に頼る企業が多い．西アフリカで操業しながら，企業イメージの向上を図るすべて

8.4 水田の国

セネガルのカザマンス川下流域．水陸両生空間の巧妙な管理．サヘルの辺境で生活するディオラ族のノウハウである．マングローヴ林は水田の前線によって征服された．

の企業がダカール市内に店舗を構えている．国の外部ではまったく別のネットワークが発展している．まず，貧しい人々の移出をもとに形成された臨機応変のネットワーク．すなわちヨーロッパのあらゆる市場で物を売る人々，またフランス諸都市の道路清掃業・ゴミ拾集に従事し，郊外の移民居住地区を満たしている人々である．しかし別の面もある．セネガル人は南アフリカまで広がる商人の組織の先頭にたっているのである．以上は国外での成功である．しかし国内ではどうなのか．

最初の黒人芸術祭はダカールで開催された．小説家と美術作家たちは新しい仕事をしているし，政治的複数制が引合いに出された．しかしセネガル人たちは貧しくなっていく．皆がではあるまい．しかし，今や多くが除外組の人々なのである．これは言葉だけの「社会主義」の論理的帰結なのであろうか．

ガンビア：果実に巣くう虫

ガンビア共和国は，350 km 近くにわたってセネガルに入り込み，両岸にはセネガルの住民と同じ民族集団——多数派のマンデ族，それにウォロフ族——が住んでいる．もしある奇妙な歴史の偶然がなかったとすれば，ガンビアとは1本の川でしかなかったであろう．すなわち，アメリカ独立戦争を終わらせた1783年のヴェルサイユ条約によって，フランスはセネガルの諸商館をイギリスから取り戻した．けれどもバサーストとその後背地はイギリスに返却した．それ以来フランスは何度もこの飛び地をセネガルに併合しようと試み，時には，コートディヴワールやガボンのいくつかの部分と交換することまで提案した．しかし結局は無駄に終わった．1889年イギリスの行政府は河口の植民地と内陸の保護領とを分断することによって，国境を定めた．ガンビアは，ゴールドコースト（のちのガーナ），ナイジェリア，シエラレオネに続いて，1965年に独立するまで西アフリカにおけるイギリス国王の最後の領有地であった．

幅50 km に満たない細長い領土には1万1300 km² の広さがあり，1992年には90万の人が住んでいて，そのうち20％近くは沿岸地域で生活している．ガンビアは平坦な土地で，河口から250 km の地点までマングローブが広がっている．その後方では水は淡水で稲作が可能になる．マングローブの帯の背後には砂岩質の高原があって，落花生，アワ，モロコシ，綿花が育つ．ガンビアの資源は落花生，漁業，観光にあるということになろうが，実はもっとずっと金の入る位置に伴う利得があるのである．つまり密貿易である．そのおかげでバンジュール（かつてのバサースト．1990年には8万の人口）は小さな香港の様相を呈し，イギリス人やフランス人，そしてレバノン人が経営する商社が全盛をきわめている．これらの会社は，河川流域に点在する積替え港で国内消費をはるかに上回る大量の手工業品を輸入し，これをセネガルに流している．セネガルでは関税がもっと高いのである．反対に，セネガル産落花生の一部は，国境をはさんで変動する価格と為替レートに応じてガンビアに流入する．国家収入の60％は密貿易によるとされている．この天の恵みを手ばなしたくないので，ガンビア政府はセネガンビア連邦の誕生にあまり積極的ではないのである．この問題は，防衛と治安，遠距離通信と輸送に関する協力を立ち上げる提携の契約が調印された1967年このかた議論されている．1984年以降は定期的に連邦議会が予算を決定し，金融取引市場に関する交渉を行っている．しかし連邦体制はいったん「凍結」されたあと，1989年に解散した．1991年の協力条約はこれら二国家を固定させつつある．

セネガンビアの微妙な共存関係は両国間の水利農業計画の実

施にはねかえり，これを滞らせている．1978年に創設された
ガンビア川開発機構（OMVG）は，セネガルとガンビアに加
えてギニアビサウとギニアの関心をひきつけ，3つのダム建設
が予定されている．すなわち，まずガンビアのバリンゴールダ
ムは，塩水の遡流を防ぐためにディアマダムの方式に従って建
設されることになっている．2つ目はセネガルのケクレティダ
ムであって，灌漑用に建設される予定である．3つ目はセネガ
ルとギニアの国境に建設され，セネガルがファレメ川流域に建
設する鉄鉱石処理に必要なエネルギーの供給を目的としてい
る．しかしガンビア政府は単独行動をとろうとしているように
見える．なぜならば，同政府はセネガルの外交政策への同調を
ためらっているからである．近隣諸国の意見にもかかわらず，
ガンビアはセク・トゥーレ大統領政権下のギニアとの関係を維
持したあと，1974年にはサヘル諸国家クラブに──免税通過
するこの機構による貸付けを利用するために──加盟しつつ
も，ギニアビサウやシエラレオネとの関係を強化しているし，
またヨーロッパ経済共同体，リビア，首長国連邦，サウジアラ
ビア，中国などと援助協約を数多く結んでもいる．バンジュー
ルにはスウェーデン船籍のヨットが停泊し，国内ではスウェー
デンのラジオ番組が流れている．停泊地に沿うホテルには多く
のスカンディナヴィア人観光客が滞在している．観光業と密貿
易はガンビアにとって少なくとも次のことを可能にしている．
国家予算をつり合わせるために外国の援助にたよらない，とい
うことである．この点で，ガンビアはサヘル諸国の中で特に恵
まれた地位にある．このような状況にあるときに，なんでガン
ビア人たちが，セネガンビア人になることを目指すだろうか．

モーリタニア：海辺のテント群

　黒人の居住空間の北限に位置する「モール人の国」［国名の
モーリタニア（Mauritania）はモール人（Mauri）の国を意味
する］は，特異な世界である．定住民族が集まる南の周縁部を
除けば，そこは砂漠の平原および低い台地の広がるサハラの領
域であって，牧畜に利用されている．またそこは1000年前か
ら回教文化の土地であり，今日ではイスラム教の共和国である．
長い間セネガルのサンルイによって管轄されたモーリタニアが
フランスの植民地であったのは40年間足らずであり，それも
暫定的にであった．この地は1932年に平定されたが，北部の
いくつかの民族はモーリタニアの新イスラム共和国にしか忠誠
を誓わなかった．そこは沿岸部に広がる砂漠で，長い間遊牧戦
士の国であった．彼らは17世紀から18世紀にかけて4つの首
長国を形成した．それらはいずれも，サハラ内の隊商交易の結
節点であるオアシスのネットワークに支えられていた．砂の国
であり周縁の国であるモーリタニアは，セネガル川右岸という
位置によってしか，またフランス領西アフリカとモロッコ南部
との繋ぎとしてしか植民地強国の関心を引かなかった．1957

年になってそこに一挙に首都と国家が創建された．700km以
上にわたって続く海岸線，これまた周縁部である．ヨーロッパ
の海軍は早くからそれに沿って航海したものの，接岸すること
はめったになかった．アルガンは1815年にメデューズ号が遭
難した場所としてしか知られていない．1960年以降，沿岸地
域は鉱石運搬港として整備が進み，一時的な発展を経験した．
最近では漁業の進展で活力を取り戻している．

　地図上で定規をあてて線を引いた輪郭の，しかし異論にさら
されている国境をもつモーリタニアは，世界で最も人口密度の
低い国土をもつ国のひとつである．100万km²余りの土地に，
1991年の人口は200万人であり，2000年にはおそらく300万
人になるだろう．モーリタニアは近隣の国々から領土を守りつ
つ，また他の諸国からの支援をもとに経済を発展させることに
よって自らの存在の権利を確立したいと願った．すなわち政治
的立場の異なるフランス，アラブ連合諸国，ブラジル，中国そ
して東欧諸国からの支援である．モロッコがモーリタニア併合
の多少の下心を放棄するためには10年かかった．しかし西サ
ハラ独立派の衝突［モロッコにおける民族主義組織ポリサリオ
戦線のサハラ・アラブ共和国樹立の運動による］のために，若
いモーリタニア共和国は武装化を強いられ，1万人の兵士を維
持しなければならなかった．1975年のマドリッド協約によっ
てモーリタニアにはリオ・デ・オロの南の部分を領有すること
が認められたものの，ゲリラ組織ポリサリオ戦線は1976年に
ヌアクショットを攻撃し，1978年までズエラト鉱山の開発を
阻害した．ポリサリオもまた，彼らの砂地の独立のために戦っ
ているのである．モーリタニアは西サハラの抗争からは自由に
なったとはいえ，さらにポリサリオ戦線の侵攻は国土の保全を
危険にさらした．それは，モロッコの「壁」を破るために，
1984年から1987年にかけてティンドーフから北部の無人の地
域にかけて侵攻したのである．この国における独立の気遣いは，
1972年にも工・鉱業国民公社（SNIM）の設立となって現れた．
それは，1974年のミフェルマ鉄鉱山および1975年のソミナ銅
山の国営化のプレリュードであった．モーリタニアは早くも
1973年からフラン圏を脱退していたのである．

　人口の60％は，国土の10％にあたるセネガルの渓谷に沿っ
たいくつもの小さな県に集中して住んでいる．そのため無人の
空間を管理する必要があり，まず移動しがちな人々を監視する
ことから始めなければならない．そのうえ，彼らの一部は遊牧
民となってアルジェリアやマリにまで移動するのである．サ
ヘル諸国の中でモーリタニアは，調査された人口中に占める遊牧
民の数が最も多い．政府の優先事項のひとつは定住化政策であ
り，それは旱魃の発生によってさらに推進された．独立から
1980年代初頭までに遊牧民の3分の2は定住し，それととも
にラクダ類の飼育をやめた．ラクダは大量に殺された．1980
年代末のモーリタニアは，小さな町や村の新設によって特徴づ
けられる．それらのうちの70％は人口100～500人程度のテン
ト集落の様相を呈している．1950年時点で人口の3％を占

8. 海に面したサヘル

8.5 ヌアクショット，衛兵所からキャンプ地へ
小さな軍事拠点に始まったヌアクショットは，ざっと30万の住人を擁する．旱魃のときには巨大な難民キャンプとなる．造成された地区と無計画の集合体との対照が際立つ．

めていた「都市民」は，今日では40％以上を占めていて，遊牧民はもはや15％しか数えないといわれている．

鉄に続く海

　北緯18度の南側での定住民族と農業活動，遊牧民による牧畜，オアシスでのナツメヤシ栽培，同じく北側の新設地区の周囲でのわずかの野菜栽培，これが農業-牧畜の一覧である．極めて不確かな生産は，普通には必要な量の半分もしくは3分の1しかまかなえず，それ以下の場合もあって，例えば1984年には必要量の10％の生産であった．それゆえ穀物は毎年輸入され，国際的な食糧援助（中国産の米，アメリカ産あるいはヨーロッパ産の小麦）が不足分を補っている．1980年代末には，必要と見積もられた30万tの穀物のうち20万tが輸入された．セネガル川流域開発機構（OMVS）のメンバーであるモーリタニアは，河川にそって灌漑された12万6000 haの区画の整備に，そして米の供給についてはルキズ湖周辺とに希望をおいている．

　しかし国は別の賭けにでた．新たな都市拠点の食糧を沿岸一帯で豊富に捕獲できる魚で満たそうというのである．同時に，外国の漁場をもっとよく管理することによって外貨獲得も期待できる．こうして漁業はめざましい発展を遂げる．1976年には，それは輸出収入の辛うじて15％を占めるだけであったが，1984年以降は3分の1から2分の1を満たすようになる．1985年，ヌアディブーでは国の二大都市に優先的に供給される1万7000tの鮮魚の陸揚げを記録した．その一方で36万tは輸出された．しかし漁獲高は1990年以降明らかに減少している．上のような成果は，同時に一商事・輸出会社の設立，ヌアディブーにおける冷凍庫の設置および缶詰装置の整備，それに国営漁船団の創設のおかげであるが，とりわけ外国船舶との契約更新と，モロッコ，チュニジア，リビア，スペイン，イタリアのような「友好国」との混成会社の設立に因るものである．しかし約100隻の外国船による漁獲高も，カナリア諸島やアジアやロシア向け船舶工場への違法な積替え高も見積もることは不可能である（カナリア諸島では，ラス・パルマスに日本人と韓国人が先進基地を占有している）．漁業資源の略奪については，［外国船に課される］課徴高が，水面で捕獲される魚は年間45万t，海底で捕獲される魚は15万tという最高見積高を上回っているのではないか，という危惧の念を抱かせる．モーリタニア当局が経済の牽引役としての役割を鉱山セクターに続いて与えた漁業は，2000年には40万tを供給するだろうと見積もられている．そのうちの10％は伝統的漁業によるものである．しかし外国人艤装者たちにとってどうにもできない国営船団は，手入れ不足のために損傷している．さらにモーター付の小船からなる小船団も外国人たち，すなわちセネガル人やガーナ人やベナン人の手中にある．それらの40％はサンルイから来ている．モーリタニア人をイワシを食べる人々に変えるだけではなく，漁師に変えることはもしかしたらムリな注文かもしれない．イムラゲン族の事例を除けば，漁師の共同体は一から創り出さなければならないのである．

　国民総生産に占める鉱山業の割合は，1960年代末の30％から1990年代初頭には約25％になった．しかし工業と鉱業に関する公社（SNIM）は，年間900万tを産出し輸出した．それは含有率の高い鉄鉱石であって，ズエラト鉱山に近いケディアとゲルブで産出されている．1978年に中断されたアクジュジドの銅採掘は再開されていない．また1983年に中断されたヌアクショット北部での石膏採掘も同様である．しかし1994年にはムハウアダット鉄鉱山が次第に古い鉱山にとって代りつつある．カエディとボゲとの間に位置するリン酸カルシウムの採

109

Ⅱ．サヘル地帯

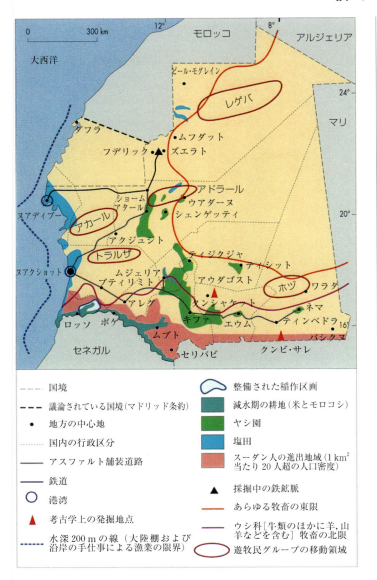

8.6 周辺的存在，モーリタニア
モーリタニアの沿岸砂漠で人口が多いのはセネガル川の沿岸域だけである．遊牧民は度重なる旱魃の厳しい被害を受けて定住化した．しかし，灌漑可能な12万6000 haのうち，南部の1万9000 haが整備されたにすぎない．北部では鉱物資源輸送のための鉄道が，南部ではアスファルト舗装道路が幹線道路の役割をはたし，かつヌアディブーおよびヌアクショットの港湾とともに，この砂と縁辺の国を構造化している．

掘が話題になっている．これを水の深いヌアクショットの新港からアフリカ諸国に輸出しようというのである．

砂を領土化する

　いくつかの鉱床，2つの港──そのうち1つは首都に近い──，そして人口が多く，かつ耕作されている南方の帯状の土地，これがモーリタニアの経済的基盤である．共和国建設以来，これらの場所を人の住まない領土を通して結びつけるために，インフラ整備計画が強力に実施されてきた．すなわち，まずズエラト-ヌアディブー間650 kmを結ぶ鉄道は早くも1963年から整備され，鉱物資源輸送列車として有名になった．これは世界で最も重量のかつ長距離の鉄道である．またヌアクショッ

ト-アクジュジト間260 kmの道路は1971年に貫通し，さらにヌアクショット-ネマ間の1000 kmに及ぶ幹線道路は，首都と東部諸地方とを結んでいる．これはサウジアラビアとブラジルから融資を受けた事業であった．50万tの容量をもつヌアクショットの新港は，中国企業連合体［コンソーシアム］によって整備された．セネガルとモーリタニアの後背地を結びつけていたロッソ-ヌアクショット間の古い非舗装道路は，もはや最良の手段ではなくなったのである．
　20年前には住人の大多数はまだ遊牧民であったのに，経済基盤を地下と海上の開発においたモーリタニアは，今やリビアやアラブ首長国連邦に類似する国となり，これらの国々との強固な関係を維持している．国は食糧品を輸入しなければならず，また鉱物資源の採掘は，ヨーロッパにおける製鉄業の低迷や，ブラジルおよびオーストラリアとの競合のために減少している．約20年前からモーリタニアは旱魃への恐怖［トラウマ］を抱えてあゆんでいて，南部の村々は移出民の貯蓄［送金］のおかげで生きながらえている．じっさい，セネガル諸都市に分散する小売商の集落［ディアスポラ］は，1989年の惨事まではきわめて活発であった．
　調査されている住民の3分の2はアラブ・ベルベル系の白人であるモール人が占め，残りの3分の1はアフリカ黒人であるが，いずれも高い人口増加率を示している．この事実によって国民の単一性の問題が提起されている．イスラム化されたモール諸民族の間には単一性の感情があって，彼らは教育におけるアラブ化を推進しつつあり，また1973年にはすでにモーリタニアはアラブ連合に加盟し，ペルシア湾沿岸諸国の外交政策への追随を選んだ．サウジアラビアやクウェートやリビアが提供する資本によってヌアクショットは「モスクの町」に変わるかもしれない．しかしこのような政策は2つの集団，ビダヌ族とスダヌ族［黒人］，つまり昔の主人と奴隷との間の平和的共存と両立するものだろうか．中央政権はモール人以外のすべてを排除することによって統一を図ろうとしているため，国の南部に集中して住む黒い住民たちのフラストレーションはますます顕著になりつつある．1989年の流血の惨事のあと，8万人近くのモーリタニア人と5万人以上のセネガル人はそれぞれ出身地に帰ったといわれる．こうしてモーリタニアは，多数の漁民や労働者，さらにはディアスポラがかせぐCFAフランを失いながらも，ますますその関心を北へ向けている．この国は本当に「サヘル国家」なのであろうか．

カーボヴェルデ：海に生きる38万のサヘル人

　1975年の独立このかた15年間続いた旱魃，乾燥した土地，飢饉に失業，食糧援助，土壌と水を保護するための多様な開発事業，再造林および灌漑可能な区域の整備が，アンティル諸島と同緯度に位置するこの小さな半島の共和国を，まごうことな

8. 海に面したサヘル

8.7 水を得るための風
玄武岩の地層から水をくみ上げて貯蔵する．火山帯に位置し乾燥したヴェルデ岬諸島における整備計画の要となる設備である．灌漑によってサトウキビとバナナの木の栽培が可能になった．

くサヘル国家にしている．

　同じ名前の岬から約600km離れたカーボヴェルデ共和国は，9つの有人島と5つの小島からなる群島である．全体で4034km²の国土に1992年の時点で38万人が住み，そのうちの70％は村落民である．1列にならんでいる島々は2つの集まりに分けられる．北部のバルラヴェント（風上）諸島と南部のソタヴェント（風下）諸島であって，大西洋の波間につきだして開いたペンチの形をしている．最も離れた島相互の距離は250kmである．有人島はそれぞれ小さな飛行場を配置しているため，空路による連絡は確保されている．しかし多くの場所は船を用いるか徒歩によってしかアクセスできない状態である．サル島にあるサル国際空港も，カーボヴェルデ人同士の連絡に必要な中継地というよりも，むしろヨーロッパや北アメリカに向かう南アフリカ航空諸路線の技術上の寄港地および移出民の搭乗地として利用されている．

　水深の深い港は3つある．1つは南部のサンティアゴ島のプライア（3万人が住む首都）にある港である．2つ目は北部のサンヴィンセンテ島にあるミンデロ港で，これは最も重要である．3つ目は現在建設中のマイオ港である．これらの港は経済の中心地であって，政府は，奴隷貿易時代にそうであったように，これらを支えにして群島に寄港地の役割を与えようとしている．アフリカ・ヨーロッパ・アメリカを結ぶ石油輸送船とコンテナ船の寄港は，今日では緊急の船舶補修のためでなければまれである．ミンデロ港は，ポゾラン［セメント用の火山灰］の輸出港であり，また漁業製品加工が営まれていて，常時活動している唯一の港である．しかしダカールのほうが，群島の諸々の波止場よりも多くの船をひきつけている．カーボヴェルデの島嶼性は，オセアニア諸島のそれに恐ろしく似ている．つまり孤立，領土の分散，そして60％以上を外国からの援助および移民者からの送金——国家収入の3分の1にあたる——に依存した経済的生き延びである．共和国は，外海に開かれていながら同時に周囲を囲われていて，経済的資源をほとんどもたない．輸出総額は輸入総額の10％以下しかなく，1992年にそれは4.7％だった．

　島々は，海にきり立つ荒々しい形の火山帯の断片であって，水が不足している．領土の10％にあたる4万haが耕作されていて，基本的な食糧は生産されている．トウモロコシやインゲン豆や落花生，サツマイモそしてアンゴラ豆である．これらに昔ながらのサトウキビ生産と輸出向けバナナの生産が加わ

8.8 ダカールに向かう魚
丸木舟による漁業で捕獲した海産物の販売はレブー族の女性実業家たちによって営まれている．取引によって，都市化された古い村落と地区の数多くの市場を活気づいている（セネガル，ヨフ）．

II. サヘル地帯

る．国土の残余は乾燥した土地であり，放牧地として小規模の飼育に活用されているが，家畜は定期的に大量死する．降水の有無によって年間10％から40％の食糧しか供給されない．ところで1972年から1977年までは雨は降らず，1984年から1986年までは少ししか降らなかった．外国からの緊急食糧援助がなければ，過去にもそうであったように群島では飢餓が発生していたかもしれない．知られている最後の事例は1946年から1948年にかけて発生した飢饉であって，この時には死者3万人および同じ数の海外への脱出者を記録している．食糧の輸入は，1991年には輸入総額の3分の1以上を占めた．

これらの条件の下で，旱魃対策として耕地拡大政策がとられている．土地は可能であれば灌漑されるが，1983年には4000 haだけしか整備されなかった．同時に，地下水脈の集水施設や貯水池の建設，そして高地に特徴的なものとして斜面を再造林する計画が進められていて，1975年から1985年にかけて2万3000 haが植林された．また強固な石垣による侵食防止整備も試みられている．より微妙な問題は1982年に可決された農地改革の実施である．土地所有は非常に不平等であって，農業従事者の40％は土地をもたないか，もしくは乾燥した斜面地のいくらかの小区画が使えるだけである．その一方では，灌漑整備のなされた土地は数少ない家族が所有していて，サトウキビとバナナを生産し続けている．もう1つ別に優先されている政策は育児制限である（年間の人口増加率は3.5％）．その点においては，この若い共和国はアフリカ諸国家のなかでも進んだ国である．

土地は乾燥しているとしても，少なくとも海には魚と甲殻類が豊富に生息している．島民たちはあまり船乗りではないけれども，マグロやイセエビやウミザリガニ［ロブスター］を獲るために，わざわざ遠くまで漕ぎ出す必要はない．年間の漁獲高は1万5000 tである．60万 km²という排他的経済水域は，国土の表面積の160倍にあたるが，この豊かな資源はこれまで自覚されながらもほとんど開発されなかった．カーボヴェルデは職人的な漁業技術を改良する計画を開始した．そして外国船舶にも開かれた「漁業ネットワーク」を設置しようと試みている．

15番目の島

多くのカーボヴェルデ人は，かつて行われたサントメ島に向けての労働力の強制移住とは別に，自発的に自分たちの島を離れることを決心した．外国への移住はアメリカ大陸に関しては19世紀初めにさかのぼる．ヨーロッパについては1960年代初めからにすぎない．1991年には65万人以上の同国人が母国以外の地で生活しており，その数は島の人口の2倍近くになる．すなわち7万5000人はアフリカで（そのうち4万人はアンゴラに，2万5000人はセネガルに），10万人はヨーロッパで（5万人はポルトガル，1万人はベルギー），そして30万以上の人々

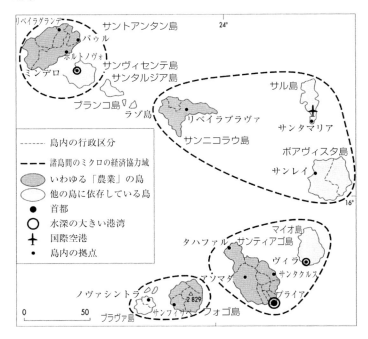

8.9　カーボヴェルデ諸島
国際的中継地という立場の活用および排他的沿岸地域の開発には，いまだ大した成果はない．カーボヴェルデは，諸外国に四散した出稼ぎ者たちの送金と国際的支援とがなければ，生き残るのは困難であろう．

がアメリカ大陸（25万人は合衆国の北東部沿岸地域）に住んでいる．これらの不在者たちは，政府が採用する政治の方向には必ずしも賛成していないのだが，それでもやはり親類縁者に定期的な仕送りをし，こうして国の収支のバランスを調整しているのである．

外国といえば国際援助もある．1980年代初頭にカーボヴェルデは，国際援助の名目で住民1人当たりに分配されるドルのおそらく最高額を記録した．この国の戦略的位置は多分このような国際援助と無関係ではないのだろう．しかし，群島の美しさはもっと多くの資本をひきつけ，それが今度は観光業に投資されるだろう．けれどもこの国は税制上の楽園ではないし，また大観光地でもない．ましてや特定の強国が管理する軍事基地でもないのである．

カーボヴェルデはアフリカだろうか．その所在からすれば然り．だが歴史からすれば否である．そのことによって，ポルトガル語が話されるこのキリスト教国，この微小国家が，近接のイスラム教が支配するフランス語圏もしくは英語圏の国々と結ぶあいまいな関係が説明されるだろう．しかし当局はアフリカとしてのカードを切ることに決めたらしい．国はギニアビサウ，サントメ・プリンシペ，アンゴラ，モザンビークとともに「5国グループ」に属しているのみならず，西アフリカ諸国経済共同体（CEDEAO），アフリカ統一機構（OUA），サヘル旱魃対策諸国連合委員会（CILSS）の加盟国にもなっているのである．独立性の誇示なのだろうか．ともかくこの群島は，国際的レベルにおいてその実際の重みとは不釣合いの政治的役割を演じている．

空間，すなわち諸々の困難を管理する

　サヘル地域の内陸部アフリカ—これは一般に単系出自グループおよび村落集団をもとにして構造化された諸々の社会の総体である—はモザイク状を成していた．17世紀以降安定した国家はなかったし，フランスの軍人たちは大した摩擦もなくこれを征服したのだった．ガンビアとカーボヴェルデは別にして，サヘルは同じ一大政策に与する行政によって区分され統轄された．つまり1895年に創設され，1902年から1904年にかけて組織されたフランス領西アフリカ（AOF）がそれである．30年以上前から旧植民地はそれぞれ独立国になっている．

　独立したサヘル国家は，今やそれが責任を負っているところのさまざまな社会における経済近代化の推進者なのであろうか．国家はそのための手段をもっているだろうか．1960年代の支配階級は，植民地時代に刻みこまれた西洋文化の影響をうけて，外国の国家構造をたいてい継承し，それを自分自身のものとした．指導者たちはそこに国民の概念を付け加え，他の工業諸国よりも遅れているサヘル地域を前進させるために，介入主義的なやり方でいわゆる「経済成長」を実現させようと望んだ．こうして新しい政府は国民を輸出へ向けて努力するよう煽りたてる．彼らは植民地モデルを模倣した．ほかに何ができただろうか．たとえ開発に収益性はないと判断されたとしても，可能なところには鉱山が開かれる．また別の鉱山は国営化される．輸送こそはかつてないほど優先的とされ，道路はいたるところで舗装される．農産物の商品化を目的とする国の事務所もいたるところに生まれる．しかし後に「危機」と呼ばれることになる状況は進展していく．いくら軍人たちが指揮を取ったり国の立て直しのスローガンを叫んでも，経済的な飛躍は実現されない．そのころ旱魃が始まった．けれどもすべてを旱魃のせいにすることはやめよう．国家は，社会主義的であれ自由主義的であれ，また文民によるものであれ軍人の手によるものであれ，穀物不足を改善できないし，国民を構成するさまざまな集団への分配の不平等を改めることはなおさらできない．ある研究者たちはこう言い切る．商品化の国家管理は災禍であり，さらに食糧不足は国家によって仕組まれている，と．穀物か輸出用商品かという投機において優先性を決めるのは国家だからである．確かなことは次の点である．サヘル全域において，食料輸入の割合は増えつつあり，それによって慢性的で人為的に拡大されてもいる食糧不足は埋合せられている．なぜならばそれら輸入品目の構成，特に小麦と米の輸入は，社会的にはっきりと規定された消費形態を優遇するものだからである．つまり都市諸階層のそれである．それゆえ一方には農業生産者が他方に

は都市消費者がいて，両者間における商品の循環はうまく機能していないということになろう．どのサヘル国家であれ，いつも供給過剰な地域があって，そこではストック機能がはたらいてはいるけれども，別の地域は規則的に食料の欠乏にさらされているのである．言い換えれば「南サヘル」と「北サヘル」とがあって，両者間で政治的選択がなされたのである．南は輸出し，北は国際援助を受けるという選択である．

　サヘルでは，政策断行主義的な地域組織が政治・経済上の解決である得るのだろうか．それは他の地域ほどではないのではあるまいか．どのような基盤の上にまとまりのある空間はあらわれるのだろうか．前植民地時代の歴史的地域である諸々の旧い帝国や王国は，部分的には共通の言語・文化という全体性の中で生き延びている．しかしそれらは，独立から30年の現在，しばしば強固な国境によって分断されている．局地的あるいは地域的権力は例えばモシ族においては存続している．国の単一性を気づかう諸政府は，ジャコバン主義の伝統を継承して，局地的な自主独立主義が高まらないようにする傾向がある．唯一「明白な」地域化は行政区域のそれである．それは，地方行政の中心地がまとう重要性の増加と開発計画によって強められる傾向にある．行政上の分割の総体は，細部においてもまた大変動に際しても常に編成しなおされている（例えばブルキナファソの場合）のだが，植民地時代の遺産であって，この制度自体，その限界を，それを固定化しつつもしばしば考慮に入れたのであった．限界とは，領土のそれではなく，特定の権力の管轄に属する住民の統制エリアのそれである．現在の行政区は，これを国の計画では「地域」と見なす傾向にあるが，はるか昔の文化的アイデンティティを踏襲するものである．それをここ数十年間にわたって経済や行政はさらに強化している．すなわち「地方の首都」という新しい性格の付与である．そのことは行政区の中心で，また小都市の近くで確認することができる．しかしそれはほかの場所ではもっとぼやけている．

　スケールは異なるが，それに大河川流域以外でサヘルを「地域化」しているのは，人口の多い南部である．そこはマリやニジェールやモーリタニアの場合，河川に沿って幅100 kmから150 kmの細長い帯となって伸びている．北部の広大な砂漠がそれに対比される．南部はギニア湾沿岸空間との関係を維持し，それに対して北部はサハラ砂漠にとりこまれるのではないだろうか．サヘル地帯は，1984年にJ．ガレが表現したものとは異なるものになり得るのであろうか．曰く，「今なお栄光ある廃墟をもついくつかの都市が目覚めているシルトの岸辺．まるでジュリヤン・グラック［Julien Gracq．1910年生れのフランスの作家．歴史と地理の教師でもあった．『シルトの岸辺』は1951年出版の20世紀を代表する小説］のすばらしい小説の中においてのように．」

III ギニア湾沿岸地方

「そしてこのうえなく重い海，深い青を濁らせる泥の河口，そしてアフリカの海岸があった．それは時としてあまりにも近いために，樹木の間に白い家々が見分けられ，暗礁がとどろくのが聞こえていた．」（ジャン＝マリー・ルクレジオ）

　南部の河川地帯から巨大なナイジェリアの国境にかけて，およそ5000万の住民を集める8つの国家［ギニア，シエラレオネ，リベリア，コートディヴワール，ガーナ，トーゴ，ベナン，ナイジェリア］が大西洋に向かって開いている．それらの国境線は生物地理学上のおおまかな単位で地帯特有の配置にかさなっている．そのために，大部分の国でダイナミックな「ギニア的」南部森林地帯と，多かれ少なかれ周辺化されたスーダン国の内陸部が対立している．いくつかの力線が現れていて，それによって，一方では蓄積のプロセスがとりわけ鉱山からの歳入と，そこから生じる諸々の活動に基づく沿岸諸国家と，他方では，蓄積の領土的基盤が農村のすべて，ないし一部を含む諸国家との区切りを根拠あるものとしている．もっとも西側にある国々では，商業用の生産の根幹には特に鉱石類（ボーキサイトや鉄，そしてダイヤモンド）の採掘と販売があって，そこに輸出の収入も由来する．その結果，空間の主要な構成は採掘場と荷積み港の間との点と線からなりたっている．反対にコートディヴワールからベナンにかけては，村落プランテーション農業および複数国境間のさまざまな不均衡を活かす流通機構の拡大によって，農村地帯の中で盛んな活動が促進され，貨幣による交換はさまざまな程度に普及し増大していて，諸都市のダイナミズムはその交点に位置を占めている．確かに，ギニアの輸出向け農業の崩壊と，他方地味であるとはいえリベリアの非工業的プランテーション——ラテックスやコーヒーを供給する——の役割との間には，単なる微妙な差異以上のものがある．しかし，都市と商業用樹木栽培との絡みあいによって，コートディヴワール，ガーナ，トーゴ，さらにはベナンの空間は十分に特殊化され，かくしてこれらの国々はリヴィエール・ド・シュド諸国と異なるものになっている．

　おそらく1億に達する住人といくつもの文明に豊かに恵まれたナイジェリアは，巨大さとともにその相対的な繁栄によって，国際的なスケールにおいてもアフリカの競合の場においても重要である．ナイジェリアは重くのしかかり調子を狂わせ戸惑わせる．ビアフラ戦争を乗りこえたあと石油による幸運が微笑みかけたとき，この国のさまざまの指導者たちは西アフリカ共同市場の困難な構築に取り組んだ．この国は，宗教的もしくは社会的な場面における不意に起こる熾烈な暴力によって不安を与えている．それは容赦なく弾圧されている．それに国内外の公然たる外国人嫌悪（ゼノフォビア）もまた不安の材料である．独自の経済政策をその周辺諸国と調和させることにほとんど意を介さず，国は一時自閉的となり，誇大妄想的な様々の開発計画に基づいて尽きざる石油の宝庫の再分配をなりゆきに任せた．ところが，無謀な経営や無為無策や政治的緊張にもかかわらず，親衛隊による政府もしくは文民による政府は，多様な民族の巧みな管理や数々の公共施設整備，そして国家の政教分離（ライシテ）の確立をもって，領土の単一性を維持することに成功してきた．

　ナイジェリアは多くの矛盾によって困惑させる．とりわけ政治・経済上の「大混乱」の後で再び躍進しすばやくその力を取り戻す能力には驚かされる．人口規模の大きな古くからある幾多の都市には活力があるが，それは農村世界との強い結びつきのおかげである．西アフリカ人口の半分以上を集めるこの巨大な国は，多くの近隣地帯，場合によってはいくつかの隣接した国家を周縁的な位置へと追いやってしまった．今なおひどく権威主義的なアフリカにあって，20ほどの大学と権力から独立し発行部数も多い15ほどの日刊紙がこの国の政治生活を活気づけている．さまざまな分野の知的エリートは影響力をもち，最も優れた小説家の1人ウォーレ・ショインカは，[1986年に]アフリカ人として最初のノーベル文学賞を受賞している．

III.1 ヤシの浜辺
ココヤシの房飾りに縁取られるシエラレオネの砂地．珍しいことにここでは，岩石の突出する入り江において砂洲は細くてほとんど無きに等しい．

114

9

商館から国家へ

三角貿易時代にまず黒人奴隷の捕獲者たちが跋扈し,商館の点在していたギニア湾沿岸は,
「植民地開発」に際して優遇された.諸々の国家はこの開発から空間の組織を受け継ぎ,
湿潤な沿岸とスーダン型の内陸部との間の経線に沿って投影され誕生していった.それは
プランテーション経済かもしくは鉱石採掘の支配する空間であった.独立以来30年,ま
すます都市化された沿岸地帯とあまりにもしばしば等閑にされた後背地との間で,さまざ
まの不均衡が増大している.

「生暖かく湿った黎明が立ちのぼる.赤道地帯の白い霧は手応えのない屍
衣で我々をつつみこむ.それは発熱による汗の湿っぽさのようだ.(……)
私は潟の黒い水のうえを青ざめた蒸気がさまようのを眺めている.まるで
なにか恐ろしい呪いのために煮立たせるのをためらっている魔女の大鍋の
ようだ.陰鬱で生暖かい水のうえに,白く熱い靄につかって,我々は動か
ずに浮かんでいる」(ジャック・ヴェーレルス『アフリカの白人と黒人』)

ギニア湾岸は,西アフリカの建造物に似て堅固で低く,大半
は直線的であり,自然の隠れ場所をほとんど提供しない.ここ
は,近づき難くもてなしの悪い岸辺として長いあいだ書き記さ
れ恐れられてきた.鬱蒼とした森林は,そこに住む諸民族と同
じように不安がられ,恐れられてさえいた.15世紀にポルト
ガル人が発見し,ヴェール岬からパルマス岬までの海岸沿いを
航行する貿易船が利用し,さらには湾の奥に位置するサントメ・
プリンシペ諸島に達する,ヨーロッパ人航海者たちのいわゆる
「狭い航路」についてのこの否定的な見方は,開発の困難な生
態系に対応しているのであろうか.

略奪の海岸

西アフリカでは陸地の縁が急激に海へおちこんでいくことが
多い.大陸棚は狭く,砂洲では常に巻き波が砕け散っている.
とはいえほかのところでは,例えばインドでは砂洲が商業航海
をさまたげることは決してなかった.沿岸地帯あるいはむしろ
複数の沿岸地帯は,人々が定着することのできないほど制御困
難なのだろうか.低カザマンスからシェルブロ群島までは,沿
岸のいくつもの偏流が集中する広大な死角となっていて,出入
りの激しいリアス式海岸やマングローヴに占領された軟泥地か
らなる南部河川地方の岸辺が広がっている.次に砂質の堆積地,

すなわち亜赤道帯の海流から生じる偏流によって育まれる長い
沿岸洲が始まる.そこにある堆積岩がもろいところではいくつ
もの潟湖が形成されている.すなわちフレスコからコートディ
ヴワールとガーナの境界まで,次にヴォルタ川のデルタ地帯か
らニジェールデルタまでである.パルマス岬とササンドラとの
間や,スリーポインツ岬とケープコーストとの間のように大陸
棚の地層が水面へせり出してくるところでは,砂地と潟湖の結
合に代わって岩だらけの海岸が現れる.天然の避難所となる港
は,東アフリカよりは少ないがまったくないわけではない.け
れども,植民地征服以前に組織的に整備されたものはひとつと
してなかった.

最初のポルトガル人たちの航行からベルリン会議に至る4世
紀の間,ヨーロッパ人たちにとってギニア湾沿岸は略奪経済を
基礎づけるための場所でしかなかった.長い間サハラ砂漠を向
いていた交易が沿岸部にかかわったのは,外部からのイニシア
ティヴによってであり,これが15世紀まで見捨てられていた
大西洋の舞台を急速に活気づけたのである.ギニア湾アフリカ
地方はまずいくらかの生産物,特に人間を供給するために必要
とされたにすぎない.つまり沿岸には小さな要塞が不均等にち
らばっており,ポルトガル人,オランダ人,フランス人そして
イギリス人たちはそこで貿易の支配権を争った.彼らはアメリ
カ大陸行きの奴隷たちが蓄えられているいくつかの商館を保護
し,これを拠点として商取引を行った.こうして,商人の論理
および積込みという単純な技術に基づいた「捕食の地理」を描
くことができる.それは海岸沿いの施設と砂洲の向こう側に停
泊する船との間を往き来する連絡船を頼りにしていた.

「ギニア」すなわち「ニグロの国」は,この時期明確ないく
つかの部分に分割されていた.カシュー川からフリータウンま
での南部河川地方は「風上の沿岸」に属していた.フリータウ

ンは，グレーヌ海岸（もしくはマニゲット海岸またはマラゲット海岸）と同じように，1792年に解放奴隷たちを受入れるために建設された都市である．パルマス岬をすぎれば「風下の海岸」が始まる．これは3つの沿岸を結びつけている．すなわち，象牙海岸（東側において「善人」とされたラウの商館より前に「悪人の海岸」として恐れられた），そしてゴールドコースト．そこは，スリーポインツ岬からヴォルタ川まで人々は大いに往き来した．次いで「奴隷の」と言われる海岸である．この風下の海岸では，金属類，織物類，銃，煙草，飲料，雑貨類が，水や食糧，黄金，象牙，胡椒，そして特に奴隷と交換されていた．大西洋奴隷貿易は17世紀にその頂点に達する．1450年から1900年までに，およそ1200万もの人間がアメリカ大陸へと輸出された．しかしヨーロッパ人たちは沿岸にしがみついていて，ほとんど未知の内陸部へとあえて踏みこむことはない．そこの地図は粗雑であり，何よりも想像の産物であった．18世紀に至ってはじめて，物語や記述——奴隷貿易廃止キャンペーンはそれに依拠した——のおかげで，ギニア湾アフリカのことを<ruby>慮<rt>おもんぱか</rt></ruby>る道徳的な関心が，次いで科学的な関心が引き起こされることになる．真の探検は19世紀になってしか始まらない．それまでの知識というのは，ヨーロッパ人たちの居留地と同じように断片的で限定されていた．ただし，要塞や商館の位置決定は，単に新参者たちによる選択の結果ではなく，現地のダイナミズムからも生じている．それに地図上では無人であっても，土地のすべてが無人であるわけではなかった．

その形態がどのようなものであれ，交易は何よりも仲買人の存在に依存している．その結果，白人の商人たちはアフリカ人代理人がいて交易ができるところにしか継続的に腰を据えることはなかった．ところで，この代理人たちはあらゆる沿岸部に住んではいなかったのみならず，彼らの社会組織は多様なものであった．イーヴ・ペルソン［Yves Person：主に西アフリカ口承史および近代史を対象とする歴史家．主著に『サモリ——ジュラの革命』がある］のいわゆる「エクメーネ（居住可能地域）の袋小路」であるギニア湾沿岸地帯は，遅れて海上の交通に開かれたのであって，隣接する森林地帯においてと同様に，内陸から来る最初の移住民の波がそこにはじめて到達したのは14〜15世紀になってであった．そこは，西アフリカの入植の歴史からくる理由で長い間居住民は少なかった．この地帯の力線はスーダンの緯度に局限されていて，そこでこそ，サハラ砂漠を通って黄金を輸出し，商取引の場所を保有する数々の「大帝国」が繁栄したのである．おそらく唯一の例外はまず，13世紀の頂点の時期にイフェの方向に進展したヨルバ族の侵攻であった．次いで彼らはニジェールデルタおよび沿岸へと前進していった．なぜならば，1487年にポルトガル人たちが関係をもった最初の国家はベナン王国［この王国の原型はヨルバ族の一部により13世紀頃作られた］だったからである．

森林の人々

沿岸の諸民族はもともと農民であったために，ゆっくりとそして不均等に漁業へと転向したのであろう．それも長い間，潟湖や河口や海岸沿いの水路に限られていた．商取引が普及するまで，海にのりだすのは例外的な選択であった．好湿性の常緑植物やその中温性の変種からなる密林は多くの民を受け入れてきた．彼らは領土形成の技術が乏しいために脆弱で，高度の組織力で拡大する国家を逃れていた．密林こそ彼らの避難場所であった．こうしてバンダマ川の西部からニンバ山地［1752 m.ギニアとリベリアの国境にある］の南側の果てまで広がっている森林の山塊に，諸民族が徐々に住みついていった．同様にリヴィエール・ド・シュドのマングローヴ地帯は，北部のマリンケ族諸集団のたびかさなる南部進出によって押し返された諸民族の吹きだまりの場所となった．

こうして，病原性の要因も含めて森林の生態系は選択的な受け入れの役割を果たしてきた．事実ツェツェバエ［glossine.熱帯アフリカ産のツェツェバエ科，吸血性のハエで睡眠病を媒介する］の蔓延するエリアはスーダン人騎馬隊の進行をある程度食いとめたのである．しかし，森林地帯への入植の原因を，単に国家なき単系出自集団が漸進的に奥地へと入りこむ過程に還元するとすれば，それは，征服民族を排除する「自然な」機能を森林に与えることになるであろう．その組成とファシエス［植物群落の最小単位］がきわめて複雑な森林の塊にそのような機能はない．政策断行主義によってつくられたベナン王国は，ニジェールデルタの浸水したサヴァナからオグー川沿岸まで長く伸びて，大幅に森林空間に食いこんでいた．それは王国の建設にとっても高い人口密度の蓄積にとっても何ら障害とならなかった．同様にアシャンティ王国の権力が確立されたのもまず森林においてである．入植と自然環境との関係は決して単純ではなく，生産技術および組織それぞれの進化によって関係のあり方はすこぶる広く開かれるからである．

人口分布の説明においては，ある場合には起伏が，またある場合には森林の覆いに見られる天然の切れ目が重要になる．堆積性表土の痕跡が少なくなったせいでもあり，長期間の浸食の結果でもあるが，ギニア湾沿岸アフリカは水平性を大きな特徴としている．とはいえ無限に平坦というわけではない．第三紀における隆起と断層によって，フータジャロン高地とギニア山地の稜線が高みにもち上げられた．前者の砂岩質の高原は，その土壌は痩せていて多くの場合硬盤を形成しているため，長い間無人のままであった．ただ谷間だけはいくらかのマンデ系民族が住んでいた．しかし高地は耕作者ではなく，健康な牧草地を求める牧畜者たちにとってかけがえのないものとなる．そこはトリパノソーマ症［睡眠病］を媒介するツェツェバエから守られているからである．まず異教徒であるフルベ族［この民族

Ⅲ．ギニア湾沿岸地方

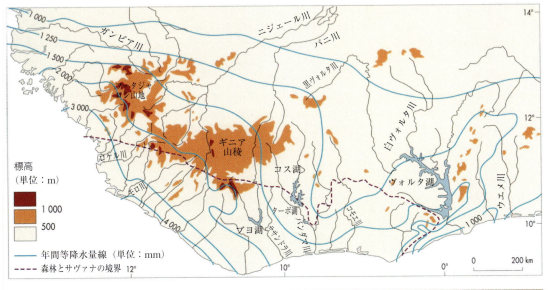

9.1 湿潤の地塊
ギニア湾の沿岸諸国家は，東から西へと約2400kmにわたって伸びており，湿潤な西アフリカを形成している．大西洋モンスーンに対する山岳突出部の配置とともに，海岸の形状によって多量の降雨がもたらされる．その周期や規模は海岸から遠ざかれば変わってくる．

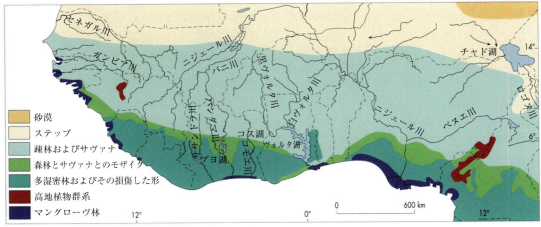

集団は「人間」を意味する語の複数形をもちいてフルベと自称するが，フランス語圏ではプル，アングロ・サクソン圏ではフラニと呼ばれている．なおここで「異教徒」とは非イスラムの意〕の牧畜民が，15世紀以降小グループごとに高地にのぼって定着した．彼らは牛乳を低地で生産される穀物類と交換した．彼らはイスラム教に改宗し，マシナから来た移民たちによって力をつけ，高地の砦の軍事的・政治的征服にのり出した．さらに彼らはいくつかの地方へと分割されたひとつの国家組織をもつ寡頭制社会の権力を押しつけ，高地を支配していったのである．そこに，フルベたちの言語であるプラール語と同様にアラビア語も表記できる文字を用いた高度の文明が根づいた．

東南におよそ1000kmの地点には，鬱蒼とした森林の成帯的配置に1つの断絶がある．これはアカン語系大集団の一分派すなわちバウレ族による南部への進出に関連づけられるべきであろう．彼らは18世紀にコモエ川とバンダマ川の間に住みついた．その前進の基本的な軸は，おそらく彼らの出合った植生の性質，すなわち森林以前のサヴァナが覆っている広大なV字状の切れ込みに関係している．このサヴァナは，密林における人為的損傷から生じたのではなく，古気候のなごりであると思われる．すなわちほぼ2万年前の乾燥期の遺産であって，それによってサヴァナ性群系は大西洋の沿岸にもたらされ，大森林はこうしてわずかの避難所へと減少したのである．

ケープコーストからポルトノヴォの潟湖にかけての顕著な降雨の減少がガーナ，トーゴならびにベナンの沿岸地帯の特徴となっている．同じくらいの緯度にあるアクラ——そこには，普通に生息するエリアのはるか南側にバオバブが見られるのであるが——では，アビジャンよりも雨量は少ない．つまり後者の年間降水量が2144 mmであるのに対して，前者のそれは687 mmなのである．南西部の風向と沿岸の方位との平行関係，南西から北東へと伸びる地形上の帯の避難所効果，さらにガーナ沿岸地帯と直角をなす冷たい水の上昇にも関連するほどほどの雨量のために，沿岸の気候は「温帯の」赤道地帯という性質を受け取った．この個性的な環境は，住民のさまざまな活動にとって湿度の高い赤道地帯のそれよりも有利だったのであろうか．森林の植物相は，ここでは肥沃な「砂洲の土地」を覆っていて，おそらくより容易に入りこめるとか，あるいはより楽に征服できると考えられたのであろう．以下の事実は認めざるをえない．つまり，自然の諸特性と高い人口密度と組織化された政治構造の増加，これら3つのものの間の一致がそこで実現されているということである．これは人口圧力，住民の統率能力，そして生態系の歴史的認識の間の相関関係に関する格好の考察対象となる．

9. 商館から国家へ

9.2 オメガ形の大河
ナイジェリア南部の見事な好陰性森林の中にニジェール川が描く完璧な湾曲（ヴォーリの近く）．岸のたるみの上の若干の開墾地は，低い人口密度とわずかばかりの居住とを示している．

イネ，ヤムイモ，ヤシ

　16世紀からすでに，ポルトガル人のもたらした3種類の作物，すなわちマニオク，アメリカ大陸起源のトウモロコシ，それにアジア起源のイネが，アフリカに特有の種類を補うことになった．つまりタロイモ，ヤムイモ［ヤマノイモ属植物のうち，栽培されているものをヤムイモという］，イネ，モロコシ［*Sorghum bicolor*．熱帯アフリカ原産のイネ科一年草穀物．コーリャン，ギネアコーンの仲間で農学的に多型の植物．アフリカ，中央アメリカ，東南アジアで栽培］，トウジンビエである．雨季と乾季の交代するスーダン性気候に特に限られている後二者の場合を除けば，分布は成帯的性質をもつよりはむしろ子午線に沿っている．一般的に認められている境界線はバンダマ川に沿っていて，それは東のヤムイモ文明と西のイネ文明との間の歴史的境界となっている．これは境界線であって障壁ではない．というのも，コートディヴワール［の東部と西部との］中間地帯のいわゆる「境界線」近くに住む諸集団の耕作システムを，イネ栽培者と塊根類栽培者とに単純に分割することはできないからである．例えば，ベテ族はイネの作り手であると見なされているが，バン族と同じようにバナナやタロイモ，果てはヤムイモをさえ栽培していたのである．イネの普及の問題は，グロ族の仲介によって北部のマリンケ族との間に維持されている関係や，ヨーロッパ人と接触している沿岸部の住民たちとの関係と切り離すことはできない．ヤムイモの民と見なされているバウレ族の食糧生産では，ヤムイモに，イネ，トウモロコシ，モロコシが結合されていた．ただし結合の形状は，制御されている空間の北部から南部にかけて地域によって異なっていた．森林とサヴァナとの接触地帯においては，グロ族とマリンケ族が商取引によって活気づく相補的なシステムを導入していた．他方，稲作の飛び地はバンダマ川の東，現ガーナのエスマ族およびアキム族の社会にも存在していた．

　ギニア湾沿岸アフリカの大農園主ならびに穀物栽培者は，単純な道具類，焼畑および休閑の利用を共通の特徴としてはいるものの，多様な風景に内実を与えることに寄与している．ヤムイモに基礎をおく大多数の方式においては，盛土および多様な耕作物の結合によって，鬱蒼とした森林に達した開墾地がどこにあるのかが分かる．そこは，赤道地帯特有の周期的な2つの雨季のおかげで，一方に収穫率が高く耕作サイクルの長い根菜類や塊根類やバナナの木と，他方にはサイクルの短いインゲン豆やトウモロコシとの相補性を活用することができる．こうして端境期の需要は常に満たされる．そのうえ，開かれた場合であっても森林は完全に伐採されていることはほとんどなく，その切れ目によって好日性植物種の伝播は助長される．その最も歴史的意味のある植物の代表格としてアブラヤシがある．早い時期から海岸周辺部を制圧した民族，例えばエブリエ潟湖やゴールドコーストの諸民族はヨーロッパ人商人にヤシ油を売った．油製造と酒製造を目的とするアブラヤシの特選養植林［パーク・必要な樹木のみを残して伐採し，残した木を育て利用する原生林］は財力と権力とをもたらしていた．ベナンの環境保護樹林帯の周辺部へのその伸展が証拠になる．そこではアボメーの君主たちは，奴隷たちと同じくこの特選農園を利用していたのである．ところでこれら海岸部のヤシ園はバンダマ川の西部にはほとんどあるいはまったく見られない．雨季の稲作では，休耕期間は長くそれに人々は分散しているために，樹木の組織的な手入れにとっても，農園を永続させるために必要な集約栽培の持続にとっても不都合だったからである．雨水を利用するイネの粗放耕作システムは，分散した入植状態と相俟ってギニア脊梁山系にも見られるとはいえ，ギニアにおけるイネ栽培の

III. ギニア湾沿岸地方

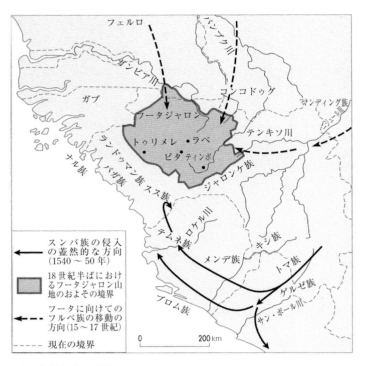

9.3 北部からの侵入
西部の沿岸森林諸地帯は，長い間ひどく恐れられてほとんど入植されず，それどころか人の住まない圏域であったが，15世紀以来スーダン北部からの移民が波状的に侵入した．

すべてを端的に示すものではない．

　リヴィエール・ド・シュドは，部分的には森林地帯に逃げ込んだいくつかの民族が入植しているのであるが，マングローヴ林や築堤された低湿地へと進出した水田で覆われている．低湿地は，時にはセネガルのカザマンス地方のように，排水されて真の干拓地(ポルダー)として整備されることもある．地勢に従って段状に築かれた水田は，実現された改良が大規模だったことを証明している．けれどもそれはいささかも樹木の利用を排除するものではない．例えばギニアのバガ族はアブラヤシを活用してもいるのである．塊茎と穀物との曲がりくねった接触面――[高い]ヤシの木の下にはトウモロコシが栽培されているし，今日ではマニオクはいたるところに見られるのであるから，これはまがい物と化した識別なのだが――の北部で，単純な降雨リズムをもつスーダン世界のシステムが始まる．これは特にトウジンビエやモロコシを基礎としている．村落のまわりに後光のように広がる農地が平野や高原に点在していて，山岳の城塞状集落の入念な整備と対照をなしている．そこは，例えばトーゴのカビエ山塊におけるように，樹木，家畜，畑を組み合わせる諸民族によって占められている．

商人のダイナミズム

　これらの生産システムを作り上げた諸民族は交易に参入している．強大な商業網の分枝は，主にディウラ族およびハウサ族やナゴ（ヨルバ）族によって活気づけられていて，北部サヴァナから森林の只中に，さらには海岸部にまで広がっている．マリンケ族の仲買人は，大西洋やグレーヌ海岸，バンダマ川の河口にも出入りできるからである．取引はコーラの実や黄金を対象とし，それらは塩，牛類，織物，鉄塊と，また象牙やコメやヤムイモとも交換される．地域的でもあれば地帯的でもあり，さらには「国際的」ですらある商業活動は，森林の前段階にあるサヴァナや森林の周縁部，それにウエメ川の東に位置するヨルバ族の発展エリアにおいても交易市場のネットワークを活気づけている．しかし16世紀からは，黄金や象牙，次いでますます奴隷が海岸沿いの商館から輸出された．ヨーロッパの商人たちが到来したために，コーラの交換を除けば，交易の大きな潮流はシーソーのように逆転した．スーダン人たちの南下運動が促進されて北部エリアは徐々に周辺化されていき，ヨーロッパ人奴隷売買商人たちの仲介者となった新たな沿岸諸国家による略奪の場と化すのである．初めはゆっくりしたものであったこの逆転は，国家に匹敵するいくつかの政治機構，複雑だが強固な階層をもつ機構の設置を伴った．それらは特にバンダマ川の東側で重要であった．沿岸を目指して競争し，沿岸地域の商館を統御し，生産物ならびに人間の流通軸を統御する，これがすべての領土戦略の基礎となる．ヴォルタ川の西側にあっては森林の諸王国が何度も分割された挙句，17世紀になってアシャンティ連合王国が出現した．それは，現在のガーナの大部分を支配し，19世紀初めにはスーダン地方の周辺部から沿岸に及ぶ広範な商業圏を掌握する．北部の生産物が免税通過する諸都市に支えられたアシャンティの空間は，溢れんばかりの往来によって賑わう紛れもないひとつの経済地帯の様相をもつ．その要(かなめ)となったのは政治上の首都クマシであり，これは奴隷貿易の都市であったが，また文芸と芸術の都でもあった．国家組織のもう1つの例であるアボメーのフォン族の王国は，1740年以来ウィダーの奴隷売買商館を征服したおかげで，沿岸の窓口を獲得し，君主たちは奴隷貿易によって蓄財することができた．文化的で商業的な領土実体としてのこれらの征服する組織――その建設には，例えばウエメ川の流域やデルタがそうだが，氾濫しやすい低地への居住のような地域規模での度重なる住民の再分配が必要であった――は原住民のダイナミズムを十分に示している．部分的には大西洋交易の需要に応じているこのダイナミズムは，交易の活用法や駆け引きのいくつかのタイプを生み出すものとなった．そしてそこに，19世紀終わりに植民地化によって再び問題化されることになる空間の形状は由来するのである．

国境と細長い帯

　ベルリン会議に先立つ4分の3世紀の間には，個人によるいくつもの探検，地理学会が出資した遠征，組織的ではないもののさまざまの発見がなされ――ヨーロッパの外交官たちは地図

類を信用して現在のコートディヴワールの北に想像された「コンゴの山」の存在を信じていた——，それに多くの場合対立関係の中で調印された地域の権力機構との多数の協定があった．ベルリン会議のときには国境線は引かれなかったが，基本原理は採択された．そのひとつは沿岸部分の支配が実効性をもちかつ正式に告示されるならば，その時点から内陸に対する権利も認められるというものであった．いわば後背地に対する追及権［国際法では交戦国が公海あるいは第三国の領海へ逃げる敵船を追跡する権利］である．その結果，植民地の領土を確立するために，沿岸地帯への新たな主導権争いや北部の後背地へ向けての競争が促進される．以前の空間組織にかさねて押し付けられるこれらの新設の領土は，領土に関する永続する新たな格子となり，さまざまの重大な不連続性を生み出すことになる．それというのも，政治的に領有された空間の部分を線によって決定的に限定するという意味での「国境」は，ヨーロッパ人たちの到来前には知られていない観念だったからである．つまり，全ては動きであり占有の手際であった．人口の密集した地域は，過疎地や人の住まない辺境，もっともしばしば森林によって互いに隔てられていた．多様なかたちでの絶え間ない領土の拡大は政治的に組織化されていて，空間と人々とを確実に掌握し管理することのできる社会を特徴づけていた．だが他方，「不服従の」農民層は山岳のもしくは植物の繁茂する防塞に逃げ込み，限られた空間に人間を蓄積するために生産技術を強化していた．流動的な力関係から生じる境界を除けば，当時はほかのいかなる境界も予想され得なかった．20世紀初頭，ギニア湾アフリカは，規模についても形状についても植民地化以前の状態とは調和しない単位に分割されている．ところでこれらの単位が政治・経済的な差異化の永続的な基盤を構成していくことになるのである．

じっさい，外部によって支えられる国家の運営は支配的な植民地実践のあり方に応じて変化する．フランスの行政管理の下にあった領土，ギニア，コートディヴワール，ダホメは，広大な連合体であるフランス領西アフリカ（AOF）に属していた．1920年にはこれに，中央集権化された権威的な行政管理によって際立つ委任統治領トーゴが併合される．それぞれの植民地はいくつかの区域（すなわち近隣区（セルクル），地区（ディストリクト），郡（アロンディスマン））に下位区分され，そこのフランス「臣民」に対して全権を有する行政官によって統治される．その傍にはいわゆる「小郡（カントン）長」なる任命されたアフリカ人たちがいたが，これは仲介役の単なる執行者であった．この直接的行政管理システムは，後にギニアビサウとなるポルトガル領ギニアにも当てはまる．それには，イギリス人たちによる経験主義的な間接統治［原文英語：indirect rule］が対比され，そのやり方は，もう少し地域権力の協力や積極的な仲介を求める傾向にあった．シエラレオネでは，直接的行政管理はフリータウンとそのすぐ付近に限られていた．そこには「クレオール」，つまり解放奴隷の子孫である混血者たちであって，英国人風に育てられキリスト教化した人々が住んでいた．それに対して，混血者たちにもヨーロッパ人たちにも敵意を抱く領土の残りの部分は保護領でしかなかった．ゴールドコーストでは，イギリス人総督たちは，アシャンティ族を軍事的に撃破し，北部の諸領土と同じようにアシャンティ王国にも沿岸の植民地で優勢であった原理を採用した後に，ナイジェリアで練り上げられた統治機構を徐々に設置した．すなわち首長領およびその代表者たちを権力の行使に参加させたのである．この連合的経営——そこに権威主義の色彩がなかったわけではない——の採用は，英語圏の植民地ではより早くからアフリカ人エリートが形成されていたというのが言い過ぎなら，少なくともその政治的な自己確立があったという事実と，おそらく関連づけなければなるまい．フリータウン近くのフーラー・ベイ・カレッジ［1827年開設］において，多数の「教育された現地人（educated natives）」が養成された．彼らはアフリカの特性について，あるいはリベリアのケースを参考にして独立の問題について討論していた．1920年には早くもアクラにおいて，イギリス領西アフリカ国民会議が開催された．自治へと導くいくつかの措置の採用を要求するためであった．これに対してフランス領植民地では，それほど大規模な行動は1940年代末にいたるまでまったく見出すことはできない．

いくつかの支配的な言語の推進と普及を通して，政治上および文化上の不均衡の源泉となる国境は，何よりも経済的な断絶の要因となる．領土を統率する技術の独創性がいかなるものであれ，植民地はすべてヨーロッパの商会が組織する単純な貿易経済機構のうちに組込まれる．いたるところで沿岸周辺が優先される．そこには交易の主要な手段である港が建設され，そこを起点として鉄道網の建設が始まる．沿岸や森林のエリアは潜在的により豊かであると見なされ，いたるところで優先的に「開発」される．こうしてスーダン地方の空間を犠牲にした入植の変動は速くなる．ところがさまざまの宗主国の経済的な重みは

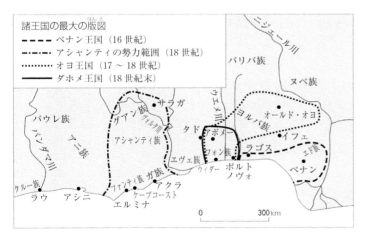

9.4 植民地時代以前の沿岸諸国家
16世紀から18世紀にかけてバンダマ川の東に準国家的な政治組織が強化され，あるいは出現する．これらの組織は黒人奴隷貿易と時代を同じくして勢力を拡大し，その不可欠の媒介的な歯車の1つとなった．

III. ギニア湾沿岸地方

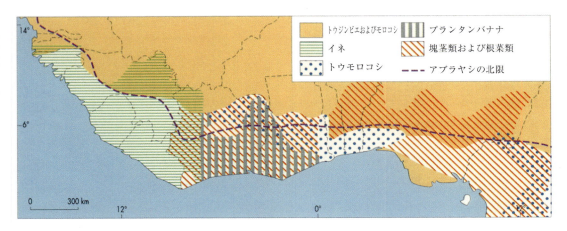

9.5 食糧の基盤
イネのアフリカ，プランタンバナナ［料理用バナナ］や塊茎類や根菜類のアフリカ，穀類のアフリカはバンダマ川周辺で出合い，浸透し合い，そして気候の移り目の地帯で補い合っている．

それぞれ異なっているし，それら諸国の植民地に対する関心も不均等である．領土をまかされた人々はそれぞれ違った風に振舞うし，植民地政策と原住民のダイナミズムとの間の連合作用も変化し得る．

ポルトガル領ギニアは，モザンビークおよびアンゴラに特権を与える国に帰属していたため，わずかの投資しか受けなかった．それに対して1919年から1927年までゴールドコーストの総督であったゴードン・グギスバーグ卿は個人投資によってカカオ経済を活発にした．彼は，フランス領西アフリカ（AOF）の南部植民地において公権力が同じプロセスに着手する30年も前に，植民地を計画的に開発したのである．カカオ経済は，1890年代にアクワピム族が，行政上の拘束に対する反応としてではなく，プロテスタント宣教団によって導かれた運動と影響しあってその主導権を握っていた．1919年にゴールドコーストは，すでに世界のカカオ生産の45％にあたる約24万tを供給していた．コートディヴワールの15倍である．後者ではこの植物は権威的に押し付けられたために，時には暴力を伴う拒絶反応にあって普及は立ちおくれていた．カカオそして木材や黄金のおかげで，ゴールドコーストはギニア湾沿岸アフリカで最も繁栄する領土となっていた．

国家を建設する

この不均衡は，国境の枠に従い，また時期によって異なる農業開発を背景として独立まで永続することになる．1922年のリベリアにおけるファイヤーストン社［合衆国のゴム会社］によるパラゴム大農園の創設，1950年代のコートディヴワールにおけるコーヒーおよびカカオの樹木栽培の急激な発展，あるいはギニアのバナナやダホメのアブラヤシのプランテーションの急速な発展のいずれによっても，未来のガーナの支配することになる序列が覆ることはなかった．加えて，鉱石の探索および採掘の選択的性格があって，ほとんどもっぱらリヴィエール・ド・シュドの領土が優遇された．1930年からはイギリス資本がシエラレオネのマランパ鉄鉱脈に投じられた．1951年にはアメリカのいくつかの製鉄企業がリベリアに利権を広げ，それは，1953年にはスウェーデン資本によって，次いで1958年にはイタリア・ドイツの企業連合によって引き継がれる．独立時にはそれゆえ新しい諸国家は，同時に領土的基盤および空間形成のメカニズムを相続するのである．国家の正当性はなによりもまず領土的基盤の最中で構築しなければならず，空間形成のメカニズムは開発の戦略において考慮しなければならないからである．

現在のギニアビサウは別として，また武力闘争とは別の脈絡で動いたギニア共和国も例外として，独立の達成は既存の領土区分の限界内で，さまざまの権限の漸次的な委譲のプロセスに従って実現された．まずこれらの領土区分に基づいて多様な政治的選択を表す枠組みが形成された．「アフリカ風社会主義」の旗手であるガーナおよびギニア——それぞれナショナリズムの先駆者クワメ・ンクルマ［またはエンクルマ．1909-1972．パン・アフリカ主義の指導者でガーナ初代大統領（1960～66年）］およびセク・トゥーレ［1922-1984．1958年独立時のギニア大統領．「社会主義」独裁政治を行う］に鼓舞された——に，1974年には，解放戦争を勝ち抜いたギニアビサウおよびカーボヴェルデの独立アフリカ党（PAIGC）のマルクス・レーニン主義路線が合流した．植民地列強と多かれ少なかれはっきりと断絶しているこのグループとは対照的に，いわゆる「穏健」で「リベラル」な群が出現した．そこでは連続性が，とりわけ世界市場への経済参入の維持さらには強化が重要視された．もっとも上の対比は，時間的にも流動的であったのだが，いくらか人を欺く面がある．1972年に政権に就いたベナンの軍人たちは「科学的社会主義」の信奉者であったが，それでも昔の宗主国と完全に縁を切りはしなかったし，外部への開放の道も断つことはなかった．しばしばリベラリズムの代表とされるコートディヴワールは，ほかの国々に比べてより計画経済の国家であり，企業国家でもあった．またその公共政策断行主義は国の経済発展を活気づけ，ほかの追随を許さなかった．反対にギニア国家はナショナリズムの象徴体系を熱心に操作しつつも，鉱山資源の外国資本による占有を奨励し，四半世紀にわたって農業生産を完全にないがしろにした．イデオロギーの誇示というよりも，そのうえに政治的な正当性が構築されるところの蓄積の基盤こそが国家間の差異化の中心にあるのである．

9. 商館から国家へ

9.6 バウレ族の住む「V字形地帯」のモザイク
コスのダムの下流，バンダマ川に沿う暗緑の森林にある開墾地．背景においては森林とサヴァナの接触がきわめて明白である．植生のからみ合いはしばしばもっと複雑であるとはいえ．

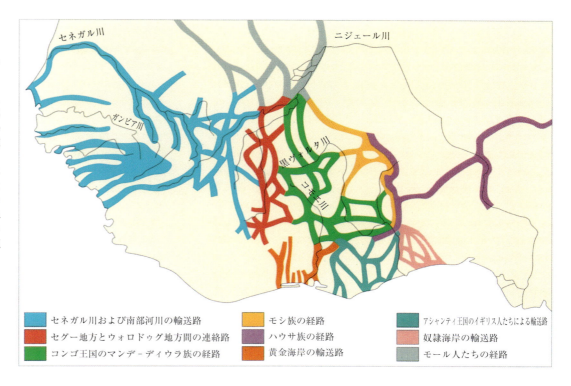

9.7 植民地時代以前の商業のダイナミズム
植民地時代以前のあらゆる社会が，閉鎖的な自家消費のシステムに閉じこもって，それぞれ孤立していたわけではない．いくつもの商業用の道路が，ギニア山梁の両側に，リヴィエール・ド・シュド沿岸およびギニア湾沿岸部をスーダンのサヴァナと関係づけていた．そして後者はサハラ横断交易に接続されていた（L-G. バンジェ著『ニジェール川からギニア湾岸へ』（1892年）1982年の再版による）．

　新たな権力の確立はそれほど容易ではなかった．国土空間の規模および形状がそのことと無関係ではない．カーボヴェルデならびに大陸との断絶（1974年）に由来するギニアビサウは例外として，すべての国々が，植民地以前の政治組織の領土——その内にはきわめて強力な組織体もある——よりもはるかに広大な規模をもっている．独立に際しての第1の至上命令は新しい権力を永続的に据えつけるよう努めることであった．というのもいかなるアフリカの社会も，植民地遺制に比肩し得る国家の様態で機能したことはいまだかつてなかったからである．住民の多様性を考慮に入れた配分に基づいて，いくつかの妥協を，単一ないし支配政党のさ中においてのみならず，特に政府の機構の内に見出し得ることが必要であった．複雑で変化していく盟約の駆け引きに支えられた戦略によって絶えず脅かされているため，均衡は壊れやすかったし，壊れやすいままにとどまっていた．

　やはり微妙な問題だが，国民のそれと同じく国家権力の建設には超国家的経済単位を探求することが相伴う．固定為替レートの共通通貨（アフリカ金融共同体CFAフラン）を有するベナン，コートディヴワールおよびトーゴを別にすれば，対外取引はきわめて多様な国際的枠組みの内に組み込まれた．ある国々はイギリス連邦に，また別の国々はフラン通貨圏に，リベリアとギニアについては合衆国やソ連やヨーロッパ経済共同体（EEC）にである．これらすべては共通の経済圏創設の試みをあまり助成することも，すでに実施されているメカニズムの作

123

動を促進することもなかった．もちろん1975年，1979年，1985年，1989年の4度にわたるロメ会議のときに8つの国家は，ヨーロッパ経済共同体とアフリカ－カリブ海域－太平洋地域連盟（ACP）の間に結ばれた協定に参加し，「輸出農産物所得安定システム」（Stabex）もしくは鉱物のそれ（Sysmin）に加盟はした．同様にすべての国々は，1975年に設立され，事務局がナイジェリアのラゴスにある西アフリカ諸国経済共同体（CEDEAO；英ECOWAS）に属してはいる．しかしながら，通貨格差と同じく補償金振替の不平等のせいで，調和はもたらされていない．加えて，関税および経済の統一体を徐々に構築するという公言された優先目標は実現困難な状況にある．異なりかつしばしば競合しあう組織——それらの活動する範囲は互いにかさなりあっている——が増加しているからである．例えばコートディヴワールは，また経済的な地域統合を目指す西アフリカ経済共同体（CEAO；英WAEC）のメンバーであるが，トーゴおよびサヘルの国家であるブルキナファソおよびニジェールも加入している協商会議［1959年設立．経済開発推進を目指す］をリードしてもいる．さらに技術的な組織が加わる．例えばガンビア川開発機構（OMVG）であり，これには（セネガルとガンビアのほかに）2つのギニア［ギニア共和国およびギニアビサウ共和国］が加盟している．またニジェール川流域局（ABN）がある．これにはベナン，コートディヴワール，ギニアが所属している．そしてマノ川連合［1973年の結成．英語の略号：MRU］があって，リベリア，シエラレオネ，ギニアを結集している．このような細分化は，為替平価の変転のために強化されていて，共通の目標の計画立案も網目状の国境線を無効にするような措置の実施をも容易にするものではない．

システムとしての村落プランテーション

ギニア湾アフリカは，しばしば「プランテーション経営者」の世界と見なされている．その独創性は，単一作物の大規模な商業的農場——その幾何学的様相は，農場内の社会組織を含めてアジアやラテンアメリカの対応物とほとんど異ならない——の存在というよりむしろ，コーヒーやカカオの樹木栽培が農民の生産システムの中に普及している事実に存する．村落のプランテーション経済と定義され得るのは，まず統合された耕作システムである．栽培のほぼ北限となる北緯8度線の南側では，コーヒーの木とカカオの木が既存のシステムの中に導入された．この導入によってヤムイモ，マニオク，プランタンバナナ［料理用バナナ］あるいはイネなどの現地での消費用植物は被害を受けなかったけれども，森林のひこばえと休閑地とは被害を受けた．そのため多年生作物と一年生作物とは，単純な並置の状態というよりは機能的な相補性の関係にある．この有機的な結合は，食糧と同時に貨幣収入を確保してくれるのだが，継続的な面積の拡大によって再生産されている．つまり，開墾に続く2～3年間は，小灌木の生産状態への参入を準備しつつ同時に食糧の安全を保証してくれる．次にアソシエーションすなわち「プランテーション」が，使用可能な土地および労働に従って更新されるのである．

村落プランテーションの経済は開発の一方式でもある．これを特徴づけているのは，土地の獲得の仕方が多様化したこと，そして家族単位とは外の労働力が利用できることである．開墾や作物結合の実現は，土着の住民にとっても外来の住民にとっても多くの土地問題を引き起こしている．前者にとって小灌木は小作地の個別化に寄与するからであり，後者は収入を求めているからである．ゆえに解決法はさまざまである．とりわけコートディヴワールにおいてそうだが，移民たちは非常にしばしば，農業労働者として土着の住民によってあらかじめ使用された後でしか土地を手に入れることができなかった．ところがガーナの南東部では，都市出身のアクワピン族移民のプランテーション経営者たちは，安価な土地を獲得するという目的だけの一時的な集団である「会社」を創設することによって，土地を買取った．それに対してアキム・アブアクア地方では，耕作されていない空間は外来者たちに任されていた．彼らは開拓の仕事によって，地域のプランテーション経営者と同じ土地所有者の身分が認められたのである．旧トーゴランドでは，未熟練労働者たちは植え付けた面積の半分を受け取っていた．土地の獲得の仕方がいかなるものであれ，開墾および面積の拡張は家内集団以外の十分な労働力に頼らざるをえない．未熟練労働者たちは，最初はほとんどもっぱら現物で報酬を受け，次いで複雑な契約によって規定された収入を受取った．すなわち任務および労働の時間や規則性に応じて，生産物の分け前と貨幣による支払いとを組み合わせるか否かといった規定である．例えば，コートディヴワールやガーナの「アビュザン（abusan）」すなわち専従労働者は，妻や子供たちに助けられながらもっぱら除草と収穫に携わり，生産物の3分の1を受取る．「アブニュ（abunu）」（ガーナ）とか「アブュニャン（abugnan）」（コートディヴワール）は，収穫が半分に分けられるため一見もっと有利な身分にある．けれども，この報酬の方式はむしろプランテーション経営者の近親者に限られている．ガーナ南東部における土地の買い手たちは，ンコトクアノ（nkotokuano），つまりカカオ約30kg単位の積荷ごとに支払いを受ける未熟練労働者を使用している．彼らは，プランテーション造営に参加していれば別だが，いかなる食糧栽培の権利も享受することはない．ただし，彼らは何人ものプランテーション経営者のために働くことはできるし，時にはおよそ100人からなる「組合」を自己組織している．農業生産はしたがって，家内労働力と報酬を受ける外来の労働力との組み合わせによって営まれている．後者は，開拓地の長によって雇われかつ管理されるのであって，その就労期間はプランテーションの成長段階に従って変化する．

最後に，このような村落の樹木栽培は貨幣コストの低い粗放

生産の一方式であって，そのため準採集活動と見なされること
が多い．技術は単純なままであり，出費は植物の病害を予防す
る薬剤の，そして時には肥料の購入に限られている．食糧用作
物は家内集団の食糧を，そして部分的には未熟練労働者のそれ
を保証する．後者にもしばしば耕作の権利が与えられているか
らである．追求されるのは土地の生産性よりは労働1日分の生
産性であり，空間の制御である．つまり樹木栽培によって土地
には商品価値が付与されるとともに，土地所有権が保証され，
永続的なものとされ，個人化されるのである．これらのことこ
そが，プランテーション経営者の主な目標なのである．

農産地から農産物食品産業へ

コーヒーやカカオの木の栽培は，ガーナおよびコートディヴ
ワールでは経済の中心を占めているが，リベリア，シエラレオ
ネ，ギニアにおいてはもっと周辺的である．他方トーゴにおい
てはその拡大エリアは高原地帯の西側周縁部に限られている．
1990年代の初めに，コートディヴワールは年平均コーヒー25
万tとカカオ70万tを，ガーナはカカオ28万tを生産してい
た．ギニアからベナンにいたる他のいかなる国も，2万t以上
のコーヒーの実やカカオ豆を生産してはいない．これら小灌木
が生態学上必要とする条件にとっては明らかに森林圏が好都合
である．その成長は多量のしかも開花のためにリズムをつける
降雨に，そして好条件の土壌の基層に結びついているからであ
る．リズムではなく総降雨量の不連続はガーナの南東から始ま
りポルトノヴォの潟湖の果てで終わるのであるが，そのことに
よって小灌木の広がるエリアが中断される事実はおそらく説明
される．というのもカカオの木はナイジェリアのヨルバ族の地
域でしか再び現れないからである．

この気候上の中間地帯においては，モノ川の低い流域におけ
るワイン製造用ヤシの畑およびベナン南部のオリーブ養植林
［必要な樹木を残して伐採し，残した樹木を育成する原生林，
パーク］だけが作り上げられた．その形成過程と組織はプラン
テーション農業のメカニズムとはいかなる関連もない．カヴァ
リ川の西側ではコーヒーおよびカカオの樹木栽培が消失したの
だが，それはおそらくこの地域の低い人口密度に帰せられよう．
19世紀のリベリアには土着民による樹木栽培の気運があった
ことは突き止められているのだが，原因はまた植民地権力や，
住民たち，そして特に現在の諸政府によってなされた選択にあ
る．それは別の既得権の係累に基礎を置いているのである．大
部分の村落プランテーションの規模はどちらかといえば慎まし
く，5ないし6haである．とはいえ数十haほどの開発地の存
在も地域的な偏差もないわけではない．脱森林化された空間の
中に細分化されて散在するプランテーションの特徴は，大規模
な産業用農業設備とコントラストを示している．

農工が一体化した大プランテーションは，外国資本における

利害（利益追求）の熱帯への投影（投企）であるか，もしくは
国営会社の仲介によって行われる国家の政策断行主義の所産で
ある．前者の原型は，1926年に獲得された40万ヘクタールの
払下げ（地）であり，50年経った1976年にリベリアのファイ
ヤーストーン社によって更新された．後者は，コートディヴワ
ールとかベナンにおいて産業的大プランテーションを動かして
いる．これらの大農園は，過去から受継いだにせよ独立後に創
設されたにせよ，きわめて特殊な実体を構成している．そこに
は幾何学的な広大さと均質化された植生とが支配している．例
えば，リベリアのハーベルには一続きの3万6400haのパラゴ
ム園が，コートディヴワールのエアニアの区画には1万haの
アブラヤシ園がある．土地には必然的に最大限の生産性が要求
されるため，収穫率の高い選ばれた品種の集約的単作にあてら
れる．またこの地域では一次加工の技量および絶え間ない賃金
労働者の存在が要求される．彼らは不均等に提供される住宅や
さまざまの設備によって統率されている．これらの単調な規範
の唯一の変異体として，もっと小規模のバナナやパイナップル
のプランテーションがあるけれども，それらには上記のような
産業用大農園に比較できる社会的措置を伴うことはめったにな
い．巨大コンビナートの配置は多国籍のかつ地域の戦略に依存
していて，時にはそのやり方にならって補助的な小さな村落プ
ランテーションも起った．例えば，リベリアにおいてはほとん
ど独占権をもつパラゴム栽培が，コートディヴワールでは，ア
ブラヤシやココヤシやパラゴム，またパイナップルやバナナを
基礎とする開かれた多様性が，そしてベナンではアブラヤシと
ココヤシの二項式の強調が見られるのである．

村落プランテーションの農業の活動も工業化された農業区画
のそれも，複雑だがすべて森林地帯へと向かう強力な移民の動
きと緊密に関連している．プランテーションのエリアは，内陸
の運輸網および港湾の基礎設備を媒介として国際市場に統合さ
れているし，国内の残りの空間とも，さらには労働力を供給す
る周辺地域として機能する隣接諸国家とも接合している．周辺
地域の相対的な人口の減少は，プランテーション地帯の勢力上
昇に有機的に関連している．それどころか，ナイジェリアの巨
大市場を向いた食糧への投機によって，トーゴのコーヒー園や
ベナンのヤシ園が破壊されている事実にも関与している．

西アフリカ規模での入植の不均等な逆転には，北部地域を犠
牲にした国家規模での内的分配の変更が対応している．その結
果，いつかは危険になる不均衡が際立った．最も安定した国家
権力は，持続性を利用して部門別の矯正措置を優遇したり，も
しくは国土整備の政策を打ち出すことによって，このいわば地
すべりのメカニズムを食い止めようと試みた．国土整備政策は，
地域の平衡を回復するための手段と見なされて，本質的には，
スーダン地方の農民の商業を先導する綿花の普及ならびに農
業・製糖コンビナートの促進に支えられた．それらは，全体的
な交易システムの中であまりにも周縁化された空間の統合を促
進し得るというのであった．

Ⅲ．ギニア湾沿岸地方

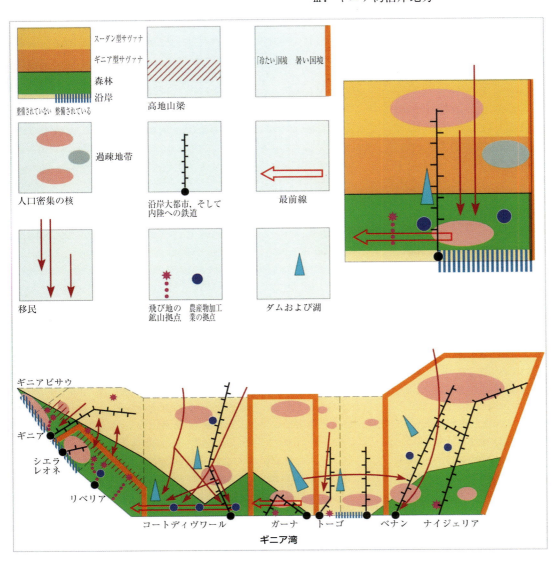

9.8 ギニア湾岸の空間構造
ナイジェリアを除けば，スーダン北部の入植の拠点は，森林農業の最前線，農産物加工業の中心地そして沿岸都市への移民者を提供する周縁地として機能している．いくつもの大きなダムの建設によってもその傾向は逆転することはなかった．商業網は諸国家をもてあそびつつ，複数の「熱い国境」に沿って貨物集散地と市場を活気づける一方，地方には周縁化された飛び地を出現させている．

鉄とボーキサイト

　プランテーションの拡散的な広がりに対比されるのは，鉱石採掘場の点的な模様である．それらの多かれ少なかれ沿岸地域から離れた飛び地は，港湾に帰着する鉄道網のみがこれを沿岸部に結びつけている．証明済みであるにせよ潜在的であるにせよ，ボーキサイトの埋蔵量がいかに莫大であるか否かは，ラテライト土壌の外殻皮の広がりによって説明される．それに対して鉄鉱資源の豊かさは，形態構造的配置および熱帯古気候の諸段階に特有の変質過程に関連している．西アフリカは大陸におけるボーキサイトの宝庫である．ギニアだけでアフリカにおける埋蔵量の4分の3近く，つまり世界における保有総量の3分の1にあたる約80億tを占めているといわれる．これに比べればガーナもシエラレオネもまるで「灰かぶり姫」である．他方鉄鉱石については，ギニア，シエラレオネ，リベリア，コートディヴワール，ガーナおよびトーゴは，アフリカにおいて知られている限りでの埋蔵量の4分の1である50億t以上を所有していると思われる．このうちリベリアとコートディヴワールは潜在的資源の3分の1以上を集めている．これに主として金とダイヤモンドが加わる．その相対的な重要性は，上記鉱石に比べれば，トーゴの第三紀盆地に局限される燐酸塩と同様に大したことはない．沿岸の堆積構造も炭化水素［石油・天然ガスなど］を埋蔵しているけれども，登録されている埋蔵量は，ナイジェリアからアンゴラに至る沿岸付近を特徴づけている豊かな資源には及ばない．それゆえに鉱業活動はなによりも鉄およびボーキサイトにこそ，そしてより控えめにはダイヤモンドや燐酸塩を拠り所にしているのである．

　貨幣としての利用のための黄金やダイヤモンドの採集あるいは非生産的な消費——それは鉱山の植民地化の最初の段階を特徴づけた——の時代が過ぎて，1930年代にはヨーロッパおよびアメリカの工業上の需要へと方向づけられた専門的な採掘が始まる．マランパ（シエラレオネ）の鉄鉱脈はイギリスのいくつかの会社によって開発され，イギリス，オランダ，ドイツの鉄鋼業に供給する．大戦後，西欧経済の再構築と飛躍的発展のおかげで需要は増大する．こうして資本は含有度の高い鉱石に向けて，殊にリベリアへと投入される．その国では1951年に，USスティール社およびリパブリック・スティール社がボミの埋蔵資源を開発し始める．1953年には，もうひとつのアメリ

9.9 ナイジェリアの大都市における渋滞
都市や港での交通渋滞によって日常的に麻痺しているラゴスは、ドライバーにはまるで悪夢であるが、都市の公共運輸企業にとっては楽園である。

カのグループであるベスレヘム・スティール社が、スウェーデンの資本と協力して、ニンバ山地の鉱脈に対する60年間の採掘権を獲得する。1958年には、ドイツとイタリアのコンソーシアム（ティッセン&フィンシダー）が、70年間の期限付きで譲渡されたボングの鉄鉱脈の採掘を開始する。1965年には、USスティール社とリパブリック・スティール社は、今度はリベリア政府と連合してマノ川の鉱脈の開発に乗り出す。

「鉄の時代」に生じたこのめまぐるしい投資には、合金鉄の生産にとってのガーナのマンガン採掘が結びつけられ得る（ある時期ガーナは世界第3のマンガン産出国であった）のだが、1960年代に入って「ボーキサイトの時代」がこれを引き継いだ。第1の時代にはリベリアにとって有利な選択がなされ、国は1980年代の終わりには鉄の生産で世界第11位の国となった。第2の時代には、ボーキサイトの供給国としてギニアが世界第2位に躍り出た。独立以前には、この国では島のいくつかの用地だけが開発されていた。1960年には、フリア-キンボの鉱山がペシネ［Pechiney．1855年にさかのぼるフランスの企業で、主としてアルミニウムを生産．一時国有化されたが1995年に再び民営化された］の援助によって開鉱している。ところが、垂直統合［原材料の処理を一企業が生産物の最終段階まで行う］の仕上げを予定されるアルミニウムの精錬所はカメルーンにあるのである。1970年代の10年間には今日も操業を続けている2大鉱脈が生産を開始する。すなわちボーケ-サンガレディ（Boké-sangarédi）のコンビナート（1973年）とキンディア-デベレのコンビナート（1974年）は、国の生産能力を15倍に増大させた。前者は、ギニア国家（49%）とアルカン社の指導する外国の企業連合（コンソーシアム）とによって経営されている。後者による生産はソ連の占有するところであった。もっともこの生産能力は登録されている潜在力に比べれば取るに足りない。諸々の鉱山資源がどれほどのものであれ、鉱石採掘のためには大がかり

の設備と高くつく投資を必要とする。それは採掘地においてのみならず、搬出のためのインフラストラクチャーである鉄道や専門化された港湾にも及ぶ。資金を調達し技術的知識に熟達することが必要なため、ある種の依存を余儀なくされ、そこから逃れることは困難になる。それは小規模の樹木栽培を営む原地人のあずかり知らない状態である。鉱山の収益獲得の経路に介入することのできるのは国家権力だけである。鉱業生産物は時には国民の貨幣収入の本質的な部分となっているだけに、これは重要な問題である。1980年代の終わりには、ギニアの輸出収入のほぼ総額がボーキサイトに依っていた。鉄鉱はリベリアの輸出品の3分の2以上にものぼっていた。そして燐酸塩はトーゴの外国への販売物の半分を供給していた。シエラレオネだけは、ダイヤモンド、金紅石［チタンの原料になる鉱物］、ボーキサイトおよび鉄鉱が外国への売上げの4分の3となっていて、公認の専制的な単一鉱物の輸出を部分的に免れている。

都市化の風

外国での工業の動向に従っている採掘の拠点は、沿岸のはけ口と同じく労働者たちを定着させている。ただし、コートディヴワールにおいては別として、鉱山拠点は、貧弱なことの多い加工業と同じく、力強い都市成長のプロセスにおいて決定的な要因ではない。国連や世界銀行の調査によれば、1960年代の都市成長率は年当たり約5%もしくはこれを上回っている。確かに都市人口の百分率は、コートディヴワールを除けば、まだ農村人口のそれに匹敵するにはほど遠いし、その配分は国によってまちまちである。例えば、1980年代半ばにトーゴおよび両ギニア［ギニアおよびギニアビサウ］は、ガーナやシエラレオネと同じように、それぞれ国の総人口の4分の1ないし3分

の1の都市民を数えていたにすぎない．それに対して10人の
リベリア人のうち4人は都市に居住していたのである．しかし
10年もたてば，もしかしたらトーゴを除いて，これら諸国の
住民の3分の1は都市で生活していることであろう．ガーナで
はおそらく半分以上が，コートディヴワールでは3分の2が都
市住民となっているであろう．

　アフリカのこの部分は，農村に深くひたっていたとはいえ，
都市現象を知らなかったわけではない．それは西欧の侵入に先
立つある種の社会組織および交易の形態に由来していた．けれ
ども独立した諸国家が基本的に受継ぐのは，植民地建設者たち
が沿岸部から始めて設置した都市拠点の階層化された組織網で
あった．鉄道網および道路網に連結された出口でもあれば入口
でもある港湾には，仕事を求める男たちが寄り集まる．港湾拠
点は，特にそこに全体を統べる官公庁のさまざまの機能がおか
れるとき，都市の枠組みの筆頭として現れてくるし，それに伴
ってサービスおよび生産の活動も増えていく．フランス領のさ
まざまの領土では，行政の中央集権化の結果として階層化され
た都市の枠組みが発展したが，それは必ずしも植民地に先立つ
時期の状態を敷写しにしたものではなかった．どの領土であれ，
この枠組みは多かれ少なかれ同じ進化の道をたどることにな
る．すなわちまず沿岸の行政および商業の中心地の設置がある．
このことでは，行政機関と貿易会社との間に場所の選択に関し
て衝突がなかったわけではない．次いで神経分布ともいうべき
輸送網施設に関連した内陸都市の発展である．ただし，これら
の都市には入植による活性化は大して見られなかった．そして
1950年代の急激な人口爆発．これはいくつかの中規模の都市
を発展させた．続いて小都市を利した成長の拡散が来る．そし
て最後に成長のリズムの均一化の局面である．他方，イギリス
の行政管理のもとにあったさまざまの領土では，ピラミッド型
の階層組織の構成は植民地プロジェクトの論理に書き込まれて
いなかった．ゴールドコーストの首都であるアクラは，20世
紀初頭以来国で第1の都市である．しかし，クマシやセコンデ
ィータコラディ［後者はギニア湾に面する2つの隣接都市］の
成長は，ほかのいくつかの都市の場合と同様に，60年間にわ
たってアクラに比べて見劣りのするものではなかった．独立時
ガーナにはさまざまの規模の一連の都市があって，その内部で
住民は隣接するフランス語圏諸国においてよりももっと調和的
に配分されていた．しかしながら，その配置のあり方はいたる
ところで不均等なままであった．というのも後背地には沿岸エ
リアよりも都市の数が少なかったからである．

南部における促進

　不均衡は，海岸面から離れて散在するいくつかの都市を犠牲
にして絶えず増大した．1990年代の初めに100万人を超えて
いた2つの巨大な人口密集地帯，アビジャンおよびアクラ−テ

マ［後者は同じくギニア湾に面する2つの隣接都市］，それに
100万人の域を超えたコナクリ，加えて50万人以上の4つの
大都市フリータウン，モンロヴィア，ロメ，コトヌー，さらに
10万以上の住民を擁する大部分の都市，これらすべては沿岸
部に見出される．例外はクマシおよびタマレ（いずれもガーナ），
ブアケならびにダロア（いずれもコートディヴワール），そし
てカンカン（ギニア）のみである．コートディヴワールを例外
として――もっともこれは論争の的でもあるが――，港湾に位
置する経済的もしくは政治的大都市はますます都市民を集中さ
せている．例えば10人のギニア都市民のうち8人近くはコナ
クリに住んでいる．ベナンの都市民のうち3分の2はコトヌー
に居住している．トーゴおよびシエラレオネの都市民の半分以
上はロメとフリータウンとに居住している．コートディヴワー
ルでは，ほぼ2人に1人の都市民はアビジャンで生活している
し，同じことはリベリアのモンロヴィアについてもいえる．た
だガーナだけは，この優先的な人口集中のプロセスを免れてい
るように見える．じっさい国の都市民のうちかろうじて3分の
1がアクラ−テマに集っているにすぎないのである．とはいえ，
多くの場合年間7％を超えて10％にすら達する大都市の成長
は，必ずしもほかの都市のそれをはばみはしなかったし，数々
の小都市がそこで特権的な場所を占めているいわば都市の苗床
の成熟を妨げることもしなかった．このことは，一方の主要都
市と他方の内陸に位置する小規模の中心地との間の相異なる進
化の要因に関係している．前者が国際的な交易の営みに接して
いるのに対して，都市システムの終着点である後者は周囲の田
舎に根をおろしているのである．

　長い間，都市成長をはぐくむ移民は，農村部から発して小都
市および二次的な中心地を通過点として港湾の主要都市へと向
かう，次々に起こる漸進的な移動として紹介されてきた．とこ
ろが，小都市などの中継地としての機能はすべてのケースにお
いて立証されてはいないし，立証される場合でも移動は常に一
方通行というわけではない．1970年代の終わりには，コート
ディヴワール国籍のアビジャンへの移住者の半分近くは，出生
地から直接にやって来ていたし，外国人移民の10人に9人は
国のほかの都市に宿泊してはいなかった．あらゆる都市への移
住者が村落生れではない．複数都市で形成されるネットワーク
内部での往来によって住民の流れは助長されているのであっ
て，これは田舎を犠牲にした単なる人口の抜取りという一面的
なイメージからはほど遠い．そのうえ，都市からの移出者は必
ずしも港湾大都市を目指しはしない．1980年代の初めにトー
ゴの副次的な3つの都市，クパリメ（Kpalimé），アタパメ
（Atakpamé），バドゥ（Badou）で観察された出発者たちのうち，
ほんの4分の1がロメ行きであった．そしてその動きよりも国
の田舎へと向かう再分配のほうが勝っていた．これらの例は移
動がどれほど複雑であるかを示している．そのうえ，労働人口
の調査において，移動者たちがまれにしか賃金労働者として登
録されないということが問題を分かりにくくしている．

実際，法規定とか統計の装置によって把握される会計の存在とかの理由で過度に「近代的」と呼ばれている施設が，大半の雇用を供給している都市はめったにない．多分，この種の都市の中にタルクワ，オブアシ（ガーナ）のような鉱山の人口密集地をあげるべきであろう．また，ブキャナン（リベリア），カムサール（ギニア）などの鉱石運搬港や，行政管理上の雇用の供給を補う工業コンビナートを備えたいくつかの都市を挙げるべきであろう．けれども，その工場区域が相対的に整備されている都市アビジャンやアクラ‐テマといえども，すべての労働者を吸収するに十分な容量を備えてはいない．生産性の至上命令および国家の財政危機のために，1980 年代の初め以来，労働者実数の削減が引き起こされてもいるのである．それゆえ，都市人口のダイナミズムの発条を探さなければならないのは，いわゆる「近代的な」賃金労働市場においてではない．たとえ国土整備の政策断行によって，時には工場とか農＝工業コンビナートとかが地方に分散されて，若干の都市の発展を刺戟し，あるいは衰退をはばんだとしても．例えばアグボヴィルおよびディンボクロ（コートディヴワール）あるいはサヴェ（ベナン）などがそうであるが．さらにはコートディヴワールのヤムスクロやトーゴのカラ，ピヤおよびニャムトゥグの形成する小規模コンビナートのように，国家元首の出身地の政治的向上を引き起こしたとしても，である．

交換の共働作用

散漫でふぞろいな現在の知識の状態では，数少ない確認にとどめなければならない．まず，高い成長率を示す数々の事例は，コートディヴワールやガーナの村落プランテーションの経済エリアに限られていて，都市および農村のダイナミズムの間の空間的な相関関係はかなり明らかである．それは，都市と村落の間の共働作用によって中小都市の発展が触発される事実を示すことになる．都市民による村落での土地資産の構築，特に彼らが管理するコーヒー畑やカカオ畑の面積の増加，大小のプランテーション経営者による都市での資産の形成——彼らは小区画の購入や賃貸不動産区域の造成に余剰金を投資し，親族集団を通じての商業および手工業活動に出資する——，これらすべては多様な空間基盤をもつ戦略の存在を指し示している．都市と農村の間の人と財との盛んな流通が村落プランテーションの経済エリアを特徴づけているのである．そのために多くの都市に人々はひきよせられるが，彼らの追求する目標の成否は農村世界に存する．農村のもろもろの戦略を構成する都市民の要素および都市のもろもろの戦略を構成する農村住民の要素は，こうして地帯的な交換の中心におかれている都市と小村とを活気づけることに寄与しているのである．

プランテーション農業の論理に由来する共働作用に，国境と通貨の不均衡の結果生じる交易の増加が付け加わる．その最も見事な例はナイジェリアの辺境地帯に求めるべきである．そこでは，諸民族間の連帯は行政上の分割によって無に帰せられるどころか，反対に国境をこえる交易の土台となっている．決して存在しやめたことのないこの種の交易は，1970 年代のナイジェリア石油の高騰によって強い刺戟をうけた．一方では食糧不足が拡大し他方では石油の利潤を分配した結果，ナイジェリアでは消費財の需要が急速に増加した．しかしこれを輸入することは，保護貿易主義の税制および関税の障壁によって禁止されもしくは制限されていた．穀物と根菜類それに加工製品（織物，アルコール飲料，煙草）は，ベナンからナイジェリアに向けての旺盛な不正取引の糧となった．しかるに逆方向には，化石燃料類やカカオの転売をめぐってナイラ（ナイジェリアの通貨）の還流ルートが増大した．1984 年 4 月の国境閉鎖，次いで，いずれも違法貿易にかかわっていたナイジェリア，ベナン，トーゴおよびガーナの四者交渉に続いた 1986 年 2 月の国境再開によって，該当する商品の数および実現される商取引の総量の縮小という結果が出来した．しかし闇取引は続く．実際これは，単に国境の両側に散らばっている家族集団および単系集団の間の生産物流通にとってだけでなく，多数の行為者——商人や役人や農民であり，さらには国家権力である——によって利用される富裕化戦略にとっても本質的な構成要素なのである．なぜ国家権力もかといえば，例えばベナン政府は横流ししたカカオからたっぷりと利益を引き出しているからである．

合法であれなかれ，これらの交易の芸当はいくつかの道具となるものを支えにしている．つまり都市，国境近くの市場や倉庫，そして国の枠を超えた人脈である．大港湾都市のもつ後背地はきわめて不均等であって，ただ一国の空間に，さらには一国の一部分に限られることもあるし，隣接の国々へと広がっていることもある．これら諸国における人々の移動域も，その移動のきわめて多様な情況に従ってこれまた不均等に広がっている．そのため，現代の空間編成における都市の役割の問題と同じように，都市問題は甚だしく複雑であることが分かるだろう．

国境をまたぐ商人のダイナミズムは，周縁地域を活気づけているのだが，もっともしばしば下からの統合の成功した形態であり，植民地の遺産および独立に際して押しつけられた断片化に対するアフリカ社会のひとつの復讐である，といわれる．実際はもっと複雑である．すなわち取引の経済的基盤が流動的であるため，商人の力は，所得のより良い空間的社会的配分に基づく地域統合の確保を目指しているのではない．それに，周縁地域の活動は国家の枠組みをもう少し弱めるのに力を発揮しているのである．必要な地域統合の将来は，フラン通貨圏の諸国家と強国ナイジェリアとの間の妥協にかかっている．しかしそれが短期間で不意に到来することはありそうにない．それゆえに緊急なことは，現行の諸国家の死活にかかわる諸々の機能を確保することであり，胎動しているさまざまのアイデンティティの平和的表現を許す一方で，地帯におけるいくつかの拠点を同定することである．

10

南部河川地帯

　カシュー川からカヴァリ川におよぶ南部河川地帯（リヴィエール・ド・シュド）の諸国は，フータジャロン高地とギニア背梁山地を背にして数多くの切札を有している．大西洋の季節風によってたっぷり潤され，西アフリカの給水塔によって補給され，鉄やボーキサイトやダイヤモンドといった豊富な鉱物資源を備えた国々の潜在力は，一見したところ印象ぶかい．ところが，4つの国家は世界最貧国に属しているし，かつて楽園の神話であったシエラレオネおよびリベリアは崩壊の危機にある．

> 「心遣いなしに隣人を養うよりは彼を尊ぶ方がよい．」
> テムネ族の諺（シエラレオネ）

　カザマンスのリアス式海岸の南からギニア湾岸の入り口であるパルマス岬にかけて，4つの国家，すなわちギニアビサウ，ギニア，シエラレオネ，リベリアが西アフリカの海岸に沿って連なっている．鉱石の採掘は，工・農業区域としての優先的な形での沿岸地帯の開発に連結されている．これら両者の間には，鉱山拠点を港湾に結びつけているいわば臍の緒を除けば，多くの場合あまり関係はない．この点において，風上にある海岸の4つの領土は「湾岸諸国家」から区別される．後者においては，後背地におけるすでにより数多い住民が国の諸々の活動にもっとよく参加しているからである．たとえ，スーダン・エリアと南部森林エリアとの間の不均衡は永続しているとしても．

ギニアビサウ：川と海との間で

　ギニアビサウは，3万7000 km^{2}の土地（ビジャゴス群島を含む）にかろうじて100万の住人を集めたポルトガル語圏の小さな国家であり，1974年に独立を果たしたばかりである．周辺地域よりおそく1940年頃に「平定」されて，わずかなコストで維持されてきたこの領土には，沿岸部にはバランテ族が住み，内陸にはマンデ族およびフルベ族［ウォロフ語でプル，ハウサ語ではフラニと呼ばれる．フルベは民の自称］が住んでいる．長い間そこは，落花生，ヤシ油，採集ゴムを仕入れるいくつかの輸出入会社の支配下に置かれていた．ほぼ平たい国土は4大河口によって切断されていて，面積の10分の1は1日に2回ずつ潮に覆われ，いくらか水陸両生の性質をもっている．風景は，マングローヴ林および森林の回廊が縁取る流域，そして内陸部は，木々の茂みを点在させたサヴァナのはりついた硬殻の高原と緩い傾斜地とに大別される．この国は，隣国ギニアを範とした体制の試験台であり，ゲリラ戦を支持した「社会主義」諸国家に支援されるアフリカのいわばアルバニアであって，1974年に国家管理経済に突入した．すなわち共同体に基盤をおく村落の生産組織，余剰農産物および漁獲物の国家による商品化である．農民たちはこの厳格すぎる枠組みを拒否して，彼ら自身の道である自家消費およびセネガルへの家畜の売却を選択した．農村の住民は，穀物生産——低地では稲作，高原ではキビとモロコシの組み合わせ——に閉じこもりつつ，セネガルの低地カザマンスとの間に非合法の取引を活発に営んでいたのだが，旱魃の年（1976年，1979年，1985年）に直面しなければならなかった．実際，海に接しているとはいえ，また年間降水量（南部では2500 mm，中央部では1000 mm）がスーダン地方の平均値よりも明らかに多いとしても，降雨が不規則であることに変わりはないのである．

　旱魃に際して，指導者たちは何度も国際的な援助に呼びかけざるをえなかった．輸出は減少してカシューナッツの販売だけになっていたからである．1978年から，経済協力開発機構（OECD，仏語ではOCDE），ならびにスウェーデン，オランダ，フランスが介入して，いくつかの農業大計画に出資した．すなわちサトウキビや綿花プランテーション，そして輸出に先立つのコメや落花生の保存のための前処理である．しかし，1980年代の初めこのかたギニアビサウは食糧および工業製品の慢性的欠乏を記録している．今や消費用食糧の栽培および漁業（外貨収入の50％）に優先権が与えられていることで，いくらかの希望をもつことはできる．それに未だ開発されていない石油

資源やボーキサイト，燐酸塩もある．潜在的なエネルギー資源や鉱脈を開発するならば，それは思いがけない財政上の恵みとなって，農業の近代化を支えるとともに農村と都市との共働作用を始動させるかもしれない．都市は目下のところ大して重要ではない．実業家たちが無視している首都ビサウはおそらく20万人を集めている．自由主義の政治に参入している指導者たちは，フラン通貨圏への統合を目指している．おそらく国の将来は低地カザマンスおよびギニアとの相互補完性の追求のうちにある．しかし，前者における分離主義的傾向および後者における再構築の困難さのために，超国家的な構想を追求することは容易ではない．

作り直すべきギニア

ギニアは，エリゼ・ルクリュ［Élisée Reclus（1830－1905）．フランスの地理学者にして無政府主義(アナキズム)の理論家．19世紀地理学の頂点をしるす『世界地理』（Géographie universelle）（1875〜1894年刊行）］に続いて，アンドレ・ジッド［フランスの大小説家（1869－1951）．『コンゴ紀行』は1927年の作品．1947年ノーベル文学賞受賞］およびエマニュエル・ムーニエ［フランスの思想家（1905－1950）．キリスト教と社会主義を調和させるペルソナリスムの提唱者．1932年に雑誌『エスプリ』を創刊］によって休息と平安の大地として称賛され，フータジャロン高地が標高のおかげでもつ気候上の利点のゆえにフランスの植民者たちが行きたがり，歴代の総督によって，経済的に最も見込みのある領土として，さらには西アフリカにおける工業地帯の未来の中心地として紹介されてきたのであるが，このギニアは1984年に四半世紀にわたる政治・経済的閉塞から脱出した．この期間は覇気と国としての自己確立の象徴をこの国に見ていた人々をおそらくまったく文句なしに幻滅させていた．ギニアは，1958年9月28日の国民投票において大反響を巻き起こした投票の結果，西アフリカでリベリアおよびガーナに続いて三番目に独立に至った国家であり，当時は生まれつつあるアフリカを先導する国のひとつであった．国家元首セク・トゥーレ［1922－1984．ギニア初代大統領．社会主義を奉じ独裁政治を行う］は，ガーナのクワメ・ンクルマ［1909－1972．独立運動を主導し，1960〜1966年初代大統領．汎アフリカ主義を唱える］，およびマリのモディボ・ケイタ［1915－1977．初代大統領（1960〜1968年）．マリ連邦制を提唱］とともに，カリスマ的な指導者として，万人のための経済発展を推進し，アフリカ全体の統一を成し遂げる力をもつ人物と目されていた．国は今日，黒いアフリカの中で最貧国のひとつである．1991年における住人1人当たり460ドルという見せかけの所得は，大多数の人々の状況を覆い隠している．この人々は鉱山の収益——それは統計には記載されるものの，多くの点で全体主義的な国家権力の縁故主義(ネポティスム)によってずっと前から没収されている

10.1 ボーキサイト：豊かさと依存
独立後に増大したボーキサイトの採掘によって，ギニアの指導階級は豊かになったが，関連産業はまったく起きなかった．国は外国資本に依存する鉱石供給国のままであり続けている．

——には接近できないのである．この状況は相対的な政治上の孤立および経済上の選択——それは結果そのものによって厳しく裁かれた——の所産である．ギニア革命の道は「人間への投資」に，人民の参加に，そして輸入されたモデルの拒否に基づいていた．ところが，国家政党の勝利のせいで国民の数々のダイナミズムは不毛なものになったのである．

1970年代以来，年当たり6.2％という速いテンポの都市成長率を見せているとはいえ，ギニアは根本的に農業国のままである．ギニア人の10人中7ないし8人は農業で生活しているが，それに関する情報はきわめて乏しい．それは彼らの活動の全体についてもいえる．というのも，ほぼ信頼し得る国民会計は1986年以降にしか作成されなかったからである．それゆえすべては推測ないし概算にすぎないのだが，以前に輸出されていた農産物の壊滅のみは，対外貿易のデータによって確認されている．ただ，統計的には分からないものの，政治的には確実なことがある．つまり，1973〜1978年の「5カ年計画」の開始まで，農業は公的投資のいわば継子であったこと，集産主義タイプの制度の実施を特徴とする強制的なもろもろの措置には効果がなく，農民階級によって拒絶されたことである．生産班，農業村の農場，続いて郡の農・牧場，これらは投資のほとんどすべてを動員したけれども，機械化された国家農業を採用させるには至らなかった．そして財政の無駄遣いや生産者に不利な価格政策は，生産者たちをしてもっぱら家族内での自家消費に閉じこもらせる結果しかもたらさなかった．

確かに一見したところギニア農民の食糧事情は深刻ではないし，多くのサヘル社会よりも良いことに疑いはない．しかし，これから2000年までに住民の3分の1はおそらく都市化されるであろうし，都市への供給は死活問題となりつつある．これまで，生活必需品の供給は，農村においてはことに穀物の耕作のシステムに頼ることによって確保されてきた．それらのシステムは，生産技術に応じて，また耕作面積のおそらく半分を覆

III. ギニア湾沿岸地方

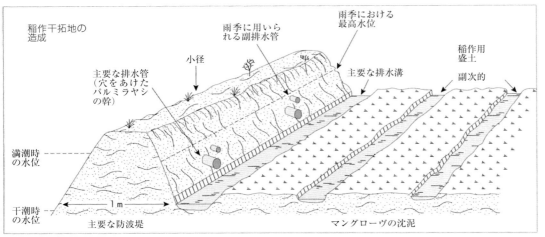

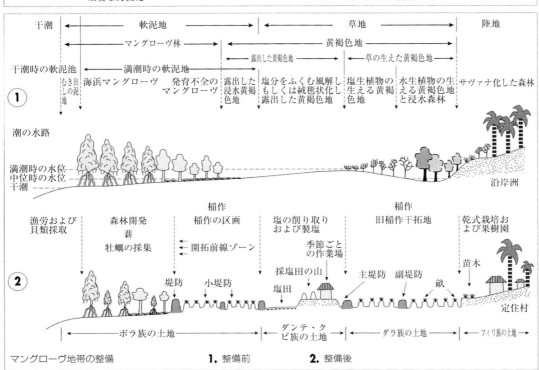

10.2 沿岸の稲作システム

ジャン・ドレシュのいわゆる「粘りつくボロング族地方」におけるマングローヴ林，露出しもしくは塩を含む結晶の風解した地表，そして水成の窪地は，ギニアビサウからリベリアにかけて亡命民たちによって占拠され，築堤され，排水された．整備された稲田では浸水の度合いに応じて，さまざまの品種の浮きイネや半浮きイネや減水栽培イネが生産されている（J.-N. サロモン『カイエ・ドゥトルメール』(Cahiers d' Outre-Mer) 1987年による）．

っているところの主な栄養源であるコメの占める位置に応じてさまざまである．

近年（900～1700年前）の海の堆積物や礁湖および河川の堆積物でできている第四紀の狭い沖積平野は，稲作民すなわちギニアビサウとの国境の両側に住みついたナルー族によって，そしてとくにその小集落が砂丘州に沿って数珠つなぎになっているバガ族によって入植された．6ヵ月ないし7ヵ月間に集中する大量の降雨——コナクリでは4800 mm，シエラレオネとの国境地域では4000 mm——は，淡水化の作業を容易にしている．しかし沿岸の全域が水田に作りかえられているわけではない．

海洋ギニアの沿岸周辺部に限られている泥濘低湿地での稲作には——とはいえその耕作面積の約3分の1はフォニオ［イネ科メヒシバ属．粟に似た微小な穀粒がとれる．クスクスを作りあるいは煮て食べる］を生産する——南東森林地域の結晶質岩および変成岩からなる高地エリアにおける天水稲作が対比される．キシ族の地方においては，陸稲が使用面積の4分の3を覆

っている．それに対して，低湿地の稲作と天水稲作とのバランスが，高地ギニアのマリンケ族の耕地を特徴づけている．そこでは，トウジンビエ－モロコシ－フォニオの結合が広がりつつあり，これにマニオクが加わる．中央ギニアのフータジャロン高地とその周辺ほどフォニオが重要なところはない．砂岩質の高原は，ずたずたに断層の切込みをうけ，粗粒玄武岩を注入され，外殻皮で覆われていて，確かに耕作活動には不向きである．耕作は多くの場合谷間に閉じ込められているのである．フルベ族によって征服され支配されているこの砦のほうは，何よりも牧畜の土地であり続けていて，国の牛類飼養総数——1986年にはほぼ250万頭と，だが1991年には180万頭と推定された——の半分近くを集めている．

生産評価および個人の1日のカロリー摂取量に関する限定的調査から，2つの点が確認される．ひとつは国レベルでの栄養バランスの不安定さであり，もうひとつは生産システムの交易に向けての開放の不十分さである．ファラナ地方およびボケ地方のみが潜在的な過剰生産を引き出しているにすぎず，それに

対して，コナクリという市場に近いにもかかわらず，デュブレカ地方のいかなる生産物も余剰を生み出してはいないのである．農民における家庭の食糧確保への自閉は，1980年代の中頃まで続く国の農産物輸出の後退によって裏づけられる．バナナ販売の崩壊（1956年のほぼ10万tは1986年には取るに足りない量となる）は，ボッファ－マム－ベンティの三角地帯にあった数々のバナナ園の消失がなにによりの証拠である．コーヒーの公的輸出の崩壊（1959年の1万6000tに対して1986年には1000t），パイナップルのそれ（1961年には4000t，1986年には200t），ヤシの房の採取に見られる困難などは，国家による集荷回路および公権力によって定められた低い価格がどれほど農民を落胆させたかを示している．こうして彼らは行政管理上の拘束の裏をかいて，もっと金になる闇ないし非合法のルートを利用するに至ったのである．

鉱山の宝庫

ギニアは鉱石を切札としている．酸化アルミニウム含有度のしばしば高い（45～55％）ボーキサイトの世界における埋蔵量の3分の1を保有し，ニンバおよびシマンドゥ両山地の登録された地区には特に良質の（含有率65％）鉄鉱の莫大な資源をもっているからである．それはフータジャロン高地およびギニア山稜が西アフリカで唯一の給水塔となっていて，約300億kW時——そのうちコンクレ川流域だけで120億kW時——を供給し得る水力電位が備わっているがゆえに，いっそう関心をそそる．上記一連の途方もない資源を，非鉄金属類や金やダイヤモンドが補っている．その1950年代に始まる工業規模での開発は不均等でまちまちである．独立時にはロス諸島のボーキサイトの鉱脈およびカルム半島の鉄鉱資源は，接近が容易でコナクリの港も近いという理由で開発されていたのだが，前者は涸渇しつつあったし，後者はその質の理由で生じた商業上の問題に直面していた．しかし，ボーキサイトの現在の設備の最初の基礎的なものはフリア－キンボ（Fria-Kimbo）に設置されていた．そこでは，採掘および第1次加工コンビナートの建設作業が，1960年の操業開始に至るまでペシネ（Pechiney）社の後援のもとに続けられた．コンビナートはとりわけアメリカ資本の保護のもとにまずペシネ社によって，次いで国家（49％）と多国籍の財政事業体であるフリアルコ社（Frialco）とを連合した混合経済第3セクターの会社によって経営された．当初それは，コンクレ川の大スアピティダムの供給する水力電気によってアルミニウムを生産する予定であった．だがこのダムは決して築造されなかった．

通貨の孤立の結果——フランスとの断絶に伴ってギニアフランが創設され，次いでこれはシリーとなった——，貴重な外貨を入手せんがために，また農産品輸出の崩壊で深刻な打撃を受けた対外貿易の均衡をとるために，さらに国家ならびに高官た

ちにとって利益の多い利権を拡張するために，ギニアの指導者たちは鉱山セクターの重要性を強調した．1973年と1974年には，ボケ－サンガレディおよびキンディア－デベレの鉱山が生産を開始した．フリアのコンビナートとは反対に採掘の段階のみが実現されたのであって，地域産業の誘発はまったく起こらなかった．かつてガーナやマリの旧帝国の権勢が基礎を置いたシギリ盆地の「ゴールド・ラッシュ」は，非合法の砂金採集者の活動を生み出したにすぎなかった．またケルネ－ベイラ－マセンタの森林三角地帯におけるダイヤモンドの採掘は，1960年まではデビアス社を含む2つの私企業によって実行され，次いで国有化され，1975年にはフリータウンへの密輸が活発になったために公式に禁止され，1980年に再び合法化されたものの，これまた工業への投資を引き起こすことはなかった．こうして工業への投資は，主としてコナクリに位置するいくつかの輸入品を代理する物品を生産する企業だけに委ねられたが，1984年にはその能力のせいぜい5分の1しか機能していなかった．それに当時，国内の数少ない農産品工業施設（製油工場，缶詰工場）のひとつとして，生産能力の10％以上は稼動していなかった．

いくつものギニア

鉱物の略奪，農民の自閉，そして頻繁な横流しのせいで，ギニアの経済空間の単一性について自問せざるをえない．さらに領土が，それぞれ大まかな単一性を有する自然界の区分によってすでに分割されていることと相俟って，スムーズな流通を可能にするような輸送のインフラストラクチャーが不足しているがゆえに，これはいっそう重要な問題である．沿岸と高地ギニアとを連結する道路は，隣接諸国とのそれと同様に不十分で質はよくない．他方，1914年に完成したコナクリとカンカンを結ぶ鉄路［両線路の間隔が狭い］は，現代の要請に応えるものではない．

それゆえ，もろもろの活動の間の実際的な分節ならびにそこから生じる空間の形状の問題を問わなければならない．第1のギニア，鉱業回路のギニアは，いくつもの採掘場およびそれらを専門の港湾に連結する鉄道のまわりに描かれる．それぞれのコンビナートは外部に向いた固有の搬出装置をもっている．例えば，フリア－キンボとキンディア－デベレはコナクリに，そしてサンガレディ－ボケは，カンサールにつながり，それらの港から輸出品は外国の投資家の工場へと出港する．こうしてカンサールからは，ボーキサイトがアイルランドのアルカン・グループの工場へと搬出されるし，コナクリからは，西アフリカではほかに類をみないフリア－キンボのコンビナートで製錬された酸化アルミニウムが年間71万t出荷される．それはPUKグループのアルミニウム工場——そのひとつはカメルーンのエデアに設置されている——にあてられる．

Ⅲ．ギニア湾沿岸地方

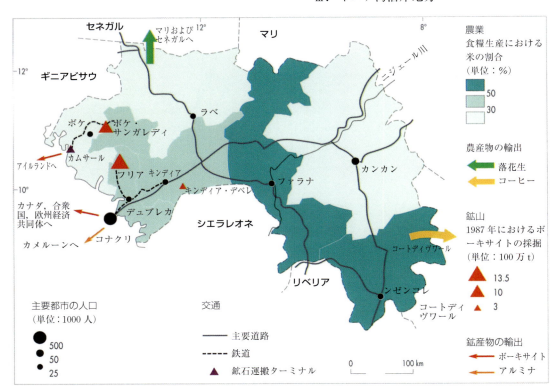

10.3 いくつものギニア
完全に外部を向いている鉱山ギニアは、25年間も閉じこもってきた農村ギニアに対比される。都市民の80％を集めているコナクリは他のすべての都市を圧倒している。

　この鉱山ギニアには、ひとつのというよりいくつもの農村ギニアが、ほとんど一点一画の狂いもなく対立する．中部ギニアおよび森林ギニアでは農村の人口密度は相対的に高く，1986年には前者では1 km²当たり24人，後者では同じく21人となっている．人口過疎の北西部はコメ－アワ－落花生の結合が特徴となっていて，この地方に縁取られている中央フタ地方は同国で最も高い人口密度を抱えている．すなわち，ラベとクビアとルルマの諸県では1 km²当たり60人を超えている．そこではンダマ種の牛およびフォニオが支配的である．しかしフルベ「ガレ」族の住民たちが最も強い傾斜地域を徐々に占めてきている．最南東部では人口密度は50人を超えることもあるが，キシドゥグやベイラ――そこらの周辺ではトウモロコシおよびモロコシが無視できない地位を占めている――を過ぎると，山地での天水による稲作が重きをなしている．しかし傾斜の底部では，コーヒーの木やカカオの木そしてバナナの木が混植されている．高地ギニアの農産地では事情がまったく異なっている．そこはいまだに人口過疎で，1 km²当たり9人の密度であって，国土の40％を占めているのに全人口の20％しか住んでいないのである．トウモロコシ－モロコシ－落花生を基調とする高原での耕作，そして窪地を利用した稲作を行う一方，牧畜も排除してはいない．というのも，国の牛類飼養数の3分の1はこの地域に位置を占めているからである．そこには1920年には早くも牛をつないだ犂による耕作が導入された．北西部よりも南東部のほうで人口の多い臨海ギニアは，かなり明白に次の2つを対比させている．ひとつは沿岸部であり，もうひとつはフータジャロン山地の支脈が始まる部分である．前者はしばしば稲作の水田および内陸性の丘陵や高原――作物の種類が増える領域であって，野菜や果樹の生産物が出現する――に覆われている．後者はフォニオに基礎をおく高地の栽培システムを告げている．沿岸部の稲作地域を除けば，3年から7年の休閑の利用を特徴とするこのいわば寄木細工から，しかしわずかな，とりわけ国境の市場を目指す商業への方向づけが現れている．南東のコーヒーはコートディヴワールおよびリベリアへと通過していき，他方落花生は頻繁にマリやセネガルに売却されている．その結果，ここには国内の商業網と大してもしくはまったく連結されない農業の周辺部が存在することになる．

　3つ目のギニアはカルム半島にほぼ25 kmにわたって伸びた首都コナクリが構成している．1990年において国の都市民の85％にあたる100万人余りの人口で，第2の都市カンカンの10倍である．都市化された面積は8000 haを超え，1960年の3倍となっている．しかし行政によって造成されていない発展地区が居住エリアのおよそ3分の2を覆っている．国家管理されていない土地へのアクセスルートおよび地所の闇市場の規模は，きわめて干渉主義的な言説を口にしていた体制から受け継いだ無視できないパラドクスのひとつである．信頼できる最初の統計データは1980年代の終わりにさかのぼる．それは，世界銀行の融資を受けた諸計画（基礎施設の刷新，排水工事，設備の整った小区画の整備），また2010年の時点で250万以上の住人を擁するとみられる都市を対象とした都市開発計画が実施された時期である．労働市場は，手工業および「インフォーマル」な小規模の商売によって大幅に占められている．それらが都市民の雇用の4分の3を供給しているのである．それに対して，行政機関および準公共施設には，工業の不振に由来する「近代的」部門の雇用のうちの3分の2が集中している．給与所得

者たる者は，家族の生存のために二重の活動に頼らざるを得ないシステムの中で，新たな都市民となる移入者たちの同化は困難なままである．そして30歳に満たない若者たちの間での甚だしい失業率（50～70％）が明るみに出ている．

国民を再建する

国民の蓄積基盤を充実させ，おそらくは西アフリカで最も豊かになり得る領土の潜在力を開発すること，これが新たな指導者たちの目指す長期的目標となっている．それに到達するためにはまず，1990年代初頭の緊急事態を前にして「経済を再び始動させる」よう試みなければならない．実際，旧制度を受け継いだ見える限りでの公的な経済は，過大評価された為替レートの利用に基づいていた．例えば，1984年には公的な流通市場では1ドルは25シリーと交換されていたけれども，闇市では300シリーだった．このシステムは，その地位のおかげで公的な流通網を通じて分配される生産物にありつくことのできる者たち，つまり高官，公務員，公共セクターや鉱山会社の給与所得者たちは，これらの生産物を闇市で再び売却したり，時には再輸出してたっぷりと利潤を得ることができた．この状況ではもはや，銀行のもつべき通貨の還流機能は保証されていなかった．その一方で鉱山の利権は密貿易とひっきりなしに起こる汚職とを助長していた．ほかのあらゆる都市民やほとんどすべての農民にとっては唯一の解決法しかなかった．すなわち前者にとっては，こまごました商活動や親族の紐帯に頼って何とかうまく生きのびることであり，後者にとっては，外国の市場によって活気づく国境エリアを除けば，自家消費へと閉じこもることであった．

1986年以来ギニアはいわゆる「建て直し」の段階に入った．その要となるのは通貨改革，銀行システムの復興および公共部門の健全化である．通貨制度の改革は段階的に実行され，ギニアフランの創設に帰着し，そのアフリカ金融共同体（CFA）フランとの平価は1986年6月に確定された．ギニア通貨のフラン通貨圏への統合の可能性が不確かなために大問題となっていたからである．公的機関の職員の実数は1985年には8万4000人と見積もられているが，そのうち30％は削減されるであろう．その対象となる給与所得者たちには転職のための援助費が支給されることになっている．

上記の措置には，鉱山，石油および投資に関する新しい法律が伴っているのだが，これに新たな基盤に基づく生産活性化の助長を目指す措置が加わる．工業の国営企業は閉鎖されたり一時的に操業を停止したり，あるいは再編されて公共部門で維持されたり，もしくは民営化した．同じ時期に農産物の仕入れ値は自由化され，農業は優先的なものとなった．1995年について量的な目標が定められ，そのうちコメは44万tであった．さらに多数の地方分権化の構想が検討に付された．それらが目

10.4 ダイヤモンド：不滅の密売
田舎の砂鉱床，手仕事による探鉱．洗鉱は，絶えず掘り直される沖積土の中で手作業で行われる．不法取引がはびこっていて，シエラレオネの国家に損害を与えている．

指すのは，農民のシステムを強化してこれを商取引のうちに定着させること（シギリ盆地の稲作と高地ギニアの綿花）とか，あるいは農工業コンビナートを創設してアブラヤシとパラゴムを結合した小規模のプランテーションを活性化することであった．最初の成果はコーヒー（1992年に1万8000t）と綿花（1989年から1992年の間に6倍になった）の生産について記録された．最後に数多くの鉱山の展望においては，ボーキサイトのサイクルから鉄鉱（含有率65～67％の8億t．埋蔵量90億tの資源）のそれへの拡大を企てることが可能になっている．それはミフェルギ-ニンバ計画によるものである．これを実施するならば，リベリアを介しての輸出が可能になるだろう．というのもリベリアの鉱山施設はギニアの鉱脈にきわめて近いところにあるからである．採掘活動の発展を待ちながら，またトゥゲ，ダボラ，アエカエ近くにおけるボーキサイト-酸化アルミナ-アルミニウムを統合する関連産業の形成を待望しながら，ビヴィ・クムのボーキサイト鉱脈は，1997年にはおそらく掘り尽されてしまうサンガレディの鉱脈の後を引き継ぐことになるだろう．また，半官半民経営の2つの会社アレドールおよびサグは，それぞれダイヤモンドと金の生産を再開した．

ただし，楽天的な期待を投影して，山積みとなった困難や障害を覆い隠してはならない．1995年にはギニアはおそらく720

万以上の住人を数え，そのうち約300万人は都市民となっているであろう．増加した175万人に食糧を与えなければならず，100人の農民が，1985年の40人に対して60人となった都市民をまかなわなければなるまい．さらに就学（1990年には成人の不識字率は76％にのぼっていたという）や公衆衛生（乳幼児死亡率は13.6％と推定されている）のような本質的な領域で著しい努力が払われなければならない．ところであらゆる所与が荒廃からの脱出は長期にわたりかつ困難であることを示している．250万のギニア人は離散民であり，その中には復興にとって必要な指導者クラスの人々もいるのだが，戻ってくるのはほんの少数にすぎず，しかも彼らは同化に際して多くの困難を体験している．他方，スス族，プル族，そしてマリンケ族間の対立は永続しているし，民主化は暴力によって脅かされ，また選挙プロセスの掌握に成功した軍人指揮者による権威主義が戻ってくる懸念もある．これら不安定の原因は，新たな経済政策の具体的な成果がなかなか現れてこないだけに，まだ何も達成されていないためにいっそう拘束として作用している．1987年以来ギニアフランは下落し続け，インフレーションは収束しそうにない．そして都市民の購買力からの天引に関連して起こる暴力的騒乱は，旧制度下に幹部であった者たちの抵抗と同様に，相反する2つの解釈を受け取ることができる．すなわち，それは深刻な諸矛盾を解決できない政府の無能力を証拠だてる前兆なのか．それとも反対にあらゆる変化につきものの，時には壮観を呈することもある付帯現象にすぎないのか．

2つの自由共和国の夢は消えた

シエラレオネおよびリベリアの誕生はいずれも，18～19世紀のイギリス人やアメリカ人活動家たちの始めた人道主義的活動に負っている．彼らは奴隷貿易廃止のために，また釈放されもしくは解放された奴隷のアフリカの土地への帰還のために戦ったのである．両国はひとつの神話に由来しているが，その矛盾は20世紀終わりへと永続している．ヒューマニストたちの夢見た理想郷は，専制的権力を背景にした暴力的で複雑な抗争の刻印を受けている．一方の原住民と他方の送還されてきた人々の子孫である混血者ならびにアメリカ系リベリア人［アメリコ・ライベリアン］たちとの対立である．それに食糧危機や外向性の鉱山経済——収入は君臨するカーストが奪い取る——が加わる．

シエラレオネは，その名がポルトガル語のセッラ・レオ，つまり「ライオン山」に由来する斑糲岩の中に切りこまれた半島である．そこにフリータウン（自由都市）がある．1961年までイギリス領植民地であったこの国は，長い間二重の組織を保持していた．初めて植民者が上陸した1787年5月9日から統一憲法制定の年である1947年までの間，アフリカの分割に際して「取って置かれた」7万1000 km²を覆う国土は，2つの明

確なエリアに分断されていた．すなわち一方にはフリータウンを中心とする大英帝国領植民地（1808年）で，この都市は，1792年に西アフリカの美しい停泊地のひとつであるセリ川の河口ロケルの南岸に設立された．そして他方には保護領（1896年）があって，これは鉄鉱およびダイヤモンドの発見される1930年代までなおざりにされる内陸の空間であった．

この行政上の区切りに，多様な入植の内容が対応している．フリータウンは，さまざまな民族からなるあらゆる移入民の波を集中させた．すなわちイギリスに亡命したかつてのアメリカ人奴隷，ジャマイカの逃亡黒人奴隷の子孫たち（原文英語：marrons），1807年のロンドンによる奴隷貿易廃止後に奴隷商人たちから取り戻された人々（recaptives）などである．これらの共同体は次第に混じり合って1つになっていった．すなわち英国化され，キリスト教化され，都市化され，多くの場合就学し，ピジン語［英語を基礎にしてほかの言語の要素をとり入れた混合言語（クレオール）］を話すクリオ集団（krios）である．内陸は，15世紀に定着したマンデ系民族集団が入植していて，長い間クリオ人たちによって，権威にさからいイギリス臣民たる資格のない善良であれ邪悪であれ野蛮人の世界とみられていた．この植民地と保護領との隔りは，クレオールたちと内陸部の諸民族との間の不和を増大させた．前者が自分たちの特権を常に保持し続けたからである．しかし同じ隔りはまた原住民の間の溝を存続させ，後の統一的な国家構築の試みにブレーキをかける因（もと）にもなった．独立した国家は，かわるがわる主なマンデ系民族集団の代表者，初めはメンデ族次いでテムネ族によって指導され，それがようやく相対的な安定を見出すのは17年間続くシアカ・スティーヴンスによる統治においてであった．これはかつての組合活動家であり，一時期アフリカ統一機構（OAU）の議長を務めたこともある．しかしこの安定は，アングロ・サクソン型諸制度の廃止および専制体制の創始と引き替えに得られた．この体制は1985年以来，軍部の後継者たちによって続行され，地域のレバノン人イスラム共同体の利権屋たちによって積極的に支持されている．なるほど1992年4月には若い将校たちの革命評議会によって，腐敗し人望を失くした指導者たちを排除されはした．だが国はリベリアの分裂によって直接的な衝撃を受けている．シエラレオネは，民間住民たちの避難場所となり，また武装運動の後背基地ともなって，リベリアにおける暴力の連鎖に巻き込まれているのである．

合衆国の世話によって，黒人アフリカで最初の独立共和国として生れたリベリア［自由の国］の歴史は，シエラレオネよりもっと酷い移住民と地元民との間の格差から逃れられないでいる．すでに，1822年メスラド岬に上陸した最初のアメリカ人植民者たちは，デ族およびマンバ族の首長領からアメリカ植民協会に譲られた土地に住みつこうとしたとき，後にモンロヴィアとなる地所に居を定めるために激しく争わなければならなかった．独立の年である1847年まで，沿岸部のアメリカ黒人の植民地は，メアリーランドを除けばリベリア共和国（コモンウ

ェルス）として連邦を形成し，対外貿易の独占権を暴力的に専有することによって法外な商業上の特権を手に入れた．それ以来 1980 年に至るまで少数派アメリカ系リベリア人の代表者たちが排他的に政治権力に君臨した．多くはクル系文化集団に属するクラーン族出身の無階級兵士たちによるクーデタ前夜には，約 300 家族からなる特権集団（カースト）が国を閉塞させていた．それは自己の文明化の使命を確信し，ドルにしっかり支えられ，制度は「サム叔父さん」[uncle Sam は USA の擬人化]のそれをそっくり真似し，星条旗から派生した国旗をかかげ，アメリカのかつての大統領の名前にちなんだ首都［第 5 代大統領（1817〜1825 年）モンローの名に由来するモンロヴィア］をもち，ゴムや鉄鉱や便宜置籍国の旗［税金などの点で優遇するパナマやリベリアのような国に船籍登録した場合の船旗］の与える利権を保持しつつ——実際，1992 年には登録された商船団の数は世界一であった——，国民所得の大部分をせしめていた．もっとも，部分的には昔の黒人奴隷［カラード］や「コンゴ」［船上奪還奴隷の通称］の子孫 8 万人，すなわち人口の 5％足らずに再分配されたが．

縁故主義（ネポティスム）によって次々と異なる権力が座についていくプロセスは，外国の利益へと自主性を売り渡した一分派に支えられ，住民の組織に関するさまざまな不平等および国の空間編成に由々しい影響をもたらした．シエラレオネはギニア湾アフリカの沿岸諸国で最も古い大学フーラー・ベイ・カレッジを有し，1920 年代には国は「アフリカのアテナイ」と呼ばれた．ところがこれは，大陸で最も就学率の低い国のひとつであって 80％の非識字者を数え，またアフリカにおける最高の乳幼児死亡率——嘆かわしい特権——を保持している．1991 年には住人 1 人当たり 210 ドルの所得を有するこの国は最も遅れた国のグループに属している．1950 年代にはコメを輸出していたのに，1970 年代このかた穀物の輸入は絶えず増え続けている．アメリカ資本の自由な展開の場であるリベリアは，1974 年になって初めて中央銀行を設立したにすぎず，国のドルは虚構でしかない．というのも，1980 年代の初めには合衆国の通貨が信用貨幣流通の 98％にのぼっていたのである．住民 1 人当たりの道路の距離に関してアフリカ諸国の中で最後から 2 番目に位置するリベリアは，穀物類もまた不足していて，食糧援助は 1975 年から 1985 年の間に 6 倍に増えた．シエラレオネの場合と同じように，リベリアが，浴しているところの，稲作中心の農村社会にとって好都合の降水条件のことを考えれば，この状況は説明されて然るべき逆説なのである．

放ったらかしの農村

両国で常に多数を占めてきた農民層は，豊かな降雨に恵まれた環境で仕事をしている．正面から大西洋の湿った気団にうたれる沿岸部には年間 3500 mm 以上の雨が降る．約 5000 mm を

受けとるモンロヴィアは，西アフリカで最も降水量の多い首都である．雨量はいたるところで 2000 mm を超えている．きわめて多湿な熱帯のリズムと赤道のリズムとが推移するこの世界

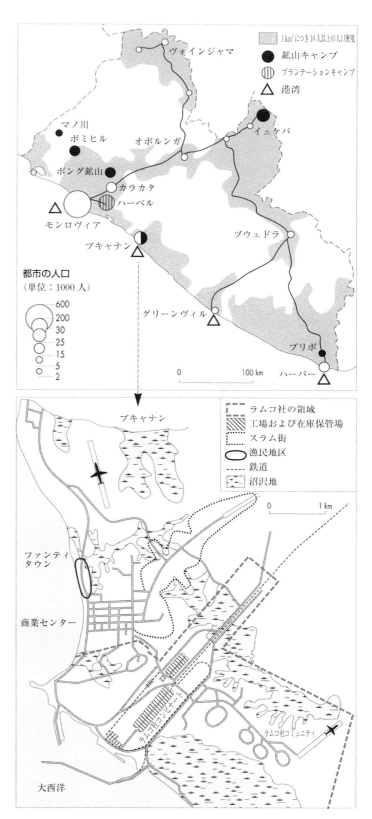

10.5 リベリアの鉱山システム
鉱業が専門化されたために，採掘を行う飛び地群と数本の鉄道の帯とからなる装置が生まれた．後者は国土にはりつき，モンロヴィアおよびブキャナンの鉱石搬出港によって西欧の市場と連結されている．その原型はラムコ社の空間組織である．これはファイヤーストーン社に次ぐ国で第 2 の雇用者である．

III. ギニア湾沿岸地方

では，複数作物間の組み合わせの余地が大きい．人々の分布は，入植および技術の歴史の結果なのであって，水資源の分布にそっくり重なってはいない．シエラレオネは，過去のスーダン起源の大移動の主な集積場となったために，農村の人口密度は高く，1 km² 当たり平均 50 人程度となっていて，リベリアの平均密度 20 人よりもはるかに多い．人口密度の高い地域は，テムネ族の居住する地方の中心のいくつかのマンデ族集団が組織し得る範囲に対応し，また，ブロム族，クリム族，ヴァイ族の地域のマングローヴの生える泥濘地およびマンデ族の地域の浸水しやすい内陸平地を特徴づける水田稲作の技術に符合している．反対に 5 年から 7 年の休閑を伴う雨水による稲作は，たいていの場合もっと低い人口密度に結びついている．

マニオクやアブラヤシも用いるこれらのコメ文明――シエラレオネの北の周辺地方ではトウジンビエの生産者たちがこれに接しているが，牧畜者はほとんどいない――はアメリカ系リベリア人たちに無視され，フリータウンの体制「エスタブリッシュメント」からは奪いとられた．前者アメリカ系リベリア人たちは，ロファ，ボング，ニンバの諸郡で取り入れられた開発の試みを 1975 年を待って推進し始めたけれども，食糧の自給自足に達すべく定められた 1980 年という期限を放棄して，アメリカからの援助に頼ることにした．ところがその間にモンロヴィアは西アフリカ稲作開発協会（仏 ADRAO；英 WARDA）の所在地となった．汚職に浸っているシエラレオネの責任者たちは，1979 年には 1965 年以来コメの商業化を図っていた公的機関である稲作協会（R.C.）の解散に至り，農業生産の振興は周期的に唱えられてはいるものの，農民たちとのいわゆる包括的な協定の政策を首尾よく実行することは決してできなかった．耕作者たちは，ただ自分たちの最も基本的な生活必需品の充足に閉じこもっていて，その成長が年間 5 ％ に近い都市――これはリベリアにおいてよりも急速である――の需要に応える状況にはない．ところで 2000 年には，シエラレオネはおそらく約 40 ％ の都市民を擁することになるであろう．1986 年に両国の政府は，1990 年代 10 年間における食糧の自給体制を目指す緑の革命プログラムを開始した．それを実現するためにはしかし，国内の流通に不可欠の支えである輸送のインフラストラクチャーを改善することが前提になるのではないだろうか．

それは凡庸なままにとどまっていて，村落の商業向け耕作の伝播を大して助長することはなかった．アメリカ黒人入植者たちやクル系諸集団は 1870 年にはすでにコーヒー栽培を，次いで 1920 年頃にはカカオ栽培を率先して行っていたというのに，両国のいずれにおいてもコーヒー - カカオの二項生産は 2 万 t を超えていない．メンデ族の居住する地方の生姜，シエラレオネ北部の落花生，ブラシ製造で用いられるゾウゲヤシ［ピアサヴァ．元は南米産のヤシの一種で学名は *Leopordinia piassava*］は，シエラレオネ生産取引所の得る収入にも，あるいはレバノン人の組織網経由でコートディヴワールで行われているリベリア産のコーヒーやカカオの違法の売上高にも達していない．5000 人のパラゴムの大農園を経営する「紳士たち gentlemen」のみは，リベリアの工業向け大プランテーションに提携していて，収穫の 3 分の 1 近くを供給している．彼らは内戦以前には比較的うまく統率されていた．けれどもすでにそのころ，多くの開拓地がゴム樹液の定期的な採取を行っていなかったか，もしくは放棄されていた．

貨幣収入を手に入れるためには，それゆえ金銭を分配する拠点へと移動せざるをえないのである．これらの拠点の中にはリベリアの大農・工業組織体がある．1976 年，これはファイヤーストン社と当局との間に結ばれた不公平な契約の 50 周年記念の年であるが，この年を境としてアメリカの会社はもろもろの特権を失った．それによってこの会社は国家の中の一国家となり，一時は国の真の支配者ですらあった．ほかにも 6 つの会社が，メリーランド出身のウィリアム・タブマンによって 1940 年代末に打ち出された開放政策以降，リベリアで操業し

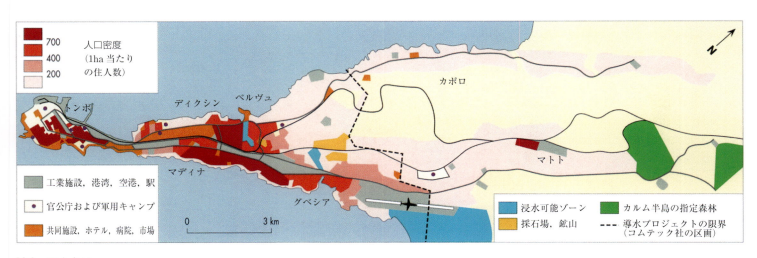

10.6 コナクリ
カルム半島に伸びたギニアの首都は今日では百万都市である．西部および中央の旧地区は，多くの場合老朽化し荒廃しているが，人口は多い．幹線道路で構造化された都市化の前線は，急速に半島の東部に達しつつある．

10. 南部河川地帯

10.7 戦争の大立者たち
悪霊に苛まれるリベリア．政府軍キャンプのそばのパトロール隊．血なまぐさい紛争で戦略上の焦点となっているロバーツフィールド空港の近く．

10.8 パラゴムの樹液採取者たち
リベリアのファイヤーストンのプランテーションにおけるパラゴムの樹皮への切込み作業．乳液の収穫を容易にするために抗凝固剤が注がれている．

ている．しかし地続きの800万本の植樹を擁するハーベル（ファイヤーストン社）は依然としてラバー・ベルトの大プランテーションを象徴している．単一作物を生産するこれらのコンビナートは，パラゴムの木の植えられた面積の2分の1と国の商業用樹木栽培面積の3分の1とを占めていて，安い賃金しか支払われない（1980年には1日につき1ドル）多数の季節労働のゴム樹液採取者たちを動員するのに役立っている．労働要員の厳しい輪番交替はあり，また時には募集の困難があるにもかかわらず，これらの組織体は，最も大規模の私営プランテーションと同様に入植拠点として機能していて，多量の移民の流れを集中させて人口の配分を永続的に変更している．人口集中の実数は提供される雇用数を常に上回っている．こうして例えば煉瓦造りの町ハーベルは1980年代初めには5万人近くを集めていて，そのうち約2万人が俸給生活者であった．農業労働者たちもまた都市，特にモンロヴィア（1990年には推定66万の住人）へと移動している．ゴムはもはや外国への販売量の17％しか供給しない（1985年）ために，シエラレオネにおいてもリベリアにおいても，輸出収入は今や何よりも採掘活動に依拠しているのである．

競売に付された国シエラレオネ

大陸基盤の国シエラレオネは多様な鉱物資源を有している．マランパの鉄鉱——含有量65％以上の赤鉄鉱——は，1930年代以来ペペルに向かう鉄道を通じて搬出されている．採掘量は，1975年にイギリスの投資家たちにより決定された活動停止以前には輸出量の5分の1に相当していた．けれどもまだ採掘可能な埋蔵量は概ね600メガトン［1メガトンは100万t］にの

ぼると推定されている．金紅石［チタンの原料となる鉱物，ルチル］，ボーキサイトそして特にダイヤモンドは輸出額の3分の2をもたらしている．とりわけダイヤモンドは権力者たちやレバノン人利権屋たち，そして公式の開発ライセンスを保有する約3万の探鉱者たちの関心をひいている．その最盛期は1950年代中頃にさかのぼる．「シエラレオネ・セレクション・トラスト」が1935年以来親会社が保有していた独占権を失った時期である．そこで昔からあるコノ地方の採掘場にカナマ地方のそれが加わったが，1970年に政府は新たな会社「ナショナル・ダイヤモンド採掘会社」（ディミンコ）を取得した．それは国の東部にある［二次的堆積である］沖積土質の鉱床の露天掘りを任務としていた．当時シエラレオネは公式には200万カラットを生産していた．これは独立以前よりもずっと少なく，それ以後も統計は後退を示し続けている．すなわち1977年には44万カラット，1979年には30万5000カラット，そして1985年には24万3000カラットである．確かに沖積層の鉱脈は枯渇しつつあり，他方（原岩である）キンバーライト（結晶した純粋な炭素を含有する雲母橄欖岩）の地下採掘も依然として構想の段階にとどまっている．それでも商業化されている全体量の85％は「ダイヤモンド・コーポレーション」（国家，デビアスおよびオッペンハイマーの共同経営）の目をくぐって非合法に国から流れ出し，リベリアにおいてドルで取引されているのである．これらの流通ルートの結節点には，政府当局者たちと結託した闇の探鉱者たちやレバノン人ブローカーがいる．そしてその枝分れした下部組織は数多くのほかの活動，商業，漁業，保険業などに及んでいる．ほぼ2万5000人もいるレバノン人共同体の財政基盤は，1978年以来国際通貨基金（FMI；英IMF）の保護下にある疲弊した国家のそれをおそらくはるかに上回っている．鉱業のいくつかの切札によって単一産物の

Ⅲ．ギニア湾沿岸地方

輸出という状態から抜出すこともできるというのに，国家財政および国際収支の赤字のせいで，国家は著しい負債を抱えこんだ．再度の分割払いの措置を獲得する1986年以前には，債務元利支払金は輸出収入の40％を超えていた．そして国際通貨基金お定まりの救済策は，ダイヤモンド資源の略奪によってすでに貧困化している住民を苦しめている．ところで1970年以降，鉱業生産は国際的に不利な状況におかれている．というのも国の交易条件［輸出入品の交換比率］は15年間にわたって3.3％の年率で低下してきたからである．20世紀の終わりは，シエラレオネがその時数えるであろう500万の住民にとって苦痛にみちたものになると予想される．

鉄鋼業の道が発展に導かないリベリア

リベリアは，1926年にファイヤーストン社の資金提供により——社はその代償に100万エーカー（4000 km²）の委譲地を与えさせている——，破産から救われているのだが，国の近代化のためウィリアム・タブマンによって1944年に推奨された開放政策いわゆる「開扉政策」［原文英語 open door policy］実施以来，もはやゴムのクッションに座っていない．この時期には，ロバーツフィールド空港を除けば輸送インフラはなきに等しく，数少ない学校および保健衛生の設備はさまざまの宗教布教団に属していた．モンロヴィアの港湾が建設され，車の通れる道路網が次第に広がるにつれて，特にドルの力で補強された様々の外国資本に絶対的な送金の自由が与えられたことによって，タブマンの時代（1944～1971年）は「ファイヤーストン共和国」の終焉を告げた．アメリカおよびヨーロッパの投資家たちは，リベリアのクラトン［地殻の比較的安定した部分］の内に主要な富をすばやくつきとめた．平均68％というきわめて高い含有率を誇る鉄鉱石であって，その知られている埋蔵量には莫大なものがある．つまり20億t以上であって，これはアフリカで採掘できる資源の10％にあたる．1951年における「鉄の時代」のキックオフは生産能力の迅速な発展に帰着した．1960年にはすでに年当たり10メガトンを超え，1975年以降は20メガトン以上となっていて，その半分はニンバ山の鉱脈群に集中している．

大陸第2の鉄の生産国にして1989年までは第1の輸出国であったリベリアは，だからといって工業化された国ではない．粉砕と選鉱（ペレタイジング法［鉱石を微粉状に粉砕し団塊状に固めて処理しやすくする］）のみは，採掘のおかげで導入された．製造業部門はあまり充実しないままであり，加工産業による付加価値はブルンディやソマリアのそれに及ばない．鉱山都市は，いわゆる「スウェーデンの町」イェケパのようによく整備されていようと，ボニータウンのように単に幹部を宿泊させるだけのものであろうと，一時的なものにすぎない．ボミヒルズは1977年に撤去されたし，イェケパも採掘の停止（1989年）後にはそうなりかねない．これらの町を活発で永続的な農村との交換の要衝と見なすことはできない．ギニアとの国境に点在する若干の場所コラフン，ヴォインジャマ，ゾルゴールやカラタのような，商品の交換にもっとよく根づいているいくつかの小さな都市とは違うのである．鉱山利権も，急速な人口増加（年率7％）を見せている首都モンロヴィアをやはり大して利することはなかった．そこでは19世紀に区画された古い中心地の周辺に都市部は無闇に広がり，あばら屋が増え，公共設備は貧弱で，それは，自分たち自身の資産を築くことしか考えていない支配カーストの無関心を証明している．そのためにリーダーたちは，輸出収入のかなりの部分を押収する一方で，大部分の公的投資をまかなうために借金に頼らざるをえなかった．その結果，1980年には国家は7億ドルにのぼると見られる対外債務の元利未払い額を決済することができなかった．1989年にも流動資産の危機は続いていて，負債は13億ドルを超過していた．国際通貨基金と世界銀行は統治者たちに彼らへの不信を通達し，1988年から国家財政はアメリカ人専門家たちによって管理されている．財政の凍結は，シエラレオネの場合と同じように年限に関して交易条件が悪化しつつあったときに突発的に行われた．1980年以来居座っていた軍事体制は，文化的・地域的基盤に基づいて組織された三分派間の血みどろの内戦の結果，1990年に内部から瓦解した．西アフリカ諸国経済共同体［仏 CEDEAO；英 ECOWAS．1975年設立の西アフリカ域内の経済上の協力と開発を推進する機関］に委任された西アフリカ調停軍（エコモグ）の「白ヘルメット」の介入をもってしても虐殺を阻止することはできなかった．モンロヴィアの住民は，1993年まで国連の食糧援助のおかげで生き延びたにすぎない．内部分裂のために食糧生産は崩壊し，鉄の採掘も同様である（1980年代の年間15メガトンから1992年には3メガトン以下となった）．破産したリベリアは漂流している．

1973年以来マノ川同盟——1976年に開通したマノ橋に象徴される——でギニアと連合したシエラレオネおよびリベリアは，20世紀の終わりにおいて，暴力の連鎖と特に鉱山利権の没収や横領に由来する財政的な締付けとにからめとられている．ところで1960年代以降，リベリアにおける総国内投資は，アフリカの最貧諸国においてよりも増加の速度が遅かった．またシエラレオネではそれは1973年まで後退した後，続く10年間はごく低い水準にとどまった．このような状況の中で国土的・地域的な規模での相乗作用は，鉱業ならびに農・工業のいくつかの飛び地におけるわずかの効果に限られたままである．その一方で，制御できない人の流出，そしておそらく麻薬を普及させる新たなルートの開始とが，貨幣交換ゲームに好都合な国境の周辺地帯を特徴づけている．領土上で別々の部分に引き裂かれ，政治的に分解した2つの鉱山の「自由都市」［一方の国名リベリアと他方の首都名リーブルヴィルはいずれも「自由」の意味を含んでいる］が，これほど隷従したことはめったにない．これはルソー主義者たちにとって厳しい歴史の教訓である．

11

コートディヴワールとガーナ：牡羊と贖主

森林のプランテーション経済によって構造化されているコートディヴワールとガーナとは，大陸の歴史的人物たるフェリックス・ウフエ＝ボワニならびにクワメ・ンクルマ［なおこの章では一貫して Nkwame Nkrumah と表記されている］の指揮の下にそれぞれ異なる発展の道をたどった．鉱物資源をより豊かに備えたガーナは，25 年にわたる危機の後でカカオへの依存から脱却しようと試みている．それに対して，農業の多様化に全般的な高度成長が伴ったコートディヴワールは，今や際立つ景気後退と格闘している．それは農産物輸出のモデルの終焉を画することになりかねない．

「私はマルクス主義的社会主義者であり，教派なきキリスト教徒である」
クワメ・ンクルマ

「貧困を共有しようと望んでも何の役にも立たない」
フェリックス・ウフエ＝ボワニ

1957 年に，旧イギリス領ゴールドコースト（黄金海岸）がガーナという歴史的呼称のもとに独立に至ったとき，この国は大陸の政治上の旗印であった．それは，勝ち取った自由の象徴であり，黒いアフリカで 20 世紀に国民主権を獲得する最初の政治的実体であり，ギニア湾沿岸諸国家の中で最も繁栄する国家であった．大半の観察者たちは，これが発展途上にある前衛であると信じていた．25 年たって，国際通貨基金（IMF）の優等生となったガーナは，経済的壊滅から抜けだそうと試みている．

少し遅れて独立に至った隣国コートディヴワールの 1950 年代から 1980 年代初頭までの軌道は，正反対のものであった．この国は生産を 10 倍にし，西アフリカでは例外的な成長によって際立った．しかし今日では，政治・経済複合体の安定性はひどく危うくなっている．それでもヤムスクロの老いた「牡羊」フェリックス・ウフエ＝ボワニは，オサギエフォ（贖主）クワメ・ンクルマに公然とつきつけた発展の挑戦に，長期的には勝利したことを確認しえた．この挑戦の中心には，たどった道もまったく異なり，国家権力の構築や本性や機能をまきこむところの根本的な選択および領土の構築方式に関しても根本的に違った考え方をもつ 2 人の男がいた．

ガーナ：農業に抗う官僚主義

独立の曲がり角でガーナの指導者たちが受継いだのは，繁栄してはいるものの脆弱な経済とその入植が不均衡で雑多な要素からなる領土であった．「南部派」の主導権および植民地時代の活動によって対外貿易に早くから深く参入していた国は，国民生産の半分を輸出していた．外国への売却に誘発されて，成長はカカオと鉱産物の 2 つに依存していた．それにマホガニーの樹皮が加わる．当時カカオは，国民生産の 40％，総輸出額の 60％を供給していた．そして 10 人に 4 人の住人は商業向け単一樹木栽培から貨幣収入を得ていたのである．とはいえこの栽培は，1950 年代の半ばより世界的な相場の下落によって脅かされた．カカオ売上高を地下資源の収入が補った．例えば，金，マンガン，ダイヤモンド，ボーキサイトである．金は，タルクワ－オブアシ－ビビアニの三角形のそれであって，砂金採取は 1882 年にはすでに工業タイプの採掘によって強化された．マンガンは 1914 年にンスタの周辺で発見され，ガーナは 1952 年にはその世界第 3 の生産国であった．ダイヤモンドはビリム川の谷の沖積土に含まれ，ボーキサイトは 1941 年にセウフィ－ベクワイでの採掘が始まっている．いかなる鉱石も地域で加工されることはなく，加工産業は萌芽状態であって，1957 年には貿易収支は赤字になった．

クワメ・ンクルマの功績とは，おそらく工業化の過程を引き起こしたことである．それは一方で，アコソンボ・ダムを中心としたヴォルタ川計画の実施によって水資源や鉱物資源をよりうまく利用することを目指し，他方では，中小の加工工場の結

Ⅲ．ギニア湾沿岸地方

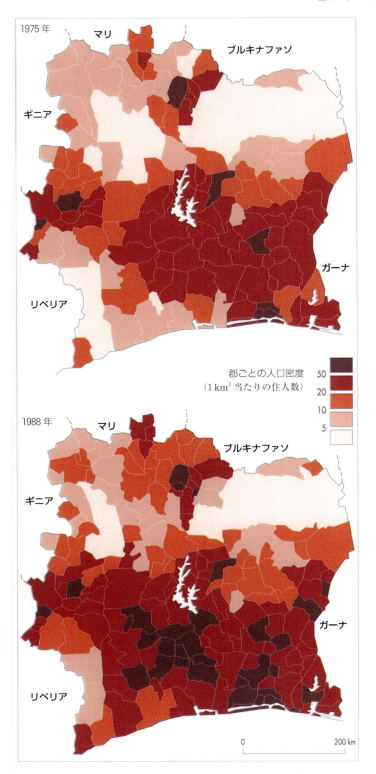

11.1　コートディヴワール空間の入植状況
南部森林地域に向けての全般的な傾向は1970年代および1980年代に加速された．中西部と南西部における商業用樹木栽培の前線は特に活発であった．そして首都アビジャンの人口増加にもかかわらず，南東部の周辺農村地域の人口増加も衰えはしなかった．

闘士クワメ・ンクルマは，国にかかわるその選択を決して明確に定義しなかった．新自由主義の最初の数年を経た後，彼は本質的に配分的な政策を採用した．それは，ココアマーケティングボード（MBC）［「ココア取引局」の意］の生み出す莫大な剰余金から汲みとることであった．こうして社会正義への配慮から，都市民の給与，それに例えばココアベルトの北部における保健衛生やとりわけ学校教育にかかわる整備，加えて港湾や道路のインフラストラクチャーの整備のために，公的経常支出が増額された．次いで共同農場および機械化された諸施設の創始とともに国家管理が増大した．見込まれていた農業の多様化は，取りかかりは遅すぎたし巧みな経営もできなかったために実現しなかった．ところで都市の公共部門のために農村部から恒常的に天引きしたこと，1961～1966年の世界相場の崩壊の結果，農園主たちから購入するカカオの値下げを行ったこと，そして議会人民党（CPP）の幹部たちが交易ルートを掌握したことにより，数多くの生産者たちの意気込みは，その流動資金が枯渇するとともに，ついに挫かれてしまった．財源の幅を広げることなしに国庫収益の主要な供給源であるカカオの木栽培を財政的に破砕し，1964年に樹立された単一政党制により強化された官僚階級を優遇することによって，オサギエフォ（「贖主」）は，再利用可能な余剰金による生産の基盤をじわじわとつき崩し，破綻した国家の最後の頼みの綱となるカカオへの依存を逆説的に強めてしまった．

　1966年，彼は雑多な要素の連立によって追放されたけれども，それでも開発戦略の問題はまったく解決しなかった．後継者たちは1965～1966年（46万t）から1978～1979年（26万t）にかけてのカカオ生産の甚大きわまる減少を食い止めることができなかった．1966年から1981年の期間に起こった5回のクーデターの責任者たちは，1976～1978年の飢饉の恐れを予防するために動員キャンペーンを打ち出さざるをえず，外貨の借款に頼りながらも投資はせず，遣り繰り算段の経営をしつつ，1975年以来食糧問題が生じているこの国をクーデターのたびごとに少しずつ貧しくしていった．将校ジェリー・ローリングスの率いる2回目のクーデターの年である1981年には，ガーナは破綻に瀕していた．というのもカカオの生産高は1957年のそれよりも低く，金とダイヤモンドの収益は1965年のそれの3分の1にすぎず，コメとトウモロコシの収穫は60％近くも激減したのである．崩壊の悪循環との決別は1984年に始まる．国際通貨基金による構造調整の勧告に従って，この時いくつもの対策が講じられた．すなわち国の通貨セディの一連の切下げ（1983～1987年の間に5000％），インフレの縮小（1985年の141％から1992年には8％），公共部門の支出の削減，鉱業生産および殊にカカオ生産の振興（経済復旧計画ERP，1984～1989年）である．このような介入のおかげで年平均5％の成長リズムを取り戻すことができ，ある程度の収入を再び分配することができた．とはいえカカオへの依存は――国は世界第3のカカオの輸出国である――続いている．農業の

合組織を発展させることを目指していた．けれども工業化の過程は，輸出可能な農産物の多様化に連結されるのでなければ，開花する見込みはなかった．ところでこの領域では，何を発展させるかという選択の場合と同様に，一貫性の欠如および官僚主義化のせいで大失敗が待っていた．パン・アフリカニズムの

142

11. コートディヴワールとガーナ：牡羊と贖主

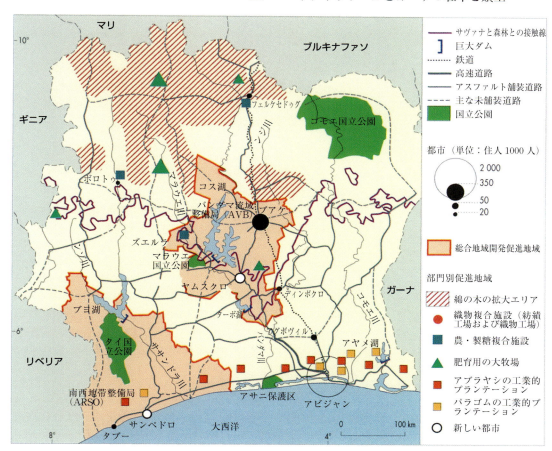

11.2 コートディヴワールの国土整備
国家は国土の様相を激変させた．いくつかの総合的な大作戦によって中央部やなかんずく南西部は変貌し，後者は今や国土にしっかり固定されている．他方北部および南部では，部門別の諸活動によって新たな作物栽培の普及が促進された．

多様化，これは独立後30年経った今日でも依然として切実な課題である．カカオは輸出総額の3分の2，国民総生産の約10％，そして政府歳入の4分の1を供給していて，依然としてガーナ経済に君臨しているのである．

コートディヴワール：国家と蓄積

1960年，コートディヴワールの指導者たちは良好な経済条件のもとで権力の座についた．1950年からその後まで成長は続いていて，コーヒー-カカオ-木材の3項が輸出をまかない，その額は10年間で3倍になった．国土はガーナのそれより広い（32万km²）けれども，人口はもっと少なく入植はきわめて不均等である．南部の森林地帯はスーダン型北部地帯のそれよりも3倍の密度を擁しているが，特に南西部の好雨性森林には広々とした面積が大して入植されずに残っている．したがって国は，農業の開拓前線のために利用できる空間の蓄えをガーナよりもはるかに多くもっているのである．発展を目指すがむしゃらな歩みのために輸出向け農業が優遇され，その拡大と多様化は1950年代に口火を切る工業化の条件となった．この基本的な選択に「自由主義の賭け」，もっと端的にいえば外国に向けての開放が付け加わる．すなわち近隣諸国の労働力および外国の技術者や資本への呼びかけである．公権力は身を引くのではない．その反対である．国家は次々に外国資本の受入れを組織し，成長を計画し，農業収益の工業部門およびインフラ整備実現への移転を推進する．この経営者としての国家はまた幾何学者としての国家なのである．

これら基本的な選択の実施は，推進者としてのプランテーション経済の役割——それは国営会社（SODE．大部分は1980年に解散）に委ねられる——を強化しつつ，まず農産物を多様化する政策に依拠している．当局は，すでにバナナとパイナップルを生産していた南部森林地帯にアブラヤシの木，ココヤシの木，パラゴムの木を選び，北部には綿花とサトウキビとを選んだ．また当局は稲作強化の全体的運動を打ち出すと同時に，農産物価格維持安定公庫（CSSPPA）を介してコーヒーとカカオの生産を積極的に支援した．全体として開発された農地面積は1960年から1980年の間に3倍以上に増え，耕作地は134万ha（そのうち87万haは多年生作物用地）から480万ha（そのうち218万haは多年生作物用地）となり，国家も直接に16万haの生産のための国有地を開発したのである．こうして国は1980年代半ばには，1960年代のガーナに代わってカカオの世界第1の生産国（1991年には71万t）に，さらにコーヒーとヤシ油の生産では世界第3位となった．コートディヴワールはすでに綿花の生産ではアフリカで第3位の国なのであるが，ラテックス［パラゴムノキなどから分泌される天然ゴムを含む乳液］の輸出においては第1位になるであろう．この注目すべき開発は熱帯性木材の開発の続行に結合されている．それは1964年には200万m³，1980年にはほぼ500万m³の産出を見

た．だがそれにより森林の地被の破壊が進み，劣弱な第2次植物群系がこれに続いている．すなわち20世紀初頭には1570万haだった森林が1958年には1180万haに，そして1980年には360万haとなったのである．極相［クライマクス．生態系や植生が動的平衡に達した状態］の森林は年間30万haから40万haのテンポで消失し，その割合は今や20％以下になっている．「森林」はもはや思い出以外の何ものでもない．しかし植被はそれでも消失したわけではない．工業上のプランテーションおよび農民のプランテーション，食糧栽培地，それに休耕地が混成の植被を構成していて，樹木が栽培される1500万ha以上のモザイクとなっているからである．

農業収入の増加には，ほかの経済諸部門におけるより強力な累積的成長が伴うこともあった．工業化の主要な指標はコートディヴワールに関する限り異例のものであった．なぜならばこの国では，ガーナとは反対に鉱石の採掘は決して現実的な重要性をもつことはなく（1960年には工業売上高の9％，そして1975年以降は0.5％），石油資源はわずかで，しかも1980年以降に利用されてきたにすぎない（1985年には130万t，1990年以降は100万t足らず）からである．しかしこの20年のあいだ鉄もボーキサイトも石油もないのに，工業の成長率は年間8％を超え，初期には11％を超えることさえあった．この国の工業は，まず外国の個人的投資によって，次いで国家の直接介入によって推進されたのであるが，その独創性は何よりもそれが加工業であるという事実に存する．綿花，サトウキビ，ヤシの房を加工する工業コンビナートに加えて，国家はまた大整備計画を実施したのである．道路網全体の距離は2倍になったし，4つのダム（第2アヤメ，コス，ターボ，ブヨ）のおかげで水力発電は30倍に増大しえた．1980年には国は1960年の26倍に相当する電力エネルギーを生産していた．そして今日では連結された送電網は国のほぼ全体に分布している．

こうして開放の賭けは1980年に至るまでは採算がとれた．拡大する市場も交易条件も，輸出される産物にとってむしろ有利であったし，成長の目標は達成された．確かに収入の配分は空間においても社会においても不平等であった．しかし富裕化は否定できない事実であって，1人当たりの所得は恒常フラン［虚構のフランで一定期間における不変の価値を表す］で年3％近く上昇した．世帯の収入についてはプラス7.5％であった．しかもそれはたくましい人口増加の状況においてである．というのも人口は1958年の320万人から1978年には750万人になったからである．けれども国は1981年以降ひどい財政危機に陥り，莫大な借款の返済は，分割払い方式が何度も繰延べされたにもかかわらず，1987年と1988年には不可能であることが判明した．そのうえ，財政上の締付けは「ウフェ＝ボワニ以後」に関する避けえない問いと同時に起きた．ガーナと同じように現在コートディヴワールは構造調整計画に服していて，それには返済バランスの強い均衡を回復することを目指す一連の緊縮政策が伴っている．いわゆる「危機」の分析がいかなる

ものであろうと——可変的な現象と見る向きもあるし，構造的欠陥と見る向きもある——，ひとつの確認は不可欠である．すなわち繁栄の時期における資産の蓄積のせいで，持続している依存の状態はしばしば見えにくくなるという事実である．依存しながら確かに成長はあった，けれども後者は前者を排除しなかった．成長は依存から解放されるための十分条件ではないのである．

プランテーション経営者とコートディヴワールの開発前線

ここ20年ばかりの間に西アフリカで，コートディヴワールに比較できるほど様相を一変させた国はない．いくつかの基本的な選択の実施とすばやい実行，公権力が方向づけた大規模な資金の投入とによって国土は変貌し，行政エリートを生み出す機構が動員され，プランテーションに基礎を置く経済的な成功を中心に国民の単一性の感情が作り上げられたのである．

ヨーロッパ人入植者およびアフリカ人農民が19世紀末に導入したコーヒーの木とカカオの木は，最南西部での最初の萌芽的な発展の後に，まず南東地域のただ中に普及した．1920年代にはこうしてアニ族の居住する「カカオの湾曲部」が生産を開始した．他方コーヒー栽培は，沿岸に近い最初の入植地（エリマ，バンジェルヴィル，ボヌア，ダブ）から始めてあらゆるアカン族住民の間に進展していった．次いでコーヒーの開拓前線は徐々にバンダマ川とササンドラ川の河間地域に達した．まず1930年代にはウメ-ガニョアの軸の周辺に集中し，1950年後には次第に西部のベテ族地方へと移った．ササンドラ川を超えた西部の征服ははるかに遅く，開拓の前進はスーブレ橋の開通によって1970〜1980年の10年間に活性化された．こうして広大な過疎の空間は移入労働者たちの鉈（なた）にゆだねられた．

コーヒーおよびカカオの樹木栽培の進展は，東部から西部にかけて森林の覆いを奪っていったのだが，その結果は，多かれ少なかれ際立つ脱森林化——これはプランテーションの古さや開墾技術に応じて異なる——によって，さまざまの景観上の変化を生み出しただけではない．かなり明確な地域差も生じた．「古い南東部」は，その規模が10haさらには20haを超える開発地がより頻繁であること，そして地元の土地管理方法が強力に保持されていることを特徴としている．国民生産の中でのこの地方の重要性は絶えず減少し続けてきた．その理由は，開拓前線の移動だけでなく，果樹園の老朽化，それに家内労働力の動員や外来労働者を徴募することの困難，そして樹木栽培拡大の続行を妨げている土地所有の飽和状態にある．バンダマ川とササンドラ川の間の中西部は，カカオの国民生産の2分の1とコーヒーの国内生産の4分の1以上を供給している．そこではバウレ族やブルキナファソ人，特にモシ族の移入民たちが土地を獲得している．そこでの力関係は外来者にとって有利にな

11. コートディヴワールとガーナ：牡羊と贖主

11.3 クワメ・ンクルマの大計画：アコソンボ
1966年に貯水を開始した熱帯アフリカ最大のダム湖は，白ヴォルタ川，ダカ川，オティ川の合流地点に位置する．水力発電は予期されていた重工業の発展にとってはほとんど役に立たなかった．しかし漁撈は活発であり，湖上輸送は飛躍的に伸びている．

りつつある．というのも彼らの耕作システム，わけてもヤムイモとカカオの二項栽培は，補完性において劣る土着のコメとコーヒーの結合よりもいっそう効果的だからである．ササンドラ川を越えると南西部の広大な開拓前線が広がっている．そこでは数少ない土地の住人たちは移入民の波が呑み込んでしまった．大部分バウレ族からなる「征服者たち」は，森林の小道に導かれ，優れた道路設備にも恵まれて，家内労働力を投入することによって利益を得ている．それによって彼らは土地獲得の競争に勝ち，決定的な土地の支配力を発揮し，コーヒー栽培よりも労働時間当たりの利益の多いカカオ栽培によって彼らの農業入植地を安定させ得ているのである．

森林の征服

多くの場合，外国人労働力の使用に密接に結びついた村落プランテーション経済は，南部森林の急速にして拡散的な入植を助長している．そこでの移入人口は移出人口を上回っているからである．それと並行して，工業的プランテーションもまた入植の促進に貢献している．最も古くからあるのは比較的に慎ましいものであって，50ないし100ha余りの面積をもつ．それらはヨーロッパ人たちによってアビジャンの半径ほぼ100kmの周辺に創設されたのだが，今日ではコートディヴワールの法の管轄に属するいくつかの会社が経営していて，それらは特にバナナとパイナップルの生産にあてられている．最も堂々とした大農園は独立後に採用された多様化計画に従って作られた．「ヤシ計画」（1963年）には12の大農・工業連合体（ブロック）が由来する．1988年に解散することになるアブラヤシ開発公社（Sodépalm）が設置したこれらの連合体には，指導を受ける村落プランテーションが結合されている．全体として植林された土地はほぼ10万haに及ぶ．「ココヤシ計画」（1967年）からは工業用プランテーションないし統制されたプランテーション約4万haが生まれ，それらはとりわけ沿岸洲（えんがんす）ないしその近辺に位置している．1961年には7000haだった公的，私的もしくは混交のパラゴムの木のプランテーションは，1987年には4万3000haとなり，2000年には南西部のいくつかの区画に予定されている拡大のおかげでおそらく8万3000haに達するであろう．

上記最後のものは，アルソ（ARSO．南西地域整備局．1969

Ⅲ．ギニア湾沿岸地方

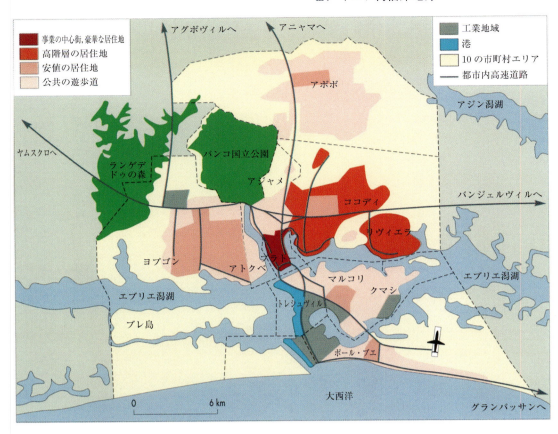

11.4 アビジャン

「干潟のなかの逸品」と呼ばれるこの都市は，10の自治体に分かれており，国の枢軸であり続けている．エブリエ潟湖によって分割された都市機構は，沿岸州やプティ・バサン島，そしていくつもの堆積性台地のうえに広がっている．その組織，設備，近代主義的な都市計画から生まれた居住地区の公共庭園の規模によって，西アフリカで他に例を見ない都市であるが，雇用と所得の危機によって手痛い打撃を受けている．

年の創設で1980年に解散した国営公社）の指導の下に企てられた大規模の天然資源開発プログラムの一部分にすぎない．この計画の目的はササンドラ川の対岸を脱飛び地化することにあった．港湾にして新たな都市であるサンペドロの無からの創設およびマンとサンペドロを結ぶ南北の幹線道路を取り巻く道路網の実現は，部門ごとに定められた目標を中心にして地域への入植を促進することを目指していた．目標とは，タイ（国定公園）の森林を保護しつつパルプ関連産業を伴う森林開発を行うこと，アブラヤシおよびパラゴムに基礎をおく農・工業を起こすこと，バンゴロの鉄鉱資源およびブヨ・ダムとスブレ・ダムの電力エネルギーを利用する基礎工業を始めること，であった．国家プロジェクトの実施20年後，脱飛び地化は実現したが，サンペドロの港湾は期待された輝きをもたない．スブレ・ダムは建設されなかったし，多くの企画も放棄された．国家の配置した大がかりな支援体制を自分のために再利用することによって，そのダイナミズムを認めさせているのは，結局プランテーション経営者となった移住者である．

商業用樹木栽培による南部森林地帯の征服には都市の急速な成長が伴った．最も高い都市成長率はまさに森林にこそ確認され，イシアやスブレのような3万人以下の町は年8％以上，場合によっては10％の成長を見せている．1970年代の終わりには，森林都市民の貨幣収入の3分の1以上は様々な農業活動によってもたらされた．今日村落プランテーションの経営者たちは，小区画を獲得することによって都市に資産を築き上げ，賃貸地代による所得を得ようとしている．そのうえ，都市の成長によって活気づいた食糧作物の生産は，都市に供給する商業的農業となりつつある．都市民は田舎と縁を切ることなく，自分たちの出身村との土地にかかわる緊密な関係を維持しているからである．そのことは，高級官僚，不在の大農園経営者，裕福な商人について，またしばしば数アールないし数ヘクタールのプランテーションを所有している低給与所得者についてもいえる．盛んな道路輸送が示している財と人の大規模の流通は大農園エリアの特徴となっていて，その内的結合による効果のゆえに，人々は当然のことながらこれらのエリアを真の「地域」として了解している．実際この地域について人々のもっているイメージには，プランテーションの与えている経済的・象徴的諸価値が深く浸透していて，その結果市民社会は何よりもまずプランテーション経営者たちの社会と定義されていて，その筆頭は共和国大統領なのである．

中部と北部：均衡の回復は不可能か

北部コートディヴワールはこの樹木栽培の拡大と緊密に結びついている．労働移民とディウラ族による商業網の支配とによって諸関係の連鎖が構成され，それは南部と同じ成功のイメージを伝播している．その結果，プランテーションこそが国民アイデンティティの中心に位置している．だがそのことは，1988年の調査では1080万の住民のうち27％を占めている国外出身アフリカ人たちの実質的身分規定という根本的な問題を提起する．商業用樹木栽培の論理は特に地域間の不均衡を増大させる傾向にある．というのも北部各地が次第に周縁的なものになり

11. コートディヴワールとガーナ：牡羊と贖主

11.5　アビジャン，高層ビル群の側．
「小マンハッタン」の異名をもつプラトー地区．そこはココディ湾およびバンコ湾の間につき出た岬であって，ビジネスおよび権力の地区である．古い植民地の枠組みに取って代わった高層ビル群が林立し，植民地時代の最後の遺物を見下ろしている．背景にはアジャメの近代的な役所の高層ビル．この都市はカカオの収益から資金を受けた．

つつあるからである．1965 年には農村住民の 40 ％および都市民の 23 ％は北緯 8 度線の北側に住んでいた．1980 年には「サヴァナ」はもはや農村住民の 3 分の 1 と都市民の 18 ％しか集めてはいなかった．そして 1988 年には 72 ％の住人が「森林」エリアで生活していたのである．あらゆる予測が入植の不均衡と収入の地域への配分に見られる不均衡との増大を援用している．さまざまな地域間の不平等を緩和し，成長の分配に均衡を取り戻させるために，公権力は 1970 年代の 10 年間にいくつもの大規模な矯正活動を開始した．古い南東部にある「鉄道都市」アグボヴィルやディンボクロの再活性化——そこには綿の紡績・織布のコンビナートが作られた——に加えて，努力が向けられたのは，コスのダムを中心とした中央部の集中整備，スーダン型耕作システムの中への綿花の普及，北部については緊急プログラムの開始，さらに農・製糖コンビナートの展開であった．

「中央部」作戦は「アルソ（ARSO）」に対応する機関であるバンダマ流域整備局（AVB）によって指揮されたのであるが，人口過密な空間（国の 4 分の 1 が住む）を対象として，コス・ダムの建設（1969 ～ 1971 年）を利用して，立ち退かされた村民たちの移住と再定住を促進することを目指していた．彼らのうちには南西部の開拓前線へと移らなければならない人々もいた（6 万 5000 人が予定されていたが，実際に移住したのは約 4000 人であった）．10 年の期間に注目すべき行動が企てられた．ダムの建設（1500 km^2 の貯水池で，200 の村落が水没する），7 万 5000 人の立退き，新たな 63 の村落および 12 万戸の近代的な住居の建設，新しい耕作システムの投入，すなわち「集約的な」6000 ha のコーヒー畑とカカオ畑，5000 ha の半ば機械化した年間耕作地，水田稲作計画，3000 人の漁師の育成，協同組合および農村貯蓄・信用金庫の創設などである．貨幣決済の面では相対的に成功した作戦にはそれでも限界があった．住居を変えた人々における土地所有問題が解決していないこと，新しい年間耕作のシステムが失敗したこと，企てられていたさまざまの活動の間には連携がなかったこと，である．「統合的な」地方の発展は，地域での連合作用がなかったために始動し得なかったのである．

もっと北部では，綿花こそが商業における牽引車の位置に昇格した．綿花栽培は，既存のシステムの中に，特に国民生産にそれぞれ 40 ％の割合で貢献しているセヌフォ族およびマリン

147

ケ族の居住する諸地方に導入され，所によって穀物やまたヤムイモに組合わせられた．こうして1973年以降CIDT（コートディヴワール繊維開発公社）の統率する綿花栽培は飛躍的に伸び，1985年には20万ｔの大台を突破した．その結果1986年には200億以上のCFA［アフリカ金融共同体］フランが9万4000の開拓地に分配された．これは無視できなくはないものの，その年にカカオのプランテーション経営者たちが受け取った2500億CFAフランや，コーヒーの生産者たちの受領した1040億CFAフランにはほど遠い．それでも，6つの綿繰り工場で価値を高めた綿花は，輸出されるかもしくはブアケの紡績・織布と製油の工場で加工されて，二重の統合を可能にしている．ひとつは北部の農民層の商業交換への組込みであり，もうひとつは繊維関連産業における生産の段階から仕上げ段階への統合である．

　綿花，南部と同様に北部でも導入されている国家的作戦としての稲の生産の集約化，そして牧畜センターの増加，それらに加えて北部コートディヴワールは，1974年には一つの緊急計画の恩恵に与った．その要となるのは巨大な製糖工業の構築であって，1995年の生産高として55万ｔを予定した．規格に適った5つのコンビナート（それぞれ5000 haの栽培地および3500人の従業員）がフェルケセドゥグのコンビナートに加わった．国営砂糖公社の運営するこれらの大コンビナートは，1985年に再編され（セレブおよびカティオラでは閉鎖），年間22万ｔの砂糖を生産することができる．けれどもサトウキビの搾り殻や糖蜜などの副産物は地元では活用されていない．

　もろもろの是正措置にもかかわらず，結局のところ北部は，1980年代の初めには国民生産の10％足らずしか供給しておらず，農民に分配される所得の5％以下を受け取っていたにすぎない．北部と南部の農民1人当たりの平均所得の格差は確かに減じはしたが，北部エリアは貨幣交換によって，南部ほど活性化されていない．今やそれは食糧作物類，ことにロビ族居住地域のヤムイモを包みこんでいるとはいえ．基本的な諸選択の実行によって深刻な社会的・空間的不均衡が引き起こされた．いくつかの格差は縮小したものの，都市への移動は相変わらず同じように続いた．それどころではない．とりわけ首都アビジャンに最も多くの新しい都市民を供給しているのは最も豊かな森林地帯なのである．この都市の電撃的な成長は公権力にとって文字通りの強迫観念になってしまった．

アビジャン：都市成長の強迫観念

　「コートディヴワールのモデル」としての機能は強力な人口ダイナミズムに相関している．1988年に1080万人であった住人は1955年から1975年の間に2倍になったのであった．そして1993年にはひょっとしたら1300万人ないし1400万人に達するであろう．1960～1970年の期間における高い成長率（年

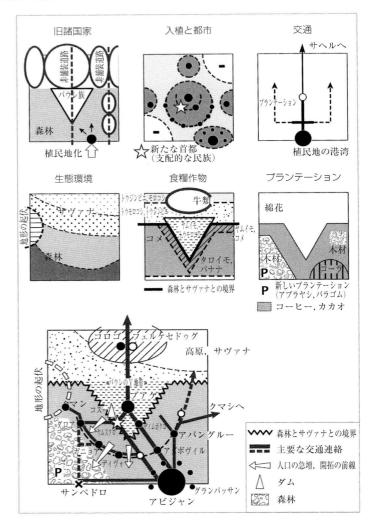

11.6　コートディヴワールの空間モデル
東西の帯として現れる生態学上の差異は，中央部分に入植の活発な拠点をとるバウレ族の定住によって甚だしく乱された．この拠点をコスーのダムは支えようと努めた．東側では乾燥して人の住まない北部のサヴァナには，中央にセヌフォ族による入植密集拠点がある．主要な軸はニジェール川に向かって南から北へと走っている．アビジャンは，バウレ族の地方を弓状に取巻くプランテーションと入植のすべてを吸いこんでいる．ヤムスクロはその中央という位置の恩恵に浴している．長い間孤立した森林であった南西部は投資の対象となって注目されている．

率4％以上）は1980年代の危機のせいで縮小したが，年間のリズムは依然として高いままであり，おそらく3.5％を超えている．この急速な人口増加は，南部の田舎のみならず都市にも及んでいる．実際コートディヴワールは大戦の後で極端に急速な都市化のプロセスに入ったのである．1940年に3％であった都市民は1958年には15％を超え，1975年には32％，1988年には諸資料によれば39ないし45％，そして2000年の時点では多分60％になっているだろう．国の将来にとって根本的な規模の変化が進行中なのである．独立時には1万人以上の都市は10カ所を数えていた．それが1965年には20に，1975年には44に，1988年には73カ所になった．そして現在の速さでいけば20世紀末にはおよそ150カ所を数えることになるであろう．2010年には多分11の都市において住人は10万人を超えているであろう．ブアケはほとんど百万都市になるであろ

うし，首都アビジャンは 400 万から 650 万の居住者を数えることも不可能ではあるまい．

　ラゴスに次ぐ西アフリカ第 2 の都市アビジャンは，潟湖の港湾を大西洋に結ぶヴリディ運河の 1950 年における開通以来，おどろくべき人口増加を経験した．1950 年に 6 万 5000 人であった住人は，1955 年には 12 万 5000 人，1976 年には 95 万人，1988 年の人口調査では 190 万人，そして 1993 年には 220 万人を超えた．30 年の間に人口は 7 年ごとに平均して 2 倍に増えたあげく，アビジャンの集積場は広い郊外をいくつも抱えた巨大な人口密集地帯を成している．それらのうち，1988 年にそれぞれ 40 万人および 37 万 5000 人の住むアボボおよびヨプゴンの町は，国の第 2 の都市ブアケ（36 万 2000 人）よりも人口が多かった．国の対外貿易の肺臓ともいうべき港湾（1000 万 t）——そこに向けて鉄道と主な道路群とが集中している——は外国の投資家たちにとって特権的な装置となった．1934 年から 1983 年まで政治上の首都であったこの都市は，公的・私的な第 3 セクターの指令機構を一手に集めている．全人口の 5 分の 1，国民の貨幣収入の 2 分の 1，第 2 次および第 3 次産業部門の付加価値の 70 ％を占める事実によって，この都市は国の極点の性格を帯びている．そこへの人口の供給地は国境をこえて大きく広がっていて，10 人中ほぼ 4 人の居住者は近隣のもしくはそのほかの西アフリカ諸国の出身である．

　1983 年 3 月 21 日政治・行政上の首都としての機能をヤムスクロに移すことが決定されたのは，まさしくこの中心都市の肥大を妨げ，その並外れた上昇の速度を抑えるためであった．大統領の生まれた村から君主の都市となったこの黒人アフリカのブラジリアは，アブジャ（ナイジェリア）とともに，大陸で入植の見込みに先だって整備された稀有な都市である．中心的な行政機関をそこに移転することによって，40 万人近くの住人をそのために予定されている分譲地に迎え入れるというのである．けれども西アフリカのマサチューセッツ工科大学（MIT）の夢を先取りした前衛的な建築をもつさまざまのグランドゼコル［大学校］のみがエブリエ潟湖の岸辺を離れたにすぎず，省庁や大部分の公共企業体の本社はアビジャンに居座ったままである．新たな首都は 1988 年の人口調査によれば公式には 11 万の住人しか数えていない．政体のほとんど神話的な場所，そこには巨大なモスクに面して，ローマのそれを除けば世界に類を見ないバジリカ大聖堂がそびえている．費用のかかりすぎる無用なヴェルサイユとも，有効な整備作戦ともいわれているヤムスクロは，見かけ上は調和しているように見えるけれども，人心を離反させており，アビジャン問題を少しも解決してはいない．超巨大首都の強迫観念はそのまま残っている．1970 年代の計画立案者たちによる予想よりも 10 年遅れて 2000 年になってやっと 300 万人の大台に乗るとしても，コートディヴワールの選択の誇りであり鏡でもあるアビジャンは，今や危険な都市の様相を帯びている．ショーウィンドーの裏庭——そこでは社会的不平等が近年の危機の間ほど剥き出しに感じられたことは決してない——から，さまざまの暴力的な問い直しが急速に浮かび上ってくるのではないだろうか．ウフエ＝ボワニのカリスマがそれらを抑えることはもはやあり得まい．それは 1993 年における彼の逝去のはるか以前から異論に晒されてもいたのである．

　新たな指導者たちは，厄介な継承問題は巧みに処理しおおせた．だが，1991 年に世界銀行が総額 150 億ドル以上に見積もった対外借款の総額——これは国民生産の 2 倍を超える——と輸出額のほぼ半分に相当する借款の年間返済額を抱えて，たとえカカオの世界相場は高騰しているとしても，国を経済的な埋没から脱出させるのは並大抵のことではあるまい．農業を集約化し多様化すること，工業上の蓄積の新たな方式を見出すこと，地域の活力を組織することによって地方間の不均衡の増加を避けること，「宝庫の経済」から投資の経済に移行すること，これらが緊急かつ不可避の要請である．

カカオのガーナ

　ガーナのおよそ 23 万 8000 km² の国土は，アコソンボの雄大な人工湖を除けば，1960 年代以来あまり変更されていない．確かにカカオの木の開拓前線は西側の国境周辺地帯に到達してはいるものの，この現象は隣国コートディヴワールに見る西部の征服には比ぶべくもない．生産のダイナミズムは依然として実質上国の南の部分に限られる．つまり「有益なる 3 分の 1」の地域であって，そこに今なお人も富も主要な交換活動も集中しているのである．カカオの木は 1960 年代末には 150 万 ha を，1985 年頃には 100 万 ha を占めていて，ほかのあらゆる換金作物を凌いでいる．コーヒーの木は 4 分の 3 がアシャンティとヴォルタの地域に限られていて，3 万 ha に達していないし，アブラヤシは半分が西部に見出され，かろうじて 1 万 7000 ha あまりを占めているにすぎない．1890 年代にゴールドコーストに生まれたカカオの木の栽培は，コートディヴワールの場合と同じように多湿森林エリアを東から西へと普及したのであるが，その伝播は，フランス語圏の隣国とは違っていささかも植民地行政からの圧力によるものではなかった．

　カカオ栽培の発祥地は東部に位置している．アクワピン族は，もしかしたらその誰かがフェルナンド・ポー［当時スペイン領．現在のビオコ島］から種子をもち帰って，活動的なプロテスタントの布教者たちから少なくともそれを配られてカカオ豆を有しているのだが，1890 年にはすでにその人口過密な珪岩の丘陵から降り，まずデンス川の流域で，次いで彼らの国の北部および西部のアキム・アブアクア地方で商業用の樹木栽培を発展させた．ヤシ油とゴムの売却に由来する資本をもったアクワピン族は，土地を購入するための暫定的な結社である「カンパニー」に集合して広大な森林の部分を獲得した．それらの土地はその後，長さは一定だが幅は最初の投資額に応じて異なる帯状

III．ギニア湾沿岸地方

11.7 コートディヴワールの「褐色の金」
地表を覆いつくす灌木であるカカオの木は，コーヒーの木よりも手がかからない．鉈で切り取られたカカオの蒴果は切り開かれ，豆は発酵させられ，そして平底の容器に入れて乾かされる（ヤムスクロ近郊）．

区画に分割された．そこにほかの諸集団，クロボ族，シャイ族，アダングメ族，ガ族などが合流し，彼らはまず農業労働者として使用され，次いで自分たちの土地を買い取った．アクワピン族の多くは，ひとつの独創的な政治連合体に統一されている自分たちの商業都市を離れて，カカオの事業に身を投じた．

カカオ栽培は1902～1903年以来アシャンティ族の地方，特にクマシ市の周辺に広まった．この由緒ある歴史的な都市に住んでコーラとゴムの取引で財をなした商人たちの開始した生産は，頻繁に単作に変わったのだが，1920年アクラ-クマシ間道路の建設をきっかけに，次に1929年のアクラ-タコラディ間鉄道の敷設および2つの交通網の連結によって活発になった．びっしりと植樹された土地は東部においてのように購入されたのではなく，新たな開墾を認める使用権を得て耕作されたのである．これは，食糧品の栽培がただ小灌木［カカオ］の犠牲になって放棄されてきた以上，食糧問題を解決する唯一の手段であった．次いでカカオ生産の重心は西部およびブロング・アハフォへと移った．使用できる空間が乏しくなるにつれて，そしてそれはスウォーレンシュート（ウィルス性の苗木の病気）の急激な流行による場合もあったのだが，移入民であるプランテーション経営者たちは，森林の開拓者たちによって森が切り開かれて作られる道に沿って定着していった．これはずっと後のコートディヴワール南西部への進入に比肩し得るプロセスであった．1950年代には年間800 km^{2}近くの森林が開墾されていた．1960～1970年にかけては，古いプランテーションの老化と土地の疲弊のために，カカオ栽培の生態学的な限界であるアフラム平野への新たな拡張が引き起こされた．一方，1984年における再活性化までは，空間の減少に加えて部分的もしくは決定的放棄が相次いだ．それは本質的に捕食で生きる支離滅裂な国家の受けた罰であった．

これら拡張の様態に結びついているのは生産エリアの配分の仕方における地域内の不平等であって，それは農地構造のうちに見てとることができる．東部およびアシャンティとブロング・アハフォは国の植林面積のほぼ80％を保有している．そし

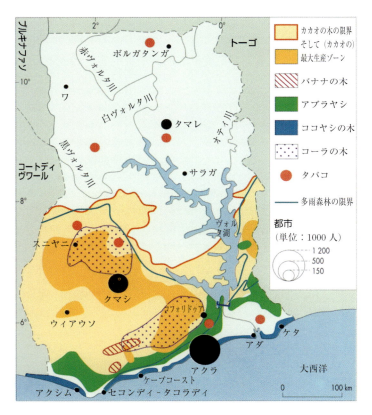

11.8 ガーナ
「役に立つ」ガーナは，マンポンの断崖の南部にあって国の人口の3分の2が生活している．それはなによりもカカオの木の国である．その範囲は，乾燥しすぎる中央の沿岸平野とヴォルタ川のデルタを除けば，東から西へと伸びている．

11. コートディヴワールとガーナ：牡羊と瞳主

11.9 アクラ
マコラは，ンクルマ時代を思い出させる中流階級向けの建売住宅地の前にもうけられた，金曜礼拝の日にアクラの市街地を埋めつくす数多くの市場のひとつである．イスラム教徒はごく少数派であるが，その勢力は進展しつつある．

てこのココアベルトの内に不均衡は数多い．東部（国のカカオ畑の面積の16％，たいていは土地台帳に記載されている）においては，まれな例外を除けば開墾地は今日では細分化されていて，その平均的なサイズ（2 ha）は国の平均よりも明らかに小さい．これまた5 haを超えはしないのだが．アシャンティ地方は一面に植樹された面積の半分を集めていて，開墾地の規模はもっと大きく（平均ほぼ9 ha），そこには，例えば平均21 haに達するクマシ地区のように大開墾地が支配的な所もある．ブロング・アハフォ（面積の15％）では平均規模はおよそ6 haであり，1970年代の終わりにはプランテーション経営者の7％でカカオ売上量の3分の1以上を供給していた．そのうえアクラおよびクマシの人口増加やンクルマ治下での都市における俸給の上昇，そしてカカオの購買価格の絶え間ない低下のために，カカオの木を放棄して食糧品栽培を採用する生産者もいた．この取換えは都市の近辺，特にクマシの南部ではほとんど例外がなかった．もっと西部では，ブロング・アハフォの多くのプランテーション経営者たちはやはりカカオ栽培を続けたけれども，売却の方向を民族的な組織網を通じてコートディヴワールへと変更した．そこでは強力な通貨のおかげで価格はもっと有利なのである．

食糧作物の領域で確認されている調整を別にすれば，いかなる多様化も試みられなかった．そして奇妙な逆説だが，カカオのプランテーション経済自体が，食糧の必要性という至上命令によって徐々に葬られて消滅しえたかもしれなかった．けれどもそうはならなかった．なぜならばカカオの購買価格が1983～1988年の間に恒常セディ［cédiはガーナの通貨単位］で3倍に上がったからである．その結果，生産は約25％増加したのである．他方PNDC（暫定国防会議）は世界銀行の援助を受けてココボド（ココアマーケティングボードMBCの俗称）

の改革を試み，生産諸地帯を縦横に走っている3万2000 kmに及ぶ道路や非舗装道路の改修を企てた．これらの措置によって1990年この万年間30万 t 近くのカカオを輸出することができた．ガーナはいまだカカオから脱却する状態にはほど遠い．ほかのいかなる農産物（コーヒーやヤシ油）も，エウェ族が専門としているヴォルタ川三角洲における野菜栽培も，短期的にはカカオの圧倒的な重要性に匹敵することはできないのである．

沿岸の漁民のみは，とりわけ複雑な移動を行うファンティ族は資源の拡大（1990年以来年間32万 t の加工漁業）に効果的に寄与している．その大きなカヌーは沿岸水域をリベリアの岸辺に至るまで行き交っている．そしてもっと小規模には，独立時に設置された造船場に由来する産業的海運業が資源のレパートリーに加わる．ギニアビサウの泥で埋れた河口からナイジェリア国境にかけて，西アフリカの海岸における主要な魚類採取者たちの中にガーナ人たちもいるのである．

巨大なヴォルタ湖

独立時には採掘活動によって輸出額の4分の1近くが供給されていた．そして様々な鉱物資源を利用しようという希望は大きかった．それら資源の大部分は先カンブリア時代の基盤の南部における露出に結びついていたのだが，後に中央ガーナの広大な砂岩質の向斜の下に埋まってしまった．どちらかといえば分りにくい統計資料によれば，1980年代の初頭における金，マンガンおよびダイヤモンドの生産高は1960年代のそれよりも低かったし，1991年にアワソ鉱山から採掘されたボーキサイトのトン数は1974年のそれに達していなかった．しかしな

がら質が劣るというわけではないし，ましてや量が足りないのでもなかった．アシャンティ族の首長たちがすべての賓客たちに自分たちの権力を示すためにひけらかし，「ゴールドコースト」というレッテルの因となった黄金は，南アフリカの豊かな礫岩に含まれているそれに匹敵する．タルクワおよびオブアシの鉱脈はウィットウォータースランド（南アフリカ）のそれに何らひけをとらない．近年における金生産の振興（1991年には26tで1974年の1.3倍）のおかげで，金は1995年以後輸出品の第1位を占めることになるのではないだろうか．620メガトン以上の鉄鉱および520メガトンのボーキサイトの埋蔵量——いずれも証明されている——を有するガーナは重要な金属工業の切札をもっているのである．そしてマンガンの埋蔵量は少なくなったとしても，ビリム川流域の沖積性砂鉱床には現在の生産リズムで約50年間のダイヤモンド採掘が保証されている．以上の目録で唯一の暗部は炭化水素資源［石油・天然ガスなど］が少ないことである．ガーナは1978年以来石油の小規模生産国となったのだが，生産高は国民消費の5%しかまかなっていないし，海底あるいはコートディヴワール沿岸近くの油田は，いまだ大して有望とは思われない．

まさにこの弱点を補うためにンクルマの下で実行されたのが「ヴォルタ川計画」であった．その最重要の部分は巨大なアコソンボダムであって，それはヴォルタ川下流の峡谷を横切って建設された．広大な貯水池（8500 km^{2}以上）は，両方で10億kW以上の電力を産出することのできるアコソンボおよびクポンの2つの発電所に水を供給している．この雄大な規模の事業によって促進を目指したのは，上流における利水農業の整備に加えて，総合的な電気冶金関連産業を土台とした基盤産業，特にアルミニウムのそれを設置することであった．ひとつのアルミニウム工場は，1962年に開港されたテマの新しい港湾都市で生産を開始したけれども，関連産業の統合は決して実現しなかった．今日でもまだガーナのボーキサイトは原鉱のままでスコットランドに輸出されているし，他方テマのアルミニウムは輸入されたアルミナをもとにヴァルコ・グループが製造し，次いでヨーロッパ，合衆国，日本へと売られているのである．政治上の分裂によって弱体化したガーナは外国の投資家たちによって掌握されているのか．おそらくそうであろう．しかし，製造業の領域での政府の政策断行主義をもってしても工業問題は解決していないのである．製造業の活動は1970年における国民生産のうちの20%以上に対してもはや8%程度しか満たしてはいない．それに生産装置は大幅に刷新しなければならないのである．クワメ・ンクルマの政府は積極的に工業化政策を進めたのだが，公共部門の官僚主義的な経営のせいで一切のダイナミズムは窒息してしまった．工業の接木がつくためには，持続し拡大する国内の消費市場がとりわけ必要であった．ところがプランテーション経営者たちからの天引き，彼らの購買力の絶えざる低下，農業における多様化の欠如，それに過度のインフレーション（いわゆる「カラブレ」経済）の時期に繁栄した

密貿易や非合法市場のために，生産手段は周辺化されるに至った．世界銀行が勧めている清算，民営化および再編によって工業の機構は変化するはずである．しかしそれがどうなるかは国内市場の成長にかかっている．

北から南へほぼ400 kmにわたって伸び，国土の3.5%を覆っている広大な内陸の水面．その建設のときには8万人の移動が必要となり，彼らは近代的な分譲地に居を移した．国営の総合整備会社であるヴォルタ川公社（VRA）に統率された事業は，農業技術の近代化によって食糧の自給自足を達成することを目標とし，かつ渡し舟や輸送用の川船の運航によって以前あった交通手段を復元することを目指していた．住民移動は開始されたが，ヴォルタ川公社の定めた目標は大幅に逸らされた．移転した人々はしばしばあらかじめ整備された村落を離れて未開発の岸辺に入植したし，もともと土地所有権を持つ人々は彼らの以前の農産地を取り戻そうと企て，半農半漁民の共同体と衝突している．というのもこれらのコミュニティは，ダムへの貯水この方大いに発達している漁労を補完するために，湖の水位の高低差の大きなゾーンを利用しているのである．結局ヴォルタ川公社の戦略全体を見直さざるをえず，湖の周囲での灌漑による生産に努力は集中的にそそがれた．なお，北部の土地は離れているため，綿花の場合を除けば，再建プログラムの中で謳われた優先政策のなかに入っていない．

いくつも首都のあるガーナ

住民の3分の1が都市に集中しているガーナでは，都市化の度合いは隣国コートディヴワールよりもはるかに低い．国の3大都市のみならず，10カ所のうち8カ所近くの都市もいわゆる「有用なガーナ」の中に位置している．1984年の国勢調査によれば，2つの人口密集地域であるアクラ－テマおよびクマシは都市住民のほぼ半分を集めていた．アクラは，それまでケープコーストにあてられていた行政上の指揮機能が1877年に移転して以来の国の首都であり，1957年にこの優位性は追認されたのであるが，1940年代の終わりからその人口を10倍に増大させた．南東部の乾燥した沿岸平野に伸びる行政都市エリアは1984年にはすでにおそらく100万を超す住民を数えていた．1960年代初頭に30 km東に作られたテマの港湾工業拠点を加えると，ほぼ130万人がこの二つを合せた大都市に居住している．クマシとの規模の差はアビジャンとブアケとを隔てる差よりもはるかに小さい．つまり首都には国の人口の約10%しか集中していず，広域アクラ地区でも11%しか集めていないのである．アシャンティ族の地方に深く根を下ろしたガーナ第2の都市クマシ（Koumassi，英語ではKumasi．人口40万）は，植民地時代以前の商業の主軸であり，1920年代の半ばまで植民地建設者によって略奪され，部分的には根こそぎに破壊され，屈辱を強いられ，次いで復権した．都市はこの時以来，

内陸の首都の地位を取り戻している．南部にある第3の都市拠点，25万を超える住人の住むセコンディ-タコラディの近接した2都市は，2つのものを結合している．すなわち，アシャンティ地方から来た金がそこを免税通過していた最初の鉄道の沿岸終着駅と，1920年代に建設されて工業都市となった植民地の港湾とである．1963年に行政がこれら隣接する都市を併合したからである．3組の都市に60以上の都市が加わるが，アシャンティ地方と西部州を除けば地域規模での都市化率は30％を超えていない．地域ごとに測れば，大都市圏を孤立させている都市化は東部においてしか現実的な重要性をもたないと思われる．

もっと北部ではクワフ高原を縁取る断崖およびアフラム川上流の谷がもうひとつ別のガーナへの入り口となっている．そこでは密林に代わってサヴァナの植物群系と疎林とが支配的になり，特に人口密度は低下して1km^2 当たり20人とか10人以下に落ちこむ．どっしりとした砂岩質の向斜構造のなかに切りこまれた中央の高原には，今日ではあまり人が住んでいず，人口の多いいくつかの小区画が目立つのは，最北東部ズアルングの周囲においてのみであって，そこは時には1km^2 につき80人も抱えている．これらの空白部および人口の多いいわば「小島」の存在は，土壌学的条件によっても社会的組織の差異——結局のところさほど際立っていない——によっても説明されない．これらの地方は奴隷貿易時代に略奪されてきた地域であり，プランテーションなり南部の鉱山なりに出稼ぎに行く移民の貯蔵庫であって，南部を利する労働力の供給地にすぎなかった．そのうえこれらの地方には，とくに睡眠病［トリパノソーマ症］や回旋糸状虫症［オンコセルカ症］と結びついた不衛生さという古くからの頑固で否定的なイメージが残っている．これらの風土病は大幅に人口過疎および空間の利用不足に由来する．実際国の中央部ならびに北部の土地整備を目指したり，穀類とヤミイモとを組み合わせた生産システムやきわめて不十分な牧畜の状況——ガーナはその牛肉の需要のほぼ15％しかまかなっていない——の改変を目指す大規模開発の計画や活動は少なかった．「北部派」の数少ない作戦の中には，唯一重要な町であるタマレの南におけるいくつかの灌漑用の丘陵湖［丘陵中の貯水池，人工湖］の導入がある．しかし機械化耕作に関するいくつかの局所的な企ては，1950年代のそれにしても，ンクルマのもとで実現された企て（コメとタバコ）にしても，大した効果をあげなかった．結局アコソンボダムの湖だけが独立後に起こされた真の大変革なのである．

今やガーナは，全体的な財政バランスの復旧への急速な歩み——そしてそこには改革の犠牲者たちへの援助（PAMSCAD，すなわち発展のための調整の社会的結果を緩和する行動計画）というきわめて独創的な政策が含まれている——に乗り出していて，決定的な曲がり角にある．経済復興計画（ERP）は1990年に完了し，現在の財政健全化の措置は国際通貨基金ならびに世界銀行によって強力に支援されている．西暦2000年の大いなる賭けとなる不可欠な農業の多様化がついに開始されるためには，財政状態を堅実にすべきであろう．そうでなければ新たに選出された大統領ジェリー・ローリングス［元大統領．2004年現在はクフォー大統領］の国は，再び政治的に——近隣諸国にとっても——危険な不況に陥る恐れがある．

11.10　ヤムスクロ：村のバジリカ聖堂
ローマのサン・ピエトロ大聖堂の複製ともいうべき平和の聖母教会堂．この記念碑的な建築物は，「御大(おんたい)」ウフエ＝ボワニが生まれ故郷のために行った最後の都市化大作戦である．この村は近代的な一首都に変貌した．

12

トーゴとベナン：2つの大国のあいだで

子午線に沿って南北に狭い帯をなすトーゴとベナンには多くの類似点がある．すなわち沿岸における人口密度の高さ，生物地理学上の領域が長くのびていること，南部から北部にかけての相補的な耕作システム，である．トーゴにおいては政策断行主義によって北部が優遇された［エアデマ大統領は北部出身である］が，緑の革命や工業化への努力は期待された成果をあげなかった．ベナンにおいては「マルクス・レーニン主義」の選択は破綻し，国は大国ナイジェリアの一周縁部となってしまった．

ベルリン会議から生じたパズルの断片のイメージをもつトーゴとベナンは，お決まりの通念に従ってまったく類似したものとみられてきた．あたかも両者は，国土の形が似ている事実によって，また同じ植民国家フランスによる保護への服従の事実によって同質のひとつの全体を形成しているかのように．ところでその隣国の2分の1の大きさをもつトーゴ（ベナンの11万2000 km² に対して5万6000 km²）は，よりまとまった一つの実体である．それはアカン族の諸王国の世界をヨルバ族の諸王国のそれから分かつ分割線の上に構築された．それゆえこの国は一挙に，相対的に個別化しやすい均衡の一拠点になった．トーゴは今日でもなおこの利点を引きあいに出して，自国が通商交易の要衝，あるいは亜大陸を蝕んでいる政治的もしくは軍事的抗争の「疲れを知らぬ仲裁者」を喜んで自任している．もっともこの国は今では抗争を抱え込んでいるが．この点においてはベナンはもっとナイジェリア圏に結びついていて，その注意深い一周辺地帯なのである．

ロメ：こわばった微笑

メディアがとかくアフリカのスイスとして紹介しがちなトーゴは，ギニア湾岸の奥の目立たない沿岸地帯であって，1990年のエヤデマ将軍体制に対する民衆の騒乱以前には，世界に向けて好んで中立や繁栄，それにいざこざのない平穏さのイメージを示していた．そのイメージはベナン，ブルキナファソおよびガーナという3つのいわゆる「革命的」隣国の喧騒に対して，また隣国ナイジェリアからの暴力を前にしてまったく安心させるものであった．その首都である「おしゃれ女」ロメ（人口60万）は時にはビジネスや大規模な国際会議に好都合な平和

の港となることもできた．例えば，EEC［ヨーロッパ経済共同体．仏語では CEE］と ACP（アフリカ・カリブ海・太平洋諸国連合）との間のロメ協定へと帰着した会議である．そこを訪れる者は誰でも，この都市の未来を先取りしたインフラ設備，風変わりな趣，住民の「微笑や親切さ」に気づかないわけにはいかなかった．ロメは弱音器をつけて進んでいた．色彩に富むと同時に物静かな景観を旅人に委ねていた．北へ向けての600 km の中間色の回廊にそったトーゴは，「ミニチュアのアフリカ」を示すと見なされる遊歩道を長々とのばす雰囲気を旅人に委ねていたのである．

フランス国家は，その古い委任統治地域を幸福な土地と見なす寓話を維持するうえで一役買っている．「開発」という口実の下に，実はそれほど無害ではない現前の意志が隠れている．この慎ましやかな食いこみ地は実は世界の巨頭たちにとっての出会いの場とか狩猟地区以上のものなのである．西アフリカの角逐の場でそれが占めている位置の戦略的価値を評価するために，分析を深める必要はまったくない．この国はその主要な保護勢力であった強国の「部外者禁猟地」，すなわち旧フランス領西アフリカのさなかの貴重な鎖の輪であり続けている．「利用協定」によってフランスはニヤムトゥグー国際空港を存分に使用することができる．これは国の北部に 1980 年に開港した「閉じられた民間空港」であって，もっぱら軍隊および国家元首専用となっている．国家元首の生まれた村ピヤはそこから数 km しか離れていない．フランスがこの国に与え続けている多大の軍事援助は以上の事実に由来する．

1万2000 の兵士を擁するトーゴの軍隊は，国とガーナとの間にある緊張関係の内に格好の存在理由を見出している．この緊張は，1956 年に国連の監視下で組織された住民投票の結果，英国領トーゴがゴールドコーストに併合されてこの方続いてい

154

12. トーゴとベナン：2つの大国のあいだで

12.1 蝕まれた道路（トーゴ）

ロメ港の東側における海岸浸食の加速化．そこでは2つの道路が次々に壊れた．それは，沿岸の偏流によって運ばれる流砂を西側で動かなくした港湾整備の予想外の結果である．そのうえダム群の建設のために流砂はごく少なくなったのである．

る．トーゴ国家はドイツ領トーゴを1919～20年に分割したロンドン協定を決して実際に受け入れはしなかった．このドイツ領トーゴはナハティガル［サハラ縦断で知られるドイツの探険家（1834-85）．政府の命で諸部族の首長と保護条約を結ぶ］が1884年にトーゴの村落の代表者たちとの間に調印した条約から生まれたものであった．英国に委託された部分はただちにアクラから管理されるようになったけれども，フランスの委任統治下に置かれた部分は，そしてこれは旧ドイツ植民地のほぼ3分の2（8万7000 km²）に相当しているのであるが，ダホメ［ベナン共和国の旧名］に対してその自律性を，したがってまた再統一の希望をもち続けたのである．それはたびたびの紛争が定期的に起こる抗争的状況であった．すなわち1969年には大量のトーゴ人のガーナからの国外追放，1986年にはガーナに発して企てられたクーデタの試み……などである．国境は頻繁に閉鎖されていて完全な隔壁となる傾向にある．とはいえ，2つに切断されている民族諸集団のメンバーたちは常に共生の中に生きてきたのである．例えばエウェ族集団がそうで，これは1956年の住民投票で大損害を受けた人々である．

けれども，問題は観察者たちが時として考えるほど深刻ではない．その証拠には，1984年にガーナ，トーゴ，ベナンおよびナイジェリアによってラゴスで調印された諸協定がある．すなわち犯罪人引渡し協定，犯罪取締りに関する協力，それに関税，通商，移民に関する行政上の相互援助である．トーゴの軍隊は実は対外的抗争よりも実は国内のさまざまな任務に忙殺されている．対外的には，トーゴが代父と見なす国ナイジェリアとの間で維持している関係によって均衡は保たれているからであり，その代父の脇でトーゴはECOWAS（英）［西アフリカ諸国経済共同体．仏語ではCEDEAO］の生みの親の役割を全うするつもりなのである．1990年以降軍人たちは民主化へのプロセスを絶えず暴力をもって阻止してきた．1993年にフランスの祝福を受けて大統領に再選された将軍エヤデマによって，また自分たちのもろもろの特権を維持しようと気づかう親衛隊の階級によって，この民主化への動きは骨抜きにされたのである．ロメの微笑は少々こわばった．

入植の2つの核

フランスにとっての利益は明らかではあるものの，トーゴ北部に航空空間を開いたことが国にとって意味をもつとすれば，実際にはそれが「大統領の」出身地を先導的地域にしようと目指す国土整備政策のうちに組み込まれているからにほかならない．いわゆる「大統領の地域」は，以前にはなかった法的身分を1968年のカラ行政地域の創設に伴って与えられ，カラ市におけるこれ見よがしの基盤施設の配置によってロメと対をなすべき拠点を中心に組織され，いくつもの野心的な開発計画に取り巻かれていて，1970年代の初め以来10年にわたってコートディヴワールのヤムスクロ地域のそれを思い出させずにはおかない熱狂を経験している．この地にはまたその聖域もある．ひとつはサラカワであって，1974年に国家元首が飛行機事故に遭いながら無事ですんだ場所であり，もうひとつは彼の母親が埋葬されたピヤである．すなわち体制の2つの支点であり，軍隊と政党との上流に位置する比類なき精神的支えである．またそれはフランスの利害に通じる時間・空間の戦略である．というのもそれによってフランスにはスーダン-サヘル地帯への入口が開かれるし，同時にこれは体制にとって一定の政治的安定を保証するものだからである．

トーゴ国家の安定性にはしばしばその国土の不連続性でもあ

る多様性が対比される．しかしそれは旅行案内書でいわれるほど明白ではなく，公式の言説が信じさせたがっているほど反国民的でもない．これらの言説は，国が数える350万の住人を単独政党（トーゴ民主連合）の坩堝の中で四半世紀間にわたって絶えずこき混ぜてきた．しかしトーゴは大して広くない．旧宗主国との関連でこれを無造作に位置づけながら人々がしばしば書いているように，これは「フランスの10分の1」の広さである．しかし自然と歴史とは結びついて，そこにいくつもの強力な人口密集の拠点が発展した．それらは過疎の地域によって分離されていて，そのいくつかは真に無人の地［ノーマンズランド］のままであったのだが，後に1990年代の諸事件および弾圧によって数万の人々がそこに移住させられた．

　自然および歴史の過激さによって大して傷めつけられなかったトーゴの景観には，ギニア湾岸の森林とかサヘル地帯の広がりのように極端なものは何もない．極端な状況では人間はいわば自分の要塞に立てこもり，空間にとけこむべく促される．でなければ反対に帝国の建設へと向かう．この観点からすればトーゴは，どちらかといえば言葉の水平的な意味においてよりは垂直的な意味で「ミニチュアのアフリカ」ということができる．空間を構成する要素には例外的なものも攻撃的なものもない．もちろんロメ港の大きな防波堤の束には岸辺を侵食し始めた海流がある．しかし問題は解決されたように見える．少なくともアネホ市と燐酸塩の積出し港クペメは今のところ救われているように思われる．

　穏やかな気候とかなり肥沃な土壌は，数のうえで最も重要な2つの集団がそこに定住するうえで確かに大いに貢献した．ひとつはいつか不明の太古の時代に北緯9度線の北に定着したカビエ族の集団である．もうひとつは14世紀もしくは15世紀から北緯7度線の南に定着したエウェ族の集団である．700から800mの起伏のためにこれらの緯度のもとで通常よりも顕著に多い降水がもたらされる北に，実際この「穏やかな赤道地帯」の気候を特徴とする南が対比される．この気候がアクラからコトヌーにかけて好雨性の密林を切断する．とはいえ，二季節農業を営む可能性がそこで排除されるわけではない．カビエ族のほうはあまりにも際立つ乾燥による妨害を，そしてエウェ族のほうはあまりにも密な植生の覆いを考慮に入れる必要がなかったので，これら2集団は，いずれも例外的な人的資本の蓄積に基礎をおく2つの農業文明を発達させることができた．

　歴史はそこで彼らにとって有利に展開した．アシャンティ族の強力な連合やアラダやポルトノヴォやアボメーのアジャ–フォン族の諸王国も，ゴールドコーストやウィダーの要塞がその証拠である奴隷貿易の前進も，トーゴ空間にはあまり被害を与えなかったのである．それは動揺の中にあるその地域の諸民族には，人口密度の一定の閾を超えても許容できる「自由の空間」のように見えたに違いない．植民地以前期の終わりにトーゴが見せる極端な分断は以上の事実に由来する．当時最も顕著な人口傾度は北緯8度と9度との間におけるほぼ完全な入植の中断

となって現れていた．16世紀末頃ないし17世紀初頭に南部トーゴのさなかでノツェから発したアジャ–エウェ集団の分散は，実際北部によりはむしろ西部に向かって起こり，ヴォルタ川にまで及んだ．同じように17～18世紀にガーナから来たグイン族およびミナ族は沿岸に身を落ちつけた．これらすべての民族はヨーロッパのほうを向いて生活していた．それに対して，北部の集団であるコトコリ族，バサル族，チョコシ族などは，南西部のサラガを通じてアシャンティ族の地方や，北東部ではジュグ経由でハウサ族の地方と交易していた．

食糧の方程式

　降水は甚だしく不規則である．例えば海に面した地域は1986～1987年には先立つ2年間に供給したトウモロコシ量の4分の1しか生産しなかった．さらにトーゴ農業は多様な民族集団の食習慣によって制限されている．それは今なお小規模な開拓地，粗放農法への固執そして乏しい収穫高を特徴としている．かつて植民地経営者たちによってなされた「近代化」の試みにもかかわらず，生産は今なお自給用であり続けている．ドイツ人たちは，ロメの埠頭に加えてココヤシ，カカオ，綿花用の鉄道路線を建設していて，それらはアネホとクパリメとアタパメとを結びつけていた．けれども，彼らがカビエ族農民を荒涼としたモノ平野に「押しやる」のに成功したとしても，それらの農民たちに綿花を栽培させることには成功しなかった．この民族は移住しながらも，人口過剰のために余儀なくされていた積年の集約方式を捨てて，消費用の生産を目的とする解放的な粗放農業を採用したからである．「新たな土地への入植」を苦もなく推進したフランス人たちにとっても半ば失敗であった．というのも彼らはせいぜいこれらの移民たちに強力な刺戟をあたえることしかできなかったのである．国の開発に責任をもつ植民地官吏たちにとって，食糧栽培こそは恐るべきブレーキとなっていた．今日では，食糧供給の不足に悩むロメおよびナイジェリアが求めている需要のおかげで，それは本格的な換金用作物の栽培となっている．けれども，いくつかの「総合開発計画」の一環としてであれ，トウモロコシ，トウジンビエ，インゲン豆の生産を手中に取りこむために1981年に創設された「トーゴ穀物」公社を通じてであれ，商業化を独占しようとする国家の意志のために，換金作物栽培も後退する傾向にある．

　公定価格を前にして断念するか，それとも国境を越えて近隣英語圏諸国で密売を行うか．きわめてあいまいであるとはいえ，ともかく統計の示しているのは，総体的に見て最も劣勢なのは二重の機能をもつ作物であるという事実，すなわち南北の弁証法の最終的な表現として現れる差異化の力学である．なぜならばある緯度より下での生産は，現在およそ年率3％程度の人口増加を追っていくのはもちろん，現状を維持することすらきわめておぼつかないのであるから．トーゴ人の食生活の基盤とな

っている3つの生産物のうちで，北部のトウジンビエこそが最もよくもちこたえている．それが売られるとすれば，それはビールのかたちであって，その価格は自由である．南部のトウモロコシについては，国はこれを第2次世界大戦の前夜には2万5000tまで輸出できていたのだが，現在では年による浮き沈みはあるものの停滞している．この状態は「砂洲の土壌」の疲弊によってさらに強まっている．「トーゴの穀倉」といわれる中央部のヤムイモもまた後退する傾向にあって，1983年以来二度と40万tの水準をこえたことはない．もっと重要性の少ない作物類も同じように沈滞している．例えばマニオクの生産は，1978年以降はガナヴェの澱粉工場に原料を供給できなくなっているし，コメについては，1987年には国はその消費に必要な4万5000tのうちの半分を輸入しなければならなかった．落花生もまた，しばらくの間は市場での急激な高値を経験したとはいえ，今は伸び悩んでいる．

党の指導者たちが，「緑の革命のめざましい成功」を自讃して何を言ったにせよ，食糧の自給自足は達成されるにはほど遠い．結局この失速は実施されている農業政策のつましさの現れにほかならない．つまり工業への1050億CFA［アフリカ金融共同体］フランに対して，わずか250億CFAフランが第3次計画でタイトルに謳っている「優先事項中の優先事項」に割かれたにすぎないのである．失政は，農民の動員と向上のレベルにだけでなく，大部分の商業用作物の発展レベルや貿易収支の均衡にも影響している．とりわけ多年生作物は困難な状態にある．国の南部周縁に限定されるヤシの木とココヤシの木はさほどでもないが，燐酸塩に次いで主要な輸出収入を確保するコーヒーの木およびカカオの木が，プランテーション更新キャンペーンが展開されているにもかかわらず低迷しているのである．綿の木のみは唯一の突破口であった．その生産は10年間で10倍になり，1991年には8万5000tを収穫している．トーゴ綿花協会の展開している活動は10年来の食料品の流通の困難から利益を得ていることは確かである．それでもこの成功は，トーゴ農業が取返しのつかないほど手詰まりになってはいないことを証明している．

常軌を逸した支出と「ベンツの女」

トーゴ政府は農業を経済的・社会的発展に向けての「新しい前進」の尖兵にするという願望を宣言しつつ，他方では大量投資の政策にはまり込んで甚大な負債を負った．1973年12月から1974年7月にかけて，トン当たり14ドルから75ドルになった燐酸塩相場の高騰に気をよくした政府は，1957年以来この鉱石を採掘しているベナンのトーゴ鉱山会社を国営化しただけでなく，続く数年間にはさらに工業およびホテル業の基盤施設を国有化した．しかし供給源も販路もないために，それらに採算のとれる可能性はほとんどなかった．トーゴ炭化水素公社，

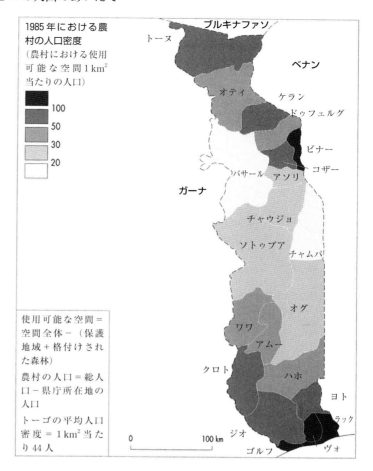

12.2 トーゴの人口密度
はるかに密度の低い中央ゾーンの両側―国の北部と南部―に，強い人口集中を示す2つの地帯がに現れている．それが永続する社会的・政治的な不和の原因となっている．1985年のデータである．

国営製鉄公社，同じくトーゴ繊維公社のケースが同様であって，これらは英語でいわゆる巨大な「白象」［高くつく無用の長物］となっている．

国は，1975年にはすでに燐酸塩相場の下落，次いで1980年からはコーヒーとカカオ相場の値下がりに直面し，世界的需要不足を前にしてその輸出総量を縮小せざるをえなくなり，燐酸塩の販売は2.2メガトンに制限することになるのだが，1978年にはすでに対外債務支払の延滞額が累加し始めていた．それは10年間に5000万ドルから10億ドルにはね上がる．国は国際通貨基金に経済・財政再建プログラム（第4次計画の停止，公職における採用の停止，そして給与の据置き）を実施するよう強制される．すなわち債務の漸進的な再調整と，この国には1982年にPMA（後進国）の身分規定が与えられているおかげで，ドイツ，デンマークおよびフランスによる債務の部分的免除に至るプログラムである．それにもかかわらず国は1985年に新たな投資計画を発表していて，それによればなかんずく工業企業の再編成，特にその民営化を予定している．

トーゴ国家は，その再建政策に対してCCCE［（フランスの）経済協力中央金庫］，世界銀行ならびに国際通貨基金から称賛をもって報いられ，1987年1月にはエヤデマ将軍の政権掌握

III．ギニア湾沿岸地方

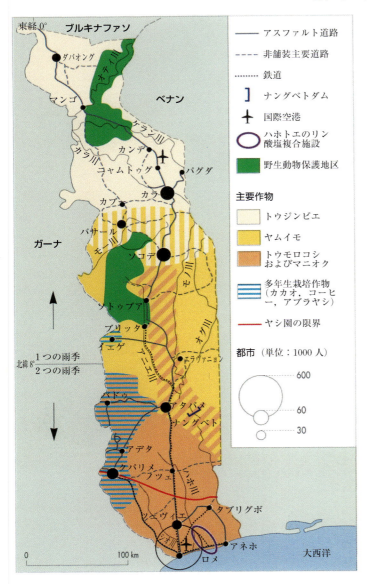

12.3　トーゴの空間
トーゴは根本的に農業国であり続けている．そこでは食料栽培が支配的であって，国土は，南部から北部にかけて次々にトウモロコシ，ヤムイモ，トウジンビエによって区切られかつ繋がれている．綿花はいたるところにあるが，コーヒーの木とカカオの木は限界の状態にある．

フランスによる委任統治時代に明確化したのである．この身分のおかげで，領土の責任者たちは，フランス領西アフリカで施行されていた税よりも低い税をそこで制定することができたのであった．そのことに，当時ゴールドコーストとナイジェリアとが構成していた巨大な市場は無関心ではありえなかった．この流れは逆転した．それはガーナのセディおよびナイジェリアのナイラがイギリス・ポンドにとって代わり，かつそれらは外貨に交換できず，公的相場より何倍も低い流通価格でそれらを獲得でき，そしてさまざまの密貿易の手段があったためである．しかし「非公式の部門」（公共部門とは別の「近代的部門」では4万人しか雇っていない）はそのまま残った．ガーナセディおよびナイジェリアナイラの為替平価は1985年にうまい具合に調整し直された．それでも住民の生活水準は低いままである．環境の健全化および衛生にかかわる諸問題，さらには就学の問題がある（例えば初等教育の就学率は1981年から1985年の間に72％から52％に下がっている）．また宗派（セクト）は禁

の20周年記念を盛大に祝うことができた．少し後には，1985および1986年の動乱を忘れさせるために，人権擁護国民委員会なるものさえ創設された．しかるにトーゴ市民にとっては，経済振興もこの外見上の緊張緩和も目立つ変化はもたらさなかった．1983年以来住民1人当たりの所得は上昇しているとしても，それは400ドルの大台をやっと超えばかりである．そのことは農村においては相対的自給自足を意味しているが，都市つまり主としてロメにおいては（国で第2の都市ソコデには7万の住人しかいない），生き残るために「なんとか切り抜け」なければならないことを意味している．ロメの住民を商業によって懸命に支えているのは女性たちである．（「メルセデスを乗りまわす」）有名なベンツの女たちは腰布の販売で莫大な売上高をあげている．けれども女性の経済的な独立の象徴であるこの女性たちは，数十人にすぎない．実はトーゴ商業の方向性は

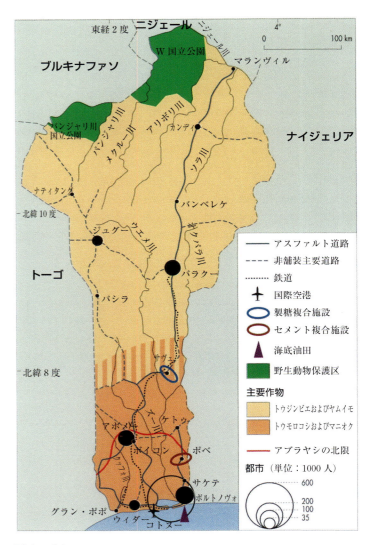

12.4　ベナン
巨大国ナイジェリアの需要に刺激されるベナンは，その収入の本質的な部分を食料作物，特にヤムイモから引き出している．木綿は，かつてアブラヤシがそうであったように，特権的な地位を占め得るのではないだろうか．

12.5 裕福なベンツの女
ロメの市場においていわゆる「メルセデスを転がす」女性実業家．生地の卸売商である．その繁栄は，自由貿易港で安く輸入され，あるいは非合法ルートで得られた腰巻の大々的な取引に由来する．この女性たちは長い間政治権力によって保護されてきた．

止されているにもかかわらず，混淆宗教の諸派は活力に溢れ，いくつもの伝統的な信仰についても同様である．例えばエウェ族社会に深い影響を与えているヴォドゥ教である．トーゴ人たちのいわゆる「微笑みと親切さ」，ロメの愛想よさと歓待の雰囲気には多くの沈黙が隠されていたのである．

たとえ人口が25年後には2倍になると証明されているとしても，それに国土の12％は数々の国立公園や指定森林，その他の保存地域のために費やされているとはいえ，国土は小さくて統治しやすいし，人口の重荷はまだ穏当な状態にある．生態的な条件は多様な一年生作物の栽培にとって好都合であるし，さらに包括的な国土整備政策の土台は据えられているのである．すなわち南北に走る幹線道路，進行中の村落水利プログラム，1987年におけるナングベトダムの完成，第3の綿繰り工場の建設である．トーゴの土地が与え得るものを与えることを可能にするような空間政策をついに実施するために，このうえにいったい何を待つというのだろう．

アイデンティティを求めるベナン

粗削りに裁断されたベナンは，力強い個性をもっていて，その特徴の各々がそれ自体ひとつの世界を形成している国家である．巨大なナイジェリアがそこに影をおとしているにもかかわらず，それは特異性をもつことのできる力を示している．この力の起源は諸世紀——そのあいだ国は奴隷の海岸として世界に知られていた——の奥底に見出される．相対的に小さい領土の面積を，フランス人たちはその呪われた岸辺の延長上に切りとり，征服を完成する前の1894年に「ダホメ植民地および諸属領」と命名した．その細長い形は，19世紀の最後の四半世紀の間，西側ではドイツが東側ではイギリスが加え続けた圧力の結果であった．ひとつの国家となったこの地帯は初めはむしろ雑種の国と見えたに違いない．それは700kmの深い奥行きをもつ回廊地帯であって，そのアイデンティティは，国が受取る羽目になった国境線が，主要な民族の広がり，特に南部諸民族の分布をまったく考慮していないがゆえに，それだけいっそう明白さを欠いていた．これらの諸民族はたいていヨルバ文化に属していて，トーゴにおいてもそうだが，ほとんど幅150kmを超えない沿岸周縁に閉じこもって生きのび，また時には繁栄を確保してきた．そのことによって国境諸地帯における人口密度の高さおよびそこが発揮している魅力は説明される．

「社会主義は我々の道である．マルクス・レーニン主義は我々の案内者である」．この彼の好んだ教えにもかかわらず，1972年に彼を権力の座に就かせたクーデタのわずか後，マチュー・ケレク将軍はナイジェリア支持の側にまわった．それはなによりもまず，国によるフランスとの断絶をある意味で公認する戦略であった．この態度は，1975年に指導グループが若い国家の名称を改めるときに象徴的に完成された．植民地の記憶の中にあまりにも根をおろしているダホメという名前を歴史に委ねて，ベナンという威光にみちた王国の名称をこれに与えたのである．ところでこの王国は現在のナイジェリアのさなかに位置していて，現ベナンの辺境地域に達しているにすぎず，ポルトノヴォとダホメの両王国はこれに貢物を払う必要は全くなかったのである．たとえ「ベナン文明」がヨルバ文化のエリア，すなわちニジェール-ヴォルタ川間の南部全体とほぼ一致するとしても，ダホメの名前のほうがこの植民地を名指すにはより適切であった．というのもその存在は当の名前をもつ王国の征服

に緊密に結びついていることが判明したからである.

実際ベナンの運命は,ダホメのフォン王国とヨーロッパとの間にごく早くからあった関係に結びついている.奴隷貿易をもとにして築かれたその関係は,一連の紋切り型を生じさせる原因となり,現実についての部分的で偏った見方をもたらした.フランス領のうちで植民地以前および植民地の期間にこれほど証言の対象になったところはあまりない.元々は注目すべき自然的・文化的環境の接合点に,つまり一方には「砂洲の土地」のうえに「温暖な赤道」気候と,他方には強力に構造化された活動的な社会との接合点に,例外的な人間の貯蔵所があったのである.それはある種のエルドラド(黄金郷)であって,17世紀中葉にアメリカにおける労働力の需要が緊急の課題となったとき,ヨーロッパはとことんこれに賭けた.1671年以来フランスが,次いでイギリス,ポルトガル,デンマークそしてオランダが,ウィダーに要塞を建設したが,この地は1740年にダホメ王国の権威の下に入った.19世紀終わりまでウィダーがその最も活動的な港であった奴隷貿易によって,カベセレスすなわち権力者階級は豊かになり,その筆頭には輸入品特に武器について優先権をもつ買手であるダホメ国王がいた.王国は決してそれほど広くはなかった.それは,北では北緯8度線を,西ではモノ川,東では小国家であるケトゥおよびサヴェをまず越えることはなかった.けれどもそれは,植民地征服前夜においては,見事に組織され繁栄するひとつの軍事的・商業的単位であった.その有名なアマゾン(女性騎馬戦士)たちは,同じ時代にベナン王国とオヨ王国が衰退しつつあったのに対して伝説的存在となった.

奴隷貿易に由来するこの社会の特権諸階級に,1835年以来,多くの場合新世界から戻ってきたポルトガル風の名前をもつ解放奴隷である「アフリカ系ブラジル人」が混じりあう.混血していることもある彼らは,ヨーロッパ人の存在とりわけ白人神父たちの援助を利用しようと考えた.この神父たちはプロテスタント宣教師たちが発った後では,西欧文化および社会的地位の向上に向けての不可避の通路である教育の独占権を握っていた.こうして彼らのうちのかなりの数の人々は,フランス領西アフリカの行政ポストに就く.彼らはラゴスからロメにかけて,バヒア[ブラジル東部の州でポルトガル人により植民地化された最初の地方.州都サン・サルヴァドールは1549年の建設]のサン・サルヴァドール市の建築様式を押しつけていて彼らの痕跡は特にポルトノヴォに強く刻印されている.この都市やウィダーのエリートたちとともに,彼らは,習慣的にヴェスティドス「衣服を着た人々」と呼ばれる人々の第1の核を形成している.すなわち「白人」のような衣服を着た人々である.次に「学識のある人」ないし「進化した人」である.こうして彼らは,すべてのダホメ人を「知識人」と見なす神話の誕生に貢献しているのである.ダホメ王国自体,その勢力を築く基盤となった奴隷貿易のことを忘れさせる独特のオーラを発している.地理学者ジャック・リシャール=モラールは王国について「フラン

ス領黒いアフリカで最も輝かしい文明の光源」と呼んでいる.しかしここを「アフリカのカルティエ・ラタン[ラテン語地区.パリ左岸の中世以来の学生街の名称の転用]」と呼んで国に高貴な称号を与えたのはとりわけエマニュエル・ムニエ[フランスの思想家(1905–50).1932年『エスプリ』誌を創刊.キリスト教と社会主義の総合を図る「ペルソナリスム」を提唱し,重要な知的,霊的,政治的オピニオンリーダーであった]である.

抵抗と日和見

ダホメの知識人のイメージには,「恐るべき子供」のそれが結びつけられることが多い.その最も有名な事例は,ダホメの「ヴェルサンジェトリクス」[カエサルの指揮するローマ侵略軍に抗して戦ったガリアの首長(前72年頃~前46年頃)]なる異名をとったベハンジン王である.彼はフランスに対して厳しく抵抗したため,フランスはこれを無力化することなしに北部の征服を企てることはできなかった.アボメーはウィダーと同じく1892年に陥落し,ベハンジン王は1894年に倒れる.抵抗はいくつもの封鎖によって終結し,こうしてコトヌーの停泊地に「チャンス」が訪れ,フランスは1868年にそこの譲渡を正式に獲得することになる.ダホメの住民は,なによりも植民地期の最初の30年間,とりわけ1914~18年戦争[第1次世界大戦]の間に,その独立の精神を発揮している.彼らの反乱は,北部においてはアタコラ州とボルクー州の地帯を,南部においてはホリジェ州とモノ州の地帯を揺さぶる.しかしそれは1920年代には,非暴力的で「民主的な」異議申し立ての運動に優位を譲っている.1923年のポルトノヴォの「偶発事件」はそれを証拠立てている.

この動きはすでに1916年には地下出版の定期刊行物『ベハンジン通信』[Récadère.ポルトガル語 recado(ことづて)から作られた仏語の単語]の発行とともに出現している.それはもっぱら宗主国における文明化の使命への信頼を明言しているにすぎないのに,フランスの代表者たちを動揺させる.多くの「進化した者たち」は実際,ダホメはセネガルのあらゆる職務をそなえた4つの町のそれと同じ法的身分をついには獲得し,自分たち自身も十全な資格をもつフランス市民になると確信していた.彼らの要求は,同じ立場にあるナイジェリア人たちがすでに自主独立を要求しているのに対して,「同化」という穏健なものであった.それは1930年代の危機を前にした控えめな日和見主義であって「歴史がダホメを統治する」というフォン族の教えの線に完全に沿っていた.

植民地を保有するフランスにとってダホメは長い間国の南部に限られていて,そこにはあらゆる切札があった.すなわち密集した人口,階層化された社会,肥沃な土地,そして商業の伝統である.フランスは,北部へと入り込み,徐々に不毛にもな

12. トーゴとベナン：2つの大国のあいだで

り住人が少なくもなる土地に出合うにつれて，その植民地に対する関心を減じていった．ついには動物相で豊かな地帯に属する「サヘルの入口」に達し，それを保存地区に昇格させた．「W」の公園がそれであり，そしてこれには後にパンジャリの公園が付け加えられた．ギニア湾沿岸諸国に特有の南-北の対照は，トーゴと同じ断層を引き起こしはしなかった．ここでは景色は緯度とともに次第に和らいでいくのである．

ソンバ族の人口密度をもってしても，バリバ族の人口の多さをもってしても，北部を南部に匹敵する地帯にすることはできないと判明した．せいぜいバリバ族は，ベナンと同様ナイジェリアにもかかわるその空間的な広がりと，かつて好戦的な貴族階級に支えられていくつかの王国を形成した政治的な組織力のゆえに，奴隷貿易の時代に相対的な均衡を維持することに成功した．すなわち一方で権力を渇望するヨルバ族およびこれと姻戚関係にある民族集団の王国（例えばダホメ王国）と，他方で自主独立に執着している北西部の無頭制の諸社会との間での均衡である．

奴隷貿易は，これらすべての民から生き生きした力を奪い取るというよりはむしろ彼らを不安定にした．ベナンにおいては移動がひとつの伝統になった．しかしそこに，トーゴにおけるようなパイオニアの性格はあまりない．ここではそれは何よりもまず農村から農村へ，人口過剰な地域から空白の地域に向けて行われる．ベナンでのそれはむしろ大規模な離村であって，人々は王国の昔の首都であるアボメーやパラクーへと向かう．これらの都市はいずれも10万に近い住人を数えている．それにもちろん「経済」の首都であり，政府の所在地でもあるコトヌーへ，さらには「公式の」行政上の首府ポルトノヴォへと向かうのである．前者の人口は60万人を超えていて，ロメの比較的調和のとれた都市化と対照的な空間の無秩序を引きおこしている．後者のそれは20万人に近づいている．

国内の諸都市が，またアフリカの数多くの地方がベナン人を引き寄せている．破局に際しての緊急の帰国で区切られる絶え間ない往来である．例えば1958年にはコートディヴワールから，1963年にはニジェールから，1970年にはガーナから，1983年にはナイジェリアからの帰国であった．あらゆるレベルで皆が生活条件の改善を探し求めている．そのためにベナンはフランス語圏アフリカで，クーデターの数で最高記録を保持することになったのではないだろうか．すなわち1963年10月から1972年10月までに5回のクーデターがおこり，その間に権力の保持者は9回も変わっているのである．この変化を求める性向は，植民地期のダホメを特徴づけた「頻繁な総督の交代」を想起させずにはおかないし，また独立の時期にはそれは「アフリカの病気の子供」という呼称をもらったのであった．

12.6　伝統の身振り
サラカワ（トーゴ北部）．カビエ族の地方でのモロコシの粉砕は，女性たちが行う長く骨の折れる作業である．都市では，女たちはコメをもとにした調理のあらゆる利点を見出している．

革命そして農民による生産

この動揺の時期に浮かび上がった「科学的社会主義」に夢中の政府は政治的安定をもたらした．けれども，政権につくや否や大統領マティウ・ケレクーが行った施政演説，それに彼が1974年に祖国をマルクス・レーニン主義の道に入れることを断固として決意したと宣言しつつ行った説明にもかかわらず，国のプロフィルはほとんど変わらなかった．実際「ホワイトカラー」よりは農作物を育成する国であったベナンは，そのまま勢いに乗って走り続けた．財政状況の改善を試みるために農業空間を最大限に組織・経営せんとの国家の意志にもかかわらず，生産方式は改変されず，開発の構造も技術も変わることはなかった．ズー・ボルグー［ナイジェリアまでのびるダホメ北東の高原．ニジェール川盆地の河川によって排水される］の綿花計画の一環として，特に北部には「協同組合を目標とする革命団体」が設置されたにもかかわらず，また南部ではグラン-ヒンヴィ地方のアブラヤシ計画の一環として「農村整備協同組合」が設置され，さらには全国土にわたって「農村開発地域行動センター」が設置されたにもかかわらず，農業は後退の真っ最中であった．その時1982年，石油開発は始まったのである．これは重い意味をもつ事実である．当時農業は，二次製品も含めて公認輸出量の80％以上を占めていたこと，それがこの年には9万tを超えなかったこと，そしてそれは国が数える500万

III. ギニア湾沿岸地方

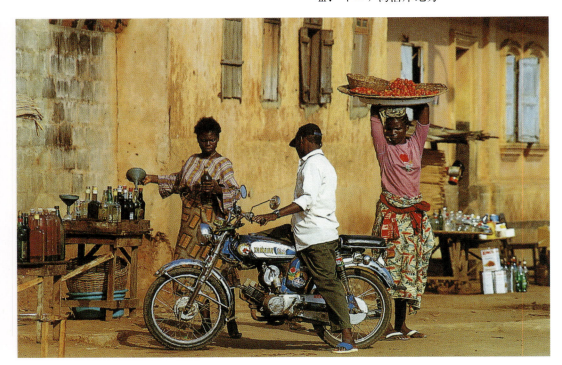

12.7 国境を越えて
ナイジェリアの石油生産物は，コトヌーで多数の零細転売商によって非合法で売りさばかれている．すでに産出国で補助金を受けているこれらの産物は，CFA〔アフリカ金融共同体〕フランとナイラ〔ナイジェリアの通貨〕との間の為替相場の不均衡から利益を得ている．

の住民のうち80％を現在でも食べさせていることを考えてみればよい．

1984〜1985年——この時期には先立つ数年間よりも有利な気候条件が戻っていた——のキャンペーン以来，北部（トウジンビエとヤムイモ）では停滞し，南部（トウモロコシとマニオク）では後退しつつあった食糧生産は好転した．時として収穫には驚くべきものがあった（特にヤムイモの生産は1986〜1987年には87万5000tであったのが，1990年以降は100万tを超えるという）．これはなるほど大部分は危機にあったナイジェリアの態度に帰せられる．というのもこの国は，1980年にコトヌー港の使用をやめ，1983年には国境を封鎖した後，塊茎類および穀物類の「非合法需要」を縮限したのである．ベナンは決して食糧の自給自足に達したことはなかったし，19世紀の中葉から大規模に開発されているアブラヤシの栽培——もしかするとダホメの名前に結びつきすぎている——を振興することにも成功しなかった．その代わりにベナンは「白い金」ともいうべき綿花生産で思いがけない成功を収めた．それは，1960年代に国で重きをなし，1972〜1982年の間には後退していたのであるが，1981〜1992年の間に1万3000tから18万5000tに躍進したのである．この前進は，トーゴにおいてもそうだが，すべてが閉塞しているわけではないことを証明している．そのことを落花生生産の再開も裏づけていて，それは工業発展の挫折を一時忘れさせた．

フランスの先導的植民地ダホメに，フランスはその行政の初めの10年間「完全な自治権」を与えていた．いわゆる「楽しい生活のできる社会」の殿堂であるベナンには，つかの間の2つの段階があった．1904年には国はフランス領西アフリカの一般会計予算に統合されていた．1980年代初めには，「社会主義」体制は，そのかつての信託統治受託国に再び門戸を開いた．これは1983〜1984年の様ざまの困難によって加速される「是正」プロセスの始まりであった．旱魃およびナイジェリア国境の閉鎖で特徴づけられるこの2年間に，ベナンはPMA（最貧国）なる形容語に「罹災した国」のそれを付け加えることになった．抜き差しならない状況は1986年に国際通貨基金事務局における構造調整政策の作成および負債の分割償還計画の繰延べによって終わった．強制されている正常化措置は，その年間平均収入が1人当たりおよそ500ドルのベナン人たちに重くのしかかっている．

解散か民営化か

国はほとんど工業化されていない．石油はほとんど重要でなく，その採掘は遅れた．それでも2つの計画が実現はされた．ひとつはオニグボロのセメント工場の計画で，それは1982年に生産を開始したものの，一連の困難（アコソンボから来る電気の停電や減少，プロジェクトの財務パートナーであるにもかかわらず数年の間セメントの割当て量を買うことを拒んだナイジェリアの態度）を経験した．もうひとつは，これまたベナンとナイジェリアの提携によるサヴェの製糖コンビナート計画である．それは1986年になってやっと稼動できたにすぎず，その能力をひどく下回る操業しか行っていない．これら2つの財政上の浪費源は，ほかの工業会社におけるさまざまの問題を覆い隠した．ことに油脂製造諸企業（総売上高の3分の1）の問題である．それらは1982年以降は唯一の国営会社の管轄にあるのだが，そのうち製油工場はあるいは閉鎖され，あるいは原

12. トーゴとベナン：2つの大国のあいだで

12.8 ひよわな丸木舟，手強い浅瀬
ロメの東，トーゴ湖の近く（アネホ潟）．砂洲の沿岸州で漁撈を営む一村落．浅瀬に荒々しい巻波が砕け散っている．ココヤシのプランテーションは質素な農業活動を示している．

料の供給を十分に受けていない．

　舵をとりなおすために，当初ベナンは民営化の道を選択しなかった．国有企業や半官半民企業の従業員が多かったにもかかわらず，ベナンは企業解体のほうを好んだ．［これら諸企業の従業員の］数は，公務員1万7000人，私企業1万3000人に対して，1979年には2万6700人であった．しかし世界銀行の圧力によって国は1992年以降民営化へと導かれた．石油のみでの解決はありえなかった．沖合にある小さな油田は収入源というよりはむしろ問題源であったからである．実際ベナン政府は，1979年にこれを委託していたノルウェーの会社が閉回路で操業し続けるのにうんざりしたのである．1984年，政府は油田をあるアメリカ-スイス合弁会社の手に委ねたが，それは決して契約を履行しなかった．次いで1986年には，完全にアメリカ系のもうひとつ別の石油会社の手に渡した．政府は黒い金ともいうべき石油がついには国庫をまかなうようその会社を当てにしている．しかし生産は取るに足りぬ量（年間20万t）にとどまっている．

　ベナンの諸問題は長い間ナイジェリアのそれに結びついていることであろう．商業と免税通過の空間であるこの国は，ナイジェリアが採用した保護貿易の措置を前にしてすこぶる脆弱であることが判明した．ナイジェリアの危機はにわかに「この国の」危機を早めた．まさにこの危機が国家の財政にはね返り，ベナンは1984年にフランスに援助の増加を求めざるをえなくなり，そして国が遠方にあるマルクス・レーニン主義の祖国よりはむしろ強大な隣国の衛星国であることを世界に明かしたのである．こうして国は新たな急転換を行ったのであるが，それでも状況の悪化を防ぐことはできなかった．公務員への支払いの停止，銀行の閉鎖，様々な異議申立ての運動とその鎮圧．これはもはや純粋で厳格な「熱帯社会主義」の土地ではない．「自由主義的緩和」は，ベナンがそのアイデンティティを作りあげるうえで助けになるのであろうか．自国より強大なものへの従属の反映でもなく，湖畔の村落および要塞化されたあばら屋——かの有名なソンバ族首長の住居——という単純化されたイメージに閉じ込めもしないアイデンティティを作りあげるうえで．

163

13

ナイジェリア：数のアフリカ

ナイジェリアは，その一国で黒人アフリカ全人口の5分の1を有する人口巨人国である．複合的な連邦システムによって巧みに統治される三極の空間から成るこの国は，1970年代には石油による豊かさを経験した．それは発展の幻想を抱かせたが，とりわけ財政・食糧・都市の危機を引き起こした．その諸々の結果を管理するのは困難である．

「平和的な変革を不可能にする人々は，
暴力的な変革を避けがたいものにしている」
ウォール・ソインカ

　1914年の建国以来ナイジェリアは，諸集団の多様な根づきと単一の国民を作ろうとする意欲のはざまでさまざまな緊張を経験した．この国は農産地の文化と都市の文化の間で常にゆれ動き，また局地的あるいは地方的な地平に限られた農村のヴィジョンと国際的商業の伝統の間でゆれ動いている．見せかけの連邦主義モデルにのっとって建国されたナイジェリアは，身動きができなくなることを恐れるあまり，その政治空間を，ある時はジロンド派［穏健な共和主義者］の，またある時はジャコバン派［急進的な共和主義者］の動きによって絶えずかきまぜている．この動きは，今日では若干減少してはいるが，1973年以来石油の収益によって支えられてきた．最近の混沌とした歴史の偶然をこえて，連邦は少しずつ国としての自己主張の基盤である領土を構築する能力をもつことをこれ見よがしに誇示している．もし過去が現在の政治・文化の生活にこれほど豊かに潜んでいるのでなかったら，私たちは次のように考えることもできるだろう．すなわち降水量が規定する古典的な成帯的地域区分によってのみナイジェリア国土の下位分割は決定される，と．植民地化以前の政治的構築および民族的帰属意識は，一見乗りこえることのできない地平を形成することはなかっただろう．しかしイギリス人植民者とその子孫たちは，過去の政治機構および民族性を国の領土を作り上げるためよりは，彼ら自身の覇権主義的な目的達成のために無謀にも利用したのであった．分割し排除しあるいは結びつけるものは，問い直される過去の中に探さなければならない．

三極の空間

　ナイジェリアの空間は，ずっと昔からそれぞれ中心と周縁をもつ3つの極によって組織されてきた．つまりハウサ族の居住地域を中心とする北部，ヨルバ族の地域を中心とする南西部，そしてイグボ族の地域に中心をおく南東部である．これらの中心地は互いによく結びついていず，また各々均質であることからはほど遠い．いくつかの都市国家の上につくられたヨルバ族の居住地域だけが，エドを例外として強い民族的な均質性を示している．ハウサ族はプル族支配者の庇護の下に生活していて，北部の半分以上の州で少数派である．南東部では，イグボ族がアビア，アナンブラ，エヌグ，イモの各州で多数派となっている．しかし同時に彼らはその近隣民族からは敵対視されていて，発展の欲求を阻害されている．イビビオ族の居住地域（アクワイボン州）を別にすれば，もっと人口の少ない周縁地域は，3つの中心が政治的または経済的発展の段階を経験したとき，これらによる植民地化の対象になった．そのため，抵抗や自閉，また異文化への同化もしくは最も近い中心に対抗するための最も遠い中心極との同盟の締結などが生じた．

　ナイジェリア空間が，ニジェール川とベヌエ川を結ぶ「Y」ライン——1500km以上にわたって国を横切る航行可能な大河川交通路——によって分けられているとしても，ほとんど無人の河川沿岸の地域はこれを構造化することはまったくなかった．それは古い政治的な構築物によって形成されたのである．それらの政治的まとまりは，イギリス人征服者に立ち向かった諸国家（ヨルバ族の諸国家やソコトやボルヌに成立した諸帝国）にせよ，これら諸国家に隷属していたハウサ族の14の国家やヌペ集団の王国やさらにベナン王国にせよ，いずれも陸上交易路の維持に専心してきた．ナイジェリアの住民たちもイギリス

13. ナイジェリア：数のアフリカ

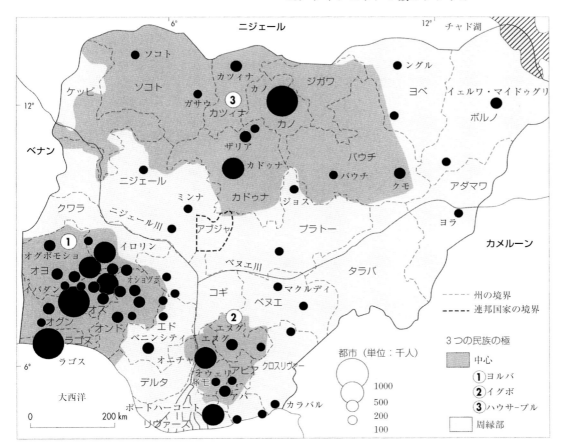

13.1 ナイジェリアにおける民族分布の3つの極
それぞれ周縁地を擁するハウサープル，ヨルバおよびイグボ族からなる3つの稠密な核の間で，同盟と対立が生み出され，それがナイジェリアを強化したり引き裂いたりしている．これらの民族は，かつて環境を制御し，人口を蓄積した政治機構の遺産である．

人植民者たちも，ラグーンやマングローヴの広がる低い沿岸と踏破困難な砂洲にうんざりした．その結果彼らは，東部沿岸でニジェール川やクロス川のデルタ地帯の諸都市，また19世紀に栄えたアロ族帝国の都市，つまり河川・海岸の奴隷制諸都市に新たな息吹を与えず，内陸にまったく新たな都市を建設するほうを好んだのである．例えば，オニチャ，エヌグ，アバ，オウェリ，ポートハーコートである．これらの都市にはかつて奴隷だったイグボ族が住みついた．彼らは植民地の時代，ほかの民よりも多産でもっと活動的だったのである．新しい諸都市は，イギリスによる征服の当初ナイジェリア保護領の首都であったカラバルを犠牲にして，支配的な都市になった．1961年にカメルーンズ州がカメルーン連邦に併合されて以来，カラバルはもはや後背地をもたない．

こうしてナイジェリアは海に背を向けた．その一方で「伝統的な首長制」は政治に重きを成すに至り，行政・経済機構において目立つ権力ポストを握ることに成功した．ソコトにおけるカリフの領土は，前植民地時代には最も強大な国家の1つではなかっただろうか．それは現在のブルキナファソから中央カメルーンに広がる40万km²以上の領土を所有し，説教師たち（マッラム）を派遣してイスラム教を広め，またコーラの実と，支配下においた諸都市で製造される手工業品の遠隔地交易を行っていた．ウスマン・ダン・フォディオ［ハウサ族の諸国家を平定し，1808年フラニ王国を建国したイスラムの指導者］率いた騎馬人たちの子孫やイフェ文明［ナイジェリア西部のイフェ周辺で確認される文明．テラコッタおよび青銅の遺物が多い］

の子孫に当然の分け前を与えずして，現代のナイジェリアはどうやって建設することができるというのだろうか．

睡眠病に対する怯えと，河川およびデルタ地帯整備の技術的な困難を別にすれば，通常の生態的条件は植民の配分にほとんど影響を与えなかった．その代わり，沿岸部や内陸の諸国家から来る奴隷狩りの襲撃をのがれることが地方の未組織住民にとっての固定観念であった．彼らは，長い間，大西洋奴隷貿易およびサヴァナや森林地帯の大部分の軍事国家や商業国家における奴隷調達に重い貢ぎ物を支払ってきたのだった．その結果，住民の配置において驚くべき人口動態の不均衡が生じた．住民は何よりもまず安全を求めて動き，次いで生活の糧を，そして最後に生態系の健康衛生を求めるからである．

こうしてサヴァナにおける異教徒の共同体は，中央ナイジェリアをちりばめている台地やインゼルベルク（島状丘）や山地に避難して，さまざまな刷新とひきかえに彼らの制度，儀式，非常に質素な共同体生活の様式を維持したのである．彼らの足元には無人の空間が広がり，そこの植生はツェツェバエの生態学上の棲み処である．それはナイジェリア中央部「ミドルベルト」の広大な広がりを，動物にとっても人間にとっても不衛生な場所としている．同様に森林では，仲買人の絶好の標的であるイグボ族には，奴隷狩りたちがやってくる河川から遠く奥地の密林に逃げこむほかはなかった．莫大な人口を天引きされながらも，イグボ族はその多産性を利用してかつての抑圧者である隣人たちを逆に圧倒し支配していく．ビアフラ戦争に際してイグボ族に復讐したのは後者である．

165

Ⅲ．ギニア湾沿岸地方

13.2　一大帝国の名残
ボルヌの支配者たちの子孫．ボルヌは，カネムとともにチャド湖周辺に帝国を形成し，イスラム教が広まるうえで一大拠点になった．首長は現在でもナイジェリア中央政権の強力な交渉相手になっている．

国の単一性を保証するいくつかの少数派

　民族（ethnie）とは「即自」的に存在するものではなく，何よりもまず外部からの呼称であり，また同時に，現実的もしくは仮定された文化的差異の断定である．この差異は，いくつかの社会集団間の不均整な関係が，混血や借用や合意による統合にまさる重要性をもつときに出現する．それは，まず1891年以来練り上げられてきた「間接統治」のおかげでナイジェリアを碁盤割りにすることに役立ち，続いてルガード（Lugard）卿によって理論化されたものである．これは初代の北部ナイジェリア保護領高等弁務官であり，1914年には彼のイニシアティヴによって新たに作られた連邦総督となった．この人物によれば，地域の社会的調整を確実なものにすることは，合法的であるにせよ，例えば南東部の下級首長たちのそれのようにでっちあげによるにせよ，「民族政府」の義務であり，それに対して資源採取および民族間抗争の調整は植民強国の配慮に帰属するというのであった．分割し支配する，である．

　「アクション・グループ」やナイジェリア・カメルーン国民会議（NCNC）のごとき現在の政治生活を生み出した組織の起源には，汎ヨルバ族の文化的運動としてエグベ・オモ・オドゥンワを求めなければならない．それに相互扶助を目的にかかげて，移民者が集まる諸都市や諸地域に設立されたイグボ族の協会「トライバル・ユニオンズ」がある．これらの運動は，地方分権主義の政党となり，まず植民地建設者に対抗する兵器に変わり，次いで「国のお菓子」を自らの地域にとって有利に切り取るための圧力団体になっていった．民族観念に訴えることによって政治家は支持者たちと被保護者たちのネットワークを形成することができる．こうしてそれは階級の利益を追求するうえで役立つ．イバダンのハウサ集団はその格好の事例である．彼らは，コーラの実や家畜の交易ルートを独占するグループとしての地位を維持するために，ほかの有力なイスラム教徒がこの経済活動に参加することを禁止している．ヨルバ族やハウサ族やエコイ族などのように，国境によって居住地域を分断された民族集団の中では，文化的共同体を強化するがゆえにいっそう活発な商業活動が生まれている．その結果，ナイジェリア流の複数政党制は，国家事業の健全で厳格な運営を気づかう統治を向上させるために苦労しているのである．

　指導者階級は，諸民族間に分裂と利害の対立があるので，地方分権システムの中で自らの地域の基盤を確保するために，近

隣の集団に対抗して，彼らの中心的関心からは最も遠くに位置するグループと同盟関係を結ばなくてはならない．イグボ族に対抗してハウサ族が支持しているイジョ族がその例である．大統領に選出されるためには，3分の2の州で投票数の少なくとも25％を獲得しなければならない．これは1979年に制度化された．つまり，絶対に勝てる地域以外と連合を組む必要があるのである．このシステムのおかげで，三大グループが対立し合っている限り，いくつもの小集団は人口の重さとはまったく不釣合いな役割を果たすことができる．その結果，ナイジェリアの存在そのものが，国の統一性が与えるところの利益に他の集団よりも敏感な少数派の動向に依存している，ということになろう．少数派民族は，連邦が内部抗争の危険なゲームに熱中しているがために，連邦の公的機能と軍隊に役職を得ることによって自分たちの観点を売りこむ手段を獲得したのである．しかし1954年，リトルトン憲法によって三大地方の支配的グループに権力が与えられた．このプログラムに従えば，政治的中心地ラゴスにはわずかの操作の余地しかなかった．「官位なき」民族が分け前にあずかるには，1963年の衝突および1967年から1970年までの分離戦争をまたなければならなかった．それゆえ彼らの戦いは，強力な連邦権力を作るためであり，連邦州の数を増やすためであった．こうして連邦は1963年の5州から1967年には12へ，1976年には19に，1987年には21に，1991年には30州を数えている．また政党数は専制的に削減され──1989年の憲法では社会民主党と国民共和会議のみとなり──，連邦の非宗教的な立場の維持が明確になった．1993年の大統領選挙では，イスラム教を奉ずるヨルバ族が勝利したものの，その結果が無効とされた事実，さらに軍部が政権に残っている事実は，期限の限定なしに第三共和制に弔鐘を鳴らしている．軍人たちはこの共和国を厳格に憲法の限界のうちに押しとどめようと願っていたのである．

イスラム教は国の筆頭宗教であり，信者数が最も多く改宗の歴史も古いので，それでなくても虚弱な国の仕組みを不安定にし得たかもしれない．ナイジェリア連邦は，アフリカ大陸で最も多くのイスラム教徒が住む国ではないか．この巨大な信者集団の中に，宗教を実践するさまざまの異なる仕方が現れているのが分かる．すなわち，北部における正統派の潮流は同じ地方のいくつかの反乱の潮流に対立するし，ヨルバ族居住地域のはるかにもっと寛容なイスラムもある．1980年代に連邦主義者たちは次のような戦略をとった．すなわちナイジェリア全体としてはイスラム法典を拒否する．千年王国運動と原理主義運動を抑圧する．「とるに足りない人々」を支えにして保守的な北部を20世紀社会に引き入れる．カドゥナ市の「マフィア」をこれと協定を結びつつ告発する，である．以上すべてが連邦にとっての脅威だった．結局，衝突を回避して緊張を緩和すること，遠心性をもった誘惑の上げ潮を阻止すること，それが連邦政府の役割であるとしても，この不断の創造には少数派の支えが必要なのである．この創造はここまではある程度成功してい

13.3　仮面の下の権力

イクウェレ（ニジェール川のデルタ，ポートハーコートの地域）の仮面．北部ナイジェリアの諸々の社会とは対照的に，南東部の諸社会では，権力組織としての国家形態は必ずしも確立されていなかった．単系出自集団［リネジ］間の諸関係が現在でも政治的関係の基盤になっている．

る．しかしそれはいつまで続くのだろうか．

無秩序を運営する

ナイジェリアの領土の枠組みの創造をルガード卿［F. J. Dealtry Lugard, 1858-1945．英国の植民地行政担当官］に負っている．すなわち3つの独立した行政単位（あるいは地方）を基にした領土の構成および地域の有力者を優遇する間接的な運営方式の創造である．3つの単位とは南部の「直接保護領」，北部の私的な委譲地，そして植民地ラゴスである．また外部へ向かう経済的誘導は行政上の管理機構の形成に先行した．そしてこの機構の重要な部署は，時の経過とともにほとんど変わることはなかった．次いですべての努力は，1954年に導入された連邦制度を創り上げ強化することに向けられた．イギリス人たちは，この制度が弱体であるよう望んでいたのであるが．ナイジェリアの「4分の4」において地方に対する中央の優位を確定したのは，ナイジェリア「分離戦争」としてのビアフラ戦争である．都市の制度，そして技術の進歩に応じて再編成された交通網（河川から鉄道へ，次いで道路へ）を取巻いて構造化された空間組織は，経済的中心地を支えにした．これら拠点は，まず1950年から1973年にかけてはカカオや綿花や落花生などの商品作物の耕作地周辺に，次いで石油と工業を中心として形成されていた．これは，資源を外部へと誘導すること目的とした組織であった．

1920年代から1930年代にかけては，鉄道が容易に河川交通

III. ギニア湾沿岸地方

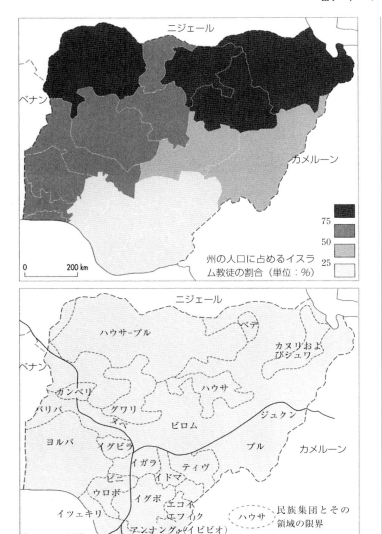

13.4 イスラム教と諸民族
ナイジェリアで第1の宗教であるイスラム教は，北部では多数派を形成し，南西部では強力である．もっとも，南西部での実践はもっと寛容である．数多くの少数民族が連邦主義を標榜して行動しているが，国の単一性に対する関心はちぐはぐで，これはハウサーブル族およびイグボ族の自主独立主義によってしばしば脅かされている．

路を凌駕していた．しかし1950年代末には道路が鉄道に取って代わった．1961年から1985年のあいだは道路による商品輸送コストは鉄道によるそれの4倍もかかったが，公共投資の恩恵を受けたのは道路の方であった．1950年から1980年までに道路網の長さは2.6倍になり，舗装道路のそれは16倍になった．しかしその反面，連絡用の道路網は独自の財源をもたない地方権力によって管理されているので，路面状態は劣悪なままである．

国土の植民地組織のせいで，地域間の社会・経済的不均衡はいっそう深まった．つまりラゴスには国民生産が集中しがちな一方で，北部は立ち遅れ，南西部を助成する基盤整備および収益は不均衡に配分された．地域間の経済的特権の比較計算や資源支給の計算は，すでに恵まれている地域をさらに優遇するだけで，領土を再整備するすべての努力は市場経済にとってコス

トがかさみ効果もなかった．イギリスは，保守的な北部地域の経済の立ち遅れを埋め合わせるために，この地域に政治的かつ政体的優位を与えた．

市民社会の活力は，使用可能なあらゆる手段を用いることによって，沿岸部および三つの支配的グループに対してもっと恵まれた人々にとって有利な地理的秩序を損なうだけであった．争い合う群の上に，「伝統的な族長支配体制」の影響のもとに抜きん出ようとするいくつかの局地的集団もあったし，権力闘争のために民族感情および民族内の分派意識を高揚させる，地方に基盤をもついくつかの政党もあった．さらにまた，ネイティヴではない人々に対する差別の措置をとるいくつかの連邦州もあった．国境線を引けば報いを受けざるをえない．特権的な拠点や軸を指定したり創ったりすれば，公然のもしくは隠然たる抗争が生まれる．ナイジェリアではこのゲームは，同盟関係を変えつつ2対1で行われている．少数諸派はリング上を観察し，軍事介入によるラウンドの終わりに口笛を吹く．その結果，民間人よりは軍人たちの方が管理運営における厳正さと，局地のもしくは地方の利害に対する国民的利益を体現しているのである．

今日のナイジェリアは，1914年に行われた南部と北部の統合によって日の目を見始めたのだが，1939年には北部，西部，東部の3つの地方に再び分割された．脱植民地化のプロセスは，3つの地方に強力な自治を容認することによって三極化を強めたにすぎない．それぞれの地方は，マーケティング・ボード（輸出向け農産物の安定基金）を活用して社会設備を整え，権力の座にある政党の支持者を集めた．連邦政府は，1963年の第4番目の地方となる中西部の創出をもって，また1966年に表面化した三大地方の分離独立の脅威に対抗するために連邦主義的側面を強調することを決定した．それによって政体の困難を乗り切ろうとしたのである．こうして，地理民族的均衡の政策は「連邦的特質」の名においてあらゆる領域で実施されているのだが，職業と教育についての機会の不平等を原則としているがゆえに激しい緊張関係を生み出している．多数派民族同士の対立は，政治的空間の細分化の過程でさらに厳しくなった．この細分化のプロセスは，相次ぐ分裂増殖によって形成される連邦主義の枠組みの中で続行していて，交付金の50％は，人口の規模に従って配分するという諸州間の平等の原則にのっとった出資方式によっていっそう助長されている．多文化主義と不均衡を運営するための措置が，フラストレーションを増加させることによって下からの崩壊に導くのではないか，と問うことができる．それゆえにこそ中央集権化の過程は，資金を分配したり戦略的な諸部門での決定を行う役目を連邦レベルに付与することによって，権力の細分化に対立することになるのである．

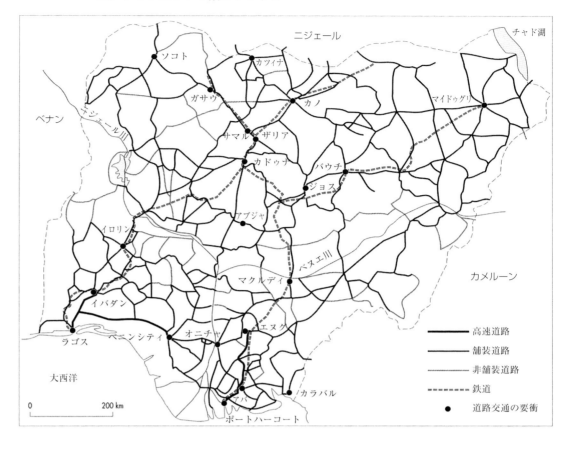

13.5 道路網の優位
大規模な公共事業政策によって促進されるアスファルト舗装道路網は，西アフリカで最も緻密なものになっている．それは都市の骨組みに支えられて，輸出向け農業諸地域ならびに南東部の産油地域から製品を搬出し，工業の中心核から放射状に広がっていく．

権力の複数の所在

　州の数が増えれば増えるほど，それぞれの自由裁量にまかされる経済的生存力はそれだけ減少する．新たな諸州は中央の州に依存し，中央は，本質的に石油資源と関税に由来する財源や，場合によっては国際的な借入金をもってこれら諸州に予算を与える．この財政面での自律性の欠如のせいで公的財政は，外部からの借入と同じように恐るべき赤字になった．各州には相対的に均質な一つの共同体が対応すべきであった．しかし実情はこの目標からほど遠い．この尺度からすれば，支配的立場の濫用や分割された諸々の民族集団の問題，少数派の代表権の問題，あるいは親族集団［クラン］間の抗争が認められる．これらの新設州は，他の州出身の人々に対する差別的な振舞いがあるという理由で，人々の移動に対して効果的な障壁を設けている．

　1976年，連邦国家の首都をラゴスから480 km離れた中央地帯（ミドルベルト）のアブジャに移すことが決められた．それは政治権力と経済力とを切り離して政府をヨルバ族の圧力団体から引き離すためであった．カドゥナの南180 kmへの首都移転は議論を呼んだ．2000年にはそこに160万人を定住させる計画だった．このコストの高い大規模の建設は1983年には凍結されたが，政治権力の正式な移動という決定に従って1991年に再開された．しかし1993年末に新たな権力は再びラゴスに特別な地位を与えた．アブジャは存在する前に死んだ都市な

のだろうか．1987年，ここに議会が設置され，1991年にはその人口は35万人に達した．彼らは，円を4つに切った形の256 km^{2}の広さに建設された未完成の都市に不便を覚悟で移ったのである．中心部には高層ビルや大きなホテルが建設された．ふたつの画一的な住宅街があるが，それらは都市高速道路および建築不可能な空間によって分断されている．

　連邦政府は，この種の決定によって国家建設の神話を押しつけかつ人心操作の可能性を作り直そうとしているのである．文民体制（1960年から1966年および1979年から1983年）から軍事体制への移行は二重の動機によって説明される．すなわち第1は，地方が抱える諸問題から身軽になって，そこに介入できるようにすること，第2は，連邦にとって当然危険な動きを静めることである．というのも，ナイジェリアにおいて文民体制は実に多様な圧力団体に振り回されているのである．また，ここでいう文民体制が綱渡りの政府を意味するとすれば，連邦主義は地方分権を意味することからはほど遠い．局地的権力が多様化すれば，権力の最小部分の行使も阻害される．それゆえ連邦政府は，州の数が増え始めた1976年から行政の第3のレベルとして局地集団の画一化システムを実施しようと試みた．これらの集団は1993年には500以上も存在していた．そして連邦化された州を統治する責任者たちは，そのテリトリー全体にあてられた補助金を諸局地集団のレベルでまんまと手中におさめるものだから，その後連邦政府は予算の一部を直接に局地当局に与えようと努めている．できることなら州首都の資格を付与することによって既存の活動拠点を優遇などすまい，とい

III. ギニア湾沿岸地方

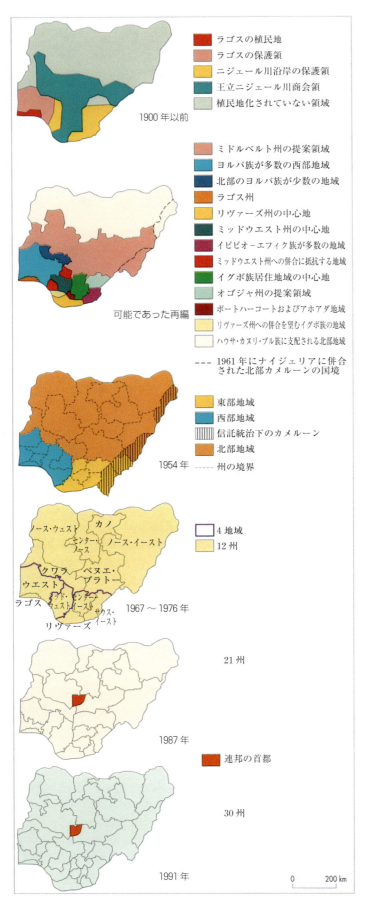

13.6 連邦主義と分裂増殖
ナイジェリアは，間接統治を敷いたイギリスの植民者によって網の目のような行政区に分割され，独立以後は分裂増殖によって進んできた．多文化主義をうまく運営するために州の数は増やされた．しかし助成金を分配する連邦政権は絶えず強化されてきた．

うのである．こうして政府は，財政については，同じ資源をもっと多数と分かち合うことによって，州を設置せよとの要求を断念させようと望んでいるのである．

それというのもナイジェリアの政治文化は，錨ともいうべき次の5つの原理の間でゆれ動いているからである．すなわちまず民族上の特個性，次いで「まず食べよ，それから兄弟に与えよ」(eat and give to your brother) という唯物的な個人主義，そして発展した西欧の模倣，更によく保存された伝統主義，最後にすべての苦難に対する楽観主義，である．この政治文化は，民主化へ向けての急激な変動とともにフランス語圏アフリカにおいてのみ現れた情報の複数性によって培われている．きわめて活発な新聞および視聴覚メディアが広く普及しているのである．

連邦は実際には緊急の場合でなければその調整機能を発揮しない．なぜならば中央政府は，まずそれに奉仕する人々ならびにそれに陳情する人々にとっての主要な収入源になっているからである．そこで慢性化した不安定が生じ民衆層との接触の喪失が出来する．民衆は不満を示すためには暴力に走るよりほかはないのである．それは古くから見られる．例えば，1895年にはラゴスで発生した課税反対運動，1929年にはアバの女性達の事件，1956年にラゴス島で発生した「ブルドーザーによる都市化」に反対する運動，1968年から1969年にかけては西部で発生したカカオ価格引上げ獲得の運動，さらには1989年の内燃機関用燃料の価格急騰に対する反対運動……などである．

独立後人々は北部の分離独立を，続いて1963年の暴動の結果，西部の分離独立を期待していた．1967年5月30日に分離運動の冒険になだれこんだのは東部であった．他の地域はビアフラと戦うために落ち着きを取り戻したのである．東部を分離に導いたのは，北部の諸都市に居住していたイグボ族に対する1966年9月から10月にかけての大虐殺である．イグボ族は十分な教育によって得た能力を用いて国中の多数の要職についていた．キリスト教化された彼らは，連邦全体を統轄するには最も適した民族集団になっていたのである．東部に集中した石油の豊かさは補足的な要因であって，まったく予測できなかったこの分離独立の決定的要因ではなかった．

内戦はラゴスにとって好ましい3つの戦線で展開した．第1は，分離主義の伝染を危惧する外交上の戦線．第2は民族上の戦線であって，これは東部地方の少数派諸民族におけるイグボ族への対立を利用する連邦政府によってあおられた．そして第3は石油の戦線であって，この面では連邦各州は主要な会社の支持を得た．これらの会社は活動の舞台をエド州およびデルタ州のような中西部とリヴァーズ州に移した．100万から200万の死者によって清算されたナイジェリア「分離戦争」によって，3つの支配的なグループに対する少数諸派の報復が明らかになり，諸政党に対する政治力としての軍隊を軌道にのせることになった．これは，最盛期には主に中央地帯出身の25万の兵士

170

を擁していた．連邦権力の強化はこの血みどろの時代に起因している．ビアフラ戦争の結果，より中央集権化され，1973年から1982年にかけての第1次石油ショックに続く財政的繁栄のおかげで国内の葛藤をもっとよく制御するナイジェリアが生み出された．しかし，軍事政権が直面しているここ10年間のさまざまの困難は，国民つくりのもろさを示している．

都市と農村間の暗黙の了解

ナイジェリアでは都市と農村はしばしば共生の状態にある．カノやソコト周辺の農業地域は，都市からの援助と激励がなければ発展できなかった．南西部においては農民自身が都市民でもあり，2つの住居を往来しながら農村を開発している．都市の伝統をもたなかったイグボ族は植民地行政のさまざまなポストについた．小規模の精力的な商業活動を担う第一人者であるとしても，彼らは自分たちの農地を忘れることはなく，その運営のために莫大な活力と資金とを用いている．確かに数少ない都市は，何もない平野に，そことは無関係に鉱山や農工業コンビナートや水利整備区画の近くに建設された．例えば，フォーカドス（デルタ），バシタ（クワラ），ヌマン（アダマワ），ニュー・マルトル（ボルヌ）である．さらには，カインジダム建設に伴って立ち退かされた人々を住まわせるために作られたニュー・ブッサ（クワラ）のような例もある．

農村の例から見れば，西ナイジェリアの農村地区では，住民たちは教育を受けているだけにいっそう自発的に移住している．農村の環境にあって「都市文明」に関する幻想をいだいているわけではない．農村の環境そのものが生活様式の都市化を経験しているからである．しかしこれらの移住者は賃金労働者の収入を減らしている．都市の労働市場は期待ほど大きくはないし，教育も職に直結するパスポートではもはやなくなっている．都市の成長は自然増加によってよりも移入民によって推進されている．移住者の大部分は，イグボ族および人口過密地帯あるいは開発の進んでいない地帯の出身者から構成されている．しかし，移動者たちのタンクは，連邦の首都にとっても依然として地域にであり続けている．ナイジェリアの諸都市には，農村の根から切り離された新たな文化形成に道を開くような坩堝の機能はないからである．しかし，過ぎたばかりの危機の10年間で展望は変わりつつある．大都市の新しい都市民が小都市や農村環境への回帰を始めたのである．この移動が堅持されるかどうかは分からない．

都市への住みつきは諸都市間の移動からも生じ得る．これは反復的な動きである．すなわちまず若者たちに教育が要求される最初の移動．その後の移動は賃金労働者や自由業者としてのキャリアへの価値付与のためである．経済変動に応じた商い地の移動もある．都市から都市への移動は確かに本格的な都市社会の構成を示している．けれどもその規模はきわめてまちまち

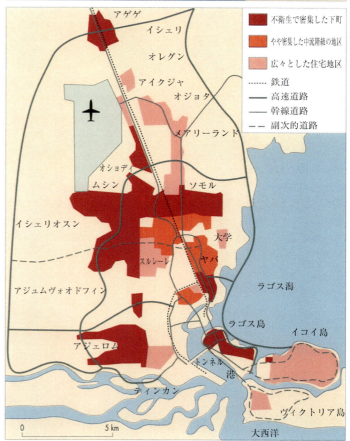

13.7 ラゴス

ラゴスは黒人アフリカ最大の都市であり，少なくとも600万人が住んでいる．植民地の海の古くからの玄関であったこの都市は，沼地の多い，狭苦しくて不衛生な一群の島の上に生まれた．都市は，まず北へイジェカ空港に向かって広がり，その後，港から20km以上も離れたアゲゲ市の方向に拡大した．

である．他の諸都市から移動してきた人々が，カノやベニンシティとは反対にイバダンでは支配的である．同じ現象は，人口10万人から50万人の中規模都市（イロリン，オショグボ，アベオクタ，イフェ（イリ・イフェ），カラバル，ウォーリ）では顕著である．移入者たちの40％から50％は他の都市の出身者なのである．

ナイジェリアの都市民とは

ナイジェリアの都市システムはさまざまの意味において複合的である．まず諸々の都市のもつ起源の多様性において複合的であるし，またそこでそれによって生きんとするナイジェリア市民の性向においても複合的である．心情では都市民でありながらナイジェリア人はしかし，都市を農村世界の対立物としてではなく相互補完的なものとしてとらえている．それでも，植民都市であれ前植民地時代からの都市であれ，都市機構殊にラゴスは混雑していて不衛生で，すべての領域において危機的状況にある．都市人口の年平均増加率は，1931年から1953年までの間は4％ないし5％と見積もられたが，1953年から1963年の間にそれは2倍になり，また1963年から1985年には7％に達した．ラゴス郊外および石油都市であるウォーリやポートハーコート，同じく中部と北部の商・工業都市であるカドゥナとイロリンにおいては10％を超えているとしても，その他多くの行政・工業都市ではそれは7％から10％の間にあった．例えば，ジョス，ラゴス，オグボモショ，カノ，エヌグ，オニチャ，マイドゥグリなどである．しかしカカオ危機に襲われたイフェとイバダンでは3％を超えてはいなかった．

各地方はそれぞれ固有の都市的様相を呈している．1963年には，南西部に住むヨルバ族住民の半分以上は2万人以上を擁する84の都市で生活していた．一方その他の地方の都市化率は10％から12％にとどまっていた．ただしヨルバ族の住むイロリン州は例外で29％を示していた．反対に，ナイジェリア北部ではこの1世紀間に目を見張るような都市化は確認できない．すなわち，1850年に1万5000人以上が住む16の都市に40万の都市民が生活していたのに対して，1963年には，37の都市に60万人が配分されていたにすぎないのである．そこに

は市場および移動のネットワークが，輸送上の拘束とサハラ縦断交易の必要から配置され，都市網の構成が可能になっていた．その中でソコトやカノのような政治・宗教・経済の中心地は，すでに19世紀末に高度の社会的分化や労働の階層組織に到達していた．つまり上層には宗教関係者および大商人がいて，下層には職人たちの同業者団体があったのである．

南西部では，ヨルバ族が構成する最初の16の都市——技術的に遅れた人々が占める地域であって植民の拠点になった——がまず植民の骨組みを作った．それを人口膨張とともに現れた第2世代が強化した．もっとも最近の都市建設は対立と抗争の結果なのであって，それが昔の都市を没落させてしまった．オバと呼ばれる政治と宗教をつかさどる首長権力の所在地であるこれらすべての都市は，農作物の取引と盛んな手工業(木材，布，鉄)によって発展した．後者は，18世紀以降にヨーロッパ人との競合の結果，農業に席をゆずった．そのためヨルバ族の都市内には多くの農業者が住人として生活しているのである．オヨではその割合は60％に近い．

古い都市の多くは，植民地的な開発領域の外におかれたために衰退し，あるいは消滅した．例えば，北部と南西部の聖なる都市であるソコトとイフェ（イレ・イフェ），またボルヌの旧首都クカワ，また約20のヨルバ族の都市，そしてネンベ，オクリカ，オールド・カラバル，エデム・カラバリといった沿岸部の都市国家である．これらは奴隷貿易によって，次いで後にはヤシ油によって繁栄したのだった．1917年からはイギリス人たちが諸都市の発展もしくは衰退のかぎを握った．限られた数の場所にタウンシップと呼ばれる徴税機能をもつ行政府の地位を与えることによって，彼らは北部と南西部にあった文化的首都の没落を決定的なものにする一方，支配を確かなものにするために無から創造された諸都市，カドゥナ，エヌグ，ポートハーコートを支持した．しかし，オロンやロコジャのような立地条件の悪い都市については，大した成果を残すことはなかった．それというのも1895年から1927年にかけて，2つの幹線道路（ポートハーコート-カウラ-ナモダ線およびラゴス-ングル線）の周囲に配置された鉄道網建設による国土開発が進められ，結果として水路に生きる諸都市を周辺化してしまったからである．次いで第3次産業施設の配置をもって，近年の工業化によっても道路輸送によっても問い直されることのなかった諸都市の位置づけを強化することになった．多くの都市がますます統率の機能を果たしているとしても，指導的な都市ラゴスは他の諸都市に対して圧倒的に優位な立場に立っている．

大首都ラゴス，混雑と不衛生

都市では田舎よりも生活条件がよいとの希望をもつことはできる．都市での幼児死亡率は田舎の2分の1であり，平均収入もより多く，消費財の使用ももっと普及しているからである．

13.8　ヨルバ族家屋の崩壊
古い都市の衰退．地味であるとはいえこの家屋は，その屋根の広がりと正面壁の装飾によってゆとりを見せていた．見捨てられた家はゆっくりと朽ちていく．

しかし大問題として残るのは住居である．快適さは欠如しているし，都市としての設備も不十分だからである．水道水の質には改善の余地があるし，料理に必要なエネルギーも問題を投げかけている．というのも依然として広く木材が使われているからである．加えて市街地の混雑がある．それは，適当な集団輸送網を欠いているために，個人所有の車の洪水に対する備えのない都市における渋滞という形をとって現れる．混沌としたこの町の生活における不快感は十分に感知されているが，それだけで人々が農村に戻る理由にはならない．地区の浸水や収集されない家庭ごみ，そして飲料水の不足は，汚染や道路の混雑と同じようにラゴスでもイバダンでも酷いものとして感じられている．ラゴスはヨルバ族の都市であるが，イバダンの支配する地方の周縁に位置している．ラゴス・アイランドは，内陸部での抗争から逃れてきたヨルバ族および奴隷貿易廃止の後に解放された奴隷の避難所となった．これはイギリスによる植民地化の入り口になり，1895年から建設されていった鉄道によって，移民および内陸の生産物は首都へと吸いよせられた．1800年に6000人だった人口は，1871年には2万8000人に増え，1921年には10万，1953年には34万5000，1963年には110万，1973年には250万，そして今日では500万ないし600万人を数えている．

　港湾のもつ様々な利点，ヨルバ族の居住する後背地，そしてすばやい経済成長のおかげでラゴスは鬱血して統治不可能なメガロポリスになった．そこには30万近くの移入者が毎年住みつく．その桁外れの桁に見合う世評はこうである．すなわちアフリカで最も物価が高く最も汚い都市．犯罪の都，強い麻薬類［モルヒネ，ヘロインなど］の取引の中心地，高層ビルの足元にスラム街の密集するいわばアフリカのカルカッタ，である．住宅事情は劣悪で，住宅の74％は汚水を周辺に垂れ流し，44％には水道設備がなく，72％には便壺がない．電気や水や電話の切断と治安の悪さは日常茶飯である．連邦主義もアブジャの建設をもってしても，ラゴスへの経済・行政・財政権の集中を回避することはできなかった．輸入品の80％はその港湾システムを利用しているからである．最も報酬の良い職業の40％近くはラゴスに集中しているし，ナイジェリアの工業製品の付加価値のうち57％は首都圏域からもたらされている．ナイジェリアのブラジリアともいうべきアブジャは，今のところ沿岸首都ラゴスと釣合いそうもない．

括弧つきの石油

　1973年に原油1バレル当たりの価格が3倍になったことは，ビアフラ戦争直後のナイジェリアにとって好都合であった．しかしこの収益によって国は，生産や資源開発に投資するよりはむしろ利権をあさる楽園となった．賃金の増加，農業基盤の弱体化，劣悪な工業化構想，さまざまな大規模計画，そして領土

内での金のばらまき，それらがこの前方への逃亡の時代を特徴づけた．アーシーのシェル社は1938年に最初の石油採掘権を獲得した．最初の生産的油井は，1956年にニジェールデルタの中心部オロイビリで発見された．1958年，ナイジェリアの石油はポートハーコートから輸出され始めた．1966年には生産量は2000万tを超えた．ビアフラ戦争はこの勢いを一時的にとぎれさせ，生産量はまず3分の1に激減した．続いてウォーリ港がポートハーコートを引き継ぐようになる1970年には5000万tを超えた．最盛期は1979年におとずれ，1975年から1980年までの5年間に生産量は1億tを超えた．それ以来，年平均産出量は6000万tから7500万tで推移し，1992年には採油可能量は1日当たり190万バレルに達している．現在のペースで採掘を続ければ，2020年頃には埋蔵石油は底をつくのではないかと考えられる．莫大な石油ガスのほうがより長く続くだろうとと予測されている．ボニーの液化工場が完成すれば，生産は1995年から始められるだろう．

　石油という富を開発したのは超国家的機構，特にシェル社とブリティッシュ・ペトロリアム社であって，1973年には両者の油田は，ナイジェリア原油の3分の2を生産していた．ビアフラ戦争直後から，ナイジェリアの関心はこの富を自由に支配することにあり，1971年に加盟した石油輸出国機構（OPEC）との連携のもとにその価値を高めることであった．国家は独自の会社ナイジェリア国営石油会社（NNPC）を設立した．その任務は石油開発の全工程を管理することであった．1971年に，同社は有力企業の資本金の33％から35％相当額を獲得し，1974年にその割合は55％になり，1979年には60％になった．このようにじわじわと浸透する国有化政策のおかげで，1980年には国営石油会社は産出総量の61％を自由に取引することができるようになった．今日では開発に関する契約の60％がこの国営会社に集中している．

　国内で供給している国営石油会社は4つの精油所を所有している．2つはポートハーコートにあり，残る2つはウォーリとカドゥナにある．この会社は石油輸送船団を購入したし，1988年には先進諸国の精油所を買いとった．しかしこの会社は，ナイジェリア産石油の16％しか消費しない限られた市場に供給するために，精製済製品を輸入しなければならないのである．ある種の生産物に対しては70％にも及ぶ多大な助成金は，1994年1月まで続いたナイラに有利な差別関税とともに闇取引を助長し，CFA（アフリカ金融共同体）フラン圏の隣接諸国へ向けて気化燃料の3分の1を流出させている．こうして国は窮貧に陥っていて，政府がとりわけ「適正価格」を設定する様子を見せるときには，国は暴動へとつき進みかねないのである．

Ⅲ．ギニア湾沿岸地方

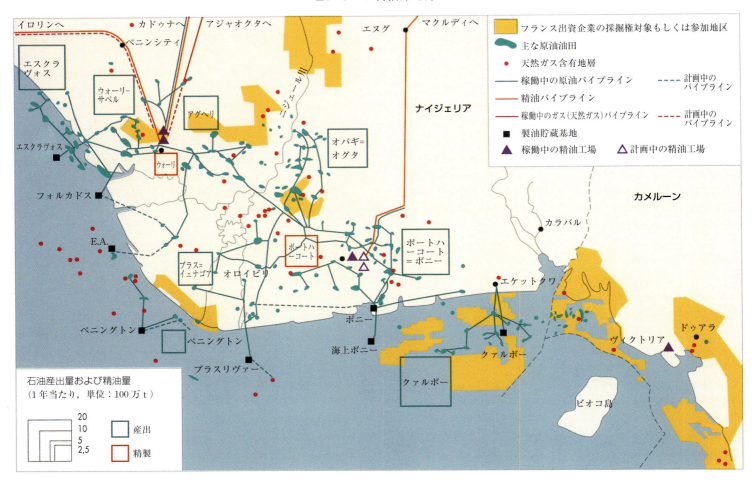

13.9 石油を産出するデルタ地帯
沿岸デルタ地帯の油井は，ポートハーコートとウォーリから輸出される原油による「熱狂の数年間」の源泉だったが，海上のプラットフォームに引き継がれている．ビアフラ戦争（1967〜70年）の陰には石油とガスがあったし，国境線をめぐる現在のナイジェリアとカメルーンとの外交上の対立のなかにも，それが顔をのぞかせている．

動きのとれない巨人

　1972年から1985年まで続く幸福感の時期に，1兆500億ドル近くが国に入った．次いで1980年からは先進諸国の景気後退のために世界的に消費が落ち，ナイジェリアはその石油産出高を維持できなくなった．1974年以来，石油は総輸出高の90％以上を確実に占めていたのである．そして精油や石油ガスのような商品の多様化が目標となるのは1983年からにすぎない．1980年に外貨保有高は100億ドル以上になり，頂点をきわめた．1983年にはしかしそれは10億ドル以下に減少した．外貨の流入のために実際の為替レートは過大評価を受け，そのために輸入が促進されて国内の生産は阻害された．金利所得の分配は都市におけるサービスの拡大と建設ラッシュを引き起こした．工業生産が石油特需の前後で年13％程度のペースで成長を続けたのに対して，農業は同じ熱狂の数年間に年平均1.5％のペースで下降線をたどった．1984年から1992年にかけて農業は成長したものの，「オランダ症候群」によって損なわれた農業-食糧の生産装置を修復するにはほど遠かった．

　1972年および1977年のナイジェリア化政策のおかげで，またあらゆる種類の投機の可能性（闇の為替市場，過剰な送り状の発行，輸入免許の乱発）のおかげで，多くの実業家たちは容易に資産を増やした．もっと低いレベルでは，下っ端のビジネスマンや都市の中産階級は，利権あさりの風潮に加担することによって石油による利のおこぼれにあずかることができた．時代を象徴する事実だが，メッカに巡礼したナイジェリア人は1977年にはすでに10万人を超えた．この時期の勝ち組のなかには公共工事を請負った西欧の大企業も入っている．例えば，フランスのデュメーズ社，ドイツのユリウス・バーガー社，プジョーおよびフォルクスワーゲンの自動車組立工場，また伝統的な商事会社のユナイテッド・アフリカ・カンパニーやA.G.ルヴェンティス社やジョン・ホルト社やUTC社である．これら諸々の会社は大きな契約と爆発的な消費にひきよせられたのである．そしてついに国家は大規模プロジェクトの政策に乗り出した．150億ナイラと見積もられたアブジャへの首都移転，アラジャとアジャオクタにおける2つの製鋼所の建設，そして農-工業コンビナート群の創設であった．

　石油ブームは発展の幻想をいだかせた．すなわち自動車のような消費財の普及や，1976年以降実施された無償の初等教育

174

の一般化である．じっさい生徒数は1970年の350万人から1980年には1300万人に増えた．また大学は各州に1つずつ創設された．最低賃金は，1970年から1982年の間に額面では10倍になり，事実上2.3倍に増えた．反対に農業は，同じ期間に従事者の27％を失ったようである．1962-1963年には，農村での平均収入は都市民の収入の40％と見積もられていたが，1975年になるともはや10％にすぎなくなった．農業労働力は激減し高くつくようになった．この農業世界の締出しは国家公認の事実である．石油による躍進の時期に国家は支出の5％以上は農業に投じなかった．こうして1973年から1982年の間に，農産物の輸出高が大きく減少したことは驚くには及ばない．その間1人当たりの食料生産は停滞した．石油シンドロームの主な敗者はそれゆえ農民である．その一方で勝者は官僚と実業と軍隊のエリートであり，さらに中流の賃金労働者階級および古くからの旧有力者たちであって，彼らは現代国家のなかでうまく身を立て直したのである．

インドネシアで生じた出来事とは反対に，石油による跳躍はナイジェリアに新たな経済・社会的な方向性を与えなかった．追認されたのは，外向型の工業化戦略，都市化の選択，経済に関する国家統制の強化，大規模な再分配，生産システムの外での蓄積，である．繁栄の時代のあとには緊縮の時代がおとずれる．ナイジェリアは，為替の「実勢レート」への調整を避けながら，独自のやり方でスリム化を実現しつつある．実際，国境地域での非合法交易は1986年から1993年にかけて最盛期をむかえたし，1983年から1991年の間に負債は2倍に膨らみ，その利子は輸出の約40％を占めている．そして1994年1月にアフリカ金融共同体（CFA）が，「自由競争」の名のもとに，50％の通貨切下げを行うことによってフランスとの「植民地的協定」から脱するかと思われたその時に，アブジャはナイラの平価切上げを行ってナイラをCFAフランに対して4倍にしたのである．振出しに戻るのか．失墜を続けるのか．依然とし

13.10　森林の中の石油
ニジェールデルタの森林に位置するウォーリのポンプ場［ポンピングステーション］と残留ガスの燃焼装置．最初の生産用油井はここに設置された．汚染のために，古くからの開拓の証拠であるアブラヤシの生育が脅かされている．

てナイジェリアは決着のつく恐るべき日を延ばそうと努めている．

14

ナイジェリアの3つの中心地

3つの歴史的な植民の拠点，すなわちヨルバ族の居住する南西部，南東部のイグボ族居住地域，そして北部のプル‐ハウサ族居住地域が，ナイジェリアの国土を組織するうえで重要な拠点となっている．連邦国家の新しい首都アブジャがおかれた「中央部」ナイジェリアが食糧集積庫の1つになったのに対して，辺境地域は盛んな貨幣の闇取引の場として活気づいている．しかし最近実施されたCFA（アフリカ財政金融共同体）フランおよびナイラの貨幣操作によって，これは沈静化するのかもしれない．

ニジェール川とベヌエ川は，海岸からも河川流域からも離れた3つの地域を結びつけるよりはむしろ分けている．すなわち北部，南東部，南西部である．植民の3つの中心地は空間を組織することを目指しているが，それでも国土の半分以上にわたりさらには国境を越えて，いくつもの周縁地域に，緩衝エリアを，更には人のほとんど住まない地域を残している．それらは流動的な空間であって，ある時は三大グループの1つに従属し，またある時は副次的な別の拠点によって組織される．この第4の空間のおかげでナイジェリアには自由な操作の余地が生まれる．

南西部：第2の活力を求めて

南西部は，人口の4分の3を占めるヨルバの民を取巻く強力な文化的性格を備えた地域であって，カカオの木栽培の成功および植民地時代に先立つ強力な都市化を特徴としている．1960年代半ば以降そこはさまざまな危機を被っている．農業の危機，都市の危機，そしてそれゆえに国家空間の中での自己主張の危機である．実際，南西部はラゴスが存在するにもかかわらず，ナイジェリアの四者ゲームにおいて失点し続けている．それに対する警報ともいうべきものは，支配者ビアフラに対抗する聖なる同盟の雰囲気にもかかわらず，カカオの生産者価格の低迷および高い税金を原因とした国家に対する農民の反乱，つまり1968～1969年のアデグボヤの反乱であった．

土地は低くて全体の60％は海抜200mを超えない．この地域は2つに分けられる．第1は堆積性の地層からなる南部で，これをラグーンを取り囲む沿岸砂州が縁どっている．第2は島状丘が点在する北部と中央部の乾燥した堅い地層である．降水量は，沿岸部では東から西にかけて少なくなる．フォーカドスでは年平均3700mmの雨があるが，バダグリでは1500mmしか降らない．南から北にかけても減少し，ラゴスの1800mmに対して，内陸のオヨでは1200mmである．そのためにギニアの森林はオグボモショ以北ではより貧相になる．1900万人のヨルバ族は，沿岸部から離れて，サヴァナと森林の境界にまたがって大都市イバダンの周辺に，そして南部・東部・北部の周縁地域にその中心を画定している．

北には，クワラやコギの乾いたサヴァナが広がっていて，人口密度は1km²当たり50人に満たないことが多い．ソコトのフラニ族による襲撃のせいで人口が減少しているのである．この地域は都市およびココアベルトの食糧庫となっていて，オグボモショの周辺ではタバコを生産し，南部へ向かう移民を供給している．東のエド州とベニン州には1km²当たり130人以上が住んでいる．そこは豊かな森林地帯であり，ベニン文明直系の地域である．そのうち60％はエド州に住む多数の少数民からなっていて，その1つがイグボ族である．彼らの経済活動は，森林開発とパラゴムノキのプランテーション，そして石油採掘に基盤をおいている．樹の種類が多く水流に近いサペレ地方はナイジェリアの木材の中心地となった．その一方で，海底油田とデルタ地帯に近いウォーリはポートハーコートと張合おうと努めている．パラゴムノキの栽培は，ビニ族の有力者たちの所有する1～4haの小さな果樹園で行われていて，アラビアゴムの人気の高まりのおかげで新たな青春期をむかえているように見える．これは10万人以上の小農園主たちの関心をひき，1986年には7万tだったゴム原液の生産を5年後には14万tに増やした．沿岸部では，ヨルバ族が多数を占めるラゴス都市圏の発展によって，野菜栽培，輸送業，漁業，そしてキャッサバ〔仏：マニオク．南アメリカ起源のトウダイグサ科に属する

176

栽培植物．根茎に蓄えられた澱粉タピオカを食する］の栽培に
活力を与えている．

危機のプランテーション経済

　カカオ地帯，あるいはココアベルトと呼ばれる地域は，4万
7000 km² に広がる人口密度 250 人をこえる地帯の中心に，南
西部のアベオクタから北のオグボモショ，東のアクレを結ぶ半
円形をえがいている．そこでは 30 万人のプランテーション経
営者が 60 万 ha の土地にカカオを植え，国全体の生産量の
94 ％にあたる年平均 20 万 t を収穫している．半世紀以上前か
らヨルバ族の繁栄の源になっているカカオは，その最盛期には
全人口の半分近くを養うほどであったが，ここではコーラの実
や油ヤシ製品などのもっと伝統的な資源とならんで栽培されて
いる．上下するカカオの価格および 2000 万人近くの消費者が
形成する都市市場の存在のために，1960 年代にはすでに地域
の需要に応える食糧生産が始まった．

　ヨルバ族のカカオ農園を支える自然環境は例外的なものでは
ない．それはやせていると見られる土地の 38 ％を占めていて，
年間平均降水量は 1100 ～ 1500 mm である．カカオの導入は早
い時期に自発的に始まった．樹木栽培は，ヨルバの民がパクス・
ブリタニカ［イギリスによる平穏無事な支配］の到来とともに，
奴隷狩りから農業ないし商業へ転換することを強いられたとき
に，ひとつのチャンスであった．最初の輸出はガーナの場合と
同じく 1892 年である．生産高は 1960 年代には 25 万 t となり，
そしていったん減少したのち，危なっかしさをともないながら
1980 年代末に復興した．しかし今日では世界的な生産過剰の
せいで振興はほとんど不可能である．国際市場で高く売れなく
なったカカオは，現地で加工すればもしかしたら生産を維持す
ることができるかもしれない．食糧とカカオとの結合による多
角栽培は存続しているものの，必要な食糧の 75 ％を確保して
いるのはプランターたちの 40 ％だけであった．ココアベルト
では，生産者の収入はカカオについては 6 段階に分類され，収
入全体は 14 の層を成している．不平等な世界である．大部分
は都市民である農園主による農地の経営は，賃金労働者の存在
なしには維持できなかった．また土地所有制度を状況に順応さ
せることも必要であった．これは，土地の私有化の進展および
小作制や分益小作制——オンド州の新開拓地の 50 ％で採用さ
れている——の確立と折り合いをつけられた．労働力の問題は
低賃金によって，またソコトやクワラ出身の季節移民によって
解決されたにすぎない．この脆弱な構造はヨルバ族による輸送
と商品化の巧みな制御によって支えられていた．カカオの凋落
は諸都市向けの食糧生産を強めただけである．こうしてサヴァ
ナ地域は，カカオを生産する森林地帯に復讐した．

まず都市民として

　ずっと以前から，ヨルバ族の諸都市は西アフリカにおける最
も強力な都市集中を形成してきた．1856 年には 5 万人以上の
都市が 3 つあった．イバダン，アベオクタ，イロリンである．
それらはかなりの規模の人口密集地帯の全体を統御していたの
である．1 世紀の後，5000 人以上の中心地は 113 を数え（その
うち 5 つは 10 万人以上），全人口の 58 ％はそこで生活してい
た．植民地化以前の都市化は練りあげられた行政管理システム
の産物であって，都市が都市を創るという形で形成された 3 世
代にわたる諸都市に依拠していた．7 世紀から 10 世紀の間に
建設されたイフェ（イレ・フェ）が宗教上の教導権を全体に対
して振っていた．

　要塞化されたこれらの都市国家は，11 世紀から 19 世紀の間
に次第に周辺の農村を植民地化し，治安が確保されない状況の
中で，都市に住みかつ都市を社会生活の場とする開拓者たちの
支配する農地制度を生み出した．都市はその宗教的・軍事的・
政治的機能に活発な商業および手工業の活動を加えた．いずれ
も王の住居（オバあるいはバールと呼ばれる）の周囲に集中し
た王国の聖地である．大きな閉ざされた「居留地」の真ん中に
建設された王宮は，「強固な」板金で覆われた巨大建造物であ
った．中央市場は宮殿に面していた．その外には曲がりくねっ
た道があって，沿道には職人や商人や農民の家々が並んでいる．
これら全体が要塞化された地区を形成する．こうした古い時代
の都市は，その人口密度と活力によって常に人口集合地帯の中
心となったけれども，現代の交通状況には適応しにくい．2 つ
目の都市の核は，公共建造物，それにイバダンのように銀行や
卸市場を集めていて，鉄道駅およびビジネスの中心地の周囲に
繁栄した．

　生まれた都市に執着するのは農民や移入民の特徴である．前
者は自分の時間の一部を開拓地で過ごすし，後者は分担金によ
って出身都市の整備に貢献する．社会的・経済的活動の基礎で
ある定期市は，緊密でかつ広いネットワークで働く商人たちの
同業団体によって活気づけられている．そこで森林やサヴァナ
の農産物と輸入品とが再分配される．ヨルバ族は，そのヨーロ
ッパ人との接触，その進んだ都市化，優れた人材の輩出という
利点をもちながら，さらにはナイジェリアで最も大きな都市の
うちの 2 つをもっていながら，抜きんでた歴史的役割を果たす
ことはなかった．カカオの影が薄くなったこととか連邦権力と
の隔たりに起因する経済の相対的な後退，都市の危機，そして
繰返される内部の対立が，深刻なハンディキャップになってい
るのである．

Ⅲ．ギニア湾沿岸地方

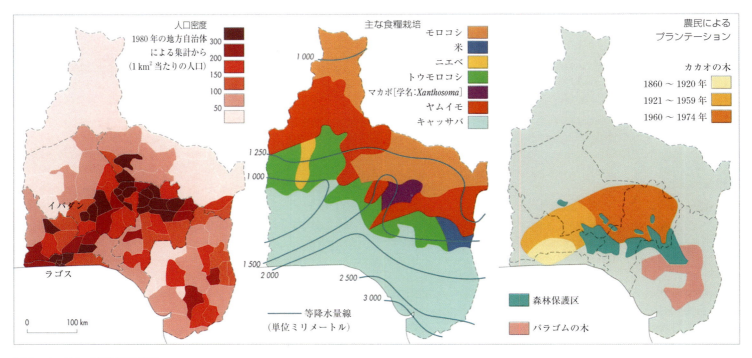

14.1　ナイジェリアの南西部
ヨルバ族の勢力圏である人口稠密な南西部は，アベオクタとオグボモショの間の「ココアベルト」の
ダイナミズムによって長い間活気づけられてきた．しかし現在は連邦の中で後退している．連邦の首
都がアブジャに移されたことによって，この相対的な衰退は決定的になり，経済的再興は容易ではない．

「世界はしばしば崩壊した」
（キヌア・アシェベ）

　人口の62％を占める多数派のイグボ族に対して，近隣の3つの少数派民族イビビオ，イジョ，アナン（グ）が決起したビアフラ戦争で20年前に荒廃した南東部は，ナイジェリアの中で最も人口の多い地域であり，1 km² 当たり300人以上の人が生活している．年間降水量が1500から4500 mm に達するきわめて多湿な土地は広く開墾されて，もともとあったギニア森林はほとんどなくなった．例外は，油ヤシ樹の栽培がなされているクロスリヴァー州とリヴァーズ州だけである．1914年から採掘が始まったエヌグの石炭とニジェールデルタおよびクロス・デルタの油井は工業化の基盤になりえたであろうに，内戦と連邦政府の政策のためにそれは実現しなかった．1900万の人口は，最も過密な5つの州——アクワイボン，アビア，アナンブラ，イモ，エヌグ——のとりわけ農村の住人であり，そこでは平均密度は1 km² 当たり300～400人であって，より人口密度の低い地域やナイジェリアあるいは外国の諸都市へと移民するほかはなかった．この状況は1966年以降さらに深刻になった．この年イグボ族の移出民たちが戻り始めたからである．というのも1920年代から彼らの移出地になっていたカメルーン，ガボン，赤道ギニアが，彼らに対して制限措置をとり始めたのである．この危機的な状況に対する解決策を探らなければならなかった．

　1992年には1400万人を数えるイグボ族は，ニジェール川とクロス川の間にあるイモ，アナンブラ，エヌグ各州，さらにニジェール川西岸に広がるデルタ州のアボー地方とアサバ地方の住民のほぼ全体を形成している．彼らは3万 km² のむさくるしい空間に住んでいる．1967年から1970年の戦時には，そこは最後の小区画に至るまで，ナイジェリアのほかの地域に対抗する彼らの最後の砦になったのだった．降伏によって，連邦内での彼らの低い地位と南東部での孤立が追認された．同様に収益を横取りしたいと望んでいた石油の富からも遠ざけられた．いつの時代も，イグボ族はその数が多いために沿岸の隣人たちに対して不安定な状態にあった．奴隷貿易やパームオイル取引に際してであれ，外部との接触に必要な仲介人であった1854年までに数十万にのぼるイグボ族の人々が奴隷となり「仲買人」（原文英語 middlemen）によって国外に送られたらしい．仲買人とは，オロンのイビビオ族，カラバルのエフィク族，ブラスのイジョ族（しかしアロシュクーのイグボ族も含まれる）であった．イグボ族は，襲撃から身を守るために，水流から遠いところに，飲料水の湧き出る水源から離れた森林の丘陵地に集落を形成するよりほかはなかった．そこでヤムイモを栽培し，その高い収穫高（1 ha 当たり平均7～8 t）によって稠密な人口を養うことができたのである．「油の河川」（オイル・リヴァーズ）のヤシ油は，19世紀初頭以来イギリスの石鹸工場において需要が高まり，早くから南東部を外国に開いた．すでに1830年に1万4000 t が輸出され，1900年には4万5000 t に達した．こうして仲買人たちは臆面もなく富を獲得し，イギリス人が指名する行政責任者——ワラント・チーフ——となって地

14. ナイジェリアの3つの中心地

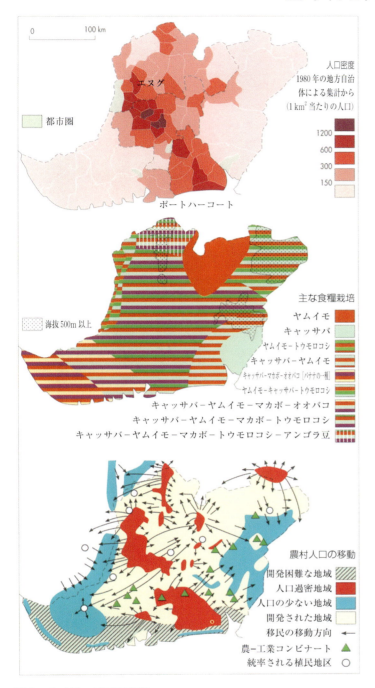

14.2 ナイジェリア南東部
南東部は最も人口の密集した地域である．特に顕著なのは，ニジェール川とクロス川の間に位置するアクワイボン，イモ，アナンブラ各州であって，そこではイグボ族が支配的である．「窮屈さ」のせいで，より人口の少ない周縁地域や諸都市に向かって多くの移民が生じた．特に，石油の都であり地域の大港湾都市であるポートハーコートに向かって．

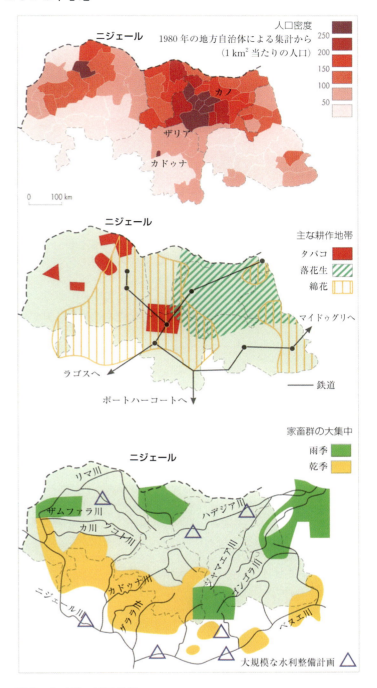

14.3 ナイジェリア北部
カノとザリア周辺は，ハウサ族とプル族が密集するエリアである．古くは，イスラムの首長およびスルタンの政治・商業権力が支配する場所であった．この地帯は石油ブームが訪れるまでは落花生と綿花を供給した．しかし石油ブームはここを周縁化した．牧畜は依然として主要な収入源であり，食糧栽培の発展によって都市市場の需要は満たされている．

域を食い物にした．1929年のアバにおける女性たちの反乱の後，イグボ族は，一種の調整された間接統治を獲得し，植民地という枠組みの中で，創設の途上にあるナイジェリア社会において，より恵まれた地位を獲得する好機をついに見出したのであった．

とかく反乱しがちだが信心深くもあるイグボ族は，試練や困難な状況に直面するたびに，多かれ少なかれうまくこれに順応しようと試みてきた．彼らは，移民を余儀なくされながらも，

キリスト教系の学校で受けた教育を活用して，植民地行政やジョスの錫鉱，エヌグの炭鉱，あるいはカメルーン山およびフェルナンド・ポーのプランテーションで下級のポストを占めた．やせた土地にひしめく彼らは，隣接する人口の少ない平原や河川流域やデルタ地帯を植民しようと努めた．またかなり限られた技術知しかもたない農民である彼らは，地帯内のそれほど多くないいくつかの都市に入った．例えば石炭の都市エヌグ，1年中利用できる河川港オニチャ，それにアバである．それらは

179

35万人以上の人口を抱えている。またイモ州の首都オウェリの人口は10万人に達している。ポートハーコートは河口から64kmに位置する大規模な港にして東部における石油の都である。その人口は50万人を超えている。しかしこれは、カラバルと同じようにイグボ族の領域外にある。彼らは連邦および隣接する国々の諸都市に広がり、そこでオニチャからカノにかけて、ラゴスからクンバにかけて手工業と商業を営んでいる。その伸長は法的な規制および外国人嫌いの感情によって阻まれているために、彼らには都市民になるしか道はないのである。しかし最近の経済状況はこの順応を微妙なものとしかねない。

アジア的な人口密度

クロスリヴァー州とリヴァーズ州の人口密度は、それぞれ1km²当たり95人と140人である。これはナイジェリアの尺度ではあまり過密ではない。それに対して、アナンブラ州、イモ州、アビア州（イグボ族）およびアクワイボン州（イビビオ族）は、それら両州の2倍から3倍の密度を示している。全人口の4分の3は2万人以下の場所に住んでいる。領土のわずか6％の面積に、全人口の4分の1が住んでいると見られる。イグボ族とイビビオ族の居住する約1万9000km²の土地では人口密度は300人を超えている。農産地は次第に手狭になり、1981年から1982年の1人当たりの占有面積は平均0.1haになった。長期休閑式の栽培はもはや不可能である。天然肥料や化学肥料は不足し、1982年には土地の10％にだけ施肥が行われた。ヤムイモの収穫は減少し、それを代替するキャッサバは満足のいく解決とはなっていない。しかし食糧の安定供給のためにいくつかの改革が実行された。ヌスカ高地に段々畑を造ったり、人口密度の高い土地の区画庭園に輪作による結合栽培を導入したのである。住居それ自体も人口の圧力によって変化した。人口密度が300人以上の所では、路村や円（形の）村落はなくなり、分散して家屋が増えた。多くの地区で移民は不可欠のものとなっている。出身村落との関係は維持されていて、都市生活への同化を容易にする相互扶助および人と財産の保護は、連帯のネットワークによって保証されている。イグボ族とイビビオ族の居住地域では人口密度はきわめて高いし、肥料をほとんど、あるいはまったく用いない農業は効率的ではないために、生き残りはおぼつかない。そのうえ、多くの労働力を必要とする産業もまったく創られていないのである。

高い人口密度が続く事実は、収入全体の中での農業以外のそれが多いこと、また何にでも利用されて利益をもたらす油ヤシの占める位置によって説明される。農業システムが生き残るためには、野菜もしくは米の栽培によって低地を攻略し、1万1000km²に及ぶヤシ園を再興し、農園での集約栽培を改良し、土壌の肥沃化および保護の措置を講ずることが前提になる。しかし均衡を調整するためには住民の移出が不可欠である。イグ

ボ族は、おそらくほかのどの部族よりも連邦の存続を必要としているが、また同時により広い経済圏の創出をも必要としているからである。

ハウサ族の郷

北部ナイジェリアが分離しなかったのは、そのまとまりとともに、ハウサ族とプル族の政治的重要性のおかげで連邦に保守的な特徴を与えることができたからである。北西部の7つの州——ケッビ、ソコト、カツィナ、カノ、ジガワ、カドゥナ、バウチ——においては、この広大な地帯の心臓はいくつもの強力な首長国の中で脈打っている。そこでは2つの民族は、2800万人の人口（1km²当たり100人）の約90％を構成している。プル（英語ではフラニ）［民自身はフルベと自称］族がバウチを支配しているなら、ハウサ族はその他の州で多数を占めている。その高い人口密度にもかかわらず牧畜エリアである北部は、その発展が大いに鉄道に依拠していた輸出向け農業（落花生と綿花）の崩壊の被害を被った。今日ではこの地方は、商業から最大の利益を引き出しながら、食糧栽培、牧畜そして工業への転換の道と手段とを探っている。

ハウサ族は、はやくから都市国家（当初は7つ）を構成し、14世紀にははやくもイスラム教化された。彼らは中央部の花崗岩質の平坦地——カツィナ、カノ、ザリア——を占有している。そこは、砂漠からの風によって、軽いまずまずの土壌となる砂で覆われなかったとしたら、やせた土地のままであっただろう。征服者と被征服者との人口比率は1対3であり、この比率は2つの民族相互の文化的同化を容易にした。フルベ（プル）族の貴族は権力の本質的な部分を保持し続けた。フルベ族の戦士たちを影響下におくために、ソコトのスルタンは征服された人々の土地の一部を彼らに与えた。戦士たちは、それを貸与したり分益小作に出したり、また直接に奴隷の子孫に耕させた。こうしてフルベ族に使われる奴隷たちおよびその子孫はソコト（1850年には10万人の都市）の周辺地域を開墾し、スルタンを取り巻く貴族、戦士、職人、商人からなる住民を養った。周辺の平原でのこの天引きの代りに、穀物を貯蔵管理して端境期やより深刻な飢饉に備えた貴族階級は、家畜小屋の廃棄物や糞尿、そして都市の排泄物の収集は人々の自由にまかせた。それはロバや牛の背に載せて運ばれ、肥料として畑にまかれた。このやり方は長く続いた。というのもカノでは1969年にもなお、乾季の終わりに、古い都市ビルニ・カノから放射状にのびる16本の道を通って、ロバの背に載せられた1000を超える堆肥の荷が毎日運び出されると推定されていたからである。

貴族たちが彼らのかつての臣下たちにおける食糧の安定供給を国家権力に任せたとしても、この時期の社会は、信者たちと異教徒、特権者たちと平民との間に分断された社会であった。イギリスの行政管理は、フルベ族貴族階級を支えとした間接統

180

14.4 都市の文明

ナイジェリアにおけるヨルバ族の古い都市の中心部アベオクタ．2階建てのゆったりした家屋群．その広さは家族の権勢を示している．昔の商館においてと同様に1階は倉庫として利用される．

治によってその勢力を拡大した．こうして信者たちの社会には，一方に少数派サラクナたちがいた．これは王朝のメンバー，宮廷人，村の首長，裁判官そしてコーランの教師で構成されていた．もう一方にはハウサ族の第3身分（職人，商人および農民）であるタラカワがいた．もっとも独立後の重要な変化もある．エリートの地位が出自を問わず富裕層にひらかれたことである．つまり地域の実業世界が肥沃な腐植土を基盤として国家を利用して新興の権力に参入したのである．前植民地時代からコーラの実や家畜を扱ってきた長距離交易は，ハウサ族のいくつかの有力家系の手中にあった．その後彼ら商人は商社の活発な仲買人になり，さらには合法あるいは非合法の輸入業者になった．彼らは，輸出用農産物を扱った後に，消費財取引およびサービス業，そして外国企業への資本参加によってその資産を確立することができた．

ハウサ族の諸都市とソコト帝国のさまざまな拠点とは強力な首長たちの本拠となり，あらゆる村落や要塞化された小都市（ビルニと呼ばれる）が首長への忠誠を誓った．こうしてカノ，ソコト，ザリア，そしてカツィナの周辺には，農業が年中営まれる人口密度の高い（300人から500人）区域が発展し，それらは半径30～50 kmに及ぶこともあった．都市のネットワークは人口130万のカノ周辺に形成された．これは古い商業都市であり，かつては落花生の中心地であったが，今日では人口70万の新しい都市カドゥナがこれに張り合っている．知的な中心地であり続けているもっと小さなザリアには，アーマドゥ・ベロ大学とサマル農学研究所がある．一方ソコトは貧しい地域にあって衰退傾向にある．ハウサ的な生活様式および分割社会の見事な表現である都市は，社会的な排除と区分を反映する空間的な仕切りを特徴としている．すなわち，市場があって首長と

その取巻きが居住するビルニには，植民地時代に建設された都市が十分な距離をおいて連なり，さらに建築禁止の緩衝空間をこえたところには，地方や南部からきた移入民の地区が続いているのである．1960年代のこの構図は現在でも読みとれるが，自然発生的な家屋が増えたために多少ぼやけている．ハウサ＝プル族の社会・宗教システムは，中央の四辺形の中においてさえ脆弱になった．それは遠心力によって間断なく崩されつつある．遠心力とはつまり10％を占める異教徒たち，特権階級に有利な農業の近代化によって土地を奪われた農民たち，いくつかのイスラム教の改革運動，それに「とるに足りない」人々のさまざまな要求を掲げる諸集団，の力である．

周縁部の「平民」たち

人口の配置は，この前植民地時代の歴史に由来する部分がきわめて大きい．人口の40％は国土の15％の土地に住み，そこでの人口密度は150人を超えている．そして国土の40％における人口密度は50人に達していないのである．家畜の集中化は，とりわけカツィナ，ケッビ，ソコトの各州で際立っていて，1 km^{2}当たり150頭に及ぶ牛が飼育されている．ケッビ州とソコト州では，最も豊かな土地であるファダマ（浸水可能な低地）が夏の放牧地になる．技術の強化のないままで農村の人口密度が125人を超えるとき，あるいは1頭の牛が2 ha以下の土地しか利用できないとき，これは危機的な限界である．

「通常」は3～6カ月間の雨季が1回あって，この時には500 mmから1300 mmの雨が降る．しかし降水量が不十分でかつ不安定なために，ハウサ族の居住する地域では何度も食糧

Ⅲ．ギニア湾沿岸地方

14.5　農業の伝統
ナイジェリア南部，リヴァーズ州におけるキャッサバとアブラヤシの典型的な組み合わせ．キャッサバは，長い間地中で保存され，その後挿し木によって繁殖する．ここでは，万一に備えての耕作の姿である．

不足，場合によっては飢餓が生じた．最も深刻な事例のみをあげれば，1904 年，1907 年，1913 ～ 1914 年，1921 年，1942 年，そして 1972 ～ 1973 年である．1973 年には穀物の不足は 60 ％から 90 ％に達する区域もあった．降水の状態次第では，土壌および植生の悪化は広がり社会的分裂や不平等は硬直するために，村人はいっそうもろくなり食糧危機に対していっそう無力になる．それは公権力にも予期せぬ衝撃を与える．食糧危機への地域の対応は痛ましいほど不十分である．人々は，ふつうは消費しない植物（沼地の塊茎類や野生のフォニオ）を食べるのみならず，土地を売りもしくは抵当に入れ，最悪の時期になると家畜を殺して流動資金を手に入れ，近隣のあるいは遠くの都市に収入を求めるのである．

年による降水量の変動に立ち向かうためには，予防対策の実施が不可欠である．例えばザイラでは降水量の変動幅は 2 倍になり得るし，植物の生育開始期は 4 月の終わりから 6 月の終わりにかけてであって，そのことはヒエやモロコシにとって重大な影響を及ぼす．農民は，旱魃の影響を最小限にくいとめるために，数種類の作物を時間の経過の中で組み合わせたり，小さな区画のなかで局地的環境および周期の短い植物を端的に利用して結合したりした．早生種のヒエであるゲローはその例である．最後に樹木と作物の組み合わせは長い間組織的に行われてきた．最近でもまだカノの周辺約 20 km の地域では 1 ha 当り 12 本の木が植えられている．ハウサ族の農民は多湿なファダマを少しは利用（開墾地のせいぜい 10 ％）し，そしてそこで米，サトウキビ，タマネギ，野菜，タバコを栽培できるとしても，穀物と基本的なマメ科植物が栽培される乾いた土地では，灌漑用の撥釣瓶を用いるのでない限り灌水は降雨による他はない．

ハウサ族の農民は，旱魃に対する措置に加えて都市起源（牧

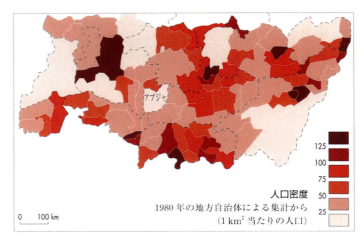

14.6　中央ナイジェリア
中央ナイジェリアは，ぶよぶよとした腹部であって，構造化された都市網はなく，不均一な組成を示している．人口の少なさと睡眠病というハンディキャップのために，当然のことながら環境の健全化と農業の集約化の努力がなされている．三大中心地にとってのいわゆる「膨張タンク」は争奪の対象である．ここは，連邦誕生の恩恵をうけ，新しい首都を受け入れたのである．

畜と農業の結合によるものではない）の肥やしおよび肥料を用いた．そのため休閑地はほとんどなくなった．しかし土地の私有には相続による開墾地の細分化という弊害も生じた．その結果，零細な土地所有者たちの集団の内で利用できる労働力はあるとしても，開墾地が小さいために必要な農業の近代化はさまたげられる．こうして補完的な活動が成人男性の労働時間の 40 ％を占めるほど増大したことも，季節移民が重要になったことも理解できるのである．

14.7 職人の伝統
カノにおける古くから盛んな職人の活動．家庭での布の染色はしばしば「工場」制度にのっとって組織され，職人は地区ごとにまとまる．

落花生と綿花

サハラを横断するヒトコブラクダの隊商商業の時代の後に，ハウサ集団の国は落花生と綿花の繁栄の時代を経験した．それらは1914年から1970年まで，鉄道によってラゴスの港アパパへと搬出される．以後，人々は収益の見込まれる作物，あるいは代用となる多様な活動を探しているが，それは見つかっていない．国際価格と気象の変動のせいで，国内価格の維持もできないため，ナイジェリアが世界第1位の落花生輸出国（1965〜1966年）だった時代のあと，輸出向け落花生栽培の崩壊が起こった．1970年代初頭に140万tという最高点に達していた生産高は，10年後には3分の1に減少したのである．1989年以来生産高は年80万tのペースに達している．カノが落花生地帯の中心であるように，ザリアは綿花栽培を牽引している．綿花は，鉄道の完成とアレン種の普及のおかげで1912年以降肥沃な土地に広まった．1974年から1976年に生産高は45万tの頂点に達した後，1981年から1982年かけては，耕地面積は4万6000 haにとどまり，収穫は国内産業の需要にも十分にこたえられなかった．国内価格と同様に国際競争も綿花栽培に打撃を与えていたのだが，現在ではそれは繊維企業の投資によってもり返している．もう1つ別の優良商品であるタバコは，ソコトとザリアに実質的な利益をもたらしている．

カノ・リヴァー，ハデジャ－ジャマエア流域，リマ－ソコトなどの灌漑された農－工業地区や，ソコトのグサウ，バウチのゴンベ，カッシーナのファントゥアの農村統合地域開発計画は，転換の道になり得るだろうか．それらの政策は，裕福な少数の人々にしかかかわらず有効な策とはならなかった．リマ－ソコトのバカロリでは，土地の収用のせいで住民の同意を得ることが難しくなった．統合計画においては有益と見られていたモロコシ，綿花，トウモロコシの生産に，商品化システムおよび投入資金の分配が不十分であったためにブレーキがかかったと見られている．農業がこれほど不安定な生産しか保証しないときに，農業－食品工業をあてにすることができるだろうか．

最後に，ボルヌ地方は，旧ボルヌ－カネム帝国の末裔でイスラムに改宗した最初のナイジェリア人，カヌリ族によって1000年ほど前に築かれた．今日では狭くなったチャド湖のほうを向いたボルヌは，19世紀にはフルベ族の侵略に抵抗し，この時以来カノ首長国に隣接する人口過疎の辺境地帯を保持し続けている．この地帯には，小さな首長国ポティスクムやフィカのような前哨地が点在する．面積が11万6000 km²あり，人口は410万人の北東部の諸州（ボルヌとヨベ）は最も辺境に位置していて，人口密度も国内で最も低い（1 km² 当たり35人）．ナイジェリアの畜群の5分の1はそこで飼われている．綿花栽培地であるビウの玄武岩高原を除けば，北東部の大部分は重くて開墾困難な土壌の平原であって，それをチャド湖周辺の砂州や広い砂地が分断している．雨季は3カ月だけである．1954年以来ジョスをマイドゥグリに結びつけている鉄道は，輸出向け農業には活力を与えなかった．20万人が住むイェルワ－マイドゥグリをチャドおよびカメルーン方向への乗換え地として発展させたとしても，鉄道は，農－牧畜部門にいかなる顕著な変化も与えなかった．砂丘地域での灌漑用の撥釣瓶（はねつるべ）の使用と，平原におけるアワの小型種の栽培とが生き残りを確保するうえで寄与している．天然または人工の水場，それにチャド盆地開発局が整備したアロ，バガ，キレノワ，マーテなどの新たな灌漑区画は，北部ボルヌにおける数少ない緑のオアシスになっている．北部，西部，中央部に集中している牧畜業は，フルベ族やショア派のアラブ人によって選別された大型家畜——赤毛牛のシェルワやクリ——とともに，今なお現金収入の大部分を生

中心部の「新しい境界」<ruby>フロンティア</ruby>

　ナイジェリアは「ビッグ・スリー」に要約されない．反対に，この国の発展と均衡とは，不十分にしか開発されていない内陸の空間および国境を接する国々との交易に緊密に依存している．内陸部においては半分以上の土地は開発可能である．外部については，300万ないし500万の近隣諸国の人々が多かれ少なかれナイジェリア経済圏で生活しているし，50万人以上のナイジェリア人が西アフリカと中央アフリカの諸都市で生活しているのである．

　「ミドルベルト」という用語は，南部の多湿森林地帯と北部のサヘル地域の間に広がる経済的にも気候的にも中間の地域を指す．南のいくつかの社会的・政治的中心地とハウサ・プル族の居住地域との間の，いわゆる「境界」地域である．中央部であるとはいえ，この「ナイジェリアの中心」は通過点であり，自由に活用できる土地の保存地域であった．それは国内市場の再統括を目指す国の食糧倉庫となっている．この亜多湿の地域では，降水量は北緯7度から12度の間において900mmから1500mmの間で時によって変動する．植物は6カ月間から9カ月間成長する．こうしてさまざまな作物の栽培が可能なのである．

　ミドルベルトは33万km²の面積に1600万の住人を抱えていて，人口密度は1km²当たり48人である．この平均密度は起伏地と平原との甚だしい不均等を覆い隠している．前者は，より健康的でより防衛しやすい地域であるのに対して，後者はツェツェバエのはびこる土地である．中央ナイジェリアの3分の2が1km²当たり50人以下しか数えないとしても，面積の7%では人口密度は100人を超え，全人口の5分の1を集めているのである．広い地域に人が少ないことから粗放牧畜が可能で，ナイジェリアの家畜総数の30〜40%はここで育つ．しかし最近の20万km²以上に及ぶツェツェバエ撲滅の努力のおかげで，農業拡大の条件が整った．少なくとも政策決定者たちの間ではそう信じられていて，彼らは1950年代以降ためらわず，ダム（カインジ，ヌマン），農・工コンビナート（バシタ，ヌマン，ラフィアギ，サンティ），あるいはまた飼畜農場（モクワ，オブドゥ，マンチョック）を建設したし，シェンダム，モクワ，ニジェール川あるいはベヌエ川盆地開発局（BRBA）の植民区画に積極的に入植させてきた．耕作可能な土地の3分の1だけが開発されたにすぎないのに，すでにこの地帯はナイジェリアのヤムイモの3分の2を，米およびニエベ［インゲンマメに似た栽培植物ササゲ：学名 *Vigna unguiculata.*］の半分以上を生産していて，南部のそれと同様に北部の食糧不足も何とか補填していることをあげるなら，ミドルベルトにおける農業の行く末は容易に想像できる．

　ミドルベルトにはアブジャ以外の大都市はないが，10万人から30万人が生活する都市はいくつかある．彼らは錫採掘（ジョス）で，多様な工業活動（イロリン）で，そして特に州都の機能（ミンナ，マクルディ）で生活している．十分に活用されていない土地を農業に利用できるとしても，ナイジェリアにおいては他所より以上にそれを開墾する人手が不足している．イギリス人が1950年代の「落花生計画」の時代に辛い経験をなめたように，周囲で入植者を集めることが困難なのである．それに対してバウチのゴンベ首長国では，伝統的な大家族は開墾地（15ないし40ha）を耕すために，犂<ruby>すき</ruby>による耕作を導入した．これを見ならって，壮大な諸計画を推進する技術官僚たちはもっと謙虚になるべきであっただろうに．ニジェール盆地開発局（NRBA）が関与する地域では，1977年以来1万haの灌漑地区が1ha当たり1万5000フランス・フランをかけて整備されていて，入植者たちを援助するために，最高1万8000フランス・フランにのぼる役務手当および生産要素の給付による助成を行わなければならなかったのだが，その結果は灌漑地による二期作の米の生産総量として1ha当たり3.5tしか得られなかったのである．

　ニジェール川とベヌエ川は，異なる地域間のいわば連結符でも人的諸活動の集束地でもないが，その支流とともに第1級の水路網を形成している．ベヌエ川はカメルーンのガルアまで，ニジェール川は雨季にはイェルワまで遡行可能である．しかしもはやそれらはほとんどオニチャまでしか用いられていない．2つの川の合流地点は皮肉にも3つのナイジェリアの境界線となっていて，ミドルベルトはその周囲に3部分を秩序づけることに成功していない．広大な川床が障害物になったのである．川は整備の専門家たちにとってほとんど試験台にすぎない．1967年のカインジダム建設のために，2000km²の土地が浸水し，電力生産および付随的に灌漑と流量調節のために4万4000人が移住させられた．人の移動は，たとえヴォルタダムの場合よりももっとうまく管理されたと考え得るとしても，灌漑可能な土地および乾季の放牧地の喪失，そしてグンガワ族が練り上げた集約農地システムの破壊は嘆かわしい．牧畜民の漸次的な定住化が進むにつれて（移動牧畜民は12%のみ），地所にかかわる争いと妥協とが集団の間で交替している．妥協とは相互補完性の利用にある．つまり牧草および収穫の残留物を受けとるかわりに，耕地への施肥［家畜の糞尿］を提供するのである．

ヌペ族とティヴ族のエコ博物館

　荒廃し定期的に焼かれるサヴァナと特徴のない集落のせいでミドルベルトはしばしば単調な世界になっているとしても，ジョスやマンダラのように段々畑が整備された花崗岩質や火山性の高台とか，畜群が豊かな牧草を食む起伏に富んだ高地（サル

ダウナ, マンビラ, オブドゥ) は, 風景の単調さを破っている. また例えばヌペ族のようないくつかの輝かしい王国の残影, もしくはいわば「エコ博物館」——ナイジェリアの熱狂的な近代化に攻囲されながらも奇跡的にこれに抵抗した住民たちの作り上げた農地景観——もまた異彩を放っている. ジョス高地（人口密度100人以上) は火山性の飛び地であり, それを取り巻くイスラム世界を見下ろす異教の孤島である. そこは錫やコロンバイトのような鉱物資源が豊かであることが判明した. また平野部よりも穏やかで多湿な気候の恩恵を受けて集約農業が発展した. 雛壇式の閉じた畑には短期の休閑地があり, フォニオ［キビに似た微小な粒をつけるイネ科の作物. クスクスを作りあるいは煮て食べる］やジャガイモが栽培されている. この美しい景観は平野部へ向かう移民が増えるにつれて損なわれつつある. 南東部をはじめとしてナイジェリア各地からやってくる移民によるジョスの人口増加は, 錫の価格変動に対応して変化してきた. 錫鉱山は20ほどの外国企業によって開発されていて, 1931年に1万5000人だった人口は現在では10倍に増えている.

　ニジェール川中流域の北部に広がる1万8000 km²の平原に生活しているヌペ族は, 15世紀にベナン王国をモデルとして建国されたある王国を継承したのだが, 18世紀にハウサ文明に組みこまれた. この統合によって人口の少ない地域（人口密度40人) における土地制度は崩壊した. プルの封建諸侯は, カドゥナ川東岸の村落において3分の2の土地を独占し, 使用料と引き換えにそれらを農民に貸与している. 基本的な作物であるヤムイモとニエベのほかに, 灌漑された土地は, 商品となる食料品である米, サトウキビ, タマネギを栽培している. ヌペ族の集落は階層化した社会で変動は少なく, これにティヴ族の住居と社会と農業とは対比される. ここではそれぞれ10軒ほどの丸い小屋をまとめた集落の分散, 家系［リネジ］と家族における権力の脱集中化, 各人が自分のために耕作する社会的権利に基づく移動農業が特徴なのである. 都市化はない. カツィナアラ川とベヌエ川とにまたがって住むこの民族集団は200万人を数え, 2万3000 km²の土地を占めている. 人口密度は均一ではなく, 南西部には100人以上, ベヌエ川右岸には70人以下である. 評判の良い農耕者である彼らは特にヤムイモと穀物類とキャッサバを栽培し, それを売りさばいている. 2世代前からティヴ族は, 隣人であるオゴジャ族の土地に徐々に前進している.

ぼやけた国境

　ベナン人の15％とニジェール人の38％とカメルーン人の25％は, ナイジェリア経済圏で生活し, 隣国の政治的・マクロ経済的再編に従って変動する国境交易に積極的に参加している. ナイジェリアは, 1986年から1993年にかけて通貨ナイラの価値が過小評価されたときには, その生産物（工業製品類), 助成している製品（内燃機関用燃料と肥料) を近隣諸国に販売した. そして外貨に交換できる貨幣を獲得するために輸入品の再輸出を行った. 一方ナイラが過大に評価されるときには, 隣接諸国は殊に食料品をナイジェリアに供給する. ナイジェリアが国内市場を保護するときには, 国境地域は一致団結して食料品輸入禁止の裏をかく. 生態系の相互補完性に基づく交易は, 3500 km以上にわたる国境で繰り広げられる流れの規模と方向に比べれば, 取るに足りない.

　闇取引において重要な役割を果たしている公的な規則およびその適用の仕方は, 商取引の機会ともなり利益の源泉ともなる. 1987年以降実施された穀物輸入の停止は, ベナンおよびカメルーンからの隣の大国に向けての小麦と米の輸入（50万t近いと見積もられる) を助長していないであろうか. ナイラの価値下落は, 国境のあらゆる市場で売られるナイジェリアの村々の商品と内燃機関用燃料にとって興奮剤となっていないであろうか. もしニジェールと北部ナイジェリアが, 両地方を苦しめている一時的な飢饉にアワとモロコシのひそかな輸送によって部分的に備え得るとしても, コーラの実や家畜や獣皮のそれのようなもっと規則的な産物の潮流は, アルハザイのネットワークによって北と南をむすぶ真の流れを描いている. ベナンとの間では, 割り当て品, 取引禁止品, 奢侈品といった一連の輸入産物のすべてがカカオと引き換えに免税で通過している. カメルーン−ナイジェリア交易はCFAフランとナイラの為替相場に応じてすばやく変化する. 1986年から1993年までナイジェリアは, あらゆる種類の農−牧畜産物および内燃機関用燃料を北部と南西部に供給してきた. その一方で国は十分の自給ができないのである. ナイジェリアは再輸出した工業製品をカメルーンで氾濫させて, カメルーン工業部門を窒息させている. 為替相場がカメルーンにとって有利なときには, 家畜の流れは逆になり, セムリの米やカメルーンの綿花には容易に買い手がつく.

　以上のような活動は迅速に変化し, その非合法的性格のために測定することはできない. それは1960年代に衰退しつつあった国境の多くの集落を活気づけた. 1994年1月の通貨切下げに対抗する措置は, もしそれがインフレを抑制することができるならば, 論理的にはCFAフラン圏に相対的な利益を与えることになるだろう. しかしこの地帯には輸出向けの第1次生産物はほとんどない. それゆえ不法な取引の消滅ではなく, その減少を見ることになるだろう. ナイジェリア人の外国での定住が控えめに行われるならば, 外国人嫌悪の波を引き起こしはしない. しかしカメルーン南西部への15万人のイグボ族の移民集団とかガーナへの10万人のヨルバ族のそれのように大規模になると, それは現地の住民に, たとえばカメルーンのクンバとかガーナのクマシにおいて起っていように, 差別や威圧の措置を実行したり要求したり仕向けることになる.

15

ナイジェリア：予測できない道のり

かつてナイジェリアの農業は，有効な工業化をひき起こすことはなかったとはいえ，アフリカで最も力強いもののひとつであった．だが石油の利権と「ナイラ制度」は外部への食糧依存を促進した．農業の再建と工業の再構築は，ナイジェリアの国際的な地位の確立にとって前提となるものであり，それによってこの国を取巻く西アフリカ経済共同体は活気づくのではあるまいか．

時には1km^{2}当たり300人を超え，またある地域では1000人を超える農村の人口密度のために，長期休閑方式の農業は破壊点に達している．しかし，施肥に基づく集約農業モデルを採用せずに，独特の農業が練上げられることもあった．それでも消費用および輸出用農業の衰退と崩壊は起こった．けれども石油ブームから生れた諸々の工業は余剰労働力を吸収する力はなかった．石油利権に基づく人工的な経済に守られながら，ナイジェリアは自国通貨の抜本的切下げを何度もやってのけた．1980年の1ドル＝1.8ナイラに対して1993年には1ドル＝25ナイラとしたが，この時期に闇市では1ドル＝37ナイラで取引された．それは国際市場において競争力を取り戻すための措置であったが，この政策は都市民を貧困におとしいれ，近隣のフラン圏諸国に安価な製品を氾濫させた．ナイジェリアはそれでも予算の均衡を達成できず，1994年1月には人々の意表をついて再び自国通貨を100％引き上げた．

1973年以降，石油は農産物にかわって外貨獲得の手段になって開発政策を保証すると考えられた．ナイジェリアは目視操縦［臨機応変の政策のこと］を選択し，消費および1970年代に流行した思想をまねて消費および投資政策を優先させた．つまり，農業部門ではアジアから緑の革命の模範を取り入れ，工業部門では輸入品のかわりに国産品を奨励して重工業を創出しようと試み，また国土整備の部門では大規模な道路および都市計画工事を企てた．そして最後に，社会部門では教育セクターの発展を目指したのである．食糧の自給自足および「内発的で自己を中心におく」開発を目標に定めた1980年のラゴス計画によって，ナイジェリアは一時的にアフリカ内主義［原著のinterafricainの代りに，文脈に鑑みてあえてintra-africainと読む］思潮のリーダーとなった．確かに諸企業の「土着化」は1972年に始まる．すなわち祖国を離れた従業員の雇用割当や外資系企業へのナイジェリア人株主の参入が始まったのである．また1977年には，企業の資本への参加は外国人の場合には5％に制限された．その一方で，国家は銀行と保険会社を占有した．1989年にはもっとリベラルな措置がとられ，外国人による資本参加は，戦略的な部門については40％まで，それ以外の部門では40％以上が認められた．また55の準公共企業は民営化の一環として売却された．

食糧の依存

ナイジェリア農業は，1960年にはアフリカで最も活気に溢

15.1 人間の鎖
ポートハーコートにおけるセメント袋の荷降ろし．ナイジェリアはセメントの大量消費国である．請求書の水増しや横領や横流しは，いくつもの政治・財務スキャンダルの原因になってきた．

れたものの1つであって，地方および国家の財政をまかなっていたのだが，30年後には惨憺たる状態になった．ビアフラ戦争以前には，ナイジェリアは落花生の世界第1の輸出国であり，カカオは世界第2位，ヤシ油およびアブラヤシの生産は世界第1位であった．今日ではほとんど輸出していないどころか，以前には輸出していたパーム油と木綿とを輸入してさえいる．わけても穀物は，25％から30％の不足を埋め合わせるために大量に買い入れているのである．アブラヤシの実，カカオそしてゴムの輸出量は，1960年の150万tから1980年には24万tに減り，外貨収入の2.5％しか満たしていなかった．この割合は1991年になってもかわらず，輸出量は輸入農産物価格の25％しか補填していなかった．その理由としてアジアとの競争があげられるとしても，同時に生産物の価格がきわめて低いことを非難しなければならない．そのために農民は落胆したのである．例えば農村の基盤施設に対する関心の低さのような別の要因も作用した．1970年代末の第3次計画ではそれには整備予算の4％しか割り当てられなかった．最近まで鉄道こそは輸出産品の成長の条件であったのだが，今や副次的な道路網を作り上げればそれが同じ役割を果たせるというわけである．最後に，通商産業部［Commodity Boards：製造計画から最終販売までの全過程をつかさどる部局］は生産物ごとに仲買人を排除し，また生産者価格を安定させるために在庫と財務部の確立を目指していた．ところがそれはとりわけ地方の政治家にとっての蓄財の機会となってしまった．背任は甚だしく，1968年から1969年にかけてココアベルトで農民反乱が起こった．これは失敗に終わったが，アフリカ大陸におけるこの種の反乱の最初の1つである．安定化のための6種類の基金は，1977年にいったん改革されたにもかかわらず，1988年には大規模な自由化の粛清によって廃止された．効果を示しえなかったからである．

ナイジェリアの農業が国際的な足場を失いつつあったときに，住民は輸入食料品の方に目を向けつつあった．購買力が低下する前に，都市民や農民は外国産の農産物に頼ろうとしたのである．そのための支出は，都市民の場合には支出全体の半分以上に，農民の場合には3分の1近くに達した．都市では小麦の加工製品の消費が最も多くなった．例えば内戦以前に贅沢品であったパンは都市における最も安い食料品になった．その消費量は1970年から1980年の間に7倍になり，その間に砂糖の消費量は4倍になり，米のそれは2倍になった．食の好みの西洋化および都市民の購買力を助長する政策と相俟って，95％はアメリカ産である小麦粉の消費が進展した．変化はビアフラ戦争期の食糧援助によって開始され，次いで1987年までは輸入手続に与えられる数々の便宜によって鼓舞され，最後にアメリカ産の硬い小麦に適した製粉工場におけるアメリカ資本の準独占状態によって方向づけられた．水利農業地域は，1970年代末に小麦，トウモロコシ，米および砂糖を栽培するために急ピッチで整備されたのであるが，競争力をもつ十分な生産高を確保するには至らず，「ナイラ制度」によって優遇される輸入

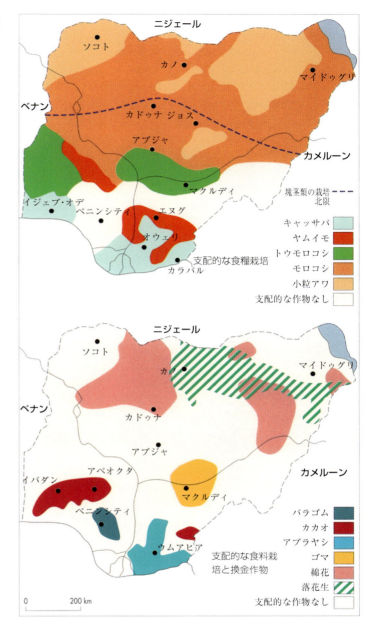

15.2 ナイジェリアにおける支配的な栽培作物
ギニア湾からチャド湖にかけての生態系は多彩であり，そのおかげで農民は，西アフリカで栽培されるすべての植物を利用することができる．輸出用作物であるカカオ，アブラヤシ，綿花そして落花生は，「円環状」に位置を占めた．その結集力は商業および輸送の組織に大いに起因している．

はなおも続いた．たとえば1986年には130万tだった小麦の輸入は，1990年でもまだ25万tあり，米は25万tである．これらの量は密貿易による流入でおそらく2倍に上がるであろう．

1986～1987年まで採用されていた経済政策は農業に不利益を与えるだけであった．一方で，過大評価されたナイラと低率の輸入税とは，国際価格の低下という状況の中で大量の輸入を可能にした．ラゴスでは，アメリカ産小麦やタイ産米は自国産穀物の半値で売られていた．他方では，インフレのために実際の生産者価格は下落した．この時期，農村における賃金は高騰し，多くの開発主には賃金労働者の雇用は手のとどかないもの

となった．しかし家族メンバーの流出はかなりの数にのぼって
いたために，それだけいっそう賃金労働者は必要になっていた．
数百万の小経営者たちはこうして無視された．輸出向け農業は，
輸出に対する過度の課税によって石油の躍進に先立って没落し
始め，ついに破綻したのである．

1982年以後，外部資本の減少とともに農業の再建は食糧の
自給自足という方針にそって実施された．何よりこの計画に従
って大規模な整備地区が創出された．並行的に新たな購入価格
が零細生産者に保証され，肥料は通常価格の4分の1で売られ
た．また農業貸付けのシステムが商品化のための2つの公社と
ともに開設された．1つは塊根作物についてであり，もう1つ
は穀類についてであって，それは都市への供給を安定させると
ともに価格を維持することを目的としていた．また大規模な石
油会社の農業への投資が奨励され，これは多少の実績はあげた．
こうして肥料の消費は増大したらしいが，供給それ自体が十分
ではなかったために予測よりは少なかった．1986〜1987年の
新たな措置（もっと消費をあおる価格，もっと手の届く農業貸
付，残っていた諸部局の廃止）は，おそらく進歩を可能にした
と思われる．つまり高い収益よりは耕作面積の拡大が図られた
のである．しかし通貨切下げが触発した再建計画も穀物類の輸
入禁止も，期待された規模をとりえなかった．確かに食糧生産
の増加によって，農業部門は10年前の20％に対して国民総生
産の30％を占めるようになった．しかし公式の輸入は，1990
年から早くも1986年のレベルに逆戻りしているのである．

アフリカで試されるインド式モデル

かつてイギリス強国は農業生産を農民に託したのであった
が，投資家たちは農民を信用しない．信用するとしたら，それ
は農民を農‐工業複合体における農業労働者に変え，もしくは
模索されている「緑の革命」の先導的農民とする限りで，であ
る．助成を伴う生産要素一式の提供を目指す国民食糧生産促進
計画から，全体的な地域発展を目指す農業開発計画を経て，ア
メリカのテネシー川流域開発公社［TVA］を模範とした水利
区画に集中するプロジェクトである河川流域開発機構に至るま
で，当時の政府の意向は明らかであった．すなわち農民に新し
い生産技術を押し付けようというのであった．政府の構想（管
理された環境に大量の施肥を行うことによって改良植物を普及
させる）によって，1980年代の農業振興は，力強い潜在能力
をもつ地帯において先導的プロジェクトという形での数々の介
入を支援した．特権を与えられたのはしたがって運営の難しい
農‐工業タイプの区画である．そのためにいくつかの派手な失
敗もあった．農業のこの近代化によっては，まず肥料の莫大な
輸入（1985年には150万t），次いで肥料工業の迅速な整備が
行われた．これはまもなく需要を満たすだろうと考えられてい
る．大幅に助成をうけた生産物の3分の1は，価格が上昇する

ことになる1993年4月まで，アフリカ金融共同体（CFA）で
売りさばかれた．ナイジェリアがテストケースとして挑戦して
いるアジアモデルに立脚した技術革新は，権力者たちが家族に
よる開発を優先させるのでない限り，また，政治上の持続性を
保証するのでない限り，真なる緑の革命とはなりえないだろう．

領土の4分の1は5カ月足らずの乾季を1回有していて，ほ
ぼ気候不順から守られている．残りの地域では年間1500 mm
以下の降水しか記録せず，それも北へ向かうにつれてますます
不規則になる．すなわちニジェールデルタからチャド湖にかけ
て，植物が芽吹く季節の長さは年間360から80日までさまざ
まなのである．開墾された土地の5％だけが灌漑されている．
このことは，水利農業の分野において始まったばかりの農学研
究が受けて立つべき挑戦の重大さを示している．それは，西ア
フリカで栽培される植物の全体的なヴァラエティを考慮する必
要がある．つまりモロコシとアワが耕地の50％を占め，ヤム
イモとソラマメと落花生は約3分の1の土地で，トウモロコシ
とキャッサバは4分の1の土地で栽培されている．輸出向け植
物の栽培地は，明らかに鉄道路線および港との近接によって選
ばれている．これは1950年から1970年に最盛期をみた交易商
業の遺産であってカカオ，ヤシ，綿花，そして落花生の地帯で
ある．他方，自然のめぐみと人口密度との間にはあいまいな関
係がある．イグボ族の地方における高い人口密度は，大量の施
肥によらなければわずかの改良も望めない凡庸な土壌の上に見
られる．南西部では，カカオ栽培エリアが2万2000 km²を覆
っているが，その生産性は中位にすぎない．最後に北部では，
カノ州，カツィナ州，カドゥナ州の高い人口密度がやせて時に
は硬殻に覆われた土地に対応している．もし公式の統計を信ず
るならば，開墾された土地の15％が国民の46.5％を養ってい
ることになるだろう．つまり北部と西部では，住民は14％も
過剰なのであり，南東部ではその割合は33％に達しているの
である．

長期の休閑制度のもとで，肥沃さの復元には5年から15年
を要する．農村の平均開墾需要を満たすためには，約60 haの
サヴァナおよび40 haの森林地帯が必要であろう．この仮説に
たって，明らかに条件を満たしていないエリアが見分けられた．
カカオ栽培地であるカノ地方，ソコト地方，東部地域（ニケ，
クロスリヴァー，デルタ，リヴァーズの各州），イグビラ族の
居住するオケネ地区，ティヴ族の居住地域の南部，そしてジョ
ス高地である．前二者については，食糧作物の栽培を妨げた換
金植物栽培の普及がその理由とされた．ソコトと南東部では，
移民によって1950年代には人口と領域の関係は安定したのに，
その後両者の関係は悪化したと考えられる．オケネ地区とティ
ヴ族居住地域における土地の不十分さは栽培技術の効率の低さ
によって説明されるだろう．一方，ジョス高地については，過
放牧に関連した侵食が原因であろう．イグボ族およびイビビオ
族の居住地域では，施肥によらない肥沃さの再構成にとって危
機的な人口密度は，1 km²当たり200人から300人と推定され

ていた．ところが1990年には，アナンブラ，エヌグ，イモ，アビア，アクワイボンの各州で土地の54％は平均人口密度250人を，そして場所によっては400人以上という最大値をもちこたえていた．北部のハウサ族の古くからの諸都市の周辺では，穀類－マメ科植物の結合に基づく永続的耕作によって地域の市場には規則的に供給されていて，そこに公共機関が介入する必要はない．

とらえがたい土地

土地資源調査（LRS）の土壌学者によれば，「良い土地」は国土の10％未満にとどまっているけれども，灌漑を含む新たな諸技術（今のところ大部分の開発者には手が届かない）を導入し，空間をもっとうまく経営すれば，その割合は5倍に増えるという．このような確認に基づいて，灌漑による1万7000 km²を超える土地の整備が企てられた．それは，優れて生産的と評価されているチャド湖岸，リマ，ソコト，ハデジャ，ゴンゴラ，ニジェール，ベヌエの各河川流域であった．おそらく，近接した居住エリアからの移住民による入植のために河川流域やチャド湖周辺地域の土地改良を企てるほうが適切であったかもしれない．これまで述べてきたいくつかの事例は，以下のことを十分に説明する．ナイジェリアの農業一覧表は，公的もしくは私的な高級管理技術者（テクノクラート）たちがろくに知らない寄木細工なのである．ここに生き残りの困難が，あそこに優れた成果をあげた改革があるという具合で，農地システムの維持にしてもその改善にしても，地域の状況への巧妙な順応とともに，莫大な労働力が使用できるか否か，そして活動が多様化するか否か，にかかっているのである．

1970年には，単位としての開墾地の70％は1 ha以下の広さしかなく，その平均的規模は62 aにとどまっていた．それらには，地域の人口密度の圧迫に応じて1 aから20 aまでの偏差があり，南東部では10から20 a，南西部とそれに北部の諸州では35から60 a，その他の地域では平均規模以上であった．ごく小さい開墾地はさらに相続によって細分化されていく．農民の多くは生き残るために兼業している．100 ha近くを所有し，近代的な生産手段を導入できる大規模農家はごくわずかであって，確認された事例は2000に満たない．この状況は北部で19世紀のプル（フルベ）族による征服によって，また南部では輸出作物栽培の拡大によって説明される．その他の地域では近年の人口増加および諸地域間の移民が原因になっている．共同体による土地の経営は完全に弛んでしまった．北部ではプル族の侵入によって村人は年貢を支払うようになったのみならず，彼らの身分も変化した．すなわち征服者にとって村人たちは解任可能な「小作人」になったのである．間接統治の原則に従って，イスラム宗法が植民地支配のあいだ存続し，小区画を剥奪することも販売することも容易であった．1960年代初頭

には土地の集団的保有という旧来の形態を採用していたのは，耕地の3分の1だけであった．別のさまざまな理由によってだが，ほかの地方でも変化はほとんど同様であった．例えばエド州とデルタ州，そしてイグボ族の地方では，今日では土地の半分近くが自由な不動産市場の範疇に入っている．このような比率はいたるところで確認されるわけではないが，ナイジェリアでは，土地所有の古い制度の規制解除がみられるのであって，それは近隣諸国では都市周辺を除けば同じ程度には確認されていない．このことを，国内のあるいは外国の「開発者」は良いこととして評価している．彼らはそこに土地への投資の可能性を見出しているからである．1978年の土地利用法は［原文英語：Land use Decree］，領土全体について，土地は国の財産であること，地域共同体はその使用権だけを保証すると規定することによって，この進展を公認したにすぎない．こうして中規模および大規模の開発者に門戸が開かれた．彼らは特に北部諸州における占有保証書［原文英語：certificates of occupancy］（長期賃借証書）を獲得したのである．

ドラゴンかそれとも中継地か

時としてナイジェリアはサハラ以南のアフリカにおける「ドラゴン」，すなわち工業的基盤をもち得る国として紹介されることがあった．アフリカに細分化された市場しかないことに失望している外国資本は，そこでは力量に見合った舞台が存在するのである．なるほど外国資本は遍在している．しかし20年の努力の後で，この「ドラゴン」は苦しんでいるようである．そこにあるのは，支離滅裂な工業の関連産業，国内資源のほんのわずかな利用，慢性的な輸入依存なのである．

農業が軽視される一方で，工業上の活動主義は慣例となっていた．つまり国籍所有者による諸企業の管理掌握，輸入にかわる諸工業の作動，そして重工業の創出である．しかしすべては大慌てで，相次ぐ政体の支持者たちへの配当金支払いの雰囲気の中で，そして多国籍企業の影響の下に実施されたのである．長期的計画を欠いているために工業は弱体化し，国内市場に適したネットワークをほとんど形成せず，外国に依存することによって維持されている．10人以上の従業員を抱える企業で働く賃金労働者は，20年足らずの間に5倍に増えた．すなわち1963年には6万人，1972年には15万人，1981年には45万人である．しかし，その後の雇用の喪失（1981年から1983年の間に12万5000人が失業）は，不確実な石油収入の分配および変わりやすい税および通貨の政策に依存した産業のもろさを示している．結局のところ，工業部門は1990年には国民生産の5.5％しか記録していない（1965年には5％，1985年には9％）．それは，インフォーマルな部門や農業やサービスのはるか後方に位置しているのである．工業は成長の先兵とはならなかった．もし工業製品の輸入が1970年から1990年の間に半

Ⅲ．ギニア湾沿岸地方

15.3　操業中の基幹工場
アジャオクタの製鉄コンビナートの出発点になる伸線の工場．ナイジェリアの「白い象」のひとつである．ソビエト連邦からの援助といくつかのフランス企業の賛助により建設された．1992年に完成．出資者たちは収益性のない事業の継続に消極的である．

減したとしたら，それは需要の収縮が理由であって，生産の増加によるものではない．

　ナイジェリアは基本的に，外国企業と結びつくことによって工業技術に接近した．直接のあるいは提携契約（混合企業と技術援助）による数多くの外国の投資が，ナイジェリア化の法律に従って行われた．これらの法律の発効以前には，工業資本の58％が外国人のものであり，9％は国内の民間企業に，33％は公営（連邦および諸州）企業に属していた．1988年には，外国資本は公式には繊維産業の16％以下を所有していた．もっとも民営化の時代になってその割合はもりかえした．公職と商業と自由業に従事するエリートたちは，ラゴス証券市場で上場された株を購入することができた．こうしてカノにおいて6大アルハザイ企業は—そのうち北部で最も有名な商人はアミヌ・ダンタタである—，「現地化」法令に触れた54企業の株式の半分を集めた．管理職にある人々は，移入した従業員とナイジェリア人従業員との間の割当制のおかげで企業経営に参加することができた．しかし，いずれの場合にも受益者たちが企業家になることはなかった．1983年には，ナイジェリア人管理職の数は移入管理職者の5倍になったが，依然として後者が技術と経営にかかわるノウハウの根本を保持していた．なぜならばユナイテッド・アフリカ・カンパニーのような大規模企業の多くは多国籍企業の子会社だからである．

　機械および原材料の輸入は，ナイジェリア・システムのいわばアキレスのかかと［致命的な弱点］であり続けている．1983年には，工業部門で利用される原材料の68％は外国産だった．あるアンケートで調査された53部門のうち，10部門だけが排他的に国内資源を利用していたが，そのうちのいくつかはほんの少し前からであった．例えばセメント製造，ゴム加工，家具製造，なめし皮業，ビール醸造業，製油業などの部門である．ナイラの過剰評価と高い保護関税率によって輸入に代わる製造（車の組立て，大衆向け電子工業…）工場の創出が可能になったものの，これらの工場は通貨の切下げのために倒産し，1985年から1991年にかけてそれらの輸入価額は2400％の増加を見た．限定された地域の原料を用いる部門だけが生き残った．すなわちより柔軟な小規模の企業で，困難な状況にもうまく順応する会社である．例えば，繊維，農業−食物，木材工業，皮革工業などの企業である．インフレおよび外貨利用の制限は国内の産業組織に有利に働いたものの，その存続は貨幣政策の新た

15.4 石油の王者たち
カインジダムは1968年にニジェール川に建設された．国の西部に位置する．このダムによって全長137 kmにおよぶ貯水池ができ，その表面積は1295 km² に及ぶ．発電および漁業に活かされているが，灌漑については極めてコストが高いし，すでに十分な水が得られる地域なので議論の余地がある．

な転換があれば再び問われることになりかねない．

空間を生み出す交渉

国家は，工場の配置を国土全体へと方向づけるために，まず都市の近くでの工業地帯の建設によって介入した．しかし工業関連の雇用は，その90％以上は15ほどの地点に，70％は8都市に集中したままである．すなわちラゴス，カドゥナ，カノ，サペレ，ポートハーコート，ウォーリ，オニチャそしてアバである．連邦政府は，比較による利益にかかわる考慮をとり除くことができず，1973年以後，港湾および大きな交通路に結びついた新しい世代の工業を形作られるがままにした．けれども国は，錫石，コロンバイト，石灰石のような鉱石の部門であれ，石油，ガス，石炭，水力発電などのエネルギー部門であれ，資源に事欠くことはない．しかし今日すべての採掘分野は病んでいる．例えばジョスの錫鉱山では，1980年には5万の雇用があったのに，1984年には2万に減少した．錫生産の瓦解は取引相場の低下に起因するとしても，エヌグ炭鉱の困難（しかし同炭鉱は輸出を試みている）を説明するのはその老朽化した設備である．同じことは建築関連産業および石灰石採掘の減速についてもいえる．1967年に完成したカインジ，1983年完成のジェバ，1991年完成のシロロの水力発電所は，電力総生産の3分の1を供給し，他方ではアファム，デルタ，サペレの火力発電所は最大限に操業している．

工場の立地決定は常に大層な政治的駆け引きの対象となる．コギ州のアジャオクタ製鉄コンビナートの建設を可能にしたのは，中央地帯出身者であるゴウォン大統領のおかげである．これは，3億6000万tの埋蔵量を誇るイタクペの鉄鉱山の近くに建設された．この決定に至るために大統領は，補償としてエド州のアラジャには1つの製鋼所を，プラトー州のジョスやカドゥナ州のバタグラワ，そしてオスン州のオショグボには圧延機を与えなければならなかった．同様にほとんどすべての州にセメント工場が与えられた．113の工場で6万3000人が働く繊維産業はインド資本によって支配されているのだが，現地で調達できるのは，必要となる綿花の15％にすぎない．1978年には国内生産は需要の50％以上をまかなっていたのであるが．そこで実業家たちは，自分たちが必要とする綿花を大農園で生

Ⅲ．ギニア湾沿岸地方

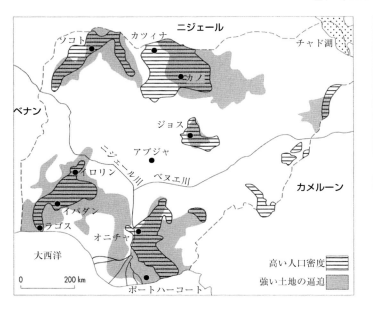

15.5 土地の逼迫
手段をもたない多くの農民には土地の劣化を避けることができない．特に北部とイグボ族の地域ではそうである．多くの連邦州がとうに許容できる限界を超えているのではないだろうか．肥料の消費量が極めて少ないために，集約化の問題が提起されている．

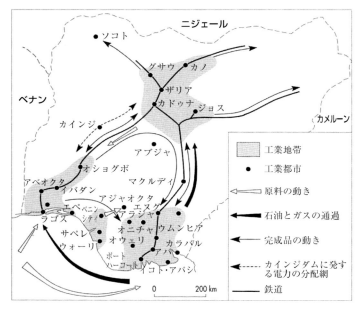

15.6 ナイジェリア工業
ナイジェリア工業は，連邦政権による地域間の均衡重視および消費拠点を分配する政策のために拡散した．それは，地域で産出される原料に利用価値を与えることがほとんどなく，競争力に欠けている．

産することを決定し，不足分を輸入によってまかなっている．末端消費材の工業が主要な都市市場の近くに位置しているのに対して，国内の原料をあてにすることのできる工場は，一般に補給源に近いところに建設された．

財政危機によって状況は急変した．現在では政府の優先政策はいくつかのいわゆる国民利益計画の実行におかれている．具体的には製鉄業と石油化学工業であり，他方関税率は輸入にはそれほど有利でなくなっている．国家は以前よりももっと地域の原料に関心をもつよう企業に圧力をかけている．石油資源と天然ガス資源とはより高く評価されるようになっている．じっさい精製能力は，ポートハーコートとウォーリとカドゥナの諸施設によって1日当たり44万5000tに達しているし，工業はより多くのガスを利用するようになり，ボニーでは天然ガスの液化計画が進み，石油化学は進展し，オンにおける肥料生産は増加している．石油ブームの間に，富の空間的・社会的な配分はすでにあった不平等をいっそう深刻にした．南北間および都市－農村間の不均衡は依然として著しかったのみならず，それに，ニジェール川とベヌエ川の「Y」の分ける3部分において中心地域と周縁部間の不均衡が加わった．1982年に開始されて今後も継続されそうな財政緊縮政策は，石油ブームに由来する収入の構造を根本的に変えつつある．この政策は急激に階層に応じてさまざまな形で購買力をうばった．すなわち農産物にはよりよい報酬が与えられるが，価格の自由化と制御されないインフレの文脈のなかで賃金は頭打ちになったのである．社会的不平等は過去においてよりもより際立っている．貧しさは，農村においてと同様に都市のあばら家でも目に見えている．

内部の受益者たち

多党制と連邦主義はさまざまな実践のおかげで再分配を盛んにした．しかしそれらの実践は実は腐敗に起因している．各州の財源の4分の3は連邦予算から来るし，すべてのナイジェリア市民は法のもとに公務員職に就き連邦予算の恩恵を受けることができる．その結果，州の財源の管理はずさんになり，公職は増加し，さらには州の数まで増えた．「混合」経済は，州と個人の利益とが絶えず交差し合うために利鞘を集めるネットワークを組織させ，このプロセスは権力に近い者を真っ先に優遇した．大量の資本が問題であること，それに「策略」が制度と化していることを別にすれば，それは何もナイジェリア特有の事態ではない．公権力の与える保護および有利な利率での銀行の貸付けのおかげで，ほんのわずかな間に数千のナイジェリア人が実業家になった．国民ブルジョワジーが生まれつつあるのである．

受益者たちのヒエラルキーの中に，しかしずっと下のほうに多数の官僚たちがいる．彼らは，公職の加速的発展によって生み出された人々であって，常任事務官（省の事務長）から書記官（事務員）まで含まれる．公務員と準公務員はここ30年間に激増し，1983年には200万人に近かった．彼らは有利な賃金を奪いとり，また地位を利用して，国家の富のますます増大する部分を天引きした．連邦を構成する30の州は，それぞれの出身者に取っておかれる自律的な公的サービス部門をもっている．その中でも教育は，すべての子供を就学させるという1976年の決定以来，特別の地位を占めている．1500万人の子

供が小学校に 300 万が中学校に通うとき，学校の編成にとって必要な教員の群れを想像できるだろうか．また公共企業の数をかぞえれば，500 の企業のうち 200 は直接に連邦あるいは小行政区（地方政府）のレベルに属している．10 年前には 12 ％にすぎなかったのに対して，1980 年代の初めには公的部門は国内生産の 3 分の 1 を動員していた．中流階級はラゴス以外では形成されにくくなっていて，都市あるいは農村の下層階級は，いたるところで採油権料のおこぼれしか手にできなかった．1981 年には，いわゆる「裕福な」人々のうちの 12 ％が使用可能な国民収入の 3 分の 1 を分け合っていた．大衆的資本主義はまだ問題になっていない．構造的な調整によって多数の企業が売却された結果，公的および準公的な金利分野は縮小された．それは雇用の数と同様に約 500 万の賃金労働者の収入を減らしてしまった．

貧困は広がっている．連帯，それは困難に立ち向かうアフリカ人たちの能力を説明するために何度も指摘された．しかしこの連帯にも限界がある．ともかくナイジェリアには，それほど貨幣化が進んでいない近隣の諸国に見られるような「頼みの綱」となる家族はもはや存在しない．石油経済から発生した貧困者の数を見積ることは不可能である．1983 年には非サラリーマンの 30 ％の，そして都市で調査されたサラリーマンの 24 ％の月当りの収入は，20 ナイラ以下，すなわち闇レートでは 72 フラン以下であったという．今日都市生活は，特に食料品に打撃を与えているインフレのためにより困難になっている．賃金は消費者価格にスライドされなくなったし，1980 年以降失業率は高まっている．他方，1965 年から 1985 年にかけて輸出入品の交換比率は，農村を犠牲にしながら悪化した．何より小さな耕作地しかもてず，もしくは家族による労働力を欠くために，わずかの余剰生産物しか生み出せない開拓者たちの生活が不安定なものになった．消費用食料品を供給する人々は，栽培者たちよりも度重なる価格調整の恩恵に浴した．しかし彼らはもっと下から出発したのであって，せいぜい遅れを取り戻したにすぎない．

繁栄する交易

農業生産が市場経済に組み込まれている事実は，都市における食料需要や食糧の不足するゾーンの存在，そしてナイジェリア人の商業への好みによって説明される．地域間および国家間の交易はここではすでに昔からの現実なのである．それは大量の南部で生産されるヤムイモや北部のアワを対象にしているが，同じく大量のトウモロコシ，米，パームオイル，ニエベ［インゲンマメに似た西アフリカの栽培植物．学名：*Vigna unguiculata.*］，そして牛肉もまた連邦のあらゆる州で流通している．農業部局が重要視している 6 つの大きなエコロジー農業地域では，森林地帯に位置する 3 つの州（東部，中央，西部）において

てこれまでと同様にヤムイモ，キャッサバ，アブラヤシ，トウモロコシ，コーラが不足している．この状況は，ますます進む都市化と地所の逼迫，それにずっと以前から続いている輸出向け作物栽培との競合に関連している．加えて，ヤムイモとガリ（キャッサバの粗粒）の余剰品を 2 つの近隣地域の市場に流通させていた中央の森林地帯では，石油の急騰によって農業のダイナミズムに損傷をうけた．その他の地方，つまり乾燥したサヴァナ，中間サヴァナそして森林とサヴァナとのモザイクの地域とが，それゆえ食糧倉庫の役割を果たしている．そのため，キャッサバの栽培がもっと北の地域（森林とサヴァナのモザイク）にまで広がり，また北部の乾燥サヴァナでは，落花生に代わるニエベの栽培が確認されている．

農村と都市との地域間交易には，都市による輸入品や加工品，つまり小麦粉，パンおよびビスケット，飲料品，砂糖，乳製品の分配が重なっている．供給を行うのは大半が小規模生産者であり，かつ供給は年間の気候条件のいかんにかかわらず大幅に不足するので，内陸の市場における価格の弾力性は，農村社会

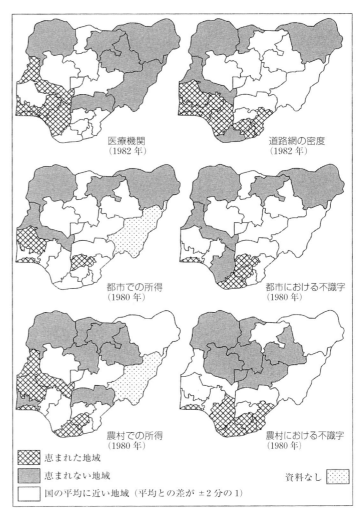

15.7 ナイジェリアにおける地域間の不均衡
植民地の遺産と輸出向け農業のモデル，次いで石油モデルは，国の南部エリア特にカカオ栽培の南西部と石油の南東部を優遇した．南北間の所得格差は深まる一方である．

Ⅲ．ギニア湾沿岸地方

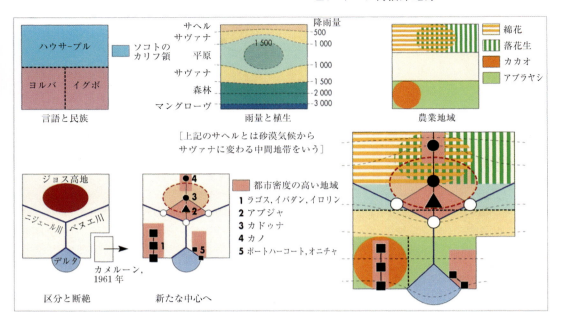

15.8　ナイジェリア空間の組織
三大民族，成帯性の帯を形成する生態系を背景にした3つの不均衡な植民の中心地．そして平衡をとるために行われるニジェール川とベヌエ川の合流地に近い中央部の開発努力．南部は開発の恩恵を受けている（Chr. モーラン『マップモンド』1986年，第4号より翻案）．

にではなくすべて私的な商人間の経路が不均質であることに基因している．企業連合（カルテル）が構成され，肉とコーラの実の市場を統括している．それらの組織は，非常に多くの中間業者を動員し，彼らは何重ものネットワーク上に配置されている．例えば，コーラの実の交易では9本の経路が知られており，それらは各々南部の生産者と北部の消費者を結びつける4人から7人の相次ぐ中間業者を配している．そのうえ彼等はしばしば輸出も行うのである．別の例をあげれば，ハウサ集団の居住する地方における穀物の交貿は，村の小さな商店から始まり都市の大商人に至る10本ばかりの回路を有している．これらの回路は金銭を扱う術を熟知した都合のよい位置にある人物たちによって統率されている．

このような地域間および国家間の流通は大量の食料品を対象としている．その量を測定することはできないけれども，公式のもしくは闇の為替相場によって感じ取ることができる．輸出あるいは再輸出［輸入品の第三国への輸出］は，国内での分配もそうだが，必ずしも余剰や不足の状況に対応しない．商品流通を支配するのは利鞘［マージン］の追求である．それは，流通が内的であれ対外的（合法の，非合法の，黙認の）であれ，変わることはない．カメルーンの米と家畜は，ナイラが過剰評価される時期に，タイ産の米と同様にナイジェリアに入る．しかしその反対に，時には地域産の穀物や輸入製品がカメルーンとの国境を越えていく．この振子運動は，ギニア湾沿岸全体における輸入商品について「密貿易の肺臓」ともいうべきベナンの側でも確認される．そこを経由して1986年から1993年の間に，数十万トンの小麦と米が免税で通過した．あるいはまたニジェールの側で．これはハウサ族を仲介とするナイジェリアの「台所わきの小室」であって，規則的にナイジェリアにインゲン豆やニエベや家畜を供給し，ラゴスもしくはベナンから入った商品と交換するのである．

外国からの投資は，供給能力や地域の資源（例えば石油，錫）の開発可能性に，そしてもちろん多くの消費者のいる市場への介入の欲望に依存している．輸入量割当て（時期によって異なる）に結びついた関税政策，持続する公的投資，そしてナイラの過剰評価は，銀行の活動とともに強力な奨励の要因であった．それにもかかわらず，景気後退期に至るまで，ナイジェリアの工業生産は西アフリカでの競争に耐えるものではなかった．ましてや国際的な舞台では言うまでもない．平価切下げおよび都市民の購買力の甚だしい低下によって，1986年から1993年にかけて状況は変化した．すなわちナイジェリア国内の需要もアフリカ金融共同体諸国への輸出も，次第に生活必需品（食糧，繊維，肥料）に限られつつあるのである．現地で組み立てられる新しいマシンに中古車が取ってかわりつつある．依然支配的なイギリスの諸企業は，次第にアメリカやドイツやフランスの企業に食われつつあるし，この競争にはイタリアと日本も加わっている．外国による投資は常に優先的に採掘産業（石油と鉱山）に対して行われてきた．続いて，特に第1次石油ショック後は加工部門，建設，公共事業，商業，サービス業であった．それに対して，1982～1983年の反動は貸付けおよび投資のきわめて明らかな減速となってあらわれた．企業は市場の覚醒をねらって待機する戦術をとったのである．1987年以降，外国による投資を優遇する措置，ナイジェリア化［国営化］のプロセスの停止，自由競争による淘汰，そして平価切下げによって，国を離れることをよしとしなかった投資家たちは安心感を取り戻した．けれどもナイジェリアはかつてのような魅力ある市場にはもどらなかった．南アフリカ共和国がこれを引継いだのである．

194

15. ナイジェリア：予測できない道のり

15.9　ナイジェリアのブラジリア
連邦の新しい首都アブジャは四半円の形をした 256 km² の面積をもつことになる．いくつもの高層ビルや大きなホテルが建ち，複数の居住地域は首都高速によって結ばれるだろう．モスクが人々より先に到着している．

数の切札

　1982 年以降ナイジェリアは危機を生き続けている．これは，その前 10 年間における国の経済成長が力と繁栄の幻想を生み出すに至るほど印象的であったがゆえに，よりいっそう外国から注目されている．もし危機が，外国からの借入金の負担および国内の赤字の大きさの意識を意味するのであれば，この語はナイジェリア人たちにとって十分な意味をもつ．なぜならそれはこれまで続いた開発方式，そして国富のちびちびした分配の問い直しとなるからである．方向転換は，まるでナイジェリア人が祝祭の紙ちょうちんは消えたことを理解したかのように内部破裂なしに行われた．国家にとっての絶好の機会というべきであろうか．国家は，その役割を国の建設の調整に自己限定しつつ，ついに経済・財政の厳格な規律に従わざるをえなくなったのである．石油による繁栄のあとの時代は，これまで十分に利用されなかった切札の活用に賭けることもできよう．すなわち地下資源，アフリカ大陸における政治的役割そして数百万の住民の存在である．今日のナイジェリアは新自由主義の世界の流れにさからって，1980 年代へのノスタルジー（ドルにしがみついたナイラ，干渉主義政策）をいだき続けている．異端的な態度である．どれほど続くのだろうか．

　1991 年現在ナイジェリアは，公式の調査では——といってもおそらく少なく見積もられているのだが——，8850 万の人口を抱えている．サハラ以南の人口のざっと 5 分の 1 である．年当たり 2.6 ％の人口増加率なら，2000 年には 1 億 1800 万人へ，そして 2010 年には 1 億 5500 万人へと向っている．ふつうに承認されているさまざまの推定によれば，1930 年の人口は，2000 万人，1950 年のそれは 3400 万人，1960 年には 4400 万人であったと考えられる．もしこの国が大量の人口で重きをなすとしても，人口がプラスの要因になり得るのは，ひとえにその成長が制御され配分は調節され，住民たち，何よりもまず国民の将来の指導者たちが教育によって価値を高めるという場合である．住民の形成する市場はすでに現に存在している．消費社会は調整される以前から出現していた．そのことは，200 万の銀行口座があり，都市生活世帯の 17 ％はテレビ受像機をもち，10 ％は 1 台の自動車を所有しているという事実が証明

している．国が危機から脱するとき，いったいどれだけの人々がこの生活レベルを維持しているだろうか．

　検討されるべき問題点はむしろ，十分に学校教育をうけた広範な若者層に中期的に提供すべき雇用の多様化である．正式の分野の雇用は2600万を数える労働力人口のうち450万人にしか行きわたっていなかった．このほぼ40年間の間にナイジェリアは，大学および石油産業については外国の援助なしに運営できるようになった．学校制度と選抜における多大の努力の成果である．現在20の大学が存在し12万の大学生を擁している．大学生は独立時には2500人にすぎなかった．もし数の帝国が外部に対する力の約束であるとすれば，それはまた国内で果たすべき任務が確実に多くなるということでもある．つまり20世紀末には，3000万以上の子供を学校にかよわせ，1600万近い60歳以上の高齢者（ドイツの場合とほぼ同じ）を多かれ少なかれ援助しなければならないということである．

　これらのデータは予測すべき社会的転移の重大さを示す．というのは，運営と組織と調整のシステムが集団の諸問題に対して効力をもたないとすれば，大きな人口を抱えるということは国家にとってただちに重荷となり得るからである．集団の諸問題とは，農村における過剰人口，都市サービスの欠陥，自由市場に放任されていて都市における供給の不足を引き起こしかねない交換の組織である．1964年以来，家族計画の方法は黙認され，最もよく教育がなされている南部の都市民家族には十分に受け入れられているとはいえ，今のところ産児制限は政府の優先政策ではない．それゆえ少なくとも今後二世代の間は，人口量の増大を覚悟しなければならない．

亜大陸

　西アフリカ諸国経済共同体（CEDEAO，英 ECOWAS）のなかで，ナイジェリアの人口の多さはその他15の加盟国全体のそれに匹敵する．カノやソコトのような連邦のいくつかの諸州は，トーゴやシエラレオネよりも多くの人口を抱えていて，カノにいたってはベナンをすら超えている．しかしナイジェリアが，いささか分裂気味の西中アフリカにおける経済上の推進力の拠点をもって自任するのであれば，国はその連邦主義的運営がかかえる諸問題を乗り越えざるを得ないだろう．そのことはこの「潜在的力」の国にとって大きな展望となる．現在進行中の社会・経済的な大変革の論理のうちに入っているように見えるとしても，かかるシナリオはいまだ実現にはほど遠い．亜大陸の舞台における国家の行為には堅固さと継続性とが甚だしく欠けているからである．もし古くからの文化的な関係や商業ネットワークによって，それにもっと最近の労働力の移動によって国境を越える経済空間が素描されえたとしても，この状況が指導者たちの関心事項とならなければなるまい．ところで彼らは商業ネットワークの外的な支点を強化する必要性よりも国内

問題を気遣っているように思われる．もしくは彼らは，外交上の配慮からこの方向では何も企てまいと欲している，と考えるべきであろうか．しかしナイジェリアと国境を接する国々は，短期的な観点ではこの国の経済活動の庭および裏庭を構成し，増加が著しいその住民の膨張エリアを構成せざるをえないと思われる．

　ナイジェリア兵の一部隊がチャドに送られて，1979年のンジャメナにおける治安の回復に参与したとしても，政府はサハラ以南のアフリカにおける外国の介入には抵抗できないか，もしくは抵抗するつもりはないのである．その一方で政府は，アフリカ諸国会議では大陸全体についてのモンロー主義政策を公言しているのではあるが．同じように，西アフリカ諸国経済連合の役割を矮小化することに貢献したあと，──しかし自由貿易ゾーンを形成するために1975年にはこれの設置を助成していた──，ベナンおよびニジェールとしか経済協力協定を結んでいない．今日「相互補完的国」となっているカメルーンとの間では，（それまでイギリスの監視下に置かれていた）カメルーン地方の分割に関する1960年の古い係争が，クロス川デルタにおける油田踏査地域および漁場の境界をめぐる抗争によって再燃した．ナイジェリアがリベリアの治安回復に与えている重要な軍事援助からみて，地域でリーダーシップを発揮したいというこの国の思惑が読み取れる．しかし力の不十分さは象徴的である．

　ナイジェリアは，フラン圏諸国に対して待機主義的政策を保っている．そこに見出すことのできる諸々の明らかな利益にもかかわらず，ひそかに侵入するだけである．その理由は本質的に次の3つである．第1は，いわゆるフランス語圏の「牧草地」が（フランス財務局による保証つきの）CFAフランに執着していることである．第2は，フラン圏の関税障壁が維持されていること．そして第3は，フランス語圏諸国をフランスという「憲兵」に結びつけている防衛協定である．ナイジェリアは妥協しなければならないのである．ナイジェリア市場は，ド・ゴール下のフランスとコートディヴォワールが支持したビアフラの分離独立の企て──2国はそれがナイジェリアを弱体化させる契機であると見ていた──の後に，フランスの諸企業に開放された．政府はまたチャドについてもフランス寄りの態度をとった．1994年1月のCFAフラン引下げはフランスの六角形［ヘキサゴン．フランス本土のこと］にとって後退の開始を意味し，その結果1つの空席が残されていることになる．この席はとられるのだろうか．

　答えは明らかではない．ナイジェリア全体が矛盾し合ういくつかの社会・政治分野に分裂したままであるからである．技術畑出身の管理者，軍隊，知識階級をはじめとするさまざまの社会集団が，それぞれの譜面を演奏し，国建設の計画の策定や実行を困難にしている．ましてこれらのグループが，明確で首尾一貫した外交政策をうちだす能力をもっているかどうか問う必要があるだろうか．政治的な駆引きの根底には，定期的に激化

する部族間の対立と宗教上の分裂があって，そのため連邦当局は，領土の分割と権力の集中との間で妥協せざるをえないのである．さらにまた，国家を蝕むこれらの問題がいつまでも解決されないことに対して，混沌の亡霊はこれまで国の単一性の番人であった軍部による権力奪取をしばしば正当化する口実になっている．文民体制への復帰は当初の予定どおりには進まず，いまだ多くの問題が未解決のままで残されている．わけても永続する基盤に立った国の経済の再構築，そして連邦の単一性の強化である．

予測できないこと

あらゆる局面で確認されている危機の深刻さは，特に，投入される莫大な公共支出による国内収支の赤字の大きさに起因している．その一方で，財務システムの効果のなさは際立ち，かつて農業と工業から得られた利潤も低落していたのである．ナイジェリアの変化にはそれゆえ，経済政策の抜本的見直しが必要であろう．これは言うに易く行うに難し，である．危機はまず，1981年の石油価格の低下に続いた収支バランスの悪化として現れている．それは国家による法外な財政投資とともに起った．外部からの負債額（ほぼ300億ドル）は，1980年における輸出額の3分の1から，1992年にはその377％になっていた．国は，負債の支払い義務を果たす力がないために，新たな借款を申請しなければならなかった．それは厳格な条件付きでしか認められなかった．ナイジェリアはそれを拒否した．ナイジェリアが粗暴な通貨切下げの断行を受け入れたのは，国家の破産の恐れに届したからにすぎない．こうして国は，1988〜1989年に債務返済の繰延べおよび構造改革用借款を獲得したのである．

経済政策の転換は為替レートに基づいて行われた．通貨切下げが輸出業を利するのは明らかだからである．以前にはナイラの過剰評価によって安い価格での輸入が優遇されていたが，それは国内の生産部門を全体的に少しずつ蝕んでいた．けれども通貨の過剰評価のおかげで，都市民の購買力，中間業者の利潤，公共支出それに貸付けが傷つくことなく，一月ごとにインフレの抑制ができていた．通貨切下げの実施は，外部に対してはナイジェリア製品をして競争力あるものにし，内部では輸入製品の価格を24倍にした．その結果，密貿易による不正な富の獲得の新たな機会が生じた．しかしあらゆる社会階層の人々のうちでこれを利用しないものにとって，跳返りは厳しいものであった．公共企業は廃止され，従業員は解雇され，生活費は値上りした．こうした情勢の中で，都市民の一部は田舎へ（一時的に？）戻ることになったが，また同時に，より有利になった市場から利益をえた農民たちは生産を拡大した．

通貨主義［マネタリズム］でかつ自由主義の政策は強い刺激を与える．生産部門はこの政策に適応しなければならない．しかしナイジェリアの工業は，ナイラの切下げによって生じた人為的な利潤がなければ，それに帰してもよいはずのマーケットシェアを獲得できないのである．そのため繊維と生のまたは加工された食料品を例外として，国境を越えていくのは，再輸出品であるか，もしくは助成をうけたナイジェリア製品だけなのである．国内の私企業は，奨励されているとしてもまだ未熟で脆弱なために，リスクなしに国際的な競争に対抗することはできない．それゆえ多国籍の資本がナイジェリアの旗のもとに先頭に立つよう求められているのである．それにはまた，工業機構を再構成すること，さらには，農−工業複合体の創出のための投資によって国内農業のダイナミズムを引き起こすことも求められている．用語のうえでは，これらすべては近い過去とそれほど変化してはいない．このような計画が何を生み出すかということも分かっている．つまりナイジェリア経済の問い直しであり，必然的にその社会的代償であるだろう．こうして健全化および求められている調整の努力の中で,「計画」と「可能性」とが選り分けられることになるだろう．都市においては，すでに半分に低下した購買力をさらに減らすことができるのだろうか．失業状態になりかねない学生たちに免状を与えてよいのだろうか．1980年代初頭にはすでに，大学を出る学生の4分の1はどこに身をおいてよいのか困惑していたというのに．容認できる発展をやり遂げるためには，経済と社会と人口と国との空間を調整する新しい形態が案出されなければならないのではないだろうか．石油の蒸気に常にくっついている社会・政治状況はもつれているし，たどるべき道は罠だらけなのである．難局を乗切るナイジェリア人たちのすばらしい能力はいくらか信用できるとしても．

IV 中部アフリカ

　西アフリカとコンゴ・アフリカの接合点は，カメルーン山，サハラのティベスティ山地およびコンゴ川に囲まれた 200 万 km² 以上にわたる三角形を形成している．チャドの平坦な地を通り大西洋沿岸からティベスティ山地にかけて，アフリカの成帯的に変わるあらゆる景色を眺めることになるが，その規則的分布は起伏のせいで混乱している．南から北にかけて降雨は少なくなり，徐々にまばらとなった植生はサハラ地域ではなくなってしまう．経済の近代化も同様の推移を見せている．つまり輸出用の農業生産と工業生産は，都市もそうだが沿岸地方から遠くないところに集中しており，人間もそれほど明確ではないが同じ分布の仕方をしているのである．それはまた一方ではイスラム教とキリスト教の接触の地域であり，他方では，南部で過半数を占める黒い住民と北部の「白い」住民の接触の地域でもある．そこには古くからの対立が依然として存在し，近年の歴史においても外的な干渉によって何度も繰り返し煽られてきた．

　大西洋とリフトバレー［大地溝帯］との間に，赤道をはさんだ 4 つの国家が，総面積およそ 300 万 km²、総人口 3500 万人のひとつの全体を形成している．それがコンゴ・アフリカである．コンゴ川，別名ザイール川はその名を与えた延長 4640 km に及ぶ広大な流域の水を集めている．この流域に 2 つの国家，ザイールおよびコンゴが位置する．それに対して他の 2 つの国家，ガボンおよび赤道ギニアは，大西洋とコンゴ盆地の間にある第 2 次水系の周りに形成された．両国は結びつけられるに十分強固な生態環境上および文化上の類似性を有している．自然と歴史とはそこでは緊密な運命共同の関係にあった．すなわち水圏の形状によって空間の組織およびその政治的な分割に決定的な結果が生じたのである．この観点からすれば，ある重要な事実がただちに強調されなければならない．つまりコンゴ川は高地シャバとマレボ湖（スタンリー・プール）との間で大きく蛇行した後，大西洋から 350 km のところで下流部のいくつもの急流において狭くなり，それがアフリカ腹部からの排水の閉塞と断絶の原因となっているのである．

　このように閉じ込められることによって，コンゴ川は長い間その神秘を保持してきた．その河口はポルトガル人ディエゴ・カウン［ポルトガル王ジョアン 2 世の命により 1480 ～ 1486 年頃に活動した探検家］によって 1482 年には発見されていたとはいえ，スタンリーが川全体を巡ったのはやっと 1874 年から 1877 年にかけてであった．重要なのはこの探検家が大西洋からではなくザンジバルから出発したという事実である．「アフリカの闇」へのこの反響を呼んだ貫入は，冒険不足に悩む貪婪なヨーロッパ人たちに向けて大陸最後の大いなる「未知なる地」（terræ incognitæ）を開くものであった．4 世紀の間，ヨーロッパとアフリカの接触面は細い大西洋沿岸に固定していた．コンゴ地域はコンゴ（Kongo）王国との接触のおかげでその南面がわずかに触れられたにすぎなかった．突如として，かろうじて 100 年余り前から空白への呼び声に刺激されたかのように，世界の歴史はコンゴを公認するに至った．それは，何世紀もの間ヨーロッパ人の想像力によって育まれた大いなる地理学上の神話のひとつであった後に，現実となったのである．

IV.1　渡る，それは商売することである

マレボ湖は向かい合う 2 つの首都キンシャサとブラザヴィルとを分けているが，その湖を渡ることは商売の機会なのである．闇の物価と為替レートに賭けるのである．

16

カメルーン：アフリカの断面図

カメルーンほどの多様性を示す国はアフリカにはおそらくほとんどない．火山性高地と古い基盤の上の平坦地，サヘルと森林とは風景のうえで例をみないコントラストを作り出し，それは著しい人口の不均衡によってさらに際立つものになっている．すなわち一方では人口の密集したマンダラ山地や南西部，他方では人の住まないアダマワ高原や東部の森林山塊との対比である．西アフリカと中部アフリカの接合点にあって，フランスとイギリスの2つの異なる植民地であったという過去が，一時連邦制をしいたひとつの共和国のなかで結びついているのである．それらの遺産の間に均衡を図る微妙な政策によってある種の繁栄はもたらされた．今日では，危機のせいでもはや制御できない緊張が激化している．

数年前，カメルーンの観光公社はポスターで「アフリカのすべてはカメルーンにある」と宣言していた．この一国はアフリカの断面図となっているのである．実際，カメルーンは実に多様な景色と人間集団に満ちている．景色はすばらしい．例えば印象的なカプシキの火山群の尖峰（アンドレ・ジッドによれば「世界で最も美しい景色のひとつ」），北部の広大な動物保護区（ワザのものが一番有名である），西部の高原，大西洋沿岸部，あるいはカメルーン山地方である．これらには観光地としての否定できない魅力があるし，特に北部や西部の州の古い農耕文明の存在によってその魅力は増している．民族のモザイクが多様な民を包みこんでいて，南北の溝ということでカメルーンの自然地理を要約するには十分ではない．起伏および東西方向の勾配のせいで，通常の成帯的な（zonal）図式は乱れている．チャド湖から多湿密林まで伸び，アダマワ高原が真ん中で断切る国土空間は多様性，さらには激しいコントラストによって独特のものとなっている．

第1のまとまりをなす北部地方は，1983年までは住民のほぼ3分の1を集める唯一の州としての実体を備えていた（国には当時7つの州があった）．それをビヤ大統領はさまざまな要因をもっとうまく考慮に入れた3つの州に分割した．文明および農業活動の相違が際立っていたからである．3つとはすなわち住民が段々畑で農業を営んでいるマンダラ山地，最初の綿花栽培地帯であったディアマレ平原，そして水田稲作が優位にあるロゴヌ川流域である．さらに南には現在，もっと人口の少ないベヌエ川流域が綿花栽培の拡張地帯となっており，アダマワ高原では牛類の群れがくまなく移動している．北部ではイスラム教が，住民の数によってではなく（イスラム教徒は全人口の

およそ20％である），その権力や社会的役割によって優勢を占めている．沿岸部から離れているという事実によって，それに国土のまさしく形が原因となって，これらの地方は隣接するナイジェリア，チャド，中央アフリカ共和国と数多くの交易を行っている．その結果，この周辺地域はカメルーン本国よりも国境を接する国々との共生によって生存しているのではないかと問い得るほどである．

第2の大きなまとまりは，木々の茂みが点在するサヴァナと森林との間の広い過渡的なエリアをこえたところにあり，東部と南部の密林の塊によって特徴づけられる．そこにはいまだ人口は少ないが，ヤウンデ周辺はカカオのプランテーション経営者たちによって広く開拓され，植民されている．西部では，植民地時代のふたつのカメルーン（フランス領およびイギリス領）のあいだの旧国境が2つのタイプの景色を切り分けている．片や広大な高原地帯（西部および北西部の諸州）であって，そこの数多くの住民は族長支配領域や王国に組み込まれ，とりわけアラビカ種のコーヒーを栽培している．片や沿岸の平原であって，大規模な工業向けプランテーション（パラゴム，アブラヤシ，バナナ）および農業入植の領域となっている．

民族諸集団から国家へ

その自然的資源は農業に適しているのに，南部の農村部の人口密度は低い．非舗装道路を管理し，換金作物の普及を促進し，そして住民を統括するために，植民地時代に線状性の植民が押しつけられたからである．逆に北部では，貧弱ではあるが防御

16. カメルーン：アフリカの断面図

16.1　赤道上のボカージュ　[畑や農家が生垣や樹木に囲まれている田園のこと]
バミレケ族居住地方のバレングの族長支配領．生垣のボカージュが，坂道を軸にして配置された単一区画内にある複数の開拓地をそれぞれ分離している．人口の密集したこの区域では，かつて山羊の領域であった平らな頂上は分譲地となった．奥にはラフィア椰子の「パーク」．族長の広い敷地は残留林で囲まれている．

しやすい土壌の土地も含めて山間部のいくつかの地域の人口密度は高い．移民は山岳地帯から始まり，山麓，平野，都市へと順に広がっていった．山地の住民が山を降りたのは，住民を「近代化」してよりよく管理することを望む行政府が，ほぼ30年間にわたってこれを奨励してきたからである．しかしあまりにも流出者が多いと，侵食に対する対処法のように特殊な技術に頼る山地の農業は危機に瀕することになる．西部では，大量の移民と農村部における人口密集の維持が，独立以来の急速な都市化とともに同時に起こっている．けれども，バミレケ族の居住する花崗岩質の地方の周辺およびドゥアラ近辺では，20世紀初めから大量に人間が流出したことによって，人口密度の低下が起こった．

都市化は遅かった．いくつかの例外（フームバン，ンガウンデレ，マルワ）を除けば，都市は植民地化の後に起った．独立以来その動きは多くの行政中心地の創設とともに加速された．1976年にはカメルーン人の28.5％は人口5000人以上の都市で生活していた．今日では都市生活者は総人口の42％以上を構成している．カメルーンの都市システムには他では見られない2つの特徴がある．すなわちヤウンデおよびドゥアラという二大都市のおかげで，アフリカ諸国に特有の一都市集中化を免れる一方で，すでに古くからある地方分権が，州都でもある副次的な都市群（ガルア，マルワ，ンガウンデレ，バフサム，バメンダ）や南西部のいくつかの商業都市によって支えられているのである．

最初の植民地建設者であるドイツ人たちは，若干の主要な交通路たとえば鉄道を建設することによって徐々に国を引きうけたにすぎない．第1次世界大戦のあと，戦勝諸国は領土を2つの不均等な部分に分け合った．イギリスは自分たちの得た部分をナイジェリアの一部として治めた（間接統治の実施，隣接する植民地の経済への事実上の統合）．それに対してフランスは，これまた大して人の住んでいなかったフランス領赤道アフリカ（AEF）とはもう一つ別の領土にした．両国はそれぞれの領土を植民地のモデルにさえしたいと考え，国際連盟や国際連合への年次報告は，国際機関の訪問使節団の派遣と同様にいずれも実現された進歩のほどを示す好機なのであった．

ドイツの植民地であった「偉大なるカメルーン」の思い出は残っており，1950年代には国家の再統一が，独立とともにUPC（カメルーン諸民族連合）のナショナリズム運動の主張する要求の1つとなった．（1957年に始まる）国内自治の段階の後，フランス領カメルーンは1960年1月1日，その独立を

Ⅳ．中部アフリカ

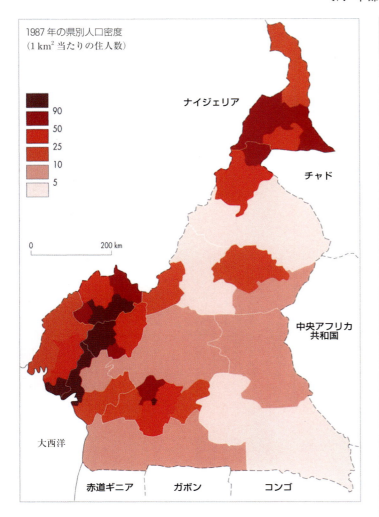

16.2 カメルーンの人口
植民の3つの核．南西部の火山性の良質な土地，北部のマンダラ山地の安全地帯，そして南東部の首都ヤウンデの地方である．人の住んでいない地域はアダマワ高原および周辺の森林地帯である．

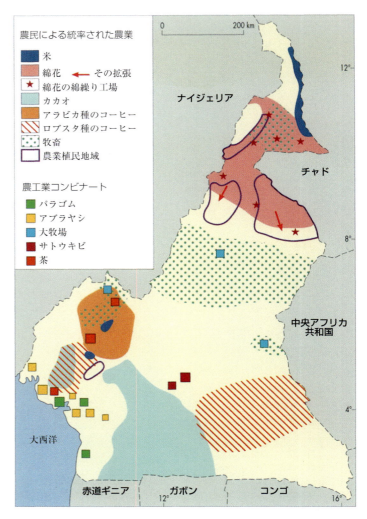

16.3 カメルーンの農業開発
稲作はロゴヌ川周辺に，綿花栽培は南に向かって広がっている．大農園［プランテーション］はドゥアラ周辺に集中している．ンドゥの茶およびムバンジョックのサトウキビは例外である．

獲得した．アルジェリア動乱のさなかにあったため，フランスはいくつもの植民地戦争を真っ向から同時に展開することを望んでいなかった．それはそれとして事態は一触即発の状況にあった．北部での伝統的な失地回復運動に加えて，1955年からは南部の一部で不穏な動きが起こっていたのである．ドゥアラでの騒乱，バッサ族居住地域の農村部に続いてバミレケ族の居住高地で起こった治安の悪化がそれである．フランス軍の介入や苛酷な弾圧，住民の強制的な再編，政府の交代などが必要になり（A.M. ムビダに代わって A. アヒジョが首相となり，ナショナリストたちの要求の一部を受け入れた），それに UPC の旧幹部の一部を政治的に統合せざるをえず，こうして国の秩序を徐々に回復していかなければならなかった．反乱は1971年に，「カメルーン人民連合」運動の最後の指導者であるエルネスト・ウアンディエの処刑によって終わりを遂げた．内戦は新国家の経済を強く圧迫した．

イギリス領カメルーンの北部をナイジェリアに帰属させる国民投票——これには反対があった——の結果，国家の再統一は1961年10月に現実のものとなった．カメルーン国民の望みで

あったとはいえ，それはとりわけ重苦しい機構と2カ国語併用のせいで，国にとって高くつくことになった．フランス語と英語は，今でもそうであるが2つの公用語となった．諸事においてフランス語がますます常用されるようになり，それはまた英語話者の幹部の昇進のための道具になっているのではあるが．3つの政府と4つの議会がほぼ10年間機能したあとで，「統一党」の創設に続いて不意に新憲法が1972年に採択され，連邦制に終止符が打たれた．「統一共和国」が誕生したのである．アヒジョ大統領は懸命にカメルーンを発展させ，それに国家としての内実を与えようとした．それはこの多様性に富む国土において困難な仕事であったが，彼はいたるところに浸透している党とごく堅固に構造化された行政機関の助力を得てこれを指導した．（州，県，区というふうに）行政拠点を増やし，相対的に地方分権化を進めることによって国家と党とは全体を統括し，遠心的傾向をなくすことができた．より困難なのは後継者にバトンを渡すことであった．セネガルでもっと成功していたプロセスに従って，1982年11月，アヒジョ大統領は世論の不意をついて辞任した．そして憲法に従い首相ポール・ビヤがそ

16. カメルーン：アフリカの断面図

16.4　年老いたカカオ地方
畑にいる年老いたカップルは，農村住民の流出によって疲弊した地域の象徴である．女性は切り倒されたアブラヤシにもたれ，バンギ（ヤシ酒）を飲んでひと休みしている．男性はものうげにカカオの実をむいている（南カメルーン）．

の座に就いた．しかしすぐに旧大統領と新大統領の間に対立が生じた．ビヤは1984年にクーデターの企てに直面せねばならなかった．彼は慎重に体制の自由化の導入を試みた．経済の後退に加え，重大な政治危機が生じている．ほかのアフリカ諸国と同様にカメルーンにおいても，民主的な移行はなかなか実現困難なのである．

農業は誇示される

計画経済の推進者たちが誇示する優先的産業としての農業は，国内生産の4分の1を占め，輸出収入の半分を確保している．第6次5カ年計画（1986～1991年）によって，投資予算の26%がそれにあてられた．農・工業連合体［農業と工業を結合し，後者は前者の生産物を加工する］（コンビナート）をとおして，生産の多様化，輸出資源の増加，それに関係する農民層の活性化が図られている．しかしその成果にはばらつきがある．これらの大きな連合体はカメルーンにおいてすでに古い歴史をもっている．なかで最も大規模なものはCDC（カメルーン開発会社）のそれであって，カメルーン山近くのドイツ人によるプランテーション—第2次世界大戦時に押収された—を基にして設立された．CDCは1万2000から1万5000人を雇用し，およそ10万haの土地を利用していて，そのうち4万haはパラゴム，ヤシ，茶，バナナの栽培にあてられている．それは世界銀行の多大な援助を得て，収支決算は総じて黒字となっている．ソカパルム（Socapalm）社は南西部で2万2000 haを開発し，それとは別に4000 haのプランテーションを近隣の村落で指導している．しかしヤシ油の生産は今や国内市場でもだぶついていて，世界的な相場の脆さのためにこれは行き詰まっている．相場の下落とナイジェリアからの密輸入品の犠牲となったのが，ユニリーヴァの系列会社であるパモル（Pamol）社である．これはナイジェリア国境近くで1万haを利用して，年に2万tの油を生産していた．国家資本の会社であるヘベカム（Hébécam）はクリビ地方で年間約8000 tのゴムを生産しているが，じきに3万tにまで達するはずで，これがCDCが収穫するほぼ1万3000 tに加わることになるだろう．砂糖の生産計画（ナンガ－エボコ地方）は3つの会社によって支えられている．1965年設立のソスカム（Sosucam. パリのグランムーラン社グ

ループとの合弁企業)，1975年創業のカムスコ（Camsuco. 98％は公的資本），それにノスカ（Nosuca. 新カメルーン製糖会社）である．それらの生産量はおよそ10万tに達し，国内需要を十分にカバーしているが，認可を受けた輸入のもしくは密輸入の製品に脅かされ続けている．近隣の領域（アダマワ）では，小麦の栽培が失敗に終わった．1987年に解散したソデブレ（Sodéblé）社は，3億CFA（アフリカ金融共同体）フランの累積赤字を公示したのである．

輸出用農産物の生産は大部分は今も農民による開拓に依存している．コーヒーとココアの樹木栽培は南部の森林地域の特徴である．西部の高原では良質のアラビカ種のコーヒーが生産されている．他方スーダン北部では，農業生産と都市での加工工場とを統合する織物関連産業の開設と相俟って，綿花栽培が急速に広まった．換金作物は，ほかの場所でもそうだが国際価格に左右される．そして世界第6位のココア生産量を誇るカメルーンは，新しく出てきたアジアの生産国との競合のなかで，不安定な相場の影響を強く受けた．国家はONCPB（カメルーン基礎生産物公社）を介して輸出品を厳重に管理していたのだが，この公社は莫大な金額（ココアとコーヒーの価格の3分の1）を天引きしていて，それは農村部の開発に出資するよりもむしろ，国家予算をまかなうもしくは，SNI（国営投資会社）に基金を出すのに用いられた．準備金が底をついてしまったために，1989年末には生産者からの購入価格は急激に下落してしまい，ONCPBは「コーヒー・ココア公社」にとって代わられてしまった．これは生産者と共働することになっている．

田舎の動員

国は耕作可能な土地にこと欠くことはないが，北部においては犂による耕作を普及させることによって，南部においてはカカオ栽培を再生させることによって，またUCCAO（西部農業協同組合中央連合）に属する諸々の協同組合は肥料を配布することによって，生産技術の強化を図っている．他方，新開地の開拓が促進された．すなわちバミレケ族居住地方周辺や北部（山麓地域とベヌエ川流域）での自発的あるいは国家指導による入植や灌漑地区の造成である．セムリの灌漑地区は，北端の地で10万tの米を生産していて，そこでの米価は世界相場の1.5倍であるとはいえ，比較的に成功した例である．ムボ平野ではミデリム（Miderim［ムボ米作開発公社］）が4000haを整備し，それは1ha当たり5.5tという収穫高を誇る米作や，地域内で消費される食料品もしくはパイナップルの生産にあてられている．もう1つの区画はヌーン平野（北西部）にある．さらに「総合的な」開発を引き受けるために，地域別に指導と商品化を行う組織である北部のソデコトン Sodécoton（綿開発会社），南部のソデカオ Sodécao（カカオ開発会社），西部のユッカオ Uccao は，操業している地方の作物全般にまで管理を広げていった．

都会の需要および近隣諸国のそれ（カメルーンはガボンにその食料品のかなりの部分を供給している）が大きくなるにつれて，食料作物は換金可能な作物にもなり，しばしば昔からの輸出用生産物よりもっと利益をあげている．こうしてマニオク［キャッサバ］やトウモロコシが栽培システムのなかでますます大きな位置を占めるようになり，数年の旱魃の時期に北部が飢饉地帯になったときにも，国は食料品の需要に応えているのである．大規模農・工業連合体および農民経営の大農場（プランテーション）はとりわけ南部と西部に集中しているのに対して，綿花はもっぱら北部の特産である．その普及はカメルーンにおいては，近隣諸国においてよりも遅い時期（1950年代初頭）に行われた．初め植民地政府は，農民が消費用食料作物の栽培から離れてしまうことを恐れて，バミレケ族居住地方でのコーヒー栽培の場合と同じように綿花栽培の拡張を抑制したからである．

綿花栽培は長い間CFDT（フランス紡織開発会社）の指導をうけていたが，これは1974年にその座をソデコトン（資本は国家が55％，CFDTが45％を所有）に譲った．栽培はほぼ10万haにわたってなされており，細やかな指導によって技術の近代化が可能となった．栽培周期において綿に続く消費用食料作物，主としてアワやモロコシの栽培もその恩恵に浴している．開拓者の3分の2は犂を用いた耕作を営んでいて，ほぼ全員が有機肥料と殺虫剤を使用している．1973年から1974年および1981年から1984年の天候不順の結果，綿花栽培の場はディアマレから徐々に南へ，とりわけベヌエ川流域へ移行していった．そこでの人口過疎はいくつかの農業植民大計画によって埋合せられた．すなわち北東ベヌエ計画（約3万人が1976年から1984年にかけて入植），西ベヌエ計画，南東ベヌエ計画である．それらの統合作戦によって，しばしば複数民族の構成する新しい村落が作られた．そこにはチャドや中央アフリカ共和国からの移民も加わった．2800人の従業員を抱えるソデコトンは農業生産全般を指導しているだけに，北部諸地方の経済に多大な影響を与えている．綿花栽培の収入は都会の給与所得よりも急激に増加したが，農民は都会での需要が大きい食料作物の販売で収入を補完してもいるのでそれだけいっそうの利益を得ることができるのである．

牛の飼育は北部のもうひとつの収入源である．伝統的に畜産業者はプル族（フルベと自称，英語圏ではフラニと呼ばれる）のグループに属しており，部分的な自給のためにしか農業を行なわない．乾期の牧草地を求めて彼らは今なお大規模な移動牧畜を行っている．北部の3つの州にはおよそ300万頭の牛類がいて，牧畜は北西州においても主要な活動の1つである．畜群の実数はさまざまな事情に左右される．というのも気候上の事変（北部の旱魃），流行病，ツェツェバエの侵入（アダマワ），国境が近いことで移動が容易になること（畜群のナイジェリアからの北部あるいは北西州への到来，別の畜群の中央アフリカ

共和国に向けての出発）によって変化するのである．

石油は何の役に立つのか

　牧畜はさまざまな理由で危機に見舞われている．まずは社会的な理由で，群れの番人を探すのが困難なのである．報酬が低いために，都会で運を試すほうがましだと考えられている．また若者たちは自分の父親が健在であるかぎり群れを所有することができない．この社会での老人の地位は往々にして牧畜の近代化を妨げる要因となっているのである．牧畜は一時しのぎの活動になってしまった．さらにそれは，北西部においてコーヒーとトウモロコシの栽培地の高度があがってきたために，牧草地が少なくなるという脅威にさらされている．治安も心もとない．というのも特に国境近くでは窃盗が頻発するからである．獣医による扶助が効率的に行われていないために衛生面にも問題が生じている．近代化の試みは最近ソデパ（Sodépa．動物生産開発会社）の庇護のもとに開始されたが，その試みは伝統的な牧畜業者よりは，牧畜に投資する資力を有する都市民にしばしばより多くの利益をもたらしている．大規模の農・工業連合体（コンビナート）においても同様であるが，ここにも牧畜業者のプロレタリアート化という危険がある．彼らは畜群の所有者の賃金労働者となりかねないのである．けれども，未だまれであるとはいえ協同組合が最近試みられていることや，ローテーションと囲い込みによる牧草地の改良，それに牧畜業者自身が獣医学的な処置を徐々に引き受けている事実も，本来の意味での農業生活へのよりよい同化がそうであるように，この活動にとって有望な方策となり得る．ソデパはそれぞれが1万頭を有する3つの大牧場を経営しているし，ドゥアラとヤウンデの近代的な屠殺場もその管理下にある．

　石油のせいでカメルーンの指導者たちは我を忘れたのだろうか．炭化水素［石油や天然ガスなど］は国内経済のなかに密かに現れた．ずっと以前からその「形跡」はウリ地方で見出されていたが，開発可能な最初の鉱床が発見されたのは，ナイジェリアと国境を接するリオ・デル・レイ付近においてであった．もっともそのことで隣の大国との間に問題が生じないではなかった．というのも採掘権を得た会社が，物的に表示することのできない領海線のできるかぎり近くでこぞって汲み上げようとするからである．カメルーンは当初自国の石油を用心深く扱い，長い間産出量も秘密にしていたが，サハラ以南のアフリカでナイジェリアとアンゴラに次ぐ第3の産油国へと急速な成長を遂げた（1979年には100万t，82年には600万t，85年以降は700から800万tの産出）．ガボンとナイジェリアという隣国の経験から教訓を得て，A. アヒジョは徴収した採掘権料を予算外の帳簿に記載していた．それは国威宣揚のための財源として，あるいは赤字の国営企業を支えるために，あるいは単に外国に投資するために用いられた（こうして3000億から

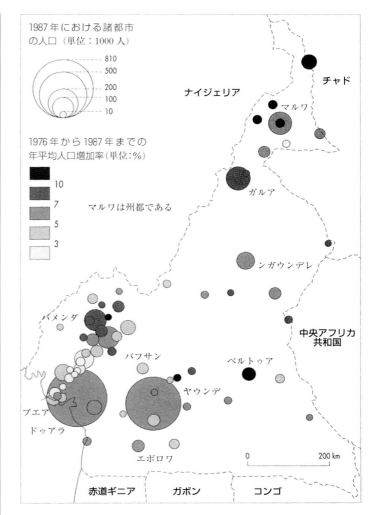

16.5　カメルーンの都市網
（人口1万人以上の）都市は南西部の人口密度の高い地帯に集中している．州都は2つの大都市［ドゥアラとヤウンデ］より急速に発展しており，北部は都市化の遅れを取り戻しつつある．

5000億CFAフランが「炭化水素国営会社」によって投資されたらしい）．開発からせっかく利益を得たにもかかわらず，ほかの国々と同じように，相場とドルの下落のせいで負債を負うことになった．現在分かっている埋蔵量はかなり少なく（7000万t余り），それゆえ今の調子で採掘すれば，20世紀末を待たずして汲み尽くされてしまうだろう．天然ガスの埋蔵量はそれよりも多い（2000億m^3）が，クリビに建設予定の液化工場の経費が高いために，いまだ開発されていない．

　1983年以来，経済危機のために，カメルーンは徐々に石油収益を国家経済へ組みこみ，道路のインフラ建設のためのいくつかの大土木事業に出資すると同時に，農業原料相場の下落を一時的に緩和しようとした．しかし結局のところ国は石油経済の悪循環から完全に逃れることはできなかった．1980年代初頭までは大して負債を抱えていなかったことで外国の出資者たちの信頼を得たはいいが，そのあげく多額の借款を負ってしまった．それはしばしば非生産的な活動に融資され，今やその返済に苦労している．国家はいくつかの地下資源調査会社の資本の20％を有するSNH（国営炭化水素会社）をとおして，石油経

16.6 肥沃な岩塊
マンダラ山地（ポドコ山塊）．人口の多い荒々しい山地は，低地にフラニ［プル］族が侵攻してきたときに，避難場として役立った．そのすばらしい段々畑は，雨季にも侵食の恐れもなくアワやモロコシをもたらす．ただし骨のおれる仕事を条件として，である．

済を厳しく管理している．リンベ近くのリンボー岬にソナラ（国営石油精製会社）の製油所が建造されたが，期待された結果は得られなかった．その理由として，投資金額があまりに高すぎたこと，損益分岐点に達するには精製の能力が不十分であったこと，製品が国内市場のニーズに合わなかったこと，があげられる．すでにして石油後問題が問われているのである．

南部の先行

国の広さを考えれば，交通路に特別な重要性を与えざるをえない．市場交易を進めるための本質的要因である交通路は，相次ぐ政治的意志の証拠でもある．植民地時代には，鉄道が部分的に構成していた貧弱な交通網によって輸出製品はドゥアラへ集められていた．その当時は舗装道路も非舗装道路もあまり多くなかったし，独立時にも舗装された幹線道路はまれであった．1960年より，国の建設の基本原理としての交通路の役割が強調されることになり，2つの計画が優先的に進められた．1つは英語圏の部分を残りの部分にしっかりと結びつけるために，再統合を見た2つのカメルーンを結ぶ連絡を強化すること（ムバンガ-クンバ間の鉄道，そしてドゥアラとヴィクトリア間およびバフサムとバメンダ間のアスファルトによる舗装道路の建設）であった．もう1つはカメルーン横断鉄道の建設（1974年にンガウンデレに達した）によって北部との強いつながりをつくりだすことであった．これはアスファルト舗装道路によって継承されクセリにまで延びた．そのかわり，ヤウンデ-ドゥアラ間のアスファルト舗装幹線道路は，鉄道との競合を避けるために後になってしか完成しなかった．ヤウンデ-バフサム間の道路も同様であったが，それは何人かの国の指導者たちが，バミレケ族が，かつてムンゴ州に対してそうしたようにムバム州を植民地化するのを恐れたためであった．そのため，首都ヤウンデは長きにわたって国の残りの部分との連絡が悪かった．都市網は一方のドゥアラ主導の西部と他方のガルアに依存する北部との間で分裂していた．

独立から30年かけて，カメルーンは1960年代の地方間の格差を軽減することに成功しただろうか．国は1960年代と1970年代の各10年間に年平均おおよそ7％の割合で，一貫して変わらない経済成長を間違いなく享受した．1970年代には北部よりも南部の方が恩恵に浴した．けれどもアヒジョ大統領は，自分の出身地方［これは中北部のガルア出身である］を優遇しようと努めた．とりわけアルハジ族の事業を支援したり，北部出身者（のちには英語圏の出身者たち）に公務員採用試験での割当て枠を設けたりしたのである．北部地方にも切札がないわけではない．それは綿花の生産が南部へと広がっていること，ナイジェリアとチャドとが食料の買い手となっていること，僻地への連絡が実現したことである．さらにガルアは観光事業を容易にし得る国際空港の恩恵に浴し，ラグドのダムは電気を供給するし，またベヌエ川流域の灌漑を可能にしていることである．

それでも南部の突出は際立っている．沿岸の近さ，より発達した輸送網，もっと以前からの児童の就学，輸出作物の占める位置，これらがすでに有利な要因となっていた．また工業の発展は差異を拡大した．実際，その主要部分はドゥアラ近辺に集中している．重工業は独立以前から存在していた．例えばkW時の格安の値段に基づくエデアのアルミニウム工業である．40年前に建設されていたサナガ川のダムは，ムバカウ，バメンジングおよびソングルルの水量調節用貯水池ダムによって補完された．ダムのおかげで，ギニアの酸化アルミニウムを精錬する

アリュカム（Alucam）工場では，年間ほぼ10万tのアルミニウムを生産することが可能になっている．ソカトラル（Socatral）はエデアおよびドゥアラで，板金や家庭用品を生産している．1960年以降には輸入製品を代替生産する工業が加わった．この点ではカメルーンは，ほかの諸国よりも適した立場にあった．というのは住民の数は多く，生活レベルは近隣諸国よりも比較的に高く，投資に関する法規は外国の投機家たちにとって魅力的だったからである．

国家は，特に1964年に創設された国営投資会社（SNI）をとおして企業の設立を強力に援助した．しかし国際市場で競争力をもつような工業の振興はもっと困難であり，国は不幸な経験を免れることはできなかった．エデア近くのパルプ工場セリュカム（Cellucam）は1200億CFAフランの投資を呑込みながら，まともに稼働したことはまったくない．石油に加えていくつかの鉱物資源が存在することも分かった．アダマワ州のボーキサイト（12億t）およびクリビの鉄鉱である．けれどもそれらはいまだ開発されていない．現在の工業政策では，国家自体は直接にはタッチしない方向にあり，他方その民間の協力者であるSNIを見直そうとしている．SNIは60の会社に資本参加していたが，その一部を個人投資家たちに転売した．けれども南北の溝だけが地方問題ではない．これに加えて人口が少なく交通の便の悪い広大な東部領域の辺境化，それに政治的伝統と発展のタイプの違いによってうまく同化されていないと感じている旧イギリス領カメルーンの地方主義の問題もあるのである．

競合するふたつの都市

ドゥアラとヤウンデは多かれ少なかれライバル関係にある．ドゥアラは三角江（エステュアリー）の奥にある都市で，その気候は常に湿潤で暑い．歴史上何度も繰り返して，首都の立地としてほかの土地がドゥアラよりも好まれた．まずドイツ統治時代にはカメルーン山山腹にあるブエアが，次いでフランス植民地時代にはヤウンデが．これら2つの都市拠点は森林都市である．しかしドゥアラの立地は平野部であるのに対して，ヤウンデは海抜750mの丘陵に広がっていて，もっと風通しがよく少しばかり涼しい．2つとも中心都市としての役割を自負している．一方には実業が，他方には政治が属しているからである．港湾都市ドゥアラのほうが人口は多い（1990年には約100万．首都ヤウンデは

16.7 取り囲まれたフラニ族
立ち並ぶユーカリの木に隔てられて，フラニ族（フランスではプル（Peul）族と呼ばれる）の牧畜業者は山頂を占め，農夫（というよりむしろ農婦）は斜面をアラビカ種のコーヒーやトウモロコシやジャガイモの畑として大挙して開拓した．栽培が牧草地にまで広がっている（バメンダ）．

80万人）けれども，その増加率はヤウンデのそれに比べて勢いが落ちた（1976年から1987年にかけてヤウンデでは年7％の増加率，対してドゥアラでは5.5％）．都市民の数の増加は移入者によるところが大きい．ドゥアラでは所帯主のうち85％はこの都市の出身ではない．国家機構の比重がヤウンデでは大きく，そこでは国家公務員の数は2万5000人にのぼる．しかしドゥアラでも1万5000人を数える．

独立以来，都市計画にかかわる政府の努力は主に首都を対象としてきた．政府はこれをショーウィンドーにしたかったのである．各省庁の建物，大統領官邸，国際会議堂がその最も華々しい証拠となっている．同様に，首都に経済上の役割を与えるために，銀行と保険会社は本社をそこに移転させなければならなかった．しかしヤウンデは，最近ンシマレンの空港が開設されるまで国際空港がないことで長い間困っていた．ドゥアラには港湾や鉄道の起点，そして首都周辺よりも密なアスファルト舗装をした道路網があって，主要な交通機関を集中させている．ここは国の工業生産の75％を供給している．ヤウンデにはなお大学の機能が集中しており，2万人以上の学生を抱えている．もっとも，地方へのためらいがちの配置換えによって，ドゥアラ，ドシャン，ムバルマヨ，ブエア，ンガウンデレに高等教育機関が設立されてはいる．両都市については都市計画案はあるのだが，財源はなく土地問題も制御できないために実行は困難である．土地の分譲整備が公権力によって行われる前に，都市化の波は徐々に慣習法に従っている土地を呑み込んでいきつつある．その水平の拡張のために都市空間の管理に関する諸問題はさらにいっそう困難になっている．

これら二大都市以外に，4つの都市が10万を超える人口を有している．ガルア（17万5000人）とバメンダ（14万人）とは10年前から年平均ほぼ8％の増加率を示し，マルワ（14万5千人）とバフサム（13万5000人）では，同時期に年平均6％の割合で増加した．ほかの2つの都市，ンガウンデレとンコングサンバにも10万人近い人口を数えるが，前者が上昇のさなかにあるのに対し（年7％の増加），後者はもはや年1・5％ぐらいしか増えていない．黒人アフリカにしばしば見られる図式とは逆に，これら中都市の大部分は国で最も人口の多い都市よりも迅速に成長している．そこにはほかよりも安定した都市基盤のしるしをおそらく見ることができるのである．

自由主義と計画

ほぼ20年間にわたってA．アヒジョが進めてきた政策は，外国資本を引き寄せることを目指していた．しかしそれは，例えば同じ時期のコートディヴワールよりは厳格にそれら資本を管理することを伴っていた．そのことは文言においては比較的自由な投資法規の形で，しかし実践においては行政管理のしばしば細部にこだわる監査となって現れた．それよって外国企業の計画の実行は抑制されたのである．ビヤ大統領が就任してからは，その考え方は変わらなかったにしても（自由主義は「計画されたもの」から「共同体的な」ものになった），経済は新しい動きを与えられた．すなわち有能な技術者が優先され，国有大企業の指導者たちの大部分は更迭された．明らかに新しい社会階層が権力の座に就いたのである．新しい息吹が現れた．報道の自由はもっと拡大され，複数政党制が始まった．また例えば政治上の職責を実業家たちに委ねることで，住民のなかの活力ある人々を国家にもっとうまく組みこもうとする意志が示された．カメルーンでもまた，「市民社会」を頼みの綱とすることが現今の課題になったのである．

実際，カメルーンの切り札とは有能な実業家たちの存在である．彼らはバミレケ族のブルジョワ階級を構成していて，いくつかの経済活動の分野，例えば小規模の農産物加工業，輸送業，ホテル・レストラン業などで，徐々に支配的な位置を獲得してきたのであり，さらに15年ほど前からは厳密な意味での工業部門（ビール醸造，製紙，印刷，電池製造）に乗り出している．彼らは非常に強い結束力を発揮しているほかに，例えばトンティン年金［共同出資者が死亡するごとにその権利を分配して長生者ほど多くの配当を受ける年金］のように，伝統的な銀行の流通経路以外から多額の金銭を集める貯蓄金の収集という独自の

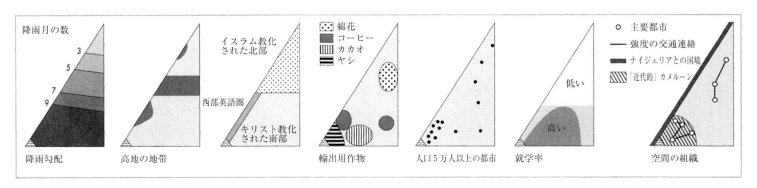

16.8　カメルーンの空間組織
成帯的図式は南部の密林からチャド湖のサヘル地帯へと導く．諸々の宗教も就学率も同じモデルに従っている．主要な経済的潜在力はドゥアラ周辺の半径200 km以内にある．ドゥアラ―ヤウンデの軸の重要性は変わらない．ガルアが北部に活気を与え始めている．

16. カメルーン：アフリカの断面図

16.9 ドゥアラ―高層建築のない都心
カメルーンの経済上の中心都市は組織的な都市計画の対象となっていない．国際ホテル，商社の倉庫や植民地時代から引き継いだ官庁の建物が一見して無秩序に隣り合っている．背景には港．

慣行を支えにしている．そのうえ，為政者層から長い間信用されていなかったために，専門技術管理層［テクノストラクチャー．大企業や政府の意思決定に参与する専門技術者や学識経験者からなる集団］に人材を投資してきた．その結果，彼らはしばしばエンジニア，農学者，情報処理技術者，経営者のような高いレベルの技術専門職にもっとも多く従事しているのである．また別の社会集団もこのカメルーンの国民経済の近代化に参加している．北部ではアルハジ族が運輸業，輸出入業，そして商業全般で事業を起こし繁栄している．次いで彼らはその活動を広げて，ドゥアラ，ヤウンデ，そして彼らの住む地方の諸都市において工業や不動産に投資している．多くの領域で国家が手を引いていくにつれて，この実業ブルジョワジーはそれを引き継いでいくのだろうか．

カメルーンは長い間フランス語圏アフリカの模範的な国として紹介されてきたが，その状況は隆盛を誇るというにはほど遠い．石油収入と外国への財政投資からの収入があったために，危機が明らかになるのはやっと1986年になってからであった．国際収支の差し引き残高に赤字が現れた．国家予算は投資予算と同様に大幅に減額され，税の負担は増加した．すなわち石油製品にかかる税金は高くなり，土地に対する不動産税が設けられたのである．負債があるのに加えてそのような状況に陥ったことで，カメルーンはIMFの規定に従わざるをえなくなった．つまり構造調整のための貸付金を受領するかわりに，公務員の数と給与の削減および数多くの企業の民営化を受け入れなければならなかったのである．投資をよりよく調節しようという配慮から，コートディヴワールにおけるように大統領府直属の大規模土木事業統括局（DGTC）が創設された．同時に，多くの外国企業の撤退や資本撤収もそうであるが，1989年における複数の銀行の閉鎖は財政危機の深刻さを表している．

現在実行されている構造調整計画の結果はどうなるのだろうか．まさにこの計画の名称が根本的な改革の必要性を強調している．しかしカメルーンの歴史を参照すれば，ほどほどに楽天的であってもよいだろう．というのも一方でこの国はほかの多くのアフリカ諸国よりも多くの育成された幹部と活力のある実業家たちを有し，他方，農業を優先することで（たとえそれが必ずしも零細農民層にとって有効な政策の形で提起されなかったとしても），20年にわたって安定した発展を遂げてきたからである．加えて，いくつもの地方の中心都市はそれぞれの州の経済発展を助けることができるのである．結局，多くのことが，長期にわたって待望されてきた真の民主政治への移行と外的要因とにかかっている．外的要因の第1にあげられるのは，主要な輸出製品の相場であり，またカメルーンが遠くのあるいは近くの相手国と築いていく関係の性質である．

Out of Nigeria

［I. ディネンセンの小説 *Out of Africa*（1937）にちなむ．
1985年にM. ストリープ主演で映画化（邦題『愛と哀しみの果て』）］

現代のカメルーンの特徴のひとつに，この国が後生大事に育んでいるナショナリズムがある．フランス語圏の黒人アフリカのうちで，激しい反植民地主義の反乱を体験した唯一の国であると同時に，3つの異なる植民国［ドイツ，イギリス，フランス］に服した唯一の国でもある．別の面ではまた，北部で優勢を誇り，アヒジョの時代にヤウンデにおいて著しい影響力を持ったイスラム教の遺産の重要性を尊重しようとする意志が現れたことである．カメルーンはこれらさまざまの遺産を均衡をとりつ

Ⅳ. 中部アフリカ

16.10　ドゥアラ
もともとの土地の上に築かれたウリ川の港湾都市の西部に，都市の中心機能も高級住宅街も集中している．古くからの大衆的な分譲地の半環状地域を超えて，都市化の前線は，南部は空港でふさがれているために，バサの工業地帯の両側にしばしば非合法に広がり，森林を犠牲にして北部に達している．ウリ川にかかる鉄道－道路橋によって，右岸にあるボナベリの拡張が可能となった．そこは今やしっかりと中心街に結びついている．

つ利用し，自主独立のイメージを大事にしている．国はその仏英二言語併用（バイリンガル）のそして多文化の国という特性を主張する意図をもち，フランスとの特権的な政治関係を維持することを拒否している．けれどもフランスは最近までなお輸出の3分の1を引き受ける第1の顧客であり，第1の供給国（輸入の40％以上）でもあった．さらにフランスは開発のための援助のほぼ3分の1を請負っている．国民の過半数がフランス語話者であるにもかかわらず，カメルーンはフランス－アフリカ首脳会議であるあのメディア大連合への参加を長い間拒否していた．1989年にこの立場を撤回はしたが，オブザーバーとしての身分を要求し，またイギリス連邦に対しても同様の要求を行った．同じように，アラブ諸国と密接な関係を維持し多大の財政援助を受けているとはいえ，1986年にはイスラム諸国会議への参加を棄権した．

ナイジェリアとザイールとの間にあって，カメルーンはフランス語圏中部アフリカにおける均衡の1つの拠点となり得るだろうか．それともナイジェリア総体の一周辺部となってしまうのだろうか．西に位置するこの強大な隣国との関係には困難がつきまとう．確かにビアフラ戦争の時期（1966〜1968年）には，カメルーンは分離主義者たちへの援助を拒むことでその善意を示した．しかし国境問題はそのまま残っているのである．北部のマルワの緯度では国土は170 kmの幅しかなく，クセリの緯度ではざっと40 kmしかない．それは商業的なつながりを容易にし，地域の農産物に販路を提供しているけれども，同時に大量の密輸入の原因にもなっている．それはカメルーンで1年当たり約600億CFAフランの損失を招いているといわれる．こうして繊維産業や靴製造業は壊滅した．政府は国境のより厳しい監視を定期的に行い，さらにこれを閉鎖したりしてもいるが，ナイジェリアとの国境は長く（1685 km），税関での検問は徹底せず，買収は横行し，ナイラ［ナイジェリアの通貨］の相場は不安定であり，さらに英語圏諸州の重要な少数派であるイボ族の商人たちがこれを中継していることもあって，密輸入はカメルーン経済の重要な要素となっている．また［英語を公用語とする大国］ナイジェリアが隣接している事実は，カメルーン内部の政治的困難を深刻にすることもある．国内の英語話者のエリートたちは，大多数を占めるフランス語話者たちによって冷遇されていると感じているからである．

アフリカの大きな二大言語共同体の間にあって，カメルーンが自ら任じている仲介者の役割は，UDEAC［中部アフリカ関税経済同盟．英：CACEU］に加盟していることで与えられている権威を支えとしてもいる．カメルーン一国だけで，同盟のほかの加盟5カ国（チャド，中央アフリカ共和国，コンゴ，ガボン，赤道ギニア）と同じだけの人口を有し，ある意味でそれら諸国より進んでいる．確かにUDEACは中部アフリカ共同市場としての力量を十分に発揮していないが，構成国間での交易はきわめて顕著に進展している．それによってカメルーンには強い立場が与えられ，外部に対する依存度も少しは軽減され得るのではないだろうか．

17

ティベスティからウバンギ川まで：海岸から離れて

チャドおよび中央アフリカ共和国は，フランス語圏アフリカの「死角」，すなわち設備は不足し，交通は不便な飛地をなす辺境と見えかねない．しかし混沌とした若い歴史をもつこれら２国家も，中部アフリカのみならず東アフリカとの接触の，また２国にかつてその刻印を残し，今日ではその運命を左右するアラブ世界との接触のボーダーラインにある．

チャドおよび中央アフリカ共和国はほぼ20度の緯度上で広大な横断面を見せている．それはティベスティの砂漠火山群からウバンギ川沿岸へと広がり，また赤道森林の北の縁辺に及んでいる．これはカメルーン的な対照の北のヴァージョンであろうか．つまり赤道以北のアフリカの多様性を要約する種々雑多な総体なのであろうか．雑多さはしかし見かけほどではない．このティベスティ・ウバンギの空間は，アフリカ大陸をリビアから喜望峰にかけて２つに分断する人口密度の低い広大な地帯の北部を構成していて，そこでは遊牧民が季節ごとに北から南にかけて大移動を行っている．彼らはカネム地方から，中央アフリカ共和国においてコンゴ盆地とチャド湖盆地とを分かつ山稜線に至るまで踏破しているのである．この空間を，北西から南東に向かって大量の決定的な移民が横断していったし，今もなお横断している．例えば17世紀末には，ザンデ帝国を建設したアヴュンガラ族の大移動があった．それはスーダン，ザイールおよび中央アフリカ共和国の境にまで広がった．あるいは現代ではフラニ族（アングロ・サクソン人による呼称，フランス語ではプル族と呼ばれる・民自身は人間を意味する語でフルベと自称）の侵攻があるが，その前衛は今やウバンギ河岸に達している．他方この空間は，西アフリカ，東アフリカおよび北東アフリカの境界面となっている．ナイジェリアおよびカメルーンの北部，そしてチャド中部をメッカへの大きな巡礼路が通っている．同じ幹線上を西から東へ向かうフラニ族と東から西へ向かうアラブの，もしくはアラブ化した諸部族が行き交っている．チャド，とりわけその東部は文化的にも経済的にもむしろナイル渓谷の方を向いていて，東部辺境で20世紀初頭まで活動していた奴隷商人たちはこの軸に沿って進んでいたのである．彼らはこれら２つの国家の大部分の地域が人口過疎である現状に無関係ではない．過疎を免れているのは，カメルーン国境のロゴヌ川の流れに沿う西部縁辺だけである．

この空間全体を中部アフリカに結びつけるのは正しい．たとえチャドはサヘル国家であり，中央アフリカ共和国はほぼサヴァナと疎林からなる国であるとはいえ，植民地時代の歴史が大半その原因になっている．フランスが植民地としたこれら２つの飛地国は西と南とに出口を求めた．巨大なナイジェリアとの近さははっきり感じられる．しかし中東部のアベシェは大西洋沿岸地方よりもダルフールやスーダン中部の方を向いている．北部では，リビア，ニジェール，ナイジェリアへと向かう隊商（キャラヴァン）のルートも非合法でありながら活発である．これら交易の方向性によって，現在の経済におけるティベスティ・ウバンギ空間の境界面としての資格は認められている．この役割は最近数十年の間，プラスの効果よりはむしろ無残な結果を招いた．というのもチャドは，前植民地時代および植民地時代の歴史によって絶えず対立してきた住民たちの間の内部

17.1 仲介としての河
カメルーンとの国境上にあるボンゴルのロゴヌ川流域．丸木舟によって恒常的な往来が確保されている．季節ごとの氾濫のおかげで農耕地は肥沃になる．

紛争に翻弄されたし，ザイールを含む近隣諸国間の競合の犠牲にもなったからである．それら諸国はいずれも北部熱帯アフリカのこの重要な交差部における自らの存在を主張したがったのである．中央アフリカ共和国もまた損害を免れなかった．最近の歴史にまつわる滑稽と悲劇とを織りまぜた数々のエピソードは，チャドの紛争へのフランスによる介入において，その不可欠な後方基地となった役割を考えれば理解できる．

引き裂かれたチャド

チャドの住民は，北回帰線と北緯8度の間の1700 kmにわたって伸びる約130万km²の面積上に550万人に満たない．多様性はまず風景のなかに刻みこまれていて，それは生物地理学上の3つのゾーンに対応している．まず南部．「フランス植民地部隊」の時代［1900〜58年］に，しばしば「有用なチャド」と考えられていたこの地帯では，降雨量（年間700〜1300 mm）は大してリスクのない天水農業にとって満足のいくものであり，モロコシに併せて綿花や落花生のような換金作物を栽培することを可能にしている．この地方ではシャリ川やロゴヌ川沿いで減水期の耕作も可能であり，それら河川の沿岸斜面にはンジャメナの近くまで多くの住人が寄り集まっている．次に中央部は有棘灌木の生えたステップのサヘル地帯である．そこで可能なのは，浸水性盆地での減水期におけるアワやモロコシの栽培および粗放牧畜に限られている．最後に「砂漠の」チャド．そこは年間降雨量が200 mm以下のサハラ気候地帯にあたる．これはコントラストの強い空間であって，近年広く拡散した河川——砂丘に姿を変えた部分もある——と北部および東部国境の際立つ起伏とを結合している．際立つ起伏とは東部では砂岩質のエネディ高原であり，北部ではとりわけティベスティ大火山群（エミクシ山は3415 m）である．恒久的な居住地はヤシの成育するいくつかのオアシスに逃れこんでいる．その主なものとしてはファヤラルジョウがある．

ごく簡潔に生態系を記述すれば，領土は以上のように3つに区分される．ではいったいなぜチャドの経済および政治は，常に南北の対立をもとに定義されてきたのか．もし牧畜だけが行われている地方と，少なくとも部分的に農業が行われている地方とを区別しなければならないとすれば，南部はチャド湖の北岸やアベシェにまで広がり，国土のおおよそ半分を覆うことになるだろう．逆に，一般になされているように，文明を考慮して，キリスト教ないしアニミズムの南部とイスラム教が支配する北部とを対比しなければならないなら——前者はアフリカ西部やフランスの方を向いているのに対し，後者は北東に位置するアラブ諸国の方を向いている——，あるいは奴隷商人の子孫に奴隷の末裔たちを対比させなければならないなら，南部はシャリ川の渓谷が境界となる狭い三角地帯にすぎず，そこには人口の半分足らずが集まることになる．しかるにチャド東部にお

いては，「北部」は中央アフリカ共和国との国境にまで広がるのである．極言すればいっそのこと，国土の端的に砂漠化した部分を考慮に入れず，東西の対立を語るほうがよいのではあるまいか．

実際は，生態環境と歴史とを組み合わせることで3つのチャドが定義される．北部は砂丘状のあるいは山がちの砂漠で，黒人の遊牧民であるトゥブ族あるいはテダ族（一般にゴラヌ族と呼ばれている）の住む地方である．彼らは政治的に大して構造化されていない小集団であって，やっと19世紀になってイスラム教化し，牧畜よりはむしろ近隣諸国との商取引を生業としている．絶えず動揺のなかにある地方で，植民地時代には常に軍事力に支配されていた．つまりそこはメハリ騎兵団［メハリはアラブ語でヒトコブラクダの意］の国であって，その家父長主義的権威は行政と同じく経済にも及んでいた．南部には，400万人のキリスト教徒とアニミストがいるが，そのなかで最も多数を占めるのはサラ族の混成集団である．彼らは河川の沿岸に集まり河間地域に拡散していて，北部とは別のタイプのより緻密な組織を有していた．そのことは風景をみれば分かる．軍事面では，海兵隊つまり「フランス植民地部隊」，誤って「セネガル狙撃部隊」と呼ばれた原住民部隊があった．宗教的にはカトリックの宣教団とその小教区の組織網がある．経済に関しては，かつての「司令官の栽培地」を現在管理しているコトンチャド Cotonchad［チャド綿公社］がある．

最後に混成の中部がある．そこはイスラム教徒が占めているものの，遊牧民が主流というわけではない．サハラ北部よりも「白い人々」が多い．というのも中部スーダンから来たアラブのあるいはアラブ化した部族の発展エリアだからである．集約農業と移動牧畜とが結合した地方であり，人口密度は全般的に低いが局所的には密集した核がある．また生態学的に混成の中心地も1つあって，そのことはサヘル・スーダン的な気候よりは景色に見てとれる．そこではバタ川およびバギルミの広大な平野部と東部および南部のワッダイ地方，ハジェル地方，ゲラ地方における基盤の台地とが対照的である．前者には季節によって生じる沼沢地とフィトリ湖のような湖が点在し，後者には残丘が乗っかっていて，そこには「亡命した」農民たちがしがみついた．この全土をフラニ族やアラブ人の家畜の群れが毎年駆け巡っている．その行動範囲はチャド湖沿岸部からサラマト川の沼沢地に及び，牧草の成育が悪い年には中央アフリカ共和国の国境を越えさえして，コンゴ−チャド山稜のサヴァナの牧草を利用している．

政治的には，フランスによる征服以前に，カネム帝国やボルヌ帝国［13世紀頃成立し19世紀まで続く］のように名高い政治構造をもって支配していたのは中央チャドであった．植民地化によって政治的均衡は崩壊した．すなわちフランス語による教育が行われ，行政的にも宗教的にも統率を受けたために，独立時にごくわずかいた幹部の大部分は南部出身で，しばしばキリスト教徒でもあった．わずかばかりの近代的な施設の大部分

17. ティベスティからウバンギ川まで：海岸から離れて

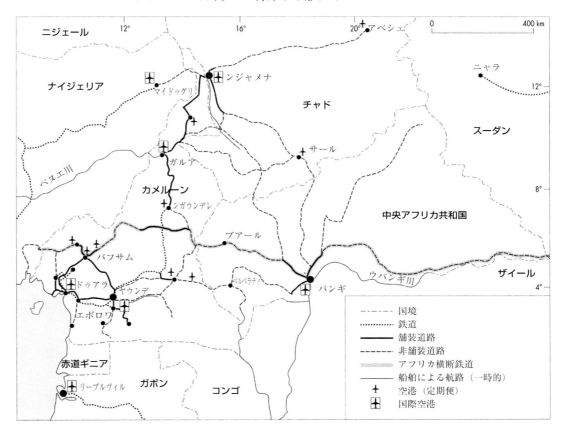

17.2 アフリカ中北部の交通
連絡道路はこれらのあまり人の住んでいない空間を結びつけるうえで必要不可欠である．アフリカ横断鉄道はアフリカ統一機構（OUA）[1963年に結成，本部アディスアベバ]がラゴス-モンバサ間の連絡に付与した優先政策であったが，現在では，大きな流れはとりわけ南北間に見られる．すなわちカメルーン縦断路（ンガウンデレからの鉄道および道路）は3つの国の生存にとって不可欠である．

は首都に，あるいは南西部の綿花地帯にあった．サラ族のトンバルバイエ［1960年に独立したチャド共和国の初代大統領］の広い意味での北部に対する政策的な不手際のために，内政上の困難が深まることとなった．慢性的な内紛が繰り返し再燃することを理解するには，各陣営に内在する対立関係を考慮に入れなければならない．ことに厳密な意味での北部派，なかでもゴラン族を中部の諸集団，特にアラブ人と対立させている敵対関係である．近隣諸国の，それに言うまでもなくフランスの駆引きも見落してはならない．

北部で徐々に崩壊しつつあるチャドに国としての現実的な結集力があるのかどうか疑問である．アオズ地帯をリビアが返還要求している事実は，「大遊牧民」が駆巡る土地を定規による線引きで切断している国境のおぼつかない性格を示している．首都とその近い後背地はより明白にナイジェリア・カメルーン地帯と結びついていて，物資の補給は事実そこに依存している．しかるに，中・東部はハルトゥームの方を向いている．南部の綿花地帯は，中央アフリカの西部さらにはバンギにきわめて近く，そこへは首都ンジャメナよりも到達しやすい．チャドはおそらくアフリカの最も貧しい国家の1つであるのみならず，存在することに最も多くの困難を感じている国家の1つなのである．

いかなる領土を組織するか

他国によって囲まれた国であるチャドは近隣諸国の意のままになってきたが，その最上の打開策を見出すことが，歴代の指導者たちの絶えざる気がかりの種であった．最も近い海港であるポートハーコート［ギニア湾に面したナイジェリアの港］は，マイドゥグリおよびナイジェリア鉄道経由で首都から1700kmの所にある．もうひとつのナイジェリアの港であるブルトゥには，ガルアおよびベヌエ川経由で2100km以上を行かなければならない．カメルーンの交通路（ンガウンデレまで道路，次いで鉄道）を経れば，ドゥアラは2010kmの所に位置している．フランス領赤道アフリカの時代にそう呼ばれていた「連邦道路」については，バンギまでは道路，それからブラザヴィルまでは河川，最後にポワントノワールまでは鉄道を用いて，ンジャメナから大西洋に至るほぼ3000kmの距離となる．かつては鉄道建設の大計画が盛んに立てられ，フォール・ラメ（今日のンジャメナ）とンガウンデレやバンギを結びつけようとしたり，チャドの首都を1つの鉄道駅として，ナイジェリアとスーダンの交通網をマイドゥグリからスーダンのニヤラに至るまで結びつけようとさえした．しかし現在ではこの種の交通道路はもはや誰もほとんど支持していない．収益性が非常に不確かだからである．囲いこまれているために，チャドは周囲の国々と良好な関係を維持しなければならない．海から遠くにあることに加えて国土は広大であり，綿花栽培の三角地帯以外では人口が分散しているために，いくつものきわめて長い道路を保守せざるをえない．しかもそれらは限られた運輸にしか耐えることができない．というのもチャドには4万kmに及ぶ道路や小道があるが，そのうち舗装されているのは300kmにすぎないからである．

内戦によって崩壊したチャド経済の再建は困難な状況にあ

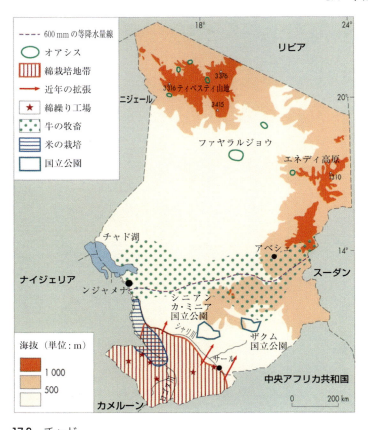

17.3 チャド
有用なチャドは南西部にある．降雨のおかげで米，その他の穀類そして綿花の栽培が可能である．残余は点在する小島のごときものである．

る．というのも低い水準から出発した国はさらに低いところに落ちてしまったからである．1974年以来，生産活動の伸長は多大な国際的な援助にもかかわらず，人口の増加に追いついていない．綿花の栽培は依然として国の主要な資金源であり，それだけで輸出量の80％以上を占めている．この栽培は1928年に南部に導入されたのだが，現在ンジャメナの緯度を越えてあまり北上していない．南西部のおよそ30万の農業従事者がその生産に携わっている．それを統率するのは国営会社コトンチャドであり，これはCFDT（フランス繊維開発会社）の技術支援を受けて，1975年には25の綿繰り工場を経営し，3300人の従業員を雇っていた．しかし綿花の世界市場での変動のせいで，国は苛酷な復興計画を練らなければならなくなった．すなわち10万tにまで生産を制限し（しかし1991年には17万tが収穫された），当時稼働していた12の綿繰り工場のうち7カ所を閉鎖し，従業員数は半分に削減したうえ，生産者からの買入価格を引き下げるというものであった．綿生産の後続過程として，プリント地の織物がサールでチャド繊維会社によって製造されている．その資本はチャド国家とフランスのDMCグループが保持している．企業は600人から700人の人々を雇用しているが，高騰するエネルギー価格とナイジェリアとカメルーンからの密輸品のせいで多大な赤字が生じている．同様にサールの近くには国営製糖会社があって，チャド国家とグラン・ムーラン・ド・パリ社が共同出資しており，灌漑された3400haの土地でサトウキビを栽培している．しかしほかの産物と同様に，砂糖の生産もエネルギーのコストや近隣諸国との競合の問題に直面している．コトンチャドの本拠地であるムンドゥでは綿花を加工せず，ビール工場や煙草製造所を受け入れている．南西部以外に位置する工場としては，ファルシャの製粉工場および大屠殺場がいわば唯一あるのみである．

したがって南西部は，国の残る地方とは対照的に比較的設備の整った近代化した農業地域であるように見える．ほかの場所でのある程度の規模をもつ唯一の成果は，小麦の栽培を意図したチャド湖沿岸の灌漑区域の整備であったが，何より湖の水位があまりに大きく変化するために期待された結果を出すことはできなかった．1967年に創設されたソデラック Sodélac（湖開発会社）はボルギニ地方の干拓地とワディ［乾燥地帯の川，河谷．激しい降雨があると水が流れる］を再開発するために，国外からの融資を受けなければならない．牧畜によって就労人口のゆうに3分の1が生活している．その形態はさまざまで，西部では定住民が，中央帯状地帯では移動牧畜民が，それより北部では遊牧民がこれに携わっている．牧畜にはほかのスーダン・サヘル諸国においてと同じ不確実性があって，旱魃によって手痛い打撃を受けたこともある．畜群の移動エリアは南方へとずれていった．400万頭余りの牛類，同じ数の羊・山羊類が輸出において重要な位置（約20％）を占めている．国際的な融資（世界銀行やアフリカ開発基金，それにオランダ援助協力基金の援助を得た国家による）を受けた牧畜に関する重要な国家プロジェクトが実施中であり，生産の梃子入れや合理化が図られている．つまり最も緊急な課題は畜群の再構築であるだけに，薬剤の流通機構を改良し，畜産業者をまとめる牧畜組合を創設し，水源を整備することを目指しているのである．北部と中部の経済的役割は，国民会計から外見的に判断されるよりも実を言えばおそらくもっと大きい．というのもその生産物は密輸に依存した「非公式の」流通経路によって商品化されているからである．カメルーンやナイジェリアへの家畜の販売によってンジャメナの大卸商人は財産を築いたが，それは，チャド湖やロゴヌ川の天然ソーダや魚の販売と同様に，多くの場合不法に行われているのである．スーダン，さらにリビアへの密売はそれよりも少ないが，無視はできない．

戦争にもかかわらず生き残る

チャド農業の主要な問題は，都市人口をまかなう食糧をなんとか供給しなければならないということである．1970年代に

17.4 バルダイ，神話から現実へ
リビアに支援される政府の臨時の所在地であるバルダイ（ティベスティ）はせいぜい椰子園であるにすぎない．チャドには黒人の遊牧民は存在するが，オアシスの耕作者はいない．

は可能であった食料の自給自足はもはや保証されておらず，輸入品のなかで穀物製品は炭化水素と同じく6位に入っているのである．地域内消費のための食糧生産農業は基本的にアワとモロコシにあてられているが，南部でマニオクの栽培が徐々に広がっていることは注目される．落花生はまだ大して商業化されていない．気候が安定していないために，食糧品生産の良好な年と不作の年が交互に訪れることになる．1983年から1984年の大旱魃は多量の人口移動を引起こした．アワの収穫がまったくできなかったいくつかの地域では，住民たちは逃げ出し，臨時の難民キャンプや国際的な食糧援助のおかげでもっとましな供給が行われていた諸都市を膨れあがらせたのである．旱魃のもう1つの結果として，牧草地は減少したくさんの家畜が売りに出されたことがある．国民を養うために周期的に外国の援助に頼らざるをえない国の状況は脆弱である．

　1936年になってやっと確定した国境の内部で，チャドは国民の状況とアフリカの政治的矛盾とを反映するいくつかの政治問題を体験した．事実，伝統的な国内の対立に，特に1977年以来国外からの干渉が重なった．例えばハルトゥームで，スーダンの庇護のもとにチャド人たちの間で1つの協定が結ばれ（1978年），カノではナイジェリアの保護を受けて別の協定が調印された（1979年）．フランスは，1968年から1972年にかけて，さらには1983年に（最初が「エイ」作戦，次が「ハイタカ」作戦），繰返しチャドに介入した．リビアはアオズ地帯を含め領土の一部を占領し，定期的に両国家の融合計画をあたためていて，絶え間ない脅威となっている．とはいえ，何年にもわたる抗争の後に外交関係が回復し，ハーグの国際司法裁判所の調停で1994年にはチャドの主権が確認されたことで，平和的解決を望む可能性はでてきた．しかしながら，北部諸グループ内部の分派間の闘争が終結すると信じられるだろうか．それは諸外国の干渉によって利用され煽られてもいるのだが，それとは無関係にも続けられているのである．

　この国の将来はいたって暗いように見える．誤った国の運営に加えて，内戦の代償がその不利な状況をさらに悪化させたからである．相対的平穏の状態を取り戻したかに見えるとき，国は罹災した，まず主要幹線道路からはじめて再建すべき国なのである．とはいえチャドにはいくつかの切札がないわけではない．ほかの国々に囲まれて中心に位置するという状況のゆえに邪心を抱かれてもいるのだが，もし近隣諸国が望むなら，この位置はチャドに，アフリカ大陸諸国の間に大きな関係を築くための要衝としての役割を演じさせることもできるのである．南部，とりわけロゴヌ川やシャリ川の流域における農業の潜在力は無視できない．そこでは減水期の米作と漁業によって高い人口密度を維持することが可能になっている．ナイジェリアに近いことで，これら食料生産物に有望な販路が開かれるかもしれない．ほかの2つの分野にも将来性が見込まれる．すなわち一方は家畜の合理的な活用（チャドは生きた家畜と食肉とを近隣諸国に輸出している）であり，他方は不安定な降雨量に対して

唯一有効な対応策である灌漑耕作の拡張である．またシャリ川流域には莫大な石油資源が埋蔵されており，20世紀終わりに向けて国の大いなる希望となっている（カメルーン沿岸部に通じる送油管（パイプライン）の建造は交渉中である）．いくつかの外国の干渉はこのことと無関係ではないと思われる．

　紛争のさなかに，数少ない都市は物騒な田舎を逃れてきた多数の避難民によって膨れあがった．シャリ川に沿って伸びるかつての植民都市ンジャメナ（人口50万）は再建途上にある．風通しがよく木陰になっている旧中心街は，きわめて人口稠密の新市街と対照的である．新市街では土でできた家が，徐々にセメントの建造物にとって代わられつつある．最近の施設や新しい都市は空港の北およびシャリ川沿いの人口密集地の南に広がっている．ほかの諸都市は南部に位置している．たとえば少し前までのフォール・アルシャンボーである現サール（人口10万）は中央アフリカ共和国に向かう連絡幹線道路上にあり，繊維工場や精糖所などいくつかの工場建設に恵まれている．ムンドゥ（人口9万）はサラ族の居住する地域のさなかにある綿花栽培の一大中心地である．首都以外で中部の唯一の正真正銘の都市であるアベシェ（1986年当時人口7万）にはその中心となることは望めない．そこはあまりにも中心から外れ，スーダンの方へと向きすぎていて，すでに紛れもなく「アラブ化」してしまっているからである．

不均斉な中央アフリカ

　かつてのフランス領コンゴの属地であるウバンギシャリの地域，——地理学的に適切なふたつの名称［ウバンギ川とシャリ川］——今日の中央アフリカ共和国（62万2000 km²で人口270万）は1897年に創られ，1910年にフランス領赤道アフリカに統合された．この大陸中心部には人がいないことで驚かせる．平均人口密度4.5人というのはアフリカの基準に照らしても極端に少ないが，それは際立つコントラストを覆い隠している．実際には，人口は国の西部，中でもバンギ周辺および河川沿いに集中しており，東部は広大な無人の地でしかなく，そのうえそこに住む人々の生殖力も際立って弱いのである．この人口過疎にはいかなる必然性もなく，大昔から続いているわけでもない．コンゴ盆地とチャド盆地とを分かつ稜線を軸とする中央アフリカ共和国は，すでにスーダン的な気候のリズムを有するのだが，雨は多量に降る．北部では1200 mm，南部では1750 mmの降雨がある．広大な地表が標高およそ600から700 mのところに広がり，それは東部および西部においては1000 m以上になる．小さな谷がこの地を密な網状に切り分け，花崗岩質の小高い丘がそのうえに載っている．この地の土質はほかの地よりも良くも悪くもない．その気候にもかかわらず，ここは森林国ではない．多湿森林は南西部に限られていて，領土のせいぜい10％余りを覆っているにすぎない．残る地域は

17.5 灌漑のために汲みあげる

チャドの手入れの良い小さな四角の畑は，野菜（タマネギ，トマト）を植えるために耕されたもので，跳ね釣瓶から水を受けている．その技術はサハラ砂漠の彼方からナイル渓谷とスーダンを経て到来した．

サヴァナで，特にオウギヤシ［パルミラヤシ，葉が扇状に丸く並ぶヤシ科植物で樹液から砂糖や酒を作る］の生えたサヴァナである．そのことはもっとずっと重要なある活動がそこでなされていたことを示している．19世紀の後半に，国は奴隷商人による収奪でひどい被害を受けたのである．東部にいたその商人たちの生き残りは，植民地化の初期に「首長」として自分たちの生活をやり直した．

すでにその時から，ウバンギシャリはアフリカの人口過疎の国々にお決まりの不運を背負うことになる．すなわち，生態環境に対する制御のもろさのために国は非衛生となり，行政管理には不全が生じ，それに道路や駐屯所の維持のために，賦役可能な実員数ではなく面積に比例して男たちが徴発されたのである．1898年のギヤン令により，コンゴやガボンにおける場合と同様に，またドイツがカメルーンで行ったのと同様に，経費節減のために国の開発は特約を得た17の大企業に委ねられ，それらの企業は領土の半分以上を山分けにしたのである．そのために，ほかの国々と同じく諸々の社会集団は不安定になり，地域経済は混乱した．運搬の賦役や強制労働の反動として大量の住民移動が起こった．1928年にアンドレ・ジッドによって告発されたこの略奪経済は1930年から徐々に放棄され，代ってアフリカ農業を近代化する原動力と考えられた商業向け農業，とりわけ綿花栽培が強制的に促進された．それ以来このモデルは多かれ少なかれ維持されている．

囲い込まれている状況を克服し，いかにして経済を活気づけるのか．海へと向かう最も短い道はバンギとドゥアラの間を1400 kmにわたって延びていて，途中カメルーンのンガウンデレでトラックから列車への荷物の積替えをしなければならない．少し前には，ベラボでカメルーン横断鉄道につながる鉄道が計画されていたが，今日ではベルベラティ経由でクリビ港へと向かう道路が話題になっている．けれどもバンギとブラザヴィル間の河川航路は，コンゴ－大西洋鉄道と組合せると全長1800 kmに及ぶが，なお広く利用されていて，年間12万tから15万tの輸送をこなしている．そして小型船団は最近それを押す動力船を就航させることで近代化された．とはいえ，その交通は乾期には減少するウバンギ川の流量に依存しているために，季節運行の特性を抱えている．航行は3〜4月の間不可能となり，別の4カ月間も積載量の少ない平底船に限られるのである．

この国最初の政治上の指導者であり，1946年からフランス国民議会の議員に選出されていたバルテレミー・ボガンダは，この「否定的な中心性」を切札にしようと夢想していた．そのためには自らの国にコンゴおよびチャドをあわせてより広大な実体を作りあげ，ゆくゆくはベルギーやポルトガルの支配下にある諸領土を含むひとつの「ラテン・アフリカ」を築くというのであった．歴史は別の決着をつけたが，この夢の名残が1958年末に建国された新しい国家の名称，中央アフリカ共和国なのである．彼の継承者であるダヴィッド・ダッコは，1966年1月1日にボカサによって政権を追われた．この新しい国家元首はナポレオン風の壮大な計画によって困難をかわし，自ら招いた経済的失敗を前向きの逃避［不況などからの脱出のための苦しまぎれの積極的政策］によって覆い隠そうと試みた．体制は次第に独裁的になった．1972年に終身大統領に就任したボカサは，首都から離れたベレンゴに居をかまえた．そして1976年12月には中央アフリカ帝国を宣言し，1年後には豪壮で愚かしい儀式を挙げて戴冠した．経済的困難に関連した不満は弾圧によっても押さえこむことはできず，ンガラバの監獄で100人をこえる小学生と中学生の虐殺が行われた後，政体は国際世論の著しい不信を招き，1979年9月に「バラクーダ［オ

ニカマス]」作戦を遂行したフランスの軍人たちによって倒された．エリゼ宮の後押しで再び政権の座に就いたダヴィド・ダッコは，投票による追認をなかなか受けることができず，数カ月後コリンバ将軍にその席を譲った．もちろんだからといって国の政治的経済的困難が解消するというものではなかった．1993年に選出された彼の後継者［中央アフリカ人民解放運動党首アンジュ＝フェリックス・パセタ］はもっとうまくやることができるのだろうか．

いまなお植民地的なのか

中央アフリカ共和国は本質的に農業国のままである．南部では年間1700 mmの降雨と3カ月の乾期があり，北部では6カ月に900 mmの年間降雨があって，農業はどこででも可能である．綿花栽培は1925年からそれぞれ25 aの広さをもつ「司令官の畑」の形で導入された．1946年に強制労働は廃止されたにもかかわらず，綿花栽培の義務的な性格は1952年まで維持された．その生産は政治上の変化に応じてしばしば変動し，指導活動や肥料の使用が効を奏して，1969～1970年には6万t近くの生産で頂点に達したが，それから急速に下降していった．1970年にボカサが強制した農地改革（機械化，国営農場，村落の合併，大規模な生産組織体の創設，フランスの研究機関の排除，農産物商業化公社の設立）は生産の急速な低下を招いただけであった．1980年から，過半数の株を所有する国家がCFDTと共同で経営しているソカダ Socada（中央アフリカ農業開発社）が，綿花栽培の促進を引き受け，またその介入地帯では食用作物栽培を近代化する役目も担っている．新しく開墾された区画にはまず綿花が栽培されるが，2年目にはしばしばそれにマニオクが続く．マニオクの栽培サイクルは穀物類よりはもっとよく綿の周期に合致するのである．一方でモロコシの栽培はその分だけ後退している．綿密な指導によって平均レベルの生産量は維持されているが，収穫高を顕著に向上させるには至らず，交易条件の悪化のために，ことにバンギに近い諸地域で食用作物栽培への関心が再び生まれている．綿花栽培地域は国南部の多湿のサヴァナが放棄されたことで徐々に狭まっていき，綿の実の生産量は2万5000 t以下になっている．現在綿は輸出額のかろうじて10％を占めているにすぎない．「中央アフリカ繊維連合」の工場はヴィヨグループの旧工場を近代化したものであるが，50億CFAフランにのぼる投資額に対してわずか600人を雇用するにとどまり，1000万mの織物しか生産していない．

輸出製品の種類は広がった．綿がいわゆる「黒い」製品であるのに対し，最初はヨーロッパ人によるプランテーションで栽培される「白い」作物であったコーヒーは重要なものとなった．［この原文3行における「白」と「黒」は前者が「白人による」という意味であり，後者は「黒人による」の意味である］それは輸出量の4分の1を占めている．ロブスタ種の生産は南西部や中南部の森林地帯にある農民のプランテーションで行われていて，生産量は1万tから1万2000tあたりを行き来している．価格が刺戟的になっているにもかかわらず，近年において生産が減少しているのは，プランテーション農場が老朽化したり，気候条件が好ましくなくなったせいであると思われる．現在コーヒー関連産業の再編が進んでいて，同様に中南部では農村の開発作戦が進行中であって，そこではコーヒーの栽培は牽引の役割を演じなければならないのである．だがそれには当然リスクが伴う．綿と同じくコーヒーにも商業上の不安定さがつきまとうからである．ほかの農産物は中央アフリカ経済にわずかしか寄与していない．

主にサンガ地方のベルベラティ周辺で，フランスのSEITA

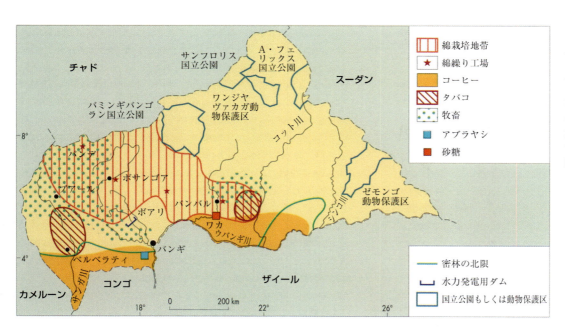

17.6 中央アフリカ共和国
人口の多い西部は南方では木材とコーヒーとを，北方のサヴァナでは牧畜と綿花とを組み合せている．東部全域にはほとんど人が住んでいない．奴隷制度下の住人の掠奪が主な理由である．鉱山と動物保護区だけが興味を引く地点となっている．

17. ティベスティからウバンギ川まで：海岸から離れて

**17.7 中央アフリカの動物保護区
－スポーツと密猟－**
動物保護区は広くて象が数多くいた．
外国の金持ちたちはそこでスポーツ
としての狩りを行う．他方，貧しい
者やその他少数の者は虐殺者として
告発されながらも，生き残るために
密猟を行っている．

［たばこ・マッチ専売公社］の技術援助を受けながら，ほぼ3000人のプランテーション経営者が1000 tたらずの葉巻の外巻き葉を生産していて，紙巻煙草および葉巻を製造する2つの工場に原料を供給している．また2つの農工複合体（コンビナート）が農業の多様化に参与している．一つは1987年末にワカ県に設立された1100 haのサトウキビ農場であって，それは国内消費量の半分をまかなう予定であり，もう一つは，バンギに近いボサンゴに2500 haに及ぶアブラヤシが植林され，地方市場への供給用に製油工場が建設されたのである．

肉，狩猟，ダイヤモンド

中央アフリカ共和国は食料に関する限り自足している．マニオク，落花生，トウモロコシ，モロコシ，胡麻（ごま），籾米が主要な生産物であり，それを魚や狩りで得られた肉が補っている．都市民の家計を圧迫しないように生産価格は長い間抑えられてきたが，そのことで都市への供給は困難になった．農村を統率する諸機関の指導のおかげで年間継続の栽培や犂を用いた耕作が普及し，それによって生産を高めることが期待されている．

200万頭の牛類と100万頭の山羊類を抱える牧畜は，主に国土の西部と中部に集中しており，結局のところ限られている食肉の輸出とは無関係に重要な経済的役割を演じている．その役割はさらに増大している．というのも中央アフリカ共和国は隣国のチャドやカメルーンからさえやってくる畜群を受け入れているからである．近年，畜群の誘導は，牧草地の柔軟に軽快に移動する利用方法に執着するプル族遊牧民による重要な運動の対象となった．しかしこれらの常に新しい経路を探している飼育者たちは，「開発の専門家」によって編成されたサヴァナの「合理的」開発の試みと衝突した．後者は群れの定着と牧草地のローテーションの確立を前提にしているのである．この実践上の対立は2つの理由でますます激しくなった．まず第1にサヘルの牧畜民が中央アフリカ共和国の多湿のサヴァナに侵入してきたことであったが，それは旱魃が繰返し起こり，経路として自由に使える土地が北部で減少したからである．第2に病気の発生しやすい南部地帯で獣医学による予防が進歩したことである．最も有能な畜産業者たちはますます自分で畜群の衛生上の保護措置を講ずるようになっている．逆にバンギから遠くないところ（ムバリ）に欧州開発基金の融資を得て設立された肥育用大牧場は，期待された成果をあげていない．野心的な計画のうち，首都に設立された近代的な屠殺場以外に今なお残っているものはほとんどない．こうして大牧場を設置したところで，衛生管理のできる畜産業者を育成するほどの採算はとれないといまさらのように思われるのである．

中央アフリカ共和国南部のサンガ川およびロバイ川の地方は見事な森林に覆われており，20年ほど前から開発に拍車がかかっている．輸出額のほぼ20％を占める木材は皮付きの丸太材や製材の形で輸出されている．とはいえ開発には生産コストの3倍の輸送料金がかかり，そのために伐採される木の種類は限られている（サペリ材［エンタンドロフラグマ属の各種の木］とシポ材［センダン科の木で，マホガニーに似る］が輸出量の80％を占めている）．一方現場での加工は小規模のままでとどまっている．地下資源は有望であると判断されているものの，技術も未発達でほとんど開発されていない．けれどもかの名高いダイヤモンド（年間100万カラット）は，輸出で第1の地位（1990年には輸出額の47％）を占めている．国営商社が販売

を担当しているが，密輸のせいで国はこの富を十分に利用しきれていない．生産量のおそらく60％は密輸に流れているのである．最近バンギにダイヤモンドの嵌込み工場が設立され，関連産業のレパートリーを「拡張」している．200kgを少し超える程度の金も毎年「規則的に」輸出されている．

2つの地方と1つの都市

この国の特徴の1つは地理学的に不均衡なところにある．人口は相対的に西側の3分の1に集中し，そこに首都が置かれているのに対して，東部は「低木叢林地帯」（藪地）で，都市もなければ人もほとんど住まず，今のところ将来性が見込まれるのは鉱山（ダイヤモンド），それにもしかしたら狩猟のみである．バンギはほぼ50万の人口を数えるが，いまなお部分的に田舎のつつましい首都でしかない．それは1889年に設置された軍事駐屯所から発展したのであり，その地は守るに容易で，ウバンギ川の数本の急流の下手に位置して河川航行の終着点となり，チャドへのいわば出発点ともなっている．「壮麗な河川沿いの気力なき首都」（ヴィリヤン，1987年）の中心街はウバンギ川の近くにあり，そこから発して東は「丘」によって，北西は空港によってふさがれた扇状の街である．「その近代的市街はゆったりとしているが（…）街の中核となる部分は別で，そこの住居は真に都会的な形を見せている．庶民街には，マンゴーの木の生えた広大な公園のなかのゆとりある住居もあれば，家々が押し合いへし合いしてほとんどくっつき合い，アフリカ人の大好きな戸外での生活に欠かせない外の空間が極度に限られた居住地区もある」（同上）．諸施設と公共機関は大河沿いに，あるいは南北に延びる幹線道路沿いに設けられている．中央の密集した住宅街から離れると都会的な景観は畑のなかに融けこんでいく．実際，農業が都市民にとって依然として重要な活動のままであり，収入の不足を補うには必要不可欠なのである．ほぼ40％の世帯は，払下げ住宅地内部に常設されている区画庭園や，都市の外にある土地を耕作しており，家長のうち9％は農業従事者である．工業活動には3000人の給与所得者しか従事しておらず，その半分近くはビール醸造，パン製造，コーヒーの培煎，屠殺業，煙草などの食品産業に関係している．一方，別の産業部門を代表するのは，2つの車両・自転車組立て工場，4つの金属建造の企業，そして繊維工場「ユカテックス」（UCATEX）である．首都以外に都市はあまりない．バンバリ（人口4万5000）とブワル（人口4万）は地方の小さな中心地であり，ほかには単なる行政管理の単位としての県庁所在地があるだけである．バンギの巨頭症は際立っている．つまり首都に大部分の行政および産業の活動が集中しているのである．そのうえほかの地方との連絡はかなり悪く，雨季には多くの非舗装道路が通行しにくくなる．

中央アフリカ共和国は貧しい国である．経済情勢は良好とはいえず，海から離れていることが不利な条件となっている．他方，降雨状況は農村の生活にむしろ有利であるにしても，人口密度が低い（1km²当たり平均5人以下，北部と東部では3人以下）ために，農業の集約化はとてもできるものではない．こういう状況のなかで輸出製品の相場の下落のせいもあって，国家財政の赤字が増大した．国家は綿の生産に助成金を出している．ほかの多くの打開策とともに財政緊縮政策を試みている．例えば1986年に2万5000人だった公務員の数を1993年には1万9000人にまで削減したり，国家が公共事業から手を引いて民営化を図ったり，準公共企業部門の50ばかりの企業を売却したり，より厳しく経営したりしているのである．それでも国内の私企業には体力がなく，国には企業家階級が欠けている．政府はその予算の均衡を保つために贈与や借款に頼らざるを得ない．かつての植民地強国はいまだに第1の顧客であり第1の供給国であって，国の工業活動の70％が，そして商業活動の20％がフランス資本の会社の手に委ねられている．中央アフリカ共和国はフランスにとって戦略的な拠点となっている．というのもフランスはブワルに中部アフリカ地帯を監視するうえで都合のよい軍事基地を保有しているからである．そこは直線距離にして，ヤウンデから500km，ンジャメナから700km，リーブルヴィルから900km，そしてブラザヴィルとキンシャサからは1100kmの距離にある．このような施設の導入も国を養うには十分ではないが，かつての宗主国が最も脆弱な経済の1つにもたらす莫大な援助の理由を部分的には説明している．

観光地としての将来は考えられるだろうか．そしてその収益はどのくらいになるのだろうか．3つの国立公園，管理の劣悪な8つの動物保護区，そして広大な野生の領土は狩猟家にとっては魅力的かもしれない．しかしいわゆる「野生の状態」は，限られた顧客の興味しか引いていない．しかもこれらの人々とは，大型哺乳類に大きな被害を与える象牙の密輸人たちが激しく張合ってもいるのである．たとえダイヤモンドの開発がもっとうまく管理され，国家予算をある程度補うことはできると考えられるにしても，現在の経済状況においては，その「古典的な」輸出によってこの国に進歩の展望が開けるとは思えない．もっと自国に集中する農業の開発を行えば，より多くの食料を都市の住民に供給することが可能になるのではあるまいか．国内市場は輸出向けの栽培よりも明らかにもっと利益を生むからである．さらに食料生産物およびさまざまな異論の余地のない牧畜の可能性は利益を生む販路を近隣諸国において開くこともできるのではないだろうか．もし仮に中央アフリカ共和国に市民の数が増え，将来の構想が立てられるのであれば，結局のところこの国はそれほど運が悪くはないのかもしれない．

18

コンゴをめぐる旅

アフリカのこの部分にその名を与えた広大なコンゴ川の流域が占めている大陸の中央部は，長い間知られず神秘に満ちたままであった．赤道森林はその格好の地をこの低く多湿な大地に見出した．けれどもそこに住む人々はあまり多くない．小さな島国サントメ・プリンシペとかつてスペイン領であった赤道ギニアとを除けば，コンゴ・アフリカは３つのフランス語圏の国家に分かれている．すなわち旧ベルギー領コンゴのザイール，いずれもフランス領赤道アフリカに由来するコンゴおよびガボンである．この３カ国の経済は鉱山開発によって支配されている．

コンゴは，スーダン，ギニアあるいはエチオピアと同様に多かれ少なかれ黒い大陸の幻想的な表象の中に位置を占めていた．コンゴという語は事実が認識される以前から人々の意識に浸透していて，ヨーロッパ列強は，この模糊としたコンゴの領土分割に取りかかったとき，歴史を屈折させるのにおそらく一役買ったのである．もともとこの語には二重の意味があり，あいまいなままであった．それはバコンゴ（bacongo）族の住民と彼らのコンゴ王国（le Kongo）にあてられたが，同時にキコンゴ（kicongo）語で「河」を意味する「nzadi」をポルトガル語風に変形させたザイールとあわせて，河の下流を示したのである．ポルトガルはコンゴ王国を世に知らせたが，そこは「最初の福音伝道」や1518年における最初のアフリカの黒人司教の叙階が示しているように，しばらくの間ヨーロッパの影響に門戸を開いていた．その時数々の物語がこの王国のイメージを定着させた．最も有名な作品は，1589年に出たフィリポ・ピガフェッタの『コンゴ王国および周辺国案内記』であるが，それは19世紀に至るまでアフリカのこの部分に関する主要な情報源のひとつであり続けた．そのことがこの地理学上の定本の影響力を大きくし，それによってコンゴ王国のイメージの現実性はますます薄れてゆきながら維持され，ついには人々の想像力はそれを大陸の未知の中心全域にまで拡大することになったのである．コンゴは1870年代における探険の主要な対象となった．その発見は，ベルギー王レオポルド2世［Léopld II：在位 1865-1909．コンゴ国を「私有地」としたあと1908年にベルギーに譲渡した］を中心的立役者として準備されていた政党の進路を方向づけるものとなった．スタンリー［Stanley, Sir H. M. 1841-1904．リヴィングストン探索の旅のあと，第二のアフリカ探険時にコンゴ川を発見．レオポルド2世のためにコンゴ国を創建した（1885）］によって地図上に描かれた大きな川の曲線は，中部アフリカの分割線を前もって示すものであった．そしてそれは魔術的な名称と大雑把な水圏測量のまわりに植民地建設の情熱を結晶させた．

領土の分割は混乱のもとになった名称の分割と重なったが，その混乱は独立後にやっと取り除かれた．1876年に地理学者にして国王であるレオポルド2世はブリュッセルで国際地理学会議を開催した．それは表向きにはコンゴを「文明」に向けて開くことを目指す「アフリカ国際協会」の創設を決定した．その国際的な旗印は実際には王自身や植民地主義列強の私利私欲を覆い隠していた．じきに激しい対抗意識によって，一方のスタンリーを含むレオポルド2世の代理人たちと，他方のサヴォルニャン・ド・ブラザ［フランスのアフリカ探検家，植民者（1852-1905），1886年にフランス領コンゴの長官となる］と対立した．ブラザはガボンを出発してオゴウエ川経由でコンゴに到達していた．彼がバテケ族の首長マココと1880年に調印した条約（これをフランス議会は1882年に批准）およびブラザヴィルの建設によって，「フランス領コンゴ」の基礎は築かれ，1839年に創設されていたガボンの大西洋沿岸部の植民地を大河にまで広げた．

コンゴの神話

領土には二重の力学が作用することになった．というのも，一方ではレオポルド2世がその精力をコンゴ「自由国家」創設に注いでいたし，他方，ポルトガルは河口での権利を主張し，またイギリスも，ヨーロッパへと開かれようとしているこの広

Ⅳ．中部アフリカ

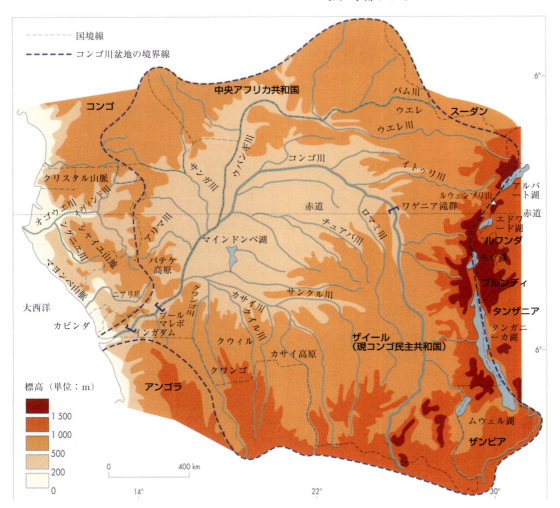

18.1 中部アフリカの空間
諸国家の分割は植民地の領土「権」の遺産と流域の配置とを組合せている．ザイール国家は部分的にコンゴ川盆地を占め，ガボンはオゴウエ川流域周辺に建国された．

大な領域での商業の自由を維持しようと気を配っていたからである．大河の発見から数年後，コンゴはヨーロッパ列強間の係争の原因になっていたのである．これを背景にしてビスマルクは，アフリカ大陸の植民に関する約束事を定めるために，ベルリンでの国際会議の開催を提案した．コンゴ問題こそ中心議題であった．1884年11月15日に開かれた会議は，1885年2月26日にベルリン議定書の調印をもって終結した．致命的な瞬間であった．まさにこの時アフリカはあらゆる自治権を剥奪されたのである．それ以前の植民地列強は地域の首長たちと条約を結んで事を行っていたが，以後は自分たち仲間うちだけで領土の帰属を決めることになる．コンゴ川とニジェール川における航行と通商の自由，占領の有効性が承認されるために満たすべき条件などは，当時確かに話題にのぼってはいたものの，最も重要な結果はやはり中部アフリカの分割であった．そしてそれが現在の諸国家の源になっている．ベルリン議定書は地理創造の法令なのである．

交渉の間，「コンゴ」という語によって人々は何を意味していたのであろうか．「コンゴ川流域」とかレオポルド2世の要

\multicolumn{6}{c	}{1960年以降の主な地名の変更}
現在の名称	過去の名称	現在の名称	過去の名称	現在の名称	過去の名称
ザイール		ムバンザーヌグング	ティスヴィル	ルロンボ	ドゥ・シャヴァーヌ
バンドゥンドゥ	バニングヴィル	ウブンドゥ	ポンティエールヴィル	ムブル	レサラ
ブカヴ	コステルマンスヴィル	モブツ湖	アルバート湖	ンカイ	ジャコブ
イレボ	ポール・フランキ	マインドンベ湖	レオポルド2世湖	オワンド	フォールルッセ
イシロ	ポーリス	ムブジマイ	バクワンガ	**赤道ギニア**	
カレミエ	アルバートヴィル	シャバ	カタンガ	マラボ	サンタイザベル
カナンガ	ルルアブール	ザイール	コンゴ（国家および川）	ムビニ	ベニト（ウォル）
キンシャサ	レオポルドヴィル	マレボ湖	スタンリー・プール	ビオコ	フェルナンド・ポー（現在も使用されている）
キサンガニ	スタンリーヴィル	ワゲニア滝	スタンリー滝	**ガボン**	
リカシ	ジャドヴィル	**コンゴ**		マスク	フランスヴィル（現在も使用されている）
ルブムバシ	エリザベートヴィル	キンタンボ	マルシュ		
ムパンダカ	コキラヴィル	ドリシー（1991年以後復元）	ルボモ		

求していた国家とかをどう定義すべきなのか．領土をめぐる駆引きには二重の利害がからんでいた．ベルリンからコンゴに関する2つの定義が出来した．1つは「慣習的な流域」で，そこからは特にオゴウエ川流域が除かれた．こうしてオゴウエ川とコンゴ川との分水界によって，現在のガボンの東部国境線が未来を透かしてみるかのように描かれていた．もう1つは，ベルギー王がその法的承認と個人の資格での「指揮」とを獲得した「独立国家」である．レオポルド2世は，ウォテールのようなベルギーの地理学者たちや，これを機会に彼が刊行した貴重な情報源である『地理学の動向』の助けを得て巧みにたちまわり，その領土を拡大し，そこにカタンガを取りこんだ．しかし西部方面で彼はフランスと衝突した．フランスは，彼がニアリをフランス領コンゴに譲渡するという交換条件でしか上述の独立国家を承認しなかったからである．

ベルリン会議によって，帰属先の不確かな地域獲得のための「クロスカントリー競争」が始まり，さまざまの国境を定めるのに数十年を要した．現ザイールの領土の確定には25年かかった．アンゴラとの国境は1891年に，北部のそれ（ウバンギシャリ）は1894年に，東部（ウガンダ，ルワンダ，ブルンディ）のそれは1910年に決定した．ガボンの古い植民地を拡張して造られたフランス領コンゴに関しては，国境の画定と国の組織に手間取った．国境は赤道ギニアとの間では1900年に，カメルーンとは1908年に決定され，1910年にはフランス領赤道アフリカ（AEF）の名称を得た．それら4つの領土単位に由来するのが，コンゴ，ガボン，中央アフリカ共和国そしてチャドである．AEF内部の国際的な資格のない国境は，行政の都合により，特にガボンとコンゴとの間で一度ならず変更された．最後の変更は1946年にさかのぼるが，それは1925年にコンゴに帰属させられていた高地オゴウエ地方がガボンに復帰したときである．2つの国家は，明確に定義されていない国境を引き継いだために，それが係争の原因となっているのである．

コンゴという語の意味が増えたために長い間混乱は続いた．1908年には，ベルギー領コンゴの植民地が独立国家に取って代わった．AEFの領土は直接にブラザヴィルの管轄下に置かれ，中部コンゴと呼ばれた．他方コンゴという用語はヨーロッパにおいて赤道アフリカ全体をあらわし続けていた．両大戦間には『コンゴ旅行』が盛んになったが，中でも最も有名なのはアンドレ・ジッドのそれであった．他方『コンゴのタンタン』[1930年発行．タンタンはベルギー人エルジェ（1907-1983）作の国民的連作漫画の主人公]は，ベルギー人とフランス人が

18.2　急流という障害
ブラザヴィルとキンシャサの下流のマレボ湖の出口では，キンタンボの数々の急流が河川輸送を阻んでいる．大西洋に到るには，鉄道でそれらを迂回しなければならない．そのためには荷の積替えの費用を負担することが必要となる．

違和感もなく交流することのできるフランス語圏アフリカのイメージを一般に広めていった．まちまちに理解される語が形成途上にある諸国家の現実を混乱させていた．独立後も，コンゴ人民共和国（首都はブラザヴィル）とコンゴ民主共和国（首都はレオポルドヴィル，後にキンシャサ）は「コンゴ」にかかわる不明確さをひきずっていた．この言語上の曖昧さを取り除いたのはモブツ大統領である．すなわち1971年10月27日，旧ベルギー領コンゴはザイールとなった．そしてザイールという語は河川と新たな貨幣単位にも適用された．「3つのZの日」以来，明確化は完成した．ザイールとコンゴは今や立派な原産地統制名称［フランスのワイン法が定める条件を充たしたワインについて使用が許可される「原産地呼称」の転用］となった．

　勢いにのってザイールが開始したのは「真正国家化」政策であり，それは地名の大幅な手直しと植民地に由来する土地名の根絶となってあらわれた．コンゴも同様に名称の変更を行ったが，ブラザヴィルは例外となった．首都の100周年記念祭のとき，都市の建設者であり黒人の友と考えられたブラザの名を残すことが決定されたからである．けれども1991年に「人民」共和国であることをやめたコンゴは，この新しい方向転換を示すために，かつてのいくつもの名称を再び採用した．例えばルボモはドリシーに再び戻ったのである．

水が領土を構造化する

　語の歴史，すなわち語が結晶させた表象によって，このアフリカの中央部を指すのにコンゴというラベルが保持されている理由は説明される．しかしまた諸領土の構築に際して水の果たした役割を思い出す必要もある．自然主義的な空間概念は，領土の区分を正当化する合理性を水圏学から汲みとった．水圏学的流域の学説は，河川の豊富なこの赤道アフリカに格好の地を見出した．水圏学主義は，それによって広大な河川流域の政治的統一性の原則に歪曲が生じたにしても，領土の確定において決定的な役割を演じた．線であらわされる最も確定しやすい構造，すなわち谷線［谷の最低点を結ぶ線］や分水嶺のまさしくそのうえに，しばしば国境は確立されたのである．同様に行政組織網も，領土の入り込みや地図記入の指針となったこれらの線の基本図を大幅によりどころにした．結局，諸区域の名称は多く河川名の記録簿からとられ，水の影響下に置かれた空間の名称の土着化に導いた．ガボンはその完璧なモデルとなっている．

　水の優位は偶然ではない．実際，コンゴ・アフリカは，大陸で最も広汎でかつ密集し，分岐した水圏網に基づいて形成されている．コンゴ川はその流量において世界第2位の大河であり，マレボ湖では毎秒3万8000 m³，最高水位時と最低水位時にはそれぞれ毎秒平均6万 m³と2万9000 m³の流量がある．この強力な排水によって，流域での降雨量が年平均1500 mmにおよぶ豊富な雨のほぼ4分の1は大西洋に戻される．川筋が両半球にまたがっているおかげで，南半球もしくは北半球のいずれかで降水を受けるコンゴ川には，年間を通じて莫大な流水量が確保され，川床が平滑なところならどこでも航行可能となる．ワゲニア滝（スタンリー滝）下流のキサンガニとマレボ湖間がそうで，それはアフリカで最も見事な大航路である．ザイールの輸送システム全体はコンゴ川とその数々の支流が航行可能かどうかに従って組織された．またウバンギ川の急流群を考慮して，バンギは中央アフリカ共和国を脱局地化する自然の道，つまり航路の最先端に位置づけられたのである．河川航行システムの起点であるマレボ湖がコンゴ空間の中心になっていることは驚くにあたらない．2つの国の首都［コンゴのブラザヴィルとザイールのキンシャサ］が向かいあっているという事実は，この場所の戦略的重要性を語っている．1903年にフランス領コンゴの首都がリーブルヴィルからブラザヴィルに移行し，さらに1923年にはベルギー領コンゴの首都がボマからレオポルドヴィル［現キンシャサ．222頁の表参照］に移行したことで，その高い価値が決定的に認められたのである．

　地方規模では，水圏のさまざまな適性と拘束は重要な結果をもたらしている．木材を筏流しにする区域が「低地ガボン」の森林の特徴を決定したのに対し，ンジョレ川の上流ではオゴウェ川の諸急流のために高地地方が閉鎖され，長い間内陸に閉じこめられたままになっていた．他方，水陸両生の土地が，コンゴ川とウバンギ川の合流地帯および排水が滞りがちの「河川地方」（サンガ，リクアラ，アリマ）に広がっている．それがコンゴ盆地の奥，定期的に氾濫する河間地域である．ほとんどいたるところで水圏網の稠密な髭根が交通の障害となっている．車の通る道路の開通前には，川に架けた数本の木の幹や，時には蔓植物で編んだ橋が小道に点在していた．円滑な交通の妨げとなっている数多くの渡し船は，少しずつ橋にとってかわられつつある．例えばランバレネのオゴウェ川上のいくつかの橋や，1983年にマタディを流れるコンゴ川に架けられた「マレシャル橋」などである．雨水が制御されないままであるため，大部分は舗装されていない道路に甚大な被害を与えている．雨季のたびに浸食による雨溝や泥沼ができて，道路連絡は遮断される．この被害のせいで地域間の関係は不安定になっている．ここでの治水は，農業開発にとってよりも交易経済にとってもっと緊急な課題なのである．

コンゴ盆地

　コンゴ・アフリカはある窪みのまわりに配置されている．「盆地」は赤道の真上にあって，標高300から500 mに位置し，ザイールにおいては75万 km²，コンゴにおいては15万 km²にわたってそのなだらかな地形を広げている．それは沈下流域にあたり，ジュラ紀以来大陸性堆積物が蓄積された場所である．

18. コンゴをめぐる旅

18.3 コンゴ川での重い貨物の輸送
数台のトラックを乗せた平底船と押し船［後押し航法用の動力船］．トラックは地域の交通がほぼ確実な場所まで運ばれる．河川，それは最後の頼みの綱….

西へと湾曲していく水圏網の方向性は，先カンブリア時代の基層のこの沈降から生じたのである．最も窪みの深い西部では排水はよくない．マレボ湖を閉鎖している岩でできた浅瀬が275mという高すぎる侵食基準面［地理学の用語で侵食の及ぶ下限に相当する水準］を保っているために，コンゴ川は盆地の底を浚うことができないのである．

周囲の高原は表土をなす大陸性堆積物が露出したものである．「陸地の差込み」は，東に向かってサンクル川やカサイ川北部に大きく広がっている．南西部は，「大陸の末端」の砂の領域および多形性の砂岩（かつてのいわゆるカラハリ第三系）であり，それがクウィル川とバテケ高原の特徴的な景色を作りだしている．つまり水平に近い表面が切り立つ峡谷群によって切断され，侵食性の圏谷群によって裂け目をつけられているのである．砂地質の表面から水がしみ込んでしまうために，これらの地方には全般的に乾燥の印象がある．こうしてコンゴとオゴウエ川上流地域では，サヴァナの湾が，森林を赤道下までそらの標高500から700mの高原に遠ざけているのである．クウィル川では北へ向かうにつれて，単調に大きく広がっていた砂地質の地表は丘陵や峡谷，侵食圏谷あるいはその他高原の地層破壊に由来する切れ込みの地帯にかわり，キクウィット地域の多様な景色と農耕地を構成している．

盆地の周辺では，侵食によって不規則に切込みのついた卓状の形がはるかに優勢である．例えばシャバとザイール川上流地方の先カンブリア時代の露出がそれであって，前者の高い表面はほぼ2000mに達する．最も激しい起伏群は，盆地の東端および西端にある楯状地の隆起と釣り合っている．東部では，地溝の形成に関係するもろい地体構造からいくつもの地塊と陥没地溝とが生じた．後者はザイールの国境に点在する湖となっている．また火山活動が高地キヴに独特の景観を与えている．ニーラゴンゴ山のくっきりとした姿が見おろすブカヴやゴマの周辺とかヴィルンガ山脈とかでは，火山を頂く高地の景観となる．ベニの東には堂々たるルウェンゾリの山塊（5019m）がそびえている．そこはブルンディとルワンダが近いことを告げる山岳地帯であり，人々は斜面の利用という類似した問題に直面している．けれどもその起伏は火山群間に通路を通していて，決して交易の障壁にはならなかった．東部キヴは東アフリカからの移民，接触，あるいは商品の流通にとって開かれていて，遠くにある大西洋よりもっとインド洋の方を向いている．

標高はずっと低い（1000m以上はまれである）とはいえ，大西洋側の隆起のほうがはるかに越えにくい障害となっていることは，コンゴ川下流の混沌とした流れが示している．シャイユ山地の花崗岩質のアーモンド形の隆起は雑然とした起伏の光を通さない山塊を形成していて，それは密集した河川網によって切込みを入れられて，密林のなかに沈みこんでいる．大西洋から近い距離にあるマヨンベ山脈は，アパラチア式山稜の障壁となってそびえている．コンゴの奥地を大西洋沿岸に向けて開くために大胆にも鉄道を貫通させなければならなかった．沿岸と隆起した基盤の縁との間には，南にはマヨンベ山脈，北にはクリスタル山脈がひかえていて，平野が大陸に縁飾りをつけている．しかし平野はしばしば縁取り用テープのように狭く，ランバレネの標高ではじめて広がっている．この大西洋にもぐりこんでいる白亜紀と第三紀の堆積盆地は，アフリカとアメリカのプレートが分離したときに引き裂かれたものである．大きく広がっていないとはいえ，この沿岸平野はコンゴ・アフリカの進歩において決定的な役割を演じた．というのもそこは欧州との最初の接触の地であったからである．さらにそこで石油が発見されてからは，新しい戦略的価値を帯びることにもなった．

300万km^{2}にわたってさまざまに変化するとはいえ，景色は

いくつかの大きなグループにまとめられる．雄大な「自然」景観は，人口密度の低さに，そして大森林の下での力強く再生する植生に起因している．人跡はすみやかにぬぐいさられ，うち捨てられた場所は植物が再び占拠する．森林とサヴァナとのおおまかな地帯的分布は，気候の微妙な差異から生じるのだが，場所によってはそれは起伏および土壌の特殊性に結びつくこともある．景色の大きな単位がどのように継起するかは，まず赤道からの距離によって決定される．盆地の中央では，赤道森林の環境が全面的に支配している．年間降水量は約2000mmであり，いかなる月も乾燥することはなく，気温は25°Cの平均値からほとんど離れることはない．日々は水をたっぷり含んだ森林の温室のよどんだ蒸し暑さに包まれて，変化することはない．いかなる時期にも休むことのない植生は人間の活動よりもっと優遇されているのである．赤道地帯の特徴は緯度に従って変化する．それは，降雨の量やリズム，そして気温の日較差および年較差［一年で最も暑い月と寒い月の（平均）気温の差］をゆっくりとした推移で変えていく傾度に従って変わる．重大なのは乾季の出現であり，それが季節交代のある熱帯性気候の特徴となる．（北半球であれ南半球であれ）冬の乾季は，赤道からの距離とともに長くなり，時の流れのなかに1つの区切りをつける．南部シャバでは，乾季が4月から10月まで6ないし7カ月にわたって居座る．この一般的な図式は標高によって微妙に変化する．例えばキヴの高地には熱帯山岳の環境に特有の特徴がある．大西洋の近くではベンゲラ海流［アフリカ南部の西岸を北に向かって流れる寒流］の影響が感じられる．北半球の夏の間にリーブルヴィルの北方までさかのぼった冷たい海水が，大西洋の気団を安定させ，乾季を引き伸ばす．海上の空気が安定することで大量の雲霧が発生し，乾季にはコンゴ・アフリカの大西洋側の斜面を灰色で包みこむのである．

仕切られる赤道林

　一般に「処女林」のイメージがコンゴのそれに結びついている．常緑の多湿密林が140万km²を覆い，アマゾンの森林塊についで世界第2位の地位を占めている．一様に見えるこの緑の海の下には，極めて多様なファシース［種の量的相違による植物群落の下位単位］が隠されている．古生代の森林，人類以前に忽然と現れた鬱蒼たる森林の大伽藍のまま存続している部分は，多様な植物相を示している．ガボンの北東部で組織的に行われた綿密な調査によって優に150に及ぶ植物種が確認されたが，そのうち75種の樹木はわずか400m²のなかに生えていた．不均質性はいたるところで認められるわけではない．例えばウエレ川流域（ザイール北東部）にある *Gilbertiodendron*［系統的にタマリンドに近いマメ科の樹木］の森林は，見事に同種のものから形成されている．それでも二次的植物群系［原生林がなくなった後に生じる植物群系］のほうがはるかに多い．とはいえ赤道森林が焼畑の脅威にさらされているわけではないが，開拓によってできた林間の空き地を特定の種類が占めつつあるのは確かである．パラソルツリー（学名：*Musanga cecropiodes*）は，放棄された畑にしばしば侵入するものの，そのあとほかの木本植物のために消滅してしまう．ガボンの豊かな森林を作ってきたオクメ［カンラン科の高木で，軽くて柔らかい赤みを帯びた家具の材料となる］は，好陰性森林の周辺に多いリンバ（学名：*Terminalia superba*）［西アフリカのシクンシ科の広葉高木］とまったく同じように，焼畑のおかげで繁殖するひこばえの木である．同様にアブラヤシはかつて人間が介入したという事実を示している．したがって「二次性」とは，人の行う森林環境の利用の見地からして，弱体化を意味するものではない．

　これらの密林すべてに共通するのは，視界が遮られ見晴らしのきかない閉じた世界であるという点である．切れ目のない大

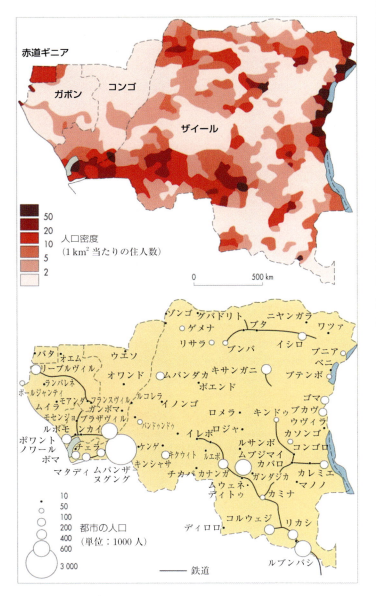

18.4　コンゴの諸地方の人口
植民状況は微弱で，地域によって異なる．森林地域でまばらな人口は，サヴァナの諸地方や東部の高地ではより豊かになる．

18. コンゴをめぐる旅

18.5　ピグミー
ミニチュアの森林天蓋ともいうべき植物製の小屋の中で，ピグミーの女性と子供たちは採集で生活している．籠と負籠とは馴れ親しんだ「道具」である（コンゴ共和国）．

木の天蓋が閉じ込めているのである．高い幹の群れに囲まれて，人は自らの矮小さに引き戻される．森林の塊は移住の妨げとなった．バントゥ族が大陸の南方へ向けて大移動を行ったとき，当初は森林塊の東側を迂回したことは確実であると思われる．またもっと小さな規模では，ウバンギ－コンゴ両川の交通路を通って迂回した．森林の奥へと入りこんでいったのは後のことである．森林に最も古くから住んでいるピグミー族を除けば，入植が行われたのはおそらく比較的最近のことである．例えばガボンに入りこんだ最後の移入民であるファン族に関するかぎり，入植は18世紀である．

森林は空間を仕切り孤立させるがゆえに，そこに入り込む小集団の自律化を助長した．森林環境は広くない領地の限界のなかに閉じこもる微小社会の自給自足に適している．それが基本的な必要品のほぼすべてを供給してくれるからである．森林の気密性は交流の生活よりも隠れ家に好都合であるために，大きな政治組織を立ち上げにくくした．事実，入植が細分化していたこれらすべての地方において，森林の諸社会は首長のいないタイプに属していた．他方，植民地時代以前の国家は，森林の周辺で，すなわちサヴァナの交流可能な環境で発展することができた．

現在でも森林環境は相変わらず交通にとって拘束となっている．赤道の土壌に特有の表土の土台が不安定なせいで，道路はもろく，たえず監視しなければ旺盛に繁茂する植物がこれをすばやく覆いつくしてしまう．きわめて生命力の強い野生の植物たちのせめぎから人間の設備を守る戦いは絶えることはない．技術力と欠陥なき社会組織とを前提とする環境の制御がないために，人間の造るものを樹木が解体するのである．コンゴの森林はまた木材の巨大な貯蔵所でもある．利用可能な森林面積は，アフリカ全体の推定1億6000万 ha の面積のうち，ざっと1億3000万 ha もある．開発は森林の隅を傷つけたにすぎない．沿岸部から離れすぎると，あまりにも高い輸送料がかかるからである．こうして広大なザイールの密林は実質的に手つかずのままである．

輸出用の熱帯作物は，恵まれた自然環境にもかかわらず限られた発展しかできなかった．例えばコートディヴワールに比肩しうるものは何もない．コーヒー，カカオ，アブラヤシ，バナナ，パラゴムのいずれにしろ，コンゴ・アフリカは世界市場で取るに足りぬ位置しか占めていない．しかしこの見え透いたパラドックスには説明がつく．それは労働力の不足，さらに植民地としての束縛からの解放が遅れた農耕の魅力の乏しさ，そし

て輸出港からの遠隔のせいなのである．特にザイールとガボンでは鉱業を中心にして経済の方向が決定されたために，農業は二の次に格下げされてしまったからである．そこでの開発のモデルと発展の政策は，西アフリカにおいて森林地帯を重要視したものとは明白に異なっているのである．

森林の世界は，サヴァナの，生じるのが草であるにせよ小灌木であるにせよ開かれた環境に強烈なコントラストによって対立している．一方から他方にかけて閉鎖性が移動を促す広大な地平に変るのである．開かれた植物群系は森林領域の北と南に割り振られて，南ザイールで最大の広がりを見せている．しかしそれは，森林にはあまり好ましくない土壌の条件があれば，赤道地帯にまで侵入することもある．植物の景観は，主としてザイール南部では森林とサヴァナとの中間的な様相を呈している．例えばクウィル川南部高原の疎林とか，シャバのしばしば巨大な白蟻の巣の上に乗っかった木生トウダイグサのある乾燥した森林，いわゆるミヨンボ林がその例である．後者は東アフリカの植物領域を予告している．ファシース［仏語ファシエス．植物群落の最小単位］の外観に見られる多様性にもかかわらず，開かれた諸地方全体の類縁性が変わることはない．これらの地方は交通には好都合であり，切れ目のないカノペ［森林上層部の樹葉のつくるいわば天蓋］の下部とはまったく違って見通しがよい．いくつもの王国がかつてこの空間に形成されたとしても驚くべきであろうか．そこは交易，移動，そして政治権力——その目から身を隠すのは難しかった——にとって好都合な空間だったのである．王国とこの空間との対応はもちろん絶対ではない．それでもやはりコンゴ族の王国にせよ，ルバ族やルンダ族の諸王国にせよ，植民地時代以前の大きな政治組織がサヴァナの環境で展開したことに変わりはない．

カルチャーショック

そのほとんどすべてがバントゥ世界に属するとはいえ，コンゴ盆地の著しい民族の細分化を強調することは慣例になっている．民族学的な分類による細分は言語や慣習の類似性によって緩和されるべきである．それによって，例えばザイール盆地のほぼ10の下位民族グループからなる「モンゴ族」全体をひとつにまとめることができる．グループ間の相互理解は複雑な民族のパズルを単純化するのに有効にはたらく．いくつかの媒介言語は統合に大きく一役買っている．例えば河川域の人々が作り出したリンガラ語は，現在コンゴおよびザイールの北部で常用されているし，モノクトゥバ語はコンゴ南部のコンゴ族やほかの住民たちによって，サンゴ語はウバンギ川沿岸住民たちによって話されている．ザイールには4つのいわゆる「国語」が多数の方言に重なりあっている．そのうちかつてアラブ人によって広められたスワヒリ語は，シャバ州を含む東部全体に普及している．チルバ語はカサイ地方で広まり，低地ザイールのキ

コンゴ語はバンドゥンドゥ地方に浸透している．リンガラ語に関しては，大統領の演説の，軍人たちの，そして行政の一部での使用言語であるために，それが理解されるエリアは拡大している．結局いかなる国家も単一の国語を持たず，すべての国家が公用語としてかつての植民地列強の言語を保持している．その結果，コンゴ・アフリカは大陸の最も広大なフランス語圏を構成しているのである．

アフリカのいたる所でそうであるが，民族的側面は国家の機能のいたるところに現れており，領土の整備は民族的地方分権主義と不可分な関係にある．国家の統一性は微妙な均衡のうえに成り立っているのであって，その均衡は重大な危機によって崩されることもあった．例えば独立後のザイールでのいくつかの反乱はすぐに民族的な脈絡に重なり合った．対立の激化は，時には周知の地理学上の結果を招くに至った．ルバ族の再編成はその例である．1960年，彼らがルルアブール［現在のカナンガ］をリュリュア族に譲渡して，主として東カサイのムブジマイに定住するとき，真の民族大移動の様相を呈した．そこは今では人口50万の都市になっている．1990年代初頭の政治危機は部族主義を目覚めさせた．例えば1993年，シャバ州出身者たちは，しばしば数世代前から鉱山地方に住みついていたいわゆる「カサイ族」（本質的にはリュバ族）を数万人単位で放逐したのである．

複数民族性が緊張をはらむ要因であり続けるとしても，コンゴ・アフリカは逆にキリスト教とイスラム教との溝にはほとんど関係がない．後者は19世紀におけるアラブ人たちの侵入の遺産として，高地ザイールとマニエマ地方で周辺的な地位しか占めていないからである．ガボンでは第1次石油ショックのとき（1974年）に，エル・ハジ・オマール・ボンゴ大統領は改宗したのだが，これに倣う者は出なかった．キリスト教の諸々の教会は，種々の分派教会の乱立が示すようにその信仰の表現法は多様であって——これはザイールで顕著であり，そこでは教会が破綻状態の国家の肩代わりをする傾向にある——発展の現場で，すなわち教育や保健衛生，あるいは農民の地位向上の分野で最も活発な役割を演じている．

いずれにせよ森林に住む種々のバントゥ系住民には共通の文化的基盤がある．その類縁性はなによりもまず居住様式に見られる．道路村の集落形態——それは一様に森林の中にある——は安全を求めるところから来ている．村落は確かにその防御的な性質を失ってはいる．住居間の距離が大きくなる傾向にあり，「衛兵詰所」はもはや男たちの集会とおしゃべりの場としてしか役立っていないが，その線的な形状は残っている．集落の形はサヴァナにおいてはもっと多様である．そこでは，村落は無秩序に混沌としているようにみえる．しばしば長方形をした家の建築様式はかなり画一的である．壁面の素材は植物（炊事場を作るための打ちかためた樹皮，それに竹，椰子の葉脈，砕いた板）であるか，もしくは土（練土，日干し煉瓦，もっとまれには焼き煉瓦）である．屋根の伝統的な覆いには，森林ではヤ

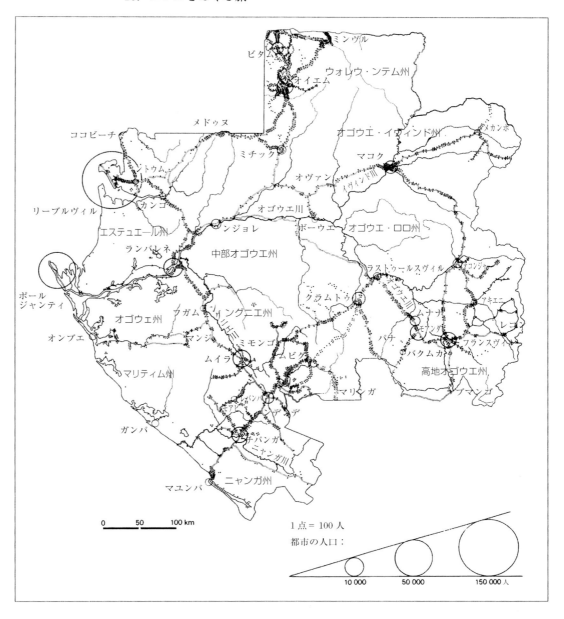

18.6　1970年のガボンにおける住民の配置
現在の配置は，植民地時代に始まり独立後も続行された村落再編成の相次ぐ実施によって作られた．道路軸上に組織された線状の空間が，住民のより効果的統率を目指したかつての網状の空間にとって代わった．

シの葉が，サヴァナでは草が使われるが，金銭がすこし自由になればこれに鉄板がとって代わる．植物製であるにせよ土製であるにせよ，家屋は長期にわたる悪天候や害虫に耐えるようには作られていない．またそれに住むということは住民に決まった場所に錨を降ろさせることではない．つまり住居は人口の少ないこれらの地方に特有の移動を妨げはしないのである．

籠のアフリカ

　道具は簡素である．樹木の伐採のために鉈と鍬と斧が使われる．森林地帯には長い休耕期間（10年から20年）を要する焼畑農業が特有である．人口密度が低いのでこの粗放農業方式は可能なのである．空間は浪費されるけれども，耕す必要がないために労働力は節約できる．自家消費の状況においては，30日もあれば畑を開墾することができるし，ほかのさまざまな農作業の全体には120から140日で十分である．大部分の穀物栽培につきものの刈入れ時の忙しさがないだけに，時間は流動的で束縛はほとんどない．森林では，基本的な食糧となる生産物，例えばプランタン・バナナ［大型で硬く，煮たり焼いたりして食べる調理用バナナ］，マニオク，ヤマノイモあるいはタロイモの収穫は，実際，数カ月にわたる．マニオクは時間編成に大きな幅を与えてくれる．なぜならその根は土中にほうっておいても保存されるからである．この特殊性は村に作物倉がないという森林領域の顕著な特徴と無関係ではない．穀類と異なり，根菜や根塊は──バナナはさらにそうだが──収穫のあと長い間保存できないのである．マニオクを粉に加工する長期保存の技術は村落地域にはあまり普及していない．したがって村々には乏しい食料の蓄えしかなく，栽培地で食物を採取するためにはしばしば移動が必要になる．こうして畑と村との距離の近さが，とりわけ女性にとって農作業の決定的な要因となる．女性たちだけが農産物の運搬を引き受けているからである．

　これこそは，家庭経済のただなかにおける性別による厳格な役割分担を基礎とした農業の本質的な一面である．仕事の大部

229

Ⅳ．中部アフリカ

18.7　何もかもすべき女性
「籠のアフリカ」では，女性は耕作者であると同時に「駄獣」である．キヴでは荷担ぎは前頭部の革紐による．西アフリカの女性は反り身になるが，中部および東アフリカの女性は前屈みになるのである．

分を負担するのは女性，基本的に養育者にして運び人である女性，探検家デュ・シャイユ［フランス生まれのアメリカの探検家（1831-1903）．中部アフリカを探検（1856〜65年）］のいわゆる赤道アフリカの「労働獣」である．ガボンからザイールにかけていたるところで，同じように重荷を背負って体を屈めた女性の姿があらわれる．ここには「籠のアフリカ」がある．籠は土地の開拓様式と同様に，男女それぞれの役割を定めた基本的な社会関係を象徴している．いかなる開発政策もしつこく残っている男性の行う農作業を低く評価する考え方と衝突してしまう．男性は農民であるよりはむしろ樵夫であり狩人なのである．植民地開拓者たちは，男たちが農業生産にほとんど時間を使わないことから評定された「怠惰」を非難せずにはおれず，強制的に彼らを「就労させ」ようと努めた．市場経済が普及し，食品が商品としての価値を得たことで，事情は違ったものになってきた．今や男性の参加によって，農業はどのようにして都市への供給用の余剰分を引き出しうるのかが問われている．

森林社会では農業活動だけが行われているのではない．狩猟，漁労，採集が食生活において無視できない役割を演じている．農村部では，魚および狩猟による肉が大部分の動物性蛋白質の供給源となっている．優れて男性の活動領域である狩猟（かつては戦争と結びついていた）は，以前ほどの重要性を持たなくなった．それでも森林は，一部商品化されている薬品は言うまでもなく，補助食品を供給し続けている．サヴァナの諸地方では状況はもっと厳しい．そこでの農業はより多くの労働を必要とするからである．鍬で畑を掘りかえし，土を盛り，畝あるいは平畝を作る，それはスーダン・アフリカのやり方を思い起こさせる．マニオクに加えて穀類，アワや殊にトウモロコシが栽培されていて，それは今日シャバの主要な作物となっている．森林においてとまったく同様に，化学的な増産要素はほとんど知られていず，牧畜も行われていないため，栽培に動物肥料を利用することもない．それでもコンゴでは，バテケ高原のククヤ族居住地方の場合のように，人口の圧力に促されたときには，盛り土に草を埋め込む肥沃化の技術によってある程度まで生産の増大が可能になっている．

生産システムのなかで牧畜には周辺的な位置しか与えられていない．それは森林環境では牧草地の欠如および睡眠病に基因する．植民地化によって低地ザイールとシャバ地方に牛の飼育が導入される前に，南部サヴァナに畜群がいなかった事実はさ

18.8 緑の塊を開く
最初の森の住民たちが使った斧はすたれて，横挽き鋸が利用されるようになった．これは恐ろしいほど効果を発揮する．土への根付きが悪くてもろくなった森の巨人たちの支持根を切断し，ぐらつかせるからである（コンゴ北部のボワサンガ）．

らに驚くべきことである．草本資源によって，少なくとも睡眠病に耐性を持つ動物種については放牧生活が可能であったはずなのだが．しかしイトゥリ地方と北キヴ地域の住民だけが，伝統的にコンゴ盆地の北東縁辺部で，大型家畜の飼育に専念しているにすぎない．

過疎の影響

耕作と牧畜のいずれが問題であるにせよ，確かなことがひとつある．コンゴ・アフリカには開拓可能な厖大な土地の貯えがあるという事実である．土地の逼迫は，ルワンダとブルンディに比肩しうるザイールの東部高地のような数少ない空間にしかかかわらない．これら若干の人口密度の高い小区域を除けば，スペースにこと欠くことはない．極端な例ではあるが，ガボンでは毎年かろうじて10万haが耕作されているにすぎない．メダルには裏がある．すなわち人口過疎に関連した土地ならいくらでもあるのだが，それは進歩を刺激しないのである．それでもこの莫大な土地資産は切札であり続けている．大陸のこの部分にはアフリカの穀倉地帯の1つとなる可能性があるからである．加えてそこでは，農業はほかの地方で猛威をふるう自然災害を受けないのである．例えば旱魃はまったくないというわけではないが，恐れるに足りない．植民地時代に飢饉を経験した地方が1つならずあったとしても（例えば1920年代のウォレウ・ンテム州の場合），それは生産が無秩序に行われていたためであって，自然の引き起こした災禍ではなかった．農業の発展は，実際にはそれも大いに非農業的な要因，何よりも市場経済への統合に依存している．そしてそれは商品化および輸送の体制づくりを前提としている．規則的な輸送手段が行きわたれば，村民たちは余剰生産物を産出する能力を示すのである．コンゴ盆地の農業の潜在力を活用できるかどうかは，交易の空間を組織し都市と農村とを連結させる能力があるかどうかにかかっている．この点では空間の編成が農学の進歩に優先すると言っても過言ではない．

全体として考えれば，コンゴ・アフリカには大して人は住んでいない．1 km² につき平均12人，そしてコンゴとガボンではそれぞれ5人と3人である．人口を示す数字は留保つきで受けとらなければならないにしても（ガボンでは，人口調査の結果と公式発表との間に50％以上の差があり得る），人口過疎であることには疑問の余地はない．現在の力強い人口増加をもっ

てしても，人口と資源のバランスが危うくなることはない．植民の貧弱さについて人々はずっと以前からさまざまに問うてきたけれども，多くの問題がまだうまく解明されていない．赤道地域の不衛生を原因として取り上げることはできる．いくつかの風土病のために長い間人口増加にブレーキがかかった．最も悪性なマラリアの原因となるマラリア原虫（学名：*Plasmodium falciparum*）は，今も多数の犠牲者を出している．ガボンでは，それは幼児死亡の第1の原因であり続けている（0から4歳までの年齢層での死亡率はおよそ200‰．[20‰の誤植か]）．ビルハルツ住血吸虫症はザイールのいくつもの地方で猛威をふるっている．しかし植民者との接触は特に破壊的であった．事実ヨーロッパ人によってもたらされた天然痘や，住民の移動によって広まった眠り病の災禍を語る証言は数多い．シュヴァイツァー博士［1875-1965．フランスの医師・プロテスタントの神学者・音楽学者．ガボンのランバレネに病院を創立．1952年ノーベル平和賞受賞］はオゴウエ川沿岸のまさに病気の中心地に，かの有名なランバレネの病院を創設したのだった．労働者の徴用や強制労働そして荷運びの労役のために，いたるところで死亡率は高かった．コンゴ全域が1930年代まで同じ症候群に苦しんだ．人口は減退し，いくつかの地方では恐らく住民の半分までも失ったことに疑いの余地はない．この植民地時代のトラウマがかつての奴隷貿易による住人連行に重なったのである．奴隷貿易はザイール北東部ではかなり最近まで続いた．アラブ人によるそれが19世紀末にも猛威をふるっていたからである．

　もう1つの点も注目に値する．それは低い妊娠率が執拗に続いていることであって，とりわけガボンの住民およびザイールのいくつかの地方の住民，例えばウエレ族において顕著である．この現象はいまだにうまく説明されていないのだが，国際フランスヴィル医療研究センター（CIRMF）の創設を促すに至った．低妊娠率の解明は，中部アフリカがその発祥地であるかと思われるエイズのそれと同じくおぼつかない状態にある．統計を信用するなら，今日では妊娠率はアフリカの平均に近づきつつある．少なくともザイールでは年間3％の人口増加を誇示している．この統計上の傾向があるからといって，コンゴ盆地が依然として厖大な過疎の空間であることにかわりはない．広大な空間がからっぽ，もしくは分散した人類がかろうじて軽く触れているにすぎない．無人の地ではあるが人の住めない地帯ではない．空虚はさまざまな事情を抱えたコンゴ空間の構造的所与なのである．それは交易のコストを圧迫している．だだっ広い空間を管理し，きわめて長い距離にわたる道路と商売を限られた交通量で黒字にするのは容易ではない．分散した住民を管理するために，行政府は独立の前からも後になっても，限られた数の幹線道路軸の上に村落を統合してきた．ガボンはこの居住地理の単純化の最も際立つ例を示している．

目印としての都市

　この空間にあるもう1つの恒常的な問題，すなわち近代的な諸活動のために労働力を集めることの困難さのために，膨大な移民が生じるに至った．オクメ材の開発によって低地ガボンは民族混淆の地となった．高地シャバの鉱山地方にはザイールの南東部全体から人々が集まった．もっと最近では，ガボンにおける労働力の慢性的な不足のために外国人が流入し，その数は石油生産の飛躍とともに増大した（総人口のおそらく20％）．そして労働力の問題はついに領土事情にはね返ってきた．徴募を容易にするために，高地オゴウエは1925年にはコンゴに，次いで1946年にはガボンに併合されるに至ったのである．

　コンゴ・アフリカは大陸のなかで最も都市化された集合体の1つに数えられる．全体ではほぼ50％にあたる都市人口は，1993年7月の人口調査を信じる限り，ガボンでは74％という記録的な割合になる．ところで都市は1世紀ほど前からしか存在していない．つまり社会的・空間的変化が独立以後に加速されて極端に速くなったのである．都市の起源は植民強国によって設置された領土の編成に直結している．鉱山から生まれたいくつかの拠点，例えばシャバ州の銅地区，カサイ地域のダイヤモンド地区，あるいはガボンのマンガン地区を除けば，都市はまず何よりも行政上の詰所であった．一挙に丸ごと作られたとはいえ，ある場合には例えばザイールにおいては既存の組織網を新しい方向に導くこともあった．領土編成の軸である都市は，基本的には国家の娘である．都市の様相にはこの系譜の特徴が現れている．すなわち役所，警察署もしくは憲兵隊の駐屯所，教育・病院施設が，都市のもつ最重要の機能を語っているのである．

　おおまかな都市網は第1次世界大戦前からすでに存在していた．それ以来都市は加速的な成長を見た．それはただ1980年代の経済危機のために緩んだ．近代性の真の拠点である都市は若者たちを強く引きつけている．きわめてまれな例を除けば，農村住民の都市への流出は，ここでは経済的または土地にかかわる制約や貧困の結果ではなく，農村ではほとんど見られない金銭や新しい生活や変化への渇望の結果である．都市とその知識の光は，闇と伝統に浸かった藪だらけの土地との関係を断ち切るのである．土地からそっぽを向かせ，都市の生活様式にのみ高い価値を与える学校で文化変容を受けた若者たちにとって，農村には将来への展望はないのである．

　これら国家権力の拠点である「役所所在地」の周囲に構築された行政組織網は，苦労なくして作り上げられたわけではない．機能的な領土の網の目が安定するまでに数十年が必要であった．ガボンとコンゴは植民地時代の行政管理を破棄することなく続行した．ザイールでは，1960年に国のさまざまの枠組みが瓦解した結果，状況はより不安定であった．政治・行政構造

が分裂して，民族的地方分権主義を活気づかせた．そのためベルギー行政機関の残した6つの州にかわって，1962年には21の「小州」が誕生した．中央政府の権威が回復したのち，1966年に州の数は8つに減り，それにキンシャサが加わった．カサイ地域の分割はルバ族の現実性を考慮したものであり，かつてのレオポルドヴィル州の分割はクウィル川の特殊性を考慮したものであった．行政の組織図は固定化していない．例えばキヴは1989年に3つの州に区分された．もちろん規模に従って評価されなければならない．例えばザイールの1つの州は面積および人口においてコンゴ全体やガボン全体よりも大きいのである．

天引きか開発か

雇用の創出は都市成長のリズムに追いついていない．鉱山拠点を除けば，産業による雇用は副次的な役割しか演じていない．独立によって活力を与えられたサービス業の分野は息切れを起こしている．300万から400万にのぼるキノワ人（キンシャサの住人）は何によって生活しているのだろうか．10万以上の住人を数える20ばかりの都市の住民や小さな準都市の住民たちはどうなのか．都市経済の古典的分析法ではこの問に答えを出すことはできない．あまりにも大きな活動の部分がいわゆる「非公式な」分野に属しているからである．貨幣は合法であれ非合法であれ，多様な経路を経て流通しており，その規模を測るのは困難であるが，これらの経路がなければ都市は塞栓症に陥りかねないのである．けれども財の再配分の便法は限りなく柔軟であるわけではなく，下層民にとって生き残る可能性は不確かなものになっているため，村落に対する都市の優位はもはやかつてほど保証されてはいない．統計は無いかもしくは不正確ではあるが，農村からの住民流出の波は後退し始めているように思われる．シャバ地方の諸都市に関する最近の研究はそのことを示しているし，1984年にキンシャサで調査された人口は1970年代の増加率に基づく予測を下回っている．経済危機の一般的な雰囲気はこの都市化の減速と無関係ではない．都市経済は国家の再配分の能力およびその方式に密接に結びついているがゆえに，国家に悪影響を及ぼすものはすべて都市の生成にも悪影響を及ぼす．ザイールの危機は都市からの離脱ないし脱都市化の兆候を数多く示しているのである．

多数の由々しい困難に苦しんでいる大陸のなかで，コンゴ・アフリカはいくつかの異論の余地のない切札を有している．それは雨のもっと少ない地方を苛んでいる生態環境の危機を全体として免れているし，ごくわずかな例を除けば土地にかかわる制約もない．そのうえ地下資源には相当なものがある．実際，

石油および鉱物の生産は，ザイールやガボン，さらに最近ではコンゴの経済において決定的な役割を演じている．西欧諸国への原料の供給を目指す天引きの経済が依然として支配している．この経済は閉鎖された近代性の領域を作り出していて，土着の生産システムとうまく結びつかず，外国の資本や技術や市場に依存している．いくつもの開拓の過程（サイクル）が植民地化の当初から重なりあった．まず採集（銘木，象牙，ゴム）で，これは，ベルギー領コンゴの特許会社，それにフランス領コンゴの特約会社が19世紀末に沿岸の奴隷貿易を引き継いだのであった．すぐそれに続いてガボンでは森林開発のサイクルが，他方ザイールではプランテーション経済のそれが実施され，これは独立前夜に頂点に達した．この分野は植民地経済の終焉とともに甚だしく衰退した．そしてコンゴ・アフリカはますます激しくなる国際競争に直面して，労働の生産性の脆弱さや投資の少なさ，そして輸出港への高い輸送コストに苦しむのである．

多かれ少なかれ遅速の差はあるにせよ，採掘活動は早い時期から舞台の前面を占めた．1906年の創設以来，高地カタンガ鉱山連合すなわち現在のジェカミーヌ（Gécamines）は，ザイールの生活において常に決定的な役割を演じ続けた．シャバ地方の銅とコバルトのおかげで，ザイールは世界規模での戦略的な賭金となった．1960年におけるカタンガの分離独立や1978年のコルウェジでのフランス・ベルギーの介入はそれを証明している．しかし冷戦の終結とともに，もはやそうではなくなった．というのも1991年以来ザイールで吹き荒れて経済を麻痺させている騒乱によって，生産はほぼ停止状態に陥ったのである．マンガン，ウラニウムおよび石油はガボンに政治のチェスボード上で特別な地位を与えた．1964年にレオン・ムバ大統領を失脚させていたクーデターに終止符を打ったフランスの軍事介入は，1990年におけるポールジャンティへの空挺部隊の派遣とまったく同じように，この鉱物および石油という背景と無関係ではない．1973年に石油産出国となったコンゴは，それ以来ガボンと同様に石油ショックとその反動の繰返しを体験している．

世界相場の変動にさらされたこれら諸国の第1次産業経済はきわめてもろい．12年間にわたって成長を続けたのち，ガボンとコンゴは1985年以降，それまで国家収入の最大の部分を占めていた石油の暴落に直面しなければならなくなった．20世紀末に向けての大きな挑戦は，これまでほんのいくつかのエネルギー資源と鉱物資源の輸出に依存しすぎていた発展を方向転換することにある．森林や農業生産という更新可能な資源をよりうまく活用することが必要になる．自然界の潜在力はある．だが最も困難なことはまだなされていない．それは人々を動員して彼らの社会と空間とを組織することである．この共通の挑戦を前にして，各々の国家がそれぞれ固有の状況を見せている．

19

ザイール：膨大な可能性

ベルギーのほぼ 77 倍の 240 万 km² という面積を有するザイールは，サハラ以南で最も広大な国家である．そこにある主要な活動拠点間の連絡が困難なことは，空間の編成にとって重大な拘束となっている．このアフリカの巨人を思い起こすときには，その農業，林業，そして鉱業にわたる富の巨大な潜在力が伝統的に強調される．しかし，資源の有効な運営手段を欠くために，この国は無秩序な低開発状態にとどまっている．まさしくそれがザイールのパラドックスなのである．

1994 年には，おそらくザイールは 4000 万の住民を擁するであろう．人々が不均等に住んでいるこの領土には十分な住民がいるというにはほど遠い．この豊かな国にあって住人たちの圧倒的多数は貧しい．アフリカの穀倉地帯ともなり得るザイールは，土地と水に恵まれているにもかかわらず，飢餓を経験したこともある．貨幣は暴落し続けている．そしてこの国の命運はアフリカ大陸という「工場の墓場」の内にある．独立以来，国は危機から抜け出すことはなかったが，その危機は，1991 年秋に軍人たちの企てた都市部での掠奪によって最悪の局面に入った．それは，おそらくほかの国々の場合よりもっと大幅に組織のもつさまざまな欠陥に帰せられる．1960 年における政治・行政の枠組みの崩壊によって，国土の大部分は内戦による無政府状態と暴力のなかに突き落とされた．それは第 1 次共和国を分裂の危機におとしいれ，「コンゴ危機」を国際的規模に拡大させた．1965 年 11 月にモブツ将軍［後の大統領］が政権を掌握した後，第 2 次共和国のもとに政治的安定は維持されたにしても，国家の権威がなかなか回復しない状況にあっては，何年にもわたる紛争の傷跡をすべて消し去ることはできなかった．1990 年から公然と表明されている民主政治への渇望は，このうえない混乱のなかで模索されている新しい政治の時代を予告するものである．

不安定きわまる地方の政治環境のなかで，結びつきの緩い空間をそして多様な住民を接合するうえで国家が遭遇している困難には，確かにいわゆる「地理」にも責任の一端はある．しかし社会に，そしてザイールが採択した政治の方向に特有の内的諸要因もそれなりの役割を演じているのである．1973 ～ 1974 年の「ザイール化」および「急進化」の諸々の措置は，個人もしくは国家を利するために外国企業を接収することを目指していたが，結局それは生産と交易の完全な崩壊を招くに至った．

それらを売却し，さらに 1982 年から自由化政策を実施したことで不幸な試みには終止符がうたれた．それでもなお投資家たちはザイールがリスクの高い国であると考え続けている．国民自身が「ザイールの悪」と認めていること，すなわち詐欺，買収，密輸などの非合法行為は非常に深く習俗に根ざしていて，経済機能を限りなく不透明なものにしている．

隔たりを突破する

これらすべての理由のために，ザイールは現在によりはもっと容易に過去や未来に結びつく．ベルギーは有効な生産設備を残していったが，それは充実した植民地のスタッフがいて，その強制的な指導があってはじめて機能するものであった．1960 年の急な脱出による空白のために，国の組織は重大な損害を受けた．将来は，異論の余地のない切札である広大な空間──その資源はいまだほとんど手つかずのままである──に，そして活力も独創性も欠くことはない住民とにかかっている．現在に関しては，その諸々の問題は亜大陸規模の領土のなかで自然的・人的資産を運営することの困難から生じている．それはまたザイールが西欧の諸大国と結んでいる関係の性質にも起因している．かつての宗主国［ベルギー］との経済的，文化的，感情的な，しばしば荒れることもあった関係は 1990 年に断ち切られた．ほかのパートナー，特にアメリカ合衆国とフランスは，長い間欲望の対象であったザイールの舞台で活発な役割を演じた．しかしモブツ大統領による政治状況の封鎖のために，少なくとも一時的に撤退しなければならなくなった．そしてそうこうするうちにザイールはその戦略的かつ経済的魅力を失ってしまったのである．

19. ザイール：膨大な可能性

19.1 キンシャサ，その中心街
最近の掠奪以前のキンシャサの中心街．並木道，数々の近代的なビルディングや美しい別荘．だが木を見て森を見ずの喩えどおり，この都市にはもっと庶民的な地区，計画的に建造された団地そして何より郊外の「勝手に生まれた」住宅地が存在する．

独立国家の創建から現代に至るまで，輸送の問題が空間整備の政策において中心的な位置を占めている．そして発展は交通の問題での成果にかかっていると断言することができる．ほぼ1万4000 kmに及ぶ河川航路は輸送システムの脊柱となっている．それでも航路を整備し，あちこちを浚渫しなければならないし，航行の妨げとなるホテイアオイ［学名：*Eichhornia crassipes*］や流木を除去しなければならない．ところが航路網の保全状態はひどく悪化した．標識の設置は不十分になったし，夜間の航行はおぼつかなくなった．河川交通を管理する公共企業体（Onatra）は，老朽化した設備を良好な状態で維持するには至っていない．キンシャサ–キサンガニ間の大連絡航路にさえ定期便はないのである．交通の主要部分はカサイ川とザイール川との軸上にあるイレボと首都間の航路に移って，シャバの鉱石を運搬している．しかしほかの地方では，河川運輸は道路や航空路による競合の煽りを食って，もはや局地的な機能しか持たなくなっている．

あらゆる航路網はマレボ湖へと集中している．ザイール内陸部との連絡は可能であるが，そのかわり川下の急流群のために大西洋への航行は遮断されるし，川上の急流群のために穏やかな運河区と航行不能の水域とが交互に現れることになる．これらの障害を迂回するために鉄道を建設しなければならなかった．水路と鉄路とが補いあって国土は閉鎖状態から真に脱出したのである．その事実は「鉄道のないコンゴには1ペニーの価値もない」というスタンリーの言を裏づけるものであった．キンシャサ–マタディ間の鉄道は1898年には完成していたが，それは依然としていわば臍の緒であり，今日ではザイールを海流へと結びつける道路がそれに重なっている．植民地時代の終わりには，鉄道網は5000 km以上の長さがあった．しかしそれ以来基盤設備［インフラ］は常に傷み続けてきた．ウエレ川流域では綿花地帯を通る1000 kmに及ぶ狭軌（0.6 m）鉄道が，事実上使用不可能となっている．ザイール川上流の航行不能水域を迂回するキサンガニ–ウブンドゥ区間とキンドゥ–コンゴロ区間の状態も大してはかばかしくない．シャバ–イレボ間およびキンシャサ–マタディ間の最重要路線さえ，存続するためには，1993年まで世界銀行による融資の恩恵に浴した復興プログラムに頼るしかなかった．しかし現在，世界銀行はザイール事務局を閉鎖している．

ゆっくりと破損していくとしても，鉄道は道路輸送の発展によって補充されるはずであった．道路網の14万5000 kmという理論上の長さがあれば，そう考えるのも当然であろう．しか

19.2 ザイールにおける組織網の永続性と可動性
領土の行政の組織は，広大で分裂の危機に瀕している空間を管理する奇跡的な方式を求めて，分割と再編の間を揺れ動いている．

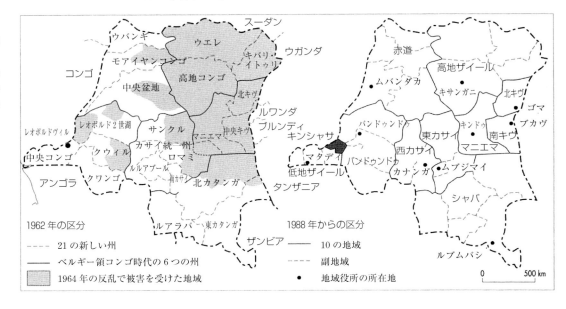

しこの数字にはあまり意味がない．なぜなら多くの道路がもはや地図上でしか存在しないか，きわめて通行困難な状態に陥っているからである．ザイールにはアスファルト舗装された道路は2400 kmしかない．それが，特にマタディーキンシャサーキクウィト間の軸およびルブムバシーコルウェジ間の軸でもって輸送の本質的部分を支えているのである．キサンガニーブカヴ間の連絡路ができれば，ザイール北東部を孤立から脱却させ，そこを東アフリカの道路網に接続することになるであろうが，それはなお未完成のままである．

輸送の基盤設備全体の劣悪化は疑いもなく進歩にブレーキをかける主要な原因の1つである．手入れされていない地方の道路が閉鎖されて，多くの農村空間は閉塞状態に陥っている．輸送コストは高く，内燃機関燃料の配給は不規則であり，機械部品の入手も困難であるために，交易の発展は妨げられている．地上輸送の欠陥のせいで飛躍的に発展した航空機による都市間の連絡は，あらゆる方向に広がる地上交通路の代わりにはなりえない．これだけが空間組織を根本から活気づけることができるからである．現在ひどく劣化している交通の基盤設備の修復，それこそ明日のザイールが立ち向かわなければならない大きな挑戦のひとつである．経済的発展も国土の結集もそれにかかっている．

あて外れの農業

食料の面では潜在的に自給可能であるのに，ザイールは住民をしかるべく養うことができないでいる．栄養失調は複数の農村地方でも都会の貧困大衆の間でも猛威をふるっている．政治演説では農業が「優先事項中の優先事項」と宣言されるのではあるが，それが行政当局の支援を受けるわけではない．農村の一部が孤立と沈滞のうちに沈み込まないためには，公の支援が必要であるだろうに．

しかしザイールは十分に自然の恵みを受けている．全般的に1000 mmを超える降雨があり，天水栽培はほぼいたるところで気候上の災害を免れている．気候が地方によって微妙に異なり，季節の周期は赤道の両側で逆になるために，各地方は互いに補いあうには好都合なのである．東部の高地は温帯タイプの農業および牧畜に適していて，アラビカ種のコーヒーや紅茶のプランテーションが営まれている．生産物のレパートリーは，食用作物と工業用作物のいずれにおいても比較的豊かである．

けれども農業の成果は依然としてまったく期待されるほどには達していない．ザイール農業は特有の不利な諸条件に立ち向かわなければならないのである．地方の下級公務員，つまり入植者たちの帰国による穴は1960年以後に埋まることはなかった．農村の幹部は不足し，資力，処理能力または権威を欠いている．宗教の宣教団やNGOの活動の恩恵を受けたほんの一部を除けば，村落の社会環境（衛生・就学）は悪化した．農学研究はコンゴ国立農学研究院（INEAC）によってベルギー植民地の白眉のひとつとなっていたが，それはひどく衰退した．国立農学調査研究所（INERA）が，予算を削られながらもその研究を続行しようと努力してはいるのだが．

最も深刻なのは輸送網の劣化であり，それによって多数の村落は市場から切り離され流通の埒外に置かれて，自給生活に戻ることを強いられている．都市民がこの退行の犠牲になっている．彼らは，農民たちもそうだが，農業生産の余剰分がないために，窮屈で脆弱な生産システムのなかに閉じこめられているのである．都市の貧民街でカロリー欠乏性栄養失調症が起こっているように，蛋白・エネルギー失調症，蛋白質の欠乏によるクワシオルコール［ガーナの一方言に由来する語で，トウモロコシの偏食によるいわゆる小児栄養失調症］が，孤立した住民の間で猛威をふるっている．ヨウ素の欠乏はしばしば甲状腺腫やクレチン病となって現れ，ウバンギ川およびウエレ川［ボム川と合流してウバンギ川となる］沿岸の住民に害を及ぼしている．そこではヨウ素を含む塩が手に入らないからである．市場

からも無料診療所からも遠く離れた多くの村落が，貨幣経済および国民生活の埒外で生きているのである．

とはいえ，あまりにも暗い描写を一般化してはならない．実際には，農村の新しい地理が配置されつつあるのである．市場へのアクセスや輸送と商品化の条件によって位置決定が行われているからである．農業の発展はさしあたり農学のというより社会およびその空間の編成の問題である．すなわち行政上の幹部組織の復権，そして交通手段による国土の再活性化が必要なのである．大部分は自家消費されている食料品の生産量を測定し得る信頼できる統計はまったくない．生産の増加は年3％の人口増加のテンポにもはや追いつけない状況にある．大都市への供給はますます覚束なくなっている．食料，特に小麦や小麦粉などの輸入はあっても，国全体の不足を部分的に緩和しているにすぎない．

栽培植物の空間分布は生態環境の条件と各地方の伝統に対応している．とびぬけて最も普及しているマニオクの栽培は，都市部での需要が推進力となり，何よりキンシャサへの供給のために，低地ザイールとバンドゥンドゥの道路に沿って拡大している．トウモロコシの栽培は，鉱山地帯の労働者たちに低価格で供給することを望んでいる政府によって奨励されて，シャバとカサイで支配的である．わずかばかりの米は特に盆地の東部において伝統的に天水栽培によって，さらに付随的には中国の技術援助により整備された水田で栽培されている．アワとモロコシはまったく脇役を演じているにすぎない．すでに1915年にはキヴ地方に導入された小麦の栽培は，自然環境が適しているおかげで，ルベロ一帯で再開されつつある．ザイールは大牧畜地方には入っていないとはいえ，牛の数は100万頭を超えている．そのうち3分の2はイトゥリ川流域と北キヴ地域にいて，そこでは伝統的な飼育業者たちが協同組合グループに組織された．大牧畜経営は古くから南部のサヴァナに定着している．例えば，シャバのエルジマ Elgyma（1916年からヴァン・ジゼル社）や低地ザイールのJVL（1924年からジュール・ヴァン・ランケル商会）がある．全体で12ばかりの大牧畜経営が行われており，飼育数は1万頭を超えている．技術は自家薬籠のものとなっており，この活動分野は発展するのではないだろうか．JVLはその経験を生かしてガボンに大牧場を設立した．

換金作物

独立以来，コーヒーは別として輸出用の生産物は相対的にも絶対的にも下落した．1959年には農産物は国の輸出額の40％近くを占めており，国はアブラヤシ製品の販売では世界第2位の位置にあった．しかしそれ以来この割合は下がり続け，ついにはほぼ10％にまで低下している．農・工連係の危機はザイールの全般的困難に関連しているわけだが，それが植民地特有の束縛に基づく開拓システムを象徴していたという事実によっても説明される．そのシステムが独立の動揺によって揺さぶりをうけたのである．1960年になると零細入植者たちは，キヴ地域のように最も紛争の激しい地方から波が引くように離れていった．1974年には脱出の第2波がこれに続いた．「ザイール化運動」が容赦したのは大企業だけであった．自由化も，とりわけ長期にわたる投資を必要とするこの事業部門での信頼を回復するには十分ではなかった．

アブラヤシは農・工連携の難しさの見本となっている．それは20世紀初頭からコンゴ盆地とマヨンベ山地で栽培されていて，1959年には24万tのヤシ油を供給していた．しかしここ数年は8万t前後にまで落ちこんでいるのである．政治状況が不安定であったために，プランテーションは育成機材の入替えも改良も行わなかった．若者たちは報酬の安い仕事からそっぽを向いた．工場は息切れしている．現在，7万haのヤシ園が15ばかりの会社に分散しているが，そのうち最も大きなPLZ（1911年以来存在するザイールプランテーションルヴェール（Lever）社）は，2万5000haを経営している．これらの企業は伸び悩んでいるかそうでなければ政情不安のために閉鎖されているのだが，反対に油の手工業生産のほうは伸びていて，国内市場では工場による生産と競合している．農民たちがイニシアティヴと活力を発揮しているのである．しかし政治危機が続いているためにその成功は危ぶまれている．

植民地時代の拘束の刻印を深く帯びた綿花もまた経営方式の転換の難しさを例証している．それは強制的な栽培だった．綿

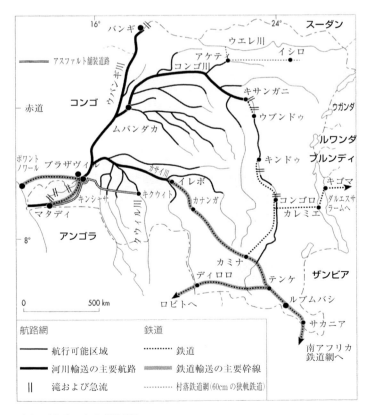

19.3 ザイールの輸送網
植民地時代の地上輸送は水路と鉄路を組合せていた．そのシステムは1990年代初頭からひどく荒廃し麻痺している．

Ⅳ. 中部アフリカ

19.4 ザイール-ザンビア間の銅生産の三日月地帯
中部アフリカの最も広大な鉱・工業地帯は2つの国にまたがっている. しかし1991年以来ザイール側は罹災した状態である.

の種子の生産は1959年の18万tから2万t程度にまで落ちこんだ. 栽培地帯は, 盆地の北部と南部の小灌木の生えたサヴァナにあって, 20万人の零細農民が, 15から40aの畑で食用植物との輪作を行いながらわずかな綿花を生産している. 肥料や殺虫剤がないために収穫量はきわめて少なく (1ha当たり250～500kg), さらに綿繰り施設までの輸送が困難であることから, 生産者たちはわずかな収入にしかならない栽培を続ける気力を失っている. そこでの生産は繊維工場 (特にキンシャサのウテクスアフリカ工場とキサンガニのソテクスキ社) の需要を満たすはずであった. しかし実際にはそれは加工綿全体の3分の1程度にしかなっておらず, 残りは主としてアメリカ合衆国から輸入されている. 盆地でのパラゴムの木のプランテーションもまた独立の衝撃にうまく耐えることができなかった. 生産高は4万tから1万5000t以下に落ちた. それはPLZを含む15ばかりの会社のために全体で4万haを占めているけれども, 労働力不足が原因で, 数千haは利用されないままになっている. 同様に赤道地方, キサンガニ周辺やマヨンベ山地におけるカカオの栽培も甚だしい衰退を見せている.

こうして産業用作物栽培の光景はかなり精彩のないものとなっている. コーヒーだけは進展を記録していて, 1959年の6万tに対して現在10万t近くを生産している. シャバ地域を除いた大部分の地方で栽培されており, おおよそ80万人の小規模プランテーション経営者がこれに携わっている. 北キヴ地域では約1万5000tのアラビカ種が生産されている. 中心地ブテンボおよびベニの活況, 銀行やコーヒー倉庫やダルエスサラームへの道路交通が, 綿花の栽培よりも利益のあがるこの農業投機のダイナミズムを示している. 以上の概観を補うために, ブカヴ周辺のキナノキのプランテーションにふれておこう. 一部輸出されているその樹皮は, 2700haを専有し経営しているファルマキーナ製薬工場 (キニーネ) にも供給されている. 紅茶の栽培 (2000～3000t) は高地キヴ地域で命脈を保っているし, ベニで加工されるパパイヤのエキス (パパイン) は, 輸出の流れを維持し続けている. 国内市場にあてられる蔗糖の生産はまだ不十分である. プランテーションは拡張され (2万ha), 低地ザイール地域のクウィル・ンゴンゴやルシジ渓谷のキリバで, もっと近年になってはキサンガニ近くのロトキラで精糖工場が操業しているというのに.

森林はザイール国土の半分, そして熱帯アフリカの森林面積のほぼ半分を占める. この事実だけで森林伐採に関する諸問題に悩まされている大陸におけるこの森林の重要性は十分に分る. けれどもその巨大な潜在力はほんのわずかしか開発されていない. 数年来おおよそ40万tの皮付き丸太材を生産するにとどまっており, そのうち3分の1が輸出にあてられている. それゆえザイールは木材の主要生産国のなかに入っていないのである. 現在に至るまで, 輸送コストがかかりすぎるために内陸部の森林の大規模な開発は遅れてきた. 大西洋沿岸に近いマヨンベ山地については事情は異なる. ただしその森林は伐採し尽くされつつあり, 大規模な伐採場は盆地へ向けてその位置を徐々に移し始めている. 最大の会社 (シフォルザル Siforzal) には, そこでの300万haの伐採が認可されており, おそらく生産はもっと伸びていくだろう. 村落民がさまざまに利用している森林は, 都市民にとってはますますエネルギー源となっている. 年間に消費される薪炭材は1000万tの石油に相当すると推定されている. 伐採および木炭の製造によって, 都市近くに住む数千の人々が生活している. そういう都市近郊, わけてもキンシャサ周辺では森林消滅の斑点が広がっている. カサイ地方の諸都市は樹木の伐採されたサヴァナの環境にあるため, シャバ地域から木炭を取り寄せている. ザイールの森林の自家消費のための利用は, 全体としては脅威となっていないが, 「森林資産」 の運営は, ここかしこで問題を生じさせつつある.

鉱山の支配

地質学者コルネがビア=フランキの調査 (1891～1893年) の途中にカタンガの銅鉱床を発見して以来, 鉱山経済およびそれに結びついた領土戦略とがザイールの生活を支配してきた. 鉱山地域の活用に関する諸問題は, 1900年に創設された 「カタンガ特別委員会」 (CSK) にゆだねられ, 1906年には有名な 「高地カタンガ鉱業連合」 (UMHK) が設立された. これはCSK, ベルギー総合公社, そしてイギリスの利権を担うタンガニカ委託会社を中心として構成された. ザイール経済の要とな

19. ザイール：膨大な可能性

19.5 高地ザイール
V字型にえぐられた高い台地，ルシジ川からキヴ湖に及ぶ切立つ渓谷からなるザイール東部は，大きく陥没した西リフトバレーに近い隆起した大陸基盤に切込まれている．これは，隣人である多すぎるブルンディ人たちにとって征服すべき空間なのだろうか．

るこの部門は，一挙に国際的な規模になったのである．確かにそこに賭けられているものは大きかった．面白がって言われたように，真の「地質学上のスキャンダル」となったカタンガは，実際，ザイール・ザンビアのカッパーベルト（産銅地帯）の西部に広がっている．これは世界の主要な銅鉱床のひとつであって，そこで採掘される鉱石は，銅に加えて亜鉛，少しばかりの金，さらにゲルマニウムや殊にコバルトのような数種の希少金属（レアメタル）にまで及ぶ．ザイールはコバルトという戦略用金属の世界第1の産出国（全体の50％）なのである．

ザイールの領土政策におけるシャバ地域の重要性は明らかである．売却することによって外貨収入の毎年平均3分の1近くが確保される金属類の輸出のために，輸送道路が編成された．鉱山と工場の需要に応える労働者の徴募によって地方の地理は一変し，早い時期からの都市化と中央アフリカで唯一の労働者社会が生まれたのである．独立以来，国家権力はカタンガの分離独立と密接に結びついたこの経済上の最重要地域をなんとか管理しようとした．1966年，国家のなかの真の国家ともいうべき UMHK は，ジェコミン Gécomines（コンゴ鉱山総合公社）の名のもとに国営化され，その後正確にその性質を表すようジェコミン Gécamines（鉱山採石総合公社）に変更された．だ

からといってベルギー総合公社との関係が断絶したわけではない．1970年代の終わりには，ジェカミンはシャバ地域のその勢力圏内でほかのいくつもの会社からの競合に脅やかされていたが，今日ではかつての UMHK と同じ独占的な地位を取り戻している．アメリカのアモコ社は意思表明の段階にとどまった．日本のニッポン鉱業はソディミザ Sodimiza（ザイール鉱業会社）で国家に協力していたが，12年間ばかり鉱石を採掘した後で撤退し，当初予定していた精錬工場を建設することはなかった．

再び戦いの場で勝ち残ったジェカミンは，ルブムバシ−リカシ−コルウェジを結ぶ軸上に伸びる2万 km² にわたる払下げ地（UMHK のそれは3万4000 km² に及び，実にベルギー国よりも広かった）の内部にある鉱床を開発している．1991年から生産設備の破壊までの期間，7つの露天採鉱場と3つの地下採掘場から平均含有率4.1％の鉱石が1500万 t 産出され，その4分の3は西部グループ（コルウェジ）から出たものであった．銅の生産は（独立時の30万 t に対して）ほぼ50万 t に落ち着き，その45％はなお新たな工業組織体の実現を待ちつつ現地シトゥルで精錬されていた．鉱石の加工によって年平均1万 t のコバルトの生産が可能であり，その売却高は銅のおおよそ3

分の1に相当していた．それに比べて亜鉛（6万5000t）とその他種々の金属は副次的な貢献しかしていなかった．1993年の生産高は1980年代の10分の1にすぎず，ザイールの危機の深刻さが分かるというものである．

ジェカミンは政治紛争と破壊の犠牲になる前には，シャバ地域で4万人近くの従業員を雇っていて，そのうち約750人は移入民であった．20年前から著しく減少することになるこの4万という数は，組織のザイール化の過程が成功していたことを示している．従業員の配偶者と子供だけしか計算に入れないとしても，ジェカミンはほぼ23万人の生活を支えていた．そのことはひとつの会社が地方でどれほどの重要性を持っていたかを十分に示している．それはまた教育，衛生，住居などの多様な社会的業務をも提供していた．加えて低価格での食料の配給を目的とした農業生産（主としてトウモロコシ）も行っていた．ある意味ではベルギー風の家父長主義的経営が続けられていて，ザイール第1の会社が独立後に経験した急激な変化の後も，「企業文化」は生き残ったのである．しかしジェカミンが現在の激震から立直ることができるか否かは確かではない．

僻地開発，脱飛び地化

シャバ地域が僻地状態にあったために，銅の輸送は空間の整備計画の中心に据えられ，鉱山地方は戦略的要所となった．レオポルド2世の時代から，カタンガ地方をマタディ経由でアントワープに結びつける「国有軌道」を建設しようとの意志が明確になっていた．にもかかわらず，1910年にエリザベートヴィル（ルブムバシ）での生産開始を可能にしたのは，ローデシアの鉄道網とさらにはその後方の南アフリカ共和国との連結であった．1915年には，カバロ－カレミエ間の鉄道によって，カタンガ地方にダルエスサラームへの扉が開かれた．ロビトでのアンゴラ鉄道への連絡線は1931年になってやっと建設された．その間1928年には，カタンガ地方の低地コンゴ鉄道会社によってシャバ地域とカサイ川に面したイレボとの接続が完了していた．この国有軌道の一区間が開通したことで，銅の一部はマタディを免税通過することができるようになった．こうしてシャバ地域には理論的にはいくつもの鉄道幹線が通じることになるのだが，ザイール領土内での敷設はそのうち1つだけであった．

政治状況が輸送の戦略において決定的な役割を演じている．最も短いアンゴラの路線（ディロロ－ロビト間で1350km）のおかげでロビトはシャバ地域のいわば「自然な」排出口となっている．しかしアンゴラの内戦の結果，鉄道が遮断されたために，1975年からこの販路は閉鎖されている．その余波でキセンゲのマンガン鉱床の開発（1972年には37万tを産出）も停止した．ダルエスサラームへ向かう東部の鉄道（約3500km）は，タンガニーカ湖の横断とタンザニアの港の混雑のためにあまり

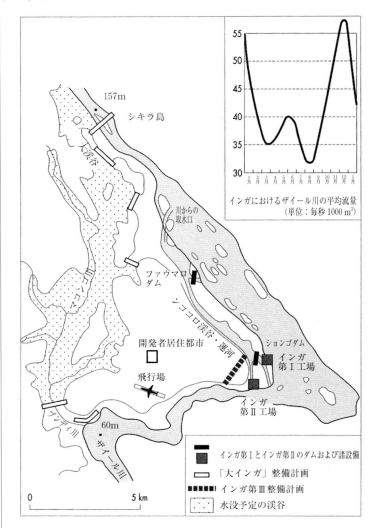

19.6 インガのダムサイト
用地の質から考えれば機能している設備は限られている．それでもすでに国内市場の消費容量を超えている．

便利ではなく，銅の輸出量のかろうじて10％しか保証できない．南アフリカ共和国のいくつかの港，特にイーストロンドンへ向かう南部の路線は，技術的に最も効率的で最も迅速（3000kmを1ヵ月）であるが，ザンビア，ジンバブエおよび南アフリカ共和国を通るには政治的調整を行うことが前提となる．ロビトの閉鎖によって少なくとも40％の銅は南部路線を免税通過していったし，ジンバブエの内燃機関燃料やコークスのジェカミンの工場のための輸入についても同様である．そのことはこの路線の重要性とそれが強いられている隷従を意味している．

国有軌道が受け持つ量は生産高の半分にまで達している．荷の積替え（イレボまでは鉄道，イレボ－キンシャサ間は河川輸送，キンシャサ－マタディ間は鉄道）のために，コストがかさみ，輸送時間は長くなる．基盤設備と機材は老朽化し，SNCZ（ザイール国有鉄道会社）やOnatra（輸送公団）のどちらにしても，当局による運営の効率が悪いために輸送はひどく悪化した．例えば銅の輸送時間は1970年の20日間から1990年には50日間になったのである．復興に必要なプログラムが今や中止されて

19. ザイール：膨大な可能性

19.7 インガ，ザイールの「ホワイト・ゴールド」
マタディから40 kmのコンゴ川下流で肘形に曲った一連の急流が流れこむインガダム．そこではシキラ島とブンディ川の合流点との間に96 mの高低差があって，国のなかで最も壮大なダムサイトのひとつである．その生産容量は国内需要を超えている．ところが没落したシャバ地域はもはや買い手ではなくなっている．

いるために，国有軌道の将来はきわめて危うい．ずっと以前から計画されていながら決して実行に移されなかったイレボからキンシャサへの鉄道の延長は，かつてほど時勢にあわなくなっている．危機の激化によって生じた破綻の広がりとは別に，輸送は常に1つの政治問題であると同時にザイール経済の構造的なネックであり続けたのである．

ザイールはダイヤモンド，特に工業用ダイヤモンドの世界第1の産出国であり，それは国で第2の資源である．輸出額の約15％を占めているけれども，実際にはそれよりもずっと多い．というのも宝飾ダイヤモンドのうちかなりの部分は不正に輸出されているからである．鉱床はカサイ地域にある．チカパの鉱床はかつて宝石類の原石を供給していたが，現在ではもはや手仕事による野放しの採掘の対象でしかない．1946年にダイヤモンドを含有する多量のキンバーライト（斑状火成岩）が発見されたあと，工業的な開発はムブジマイに集中した．1961年にはMIBA（バクワンガ鉱山公団，国家資本80％）がフォルミニエール Forminière にとって代わったが，デビアスグループのブリトモンド社が生産物を商品化し続けている．

かつては独占的な地位にあったその会社は手工業的な開発者たちと妥協しなければならなかった．数千の「掘り手たち」がMIBAの有する払下げ地の周辺の沖積土を掘返しながら運を試しているのである．この活動は長い間無秩序の状態にあったが，1982年に商品化の自由が認められて以来，少しばかり正常化した．1986年に1400万カラット以上が販売組合を通過している．最も美しい原石は依然として密売されている．ムブジマイは山師のむらがる都市の熱気に満ちている．彼らは1個の宝石で一夜にして金持ちになることができるのである．他方非合法の販売経路を組織して十分な財を手に入れる者もいる．ダイヤモンドの掌握は，モブツとその主たる政敵であるムブジマイのルバ族のチセケディとの間の権力闘争の中心的な賭金となった．金の生産も同様の問題を抱えている．というのも2tという公式発表の数字は高地ザイールやキヴ地域で採掘されている量のおそらく半分以下なのである．その工業的開発は2つのタイプに分かれる．1つはキロとモト（ブニアの北部）の鉱山の脈状鉱床からの採掘であるが，現在それは困難な状況に陥っている．もう1つはキヴ地域の錫石が含有している金を分離するというやり方である（ザイールは錫の小規模な産出国である）．しかし金は主として「掘り手たち」によって産出されて

いる．彼らの大部分は，それをもっと高い値段で近隣諸国に売りさばくのである．

インガの伝説

ザイールには化石燃料［石油，石炭など］は乏しい．シャバにある平凡な品質の石炭の貧弱な鉱床は2つに分けられる．1つはルエナの採石場で，ジェカミンがそれ自身の必要から開発したもの（10万t）である．もう1つはルカンガの鉱山で，これはカレミエのセメント工業に供給している．石油開発とは異なりそれは副次的な活動である．石油開発は1975年に始まった．ザイールガルフ社とザイレップ（ペトロフィナ社とシェル石油の合弁会社）が大陸棚の堆積層から炭化水素を採取している．150万tの生産だけで国内需要を超えている．けれどもその状況には改善の余地がある．モアンダに建設された精油工場は技術的かつ財政的理由で実際にはまったく機能しなかったのであり，その結果として原油は輸出され，より高価な精製された製品を輸入しなければならないのである．しかし収支は結局プラスになっており，そのおかげでザイールは二度のオイルショックに耐えることができた．

水力発電こそは将来のエネルギー資源を代表するものである．インガの用地の整備に関連したいくつかの計画の実現と多かれ少なかれリスクを伴う莫大な投資の起源にはプラチナがあった．マタディの上流にあるこの壮大なダム用地をめぐって，人々はずっと以前から夢想してきた．その施設が完成すれば300億Wの安定した出力をもち，年間2000億kW時以上を生産できるのではないだろうかと……．その部分的な整備のなかには2つの事業が含まれている．すなわちインガⅠとインガⅡの建設であって，それぞれ3億6000万Wと14億Wの出力である．それだけで現在のザイールの消費量をはるかに超えている．そのためインガⅡのタービンは常時稼働してはいない．現実主義の代りにある種の常軌を逸した思い込みが支配していた．1970年代には電気の効力への盲目的な信仰によって，それが工業化の「機械じかけの神」になると信じられたのである．インガは野心的な工業計画と不可分であった．

けれどもただ1つが実現しただけで，しかもそれは惨憺たるものであった．キンシャサ上流のマルク［地図a参照］に建造された国営企業ソジデール（Sosider）製鋼所である．ザイールは鉄鉱石を産出しないために，輸入された屑鉄を使用しなければならなかった．必要以上の規模をもつ企業は一挙に赤字に陥った．25万tの生産能力がありながら，鉄筋や鉄板1万2000t以上は決して生産することはなく，10年にわたって国家の財政を呑みこみ続けたのである．結局1985年末に国は生産の停止を決定しなければならなかった．

インガの電力を使うために，いくつかの別の同じように大規模な工業計画が立案されていた．なかんずくアルミニウム工場の建設であり，それに付随してバナナにおける無関税地帯と水深のある港の整備，およびマタディと沿岸地帯間の新たな運送

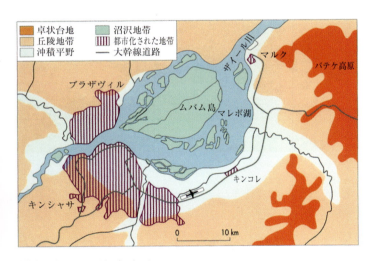

19.8 キンシャサ（a）キンシャサ（b）

キンシャサとブラザヴィルはコンゴ川下流の交通を妨げる一群の急流の川上に位置していて，中部アフリカの玄関口の役割を果たしている．ザイールの首都は広がり続けて，いくつかの丘陵に侵入している．人口過剰な中心街から離れて，キンシャサの住人は半農村的なたたずまいの「払下げ地」に家族の住居を持つことを好んでいる．

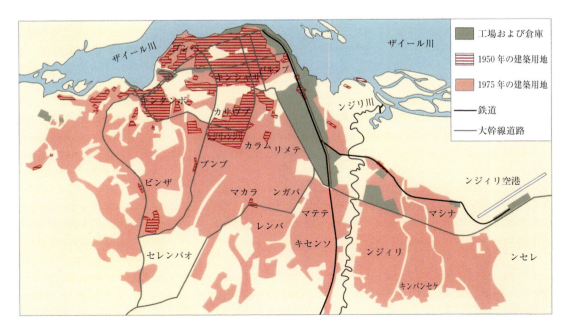

19. ザイール：膨大な可能性

19.9　銅鉱のクレーター
シャバ地域の銅生産三日月地帯の西部コルウェジ近くでは，巨大なシャベルと鉱車が露天掘で銅鉱石を
掘り出していて，全銅鉱石の4分の3を産出していた．1994年にはその活動は停止していた．

基盤設備の整備であった．約束が繰り返され研究も行われたが，スイスアルミニウム社（Alusuisse）の指導する計画は頓挫した．全河口地帯のなかでマタディ橋だけが実現した．それは鉄道がボマまで延長された場合に使用されることになる鉄道トラック一貫輸送用の橋である．他方，いかなる工業会社も設置されなかった．ほかの場所でも同じだが，インガのタービンが空回りしている間に，ザイールは未来に向かって下り坂をたどっているのである．

ただ1つ日の目を見た大規模な基盤設備がある．インガ-シャバ間の高圧線であり，それは1984年以来1800 kmにわたって鉱山地方を低地ザイールの電気設備に接続している．その経済上の正当性はまったく明白ではない．それが電力を供給するとされていた銅の精錬工場は，アメリカと日本が手を引いた結果，芽を出すことがなかったこともある．そのうえシャバ地域では電力の自給自足は可能であり，増加する需要に対応するためには容易に整備できる用地もある．インガ-シャバ間の高圧線の機能はむしろ政治的なものに属している．つまりそれは領土を結びつけて，中央政府がエネルギー面で依存させることで，遠距離にある地方を掌握することが可能になるのである．とはいえ高圧線の近くにある諸都市が，将来，高圧線に連結される可能性もないではない．そうなれば，エネルギーの軸線はそれらの都市の発展に寄与することもできるかと思われる．

キンシャサの住人とそれ以外の人々

シャバ地域では鉱山が都市を生み出した．この地方の人口の半分以上は都市圏で生活しているが，鉱床地域ではその割合はさらにずっと大きくなる．ルブムバシ（60万人），コルウェジ（25万人），リカシ（20万人）は真に都市化した地方の支柱であり，また雇用タンクの支柱であって，20世紀初頭から多量の移民を引きつけた．その結果，キンシャサでしか類を見ない人間の混交が起こった．けれどもすでに古びた工業地帯の経済活動の衰退とともに，都市成長は勢いを失い移民の流れは途絶えた．虐殺およびカサイ族に対する人間狩りはいうまでもない．それは1992年以来この地方を崩壊させている．

ムブジマイは例外的な都市化のケースとなっている．植民地時代末期，かつてのバクワンガ［この節における新旧の地名については第18章のリスト（p.222）参照］はまだ，フォルミニエール社の本部のある大きな鉱山町にすぎなかった．ルバ族の

Ⅳ. 中部アフリカ

19.10 銅の時代
ボタ山と精錬工場という証拠が，鉱山都市ルブムバシの歴史を象徴している．そこはかつて，ザイールのほかの町々よりもずっと広がりをもつ一群の産業（農業食品，繊維）から利益を得ていた．

再編成によって真に都市が創造され，その人口は1960年の4万人から，70年には20万人，90年には50万人へと移行した．新しい東カサイ州の州都は，西カサイ州の州都カナンガ——1962年以前は旧大カサイ州の州都であった——を大きくひき離したのである．ダイヤモンドだけで生きている新興都市の活力は掘り手たちの活動に由来する．MIBA傘下の町々以外では，自然発生的にできる広大な地区のすさまじい成長に都市整備が追いつかず，これらの地区はまもなく激しい侵食の被害を被った．砂地での雨食がカルスト性の侵食現象［流水による地下の空洞化］に加わったために，いくつかの街路には10mに達することもある雨裂［雨水の流れでできた溝，窪地］が生じ，都市の敷地は細かく分断されているのである．都市の自然環境の危機がここでは頂点に達している．

鉱山都市を別にすれば，工業活動は都市化において二次的な役割しか果たしていない．国の加工産業の大部分が集中しているキンシャサは例外である．首都と高地シャバという2つの活動の中心地，それにムブジマイも加えることができるが，そのほかではザイールの都市には固有の財源は大してない．キサンガニに1つの工業拠点を発展させることによって，国土の不均衡を是正しようという意向は何度も表明された．しかし資力不足のためか，もしくは本当に実行する意志が欠如していたためか，計画はほとんど成功せず，ふたつの繊維企業だけでは旧スタンリーヴィル［現キサンガニ］の衰退をくい止めることはできなかった．この都市は独立後の騒乱によって深刻な被害をこうむり，現在では長びく停滞のなかで身動きできなくなっている．

300万，いやおそらくは400万以上の人口を抱えるキンシャサは黒人アフリカ第2の都市であり，都市化の過程を示す見本であり，またアフリカの大都会が有する諸問題を示す見本ともなっている．河川交通の出発点にあるその位置には，早い時期から高い価値が認められた．1881年にレオポルドヴィルが拠点として築かれた後，ベルギー領コンゴの首都の移転が1923年に決定したことで，この例外的な十字路の優越性は確認されたのである．大部分の交易の流れは，この中部アフリカの玄関に向かって集中する．それはキンシャサ―マタディ間の細長い鉄道および道路交通の整備によって大西洋へと開かれている．1940年にはまだささやかなものであったが（4万人），キンシャサはそれ以来すさまじい成長を遂げた．1960年には40万人，1970年には120万人となり，1984年の調査では265万人に達したのである．独立とともに都市化が過熱し，行政当局による管理はますます及ばなくなっていった．

植民地時代の人種隔離政策をモデルとして編成されたベルギー領コンゴの首都は，白人の「都市部」とアフリカ人の「居住地区」とを念入りに分離して，40万人が生活できる設備をもっていた．そこに新しい移民たちが大量に絶え間なく流れこんできて，首都は溢れた．その時以来，土地は自然的に，しかし無秩序にではなく占有された．というのも街路の基本図の幾何学的な線は造成においておおむね尊重されたからである．この種の占有が都市空間の伸張の最大の原動力となった．今日，都市空間は250 km²にわたって広がっている．「都市部」と「居住地区」との対比は現在も続いている．川沿いに伸びる前者には，いくつかの高層ビルの立つビジネス街および居住と行政の中心部ゴンベがあり，昼間は活発であるが夜は人気がなくなる．後者は大半のキンシャサ住民の真の生活空間であり，そのしばしばコンクリートブロックの壁で囲まれた小区画で家庭生活が繰り広げられている．多かれ少なかれ非公式な数多くの活動が，多数の市場の周辺にある家内工業と商業の地区を活気づける一方で，おびただしい数の酒場が騒々しい夜の生活の場になって

いる．音楽とダンスとが新しい都市文化の一部をなしている．

キンシャサ人の歴史とは，その「小区画」への参入および家族の家の「堅材」（コンクリートブロックおよび鉄板）での建築の歴史である．それは長い年月にわたる歩みである．1973年の法律は土地が国有財産であることを宣言したとはいえ，実際には土地の取引は慣習法に照らして行われていて，土地の長たちは 400〜500 m² の造成地の配分——それはずっと以前から貨幣によって売買されている——において重要な役割をもっている．その場合，多かれ少なかれ下請業者の助けを借りる自家建築が慣例になっている．民衆的な地所の占有と建築の方式のせいで空間的に甚だ大きく広がる都市景観が生まれた．それがスラム街の様相を見せることはめったにないが，交通にとってはきわめて困難な状況を作り出している．

それらの広大な地区はキンシャサを取り巻く丘陵の斜面へと侵攻していったが，目にあまる整備不足に苦しんでいる．水道は都市全体で 6 世帯中 5 世帯に，電気は 7 世帯中 6 世帯には通じていないのである．下水設備が存在するのは「都市部」とブルジョワ階級に人気の高いビンザのような新しい居住地区のみである．庶民街の道路の状態は劣悪で自動車の通行はできないことが多く，都市住民の 3 分の 1 は徒歩でしか入れない区画に住んでいると思われる．都市の拡大のために砂地での雨食に対する植物による防御がなくなり，街路はひとつならず溝に変わってしまった．設備の不足，環境の破壊，そして自由地下水の憂慮すべき汚染は急激な人口増加を制御できない状態を証拠だてている．裕福な人々の住む地区だけが保護され，高い壁と堅固な柵の背後にひきこもることによって，貧困が生み出す慢性的な治安の悪さから身を守っているのである．

事実，貧困は大多数のキンシャサ住人の定めである．私企業やとりわけ公共部門の賃金労働者たちの購買力が劇的に低下したために，生き残るためには多かれ少なかれ非合法なことを何でもやらざるをえないのである．それでもキンシャサはザイールの賃金労働者のうち 20％ を抱えていて，国で近代的形態の雇用が行われる第 1 の中心地なのである．家内工業の半分はここに集中し，首都としてのさまざまな機能は第 3 次産業部門を膨れあがらせている．しかしそれだけでは下層民たちが生活できるだけの十分な貨幣収入を確保することはできない．彼らは

19.11 宗派の力
キンバンギスム［シモン・キンバング牧師（1889-1951 年）に由来するアフリカ最大の独立教会として知られる運動．地上におけるイエス・キリストを信仰する］の活力．どっかりと座っている有力者たちは宗教的な力でもって，教育だけではなく，住民の日常的な統率を確かなものとし，ザイール国家の怠慢を一時的にカバーしている．

知恵を絞り，人脈を利用し，幾多の臨時の職や都市ないし都市周辺の農業に副収入を求めて，どうにかこうにか最低の生活費を稼ぎ出さなければならないのである．その一方で少数の富裕者たちはこれみよがしに並はずれた贅沢を誇示している．

これはキンシャサだけに特有のことではない．アフリカのいたるところで同じように，都市は社会のコントラストを際立たせている．そこでは二重の都市文化が作られつつある．1 つはその消費の様式が西洋化した富裕者の文化であり，もう 1 つは都会の饗宴から引き離されて，社会的上昇の可能性がますます無くなっていく貧者の文化である．「ザイールの悪」のあらゆる徴候が累積しているキンシャサには，長引く危機のためにすでに一触即発の状態になった状況の兆しがみえている．1991 年 9 月と 1993 年 1 月の騒乱と掠奪の激しさはその証拠である．

20

森林に覆われたコンゴ川と大西洋との間

大西洋とコンゴ川の間にある2つの国家コンゴとガボンとは，相似た天然資源および人的資源を有しながら別々の道をたどった．「フランス領赤道アフリカ（AEF）の乳牛」であったガボンは，その森林開発によって連邦の予算をまかなっていたのだが，石油の利益にあずかるとともに時として露骨な外国資本の援助を受けた．その結果，恒久的な人口過疎にもかかわらず，国は鉱床の開発および国土整備の政策を進めることができた．それとは逆にコンゴは，AEFの「バルカン化」で苦しみ，さらにそれ以上に独断的で一貫性のない政策の被害を被った．赤道ギニアとサントメ・プリンシペは国としての規模および過去からの遺産で苦労している．

1993年の人口調査で100万人を数えながらも，ほぼ26万8000 km² の面積を有するガボンは過疎の国である．同時にその地下資源，特に石油のおかげで，コンゴ・アフリカのなかで最も裕福な国でもある．オイルショックによって年間生産高は1985年には国民1人当たり5000ドルにまで上昇していた．その後原油相場は下落して12年間にわたる幸福の時代に終止符が打たれた．「赤道地帯の首長国」の豊かさは幻影であったのか，あるいはそれはかつてのAEFの灰かぶり娘［シンデレラ］の発展に梃入れをしたのだろうか．石油がすべてというわけではない．木材およびマンガンやウランが，一連の輸出向け採掘経済を補完しており，それによってガボンは鉱山立国の完璧な見本となっているのである．

国土の85％を覆う密林は理論的には4億 m³ の潜在力をもつ．オクメ［赤道アフリカの樹木で木材はバラ色をしている．特に合板に用いる］だけでその4分の1を占めているが，それは北東部を除いてガボンの二次森林に特有の種である．この軽い木材の剥き板や化粧合板の質の良さは19世紀末に認識されて，森林開発時代の端緒となり，この開発は植民地の生活全体を支配した．木材を筏で流すことから，作業場の位置は密集した水上交通網を備えた流域の平野部に決まり，オゴウエ川河口のポールジャンティは，ガボン第1の木材積み出し港であると同時に加工業（合板工場）の本拠地となった．1960年，この「第1次地帯」は国籍所有者専用とされた（現実には許可証の大部分はヨーロッパの企業が賃借した）のに対し，「第2次地帯」は強力な開発および運搬の機材を備えた大企業に開放されてい

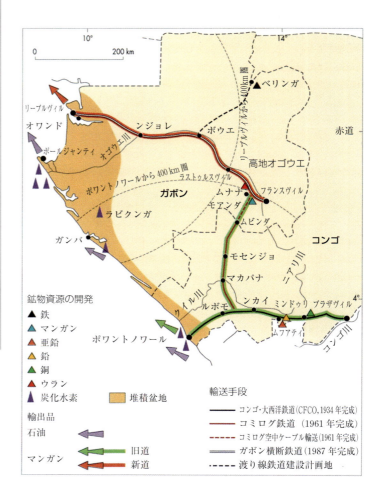

20.1　ガボンにおける鉱山開発と運輸政策
当初コンゴおよびポワントノワール経由で輸出されていたマンガンは，1991年以来ガボン横断鉄道で運ばれている．流れの軌道修正によって，国家としてのアイデンティティは強固になっている．

20. 森林に覆われたコンゴ川と大西洋との間

20.2 ガボン横断鉄道
人口過疎の国を旅する貨物と旅客の列車．これは国内産の鉱石運搬の確保を目的として最近建設された鉄道である．しかしリーブルヴィルとフランスヴィル間の路線はたえず森林のひこばえに脅かされており，常にその保全を行わなければならない．

た．ヨーロッパ人の管理する作業場が手つかずの森林へと移動していき，それらの近代化によって生産量は大きく増加し，ピーク時の1972年には200万 m^3 に至った．それ以降世界市場が不景気をむかえて生産活動は勢いを弱めたが，ガボン横断鉄道の開設とともに新しい展望が開けている．実際この鉄道によって内陸部に「第3次地帯」を開いて，より合理的に森林を開発することが可能になっている．つまり重い木材を増産することが求められているのである．これまで開発は数種類を「抜き出す」ことにとどまり，オクメ（丸太材75％）を優先し続けてきたのである．新たな木材産業が登場すれば，いまだに原材の状態で広く輸出されている生産物にもっと高い価値を与えることができるはずである．

オクメの国

森林開発は地理的にも政治的にも大きな影響を与えた．労働力の需要は現在では1万5000人程度に落ち着いているが，かつて「貯蔵庫」である後背地から「人間を食らう」沿岸平野部へ向けての移動を引き起こした．住民の混淆によってこの低地ガボンは国のアイデンティティ発現の場となったが，それはコンゴとの対比で作り出されたものである．オクメにかけた税金はAEFの一般会計予算をまかなっていたが，そのうちわずかの額がガボンに払戻されただけであった．こうして連邦の「乳牛」となった恨みからガボン人の敏感なナショナリズムは生まれた．彼らにとって独立とは何よりもブラザヴィルによる監督からの解放を意味した．独立以来，森林はもはや以前と同じ価値を持つ賭金ではなくなっている．輸出品のなかでの木材の占める割合がはるかに低くなったからである．それでもやはり，開発によって重大な生態系の混乱が起こりはしなかっただけに，この再生可能な富には前途洋洋たるものがある．

独立［1960年］は一連の鉱山の採掘開始の時期と重なった．1956年には石油の，1961年にはウランの，1962年にはマンガンの生産が始まったのである．石油はポールジャンティの南の海で，陸上においてはガンバで，さらに1989年からはラビクンガで採掘されていて，生産量は1500万tに達している．エルフグループ（エルフガボン）やシェル石油（シェルガボン）が支配しているが，アモコ社が遠くからそれらを追っている．ポールジャンティは貯蔵，精製，メンテナンスという石油工業の活動のリズムで生活している．それゆえ7万人の住民を抱え

る「経済面での首都」は，ガボン全体と同様に国際的景気の変調に敏感である．1985年のカウンターオイルショック［オイルブームの反動としての相場の下落］の直前には，石油は輸出の85％，予算収入の65％，国民生産の45％を占めていたのである．

地下から採る他の生産物は同じ打撃を受けることはなかったが，鉱山の位置は空間の編成に決定的な役割を演じた．マンガンとウランは，フランスヴィルの地帯にあるモアンダおよびムナナで採掘されている．それらの大西洋岸の港への移送は運輸政策の中心課題となっている．オゴウエ鉱山会社（USスチール社，フランスの株主たちおよびガボン国家によるコミログComilog）が，毎年200万tのマンガンを世界で最も良質の鉱床の1つから採掘している．これは開発当初から，空中ケーブル輸送装置を使ってモアンダからコンゴ国境に，それから鉄道でポワントノワールまで移送された．ガボン横断鉄道は，ガボンのナショナリズムを傷つけていた依存の状況に終止符を打った．フランスヴィルウラン鉱山会社（コミュフComuf，フランス資本とガボン国家）のウランについては，問題はそれほど深刻ではない．年間に抽出される金属当量1000tの産出はわずかな運搬量にしかあたらないからである．

リーブルヴィルとフランスヴィル間の森林の中に開かれたガボン横断鉄道は1987年に完成した．鉄道は当初ガボンの北東端のベリンガにある巨大な鉄鉱床の開発を可能にするための計画であった．しかし1970年代初頭には鉄市場が魅力的なものではなくなっていたため，製鉄会社，つまりベツレヘムスチール社はガボンへの関心を失ったし，インフラ用の融資を懇請された世界銀行は1972年に融資不能と回答した．1973年からの石油相場の高騰に続いた思いがけない歳入のおかげで，オマール・ボンゴ大統領は，当初の目標を修正しつつも，この大計画を続行することができたのである．

ガボン横断鉄道の叙事詩

その道筋はフランスヴィルの方へ，すなわち国家元首が生まれたあの高地オゴウエに向かって方向を変えた．こうしてガボン横断鉄道は3つの機能を有することになる．まず鉱石運搬を引き受けること，次に「国家統一のかすがい」となるべき渡り線の周りに空間を整備すること，そして最後に飛び地状態にある大統領の出生州を外につなぐことである．領土政策は，石油収入のかなりの部分を呑込んだ基盤設備の経済上の目的に劣らず重要である．そしてこのインフラの開発費は今後も国家予算を圧迫する．1990年にリーブルヴィル-オウェンドに鉱石運搬港が完成してからは，木材の運輸に鉱石のそれが加わった．こうして鉄道は，経済がいまだ主として原材料の輸出でまかなわれているガボンにあって，いわば大きな集電極の様相を呈している．それは首都へ向かういくつもの流れの集中を強化している．

石油によってガボンは金利生活国家へと変容した．金利収入のおかげで公職での雇用は増えたし，都市化にも加速がついた．公共支出の大きな部分は，鉄道を別にすれば都市に，まずリーブルヴィルに充てられた．旧植民地の地味で少しばかりすたれた行政中心地は，公権力を誇示する大建築物で飾られ，数年のうちに都会としての体裁を整えたのである．独立時3万人であった人口は1993年には40万人になった．住人たちは，いくつかの加工業，そして殊に公共土木事業および第3次産業によって生活している．その中にはガボンの黄金郷に引きつけられた多数の外国人も混じっている．すなわち零細商業や運送，手工業に従事している数万にのぼる西アフリカ出身者たち，それに大企業を経営するヨーロッパ人たちである．ガボン国籍の保有者たちは何より公共部門での事務職につきたがり，ためにそこでは人員がだぶついている．容易に収益が得られた時代に消費に慣れてしまった首都には，自ら生産する準備が十分にできておらず，生産者部門をしばしば外国人に委ねている．経済情勢が芳しくなくなれば，振舞いを変更しなければならなくなるだろう．

フランスヴィルは大統領の出身地であることで重要な都市設備建造の恩恵に浴し，高地オゴウエの第3次産業の中心地になりつつある．これはムウェングには国際空港を，モヤビにはアフリカ第1放送センターを備えた地方である．フランスヴィル医療研究国際センター（CIRMF）の創設と理学部の移転はこの地方の中心都市に活力を与えようという意志の表明である．そこに欠けているのは人間であり，おそらく2万人が住んでい

20.3 豪奢な建築物
リーブルヴィルの華やかな大街路沿いに中央銀行の本社がある．これは広い控え壁［contreforts．ここでは支持根を象る］のついた樹木の形をした建築作品の好例である．

るとはいえ，広大な都会の枠を満たすにはあまりにも少なすぎる．「人間過少」，これこそガボンの恒常的問題なのである．リーブルヴィル，ポールジャンティそれにフランスヴィル-モアンダは三極空間の都会基盤を形成していて，国土のほかの部分に活力はあまり残っていない．小都市にあるのは行政管理機構もしくはサービス部門ぐらいのものにすぎない．村落はといえば，進歩は根づかず，住民の都市部への流出によって過疎化し衰弱しつつある．それらはいくつかの幹線道路上に再編成されたが，線状になり形骸化した空間にはわずかの支配力すら確保することが困難で，都市民の世界と十分に連結されてもいない．

ガボンには農民の伝統はない．森林資源と女性による食料の生産は，長い間わずかの労賃で生計を確保するに十分であった．森林・鉱山経済が支配的になったことで，外国人関係者たちは農業部門から遠ざかった．換金作物であるカカオやコーヒーは，隣国カメルーンを模倣したウォレウ・ンテム地方でいくらか重要になったにすぎず，その生産も減少している．国内の農業は，増加する都市住民における需要を満たすにはほど遠く，食料品の輸入は増え続けた．以前から危機の診断がなされていたが，石油によって豊かになったために，解決法の模索は先送りされたのである．

予想より早くやって来た「石油以後の時代」に備える必要から，「優先事項中の優先事項」と宣言された農業が再び関心を取り戻した．それは実際1975年以降，莫大な投資の恩恵を受けて農業関連産業は優遇されたが，農民の生活の向上はなおざりになった．いくつかの大計画は実現した．高地オゴウエでの精糖コンビナートおよび養鶏，ランバレネ近郊でのアブラヤシのプランテーション，ウォレウ・ンテムでのパラゴム栽培，そしてニャンガ州とフランスヴィル地方における2つの牛類大牧場である．これら産業の導入によってガボン社会の賃金生活化に拍車がかかり，多数の村落から最後の活力が流出していった．しかし生産要素［土地，労働など］のコストが高いという特徴をもつガボンの状況では，それらの企業に採算がとれるという保証はない．これは異論の余地のある選択であった．とくに国家が，その第1のパートナーとなっているこれらの会社に石油収入による補助金を出せる状態ではもはやないからである．それが20世紀末におけるガボンの主要な問題なのである．すなわち石油部門の付加価値が暴落して国家歳入の半分以上が削減されて以来，利権を利用して整備された大規模な諸施設，そして経費の高くつく公務員機構の遺産は堪えがたい重荷になっている．市場の激変によって，繁栄しているように見えてもきわめて依存的で転換への備えのないこの経済の脆弱さが露呈したのである．

20.4　ギニア湾の奥に

赤道周辺にかつて存在した諸帝国の3つの切れ端．赤道ギニア，サントメ・プリンシペ，フェルナンド・ポーである．

海岸部の飛び地赤道ギニア，カカオの諸島サントメ

リオムニ州，別称ムビニ州はガボンとカメルーンの間にはめこまれた2万6000 km^{2}の長方形の土地である．それにかつてフェルナンド・ポーと呼ばれたビオコ島（2017 km^2），さらにいくつかの小島（アノボン，コリスコ，エロベイ）が加わり，旧スペイン領ギニアの全体を構成している．1968年に独立を果たしたが，その独立はこのうえなく苦難に満ちていた．マシアス・ングエマの独裁政治（1968〜1979年）のせいで，発展のレベルが羨望の的であった「模範的植民地」は崩壊した国となり，住民の4分の1はそこを捨てたのである．経済上の衰退は，とりわけスペインとフランスとの援助のおかげで（赤道ギニアは1985年にCFAフラン通貨圏に入った）今日ではくい止められている．とはいえ大陸部や島々がかつての状況を取り戻したわけではなく，亡命者（10万人以上）が帰国したわけでもない．30万を超える住民を擁する赤道ギニアは，過疎状態にあるガボン空間の近くにあって，かなり密度の高いポケットを形成している．この人的潜在力および多様な赤道環境の有する資源は，それらを動員する上で有利な政治状況がないために，いまだ十分に活用されないでいる．

リオムニ［ムニ川］はウォレウ・ンテム台地の端にあたり，そこからカンポ（ンテム），ベニト（ウォレウ），ムニの3つの川が流れ出ている．そこを98％まで覆っている森林は独立以前には積極的に開発され，オクメをはじめさまざまな種類の木

Ⅳ．中部アフリカ

豊富な降水量（モンスーンにさらされている南斜面には10 mの降雨がある）と火山性物質の分解に由来する土壌が，カカオの木の栽培にとって好条件となっていて，それは植民地時代に島の主要な活動となった．樹木の伐り払われた斜面は広大な所有地で覆われ，入植者たちは，不十分な島の人口を補うために多数のナイジェリア人労働者に頼った．独立時には4万t近くの上質のカカオを生産していた．植民者および大部分の外国人労働者が引きあげたために生産は著しく落ちこみ，1979年には4000tの生産であった．現在の振興計画も，かつての島の繁栄を復活させることはできなかった．加えて，権力の座にある大陸部の人々と島民との対立に起因する政治的混乱によって，島はひどく苦しんだのである．

島の首都マラボ（旧サンタイザベル）はかつていくつかの食品工場を有し，良港を備えた活気に満ちた都市であったが，赤道ギニアの実際の政治的中心が大陸部のバタに移ると同時にひどく衰退した．この小さな国家には，スペインが特別な配慮によって教育や衛生環境，それに優れた諸施設を与えていたのだが，領土は分断を蒙り，大陸の住民と島の住民との民族的・文化的対立に苦しんだ．赤道ギニアはことにファン族によって収奪された政治権力の濫用の犠牲となった．それによって社会的破綻と経済的混迷が引き起こされたのである．国家はゆっくりと起き上がりつつあるにすぎない．

かつてポルトガル領であった2つの島，サントメ・プリンシペ（総面積960 km²，人口はせいぜい10万人）は，1975年に独立に至った．大きいほうの島であるサントメはリーブルヴィルの沖合にあって，同じ名の首都を擁している．そこは1486年にはすでにポルトガル人によって植民地化され，早くから砂糖の島となった．その後，輸出にあてられる生産物が多様化した．すなわち若干のコーヒーやヤシ油，とりわけカカオがあり，それらのプランテーションは火山島の低い斜面を覆っている．カカオ経済は現在危機に瀕しているが，その理由としては開拓地の老化，ずっと以前から利用されている土地の生産性の低下，そして国際的経済情勢の困難がある．サントメの将来は微小な島国に共通の戦略的諸条件にかかっている．

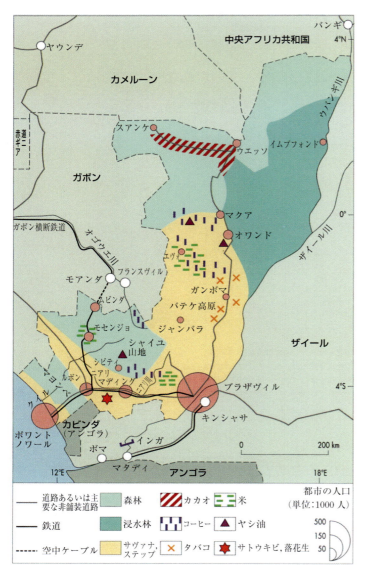

20.5 果てしなきコンゴ
大西洋からウバンギ川中流まで1100 km以上にわたって延びるコンゴには，サヴァナと森林とがあわせて存在する．最も人口の多い部分は南端に限られている．

材が35万t生産された．スペインの諸企業が引きあげた後で実質的に休止していたいくつもの伐採作業場の活動は再び始まった．しかし木材の輸出量は1967年のほぼ4分の1にすぎない．木材以外に，ムニ川流域の諸地方ではコーヒーとカカオが生産されていた．経済の崩壊によって多くの農民プランテーションは放棄され，村落民が収穫し続けているわずかの生産物は，密輸品として近隣諸国に売りさばかれている．国境はファン族の均質の住民の住む地域を切断しているため，きわめて越えやすいからである．森林と農業の地帯であるリオムニには有力な工業はなく，ほとんど都市化されていない．大陸部の首都であるバタは2万人程度の住民を数えるにすぎない．沿岸の狭い平野部とさらに海底へと伸びる石油の探査が，1992年にささやかな成果をあげ始めた．

ギニア湾の窪みに鎮座する海洋火山であるビオコ島（フェルナンド・ポー）には，3000 mに及ぶ山塊がそびえ立っている．

コンゴ：困難な調整

コンゴは，領土分割によってザイールとガボンの間に挿入された寄せ集めの空間であり，2つの軸上に築かれた面積34万2000 km²の不規則な形をしている．南北に延びる軸はウバンギ川の西方にあって，コンゴ川右岸のいくつもの支流が排水する地方にあたる．東西に延びる軸はニアリ川流域周辺に形成されている．2つの軸の交差するところに位置するブラザヴィルは，コンゴ空間の接合点であると同時にキンシャサに面した国境都市でもある．

その領土は中部アフリカの生物気候学上のおおまかな類型を

20. 森林に覆われたコンゴ川と大西洋との間

20.6　2番目の都市ブラザヴィル
かつての「美女キン［キンシャサ］」ほど輝かしくはない．以前はそこの光を見つめていたが，今はそこから亡命者たちを受け入れている．

裏づけている．赤道に近い北部を占めるのは，盆地の水没する水陸両生の森林領域および陸地の密林領域である．中央ではバテケ高原——さえぎるもののないサヴァナの広大な眺望を備えた砂や砂岩の稜堡（りょうほう）——が，森林の広がりとの間に目のさめるような対照を見せている．南西部では豊かに流れるニアリ川の峡谷が，シャイユ山地と密生した森林をもつマヨンベ山地との間に，草の茂る丘陵の波状起伏を挿入している．このような地形の差異は人間の居住に影響を及ぼしている．200万人を少し超える人口の4分の3は南西コンゴに集中しているのに対して，北部は，今なお人の住まない，あるいはピグミー族の群れが駆け巡るだけの広大な空間を有しているのである．領土の編成を特徴づけるのはこの対立であり，ブラザヴィルとポワントノワール間への人と活動，そして交流の集中である．

フランス領西アフリカ（AOF）のセネガルとまったく同様に，コンゴはかつてのフランス領赤道アフリカ（AEF）のなかで特権的な地位を占めていて，ブラザヴィルはその首都であり，最も活気に満ちた活動拠点であった．独立時における連邦の分裂によってコンゴは損害を受けた．その裁判権の下に置かれていた領土は削減され，その指揮機能も縮小されたからである．首都はかつての行政機関と公共機関の大部分を失った．あたか

もポワントノワールがガボン横断鉄道の開業とともに高地オゴウエの港湾としての機能を失うのにも似ている．コンゴは自らの領土に閉じこもり，もはやそれ自身の資源を当てにするほかなくなった．しかし国はザイールやガボンほど豊かに恵まれておらず，1980年代初頭の石油熱は遅かったし，経営もうまくいかなかった．鉱山開発の見込みは大それた望みではなかったが，それでも期待を裏切ることになった．わずかな量の鉛と亜鉛がニアリ渓谷で採掘され続けているとはいえ，ムフアティの工場施設はもはや近代的工業技術の要請に応えるものではない．ミンドゥリでの銅の採掘は数年前から中断されている．ポワントノワール近くで発見された苛性カリの鉱床はより有望であるように思われ，多大の投資があてられた．生産は9年間（1969〜1977年）続いたが，損益分岐点に達することはなかった．それ以来鉱山は水びたしになっていて，再整備されていない．結局のところ鉱山活動は期待はずれに終わった．開発条件は十分に整えられず，運営もあまり効率的ではなかったからである．

実際，近年の石油にかかわる挿話的な出来事だけが，コンゴ経済の発展において真に重要であった．大西洋沿岸部の堆積盆地に集中しているその生産はゆっくりと始まり，長い間低いレ

ベルにとどまっていたが，近年になって増大した．有望な新しい鉱床の開発開始を待ちながら，1973 年に 100 万 t，1981 年に 400 万 t，1992 年には 800 万 t が採掘された．石油はここ 10 年間でコンゴ第 1 の資源となったのである．すでに 1985 年には，石油収入は輸出総額の 95 ％にまで達していた．しかしその後の相場の暴落によって，コンゴは深刻な財政・政治危機に引きずりこまれている．将来は暗いままである．

植民地時代のコンゴの開発は，輸出用作物類，特にヤシ油における一定の発展となってあらわれていた．栽培方式が農民によるにせよ大規模農・工業によるにせよ，独立以来それらは大幅な後退を示した．経済の石油への方向転換および急速な都市化が，「人民共和国」の政策決定と同様にこの衰退の原因となった．大企業が国有化されるとともに生産は瓦解したのである．農民によるコーヒーとカカオの栽培は，第 2 次世界大戦直後に飛躍的に発展をした後，1970 年代半ば以降は大きく後退している．コーヒーはすでにほとんど問題にならない．カカオはウエソとスアンケ間のサンガ川流域で栽培されていて，年生産 2000 t 前後というわずかな量に落着きつつある．アブラヤシのプランテーションは，フランス高・低地コンゴ会社によって 1925 年より北部の森林地域に整備されていて，年 5000 t の油を生産していた．1966 年の国営会社の創設このかた，生産高はもはや 2000 t でしかない．南部コンゴでは落花生にある程度の期待がかけられ，ルディマの試験場の農学研究の恩恵を受けていたが，現在ではもはやンカイの製油工場の注文に応えられない状況にある．

最も派手な失敗はニアリ川流域に建設された精糖コンビナートのそれである．これは 1950 年からニアリ農工業会社（ヴィルグラン Vilgrain グループに属する SIAN）によって設立された．砂糖の生産は 1967 年から 1969 年の間には 9 万 t 以上に上昇していたが，1970 年に国有化されると会社は早々と崩壊し始め，1978 年にはわずか 5700 t の生産となった．それ以来，新しい国営会社のスコ Suco が振興策を企ててきたものの，（国家および外国の出資者による）新たな資本が提供されているにもかかわらず，なお満足できる状況にはほど遠い．この精糖コンビナートはンカイ（ジャコブ）における人口集中の発端であるだけに，活動の再開は不可欠である．3 万の住人の生活は企業の支払う給料に大きく依存しているからである．

村落中心と森林の血脈

都市部の需要が農民層を刺激するときには，食品生産農業はそれなりの活力を示すものである．こうしてコンゴ−大西洋鉄道に近いマヨンベ山地の村々は，ブラザヴィルおよびポワントノワールの市場に向けた食料品（特にプランタンバナナ［料理用バナナ］）の生産のおかげで，ある程度の繁栄に至った．同じくボコの地方も首都に近いことで恩恵に浴している．コンゴ

北部は遠くにあって接近が困難であって，この観点からすれば，たとえブラザヴィル−オワンド間の道路によって孤立から脱し始めているにしても，不利な立場にある．都市への流出によって住民を失った多くの村落は衰退しつつある．それゆえ当局は大がかりな「村落中心」再編の計画を練り上げ，今まで都市民だけのものであった諸設備を農村に設置して，田舎を活性化しようと試みたのである．計画の実行はまだその端緒についたにすぎず（予定された 150 の村落のうち 10 カ村程度），若者たちの流出を大して抑えてはいない．しかし石油価格の下落によって流出にブレーキがかかり，村落における組織の育成と食料の生産に新たな関心がわくかもしれない．エルフ＝コンゴが 51 ％を出資しているコンゴ農化計画は，1987 年からそのことに専念している．それは国の重要な四大都市周辺に食料栽培と牧畜との環状地帯を整備することを提案し，手始めに農業を育成し野菜栽培者たちの団体を編成しようとしているのである．食料の自立を求めて，小麦粉，米，肉，魚の輸入に対抗するために，行政当局の注意は大西洋沿岸および淡水［河川・湖］での漁業にも向けられており，年間それぞれ 1 万 2000 t と 1 万 4000 t の漁獲高がある．

石油によって経済の持札が大きく変わる前には，森林開発が半ば密林に覆われたこの国の第 1 の資源であった．伐採場の活動はまず大西洋沿岸に近いマヨンベ山地で行われ，コミログ鉄道の建設の後には，シャイユ山地に移った．最も広大な木材の貯えは北部に位置しており，1000 万 ha がいまだ手つかずのままである．輸送コストがかかりすぎるせいで，この将来性のある富の開発は遅れているのである．目下のところコンゴの生産量は年間 50 万 m³ 前後を上下しているが，それは森林経済が効率的に組織されれば可能となる量よりもずっと少ない．

コンゴはパルプ製造を目的としたユーカリの大規模なプランテーション計画によって際立っている．1978 年からコンゴ産業植林局（UAIC）は 2 万 5000 ha に植林してきた．ポワントノワールの後背地の痩せた土壌を価値あるものにした広大なプランテーションの完璧な幾何学的形状は強い印象を与える．しかしこの港に予定されていたパルプ工場は，世界市場が好都合な状況にないために依然として日の目を見ていない．事実，コンゴ政府は原木状態で販売される木材の収益をもっと高めようと模索している．それはシェル石油の融資を受けて，鉄道沿いの 3 万 5000 ha にわたって新たにユーカリとナンヨウスギを植林する予定になっているため，いっそう重要なのである．それはガボンのマンガン輸送の喪失を補う代替活動である．この輸送は 1991 年末以来ポワントノワールから完全に逸れて，リーブルヴィル−オワンドへと方向を変えた．

二極の空間

コンゴの空間は，国の主要幹線連絡路が結びつけている 2 つ

20. 森林に覆われたコンゴ川と大西洋との間

20.7 大河を流れる森林
浮かんでいる丸太材はポールジャンティに着く．それ自身浮動する経済のなかで維持されている活動である．

の大都市極点ブラザヴィルとポワントノワールによって支配されている．AEFの首都と大西洋との間に鉄道連絡を設置することを決断したのは，もはやベルギー領コンゴの鉄道に依存すまいと考えた植民地行政である．こうして誕生したのが，1921年から1934年の間に建造されたコンゴ・大西洋鉄道（CFCO）および人工港ポワントノワールである．このコンゴの排出口は，ガボンのマンガン輸送システムの整備のおかげでさらに立場を強めた．ムビンダとCFCO間のコミログ鉄道は1つの構造化の軸を創出した．その軸は「鉄道諸都市」によって活気づけられ，コンゴ南部の活動の大回廊地帯に連接された．「AEFの肺腑」となるべく構想されたポワントノワールの港は，大きな赤道横断道の鎖の末端に位置して，何よりも出荷港の機能を果たし輸出用運送の80％を占めていた．コンゴ横断交通局（ATC）は1970年から港湾，CFCOおよび航路を統轄している国営企業であるが，その業務成績は1980年代半ばにはすでに中央アフリカ共和国やチャドとの交易の脆弱さを示していた．ガボン産マンガンの輸出の停止のために交易の75％が失われて以来，現在では再転換の問題が生じている．実際，ガボン横断鉄道とオワンド港は，かつてAEFの要であったコンゴを犠牲にして練りあげられた新たな政策の目玉なのである．そのため，30万の人口を有するポワントノワールやコミログ鉄道に沿って点在する諸都市は，鉱石運搬の喪失を埋め合わせるために新しい活動へと向かわざるをえないのである．

1960年に連邦にかかわる機能は奪われたとはいえ，それでもブラザヴィルは一貫して発展し続け，コンゴの人口のおよそ3分の1にあたる60万から70万の住人を擁するに至った．都市化は，大河を見おろす植民地時代の都市が最初にあった「台地」の両側で進んでいて，西側ではジュエ川に向かい，北側では古くからの黒人居住地区バコンゴおよびポト＝ポトをはみ出して，バテケ高原へと攻めこんでいる．近代的なタイプの雇用は人口の増加に追いつけない状態にある．加工業（コンゴ企業の大部分は首都およびポワントノワールにおかれている）は港湾活動と同様に停滞しており，第3次産業も閉塞している．石油の利権によっていくつかの都市計画が実現されて都市経済の活動に必要な資金を投入することもできたが，近年の抜本的な予算削減によって，その収入が目減りしてきている都市民全体の生き残りの問題が鋭く問われている．1993年，政治－民族抗争は都市を戦火と流血の巷と化した．コンゴ族住民の住む都市の西側の地区が，反権力の武装闘争に入ったのである．コンゴの将来は宙吊りになっている．

編訳者あとがき

本巻は，ロジェ・ブリュネ（Roger Brunet）監修『世界地理』全10巻，パリ，ベラン社刊，1990-1998のシリーズ第6巻『サハラ以南のアフリカ』の前半部分の翻訳であり，翻訳シリーズの第9巻にあたる．この巻には原著が対象とするサハラ以南のアフリカ，すなわち黒い大陸全体の諸問題を提起した総論的「序論」と以下「サヘル地域」，「ギニア沿岸地方」および「中部アフリカ」の諸地域が取り上げられている．残りの「アフリカ東部」，「南部アフリカ」，「マダガスカルおよびインド洋の南西諸島」は，第2分冊，すなわち本翻訳シリーズの第10巻に当てられている．

フランス地理学界には優れたアフリカニストが数多く存在する．本シリーズの執筆者は，そうした中にあって選りすぐりの地理学者で本文内容も充実している．本訳書第9巻の翻訳を担当された大峰真理，溝口大助，中川裕二の諸氏になれない地理学書の翻訳でご苦労をおかけしたことに心から御礼申し上げたい．

シリーズの監修者ロジェ・ブリュネは原著1巻冒頭で「世界地理」とは何かと問い，「世界を解読（理解）すること」と述べている．「世界の解読，理解」はどのようにして可能なのだろうか．その解読の方法について，彼は独自の地理学的コレーム（chorèmes）を考案し，それをコレーム地理学（Géographie chorématique）と呼んでいる．

「世界を理解すること」を使命とする「世界地理」を書き上げることは壮大な仕事であり，膨大な労力を要する．フランスにおける近代地理学の確立者ポール・ヴィダル＝ド＝ラ＝ブラーシュ（1845-1918）が「ヴィダル派」と呼ばれる学派を形成し，その教え子たちによってはじめて学術的な『世界地理』（B4版全15巻23冊，1927-1948）が完成した．

ところで，ヴィダル派の『世界地理』が完成するおよそ半世紀前，ひとりの，あえて在野の，といってよいであろう地理学者によって，同じく大冊（B4版）全19巻からなる『新世界地理』（アシェット社刊，1876-1894）が刊行されている．著者エリゼ・ルクリュは，思想家，社会改革者としてもその名を知られ，ユニークな，偉才の地理学者（1830-2005）である．

ブリュネはこの地理学者の地理学に傾倒し，同志とともにRECLUSの名を冠したグループを結成し，革新的な仕事をつぎつぎと行ってきた．このベランの『世界地理』叢書はその成果の頂点にあるものといってよいであろう．

ルクリュ，ヴィダルはともに，近代地理学の先駆者であるドイツのアレクサンダー・フォン・フンボルトやカール・リッターから地理学思想を学び，地球上の生活は大地および人間のそれぞれにおいて，またそれら相互のさまざまなつながり（Zusammenhang）において地表に景観を生み出す大地と人間の一体化を地理学の根本理念とした．ヴィダルは，その全体の繋がり（enchaînement）の理念を unité terrestre（地的統一）と呼んだ．ルクリュも「大地と人間」の繋がり，結びつきに彼の社会思想の理念を見ていた．

今回邦訳されたベラン『世界地理』大系シリーズの監修者ロジェ・ブリュネは，第2次大戦後世界的に展開された「新しい地理学」の運動の中で，フランス地理学の革新を図った代表的地理学者である．英米系諸国が計量化によって「理論的地理学」を目指したのに対して，ブリュネはその影響を受けつつ，異なった―それを「フランス的」ということができるかもしれない―方向と方法で革新を試みている．

第2次大戦後，フランスにおいて思想・哲学，人文・社会科学などで流行とも呼べる様々な主張や流れが見られた．それらを地理学に導入しようとするもの，地理学からそれらの主張，流れに掉さそうとするものなどが見られた．ブリュネは，そうした動きに敏感であったと思われる．英・米系の「計量化」による理論地理学の方向に対して，彼は戦後風靡した「システム論」やフランス生まれの「構造主義」や「言語論」などの思考を空間に適用し，地理学の理論化を目指したのであった．例えば，ヴィダル以来フランス地理学を特徴づけ，伝統ともなっていた地域研究の対象である「地区」を，それを構成する区の集合体と捉え，その区を「構造」と理解することによって「地区」の地的統一体を理解することができる，と考えた．さらにそれぞれの「地区」は，交通網によって上位の中心性を持つ町の中心に結びつけられる．この上位の町の空間的広がりが「地域（レジオン）」であり，さらにそれが上位の中心に結びついて「地方（プロヴァンス）」を構成することになる．さらに地域の中心はその上の中心都市と結びつき，領域（ドメーヌ）とよぶ広い空間を形成することになる．

こうして中心性の大きさの差異によってその広さの異なる空間が重層的な空間構造を形成することになる．このように地方や地域など空間的広がりは重層的な機能空間のシステム・構造として空間を生き生きと把握，理解することができる．

ブリュネは区（カルティエ）（これを構成する地片とその塊（島））から，地区（ペイ），地域（レジオン），地方（プロヴァンス），領域（ドメーヌ），地帯（ゾーヌ）の5段階からなる「等様式空間体のスケール」を表にまとめ，規模，地図上での研究スケールを示した．この表には図化した例が示されており，この研究には図式化が重要な意味を持つ．

以上のような農村空間を主とした研究方法を示し，地理空間研究の理論化，具体的な計画実践への可能性を示唆した．以上

の基礎研究を踏まえ，「世界を理解」するための方法を「世界地理」の解読，理解の方法として，具体例をもって示したのが『ベラン世界地理大系』の方法である「コレーム地理学」である．これは上記の「等様式空間体のスケール」を世界を対象により普遍的な形で整理理論化したものである．翻訳シリーズの中で

も第 9 巻，第 10 巻が対象とする『サハラ以南のアフリカ』は，この方法による理解が見事に示されている巻ではなかろうか．原著第 1 巻の翻訳と合わせ読まれることをお勧めしたい．

　2016 年 11 月

野澤秀樹・末松　壽

参 考 文 献

全般

ALLAN, W. (1967). *The African Husbandman*. Londres : Oliver and Boyd.

AMIS, Ph., LLOYD, P., dir. (1990). *Housing African Urban Poor*. Manchester/New York : Manchester University Press.

AUBRÉVILLE, A. (1949). *Climats, forêts et désertification de l'Afrique tropicale*. Paris : Société d'éditions géographiques, maritimes et coloniales.

BALANDIER, G. (1957). *Afrique ambiguë*. Paris : Plon.

BALANDEIER, G. (1963). *Sociologie actuelle de l'Afrique noire*. Paris : Presses universitaires de France.

ジョルジュ・バランディエ（井上兼行訳）『黒アフリカ社会の研究　植民地状況とメシアニズム』紀伊国屋書店，1983 年，422 頁.

BAYART, J.F. (1989). *L'État en Afrique. La politique du ventre*. Paris : Fayard.

BRUCKNER, P. (1983). *Le Sanglot de l'homme blanc*. Paris : Le Seuil.

BRUNSCHWIG, H. (1971). *Le Partage de l'Afrique noire*. Paris : Flammarion.

CHAMBERS, R. (1990). *Développement rural. La pauvreté cachée*. Paris : Karthala-Centre technique de coopération agricole et rurale.

CHASTELAND, J.C., VÉRON, J., BARBIÉRI, M., dir. (1993). *Politiques de développement et croissance démographique rapide en Afrique*. Paris : Presses universitaires de France.

CHRÉTIEN, J.P., PRUNIER, G., dir. (1989). *Les Ethnies ont une histoire*. Paris : Karthala.

COLLECTIF (1970). Terroirs africains et malgaches. Paris : *Études rurales*.

COLLECTIF (1979). *Maîtrise de l'espace agraire et développement en Afrique tropicale. Logique paysanne et rationalité technique*. Paris : Orstom.

COLLECTIF (1980). L'Arbre en Afrique tropicale. La fonction et le signe. Paris : *Cahiers de l'Orstom*, Série « Sciences humaines ».

COLLECTIF (1984). *Le Développement rural en questions. Paysages, espaces ruraux, systèmes agraires*. Paris : Orstom.

COLLECTIF (1984). Les Instruments aratoires en Afrique tropicale. Paris : *Cahiers de l'Orstom*, Série « Sciences humaines ».

COLLECTIF (1985). *Nourrir les villes en Afrique sub-saharienne*. Paris : L'Harmattan.

COLLECTIF (1990). Au-delà de l'ajustement. Dakar : *Environnement Africain*.

COQUERY-VIDROVITCH, C. (1985). *Afrique noire, permanences et ruptures*. Paris : Fayard.

COQUERY-VIDROVITCH, C. (1994). *Les Africaines. Histoire des femmes d'Afrique noire du XIXe au XXe siècle*. Paris : Desjonquères.

COQUERY-VIDROVITCH, C., MONIOT, H. (1974). *L'Afrique noire de 1800 à nos jours*. Paris : Presses universitaires de France.

CROUSSE, B., LE BRIS, É., LE ROY, É., dir. (1986). *Espaces disputés en Afrique noire. Pratiques foncières locales*. Paris : Karthala.

DESCHAMPS, H., dir. (1970). *Histoire générale de l'Afrique noire*. Paris : Presses universitaires de France.

DUMONT, R. (1962). *L'Afrique noire est mal partie*. Paris : Le Seuil.

DUPRIEZ, H., DE LEENER, R. (1983). *Agriculture tropicale en milieu paysan africain*. Paris : L'Harmattan.

ELDIN, M., MILLEVILLE, P., dir. (1989). *Le Risque en agriculture*. Paris : Orstom.

FORD, J. (1971). *The Role of Trypanosomiases in African Ecology. A Study of the Tsetse Fly Problem*. Oxford : Clarendon Press.

FOUCHER, M. (1988). *Fronts et frontières : un tour du monde géopolitique*. Paris : Fayard.

GALLAIS, J. (1994). *Les Tropiques. Terres de risques et de violences*. Paris : A. Colin.

GODARD, X., TEURNIER, S. (1992). *Les Transports urbains en Afrique à l'heure de l'ajustement*. Paris : Karthala/Institut national de recherche et d'étude sur les transports et leur sécurité.

GOUROU, P. (1969, 5e édition). *Les Pays tropicaux*. Paris : Presses universitaires de France.

ピエール・グルー（上野福男監訳，山本正三・田中真吾，谷治正孝共訳）『熱帯の地理―社会的経済的諸条件とその展望―』朝倉書店，1971 年, 253 頁.

GOUROU, P. (1970). *L'Afrique*. Paris : Hachette.

GOUROU, P. (1982). *Terres de bonne espérance. Le monde tropical*. Patis : Plon.

HUGON, Ph., dir. (1988). Les Afriques en l'an 2000 : perspectives économiques. Paris : *Afrique contemporaine*.

HUGON, Ph. (1993). *L'Économie de l'Afrique*. Paris : La Découverte.

HUGON, Ph., POURTIER, R., dir. (1993). Villes d'Afrique. Paris : *Afrique contemporaine*.

ILLIFFE, J. (1983). *The Emergence of African Capitalism*. Londres : Macmillan.

JAGLIN, S., DUBRESSON, A. (1993). *Pouvoirs et cités d'Afrique noire. Décentralisations en questions*. Paris : Karthala.

JEAN, S. (1975). *Les Jachères en Afrique tropicale : interprétation technique et foncière*. Paris : Musée de l'Homme.

KI-ZERBO, J. (1978). *Histoire de l'Afrique noire*. Paris : Hatier.

LEIRIS, M. (1934). *L'Afrique fantôme : de Dakar à Djibouti, 1931-1933*. Paris : Gallimard.

ミシェル・レリス（岡本公二，田中淳一，高橋達明訳）『幻のアフリカ』平凡社，2010 年，1068 頁.

LEROUX, M. (1983). *Le Climat de l'Afrique tropicale*. Paris : Champion.

MARSEILLE, J. (1984). *Empire colonial et colonialisme français*. Paris : Albin Michel.

MBEMBE, A. (1988). *Afriques indociles. Christianisme, pouvoir et État en société postcoloniale*. Paris : Karthala.

MICHAILOF, S., dir. (1993). *La France et l'Afrique. Vade-mecum pour un nouveau voyage*. Paris : Karthala.

O'CONNOR, A.M. (1983). *The African City*. Londres : Hutchinson University Library.

PISANI, E. (1988). *Pour l'Afrique*. Paris : Odile Jacob.

POINSOT, J., SINOU, A., STERNADEL, J. (1989). *Les Villes d'Afrique noire entre 1650 et 1960. Politiques et opérations d'urbanisme et d'habitat*. Paris : La Documentation française.

PONTIÉ, G., GAUD, M., dir. (1992). L'Environnement en Afrique. Paris : *Afrique contemporaine*.

RENAULT, F., DAGET, S. (1985). *Les Traites négrières en Afrique*. Paris : Karthala.

RICHARD, J.-F., dir. (1990). *La Dégradation des paysages en Afrique de l'Ouest*. Dakar : Presses de l'université de Dakar.

RICHARD-MOLARD, J. (1951). *Problèmes humains en Afrique occidentale*. Paris : Présence africaine.

RICHARDS, P. (1985). *Indigenous Agricultural Revolution*. Londres : Unwin Hyman.

SAUTTER, G. (1962). « À propos de quelques terroirs d'Afrique occidentale. Essai comparatif ». Paris : *Études rurales*.

SCET INTER, SCET AGRI, SEDES (1984). *Une image à long terme de l'Afrique au sud du Sahara*. Bruxelles : Commission des Communautés européennes.

SCHLIPPÉ, P. DE (1956). *Shifting Cultivation in Africa, The Zande System of Agriculture*. Londres : Routledge and Kegan Paul.

SENDER, J., SMITH, Ph. (1986). *The Development of Capitalism in Africa*. Londres/New York : Methuen.

STREN, R.E., WHITE, R.R., dir. (1993). *Villes africaines en crise. Gérer la croissance urbaine au sud du Sahara*. Paris : L'Harmattan.

TOURÉ, M., FADAYOMI, T.O. (1993). *Migrations et urbanisation au sud du Sahara*. Dakar : Conseil pour le développement de la recherche en sciences sociales.

VENNETIER, P. (1991). *Les Villes d'Afrique tropicale*. Paris : Masson.

WILKS, I. (1975). *Asante in the Nineteenth Century. The Structure and Evolution of a Political Order*. Cambridge : Cambridge University Press.

ZACHARIAH. K.C., KONDE, J. (1981). *Les Migrations en Afrique de l'Ouest, aspects démographiques*. Paris : Banque mondiale/Organisation pour la coopération et le développement économique.

サヘル海岸

BARRAL, H. (1977). *Les Populations nomades de l'Oudalan et leur espace pastoral*. Paris : Orstom.

BERNUS, E. (1981). *Touaregs nigériens, unité culturelle et diversité régionale d'un peuple pasteur*. Paris : Orstom.

BERNUS, E., HAMIDOU, S.A., dir. (1980). *Niger*. Paris : Atlas Jeune Afrique.

CAPRON, J. (1973). *Communautés villageoises Bwa, Mali, Haute-Volta*. Paris : Muséum d'histoire naturelle, Institut d'ethnologie.

CROUSSE, B., MATHIEU, P., SECK, S.M., dir. (1991). *La Vallée du fleuve Sénégal. Évaluations et perspectives d'une décennie d'aménagement*. Paris : Karthala.

DIEMER, G., VAN DER LAAN, E. (1987). *L'Irrigation au Sahel*. Paris : Karthala.

DUBRESSON, A. (1979). *L'Espace Dakar-Rufisque en devenir. De l'héritage urbain à la croissance industrielle*. Paris : Orstom.

GALLAIS, J. (1967). *Le Delta intérieur du Niger. Étude de géographie régionaie*. Dakar : Institut français d'Afrique noire.

GALLAIS, J. (1975). *Pasteurs et paysans du Gourma. La condition sahélienne*. Bordeaux : Centre d'études de géographie tropicale, Centre national de la recherche scientifique.

GALLAIS, J. (1984). *Hommes du Sahel*. Paris : Flammarion.

GRÉGOIRE, E., LABAZÉE, P. (1993). *Grands commerçants d'Afrique de l'Ouest. Logiques et pratiques d'un groupe d'hommes d'affaires contemporains*. Paris : Karthala.

IMBS, F. (1987). *Kumtaabo. Une collectivité rurale mossi et son rapport à l'espace (Burkina Faso)*. Paris : Orstom.

KOHLER, J.M. (1972). *Migrations des Mossi de l'ouest*. Paris : Orstom.

LAHUEC, J.P., MARCHAL, J.Y. (1979). *Mobilité du peuplement bissa et mossi*. Paris : Orstom.

LERICOLLAIS, A. (1972). *Sob, étude géographique d'un terroir serer (Sénégal)*. Paris : Orstom.

MARCHAL, J.Y. (1983). *Yatênga (Nord Haute-Volta). La dynamique d'un espace rural soudano-sahélien*. Paris : Orstom.

MINVIELLE, J.P. (1985). *Paysans migrants du Fouta-Toro (vallée du Sénégal)*. Paris : Orstom.

参 考 文 献

OCDE (1988). *Le Sahel face aux futurs. Dépendance croissante ou transformation structurelle.* Paris.

PÉLISSIER, P. (1966). *Les Paysans du Sénégal. Les civilisations agraires du Cayor à la Casamance.* Saint-Yrieix : Fabrègue.

PÉLISSIER, P., dir. (1980). *Sénégal.* Paris : Atlas Jeune Afrique.

PÉRON, Y., ZALACAIN, V., dir. (1975). *Haute-Volta.* Paris : Atlas Jeune Afrique.

SANTOIR, C.J. (1983). *Raison pastorale et politique de développement : les Peul sénégalais face aux aménagements.* Paris : Orstom.

TOUPET, C., LACLAVÈRE, G., dir. (1977). *République islamique de Mauritanie.* Paris : Atlas Jeune Afrique.

TOUPET, C., PITTE, J.R. (1977). *La Mauritanie.* Paris : Presses universitaires de France.

TRAORÉ, M., MONNIER, Y., dir. (1981). *Mali.* Paris : Atlas Jeune Afrique.

WEIGEL, J.Y. (1982). *Migration et production domestique des Soninké du Sénégal.* Paris : Orstom.

ギニア湾沿岸地方

AGBOOLA, S.A. (1979). *An Agricultural Atlas of Nigeria.* Londres : Oxford University Press.

AJAEGBU, H.I. (1976). *Urban and Rural Development in Nigeria.* Londres : Heinemann.

AJAYI, S.I., IYOHA, M.A., SOYODE, A., ANUSIONWU, E.C., dir. (1986). *The Nigerian Economy. A Political Economy Approach.* Londres : Longman.

ANDRAE. G., BECKMANN, B. (1985). *The Wheat Trap. Bread and Underdevelopment in Nigeria.* Londres/Uppsala : Zed Books/Scandinavian Institute of African Studies.

ANTHEAUME, B. (1978). *Agbetiko, terroir de la basse vallée du Mono (Sud Togo).* Paris : Orstom.

ANTOINE, P., DUBRESSON, A., MANOU-SAVINA, A. (1987). *Abidjan, côté cours. Pour comprendre la question de l'habitat.* Paris : Karthala/Orstom.

BACH, D.C., dir. (1986). *Le Nigeria contemporain.* Paris : Centre national de la recherche scientifique.

BACH D.C., EGG, J., PHILIPPE, J., dir. (1988). *Nigeria, un pouvoir en puissance.* Paris : Karthala.

BARBOUR, M.K., OGUNTOYINBO, J.S., ONYEMELUKWE, J.O.C., NWAFOR, C., dir. (1982). *Nigeria in Maps.* Londres : Hodder and Stoughton.

BLANC-PAMARD, C. (1979). *Un jeu écologique différentiel : les communautés rurales du contact forêt-savane au fond du « V baoulé ».* Paris : Orstom.

BROWN, C.K., dir. (1986). *Rural Development in Ghana.* Accra : Ghana University Press.

CAMPBELL, B.K. (1983). *Les Enjeux de la bauxite, la Guinée face aux multinationales de l'aluminium.* Montréal : Presses de l'université de Montréal.

CHAUVEAU, J.P., RICHARD, J. (1983). *Bodiba en Côte-d'Ivoire. Du terroir à l'État : petite production paysanne et salariat agricole.* Paris : Orstom.

CLARKE, J.I. (1966). *Sierra Leone in Maps.* Londres : University of London Press.

CORDONNIER, R. (1987). *Femmes africaines et commerce. Les revendeuses de tissu de la ville de Lomé (Togo).* Paris : L'Harmattan.

DORJAHN, R.V., ISAAC, L.B. (1979). *Essays on the Economic Anthropology of Liberia and Sierra Leone.* Philadelphie : Institute for Liberia Studies.

DUBRESSON, A. (1989). *Villes et industries en Côte-d'Ivoire.* Paris : Karthala.

DUPONT, V. (1986). *Dynamique des villes secondaires et processus migratoires en Afrique de l'Ouest. Trois centres urbains en région de plantation au Togo.* Paris : Orstom.

DUREAU, F. (1987). *Migration et urbanisation, le cas de la Côte-d'Ivoire.* Paris : Orstorn.

FALOLA, T., OLANREWAJU, S.A., dir. (1986). *Transport Systems in Nigeria.* New York : Syracuse University.

FAURÉ, Y.A., MÉDARD, J.F., dir. (1982). *État et bourgeoisie en Côte-d'Ivoire.* Paris : Karthala.

FLOYD, B. (1969). *Eastern Nigeria : a Geographical Review.* Londres : Macmillan.

GASTELLU, J.M. (1989). *Riches paysans de Côte-d'Ivoire.* Paris : L'Harmattan.

GU-KONU, Y.E., dir. (1981). *Togo.* Paris : Atlas Jeune Afrique.

HILL, P. (1970). *Studies in Rural Capitalism in West Africa.* Cambridge : Cambridge University Press.

HILL, P. (1982). *Dry Grain Farming Families : Hausaland (Nigeria) and Karnataka (India) Compared.* Cambridge : Cambridge University Press.

IGUÉ, J.O. (1989). « Le développement des périphéries nationales en Afrique ». *In Tropiques. Lieux et liens.* Paris : Orstom.

KONINGS, P. (1976). *The State and Rural Class Formation in Ghana : a Comparative Analysis.* Londres : Henley.

LAGEMAN, J. (1977). *Traditional Farming Systems in Eastern Nigeria : an Analysis of Reaction to Increasing Population Pressure.* Munich : Weltforum Verlag.

LUCIEN-BRUN, B., PILLET-SCHWARTZ, A.M. (1987). *Les Migrations rurales des Kabyé et des Losso (Togo).* Paris : Orstom.

MABOGUNJE, A.L. (1968). *Urbanization in Nigeria.* Londres : Oxford University Press.

MARGUERAT, Y. (1985). *L'Armature urbaine du Togo.* Paris : Orstom.

MINISTERE DU PLAN/ORSTOM/IGT (1972). *Atlas national de Côte-d'Ivoire.* Abidjan.

MONDJAGNANNI, A.C. (1977). *Campagnes et villes au sud de la République Populaire du Bénin.* Paris/la Haye : Mouton.

MORGAN, W.T.W. (1983). *Nigeria.* Londres : Longman.

PÉLISSIER, P. (1963). *Les pays du Bas-Ouémé. Une région témoin du Dahomey méridional.* Bordeaux : Travaux du département de géographie de l'université de Dakar.

Politique Africaine (1987). « Togo authentique ».

Politique Africaine (1989). « La Guinée : l'après Sekou Touré ».

QUESNEL, A. (1988). *Dynamique de population en économie de plantation. Le plateau de Dayes au sud-ouest du Togo.* Paris : Orstom.

RAY, D.I. (1986). *Ghana, Politics. Economies and Society.* Londres : Frances Pinter.

SAWADOGO, A. (1977). *L'Agriculture en Côte-d'Ivoire.* Paris : Presses universitaires de France.

SCHWARTZ, A. (1985). *Le Paysan et la culture du coton au Togo.* Paris : Orstom.

SCHWARTZ, A. (1993). *Sous-peuplement et développement dans le Sud-Ouest de la Côte-d'Ivoire.* Paris : Orstom.

SURET-CANALE, J. (1970). *La République de Guinée.* Paris : Éditions Sociales.

TERIBA, O., dir. (1981). *Poverty in Nigeria.* Ibadan : Ibadan University Press.

WILLIAMS, G., dir. (1976). *Nigeria : Economy and Society, State and Society in Nigeria.* Londres : Rex Collins.

WILLS, B., dir. (1962). *Agriculture and Land Use in Ghana.* Londres : Oxford University Press.

中部アフリカ

BARBIER, J.C., CHAMPAUD, J., GENDREAU, F. (1983). *Migrations et développement. La région du Mongo au Cameroun.* Paris : Orstom.

BAYART, J.F. (1986, 2ᵉ édition). *L'État au Cameroun.* Paris : Presses de la Fondation nationale des sciences politiques.

BEAUVILAIN, A. (1989). *Nord Cameroun. Crises et peuplement.* Notre-Dame-de-Gravenchon : Beauvilain.

BEZI, F., PEEMANS, J.P., WAUTELET, J.M. (1981). *Accumulation et sous-développement au Zaïre.* Louvain-la-Neuve : Presses universitaires de Louvain.

BOUQUET, C. (1991). *Insulaires et riverains du lac Tchad : une étude géographique.* Paris : L'Harmattan.

BOUTRAIS, J.B. (1973). *La Colonisation des plaines par les montagnards au nord du Cameroun (Monts Mandara).* Paris : Orstom.

BOUTRAIS, J.B. (1983). *L'Élevage soudanien. Des parcours de savanes aux ranchs (Cameroun-Nigeria).* Paris : Orstom.

BOUTRAIS, J.B. (1987). *Mbozo-Wazan. Peul et montagnards au nord du Cameroun.* Paris : Orstom.

BOUTRAIS, J.B., BOULET, J., BEAUVILAIN, A., dir. (1984). *Le Nord du Cameroun, des hommes, une région.* Paris : Orstom.

CABOT, J. (1965). *Le Bassin du Moyen-Logone. Tchad.* Paris : Orstom.

CANEL, P., DELIS, Ph., GÉRARD, Chr. (1990). *Construire la ville africaine. Chroniques du citadin promoteur.* Paris : Karthala/ACCT.

CHAMPAUD, J. (1983). *Villes et campagnes du Cameroun de l'ouest.* Paris : Orstom.

DONGMO, J.L. (1981). *Le Dynamisme bamiléké (Cameroun).* Yaoundé : Centre d'édition et de production pour la recherche.

FRANQUEVILLE, A. (1984). *Yaoundé. Construire une capitale.* Paris : Orstom.

FRANQUEVILLE, A. (1987). *Une Afrique entre le viliage et la ville. Les migrations dans le Sud du Cameroun.* Paris : Orstom.

GAULME, F. (1988). *Le Gabon et son ombre.* Paris : Karthala.

GUILLOT, B. (1973). *La Terre Enkou (Congo).* Paris : École des hautes études en sciences sociales.

GUILLOT, B., DIALLO. Y. (1984). *Systèmes agraires et cultures commerciales (région de la Sanga, au Congo).* Paris : Orstom.

LACLAVÈRE, G., dir. (1978). *Zaïre.* Paris : Atlas Jeune Afrique.

LACLAVÈRE, G., dir. (1979). *République unie du Cameroun.* Paris : Atlas Jeune Afrique.

LIGNIER-GOUMAZ, M. (1982). *Guinée éqnatoriale. De la dictature des colons à la dictature des colonels.* Genève : Les Éditions du temps.

LOSCH, B., FUSILLIER, J.L., DUPRAZ, P. (1991) : *Stratégies des producteurs en zone caféière et cacaoyère du Cameroun. Quelles adaptations à la crise?* Montpellier : Centre de coopération internationale en recherche agronomique pour le développement.

MAINET, G. (1985). *Douala, croissance et servitudes.* Paris : L'Harmattan.

MAXIMY, R. DE (1984). *Kinshasa, ville en suspens. Dynamique de la croissance et problèmes d'urbanisme : approche sociopolitique.* Paris : Orstom.

NICOLAI, H. (1963). *Le Kwilu, Étude géographique d'une région congolaise.* Bruxelles : Cemubac.

PAIN, M. (1984). *Kinshasa. La ville et la cité.* Paris : Orstom.

PIERMAY, J.L. (1993). *Citadins et quête du sol dans les villes d'Afrique centrale.* Paris : L'Harmattan.

Politique Africaine (1984). « Le Tchad ».

Politique Africaine (1986). « Le Réveil du Cameroun ». « Le Tchad ».

Politique Africaine (1988). « Le Congo, banlieue de Brazzaville ».

POURTIER, R. (1989). *Le Gabon.* Paris : L'Harmattan.

SAUTTER, G. (1966). *De l'Atlantique au fleuve Congo (République du Congo. République gabonaise). Une géographie du sous-peuplement.* Paris/La Haye : Mouton.

VANDERLINDEN, J., dir. (1981). *Du Congo au Zaïre, 1960-1980.* Bruxelles : CRISP.

VENNETIER, P., dir. (1977). *République populaire du Congo.* Paris : Atlas Jeune Afrique.

VENNETIER, P., dir. (1984). *République Centrafricaine.* Paris : Atlas Jeune Afrique.

WILLAME, C. (1986). *Zaïre. L'épopée d'Inga.* Paris : L'Harmattan.

出 典 一 覧

I.1 絶え間なき歩み（©M.de Dekker/Gamma）2
1.3 マルサスの亡霊（©L.Franey/Rapho）7
1.6 潟（ラグーン）のスラム街（©M.Ascani/Hoa Qui）10
1.7 アフリカ（©IGN 1993,autorisation n°32-0198）11
2.2 砂漠のはずれの商業広場ジェンネ（©R.Bourgoing）15
2.5 武器の駕籠（©Brecelj-Hodalic/Gamma）19
2.11 規制された脱植民地化（©Séruzier/Rapho）27
3.3 乾燥した環境のなかでの充満（©G.Gerster/Rapho）35
3.7 赤道地帯の砂漠（衛星写真）（©Cnes,1989,distribution SPOT IMAGE）39
3.10 連帯の井戸（©G.Boutin/Hoa Qui）47
3.12 発展のイロハ（©Ch.Sappa/Rapho）50
4.3 腕の力だけで（©M.Renaudeau/Hoa Qui）55
4.6 秩序ある焼き畑（©G.Gerster/Rapho）59
4.8 文明の標識としてのアブラヤシ（©M.Koene/Explorer）61
4.9 ヤムイモとそのほかの作物（©Periscoop）62
4.10 ストックを保存し管理する（©A.Dubresson）63
4.13 河への歩み（©L.Franey/Rapho）66

II.1 奇跡の樹（©P.Pélissier）70
5.3 季節風の初期と最盛期（©Meteosat）75
5.5 事件としての旱魃とその誇張（©S.Salgado jr/Magnum）77
5.7 砂漠の入口に広がる分流群（©S.McCurry/Magnum）79
6.1 熱狂的な活動と交易（©M.Renaudeau/Hoa Qui）82
6.3 都市の突出部（©M.Renaudeau/Hoa Qui）85
6.5 論争の的になっている整備（©M.Renaudeau/Hoa Qui）87
6.6 セネガル・セレール地方のバオバブの樹（©Periscoop）90
6.7 街中の野菜（©H.Gloaguen/Rapho）91
7.1 サハラ砂漠への前哨地ガオ（©G.Gerster/Rapho）94
7.2 アルリットのウラン，古くからニジェールに与えられた天与の恵み（©J.-F. Girard/Explorer）97
7.4 スーダン地帯の「白い金」（©Hervy/Explorer）98
7.5 デルタの川舟（©Lenars/Explorer）99
7.6 ワガドゥグー：変貌した中心街（©A.Dubresson）101
8.1 トゥバ：ムリッド教団の権勢（©F.Reglain/Gamma）103
8.4 水田の国（©Boisberranger/Figaro/Gamma）107
8.5 ヌアクショット，衛兵所からキャンプ地へ（©S.McCurry/Gamma）109
8.7 水を得るための風（©E.Valentin/Hoa Qui）111
8.8 ダカールに向かう魚（©F.Reglain/Gamma）111

III.1 ヤシの浜辺（©E.Valentin/Hoa Qui）114
9.2 オメガ形の大河（©D.Blum/Gamma）119
9.6 バウレ族の住む「Ｖ字形地帯」のモザイク（©A.Dubresson）123
9.9 ナイジェリアの大都市における渋滞（©B.Pérousse/Fovea/Sequoia）127
10.1 ボーキサイト：豊かさと依存（©F.Rojon）131
10.4 ダイヤモンド：不滅の密売（©E.Valentin/Hoa Qui）135
10.7 戦争の大立者たち（©C.Morris/Rapho）139
10.8 パラゴムの樹液採取者たち（©G.Boutin/Explorer）139
11.3 クワメ・ンクルマの大計画：アコソンボ（©J.-P.Raison）145

11.4 アビジャン（©M.Ascani/Hoa Qui）146
11.7 コートティヴワールの「褐色の金」（©V.Fournier/Rapho）150
11.9 アクラ（©G.Boutin/Hoa Qui）151
11.10 ヤムスクロ：村のバジリカ聖堂（©F.Chaverou/Rapho）153
12.1 蝕まれた道路（トーゴ）（©A.Dubresson）155
12.5 裕福なベンツの女（©Luider/Rapho）159
12.6 伝統の身振り（©J.Gaumy/Magnum）161
12.7 国境を越えて（©S.Frances/Explorer）162
12.8 ひよわな丸木舟，手強い浅瀬（©Boisberranger/Figaro/Gamma）163
13.2 一大帝国の名残（©B.Barbey/Magnum）166
13.3 仮面の下の権力（©Ph.Bachelier/Fovea）167
13.8 ヨルバ族家屋の崩壊（©C.M.Hardt/Liaison/Gamma）172
13.10 森の中の石油（©C.Delu/Explorer）175
14.4 都市の文明（©Abbas/Magnum）181
14.5 農業の伝統（©Ph.Bachelier/Fovea）182
14.7 職人の伝統（©Ph.Bachelier/Fovea）183
15.1 人間の鎖（©D.Blum/Gamma）186
15.3 操業中の基幹工場（©P.Maître/Saga Images）190
15.4 石油の王者たち（©G.Gerster/Rapho）191
15.9 ナイジェリアのブラジリア（©P.Maître/Saga Images）195

IV.1 渡る，それは商売することである（©P.Maître/Saga Images）198
16.1 赤道上のボカージュ［畑や農家が生垣や樹木に囲まれている田園のこと］（©IGN）201
16.4 年老いたカカオ地方（©Periscoop）203
16.6 肥沃な岩塊（©Boireau/Rapho）206
16.7 取り囲まれたフラニ族（©J.Champaud）207
16.9 ドゥアラ：高層建築のない都心（©C.Pavard/Hoa Qui）209
17.1 ハイフンとしての河（©V.Naud/Fovea/Sequoia）211
17.4 バルダイ，神話から現実へ（©M.Huet/Hoa Qui）215
17.5 灌漑のために汲みあげる（©V.Naud/Fovea/Sequoia）217
17.7 中央アフリカの動物保護区：スポーツと密猟（©P.Maître/Gamma）219
18.2 急流という障害（©Michaud/Rapho）223
18.3 コンゴ川での重い貨物の輸送（©N.Nyers/Fovea/Sequoia）225
18.5 ピグミー（©Nyers/Fovea/Sequoia）227
18.7 何もかもすべき女性（©Periscoop）230
18.8 緑の塊を開く（©S.Cordier/Explorer）231
19.1 キンシャサ，その中心街（©Gris/Magnum）235
19.5 高地ザイール（©Periscoop）239
19.7 インガ，ザイールの「ホワイト・ゴールド」（©P.Maître/Gamma）241
19.9 銅鉱のクレーター（©P.Maître）243
19.10 銅の時代（©A.Webb/Magnum）244
19.11 宗派の力（©L.Peneau/Explorer）245
20.2 ガボン横断鉄道（©C.François/Figaro/Gamma）247
20.3 豪奢な建築物（©A.Dubresson）248
20.6 2番目の都市ブラザヴィル（©Th.Orban/Sygma）251
20.7 大河を流れる森林（©C.Delu/Explorer）253

索　引

ア

アイール（Aïr）山地　70, 79, 80, 89, 96
アガデス（Agadez）　37, 82, 86, 92, 97
アクジュジト（Akjoujt）　110
アグボヴィル（Agboville）　129, 147
アクラ（Accra）　37, 82, 118, 121, 128, 129, 150-152, 156
アクワイボン（Akwa Ibom）　164, 178-180, 189
アコソンボ（Akosombo）ダム　141, 145, 149, 152, 153, 162
アジャオクタ（Ajaokouta）　174, 190, 191
アシャンティ（Ashanti）　16, 18, 24, 34, 37, 121, 149-151, 153, 156
アタパメ（Atakpamé）　129, 156
アダマワ（Adamaoua）　20, 200, 202, 204, 207
アディスアベバ（Addis-Abeba）　37, 38, 48
アナンブラ（Anambra）　164, 178-180, 188
アバ（Aba）　165, 170, 179, 191
アビア（Abia）　164, 178, 180, 189
アビジャン（Abidjan）　10, 26, 37, 47, 48, 82, 98, 99, 118, 128, 129, 145-149, 152
アブジャ（Abuja）　149, 169, 173, 174, 176, 184, 195
アブラヤシ（Éléis）　14, 15, 17, 53, 61, 119, 120, 122, 125, 135, 138, 143, 145, 146, 148-150, 158, 161, 162, 175, 182, 187, 193, 194, 200, 202, 203, 218, 219, 226, 227, 237, 249, 252
アフリカ大湖沼（Grands Lacs）　14, 49
アベオクタ（Abéokouta）　171, 177, 178, 181
アベシェ（Abéché）　211, 212, 216
アボメー（Abomey）　17, 119, 120, 156, 160, 161
雨水（Eau）　33-35, 41, 56, 70, 105, 120, 138, 212, 224, 236, 237, 244
アラダ（Allada）　156
アルーシャ（Arusha）　46
アルバート（Albert）湖　222
アルリット（Arlit）　96, 97
アワソ（Awaso）　151
アンゴラ（Angola）　6, 9, 13, 17, 32, 41, 46, 48, 113, 126, 205, 223
アンブヴンベ（Ambovombe）　37

イ

イェルワ（Yelwa）　184
イェルワ（Yerwa）　183
イグボ（Igbo）族居住地　36, 164, 165, 178-180, 189
移住（Migration）　6-8, 41, 49, 50, 68, 69, 77, 81-86, 88, 100, 112, 117, 129, 136, 146, 147, 156, 171, 184, 189, 227
イーストロンドン（East London）　240
イスラム教（Islam）　15, 16, 19-24, 41, 70, 81, 86, 104, 108, 110, 113, 118, 136, 151, 165-168, 179-181, 183, 185, 189, 198, 200, 208-210, 212, 228
イトゥリ（Ituri）　231, 237
イバダン（Ibadan）　38, 83, 166, 172, 173, 176, 177
イビビオ（Ibibio）族居住地　164, 178, 180, 188
イフェ（Ife）［イレ・イフェ］　117, 165, 171, 172, 177
違法取引（Commerce illégal）　47, 50,

88, 109, 129, 138
移牧（Transhumance）　79, 80, 105
インボ（Imbo）　36
イモ（Imo）　164, 178-180, 189
イレ・イフェ（Ile-Ife）　171, 172, 177
イレボ（Ilebo）　39, 222, 235, 240, 241
イロリン（Ilorin）　171, 172, 177, 184
インガ（Inga）　240-243
インド洋（Océan Indien）　31

ウ

ヴィクトリア（Victoria）湖　32, 43, 44, 54
ヴィクトリア滝　44
ウィダー（Ouidah）　39, 120, 156, 160
ウィットウォータースランド（Witwatersrand）　152
ヴィルンガ（Virunga）山脈　225
ウエソ（Ouesso）　252
ウエメ（Ouémé）川　120
ヴェルト（Veld）　33
ヴェルド（Veld）　29, 35
ヴェール（Vert）岬　86, 88, 104, 106, 116, 123
ウエレ（Uélé）　226, 235, 236
ウォーリ（Warri）　119, 171, 173-176, 192
ヴォルタ（Volta）川　36, 54, 84, 98, 116, 117, 145, 150-152, 156, 184
ウォロフ（Wolof）族居住地　20
ウカラ（Ukara）島　60
ウガンダ（Ouganda）　12, 23, 24, 26, 27, 36, 43, 45, 46, 48, 223
ウサンバラ（Usambara）山地　43
ウバンギ（Oubangui）川　16, 211, 220, 224, 227, 228, 236, 250
ウバンギシャリ（Oubangi-Chari）　19, 24, 27, 216, 217, 223
ウブンドゥ（Ubundu）　222, 235
ウラン（Uranium）　96-98, 100, 101, 233, 246-248
ウルグル（Uluguru）山地　41

エ

衛生（Santé）　2, 5, 8, 10, 21, 24, 34-36, 40, 48, 57, 64, 69, 87, 136, 140, 142, 158, 165, 205, 219, 228, 236, 240, 250
エチオピア（Éthiopie）　6, 7, 9, 14, 15, 17, 21, 35, 43, 46, 50, 54, 221
エチオピア高原　53, 56
エデア（Édéa）　133, 206
エド（Edo）　164, 170, 176, 189
エヌグ（Enugu）　164, 165, 172, 178, 179, 189, 191
エネディ（Ennedi）　212
エブリエ（Ebrié）潟湖　119, 146, 149
エミクシ（Emi Koussi）山　212
エヤシ（Eyasi）湖　32
エリトリア（Érythrée）　9, 21
沿岸（Littoral）　2, 5, 13-16, 18-20, 23-25, 31, 32, 34-40, 43, 45, 49, 54, 68, 81-83, 85, 86, 94, 96, 98-101, 103-110, 112-114, 116-123, 126, 128, 130, 132-134, 136, 137, 141, 144, 146, 150-156, 159, 161, 163-165, 168, 170, 172-174, 176, 178, 194, 198, 200, 206, 211, 212, 214, 216, 221, 225, 227, 228, 232, 233, 236, 238, 242, 247, 250-252
援助（Aide）　7, 9, 10, 18, 64, 65, 76, 82, 89, 92-94, 97, 99-102, 104, 105, 108, 109, 111-113, 127, 130, 135, 137, 138,

140, 151, 153-155, 160, 163, 171, 184, 187, 190, 196, 203, 207, 210, 214, 216, 218, 220, 237, 246, 249

オ

オアシス（Oasis）　81, 98, 102, 103, 108, 109, 183, 212, 214
オカヴァンゴ（Okavango）川　30
オグボモショ（Ogbomosho）　172, 176-178
オゴウエ（Ogooué）川　221-225, 232, 246
オゴジャ（Ogoja）　185
オショグボ（Oshogbo）　171, 191
汚染（Pollution）　173, 175, 245
オートヴォルタ（Haute-Volta）　23, 36, 91, 97
オニチャ（Onitsha）　165, 172, 179, 180, 184, 191
オブアシ（Obuasi）鉱山　129, 141, 152
オヨ（Oyo）　160, 172, 176
オレンジ（Orange）川　32
オレンジ自由州　33
オンド（Ondo）　177
オンボリ（Hombori）　31

カ

（ラテラト土壌の）外殻皮（Cuirasse）　33, 105, 126, 132
外国人（Étranger）　13, 14, 16, 18, 21, 36, 84, 86, 97, 109, 114, 129, 145, 180, 185, 186, 190, 232, 248-250
開拓（Défrichement）　4, 18, 28, 53, 56, 58, 61, 64, 68-70, 79, 83, 98, 104, 124, 125, 132, 138, 143-145, 147, 148, 156, 175, 177, 200, 201, 204, 207, 226, 230, 231, 233, 237, 250
開拓者（Pionnier）　33, 59, 150, 177, 193, 204, 230, 231, 233, 237, 250
開発（Développement）　8-10, 18, 21, 25-27, 29, 32, 39-41, 43, 53, 54, 65, 68, 69, 74, 82, 83, 85, 88-94, 96, 98-102, 105, 108-114, 116, 122, 124, 125, 127, 130-135, 138-140, 142-146, 148, 152-156, 161, 162, 171-173, 176, 179, 183-189, 194, 195, 201, 203-205, 207, 210, 214, 217-221, 224, 227, 228, 230, 232-234, 238-242, 246-249, 251, 252
回廊（Couloir）　130, 154, 159, 253
カヴァリ（Cavally）川　125, 130
カウラ（Kaura）　172
カエディ（Kaédi）　110
ガオ（Gao）　50, 74, 86, 94, 100, 102
カオラック（Kaolack）　104, 106
カカオ（Cacao）　8, 27, 28, 41, 46, 69, 82-84, 122, 124, 125, 129, 134, 138, 141-145, 147-151, 156-158, 167, 170, 172, 176-178, 185, 187, 188, 193, 194, 200, 202-204, 208, 227, 238, 249, 250, 252
格差（Disparité）　16, 48, 72, 124, 136, 148, 193, 206
カサイ（Kasaï）川　33, 225, 228, 232, 233, 235, 237, 238, 240, 241, 243, 244
カザマンス（Casamance）　35, 103-107, 116, 120, 130, 131
火山（Volcan）　30-32, 111, 112, 184, 185, 200, 202, 211, 212, 225, 250
カザンベ（Kazembé）王国　19
果樹栽培（Arboriculture）　106, 132, 134, 144, 176

河川（Fleuve）　16, 19, 30, 31, 33-35, 39, 49, 53, 54, 57, 84, 98, 102-105, 107, 109, 113, 114, 116, 117, 120, 122, 123, 130, 132, 161, 164, 165, 167, 168, 176, 178, 179, 188, 189, 212, 213, 216, 217, 220, 223-225, 228, 235, 237, 240, 244, 252
家族（Famille）　28, 35, 36, 46, 48, 50, 65, 66, 68, 69, 73, 77, 80-82, 84, 86, 91, 93, 96, 98, 112, 124, 129, 131, 134, 137, 181, 184, 185, 187, 193, 196, 242, 245
カタンガ（Katanga）　23, 28, 223, 233, 238, 239
カツィナ（Katsina）　20, 180, 181, 188
カツィナアラ（Katsina Ala）川　185
カッパーベルト（Copperbelt）　12, 25, 239
カティオラ（Katiola）　148
カドゥナ（Kaduna）　12, 167, 169, 172, 173, 180, 181, 188, 191, 192
カドゥナ川　185
ガーナ（Ghana）　14-16, 28, 34, 36, 39, 43, 48, 50, 70, 82-85, 107, 119, 120, 122, 124, 125, 127-129, 131, 133, 141, 143, 144, 149-156, 161, 177, 185
カナンガ（Kananga）　222, 228, 244
カネム（Kanem）　70, 166, 183, 211, 212
カノ（Kano）　20, 39, 172, 179-183, 188, 190, 191, 196, 216
カバロ（Kabalo）　240
カビエ（Kabyé）族居住地　46, 68, 156, 161
カーボヴェルデ（Cap-Vert）　70, 111-113, 123
ガボン（Gabon）　9, 46, 48, 52, 107, 178, 204, 210, 217, 221-224, 226-228, 230-233, 246-249, 251, 252
カメルーン（Cameroun）　9, 10, 12, 14, 24, 26, 27, 30, 44, 45, 48, 81, 127, 165, 174, 178, 184, 185, 196, 200-207, 209-211, 216, 217, 223, 249
カメルーン山　30, 179, 198, 200, 207
カヤ（Kaya）　99
カラハリ（Kalahari）砂漠　32, 34
カラバル（Calabar）　165, 171, 178
カリシムビ（Karisimbi）山　32
カリバ（Kariba）ダム　44
ガルア（Garoua）　39, 184, 201, 206, 208, 213
カルー（Karoo）山地　32
カルム（Kaloum）半島　133, 134, 138
カレミエ（Kalémié）　39, 222, 240, 242
灌漑（Irrigation）　5, 10, 26, 41, 56, 77, 82, 84, 88-94, 98, 104-106, 108-112, 152, 153, 182-185, 188, 189, 191, 204, 206, 214, 216, 217
カンカン（Kankan）　39, 128, 133, 134
環境（Environnement）　29, 30, 34-36, 41, 56-59, 61-65, 69, 70, 73, 74, 76, 77, 79, 90, 93, 102, 117-119, 137, 148, 158, 160, 165, 171, 177, 182, 188, 198, 212, 217, 226-228, 230, 233, 234, 236-238, 244, 245, 249, 250
観光（Tourisme）　101, 106-108, 112, 200, 206, 220
乾燥（Sécheresse）　22, 29, 30, 32-35, 37, 38, 41, 49, 50, 53, 56, 60, 66, 69, 70, 72-74, 76, 80, 82, 100, 101, 105, 111, 112, 118, 148, 150, 152, 156, 176, 193, 214, 225, 226, 228
カンパラ（Kampala）　39
ガンビア（Gambie）　70, 103, 106-108, 113, 124
ガンビア川開発機構　108, 124

259

索　　引

キ

キヴ（Kivu）　28, 41, 225, 226, 230, 231, 233, 237-239, 241
飢餓（Famine）　7, 16, 112, 182, 234
危機（Crise）　2, 4, 5, 7-10, 12, 21, 24, 27, 28, 36, 40, 47, 48, 50, 52, 64, 66, 72, 73, 76, 77, 79, 82, 83, 92-94, 105, 113, 129, 130, 136, 140, 141, 144, 146, 148, 149, 160, 162, 164, 171, 172, 176-178, 181, 182, 189, 192, 195-197, 200, 201, 203, 205, 209, 228, 232-234, 236, 237, 240, 241, 244, 245, 249, 250, 252
企業（Entreprise）　8, 10, 12, 26, 40, 41, 43, 96, 99, 106, 107, 110, 122, 123, 125, 127, 133, 135, 149, 157, 162, 163, 173, 174, 181, 183, 185, 186, 189, 190, 192-194, 196, 197, 203, 205, 207-209, 214, 217, 220, 234, 235, 237, 240, 242, 244-246, 248-250, 252, 253
気候（Climat）　5-8, 16, 32, 33, 36, 37, 40, 45, 50, 53, 56, 58, 59, 63, 64, 66, 68, 70, 72-74, 94, 98, 99, 118, 119, 122, 125, 126, 131, 156, 160, 162, 184, 185, 188, 193, 204, 207, 212, 216, 218, 226, 236, 250
キゴマ（Kigoma）　39
キサンガニ（Kisangani）　31, 39, 222, 224-236, 238, 244
キシドゥグ（Kissidougou）　134
季節風（モンスーン）（Mousson）　32, 58, 75, 118, 130, 250
ギニア（Guinée）　28, 43, 45, 57, 84, 90, 102, 108, 122, 124, 125, 127-136, 221
ギニアビサウ（Guinée-Bissau）　61, 70, 84, 108, 113, 121-123, 128, 130, 132, 151
ギニア湾　16, 23, 38, 45, 54, 98, 116, 118, 123, 126, 130, 141, 154, 161, 187, 194, 250
喜望峰（Bonne-Espérance）　13, 49, 211
教育（Enseignement）　17, 20, 24, 25, 44, 45, 48, 50, 110, 121, 142, 158, 160, 168, 170, 171, 174, 179, 186, 192, 195, 196, 208, 212, 228, 232, 240, 245, 250
行政管理（Administration）　9, 19, 23-27, 36, 37, 39-41, 43, 86, 121, 128, 129, 133, 177, 180, 208, 217, 220, 232, 249
共同体（Communanté）　17, 19, 23, 40, 41, 43, 66, 79, 88, 89, 97, 109, 130, 136, 140, 152, 165, 166, 169, 189, 208, 210
キョーガ（Kyoga）湖　32
漁業（Pêche）　68, 106-112, 117, 130, 139, 151, 176, 191, 216, 252
キリマンジャロ（Kilimandjaro）山　32, 35
キルワ（Kilwa）　19
キロンベロ（Kilombero）川　53
金（Or）　14, 15, 18, 21, 27, 36, 85, 99, 100, 107, 117, 120, 122, 126, 127, 133, 135, 141, 142, 151, 152, 178, 187, 193, 241
キンシャサ（Kinshasa）　47, 198, 220, 222-224, 233, 235-238, 240-245
近代化（Modernisation）　8, 9, 17, 40, 41, 52, 53, 93, 113, 131, 140, 152, 156, 181, 182, 185, 188, 198, 201, 204, 205, 209, 214, 217, 218, 247
キンタンボ（Kintambo）　222
キンディア（Kindia）　127, 133
キンドゥ（Kindu）　235

ク

クウィル（Kwilu）川　225, 228, 233
グサウ（Gusau）　183
クマシ（Koumassi）　120, 128, 150-152, 185
グランダイク（Grand Dyke）　25
グランバッサム（Grand-Bassam）　39
クリコロ（Koulikoro）　100, 102
クリビ（Kribi）　203, 205, 207, 217
グレートフィシュ（Great Fish）川　49
グレーヌ海岸（Côte des Graines）　117, 120
クロス（Cross）川　165, 179, 196
クロスリヴァー（Cross River）州　178, 180, 188
軍人（Militaire）　9, 24, 36, 39, 69, 100, 113, 122, 136, 155, 167, 168, 218, 228, 234
クンバ（Kumba）　180, 185, 206

ケ

景観（Paysage）　43, 76, 77, 88, 103, 144, 154, 156, 185, 220, 225, 226, 228, 245
ゲジラ（Gezireh）　26, 36
ケーズ（Kayes）　86, 90, 100, 104
ケッビ（Kebbi）州　180, 181
ケニア（Kenya）　6, 9, 12, 15, 23, 24, 27, 29, 32, 36, 41, 43, 45, 46, 50, 69
ケニア山　32
ケープコースト（Cape Coast）　116, 118, 152
ケープタウン（Capetown）　13, 21, 24, 27, 30, 37
ゲリラ（Guérilla）　108, 130
権限（Compétence）　12, 122
言語（Langue）　17, 22, 24, 44, 49, 97, 113, 118, 121, 136, 194, 210, 224, 228

コ

降雨（降水）（Pluie）　32-35, 37, 38, 48, 53, 57, 63, 65, 66, 70, 72-74, 76, 79, 80, 88, 89, 92-94, 100, 105, 106, 112, 118, 120, 125, 130, 132, 137, 156, 164, 176-178, 181, 182, 184, 188, 194, 198, 208, 212, 214, 216, 218, 220, 224, 226, 236, 250
交易（Échanges）　5, 10, 12, 14-16, 18-22, 25, 26, 39, 43, 44, 61, 77, 80, 82, 86, 87, 96, 97, 101, 102, 108, 116, 117, 120, 122, 123, 126, 128, 129, 132, 140, 142, 144, 154, 156, 164-166, 172, 175, 181, 184, 185, 188, 193, 194, 200, 206, 210, 211, 218, 224, 225, 228, 231, 232, 234, 236, 244, 253
郊外（Périphérie）　47, 87, 99, 100, 104, 107, 149, 172, 235
紅海（Mer Rouge）　13, 23, 30, 32
工業（Industrie）　8, 10, 25, 39, 43, 44, 46, 61, 86-90, 92, 96, 99-101, 105, 106, 109, 113, 114, 125-131, 133-135, 138, 140-146, 148, 149, 152-154, 157, 162, 165, 167, 169, 171-175, 178-180, 183-186, 188-192, 194, 197, 198, 200, 202-210, 220, 236-239, 241-248, 250-253
鉱山（Mine）　8, 23, 25, 27-29, 34, 36, 37, 39, 50, 94, 97, 99-101, 108-110, 113, 114, 123, 126-131, 133-138, 140, 151, 153, 157, 171, 185, 191, 194, 218, 220, 221, 228, 232, 233, 237-244, 246-249, 251
耕地（Farmland）　26, 33, 56, 57, 60, 62, 64, 67, 69, 73, 76, 78-81, 89, 94, 110, 112, 132, 134, 144, 183, 184, 188, 189, 211, 225
高地オゴウエ（Haut-Ogooué）　232, 248, 249, 251
交通（Transport）　6, 22, 25, 34, 43, 48, 50, 83, 100, 102, 117, 127, 134, 148, 150, 152, 164, 167-169, 177, 191, 201, 206-208, 211, 213, 217, 224, 225, 227, 228, 232, 235-238, 242, 244-246, 253
港湾（Port）　25, 26, 37, 39, 43, 86, 88, 93, 104, 106, 108, 110, 112, 114, 125-130, 133, 137, 138, 140, 142, 146, 149, 152, 153, 155, 173, 179, 191, 207, 208, 210, 251, 253
ココアベルト（Cocoa Belt）　142, 150, 176-178, 187
コス（Kossou）　123, 144, 147, 148
国家（État）　2, 4, 6, 7, 9, 10, 12, 14, 16-24, 27, 44, 46, 47, 49, 65, 69, 70, 83, 85, 86, 88, 92-94, 96-98, 100, 103-105, 107, 108, 111-114, 116-118, 120-131, 133-136, 138-144, 146, 148, 150, 154-157, 159-161, 163-167, 169, 172-177, 180, 181, 186, 187, 191-198, 200-205, 207-209, 211, 213, 214, 216-218, 220-224, 227, 228, 232-235, 239, 241, 242, 245, 246, 248-250, 252
コートディヴォワール（Côte d'Ivoire）　7-9, 27, 28, 33, 36, 39, 43, 44, 46, 48, 52, 54, 68, 82-84, 97, 99-101, 107, 114, 121, 122, 124, 128, 134, 138, 141-151, 161, 196, 227
コトヌー（Cotonou）　96, 128, 156, 160, 161
子供（Enfant）　5, 29, 45, 48, 68, 124, 160, 161, 192, 196, 227, 240
コナクリ（Conakry）　128, 132-134, 138
コーヒー（Café）　8, 27, 28, 41, 43, 63, 65, 69, 83, 84, 114, 122, 124-126, 129, 133-135, 138, 143-145, 147-151, 157, 158, 200, 202, 204, 205, 207, 208, 218, 220, 227, 236-238, 249, 250, 252
ゴマ（Goma）　225
米（Riz）　12, 18, 41, 54, 83, 89-93, 97, 98, 100, 101, 105, 106, 109, 110, 113, 134, 178, 180, 182, 184, 185, 187, 193, 194, 202, 204, 214, 216, 219, 237, 250, 252
コモロ（Comores）諸島　46
雇用（Emploi）　5, 8, 28, 36, 39, 43, 129, 134, 137, 139, 146, 186-189, 191, 193, 196, 203, 214, 218, 233, 243, 245, 248, 253
コーラ（Cola）　16, 18, 19, 21, 43, 61, 82, 85, 120, 148, 150, 165, 166, 177, 181, 185, 193, 194
コルウェジ（Kolwezi）　50, 233, 236, 239, 243
ゴールドコースト（Gold Coast）　16, 22, 27, 36, 43, 117, 119, 121, 128, 141, 149, 152, 154, 156, 158
コルドファン（Kordofan）　31
コンゴ（Congo）　44, 46, 48, 52, 198, 210, 217, 221, 223-228, 232, 233, 246, 247, 250-253
コンゴ（Kong）王国　198, 221
コンゴ川［ザイール川］　16, 25, 31, 33, 39, 198, 222-225, 227, 246, 250
コンゴ盆地　15, 18, 32, 38, 211, 216-233
ゴンゴラ（Gongola）川　189
コンゴロ（Kongolo）　235
ゴンダール（Gondar）　50
ゴンベ（Gombe）　183, 184

サ

栽培植物（Plantes cultivées）　35, 58, 61, 84, 177, 184, 193, 237
ザイール（Zaïre）［旧ベルギー領コンゴ／現コンゴ民主共和国］　10, 12, 23, 46, 198, 210, 211, 221-224, 228, 232-245, 251
ザイール川［コンゴ川］　31, 59
サヴァナ（Savane）　21, 26, 33, 34, 38, 53, 57-61, 65, 68, 70, 76, 78, 80, 100, 117-120, 123, 126, 130, 132, 143, 147, 148, 153, 165, 176, 177, 184, 188, 193, 194, 200, 212, 217-219, 225-231, 237, 238, 250, 251
サヴェ（Savé）　129, 160, 162
ササンドラ（Sassandra）　116
ササンドラ川　144-146
サトウキビ（Canne à sucre）　92, 96, 97, 101, 111, 112, 130, 143, 144, 148, 182, 185, 202, 214, 219, 250
サナガ（Sanaga）川　206
砂漠（Désert）　5, 8, 13-16, 22, 29, 34, 38, 39, 42, 56, 58, 65, 70, 73, 76, 79, 80, 85, 88, 94, 96, 100-104, 108, 110, 113, 116-118, 180, 211, 212, 217
サハラ（Sahara）　52, 56, 70, 76, 80, 85, 100, 101, 113, 116, 117
サヘル（Sahel）　17, 21, 29, 34, 35, 53, 56-58, 70, 113, 161
サペレ（Sapele）　191
サラガ（Salaga）　156
ザリア（Zaria）　179-183
サルム（Saloum）川　35, 103
サン（San）　92
サンガ（Sangha）川　219, 224, 252
サンガレディ（Sangarédi）　127, 133, 135
産業（Industrie）　8, 12, 21, 43, 96, 97, 195, 125, 131, 133, 135, 140, 141, 146, 148, 149, 151, 152, 172, 180, 183, 187, 189-191, 194, 196, 203, 204, 210, 218, 220, 233, 238, 244, 245, 247-249, 252, 253
サンクル（Sankuru）　225
ザンジバル（Zanzibar）　18, 19, 198
サントメ（São Tomé）島　250
サントメ・プリンシペ（São Tomé et Principe）　46, 113, 116, 221, 246, 249, 250
ザンビア（Zambie）　6, 24, 26, 48, 49, 52, 59, 240
ザンベジ（Zambèze）川　13, 15, 20, 32, 35, 44
サンルイ（Saint-Louis）　86, 87, 104, 106, 108, 109

シ

ジェバ（Jebba）　191
シエラレオネ（Sierra Leone）　20, 22-24, 35, 44, 45, 83, 107, 108, 114, 121, 122, 124-128, 130, 135, 136-140, 196
シェルブロ（Sherbro）群島　116
シェンダム（Shendam）　184
ジェンネ（Djenné）　21, 86, 101
シカソ（Sikasso）　92, 100
ジガンショール（Ziguinchor）　104
事業（Opération）　48, 84, 87, 89, 104, 105, 110, 111, 133, 146, 150, 152, 166, 169, 190, 194, 205, 206, 209, 220, 237, 242, 248
シギリ（Siguiri）川　133, 135
資源（Ressource）　2, 4, 6, 18, 34, 35, 43, 44, 52, 56, 66, 69, 75, 80, 94, 96, 98-101, 105-107, 109, 110, 112, 123, 126, 127, 130, 131, 133, 135, 138-141, 144, 146, 151, 152, 166, 167, 169, 170, 173, 177, 185, 189-192, 194, 195, 200, 203, 205, 207, 219, 231-234, 241, 242, 246, 249, 251, 252
市場（Marché）　4, 8, 9, 12, 21, 26, 27, 29, 43, 44, 48, 69, 86, 88, 91, 96, 99, 101, 103, 105-108, 111, 114, 120, 122, 125, 126, 129, 132, 134, 135, 137, 138, 144, 151, 152, 157-159, 168, 171-174, 177, 179, 181, 184-186, 189, 190, 192-197, 203, 206, 207, 210, 214, 219, 220, 227, 230, 231, 233, 236-238, 240, 244, 247-249, 252
ジブティ（Djibouti）　46, 48
資本（Capitaux）　10, 25, 26, 28, 40, 61, 64, 70, 99, 110, 112, 122, 123, 125, 127, 131, 133, 137, 140, 143, 149, 156, 173, 181, 186-192, 197, 203-205,

索　引

207-209, 214, 220, 233, 241, 248, 252
資本主義（Capitalisme）　9, 10, 18, 25, 193
ジンバブエ（Zimbabwe）　6, 24, 46, 52, 240
シャイユ（Chaillu）山地　225, 251, 252
社会（Société）　2, 12-18, 20, 24, 25, 27, 29, 35, 39-41, 43-46, 52, 54, 56, 61, 64-66, 68, 69, 72, 75-77, 79, 81-83, 86, 88, 93, 94, 100, 113, 114, 117-119, 121-125, 128, 130, 131, 137, 142, 144, 146, 148, 149, 153, 157, 159-162, 166-168, 171, 172, 175, 177, 179-182, 184-186, 192, 193, 195-197, 200, 205, 208, 209, 217, 227, 230, 232-234, 236, 237, 239, 240, 245, 249, 250
社会主義（Socialisme）　9, 10, 100, 107, 113, 122, 130, 131, 141, 159-161, 163
シャバ（Shaba）　16, 19, 25, 50, 198, 225, 226, 228, 230, 232, 235, 237-241, 243, 244
シャリ（Chari）川　30, 35, 212, 216
収穫（Cueillette）　15, 36, 41, 53, 56, 60, 68, 70, 72, 75-78, 84, 87, 88, 90-92, 96-98, 103, 119, 124, 125, 138, 139, 142, 156, 157, 162, 177-179, 183, 184, 203, 204, 214, 216, 218, 229, 238, 250
住居（Maison）　56, 57, 60, 63-65, 67, 68, 75, 77, 78, 81, 83, 86, 147, 163, 171, 173, 180, 220, 228, 229, 240, 242
宗教（Religion）　17, 18, 20, 22, 24, 48, 66, 70, 86, 97, 114, 140, 159, 167, 168, 172, 177, 181, 196, 208, 212, 236, 245
集村化（Villagisation）　7
集落（Habitat）　36, 57, 60, 64, 109, 110, 120, 132, 178, 184, 185, 228
ジュグ（Djougou）　156
手工業（家内工業）（Artisanat）　17, 96, 100, 106, 107, 129, 134, 165, 172, 177, 180, 237, 241, 244, 245, 248
出身者（Originaires）　46, 48, 83, 84, 171, 191, 192, 206, 228, 248
首都（Capitale）　10, 14, 37, 38, 48, 50, 68, 73, 85-88, 96, 99-104, 106, 108, 110-113, 120, 128, 131, 134, 137, 138, 140-142, 148, 149, 152-154, 161, 165, 169-174, 178, 180, 182, 195, 198, 202, 206-208, 213, 216, 217, 219, 220, 224, 235, 236, 242, 244, 245, 248, 250, 252, 253
商業（Commerce）　15, 16, 18-20, 27, 28, 36, 39-41, 43, 47, 68, 69, 77, 82, 85-87, 93, 114, 116, 120, 123, 124, 126, 128, 129, 133, 134, 137-139, 141, 142, 146-150, 152, 156-158, 160, 161, 163-166, 171, 177, 179-181, 183, 187-190, 193, 194, 196, 201, 209, 210, 216-218, 220, 221, 244, 248
少数民族（Minorité）　168, 176
沼沢地（Marais）　33, 38, 137, 171, 212, 242
商人（Marchand）　15-19, 23, 39, 69, 77, 86, 87, 92, 96, 101, 102, 107, 116, 117, 119, 120, 129, 136, 146, 150, 172, 177, 180, 181, 190, 193, 194, 210-212, 214, 217
植生（Végétation）　5, 32, 33, 38, 39, 58, 59, 61, 66, 73, 76, 118, 123, 125, 144, 156, 165, 182, 194, 198, 226
植民地化（Colonisation）　2, 8, 9, 13, 18-20, 22-27, 34, 36, 37, 39, 41, 44, 63, 77, 105, 120, 121, 127, 148, 160, 164, 168, 170, 172, 173, 177, 201, 206, 212, 217, 230, 233, 250
食料（Alimentation）　2, 14, 16, 33, 36, 46, 50, 54, 57, 61, 64, 66, 73, 91, 93, 113, 158, 175, 185, 187, 193, 194, 197, 204, 206, 216, 219, 220, 229, 236, 237, 240, 249, 252
ジョス（Jos）　172, 179, 183-185, 188,

191
女性（Femme）　2, 5, 16, 43, 45, 48, 68, 77, 111, 158-161, 170, 179, 203, 227, 229, 230, 249
飼料（Fourrage）　54, 77, 80, 81
人口（Population）　2, 5, 7, 8, 12, 14, 16, 17, 20, 22, 23, 26, 28, 29, 34-37, 40, 43, 45-48, 50, 52, 53, 59, 60, 68, 69, 72, 73, 75-79, 82, 84, 86-89, 91-94, 97-100, 102, 104, 105, 107-110, 112-114, 117, 118, 121, 125, 128, 129, 134, 137-140, 143-145, 148-150, 152-154, 156, 157, 159-161, 164, 165, 167-169, 171-173, 176-185, 188, 195-198, 200-202, 204-208, 210-214, 216-218, 220, 226, 228-233, 237, 242-244, 246-248, 250-253
人口増加（Croissance démographique）　2, 4, 5, 7, 8, 16, 35, 40, 42, 43, 45, 46, 48, 64, 66, 69, 73, 75-77, 79, 84, 87, 93, 94, 97, 104, 110, 112, 128, 140, 142, 144, 148, 149, 151, 152, 172, 185, 189, 195, 196, 214, 232, 237, 245, 253
人口密度（Densité de population）　2, 15, 16, 26, 34-37, 42, 43, 46, 50, 53, 56, 57, 59, 60, 66, 69, 70, 76, 78, 79, 82, 84, 94, 102, 105, 106, 108, 110, 117-119, 125, 134, 137, 138, 142, 153, 154, 156, 157, 159, 161, 176-186, 188, 189, 192, 200-202, 205, 211, 212, 216, 220, 226, 229, 231
ジンジャ（Jinja）　44
人種差別（隔離）［アパルトヘイト］（Apartheid）　14, 22, 40, 49
侵食（Érosion）　30, 31, 33, 34, 38, 59, 61, 62, 76, 78, 79, 112, 117, 155, 156, 188, 201, 206, 224, 225, 244
ジンデル（Zinder）　39, 86
森林（Forêt）　5, 14, 21, 22, 27, 29, 31-34, 38, 39, 41, 43, 49, 53, 54, 57-65, 68, 69, 76, 82-85, 94, 99, 114, 116-126, 130, 132-134, 138, 141-150, 156, 157, 159, 165, 175-178, 184, 188, 193, 194, 200, 202, 204, 207, 210, 211, 216, 218, 219, 221, 224-230, 233, 238, 246-253
神話（Mythe）　66, 130, 136, 149, 160, 169, 198, 214, 221

ス

水田（Rizière）　90, 92, 105, 106, 120, 132, 134, 138, 147, 200, 237
水力発電（Hydroélectricité）　99, 100, 102, 133, 144, 145, 191, 218, 238
ズエラト（Zouerate）　108, 110
スクマ（Sukuma）族居住地　41
スーダン（Soudan）　6, 12, 19, 20, 22, 23, 33, 45, 46, 48, 72, 211, 221
スタンリー（Stanley）滝　222, 224
ステップ（Steppe）　33, 34, 38, 53, 57, 70, 80, 118, 212, 250
スブレ（Soubré）　146
スラム街（貧民街）（Bidonville）　10, 48, 137, 173, 236, 245

セ

政策（Politique）　5, 7, 8, 12, 14, 22-24, 26-28, 36, 37, 40, 41, 43, 44, 46-48, 69, 77, 79, 83-85, 87, 88, 94, 98, 108, 110, 112-114, 117, 122, 123, 125, 126, 129, 131, 136, 138, 140, 142-144, 152-155, 157, 159, 162, 168, 169, 173, 174, 178, 183, 184, 186-190, 192, 194-197, 200, 207-209, 213, 217, 220, 224, 228, 230, 234, 235, 239, 246, 248, 252, 253
生産物（Produit）　16, 18, 25-27, 40, 43, 44, 50, 61, 77, 88, 90, 92, 99, 105,

106, 116, 120, 124, 127, 129, 133-135, 157, 162, 173, 185, 187, 188, 193, 204, 214, 216, 219, 220, 229, 231, 236, 237, 241, 247, 248, 250
政治（Politique）　4, 6, 8, 9, 10, 14, 16-22, 24, 27, 28, 34, 35, 39, 41, 43, 44, 48, 69, 70, 84, 88, 91, 100, 102, 103, 105, 107, 108, 112-114, 118, 120-123, 128, 129, 131, 137, 140, 141, 149, 150, 152-155, 157, 159-161, 164-170, 172, 177, 179, 180, 184-188, 191, 195-198, 201, 203, 206-210, 212, 216-218, 224, 227, 228, 232-234, 236, 237, 240, 241, 243, 247, 249, 250, 252, 253
生態系（Écosystème）　2, 4, 5, 14, 20, 21, 33, 34, 36, 49, 52, 53, 57-59, 61, 62-65, 68-70, 76, 80, 105, 116, 117, 119, 144, 165, 185, 187, 212, 247
整備（Aménagement）　9, 25, 41, 77, 84, 87, 90-92, 96, 98, 100, 101, 104-106, 110, 114, 126, 129, 132, 134, 143-145, 147, 152, 155, 159, 161, 165, 168, 171, 179, 186-188, 208, 228, 235, 240, 244, 246
石炭（Charbon）　178, 179, 191, 242
赤道ギニア（Guinée équatoriale）　46, 178, 210, 221, 223, 246, 249
石油（Pétrole）　7, 93, 96, 101, 106, 111, 114, 126, 129, 130, 135, 144, 152, 161-164, 167, 169-176, 178-180, 186, 188, 189, 191-195, 197, 205-207, 209, 216, 228, 232, 233, 238, 242, 246-253
セグー（Ségou）　20, 91, 92, 101
セコンディ（Sekondi）　128, 152
セーシェル（Seychelles）　46
セヌフォ（Senoufo）族居住地　36, 82, 100, 147, 148
セネガル（Sénégal）　6, 7, 22, 33, 35, 39-41, 43, 44, 46, 48, 53, 57, 60, 70, 72, 73, 77, 82, 83, 85, 86, 88-91, 100, 103-108, 110, 124, 130, 134, 160, 202, 251
セネガル川　8, 19, 31, 35, 39, 84, 86-90, 100, 103-106, 108, 110
セネガンビア（Sénégambie）　16, 53, 56, 103, 106
セリンゲ（Sélingué）　100
セレール（Serer）族居住地　70, 75, 77, 90
セントヘレナ（Sainte-Hélèna）島　32

ソ

相互理解／合意（Entente）　92, 166, 228
ソコデ（Sokodé）　158
ソコト（Sokoto）　22, 164, 165, 172, 176, 177, 180, 181, 183, 188, 196
ソコト川　189
組織化（Encadrement）　20, 48, 98, 118, 121
ソファラ（Sofala）　15
ソマリア（Somalie）　6, 22, 23, 32, 49, 140
ソンガイ（Songhay）地方　14-16, 20, 70, 86, 94, 96, 100
村落（Village）　26, 35-37, 40, 41, 44, 48, 50, 60, 67-69, 77, 82, 83, 86-88, 90, 94, 96, 98, 104, 106, 110, 114, 120, 124, 125, 129, 130, 138, 145-147, 152, 155, 159, 163, 180, 181, 185, 203, 204, 218, 228, 229, 232, 233, 236-238, 249, 250, 252

タ

大西洋（Océan Atlantique）　5, 13, 15-18, 25, 26, 31, 34, 82, 94, 103, 104, 106, 111, 114, 116-118, 120, 130, 137, 149, 165, 198, 200, 211, 213,

221, 223-226, 235, 238, 244, 246, 248, 250-253
ダイヤモンド（Diamant）　114, 126, 127, 130, 133, 135, 136, 139-142, 151, 152, 219, 220, 232, 241, 244
タウア（Tahoua）　92, 96
タウデニ（Taoudéni）　101
タウンシップ（Township）　172
ダガナ（Dagana）　90
ダカール（Dakar）　26, 37, 38, 44, 46, 48, 77, 85, 86, 88, 91, 101, 103-107, 111
タコラディ（Takoradi）　99, 128, 150, 152
脱植民地化（Décolonisation）　8, 25, 27, 168
タナナリヴ（Tananarive）　27
ダーバン（Durban）　37
ダホメ（Dahomey）　18, 121, 122, 155, 159, 160, 162
ダボラ（Dabola）　135
タボラ（Tabora）　18
タマレ（Tamalé）　128, 153
ダム（Barrage）　44, 87, 89-91, 99-101, 104-106, 108, 123, 126, 133, 141, 143-148, 152, 153, 155, 158, 159, 171, 184, 191, 192, 206, 218, 222, 240-242
ダルエスサラーム（Dar es-Salaam）　7, 21, 26, 38, 238, 240
タルクワ（Tarkwa）　129, 141, 152
ダルフール（Darfour）　17, 211
タンガニーカ（Tanganyika）　23, 25, 26, 40, 41, 43
タンガニーカ湖　18, 19, 32, 240
探検（Exploration）　19, 27, 117, 121, 198, 221, 230
探査（Recherche）　8, 250
タンザニア（Tanzanie）　7, 12, 15, 20, 23, 33, 41, 46, 53, 54, 57, 60
タンバクンダ（Tambacounda）　77

チ

チカパ（Tshikapa）　241
地形（Relief）　31, 32, 34, 62, 72, 90, 118, 148, 224, 251
地溝（Fossé）　14, 30-32, 36, 198, 225
地層（Étagement）　29, 111, 116, 174, 176
チャド（Tchad）　12, 24, 26, 27, 44, 46, 53, 60, 70, 183, 196, 200, 206, 210-217, 219, 220, 223, 253
チャド湖　30, 31, 96, 166, 183, 187, 189, 208, 211, 212, 214
中央アフリカ共和国（Republique centrafricaine）　12, 37, 52, 200, 204, 210, 211, 216-220, 223, 224, 253
中心都市（Métropole）　149, 207, 209, 248

ツ

通商（Échanges）　154, 155, 187, 222

テ

ディア（Dia）　101
ディアスポラ（Diaspora）　110, 111
ディアマ（Diama）ダム　87, 90, 104, 105
ディアマレ（Diamaré）　20, 200, 204
ティヴ（Tiv）族居住地　184, 185, 188
ティエス（Thiès）　39, 104
ディオルビヴォル（Diorbivol）　89
ティベスティ（Tibesti）　30, 198, 211, 212
ディロロ（Dilolo）　240
ディンボクロ（Dimbokro）　129, 147
鉄（Fer）　8, 15, 16, 49, 100, 106, 108-110, 114, 120, 122, 126, 127, 130,

133, 135-137, 139, 140, 144, 146, 152, 157, 172, 190, 191, 192, 207, 242, 246, 248

鉄道 (Chemin de fer) 12, 17, 25, 26, 39, 86, 99, 100-102, 104, 110, 122, 126, 128, 137, 147, 153, 156, 167, 168, 172, 173, 177, 180, 183, 187, 188, 201, 206, 208, 210, 213, 217, 223, 225, 235, 237, 240, 241, 243, 244, 246-248, 250-253

テマ (Tema) 128, 129, 152

デルタ (Delta) 5, 35, 53, 56, 66, 79, 90, 99, 100-102, 104, 105, 116, 117, 120, 150, 165, 167, 170, 171, 173-176, 178, 179, 188, 189, 191, 194, 196

デルタ (Delta) 州 170, 178, 188, 189, 191

天水 (Pluie) 74, 80, 92, 94, 98, 132, 134

ト

銅 (Cuivre) 15, 16, 25, 50, 100, 108, 110, 165, 232, 233, 238-240, 243, 246, 251

トゥアマシナ (Toamasina) 37

ドゥアラ (Douala) 37, 39, 48, 201, 202, 205-210, 213, 216

トゥゲ (Tougué) 135

統合 (Intégration) 16, 17, 20, 23, 40, 41, 57, 58, 77, 87, 88, 94, 97, 101, 124-127, 129, 131, 135, 147, 148, 152, 162, 166, 168, 183, 185, 201, 202, 204, 206, 216, 228, 231, 232

トゥバ (Touba) 103

ドゥブレカ (Dubréka) 132

トゥルカナ (Turkana) 湖 32

道路 (Route) 4, 10, 13, 14, 18, 21, 25-27, 36, 39, 40, 76, 78, 83, 85, 88, 96, 99-102, 105-107, 110, 113, 123, 128, 133, 137, 138, 140, 142-146, 148-151, 155, 156, 158, 159, 167-169, 171-173, 186-188, 193, 200, 205, 206, 208, 210, 213, 216, 217, 220, 224, 227, 229, 232, 235-239, 244, 245, 249, 252

独立 (Indépendance) 7, 9, 23, 24, 39, 40, 41, 43-45, 49, 90, 92, 96, 100, 101, 103, 104, 107, 108, 111, 113, 114, 116, 121-123, 125, 127, 128, 130, 131, 133, 136, 139, 141, 143, 145, 148, 151, 153, 158, 160, 161, 167, 168, 170, 181, 196, 201, 206, 208, 209, 212, 213, 221, 223, 224, 228, 229, 232-235, 237-240, 244, 247-252

トーゴ (Togo) 23, 27, 35, 46, 68, 70, 83, 120, 121, 124-126, 128, 129, 154-159, 162, 196

都市化 (Urbanisation) 5, 7, 45, 46, 48, 52, 53, 85, 86, 104, 111, 116, 128, 131, 134, 136, 138, 148, 152, 153, 161, 170-172, 175-177, 185, 193, 201, 205, 208, 210, 232, 233, 239, 242-244, 248, 250, 252, 253

都市計画 (Urbanisme) 10, 48, 99, 146, 186, 208, 209, 253

都市成長 (Croissance urbaine) 7, 37, 47, 48, 52, 87, 100, 104, 128, 146, 148, 171, 233, 243

土壌 (Sol) 30, 32-34, 41, 54, 56, 59-63, 67, 72, 75, 76, 78, 79, 111, 117, 125, 126, 153, 156, 157, 180, 182, 183, 188, 189, 201, 226-228, 250, 252

土地 (Foncier) 5, 7, 16, 24-28, 30, 35, 36, 41, 43, 47, 50, 54, 56, 57, 59, 60, 62, 65, 66, 68-70, 74, 78, 81, 82, 84, 85, 87-90, 92-94, 96-98, 100, 101, 104, 105, 107, 108, 110-112, 117, 118, 124, 125, 129, 130, 132, 134, 136, 144-147, 149, 150, 152-154, 156, 159-161, 163, 176-185, 188, 189, 192, 201-204, 207-210, 213, 214, 219, 220, 224, 230-234, 244, 245, 249, 250

飛び地 (Enclave) 94, 98, 100, 103, 107, 119, 126, 137, 140, 146, 185, 211, 248, 249

ドラケンスバーグ (Drakensberg) 山脈 32

トランスヴァール (Transvaal) 33

奴隷 (Esclavage) 5, 13, 15-19, 21, 23, 35, 37, 39, 40, 76, 84-86, 104, 110, 111, 116, 117, 119-121, 123, 136, 137, 153, 156, 159-161, 165, 172, 173, 177, 178, 180, 211, 212, 217, 218, 232, 233

トンブクトゥ (Tombouctou) 13, 20, 50, 74, 86

ナ

ナイジェリア (Nigeria) 6, 10, 12, 22-24, 26, 34, 35, 39, 40, 43, 44, 46, 47, 50, 52, 53, 79, 80, 81, 83, 87, 92, 96, 114, 121, 126, 129, 154, 155, 158-197, 200-203, 205, 210, 211, 216

ナイル (Nil) 川 14, 19, 26, 31, 33, 35, 211

ナイロビ (Nairobi) 37, 39, 46, 48

ナクル (Nakuru) 湖 32

ナタール (Natal) 49

ナトロン (Natron) 湖 32

ナマカランド (Namaqualand) 34

ナミビア (Namibie) 9

難民 (Réfugié) 5, 6, 7, 50, 109, 216

ニ

ニアメ (Niamey) 82, 91, 96

ニアリ (Niari) 川 223, 251, 252

ニオロ (Nioro) 20

ニジェール (Niger) 12, 22, 26, 46, 48, 60, 70, 73, 79, 80, 87, 89, 91-94, 96, 100, 102, 113, 124, 161, 185, 194, 211

ニジェール川 19, 30, 31, 35, 47, 66, 72, 78, 84, 88, 89, 91, 92, 96, 99, 100, 119, 148, 164, 176, 178, 184, 189, 191, 192, 222

ニジェールデルタ 16, 35, 116, 117, 165, 173, 175, 188

ニジェール内陸デルタ 20, 35, 53, 56, 66, 79, 101, 102

ニンバ (Nimba) 山地 117, 127, 133, 135, 138, 140

ニヤサ (Nyassa) 湖 19

ニヤサランド (Nyassaland) 24, 43

ニヤラ (Nyala) 213

入植 (Peuplement) 7, 13, 14, 19, 23, 25, 28, 37, 90, 117, 120, 122, 126, 128, 132, 136, 138, 139, 141-149, 152, 155, 156, 184, 189, 200, 204, 227, 236, 237, 250

ニーラゴンゴ (Nyiragongo) 山 32, 225

ヌ

ヌアクショット (Nouakchott) 82, 108, 109, 110

ヌアディブー (Nouadhibou) 109, 110

ヌビア (Nubie) 13, 15

ヌペ (Nupé) 20, 164, 185

ヌマン (Numan) 171, 184

ノ

農民 (Paysan) 2, 4-7, 9, 17, 19, 20, 28, 40, 41, 46, 48, 49, 52, 54, 56, 58, 64, 66, 69, 72, 73, 76, 77, 81, 87-92, 96, 100, 111, 113, 117, 121, 124, 126, 129-131, 133, 135-138, 144, 148, 156, 157, 161, 171, 175-177, 179, 181, 182, 185, 187-189, 192, 197, 202, 204, 209, 212, 218, 228, 230, 236-238, 249, 250, 252

ハ

ハウサ (Haoussa) 族居住地 16, 17, 20, 25, 35, 80, 94, 96, 100, 156, 164, 165, 176, 180-184

バウチ (Bauchi) 20, 180

バウレ (Baoulé) 族居住地 59, 68

バウレ族居住 V 字型地帯 (V Baoulé) 33, 123

バオバブ (Baobab) 34, 61, 64, 90, 103, 118

バガモヨ (Bagamoyo) 19

バケル (Bakel) 39, 89, 105

バテケ (Batéké) 高原 225, 230, 253

ハデジャ (Hadejia) 川 183

バナナ園 (Bananeraie) 14, 15, 53, 54, 63, 65, 111, 112, 119, 122, 124, 125, 133, 134, 143, 145, 148, 150, 200, 203, 227, 229, 242, 252

バハルエルガザル (Bahr-el-Ghazal) 川 33

バフサム (Bafoussam) 201, 206, 208

ハーベル (Harbell) 125, 139

バマコ (Bamako) 37, 50, 74, 101, 102

バミレケ (Bamiléké) 族居住地 201, 202, 204

バメンダ (Bamenda) 201, 206-208

パラクー (Parakou) 39, 96, 161

パラゴム (Hévéa) 122, 125, 135, 138, 139, 143, 145, 146, 148, 176, 178, 187, 200, 202, 203, 227, 238, 249

ハラレ (Harare) 37

バリンゴ (Baringo) 湖 32

ハルトゥーム (Khartoum) 38, 213, 216

パルマス (Palmas) 岬 116, 130

バンギ (Bangui) 39, 213, 217-220, 224

バンジェルヴィル (Bingerville) 144

バンジュール (Banjul) 106-108

バンダマ (Bandama) 川 117-121, 123, 144

バンディアガラ (Bandiagara) 31, 35, 53, 101

バントゥ族隔離地域 (Bantoustan) 13, 19, 49, 56, 68, 227, 228

バンドゥンドゥ (Bandundu) 222, 228, 237

バンバラ (Bambara) 族居住地 16

バンバリ (Bambari) 220

バンフォラ (Banfora) 31, 97

ヒ

ビアフラ (Biafra) 167, 170, 173, 176, 178, 187, 210

ビウ (Biu) 183

ビオコ (Bioko) 島 222, 250

ピキン (Pikine) 86-88, 104

ビサウ (Bissau) 131

非政府組織 (ONG) 46, 82, 89

ビビアニ (Bibiani) 141

ピヤ (Pya) 129, 154, 155

ビリム (Birim) 川 141, 152

ビルマ (Bilma) 80

貧困 (Pauvreté) 49, 76, 82, 140, 186, 193, 232, 236, 245

フ

ファギビーヌ (Faguibine) 湖 77

ブアケ (Bouaké) 34, 128, 148, 149, 152

ファヤラルジョウ (Faya-Largeau) 212

ファラナ (Faranah) 132

ファレメ (Falémé) 川 89, 108

ファントゥア (Funtua) 183

フィアナランツォア (Fianarantsoa) 26

風景 (Paysage) 4, 25, 31, 54, 57, 60, 61, 73, 76, 78, 119, 130, 185, 200, 212

風土 (Climat) 44, 93

風土病 (Endémie) 40, 69, 153, 232

不衛生 (Insalubrité) 34-36, 48, 54, 102, 153, 165, 171, 172, 217, 232

フェルケセドゥグ (Ferkessédougou) 148

フェルナンド・ポー (Fernando Poo) 149, 179, 222, 249, 250

フェルロ (Ferlo) 105

フォーカドス (Forcados) 171, 176

ブカヴ (Bukavu) 222, 225, 236, 238

ブガンダ (Buganda) 14, 18, 19, 24, 27, 28, 36, 54

ブキャナン (Buchanan) 129, 137

負債 (Dette) 4, 8, 140, 157, 162, 175, 197, 205, 209

部族 (Tribu) 6, 16, 18, 24, 49, 76, 80, 155, 180, 196, 211, 212, 228

フータジャロン (Fouta-Djalon) 20, 31, 34, 104, 117, 130-134

フータトロ (Fouta Toro) 20

ブテンボ (Butembo) 238

ブニア (Bunia) 241

不平等 (Inégalité) 10, 12, 39, 40, 44, 93, 112, 113, 124, 137, 144, 149, 150, 168, 177, 182, 192

フームバン (Foumban) 201

ブラザヴィル (Brazzaville) 44, 198, 217, 220, 221, 223, 224, 242, 247, 250-253

フランスヴィル (Franceville) 222, 232, 247-249

フランス語圏 (Francophonie) 2, 5, 9, 12, 27, 47, 83, 103, 113, 118, 128, 149, 161, 170, 196, 201, 209-211, 221, 224, 228

フランス領赤道アフリカ (Afrique-Equatoriale française) 23, 26, 43, 221, 223, 246, 251

フランス領西アフリカ (Afrique-Occidentale française) 40, 43, 113, 121, 158, 162, 251

フラン通貨圏 (Zone franc) 8, 12, 83, 91, 96, 100, 108, 111, 124, 131, 135, 148, 157, 162, 173, 175, 176, 185, 186, 196, 204, 205, 207, 210, 218, 249

プランテーション (Plantation) 19, 23, 27, 33, 41, 61, 68, 69, 84, 99, 114, 116, 122, 124-126, 129, 130, 135, 137-139, 141, 143-146, 148, 150-153, 157, 163, 176-179, 200, 202-204, 218, 219, 233, 236-238, 249, 250, 252

フリア (Fria) 127, 133

フリータウン (Freetown) 37, 116, 121, 128, 136, 138

プリンシペ (Príncipe) 島 250

ブルキナファソ (Burkina Faso) 36, 46, 54, 70, 72, 73, 75, 76, 78, 79, 82-85, 94, 97-101, 103, 113, 124, 154, 165

ブルンディ (Burundi) 14, 18, 24, 36, 41, 46, 52, 140, 223, 225, 231

フレスコ (Fresco) 141

ブーレム (Bourem) 101

ブワル (Bouar) 220

文化 (Culture) 2, 8, 13, 22, 24, 34, 40, 45, 48, 49, 53, 54, 58, 61, 81, 101, 105, 108, 113, 120, 121, 137, 140, 159, 160, 164, 166, 168, 170-172, 176, 180, 196, 198, 210, 211, 228, 232, 234, 240, 245, 250

紛争 (Conflit) 139, 155, 212, 216, 234, 237, 240, 249

フンデ (Houndé) 98

文明 (Civilisation) 15, 17, 24, 29, 39,

索　引

40, 44, 49, 53, 54, 56, 58, 61, 68, 114, 118, 119, 137, 138, 156, 159, 160, 165, 171, 176, 181, 185, 200, 212, 221

ヘ

ベイラ（Beira）　36
ベクワイ（Bekwai）　141
ベナン（Bénin）　12, 46, 50, 52, 54, 70, 103, 114, 118, 119, 122, 124-126, 129, 154, 155, 157-164, 185, 194, 196
ベナン湾　14, 16, 17
ベニ（Béni）　225, 238
ベニン（Benin）　176
ベニンシティ　171
ベヌエ（Bénoué）川　20, 26, 49, 164, 176, 184, 185, 189, 192, 200, 204, 206, 213
ペペル（Pepel）　139
ベルギー領コンゴ（Congo belge）　23, 25, 26, 27, 41, 44, 224
ベルベラティ（Berbérati）　217, 218
ベンゲラ（Benguela）海流　226

ホ

貿易（Commerce）　4, 5, 7, 13, 15-21, 23, 35, 37, 40, 52, 86, 87, 96, 101, 103, 104, 106-108, 111, 116, 117, 120-122, 128, 129, 131, 133, 135-137, 141, 149, 152, 153, 156-161, 163, 165, 172, 173, 178, 187, 194, 196, 197, 232, 233
亡命（Réfugié）　6, 36, 49, 84, 132, 136, 212, 249, 251
ボーキサイト（Bauxite）　100, 114, 126, 127, 128, 130, 131, 133-135, 139, 141, 144, 151, 152, 207
牧畜（Élevage）　5, 20-22, 35, 41, 49, 52-54, 57, 58, 60, 64, 66, 69, 72, 73, 75-82, 88, 89, 92, 93, 96, 98, 100, 101, 105, 106, 108-110, 117, 118, 132, 134, 138, 148, 153, 179, 180, 183-185, 201, 204, 205, 207, 212, 214, 218-220, 230, 231, 236, 237, 252
ボケ（Boké）　127, 132, 133
保護領（Protectorat）　24, 107, 121, 136, 165-167, 170
ボサンゴ（Bossango）　219
保存地域（保護区）（Réserve）　26, 33, 59-61, 75, 86, 119, 157-159, 161, 178, 184, 200, 218-220
ボッファ（Boffa）　133
ボツワナ（Botswana）　30, 45, 48
ボティスクム（Potiskum）　183
ポートハーコート（Port Harcourt）　165, 167, 172-174, 176, 179, 180, 186, 191, 192, 213
ポドル（Podor）　105
ボボデュラッソ（Bobo-Dioulasso）　26, 86, 99, 101
ボマ（Boma）　224, 243
ボミ（Bomi）　127, 140
ボルグー（Borgou）　160, 161
ポールジャンティ（Port-Gentil）　233, 246, 247, 249, 253
ポルトノヴォ（Porto Novo）　118, 125, 156, 160, 161
ボルヌ（Bornou）　19, 70, 164, 166, 172, 183, 212
ボロモ（Boromo）　99
ポワントノワール（Pointe-Noire）　213, 246, 248, 251-253
ボンゴル（Bongor）　211

マ

マイドゥグリ（Maiduguri）　172, 183, 213

マインドンベ（Mai-Ndombe）湖　222
マクルディ（Makurdi）　184
マザレヴァレー（Mathare Valley）　48
マシナ（Macina）　20, 91, 92, 100, 118
マスカレン（Mascareignes）諸島　32
マセンタ（Macenta）　133
マダガスカル（Madagascar）　10, 12, 18, 20, 23, 24, 30, 35, 38, 41, 43, 54, 56, 58, 60, 68
マタディ（Matadi）　25, 39, 224, 235, 236, 240-244
マナカラ（Manakara）　26
マナンタリ（Manantali）　87, 90, 100, 104, 105
マム（Mamou）　133
マヨンベ（Mayombe）山地　225, 237, 238, 251, 252
マラウイ（Malawi）　6, 16, 32, 45
マラウイ湖　18, 19, 32
マラディ（Maradi）　86, 96
マラボ（Malabo）　222, 250
マランパ（Marampa）　122, 127, 139
マリ（Mali）　12, 16, 20, 45, 47, 48, 60, 70, 72, 75, 76, 79, 82, 84-86, 88, 90, 100-103, 108, 113, 133, 134
マルワ（Maroua）　201, 208, 210
マレボ湖（Pool Malebo）　198, 222-225, 235
マン（Man）　146
マングローヴ（Mangrove）　33, 35, 38, 105, 107, 116-118, 120, 130, 132, 138, 165, 194, 210
マンダラ（Mandara）山地　35, 57, 63, 184, 200, 202, 206
マンディング（Manding）族［マンデ族］居住地　19, 20, 104, 138
マンポン（Mampong）　150

ミ

密売（Commerce illicite）　12, 46, 135, 156, 214, 241
密輸（Contrebande）　12, 50, 133, 203, 204, 210, 214, 219, 220, 234, 250
緑の革命（Révolution verte）　138, 154, 157, 186, 188
ミドルベルト（Middle Belt）　35, 165, 169, 170, 184
南アフリカ共和国（République d'Afrique du Sud）　7, 9, 21, 22, 25, 36, 39, 41, 46, 194, 240
身分（Statut）　17, 44, 76, 124, 125, 146, 155, 157, 158, 160, 181, 189, 210
民営化（Privatisation）　10, 100, 127, 135, 152, 157, 162, 163, 186, 190, 209, 220
民族（Ethnie）　7, 8, 13, 16, 22, 24, 25, 36, 40, 41, 43, 44, 49, 63, 96, 107-110, 114, 116, 117, 119, 120, 129, 136, 148, 151, 155, 156, 159, 161, 164-170, 178, 180, 185, 194, 200, 201, 204, 228, 232, 250, 253
ミンナ（Minna）　184

ム

ムナナ（Mounana）　248
ムバカウダム（Mbakaou）　206
ムバルマヨ（Mbalmayo）　208
ムバンザ・ングング（Mbanza-Ngungu）　222
ムバンダカ（Mbandaka）　39, 222
ムビニ（Mbini）　222, 249-250
ムブジマイ（Mbuji Mayi）　222, 228, 241, 244
ムンドゥ（Moundou）　214, 216

メ

綿花（Coton）　27, 53, 77, 79, 80, 84, 88,

89, 91, 92, 97, 98, 100, 105-107, 126, 130, 135, 143, 144, 147, 148, 152, 156-158, 161, 162, 167, 179, 180, 183, 185, 187, 188, 191, 192, 194, 200, 202, 204, 206, 208, 212-214, 216-218, 235, 237, 238
免税通過地域（Zone franche）　108, 120, 153, 163, 185, 194, 240

モ

モアンダ（Moanda）　242, 248, 249
木材（Bois）　61, 76, 77, 122, 143, 148, 172, 173, 176, 190, 218, 219, 224, 227, 238, 246-250, 252
モザンビーク（Mozambique）　9, 13, 15, 20, 23, 25, 36, 45, 46, 113
モシ（Mossi）族居住地　35, 68, 70, 78, 82, 92
モデル（Modèle）　2, 20, 24, 26, 41, 48, 62, 75, 81, 113, 131, 141, 148, 164, 185, 186, 188, 193, 201, 208, 217, 224, 228, 244
モノモタパ（Monomotapa）　16
モプティ（Mopti）　99, 101
モーリシャス（Maurice）島　46
モーリタニア（Mauritane）　6, 46, 70, 76, 77, 84, 86, 90, 100, 108-111, 113
モンゴ（Mongo）族居住地　228
モンバサ（Mombasa）　46, 213
モンロヴィア（Monrovia）　128, 136-140

ヤ

ヤウンデ（Yaoundé）　39, 200-202, 205-209, 220
焼畑（Brûlis）　58-60, 119, 226, 229
ヤシ（パーム）園（Palmeraie）　8, 18, 21, 27, 119, 130, 143, 149, 151, 172, 177, 178, 180, 187, 203, 237, 250, 252
ヤテンガ（Yatênga）　60, 67, 78
闇市（Marché noir）　12, 134, 135, 186
ヤムスクロ（Yamoussokro）　129, 148-150, 153, 155

ユ

遊牧（Nomade）　22, 57, 64-66, 76, 80-82, 94, 96, 98, 106, 108-110, 211-214, 219
輸送（Transport）　15, 39, 76, 80, 82, 98, 99, 101, 104, 107, 110, 111, 113, 123, 128, 133, 138, 140, 145, 146, 152, 168, 172, 173, 176, 177, 185, 187, 206, 208, 217, 219, 223-225, 227, 231, 233, 235-241, 243, 246, 248, 250, 252, 253

ヨ

養樹林，パーク（Parc）　26, 33, 53, 61, 64, 69, 70, 77, 78, 86, 119, 125, 210
ヨルバ（Yoruba）族居住地　34, 37, 159, 161, 164, 165, 167, 176-178

ラ

ラゴス（Lagos）　38, 47, 83, 124, 127, 155, 160, 167-173, 176, 180, 183, 186, 187, 190, 191, 194, 213
落花生（Arachide）　14, 15, 28, 40, 41, 43, 46, 53, 56, 75-77, 79, 80, 83, 86-89, 94, 96, 98, 100, 103-107, 112, 130, 134, 138, 157, 162, 167, 179-181, 183, 184, 187, 188, 193, 194, 212, 216, 219, 250, 252

ラベ（Labé）　134
ランド（Rand）　25
ランバレネ（Lambaréné）　224, 225, 232, 249

リ

リヴァーズ（Rivers）　170, 178, 180, 182, 188
リヴィエール・ド・シュド，南部河川地帯（Rivières du Sud）　19, 35, 49, 103, 104, 114, 117, 120, 122, 123, 130-140
リカシ（Likasi）　50, 222, 239, 243
リスク（Risque）　14, 35, 44, 56, 59, 64, 197, 212, 218, 234, 242
リフトバレー（Vallée du grand rift）［大地溝帯］　14, 30, 32, 198, 239
リーブルヴィル（Libreville）　39, 220, 224, 226, 247-249, 252
リベリア（Liberia）　20, 23, 36, 46, 48, 83, 114, 122, 124-126, 130, 131, 133-140, 196
リムポポ（Limpopo）川　32
流出（Flux）　7, 8, 33, 49, 50, 59, 84, 85, 140, 173, 187, 201, 203, 232, 233, 249, 252
リュフィスク（Rufisque）　39, 86, 104, 106
領土（Territoire）　6, 16-26, 29, 36, 40, 41, 43, 44, 70, 82, 90, 97, 100, 103, 106-108, 110, 112-114, 117, 120-123, 128, 130, 131, 133, 135, 140, 141, 158, 159, 164, 165, 167, 168, 173, 180, 188, 189, 197, 201, 212, 213, 216, 217, 220-224, 228, 232, 234, 236, 238-240, 243, 248, 250, 251
リンベ（Limbe）　206

ル

ルウェンゾリ（Rwenzori）山　32, 225
ルエナ（Luena）　242
ルカンガ（Lukanga）　242
ルシジ（Rusizi）川　15, 238, 239
ルフィジ（Rufiji）川　35
ルブムバシ（Lubumbashi）　50, 222, 236, 239, 240, 243, 244
ルベロ（Lubéro）　237
ルワンダ（Rwanda）　6, 14, 18, 24, 35, 41, 46, 223, 225, 231
ルワンダウルンディ（Ruanda-Urundi）　23, 25, 26, 36, 39
ルングウェ（Rungwe）山　53
レオポルドヴィル（Léopoldville）　25

レ

歴史（Histoire）　2, 14, 15, 17, 24, 29, 35, 36, 41, 44, 49, 52, 57, 61, 69, 70, 72, 73, 97, 100, 101, 107, 113, 117, 119, 136, 138, 140, 141, 150, 156, 159, 160, 164, 167, 176, 177, 181, 198, 203, 207, 209, 211, 212, 217, 221, 224, 244, 245
レソト（Lesotho）　48

ロ

労働（Main-d'œuvre）　2, 5, 7, 10, 14, 17, 18, 21, 23, 25-28, 35-37, 40, 41, 43, 44, 48, 50, 52, 54, 56-58, 60-63, 66, 68, 69, 77, 79, 82-85, 88, 91, 92, 99, 100, 102, 104, 111, 112, 124, 125, 128, 129, 134, 139, 143-146, 149, 153, 160, 171, 175, 177, 180, 182, 186-189, 193, 196, 205, 217, 218, 228-230, 232, 233, 237-239, 245, 247, 249, 250
ロコジャ（Lokoja）　172

263

索　引

ロゴヌ（Logone）川　30, 33, 35, 200, 202, 211, 212, 214, 216
ロッソ（Rosso）　39, 90, 110
ローデシア（Rhodésie）　23, 27, 28, 41, 43, 84, 240
ロビト（Lobito）　240
ロメ（Lomé）　82, 96, 128, 154, 155, 156, 158-161

ワ

ワガドゥ（Wagadou）　70, 85
ワガドゥグー（Ouagadougou）　48, 74, 86, 96, 99, 101
ワヒグヤ（Ouahigouya）　78

ン

ンガウンデレ（Ngaoundéré）　201, 206, 208, 213, 217
ングル（Nguru）　172
ンゴロゴロ（Ngorongoro）山　32
ンコングサンバ（Nkongsamba）　208

ンジャメナ（N'Djaména）　196, 212, 213, 216, 220
ンスタ（Nsuta）　141
ンテム（Ntem）川　249

監訳者略歴

田辺　裕（たなべ ひろし）

1936年　神奈川県に生まれる
1963年　東京大学大学院数物系研究科
　　　　博士課程中退
現　在　東京大学名誉教授
　　　　理学博士

竹内信夫（たけうち のぶお）

1945年　大阪府に生まれる
1976年　東京大学大学院人文科学研究科
　　　　博士課程中退
現　在　東京大学名誉教授

編訳者略歴

末松　壽（すえまつ ひさし）

1939年　福岡県に生まれる
1970年　パリ大学（ソルボンヌ）
　　　　博士課程修了
現　在　九州大学名誉教授
　　　　パリ大学博士（哲学）

野澤秀樹（のざわ ひでき）

1940年　東京都に生まれる
1966年　京都大学大学院文学研究科
　　　　修士課程修了
現　在　九州大学名誉教授
　　　　文学博士

ベラン世界地理大系9

西部・中部アフリカ　　　　　定価はカバーに表示

2017 年 1 月 15 日　初版第 1 刷

監訳者　田　辺　　　裕
　　　　竹　内　信　夫
発行者　朝　倉　誠　造
発行所　株式会社　朝　倉　書　店

東京都新宿区新小川町 6-29
郵 便 番 号　162-8707
電　話　03（3260）0141
Ｆ Ａ Ｘ　03（3260）0180
http://www.asakura.co.jp

〈検印省略〉

© 2017〈無断複写・転載を禁ず〉　　　　大日本印刷・大日本製本

ISBN 978-4-254-16739-9　C 3325　　　　Printed in Japan

JCOPY ＜（社）出版者著作権管理機構 委託出版物＞

本書の無断複写は著作権法上での例外を除き禁じられています．複写される場合は，
そのつど事前に，（社）出版者著作権管理機構（電話 03-3513-6969，FAX 03-3513-
6979，e-mail: info@jcopy.or.jp）の許諾を得てください．

ウェブ時代の世界を広汎に読み解く

世界地名大事典

全9巻

総 編 集	竹内啓一
編集幹事	熊谷圭知　山本健兒
編集委員	秋山元秀　小野有五
	加藤　博　菅野峰明　島田周平
	手塚　章　中川文雄　中村泰三
	中山修一　久武哲也　正井泰夫
	松本栄次　山田睦男

各巻 A4 変型判

約 1000〜1400 頁

上製函入カバー装

◉世界の地名約48,000を厳選して5大地域別50音順に収録
◉現地事情に詳しい400名を超える研究者・専門家が署名執筆
◉別名，人口，面積，経緯度などのデータ類や地図・写真も充実

				ISBN 978-4-254-
1. **アジア・オセアニア・極Ⅰ**	2017 年刊			16891-4
2. **アジア・オセアニア・極Ⅱ**	2017 年刊			16892-1
3. **中東・アフリカ**	第1回配本	本体 32000 円	1188 頁	16893-8
4. **ヨーロッパ・ロシアⅠ**	第5回配本	本体 43000 円	1232 頁	16894-5
5. **ヨーロッパ・ロシアⅡ**	第6回配本	本体 43000 円	1184 頁	16895-2
6. **ヨーロッパ・ロシアⅢ**	第7回配本	本体 43000 円	1264 頁	16896-9
7. **北アメリカⅠ**	第2回配本	本体 32000 円	988 頁	16897-6
8. **北アメリカⅡ**	第3回配本	本体 32000 円	952 頁	16898-3
9. **中南アメリカ**	第4回配本	本体 48000 円	1408 頁	16899-0

上記価格（税別）は2016年12月現在